Werner Thole

Kinder- und Jugendarbeit

Eine Einführung

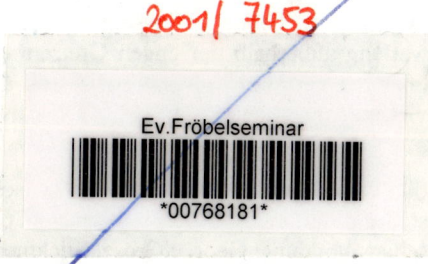
Juventa Verlag Weinheim und München 2000

Der Autor

Thole, Werner, Dr. phil. habil., Dipl.-Pädagoge und Dipl.-Sozialpädagoge, ist Professor für Jugend- und Erwachsenenbildung an der Universität Gesamthochschule Kassel.

Seine Arbeitsschwerpunkte sind theoretische, professionelle und disziplinäre Aspekte der Sozialpädagogik, Theorie und Praxis der Kinder- und Jugendhilfe, insbesondere der außerschulischen Kinder- und Jugendarbeit, historische und aktuelle Fragen der Kindheit und Jugend.

Christoph Honig (AKKI) sei herzlich für die Überlassung der Abbildungen 7, 9 und 15 und Birgit Richard für die zur Verfügungstellung der Abbildung 13 gedankt. Alle anderen Photographien entstammen dem Archiv des Autors.

Die Deutsche Bibliothek - CIP-Einheitsaufnahme

Ein Titeldatensatz für diese Publikation ist bei
Der Deutschen Bibliothek erhältlich.

© 2000 Juventa Verlag Weinheim und München
Umschlaggestaltung: Atelier Warminski, 63654 Büdingen
Umschlagabbildung: George Grosz, Stickmen, 1946

Printed in Germany

ISBN 3-7799-1443-3

Vorwort des Herausgebers

Die Sozialpädagogik/Sozialarbeit hat seit dem Beginn ihres Ausbaus an den Universitäten und Fachhochschulen weitaus mehr Wissen und Erkenntnisse zusammengetragen und angehäuft als dies bislang in ihren Veröffentlichungen zum Ausdruck gekommen ist. Die Weitergabe des wissenschaftlichen Gemeinguts der Sozialen Arbeit bleibt in vielen Teilen immer noch der mündlichen Überlieferung und der verbalen Auseinandersetzung mit ihren Themen vorbehalten. Das latent akkumulierte Wissen des Faches muß vielfach erst noch in genießbare Portionen unterteilt und so verpackt werden, daß es in Buchform lehr- und lernbar wird.

Dies kommt nicht von ungefähr. Wissenschaftliche Ausbildungen in Sozialpädagogik und Sozialarbeit haben in der Bundesrepublik Deutschland eine vergleichsweise kurze Tradition. Erst seit Ende der 60er, Anfang der 70er Jahre des letzten Jahrhunderts kann man von einem auch zahlenmäßig relevanten Umfang wissenschaftlicher Ausbildungen in diesem Fachgebiet sprechen.

Seit dieser Zeit hat sich die Landschaft für das Fach nachhaltig verändert. Ausbildungen in Sozialpädagogik und Sozialarbeit werden an den Fachhochschulen längst ebenso stark nachgefragt wie der Diplomstudiengang Erziehungswissenschaft mit seiner zentralen Studienrichtung Sozialpädagogik an den Universitäten. In der Summe ist Sozialpädagogik/Sozialarbeit heutzutage eines der am stärksten nachgefragten Fächer in der bundesdeutschen Hochschullandschaft.

In auffälligem Gegensatz dazu steht nach wie vor das zur Verfügung stehende Arbeits- und Studienmaterial, mit dem man sich in dieses Fachgebiet einarbeiten kann. Nur wenige Lexika und Handbücher, die zudem vielfach weder der Breite noch der Tiefe des Faches gerecht werden, prägen bislang das Bild in dieser Hinsicht. Erst in letzter Zeit nimmt die Zahl der Übersichts- und Handbücher sowie der Nachschlagewerke zu.

Dennoch fehlt es bis heute an grundlegenden Einführungswerken, die sich an den wissenschaftlichen Ausbildungsinhalten der Studiengänge gleichermaßen orientieren wie an den Standards des Faches. Diese Lücke wollen die Bände der vorliegenden Reihe schließen. Als wissenschaftliche Einführungswerke beanspruchen die in loser Folge erscheinenden Bände, in die wichtigsten Grundlagen eines Fachstudiums der Sozialpädagogik/Sozialarbeit einzuführen. Bislang liegen die Bände von Michael Galuske zu den Methoden sowie von Sabine Hering und Richard Münchmeier zur Geschichte der Sozialen Arbeit vor. Andere werden folgen.

Die in dieser Reihe erscheinenden Monographien streben ausdrücklich einen einführenden Charakter auf wissenschaftlichem Niveau an. Dies soll durch eine möglichst voraussetzungslose Elementarisierung der Themenbearbeitung gewährleistet werden. Deshalb steht nicht die Entwicklung neuer Konzepte und eigener Ansätze im Mittelpunkt, sondern zuallererst die orientierende Einführung in die vorliegenden Diskurse, Befunde und Erkenntnisse zu dem jeweiligen Themengebiet des Bandes. Zugleich will sich diese Reihe aber auch der Herausforderung stellen, daß Sozialpädagogik und Sozialarbeit als ein noch junges Wissenschaftsfach auf diesem Wege auch den allgemeinen Ansprüchen moderner Wissenschaften gerecht werden muß.

Mit dem vorliegenden Werk von Werner Thole zur Kinder- und Jugendarbeit liegt nunmehr der erste Band vor, der in ein ebenso zentrales wie traditionsreiches Arbeitsfeld der Sozialen Arbeit einführt. Dabei ist allein schon der Umstand erstaunlich, daß es derzeit keine aktuelle und systematische Einführung in dieses Arbeitsfeld gibt, eine Einführung, die ebenso die Geschichte wie die gegenwärtige Lage, ebenso die begrifflichen und theoretischen wie die konzeptionellen Facetten der Thematik ins Blickfeld rückt, die rechtliche und institutionelle Aspekte des Themas gleichermaßen behandelt wie Fragen des Personals, die schließlich versucht, die Lage der Kinder und Jugendlichen unter den heutigen Bedingungen einer individualisierten und globalisierten Gesellschaft genauso auszubuchstabieren wie die Stellung der Kinder- und Jugendarbeit innerhalb der Sozialen Arbeit.

Werner Thole hat diesen ebenso schwierigen wie mutigen Versuch unternommen, hat versucht, die professionelle und disziplinäre Seite des Themas zusammenzubringen, um damit überhaupt einmal eine Plattform zu schaffen, die der Kinder- und Jugendarbeit mittelfristig die Möglichkeit eröffnet, auch innerhalb der Sozialen Arbeit als Wissenschaft, also in Lehre und Forschung jenen Stellenwert zu erlangen, den sie in der Praxis der Kinder- und Jugendhilfe und der Sozialen Arbeit schon lange besitzt.

Dortmund, im August 2000
Thomas Rauschenbach

Inhalt

Einleitung

Vieles, was uns tagtäglich begegnet, scheint auf den ersten Blick selbstverständlich und klar. Die Tücken einer Sache zeigen sich häufig erst, wenn sie näher betrachtet wird. So verhält es sich auch mit dem Gegenstand dieses Buches. In Alltagsgesprächen scheint die Kinder- und Jugendarbeit entschlüsselt. Jugendzentren und Jugendhäuser, „Offene Türen" und Jugendclubs, die Jugendverbandsarbeit und zuweilen noch die kirchliche Jugendarbeit werden als Orte der Kinder- und Jugendarbeit genannt. Doch sind damit alle Arbeitsbereiche einer modernen Kinder- und Jugendarbeit identifiziert? Ist damit schon geklärt, was Kinder- und Jugendarbeit ist? Ist es von Bedeutung, das einerseits immer häufiger von Kinder- und Jugendarbeit gesprochen wird, jedoch andererseits soziale Räume dieser „Arbeit" - das Jugendhaus, das Jugendzentrum, der Jugendverband - sich im weitesten Sinne nur an die Altersgruppe der Jugendlichen zu adressieren scheinen? Ist Straßensozialarbeit auch Jugendarbeit? Und wozu zählt ein Jugendzentrum, dessen Träger ein Jugendverband ist? Haben wir es hier mit einem besonderen Typ von Jugendverbandsarbeit oder mit einer Variante der „offenen" Jugendarbeit zu tun? Die Liste von Fragen ließe sich fast beliebig erweitern - kennt die Kinder- und Jugendarbeit spezielle Methoden und Theorien, wer sind ihre BesucherInnen und über welche Qualifikation verfügen die MitarbeiterInnen?

Einführungen sind stets mit der Erwartungshaltung konfrontiert, die vorliegen Fragen und Antworten systematisch zu sortieren. In die Kinder- und Jugendarbeit einzuführen ist so einerseits eine reizvolle Aufgabe. Andererseits jedoch aufgrund der hohen Komplexität und der diffusen Konturierung des Handlungsfeldes ein Vorhaben, das entmutigen kann, da relativ schnell zu erkennen ist, dass noch diverse Forschungslücken bestehen. Ist für die eine Frage eine Antwort gefunden, stellen sich sogleich auch schon die nächsten ein. Die Kinder- und Jugendarbeit ist, so kann erneut festgestellt werden, ein verzweigtes, zuweilen sogar ein chaotisch anmutendes Gebilde.

Möglicherweise macht jedoch gerade dieser Umstand die Kinder- und Jugendarbeit zu dem interessanten Arbeitsfeld, das sie überraschender Weise immer noch ist. Einer erst kürzlich publizierten Studie zufolge, entscheiden sich immer noch viele für ein Fachhochschulstudium der Sozialen Arbeit, weil ehrenamtlich erworbene Erfahrungen in der Kinder- und Jugendarbeit sie dazu animierten. Angesichts dieser Tatsache ist dann nur noch wenig überraschend, dass die Rankingliste der Wunscharbeitsfelder nach dem Studium in dieser Studie ebenfalls von der Kinder- und Jugendarbeit angeführt wird (vgl. Maier 1995). Durch diesen Befund wird das Schreiben einer Einführung für dieses sozialpädagogische Handlungsfeld ebenso angespornt wie durch die Tatsache, dass bislang keine Publikation vorliegt, die die Kinder- und Jugendarbeit oder aber auch nur die Jugendarbeit unter Beachtung von historischen, rechtlichen und institutionellen, konzeptionellen und theoretischen, träger- und angebots- spezifischen sowie der quantitativen und qualitativen Personalressourcen um- fassend vorstellt, die also sowohl die Diskurse über die als auch die soziale Wirklichkeit der Kinder- und Jugendarbeit darstellt.

Der Versuch, die Kinder- und Jugendarbeit in allen ihren Facetten darzustellen und zu diskutieren, macht das Besondere dieser Einführung aus. Die Kinder- und Jugendarbeit wird in dieser Einführung weder auf die „Praxis" oder ein konkretes Arbeits- und Handlungsfeld noch auf einen theoretischen Zugang oder Diskurs reduziert. Unter ihr wird auch mehr gefasst als nur die sozialpädagogi- sche Arbeit mit „randständigen" Kindern und Jugendlichen und das Feld nicht reduziert auf die Praxis eines sozialintegrativen Blicks auf „marginalisierte" Jugendliche. Von anderen Übersichten unterscheidet sich diese Einführung zu- dem dadurch, dass sie die Generationsphase Kindheit nicht nur implizit mit in die Überlegungen einbezieht, auch nicht nur lediglich im Titel ausdrücklich er- wähnt, sondern sich der Aufgabe stellt, Kinder als eine Adressatengruppe der „Kinder- und Jugendarbeit" durchgängig mitzudenken. Dies bedarf sowohl ei- ner Erläuterung wie auch einer Relativierung.

Im Gegensatz zur Bezeichnung Jugendarbeit, bei dem inzwischen mehr als nur eine interessierte Fachöffentlichkeit weiß, dass damit nicht die berufliche Tä- tigkeit von Jugendlichen, sondern die pädagogische Arbeit mit ihnen gemeint ist und darüber hinaus ein sozialpädagogisches Arbeitsfeld adressiert wird, pro- voziert die Formulierung „Kinder- und Jugendarbeit" möglicherweise zuerst einmal Unverständnis. Der Begriff „Kinderarbeit" lässt zuvorderst, zumindest wenn er alleine steht, an die Arbeit von Kindern in industriellen, landwirt- schaftlichen und handwerklichen Produktionsstätten denken und nicht an ein sozialpädagogisches Handlungsfeld. Um entsprechende Assoziationen weitge- hend auszuschließen, wird der Begriff „Kinderarbeit" in dieser Einführung nur im Zusammenhang mit „Jugendarbeit" verwendet. Die damit dennoch verbun- denen Irritationen wären gerne vermieden worden. Jedoch fehlt es an einem ak- zeptablen Begriff für das, was hier mit „Kinder- und Jugendarbeit" umschrie- ben wird.

Die Entscheidung, diese Einführung derart breit anzulegen, ist strittig, weil sie eine Reihe von theoretischen, rechtlichen und darstellungssystematischen Prob- lemen zur Folge hat. Einige dieser Probleme werden nachfolgend diskutiert, andere lediglich erwähnt, ohne sie vertiefen zu können, und wiederum andere werden möglicherweise die LeserInnen erst entdecken. Die über die generative Ausdehnung aufgebürdeten Fragen sind allerdings nicht insgesamt zu beant- worten gewesen. Dies betrifft beispielsweise den Rückblick in die Geschichte. Möglicherweise ist es so, dass Kinder unter dem Etikett „Jugendarbeit" immer schon implizit mitgedacht wurden. Zumindest für die 20er Jahre des letzten Jahrhunderts sprechen einige Indizien für diese Annahme. Die Jugendverbände und auch Teile der staatlichen Jugendpflege adressierten ihre Angebote auch schon vor inzwischen fast 80 Jahren auch an Kinder und hielten für diese sogar eigenständige Angebote vor. Dennoch blieb die Generationsphase Kindheit in der gängigen Literatur zur Jugendarbeit bisher weitestgehend ausgespart. So ist es auch in dieser Einführung nicht durchgängig gelungen, den Anspruch einzulösen, sowohl in die „Kinder-" als auch in die „Jugendarbeit" einzuführen. Zuweilen wird von der pädagogischen Arbeit mit Kindern und Jugendlichen die Rede sein und doch der Blick vornehmlich auf die Älteren konzentriert bleiben. Sicherlich ein zu kritisierender, auch der unzureichenden Forschungslage geschuldeter „Schönheitsfehler" dieser Einführung. Die Alternative jedoch, weiterhin von Jugendarbeit zu reden und die Pädagogik mit Kindern jeweils implizit mitzudenken, scheint wenig zukunftsfähig. Es kann nicht ignoriert werden, dass im Verlauf des letzten Jahrhunderts sich die Lebensphase Kindheit durch gesellschaftliche Modernisierungen zu einer eigenständigen Lebensphase emanzipierte, auch wenn sich die biographischen Übergänge von der Kindheit zur Jugend zugleich verflüssigten und oftmals kaum noch auszumachen sind. Die Kindheit hat sich jedoch nicht nur zu einer eigenständigen Lebensphase entwickelt, sondern auch zu einer eigenständigen Adressatenpopulation der außerschulischen, sozialpädagogischen Arbeit. Dieser Sachlage gilt es auch terminologisch zu entsprechen, ungeachtet der Tatsache, dass ihm noch keine durchgängige Akzeptanz zukommt und der isolierte Begriff „Kinderarbeit" in der Tat an vieles, nur nicht an pädagogische Tätigkeiten und Handlungsfelder denken lässt. Bedingt also durch die Verjüngung der altersgemäßen Aufgaben und Orientierungen, durch den heute schon bei Kindern erkennbaren und frühzeitig einsetzenden Autonomisierungsprozess, aber auch durch die Zunahme der Belastungs- und Risikopotentiale, die Kinder und Jugendliche inzwischen zu bewältigen haben, sowie durch die hierüber zum Teil sich begründende Öffnung der Jugendarbeit für jüngere Jugendliche und ältere Kinder spricht vieles dafür, die enge terminologische Fassung „Jugendarbeit" aufzugeben und zukünftig von „Kinder- und Jugendarbeit" zu sprechen.

Eine besondere Schwierigkeit bestand folglich darin, das Thema selbst erst einmal wissenschaftlich auszubuchstabieren, die Vielfältigkeit der Kinder- und Jugendarbeit unter erziehungswissenschaftlichen Perspektiven quasi zu vermessen und darzustellen sowie als Arbeitsfeld für pädagogische Berufe vorzustellen. Zugleich sollte aber keineswegs die Kinder- und Jugendarbeit mit einer neuen Theorie versorgt werden. Die vorliegende Einführung stellt somit keine Theorie der Kinder- und Jugendarbeit dar, gleichwohl sie mit theoretisch abgefederten und wissenschaftlich ausgewiesenen Argumenten die Kinder- und Jugendarbeit als Ganzes darzustellen wünscht.

Zu Beginn dieser Einführung steht ein Versuch, das Spektrum der Kinder- und Jugendarbeit einzugrenzen und zu definieren (Kapitel 1). Die zuvor angedeuteten Schwierigkeiten, die der Begriff „Kinder- und Jugendarbeit" transportiert, werden hier aufgegriffen und, so die Hoffnung, verständlich und nachvollziehbar geklärt. Um die historischen Wurzeln und die zentralen Entwicklungslinien geht es anschließend. Eingegangen wird in dieser, auf wesentliche Aspekte konzentrierten Geschichte der Kinder- und Jugendarbeit sowohl auf sozialgeschichtliche Dimen-

sionen wie auch auf die Theorie- und Ideengeschichte (Kapitel 2). Das nächste
Kapitel widmet sich den rechtlichen, administrativen und trägerbezogenen Grundlagen (Kapitel 3). Die systematische Klarheit, die dieses Kapitel gliedert, verwäs-
sert sich allerdings in dem folgenden Kapitel. Hier geht es um die Einrichtungen,
in denen die Kinder- und Jugendarbeit stattfindet, die Maßnahmen, die sie durch-
führt, und die Projekte, die sie konzipiert und anbietet (Kapitel 4). Insbesondere
die Darstellung der Aktionsorte und der Maßnahmen der Kinder- und Jugendarbeit
ist schwierig, denn nicht jede Bildungsmaßnahme, jede sportliche oder kulturpädagogische Aktion verweist auf einen festen, eindeutigen institutionalisierten Ort.
Erlebnispädagogische Maßnahmen können zum Beispiel sowohl als ein Aktions-
feld der Kinder- und Jugendarbeit als auch als eine ausgewiesene Methode gesehen werden. Gleiches trifft auch auf niedrigschwellige Angebote der Kinder- und
Jugendarbeit wie die Straßensozialarbeit und die akzeptierende Jugendarbeit zu.
Nicht durchgängig konnte eine befriedigende Form der Systematisierung gefunden
werden. Dies trifft auch auf die Kapitel zu, in dem es um Theorien und Konzepte
(Kapitel 7) sowie um die orientierenden Leitlinien und methodischen Prämissen
(Kapitel 8) einer modernen Kinder- und Jugendarbeit geht. Bevor es jedoch darum
geht, werden zuvor die AdressatInnen vorgestellt, also diejenigen, die die Einrich-
tungen besuchen, an den Aktionen und Maßnahmen teilnehmen (Kapitel 6), sowie
danach gefragt, wer, wie, wo und mit welchen Qualifikationen in der Kinder- und
Jugendarbeit tätig ist (Kapitel 5).

Insgesamt stellt sich die Situation der Kinder- und Jugendarbeit gegenwärtig
schwierig und widersprüchlich dar. Einerseits wird die Kinder- und Jugendarbeit als pädagogisches Handlungsfeld zur Bewältigung von Risiken des Kindes-
und Jugendalters von der Gesellschaft gefordert. Andererseits wird ihre gesellschaftliche Notwendigkeit kritisch angefragt. Statt der von Protagonisten der
Jugendarbeit Mitte der 80er Jahre des letzten Jahrhunderts noch offensiv gestellten Frage „Wozu Jugendarbeit?" scheint gegenwärtig die Frage „Warum
überhaupt noch Jugendarbeit?" zur alles entscheidenden Frage zu avancieren.
Diese, Legitimationen herausfordernde Neuakzentuierung drängt theoretische
und konzeptionelle Vergewisserungen fast in die Nischen erziehungswissenschaftlicher und pädagogischer Diskurse. Zeitgeistkonform scheint auch in den
jugendarbeitsbezogenen Gesprächen der outputorientierten Zweckrationalität
der Durchbruch gelungen zu sein. Die „alten", in den 60er und 70er Jahren des
20. Jahrhunderts diskutierten bildungs- und emanzipationsorientierten Intentionen außerschulischer Jugendarbeit werden in die Reservatenkammer der Geschichte zum Verstauben abgelegt. Im abschließenden 9. Kapitel wird diese Situation erörtert und die sich daraus ergebenden Aufgaben für die Kinder- und Jugendarbeit am Beginn ihres zweiten Jahrhunderts diskutiert.

Diese Einführung muss nicht Seite für Seite durchgearbeitet werden. Die einzelnen
Kapitel sind so verfasst und komponiert, dass sie jeweils auch für sich zu lesen
sind. Dies ist jedoch nur um den Preis einiger Wiederholungen möglich. Insbesondere in dem Kapitel zu den Einrichtungen und Aktionsorten sind Doppelungen mit
anderen Abschnitten zu erkennen. Allerdings sei auch denjenigen, die die Ent-

scheidung getroffen haben, nur Ausschnitte zu lesen, das Kapitel zur Gegen-
standsbestimmung der Kinder- und Jugendarbeit (Kapitel 1) vor dem Einstieg in
ausgewählte Bereiche zur Lektüre empfohlen. Die wenigen Exkurse dieser Einführung dürften insbesondere für diejenigen interessant sein, die sich mit einzelnen
Aspekten vertiefend beschäftigen möchten.

Am Ende einzelner Abschnitte - manchmal auch erst im Anschluss an einzelne
Kapitel - sind Literaturhinweise notiert, die sich besonders zur vertiefenden Lektüre empfehlen. Genannt werden hier sowohl grundlegende als auch aktuelle Publikationen zu den zuvor erörterten Themen. Die unter „Tipps zum Weiterlesen" genannten Publikationen erscheinen im Literaturverzeichnis nur dann nochmals,
wenn sie auch zuvor im Text zitiert wurden. Wer sich durch die Literaturhinweise
angeregt fühlt, aber frustriert feststellt, nicht alles lesen oder anschaffen zu können,
sich aber trotzdem eine eigene, kleine und erste Bibliothek zur Kinder- und Jugendarbeit zulegen möchte, findet hierzu auf S. 284 einen Vorschlag. Um einen
Eindruck von der Praxis der Kinder- und Jugendarbeit gewinnen zu können, finden sich in den einzelnen Abschnitten Beispiele. Wichtige Zusammenfassungen
werden ebenfalls besonders hervorgehoben.

Diese Einführung blickt auf eine mehrjährige, diskontinuierliche Entstehungsgeschichte zurück. Andere Verpflichtungen hielten ungezählte Male davon ab, dass
Projekt zügig abzuschließen. So wurden Teile der jetzt vorliegenden Fassung zwischenzeitlich aus mehr oder weniger aktuellem Anlass publiziert oder vorgetragen.
Viele Gedanken und Argumentationen in dieser Einführung knüpfen also an frü-
here, zum Teil mit anderen gemeinsam verfasste Arbeiten an: Der Abschnitt zu
den theoretischen und konzeptionellen Grundlagen der Kinder- und Jugendarbeit
basiert in einigen Passagen auf Überlegungen, die auf eine Zusammenarbeit mit
Albert Scherr zurückgehen. Der Exkurs zu den Fallstricken der lebensweltorientierten Kinder- und Jugendarbeit verdankt sich über weite Teile einer gemeinsam
mit Michael Galuske verfassten Publikation; der Teil zu den Maßnahmen der Jugendarbeit basiert in bezug auf die Auswertung der Daten für den Erhebungszeitraum 1996 auf einem mit Jens Pothmann verfassten Beitrag. Teile des Kapitels zu
den aktuellen Freizeitprozessen von Kindern und Jugendlichen greifen Überlegungen einer Expertise auf, an der Peter Kuhnert mitwirkte, und eines Aufsatzes, der
in Zusammenarbeit mit Heinz-Hermann Krüger entstanden ist. Bei der Recherche
aktueller Daten zur heutigen Situation von Jugendlichen halfen Frank Awender
und Dirk Wullenkord und bei der Fehlerkontrolle, der Erstellung der Literaturliste
und der Suche nach noch fehlenden Informationen Gustav Mewes, Tim Hillermacher und Sonja Boxberger. Ihnen sowie Ernst-Uwe Küster-Schapfl und insbesondere Peter Cloos sei für ihre fortwährend kritische Mitarbeit an dieser Einführung
herzlichst gedankt. Zu danken habe ich auch Thomas Rauschenbach, der seinen
immer nach einer Systematik suchenden Blick auch diesmal aktivierte und mehr
als nur einen Verbesserungsvorschlag unterbreitete. Was letztendlich jedoch aus
ihren Ideen und kritischen Anmerkungen wurde, dafür trägt einzig und allein der
Autor die Verantwortung.

Die Kinder- und Jugendarbeit wird nur äußerst selten aus einer nichtpädagogischen Perspektive beobachtet. Erfreulich ist, dass der Bamberger Soziologe R. Münch (1998, S. 124) in seine Reflexionen über die Dynamik lokaler Lebenswelten die Kinder- und Jugendarbeit einbezieht: „Eine dynamisch wachsende Gesellschaft", so betonte er, „wird durch Normabweichung gerade zur weiteren Modernisierung vorangetrieben. Sie kann niemals zum Stillstand vollkommener Normkonformität gelangen. Die gewachsene Gewalt der an den Rand gedrückten Jugendlichen hat ja eine Diskussion über die Normerosion ausgelöst, aus der wieder Anstrengungen zur Bewältigung des Problems durch verstärkte Jugendarbeit hervorgehen" (Münch 1998, S. 124). Eine aus sozialpädagogischer Perspektive sicherlich verkürzte Aufgabenzuschreibung. Doch immerhin wird der Jugendarbeit hier eine elementare Rolle im gesellschaftlichen Modernisierungsprozess zugestanden. Die Einführung möchte dazu beitragen, dass sie diese Rolle zukünftig noch professioneller wahrnehmen kann, ist doch bis heute undeutlich, ob und inwieweit die Projekte der Kinder- und Jugendarbeit den Weg der Heranwachsenden durchs Leben produktiv bereichern und stabilisieren. Aber vielleicht ist eine Einführung mit derartigen Ansprüchen ja auch überlastet. Zumindest sollen Hoffnungen geweckt werden, denn für viele BeobachterInnen ist die Kinder- und Jugendarbeit nach dem Verlust der emanzipatorischen Utopien der 70er Jahre des letzten Jahrhunderts gegenwärtig in eine Art Katerstimmung versunken.

Nicht alle Fragen und Probleme können in dieser Einführung befriedigend aufgegriffen werden. Für die Darstellung vieler Themenkomplexe waren Kompromisse zu finden. Auch deswegen bleibt diese Einführung ein Versuch, für ein unübersichtliches Gelände eine Semantik zu finden. Kinder- und Jugendarbeit ist und bleibt ein Baukasten. Wenn es gelungen sein sollte, die einzelnen Bauklötze zu beschreiben und zu einem akzeptablen Gebäude zu komponieren, dann konnte eine an dieses Buch adressierte Aufgabe bewältigt werden.

1 Annäherungen

In diesem Kapitel stehen zwei Dinge im Mittelpunkt. In einer ersten Sichtung wird versucht, den Gegenstand, um den es im weiteren geht, also die Kinder- und Jugendarbeit, inhaltlich zu erfassen. Dazu werden die Diskurse, also die publizierten Ideen zum Thema, kritisch gesichtet und dahingehend angefragt, ob und wenn ja welche inhaltliche Bestimmung der Kinder- und Jugendarbeit sie vorschlagen. Konfrontiert werden diese Überlegungen mit der beobachteten Wirklichkeit der Kinder- und Jugendarbeit. Ergebnis dieser Sichtung ist eine Erläuterung, was Kinder- und Jugendarbeit ist. In einem zweiten Abschnitt wird reflektiert, was gegenwärtig die wissenschaftliche und praxisbeobachtende Beschäftigung mit der Kinder- und Jugendarbeit an Informationen bereithält. In diesem Zusammenhang wird auch danach gefragt, ob die Kinder- und Jugendarbeit ein eigenständiges wissenschaftliches Teilsystem ist.

1.1 Was ist Kinder- und Jugendarbeit?

Eine präzise Definition dessen, was Kinder- und Jugendarbeit ist, sucht man in der Literatur vergebens. Gut, könnte man annehmen, der Begriff ist auch noch sehr jung und von daher noch weitgehend unscharf. Doch auch für den älteren, fachlich eingeführten Begriff „Jugendarbeit" liegen nur wenige Definitionsversuche vor. Schon ein flüchtiger Blick in die gängige Literatur zeigt, dass über die Jugendarbeit zwar viel gesprochen und auch geschrieben wird, aber nur selten explizit verdeutlicht wird, worüber und von was die Rede ist. Und die Umgrenzungsversuche, die man findet, sind schon älteren Datums. K. Mollenhauer (1964) bestimmte die Jugendarbeit vor knapp vierzig Jahren als ein institutionalisiertes und bewegliches Erziehungsfeld, H. Kentler (1964) zum selben Zeitpunkt als ein Arbeitsfeld der „Bildung in Freiheit zur Freiheit" und C. W. Müller (1964) als eine Reaktion auf eine „bestimmte Erscheinungsform der industriellen Gesellschaft". Zwanzig Jahre später beschrieb B. Bierhoff (1983) Jugendarbeit als „Freizeitarbeit mit Jugendlichen, gründend auf Freiwilligkeit und Freiheit", also als eine relativ repressionsarme, herrschaftsfreie Sozialisationsinstanz. Fassen wir diese Aussagen zusammen, dann scheint die Jugendarbeit und mithin vielleicht auch die „Kinder- und Jugendarbeit" als Ganzes ein gesellschaftlich gewolltes, institutionalisiertes pädagogisches Handlungsfeld zu sein, das sich wesentlich durch „Offenheit", „Freiwilligkeit", und „Herrschaftsabstinenz" charakterisiert. Ist damit beantwortet, was Jugendarbeit, Kinder- und Jugendarbeit ist? Ist Kinder- und Jugendarbeit Arbeit von, für oder mit Kindern und Jugendlichen? Kann sie zu jeder Zeit an jedem Ort stattfinden? Benötigt sie keinen Rahmen und kein besonderes Arrangement?

Auch aktuellere Publikationen präsentieren keine umfassenden Definitionen und diskutieren den Gegenstand immanent, gehen davon aus, dass sich das Gemeinte von selbst erschließt, also keine nähere begriffliche Ortsbestimmung bedarf (vgl. u. a. Böhnisch/Münchmeier 1987; Müller 1993; Krieger/Mikula 1994; Böhnisch/Rudolph/Wolf 1998). Hiernach ist eine anschauliche und fachlich ausgewiesene begriffliche Fassung der Jugendarbeit beziehungsweise der heutigen Kinder- und Jugendarbeit anscheinend überflüssig, weil sich dieses sozialpädagogische Arbeitsfeld als solches selbst erklärt, quasi aus sich heraus eine Deutlichkeit produziert, die keine weiteren Erklärungen bedarf.

Doch anscheinend enträtselt sich der Gegenstand nicht ohne weiteres aus sich heraus, wie die nachfolgenden Episoden aus dem Alltagsleben von verschiedenen Projekten der Kinder- und Jugendarbeit dokumentieren. Weder klären sie auf, was Kinder- und Jugendarbeit ist, relativierend muss man allerdings eingestehen, dass sie zu diesem Zweck auch nicht geschrieben wurden, noch dokumentieren sie ohne weiteres sichtbar etwas gemeinsames. Zum Teil verbergen sie sogar, an welchem Ort die jeweilige Tätigkeit oder das jeweilige Angebot stattfand, provozieren demzufolge sogar die Frage, ob es sich bei der einen oder anderen Situationsbeschreibung wirklich um eine Variante der Kinder- und Jugendarbeit handelt.

„Unterstützt durch den Alkoholkonsum, begannen sie bald mit den ersten kriminellen Handlungen, klauten Bier, stahlen Handtaschen, knackten Autos, respektierten das Kirchengebäude jedoch als gewaltfreie Zone. Man kann sich unschwer vorstellen, dass die Leute in der Kirchengemeinde über solche auffälligen Jugendlichen nicht gerade beglückt waren. Die Kids wurden immer mehr zu ungebetenen Gästen, lästigen Störenfrieden. Einige Gemeindemitglieder gaben lautstark ihre Meinung kund, Jugendliche hätten immer ruhig, unauffällig und höflich zu sein - ich weiß nicht, ob ihre eigenen, wohlbehüteten Kinder so waren, aber Jugendliche, die auf der Straße groß werden, wo sollen sie ein solches Verhalten gelernt haben? Jedenfalls wurden sie jetzt kontrolliert und überwacht. Dem Pfarrer wurde ständig zugetragen, was sie taten. (…) Bei allem Verständnis für die übrigen Gemeindebelange, der sich anschließende Verlust des Gemeindekellers kam einer Vertreibung gleich (…). Fortan blieben sie auf der Straße und im Park oder machten eine Disco unsicher, die ganz in der Nähe lag." (Stürzbecher 1992, S. 199)

„Das Konzept zielt darauf ab, durch angeleitetes Experimentieren und schrittweises Sich-Fort-Entwickeln dem einzelnen die ihm innewohnende Kraft bewusst zu machen. So gibt es für Kinder eigene Bereiche für Jazz- und Stepptanz, Ballett, Pantomime und Trommeln. Hier können früh eigene Ausdrucksmittel erprobt werden. Durch das Entfalten von Ideen und Mitgestalten von Stücken in der Gruppe wird das aktive, kreative und soziale Verhalten von Kindern und Jugendlichen gefördert." (Lowinski 1994, S. 130)

„Der Abendbereich ist geöffnet, Jugendliche 'hängen' an der Theke rum. Eine Mitarbeiterin ist noch damit beschäftigt, die Bastelarbeiten vom Kindernachmittag fertigzustellen. Die Jugendlichen setzen sich nach und nach dazu und fangen an, aus dem übriggebliebenen Material Kettchen in den Farben ihrer Fußballmannschaft herzustellen." (Deinet 1999, S. 97)

✎ „In den Osterferien lernen über 30 Kinder (...) im Alter von sieben bis zwölf, wozu es eine Tageszeitung gibt, was sie 'bringt', wie sie entsteht und wie sie an den Kiosk beziehungsweise in den Haushalt kommt. Zum Einstieg vermitteln lustige Szenen eines Mitmach-Rollenspiels, dass Zeitung mehr ist als bedrucktes Papier und dass es viel mehr Gründe gibt, sie regelmäßig zu konsumieren als zunächst gedacht. (...) Neben den ausführlichen Besichtigungen können die Kinder selber am Computer schreiben und im Labor die Entwicklung der selbstgemachten Fotos verfolgen. (...) In der zweiten Woche wird es dann ernst: Eine eigene Kinderzeitung soll entstehen." (Breuer/Hubweber 1996, S. 55)

✎ „Seit 1983 entwickeln sich unter dem Dach von 'Zukunft Bauen' mehrere arbeitsmarktnah strukturierte Betriebe, wie unter anderem der Sanierungsbetrieb ZUB und zwei Restaurants, in denen heute benachteiligte junge Menschen auf 100 Ausbildungsplätzen in zwölf verschiedenen Berufen, darunter in Bauhaupt- und Nebengewerben, in Gastronomie und Büro, ausgebildet werden. (...) 'Zukunft Bauen' hat sich Märkte erschlossen, bietet praxisnahe, pädagogisch begleitete Ausbildung und erwirtschaftet für das Projekt notwendige Eigenmittel." (KOMSA Berlin 1998)

✎ „Der Werkbus steht betriebsbereit installiert vor dem Eingang des Rathauses. Die Standortwahl wurde hauptsächlich vom Vorhandensein der notwendigen Infrastruktur bestimmt (...). Begleitend zum 'Abendprogramm' der Jugendlichen sollte deren tatsächliches Freizeitverhalten ausgewertet werden. Als Methode wurden bewusst nicht die obligatorischen Fragebögen gewählt, sondern ein qualitatives sozialwissenschaftliches Evaluationsinstrument: subjektive Landkarten." (Heiler 1999, S. 176)

✎ „Die Konstellation der jeweiligen Gruppe spielt eine große Rolle bei der Höhlenbegehung. Die Leitung prägt das Gruppenklima entscheidend mit: Im Vordergrund der Exkursion sollen nicht körperliche Leistung, Konkurrenz oder Rivalität stehen. Für entscheidend halten wir die psychodynamischen Vorgänge in der Gruppe und im einzelnen Teilnehmer." (Heckmair/Michl 1993, S. 134)

✎ „Die Schulaufgabenbetreuung (...) ist so organisiert, dass die Grundschüler und die Hauptschüler in ihren Räumen jeweils von zwei bis drei Mitarbeitern betreut werden. Die Schulaufgabenhilfe ist keine Nachhilfe für schlechte Schüler, sondern versteht sich als Unterstützung der Kinder bei der Bewältigung ihrer meist schulischen Probleme (...). Auch als Kommunikationsvermittler zwischen den Schülern und Schule, zwischen Eltern und Kindern sowie zwischen Eltern und Lehrern hat die Schulaufgabenbetreuung eine wichtige Funktion." (Deinet/Steil 1996, S. 86)

In den Schilderungen ist die Rede von randalierenden, alkoholisierten Jugendlichen, von Kindern und Jugendlichen, die moderne Tänze zu Experimenten mit ihren Ausdrucksmöglichkeiten nutzen und von Kindern, die in den Ferien eine Zeitung erstellen. Berichtet wird über eine Höhlenwanderung, über ein Bauprojekt von und mit Jugendlichen, über eine kleine sozialwissenschaftliche Untersuchung und über eine Schulaufgabenbetreuung. Diese stichwortartigen Memos geben allerdings ebenso wenig wie die Alltagsepisoden selbst durchgängig Auskunft über den Charakter und die Art der Kinder- und Jugendarbeit, in dem die Angebote und Projekte stattfanden. Die Schilderung der Höhlenwanderung mit gruppendynamischen Intentionen kann sowohl dem Exkursionsbericht eines Mitarbeiters aus einem Jugendfreizeitzentrum wie dem einer Straßensozialarbeiterin entnommen sein. Sowohl ein Hort als auch der offene Kinder- und Jugendbereich eines Soziokulturellen Kommunikationszentrums kann Ort der

geschilderten Schulaufgabenbetreuung sein und das ausdrucksorientierte Tanz-
projekt könnte in einem Volkshochschulkurs ebenso stattgefunden haben wie
auf dem Wochenendworkshop eines Jugendverbands. Dass die „Vertreibung"
der Jugendlichen aus einem Gemeindehaus dem Bericht eines Streetworkers
entnommen ist und der Ausschnitt „Zukunft Bauen" dem Projektbericht einer
Jugendberufsinitiative, ist möglicherweise noch am ehesten zu erkennen. Die
Jugendlichen, die an der Theke „rumhingen", bevor sie anfingen zu basteln,
wurden in einem Jugendhaus beobachtet und mit dem Erhebungsverfahren der
„subjektiven Landkarten" wurde im Rahmen der konzeptionellen Fortschrei-
bung eines niedrigschwelligen, mobilen Kinder- und Jugendangebotes experimentiert.

Die Praxissituationen spiegeln zwar einen Teil, ein Spektrum der Kinder- und
Jugendarbeit, jedoch nicht so präzise, dass sie uns jeweils auch auf den ersten
Blick mitteilen, welchem Zusammenhang sie entstammen. Auch wenn schnell
und zutreffend erkannt werden kann, dass die Tanzangebote in dem Projektbericht einer Jugendkunstschule zu finden sind und die Schulaufgabenbetreuung
in einem Jugendhaus stattfand, verliert die obige Annahme nicht an Bedeutung.
Belegt wird lediglich, dass von einer bestimmten Angebotsform nicht auf den
Ort ihrer Realisierung geschlossen werden kann (vgl. hierzu auch Kapitel 4 u.
5). Bezüglich einer Einkreisung des Gegenstands sind die Episoden somit nur
insofern fruchtbar, als dass sie nahe legen, zwischen Einrichtungen und Angebotsformen der Kinder- und Jugendarbeit ebenso fein und ausgewiesen zu unterscheiden wie zwischen Methoden, Konzepten und einzelnen Handlungsfeldern, denn ob die Erlebnispädagogik als eigenständiges Handlungsfeld ausbuchstabiert oder als Methode verstanden wird, ist zunächst einmal eine Frage
der Definition (vgl. hierzu das Kapitel 7). Zur Klärung der Frage, was ist „Kin-
der- und Jugendarbeit", tragen sie ohne tiefergehende Erläuterungen allerdings
nur wenig bei. Zwei grundsätzliche Erkenntnisse sind dennoch bis hierher herauszustellen.

• Erstens ist festzuhalten, dass es zumindest zwei verschiedene Perspektiven
  und Möglichkeiten gibt, zu klären, was Kinder- und Jugendarbeit ist. Die
  Kinder- und Jugendarbeit kann *erstens* aufgabenbezogen, inhaltlich definiert
  werden, also so, wie es die zu Beginn dieses Kapitels genannten Autoren
  versucht haben. *Zweitens* kann eine Definition über eine Betrachtung der Arbeitsfelder und Angebotsformen anvisiert werden, also so, wie es mithilfe
  der Episoden versucht wurde. Damit sind die Definitionsmöglichkeiten allerdings noch lange nicht erschöpft. Eine inhaltliche Bestimmung kann sich
  drittens an rechtliche Vorgaben orientieren, also die Kinder- und Jugendarbeit auf der Basis des Kinder- und Jugendhilfegesetzes (KJHG) bestimmen.
  Eine weitere, *vierte* Variante ist, der Geschichte der Kinder- und Jugendarbeit nachzuspüren und das recherchierte Material für einen Definitionsver-
  such heranzuziehen. *Fünftens* kann die Kinder- und Jugendarbeit auch theoretisch, beispielsweise unter Rückgriff auf erziehungswissenschaftliche, soziologische oder psychologische Wissensbestände, definiert werden, mögli-

cherweise mit dem Ergebnis, dass es sich hier im Kern um ein pädagogisches, sozialintegratives beziehungsweise entwicklungspsychologisch bedeutsames gesellschaftliches Teilsystem handelt. Letztendlich *sechstens* kann die Kinder- und Jugendarbeit aus einer gesellschaftstheoretischen Perspektive betrachtet und bestimmt werden. Alle denkbaren Definitionsspielarten können hier nicht durchdekliniert werden. Auf einige Perspektiven wird zu einem späteren Zeitpunkt eingegangen, so beispielsweise auf die juristische Codierung der Kinder- und Jugendarbeit in dem Rechtskapitel (Kapitel 3), auf theoretische Bestimmungsversuche in dem Theorie- und Methodenkapitel (Kapitel 7) und auf Aspekte der historischen Genese der Kinder- und Jugendarbeit in dem historischen Kapitel (Kapitel 2).

• Darüber hinaus ist zweitens festzuhalten, dass die wenigen, in der Literatur notierten Definitionen sich - soweit überhaupt - auf eine Annäherung an den Begriff „Jugendarbeit" konzentrieren, also den hier verwendeten erweiterten Begriff „Kinder- und Jugendarbeit" gar nicht zum Inhalt ihrer Definitionsversuche wählen. Dies hat, wie in der Einleitung schon angedeutet, auch historische Ursachen - mit anderen Worten: Zumindest begrifflich, möglicherweise auch realhistorisch war die heutige Kinder- und Jugendarbeit zuvorderst erst einmal nur Jugendarbeit. Kindheit geriet erst in den letzten zwei Jahrzehnten als eigenständige Lebensphase in den Fokus wissenschaftlicher Annäherungen. Damit ist nicht ausgesagt, dass es zuvor keine selbständige Kindheitsphase gab (vgl. Kapitel 2). Thematisiert wurde sie jedoch vornehmlich unter entwicklungspsychologischen und biologischen, nicht jedoch unter sozialwissenschaftlichen Prämissen. Erst jedoch unter dem sozialwissenschaftlichen Blick konnte Kindheit in aller Umfassendheit zum Gegenstand von Forschungsprozessen werden, wurden nicht mehr nur kindliche Reifungsprozesse, sondern auch das kindliche Freizeitverhalten, kulturelle Orientierungen und Autonomiewünsche erforscht. Parallel mit dieser Erweiterung des forschenden Interesses wurden Kinder zu einem eigenständigen Adressatenfeld der Jugendarbeit und diese damit zur Kinder- und Jugendarbeit. Daraus nun allerdings zu schließen, Kinder wurden erst in den letzten Jahrzehnten als potentielle Adressaten der Jugendarbeit entdeckt, scheint nur zum Teil richtig. Richtig ist sicherlich, dass seit gut fünfzehn Jahren Kinder eine immer bedeutsamere Rolle in der Jugendarbeit spielen. Aber auch schon in den 10er und insbesondere in den 20er Jahren des letzten Jahrhunderts richteten sich die Angebote der staatlichen Jugendpflege und der unterschiedlichen Jugendverbände auch an Kinder. Insbesondere in den sozialistisch und kommunistisch orientierten, aber auch in den naturbezogenen und kirchlichen Bewegungen entstanden sogar eigene Kindergruppen und über die Besonderheiten einer „proletarischen" Kindererziehung (vgl. u. a. Hoernle 1969; Rühle 1975) wurde intensivst nachgedacht. An die Traditionen der „proletarischen Kinderbewegung" knüpften dann Initiativen Ende der 60er, Anfang der 70er Jahre des letzten Jahrhunderts bewusst an (vgl. u. a. Autorenkollektiv am Psychologischen Institut 1971) und es gründeten sich Aktionsgruppen, die für außerschulische, kinderbezogene Freizeitmöglichkeiten warben und diese beispielsweise auch in Form von Bau- und Abenteuer-spielplätzen oder Kinderhäusern etablierten.

Diese Hinweise illustrieren, dass bis in die 80er Jahre des letzten Jahrhunderts hinein die Jugendarbeit im wesentlichen und zuerst sozialpädagogische Arbeit mit Jugendlichen war. Die Hinweise verdeutlichen aber auch, dass in der „Ju-gendarbeit" die „Kinderarbeit" nicht erst seit jüngsten ihren Platz hat. Kinder waren in die Projekte der Jugendarbeit seit spätestens den 20er Jahren verein-zelt integriert, wenn auch nicht als eigenständige Adressatengruppe präsent. Erst in den letzten zwei Jahrzehnten erweiterte und differenzierte sich die Ju-gendarbeit deutlich in zweierlei Hinsicht. Zum einen ist eine generative Aus-dehnung wahrzunehmen und zum anderen eine Verbreiterung und Ausdifferen-zierung der Angebotspalette, so dass heute nicht mehr nur ältere, sondern auch jüngere Heranwachsende, und nicht mehr nur die klassischen Formen, wie die Jugendpflege, die „offenen" Jugendarbeit und die Jugendverbandsarbeit, son-dern ein enorm ausgeweitetes Spektrum dieses Arbeitsfeld prägen. Die klassi-sche Jugendarbeit entwickelte sich zur modernen Kinder- und Jugendarbeit.[1]

Die Kinder- und Jugendarbeit besteht sicherlich auch heute noch primär aus den nicht-kommerziellen Freizeiteinrichtungen für Heranwachsende, den Kin-der- und Jugendfreizeitheimen, Jugendhäusern, Jugendcafés, Freizeitstätten und Jugendclubs, der kommunalen Jugendpflege und der Jugendverbandsarbeit. Daneben sind heute allerdings weitere, quantitativ kleinere Handlungsfelder mit speziellen Schwerpunkten zur Kinder- und Jugendarbeit zu zählen: die soziale, politische, naturkundliche, gesundheitsorientierte und kulturelle Bildungsarbeit in Jugendbildungs- und Jugendtagungsstätten, die Kinder- und Jugendarbeit in Erholungsstätten, Zeltlagern, Ferienfreizeiten und -aktionen sowie auf Aben-teuer- und Bauspielplätzen, die Stadtranderholung, die ästhetisch-kulturelle Ar-beit der Jugendkunst-, Mal- und Kreativitätsschulen, die Kinder- und Jugendar-beit in Soziokulturellen Zentren und Kommunikationshäusern, die Kinder- und Jugendberatung, die arbeitswelt- und familienbezogene Jugendarbeit sowie die schulbezogene Kinder- und Jugendsozialarbeit. Und auch Formen der internati-onalen Arbeit, der Straßensozial- und Fußballfangruppenarbeit, der aufsuchen-den und niedrigschwelligen Kinder- und Jugendarbeit wie die mobile Jugend-arbeit können als integraler Teil der Kinder- und Jugendarbeit identifiziert wer-den. Andere Handlungsfelder wiederum sind im Kern nicht hinzuzurechnen, obwohl sie wie die berufsbezogene Jugendsozialarbeit, der Kinder- und Ju-gendschutz sowie freizeitbezogene und schulunterstützende Projekte außerhalb des normalen Schulszenariums deutliche Schnittflächen mit der Kinder- und Jugendarbeit zeigen.

---

1 Damit wird für die Einheit von Kinder- und Jugendarbeit plädiert (vgl. hierzu insbe-sondere auch Weigand 1998), obwohl die pädagogische Kinderarbeit sich auch als se-parater Bereich neben der Jugendarbeit (vgl. Nahrstedt/Fromme 1986; Gilles 1992; Spiegel 1999) oder als Subsystem der Jugendarbeit (vgl. Deinet 1987; Jähnigen 1999) definieren ließe.

Allerdings ist diese scharfe Abgrenzung zugleich schon wieder zu relativieren, denn in einigen Kommunen zählt der Kinder- und Jugendschutz und auch die berufsbezogene Jugendsozialarbeit zur Kinder- und Jugendarbeit im erweiterten Sinn, weil beispielsweise die berufsvorbereitenden Projekte im Jugendzentrum integriert sind und von hieraus auch der Kinder- und Jugendschutz organisiert wird. Generell und deutlich kann jedoch die Kinder- und Jugendhilfe von der Kinder- und Jugendarbeit unterschieden werden. Die Kinder- und Jugendarbeit ist im Gegensatz zu der häufig wahrzunehmenden Alltagsauffassung nicht mit der Kinder- und Jugendhilfe identisch. Diese schließt zwar auch die Kinder- und Jugendarbeit ein, umfasst jedoch die Sozialpädagogik mit Kindern und Jugendlichen insgesamt, von Kindertageseinrichtungen, die zusammen mit anderen Einrichtungen ein eigenständiges, vorschulisches und tendenziell dem Bildungssektor nahestehendes Arbeitsfeld mit einem ausgewiesenen theoretischen Diskurs darstellen, bis hin zu den erzieherischen Hilfen in und außerhalb von Familien, denen primär die Aufgabe zukommt, familiale Sozialisationsdefizite abzufedern.

Trotz dieser Erläuterungen ist die Frage, wie die Landschaft der Kinder- und Jugendarbeit konturenscharf nach außen abgegrenzt und eindeutig definiert werden kann, noch nicht endgültig beantwortet. Die Schnittpunkte zwischen den unterschiedlichen Arbeitsfeldern der Kinder- und Jugendarbeit über eine zu enge Definition zu fassen, birgt die Gefahr, die „Unbestimmtheit der gegenwärtigen Praxis durch gewaltsame Definitionen bestimmter" (Giesecke 1971, S. 14) machen zu wollen als sie ist und darüber Bereiche der Kinder- und Jugendarbeit aus dem gemeinsamen Kanon auszugrenzen. Um also nicht gewaltsam etwas eng zu definieren, erscheint eine inhaltliche Bestimmung des Gesamtfeldes der Kinder- und Jugendarbeit notwendig - siehe den nachstehenden Kasten -, die einerseits breit genug ist, um alle Arbeitsfelder zu umschließen, andererseits jedoch mehr ist als eine nur wenig aussagekräftige Hülle.

❗ Kinder- und Jugendarbeit? - Arbeitsdefinition

Kinder- und Jugendarbeit umfasst alle
- außerschulischen und nicht ausschließlich berufsbildenden,
- vornehmlich pädagogisch gerahmten und organisierten,
- öffentlichen,
- nicht kommerziellen bildungs-, erlebnis- und erfahrungsbezogenen Sozialisationsfelder
- von freien und öffentlichen Trägern, Initiativen und Arbeitsgemeinschaften.

Kinder ab dem Schulalter und Jugendliche können hier
- selbständig, mit Unterstützung oder in Begleitung von ehrenamtlichen und/oder beruflichen MitarbeiterInnen,
- individuell oder in Gleichaltrigengruppen,
- zum Zweck der Freizeit, Bildung und Erholung
- einmalig, sporadisch, über einen turnusmäßigen Zeitraum oder für eine längere, zusammenhängende Dauer zusammenkommen und sich engagieren.

Die außerschulischen Kinder- und Jugendarbeit konstituiert damit ein freiwilliges Angebot in einem doppelten Sinne: Weder können Kinder und Jugendliche zu einer Teilnahme verpflichtet werden, noch können sie andererseits ihre Teilnahme einklagen.

Die Begriffsbestimmung schließt an den Vorschlag von H. Giesecke (1971, S. 16) an, wonach „Jugendarbeit (…) diejenigen von der Gesellschaft Jugendlichen und Heranwachsenden angebotenen und im JWG katalogisierten Lern- und Sozialisationshilfen bezeichnet, die außerhalb von Schule und Beruf erfolgen, die Jugendliche unmittelbar (…) ansprechen und von ihnen freiwillig wahrgenommen werden". Im Gegensatz zu dieser Begriffsbestimmung verzichtet die hier vorgeschlagene auf rechtliche Hinweise, weil diese immer auch eine innovationshemmende Festschreibung beinhalten.

Die Kinder- und Jugendarbeit ist somit ein außerschulisches, nicht primär berufsbezogenes Arbeitsfeld. Damit findet eine deutliche Abgrenzung zum primären, sekundären und tertiären Bildungssystem statt. Im Gegensatz zur Schule verweist die Kinder- und Jugendarbeit auf ihren Freiwilligkeitscharakter und im Kontrast zum berufsbildenden System findet in der Kinder- und Jugendarbeit genuin keine berufliche Qualifizierung statt, gleichwohl, wie erwähnt, sie partiell Ort von berufsvorbereitenden und -orientierenden Maßnahmen sein kann.

Im Unterschied zu privat und informell organisierten, autonomen und selbstorganisierten Gleichaltrigengruppen und Szenen (vgl. Kapitel 6) ist das Zusammentreffen von Kindern und Jugendlichen in den Projekten der Kinder- und Jugendarbeit öffentlich und formell organisiert von sogenannten Trägern (vgl. Kapitel 3), das heißt von Kommunen und Kreisen, also von staatlichen Institutionen, oder aber beispielsweise von Wohlfahrtsverbänden, Initiativen und Jugendverbänden, die im staatlichen Auftrag oder mit staatlicher Unterstützung als sogenannte intermediäre Organisationen Projekte der Kinder- und Jugendarbeit anbieten und organisieren. Gestaltet werden die Angebote der unterschiedlichen Träger von ehrenamtlichen, also unbezahlten und in der Regel nicht einschlägig fachlich ausgebildeten, nebenamtlichen, also neben dem Beruf oder dem Studium stundenweise in der Kinder- und Jugendarbeit tätigen, und hauptberuflich beschäftigten, zum Teil über sozialpädagogische Ausbildungen qualifizierten MitarbeiterInnen (vgl. Kapitel 5).

Obgleich die Angebote der Kinder- und Jugendarbeit zumeist mit schuldidaktischen Vermittlungsformen nur wenig Übereinstimmung zeigen, kann daraus nicht geschlossen werden, dass Kinder und Jugendliche hier nicht zu erfahrungsbezogenen Bildungsprozessen animiert werden. Eingebunden sind die Bildungsofferten aber zumeist in freizeit- und erholungsorientierte Angebotsformen. Auf eine Überprüfung der Lernleistungen wird prinzipiell verzichtet. Orientiert Schule auf kognitive Leistungen, geht es in der Kinder- und Jugendarbeit primär um eine Stabilisierung der Kompetenzen zur sozialen Integration und der Konsolidierung der autonomen Lebensführungskompetenzen. Die Kinder- und Jugendarbeit ist entsprechend dieser Kernprämissen ein zentrales sozialpädagogisches, öffentlich organisiertes und vergesellschaftetes Sozialisationsfeld der modernen Gesellschaft.

Tipps zum Weiterlesen

Böhnisch, L./Münchmeier, R. (1987): Wozu Jugendarbeit? Orientierungen für Ausbildung, Fortbildung und Praxis. Weinheim u. München.
Giesecke, H. (1971): Die Jugendarbeit. München.
Kiesl, D./Scherr, A./Thole, W. (Hrsg.) (1998): Standortbestimmung Jugendarbeit. Theoretische Orientierungen und empirische Befunde. Schwalbach/Ts.

1.2 Im Spiegel der Wissenschaft - oder: Was wissen wir über die Kinder- und Jugendarbeit?

In der schon zitierten, zu einem Standardwerk avancierten, gegenwärtig aber in Vergessenheit geratenen Einführung in „Die Jugendarbeit" aus dem Jahre 1971 betont H. Giesecke (1971, S. 9), dass es zwar die Jugendarbeit seit Beginn des 20. Jahrhunderts in Form eines mehr oder weniger pädagogisch ausgeprägten Praxisfeldes gibt, „nicht jedoch in Gestalt relevanter erziehungswissenschaftlicher Arbeiten oder gar einer eigenen erziehungswissenschaftlichen Disziplin". Für die Jugendarbeit liegen zu Beginn des 21. Jahrhunderts zwar eine Vielzahl theoretischer Entwürfe vor (vgl. zusammenfassend u. a. Krieger/Mikulla 1994; Scherr/Thole 1998). Auch an konzeptionellen Vorschlägen besteht sicherlich kein Mangel. Doch wenn sie nicht nur hinsichtlich ihrer theoretischen Stringenz, sondern auch dahingehend angefragt werden, welchen disziplinären Zugang sie favorisieren und wie sich dieser herstellt und begründet, wird es schwierig. Giesecke sah die Jugendarbeit noch in der Erziehungswissenschaft verwurzelt. Andere, kritische, in den 70er Jahren an marxistische Traditionen anknüpfende Einwürfe sahen die Heimat der Jugendarbeit in einer pädagogisch aufgelockerten Soziologie (vgl. Lessing/Liebel 1974).

In den letzten beiden Jahrzehnten sind die disziplinären Zuordnungen keineswegs eindeutiger geworden. Und auch mit dem Bezug zur Sozialpädagogik als disziplinärem und damit wissenschaftstheoretischem Fokus ist die Suche nach einem disziplinären Ort für die außerschulische Kinder- und Jugendarbeit keineswegs an ihrem endgültigen Bestimmungspunkt angelangt. Die Kinder- und Jugendarbeit bleibt ein außerschulisches Handlungsfeld ohne eindeutigen fachlichen Ort. Mindestens sechs fachwissenschaftliche Optionen sind gegenwärtig zu erkennen:

- Kinder- und Jugendarbeit als „eigenständiges Fachgebiet" mit einem eigenständigen Theoriebildungsdiskurs und eigenen Forschungsambitionen;
- Kinder- und Jugendarbeit als erziehungswissenschaftliches Teilgebiet;
- Kinder- und Jugendarbeit als sozialpädagogische „Subdisziplin";
- Kinder- und Jugendarbeit als Bestandteil der Jugend- und Erwachsenenbildung;
- Kinder- und Jugendarbeit als Teil der Sozialwissenschaft;
- Kinder- und Jugendarbeit als Praxisfeld ohne „disziplinären Ort".

Wenn die Häufigkeit der gewählten Orientierungen den wissenschaftlichen Ort der Kinder- und Jugendarbeit bestimmt, dann ist eine disziplinäre Verortung noch am ehesten im Kontext der Sozialpädagogik zu vermuten. Aber vor dem Hintergrund der vielerorts diskutierten disziplinären Unentschiedenheit der Sozialpädagogik bleibt diese Zuordnung äußerst fragil und letztendlich doppelt verunsichert: Auf der Suche nach einem disziplinären Ort bandelt die Jugendarbeit in diesem Fall mit einem disziplinären Kontext an, der selbst noch zu wählen hat zwischen einer Zuordnung zu der Erziehungswissenschaft und den Sozialwissenschaften oder der Ausrufung einer autonomen Sozialarbeitswissenschaft (vgl. u. a. Thole 1995b; Rauschenbach 1999).

Im Gegensatz zur Schulpädagogik oder Erwachsenenbildung ist die Frage nach der disziplinären, also der wissenschaftlichen Zuordnung und professionellen Identität für die außerschulische Kinder- und Jugendarbeit ungeklärt. Weder ist geklärt, an welcher Disziplin sich ein jugendarbeitstheoretischer Diskurs orientiert, noch ist innerhalb der professionsorientierten Konzeptualisierungen ein Konsens dahingehend zu erkennen, unter Rückgriff auf welches Theoriegebäude eine theoretische Ausbuchstabierung und Kartographisierung dieses Handlungsfeldes überhaupt möglich ist. Insbesondere letzterer Aspekt ist offen, auf jeden Fall dann, wenn den Diskussionen zu einzelnen Handlungsfeldern der Kinder- und Jugendarbeit gefolgt wird. So sind beispielsweise in bezug auf die klassische Jugendarbeit sozialisationstheoretische Konzeptualisierungen, bezüglich der sozial-kulturellen Arbeit kulturwissenschaftliche und innerhalb der berufsbezogenen Sozialarbeit soziologische Theoretisierungsversuche zu erkennen. Vor dem Hintergrund der Vielfältigkeit und Differenziertheit der Kinder- und Jugendarbeit kann es nicht verwundern, dass bis heute eine allseits akzeptierte, systematisch gegliederte und theoretisch präzise Gesamtübersicht zur Sozialpädagogik mit Kindern und Jugendlichen nicht vorliegt.

Die außerschulische Kinder- und Jugendarbeit bildet in der sozialwissenschaftlichen und -pädagogischen Publikationslandschaft allerdings keine Leerstelle. Neben historischen Rekonstruktionen (vgl. Giesecke 1981; Krafeld 1984; Naudascher 1990), die allerdings Formen der außerschulischen Kinderarbeit nur streifen, liegen das Arbeitsfeld theoretisch vermessende und verortende „Klassiker" vor (vgl. u. a. Müller u. a. 1964; Rössner 1967; Giesecke 1971; Lessing/Liebel 1975; Damm 1980; aktuell die Beiträge in Kiesl/Scherr/Thole 1998). Unter forschungsbezogenen Gesichtspunkten ist insbesondere auf Publikationen hinzuweisen, die das Arbeitsfeld der Kinder- und Jugendarbeit vor dem Hintergrund einer sich sukzessive modernisierten Kindheit und Jugend skizzieren (vgl. u. a. Baacke 1985b; Böhnisch 1992; Thole 1995a) oder aber über die Geschichte, den historischen Standort, konzeptionelle Entwicklungen und Orientierungen sowie die augenblickliche Praxis in zum Teil einführenden Überblicken informieren (vgl. etwa Lessing u. a. 1986; Böhnisch/Münchmeier 1987, 1990; Bauer 1991; Krieger/Mikulla 1994). Bezüglich der Jugendverbandsarbeit (vgl. Böhnisch/Gängler/Rauschenbach 1991), des Kinder- und Jugendschutzes (vgl. Bienemann u. a. 1995), der mobilen, aufsuchenden Jugendarbeit (vgl. Becker/Simon 1995), der politischen Jugendbildungsarbeit (vgl. Hafeneger 1997) und der „Offenen Jugendarbeit" (vgl. Deinet/Sturzenecker 1998) existieren systematisch strukturierte Handbücher. Darüber hinaus liegen Befunde vor, die die Maßnahmen der Jugendarbeit im Rahmen der Jugendhilfe quantitativ analysieren (vgl. zuletzt Deininger 1990; Nörber 1996; Thole 1997; Pothmann/Thole 1999), quantitative und qualitative Informationen über die in der Kinder- und Jugendarbeit tätigen MitarbeiterInnen präsentieren (vgl. u. a. Knoll-Krist 1985; Rauschenbach 1991; Hafeneger 1992; Brenner 1996; Thole 1995a; Thole/Küster-Schapfl 1997) und das Verhältnis von ehrenamtlichen zu hauptamtlichen MitarbeiterInnen und ihre Qualifikation respektive Motivation untersuchen (vgl. Hamburger u. a. 1982; Beck/Wolf 1984; Reichwein/Freund 1992). Jugendarbeit als stadtteil- und sozialräumliches Projekt (vgl. Krisam/Tegethoff 1977) oder einzelne Arbeitsfelder (Jugendarbeit und Schule: vgl. Brenner/Nörber 1992; Kinder- und Jugendkulturarbeit: vgl. Thole/Kolfhaus u. a. 1994), AdressatInnenpopulationen (vgl. zusammenfassend Bauer 1991) und AdressatInnengruppen (geschlechtsspezifische Angebotsformen: vgl. u. a. Brenner/Grubauer 1991; interkulturelle Pädagogik: vgl. Klawe/Matzen 1993) oder Angebotsformen (Computer in der Jugendarbeit: vgl. Böcker/Schillo 1995; Medienarbeit: vgl. Brenner/Niesyto 1993; Umweltpädagogik: vgl. Brenner/Waldmann 1994) werden in weiteren Untersuchungen in tendenziell programmatischer Form untersucht. Aktuelle Entwicklungen der pädagogischen Praxis finden ebenso wie theoretische Reflexionen über die Kinder- und Jugendarbeit vor allem in der monatlich erscheinenden Zeitschrift „deutsche jugend" (Juventa Verlag, Weinheim und München) einen Publikationsort. In unregelmäßiger Folge erscheinen darüber hinaus Beiträge zur Kinder- und Jugendarbeit in den Fachzeitschriften „neue praxis" (Luchterhand Verlag, Neuwied), „Sozialmagazin" (Juventa Verlag, Weinheim und München), „Sozial Extra" (sozialExtra Verlag, Wiesbaden) und „Unsere Jugend" (Reinhard Verlag, München).

Die Mehrzahl der vorliegenden Vermessungen sind jedoch konzeptionell, weniger empirisch ausgerichtet. Bislang konstituierte sich keine institutionalisierte, kontinuierliche, über eigene Forschungsinstitute und wissenschaftliche Kommunikationszusammenhänge ausgewiesene Kinder- und Jugendarbeitsforschung, auf deren Ergebnisse sich die Theoriebildung beziehen könnte. Auch in den seitens der Bundesregierung in Auftrag gegebenen Jugendberichten stellt die Kinder- und Jugendarbeit nur einen wenig erfassten Randbereich dar.

Dass empirische Befunde und theoretische Vergewisserungen der außerschulischen Kinder- und Jugendarbeit umfänglich bisher ebenso wenig vorliegen wie übersichtlich gegliederte, alle Handlungsfelder und Arbeitsformen integrierende allgemeine Übersichten in Gestalt von Hand- oder Wörterbüchern, ist sicherlich dem hohen Ausdifferenzierungsgrad der Jugendarbeit, neben weiteren Gründen jedoch sicherlich auch der Empirieabstinenz derjenigen geschuldet, die sich in den letzten zwanzig Jahren mit diesem sozialpädagogischen Feld auseinander setzten. Drei größere Fragenkomplexe bieten sich für vertiefende Sondierungen gegenwärtig an:

• Bis heute besteht keine Einigkeit darüber - siehe hierzu auch den vorherigen Abschnitt -, welche Handlungsfelder der sozialen und pädagogischen Arbeit außerhalb der Schule unter fachlichen Prämissen einer modernen Kinder- und Jugendarbeit zuzurechnen sind. Ist die Jugendsozialarbeit ein Segment der außerschulischen Pädagogik? Sind die Begriffe „Kinder- und Jugendarbeit" und „außerschulische Pädagogik" deckungsgleich? Gehören Jugendkunstschulen, Soziokulturelle Zentren und Musikschulen zur Kinder- und Jugendarbeit? Ist der Begriff „Offene Jugendarbeit" heute noch von Bedeutung, umgrenzt und definiert er noch hinreichend? Auf diese und andere Fragen werden immer noch unterschiedliche Antworten gegeben und die hier gefundene ist noch weit davon entfernt, allgemeiner Standard zu sein.

• Zur Zeit besteht eine Situation, in der die Praxis über die Implementierung neuer Steuerungsmedien („Produktbeschreibungen") in der Kinder- und Jugendarbeit das Fehlen einer theoretischen Fundierung kompensiert. Der Mangel an fachspezifischen Theorien wird betriebswirtschaftlich ausgeglichen. Mit anderen Worten: Eine neue fachspezifische Reformulierung theoretischer Bezugspunkte ist unumgänglich, insbesondere vor dem Hintergrund, dass ideologiegebundene theoretische Ausbuchstabierungen wenig ertragreich sind und den Kern der Sache häufig auch nur unzureichend treffen.

• In einem nur sehr bescheidenen Umfang liegen den Ausdifferenzierungen der Kinder- und Jugendarbeit entsprechende empirische Aufarbeitungen vor, die das Gesamttableau oder auch nur Segmente der außerschulischen Kinder- und Jugendarbeit quantitativ und qualitativ umfassend rekonstruieren, also Informationen zu den AdressatInnen und BesucherInnen, zu den Angeboten, Projekten und Maßnahmen, zu den institutionellen und strukturellen Eckpfeilern, den Methoden und Interaktionsnetzwerken sowie den kooperativen, angebots- und feldübergreifendenden Querverbindungen innerhalb der außerschulischen Kinder- und Jugendarbeit mitteilen. Die wissenschaftliche Inblicknahme der Kinder- und Jugendarbeit interessierte sich stets mehr für die inhaltlichen Angebote, Programme und Zielsetzungen, für die pädagogisch denkbaren Möglichkeiten und Grenzen der außerschulischen Pädagogik als die für empirische, anhand von „harten Fakten" zu notierende soziale Realität. Empirisch ist die Kinder- und Jugendarbeit ein fast noch unbekanntes Arbeitsfeld.

! Fasst man diesen kurzen Überblick zusammen, bleibt im Ergebnis insbesondere hervorzuheben, dass es der Kinder- und Jugendarbeit an einer entwickelten Forschungskultur fehlt und viele Fragen in den letzten Jahrzehnten demzufolge nicht empirisch beantwortet wurden (vgl. hierzu Thole/Küster-Schapfl 1997; Scherr/Thole 1998). Das Forschungsdefizit ist auch mit dafür verantwortlich, dass sowohl politische als auch pädagogische Debatten über Aufgaben, Möglichkeiten und das erforderliche Ausmaß von Jugendarbeit vorzugsweise normativ geführt wurden und werden. Für eine Weiterentwicklung von Theorien zur Kinder- und Jugendarbeit wird es vor diesem Hintergrund entscheidend sein, ob es gelingt, die bestehenden Ansätze so auszubauen, dass schrittweise eine gesicherte Wissensbasis entsteht, die es erlaubt, die zukünftige Theoriebildung empirisch zu fundieren und zu begutachten (vgl. hierzu insbesondere auch Kapitel 7).

2 Von den Anfängen bis zur Gegenwart - Geschichte

2.1 Die Kinder- und Jugendarbeit im Fokus der Geschichtsschreibung - Vorbemerkung

Die Entdeckung von Kindheit und Jugend als eigenständige und spezifische Lebensabschnitte ist ebenso wie der Beginn der Inblicknahme dieser Altersphasen durch die Pädagogik (vgl. u. a. Gstettner 1981; Mitterauer 1986; Peukert 1986; Levi/Schmitt 1997) auf die zweite Hälfte des 19. Jahrhunderts zu datieren. Um keine Missverständnisse hervorzurufen, ist diese Feststellung jedoch erläuterungsbedürftig. Im biologischen Sinn gab es eine Kindheit und Jugend natürlich auch schon vorher. Doch die Gesellschaft hatte bis dato kein spezifisches Gefühl, keine exklusiven Umgangsformen für die Heranwachsenden entwickelt. Noch in den mittelalterlichen Gemeinschaften trugen Kinder die gleiche Kleidung wie Erwachsene und verrichteten dieselben Tätigkeiten. Es existierte kein den Kindern exklusiv zugestandener Lebensbereich, gleichwohl es Räume gab, die vornehmlich von den Heranwachsenden belebt wurden. Erst im Verlauf des 18. Jahrhunderts mit der sich allmählich herausbildenden Zivilisation entwickelten sich zaghafte Schranken zwischen der Kinder- und Erwachsenengeneration. Die endgültige Festschreibung dieser Generationsgrenze durch entsprechende gesellschaftliche Semantiken sowie die allseitige gesellschaftliche Entdeckung der Jugendphase fand sogar noch später statt. Erst Mitte des 19. Jahrhunderts gewann Jugend als eigenständige Lebenslaufphase an Kontur, reklamierte vorsichtig gegenüber den Erwachsenenwelten eine Selbständigkeit und die Gesellschaft eine bewusstere Vorstellung von dieser Lebensphase. Als eine erste Erkenntnis können wir somit festhalten: Kinder und Jugendliche waren bis vor gut 150 Jahren noch kein allumfassendes „Objekt" von außerfamilialen Erziehungsprozessen (vgl. de Mause 1977; Ariès 1978).

Fanden jedoch Kinder schon Mitte des 19. Jahrhundert vereinzelt eine intensivere pädagogische Aufmerksamkeit und etablierten sich mit den Bewahrstuben, Kinderkrippen, Kindergärten und Schulen auch sukzessive außerfamiliale erzieherische Institutionen für diese Lebensphase, gerieten die Jugendlichen erst etwas später in den Fokus pädagogischer Aufmerksamkeiten, gleichwohl ihnen auch schon zuvor zuweilen Orte überlassen wurden, wo sie sich aufhalten konnten. Auf diese konnten sie allerdings keinen ausschließlichen Anspruch erheben. Mit anderen Worten: Die Entdeckung der Kindheit und Jugend als eigenständige Lebensphasen vollzog sich zwar erst in den letzten zweihundert Jahren, die gesellschaftliche Herausbildung dieser Altersphasen begann jedoch schon Jahrhunderte zuvor und der Unterschied zwischen den Generationen prägte die Geschichte der Menschheit von jeher - mal mehr, mal weniger - mit.

Trotz leichter Zeitverschiebungen und einer wenig punktgenauen Datierung, können wir notieren, das sowohl Kinder als auch Jugendliche erst mit Beginn des 20. Jahrhunderts umfassend in den pädagogischen Blick gerieten. Und zu diesem Datum, an der Wende vom 19. ins 20. Jahrhundert, begann auch die Vergesellschaftungsgeschichte der Kinder- und Jugendarbeit, also die Periode, in der der Staat - konkreter müsste man vielleicht sagen, die jeweiligen staatlichen Formationen - die intensive, pädagogische Arbeit mit Kindern und Jugendlichen auch außerhalb von Schule immer mehr zu seinem Anliegen machte. Allerdings, so ist zugleich wieder einschränkend hervorzuheben, begann die Entwicklung der Kinder- und Jugendarbeit mit der vorletzten Jahrhundertwende nicht als einheitliche Geschichte. Folgen wir der Geschichtsschreibung, müssen wir sogar feststellen, dass am Ende des vorletzten Jahrhunderts lediglich die Historie der Jugendarbeit ihren Anfang fand. Der bisher niedergeschriebenen Geschichte zufolge scheint die sozialpädagogische Arbeit mit Kindern außerhalb von schulischen und vorschulischen Institutionen keine „eigene", an der Schwelle zum 20. Jahrhundert angesiedelte Tradition zu haben. Dass die Geschichtsschreibung hier die Realgeschichte möglicherweise noch nicht vollständig „spiegelt", darauf wurde schon in dem vorherigen Kapitel hingewiesen. Unter dem Blickwinkel, dass sich die „Jugendarbeit" im Verlauf der letzten hundert, vielleicht mit beschleunigtem Tempo erst in den letzten zwanzig Jahren zur „Kinder- und Jugendarbeit" entwickelte, ist die bisherige Historie der Jugendarbeit vielleicht in weiten Teilen sogar neu zu schreiben, zumindest jedoch zu ergänzen. Dies kann im Kontext einer Einführung allenfalls punktuell über fragmentarische Andeutungen, allerdings nicht in der notwendigen Tiefe und Breite geleistet werden.

Bevor wir jedoch in die Geschichte der Jugendarbeit eintauchen, ist eine weitere Vorbemerkung unvermeidlich. Geschichte kann von sehr unterschiedlichen Standpunkten aus erzählt werden. Zwei Herangehensweisen sind dabei grundsätzlich different. Geschichtsschreibung kann versuchen, die Perspektiven der jeweiligen ZeitbeobachterInnen originär aufzugreifen und zu schildern, sozusagen Zeitdokumente und Quellen zum „sprechen" bringen, oder aber sie kann die Geschichte nacherzählen, die andere schon vorgelegt haben, also die von den Beobachtern der zeitgenössischen Beobachter vorgelegte Geschichte wiedergeben. Die Wahl für die eine oder andere Variante ist abhängig davon, was darzustellen beabsichtigt ist. Letztendlich ist es allerdings lediglich eine formale Entscheidung. Die eigentlichen methodischen Probleme historischer Rekonstruktionen liegen allgemein und auch in bezug auf den hier behandelten Gegenstand wesentlich tiefer. Soll die Geschichte anhand von offiziellen Dokumenten als Strukturgeschichte oder anhand von zeitimmanenten Quellen als Sozial- und Alltagsgeschichte, soll sie aus Perspektive der staatlichen, sozial- und jugendpolitischen Intentionen oder mit dem Blick der AkteurInnen, also der Jugendlichen und der „MacherInnen" von Jugendarbeit, dargestellt werden? Historische Aufarbeitungen zeigen immer dann eine konsistente Figur, wenn die eingenommene Perspektive den LeserInnen verständlich werden kann. Dies ist aber nur möglich, wenn das Material, das Geschichte produziert, und die Alltagsepisoden, die Geschichte lebendig machen, vorliegen. Für die Geschichte der Jugendarbeit liegen einige Beiträge und Informationen vor, obwohl auch „die öffentlich praktizierte Jugendarbeit noch ein Forschungsdesiderat ist" (Füssl 1995, S. 229). Für die Geschichte der Kinder- und Jugendarbeit liegt eine systematische Quellenaufarbeitung - wie angedeutet - nicht einmal in Ansätzen vor. Im Rahmen einer Einführung neues Material aufzuarbeiten, sprengt den Rahmen. Der historische Teil in dieser Einführung konzentriert sich so in weiten Teilen darauf, die Ergebnisse der vorliegenden Rekonstruktionen zur Realgeschichte der Jugendarbeit zu referieren und durch vertiefende - zuweilen recht detailverliebte - Episoden zu illustrieren.

! Betrachten wir das bekannte Wissen zur Geschichte der Kinder- und Jugendarbeit, können wir feststellen, dass die heutige Gesamtgestalt der institutionalisierten, pädagogischen Beschäftigung mit Kindern und Jugendlichen außerhalb der klassischen Bildungseinrichtungen im wesentlichen in drei, ungefähr zeitgleich Ende des vorletzten Jahrhunderts entstandenen Bewegungen wurzelt. Die drei Ursprünge sind
- in den freizeitorientierten, sportlichen, politischen und konfessionellen Jugendvereinigungen und -verbänden,
- in der staatlichen Jugendpflege sowie
- in der bürgerlichen Jugendbewegung bzw. in den hiervon inspirierten musisch-kulturellen Bildungsbemühungen
zu finden.

Die nachfolgende historische Berichterstattung wird auf diese Wurzeln der Jugendarbeit - und partiell auch auf die der außerschulischen, pädagogischen „Kinderarbeit" - immer wieder zurückkommen und dabei reflektieren, dass die inzwischen miteinander verzahnten und zugleich spezialisierten Entwicklungsstränge der Kinder- und Jugendarbeit das Resultat von vier wesentlichen Modernisierungsschüben sind (vgl. auch Münchmeier 1992). Gekennzeichnet ist die Geschichte der Kinder- und Jugendarbeit

- erstens durch einen Wandel von geschlossenen und festen zu offeneren, flexiblen, aktions- und themenorientierten Angebots- und Organisationsformen, also durch einen Prozess der *Ausdifferenzierung*;

- zweitens durch einen Prozess der *Standardisierung*, d. h. die Kinder- und Jugendarbeit wurde im Verlauf der letzten 100 Jahre immer mehr zu einem gesellschaftlichen Normalangebot;

- drittens durch einen Prozess der *Verberuflichung*, d. h. ehrenamtliches und nebenberufliches Engagement wurde durch hauptamtliche MitarbeiterInnen ergänzt und partiell ersetzt (vgl. hierzu auch Kapitel 5);

- viertens durch einen Prozess der *Entdisziplinierung* respektive der *Pädagogisierung*, d. h. sozialdisziplinierende, partiell sogar autoritäre und normative Absichten wurden im Verlauf der Geschichte der öffentlichen Jugendarbeit und Jugendpflege zugunsten von autonomie- und partizipationsorientierten Intentionen immer mehr zurückgedrängt und durch tendenziell pädagogisch angelegte Zugänge abgelöst.

Darüber hinaus wird die Geschichte der Kinder- und Jugendarbeit zentral geprägt durch die „Autonomiefrage". Das Spannungsverhältnis zwischen den Selbstartikulations- und Selbstvertretungsansprüchen der Heranwachsenden und den sozialdisziplinierenden Diktionen der staatlichen und teils auch der verbandlichen Kinder- und Jugendarbeit durchzieht die bisherige Geschichte dieses Arbeitsfeldes wie ein roter Faden, obwohl gegenwärtig die offenen Spannungen zwischen den autonomen Jugendkulturen und der öffentlichen Jugendarbeit weitgehend verschwommen und durch neue Ambivalenzen ersetzt zu sein scheinen. Dennoch ist das Spannungsverhältnis zwischen autonomen Jugendbewegungen und -kulturen und einer tendenziell auf soziale Integration und Disziplinierung setzenden Kinder- und Jugendarbeit bis heute virulent, auch wenn sich die Konfliktlinien deutlich verschoben haben. So werden von den heutigen Jugendkulturen die ehemals den Selbstartikulationsanspruch vertretenden Jugendbewegungen - bündische Jugendbewegung und Jugendverbände - als „staatstragende" Institutionen angesehen. Dennoch: Die Ambivalenz zwischen den Autonomie-, Selbstvertretungs- und Partizipationsansprüchen von Heranwachsenden und dem gesellschaftlichen Auftrag der Kinder- und Jugendarbeit, die soziale Integration der Kinder und Jugendlichen zu fördern und im Konfliktfall auch mit massiven Interventionen einzuklagen, ist im Kern auch heute noch aktuell. Der Durchgang durch die Geschichte wird hierauf zurückkommen und diesen Gedanken hoffentlich verdeutlichen können.

Auch die bisherige Geschichtsschreibung widmet der Frage der „Autonomie" breiten Raum. Von H. Giesecke, er beschäftigte sich umfassend mit der historischen Entwicklung der Jugendarbeit, wird die Jugendarbeit sogar als eine Bewegung der Gegen-Emanzipation rekonstruiert, also als eine Bewegung, die sich deutlich gegen den Selbstvertretungsanspruch der Jugendlichen wandte. Sowohl die bürgerliche, die sich in der deutschen Wandervogelbewegung wie in Jugendverbänden zusammen schloss, als auch die proletarische, primär die Arbeiterjugend organisierende Jugendbewegung proklamierten den Autonomiegedanken und traten für die Emanzipation der Jugend beziehungsweise die Emanzipation der unterdrückten Klassen ein. Anders verhielt sich die öffentliche, staatlich organisierte Jugendpflege. Sie votierte und handelte nach Giesecke gegen den Selbstorganisationsanspruch dieser beiden Jugendbewegungen. Ihr ging es immer darum, die „herrschenden Normen von Staat und Gesellschaft zu erhalten und zu garantieren" (Giesecke 1971, S. 18; vgl. auch Giesecke 1981) und die Kontrolllücke zwischen Schule und Beruf oder Militärdienst zu schließen. An der von Giesecke vorgeschlagenen dreiteiligen Betrachtung der Entwicklung der Jugendarbeit - zwischen bürgerlicher und proletarischer Jugendbewegung und öffentlicher Jugendpflege zu unterscheiden - orientiert sich auch F. J. Krafelds (1984) „Geschichte der Jugendarbeit". Diese Dreigliederung hat aber ihre Tücken. Die bürgerliche Jugendbewegung findet sich sowohl in der Wandervogelbewegung als auch in der Jugendverbandsarbeit wieder. Und eine vergleichbare Unterscheidung ist auch bei der proletarischen Jugendbewegung festzustellen. Eine Unterscheidung zwischen der Wandervogelbewegung, der Jugendverbandsarbeit und der öffentlichen Kinder- und Jugendarbeit erscheint so sinnvoller. Krafeld hält allerdings im wesentlichen an der von Giesecke vorgetragenen Einteilung fest. Auch er beschreibt die Geschichte der Jugendarbeit für die bürgerliche Jugendbewegung, die Arbeiterjugendbewegung und die staatliche Jugendpflege jeweils getrennt und gliedert diese in fünf historische Etappen: Von den Anfängen bis 1914, die Entwicklungen zwischen 1914 und 1933, die Jugendarbeit im Faschismus, deren Entwicklung von 1945 bis 1968 und von 1968 bis zu den 80er Jahren. Eine Präzisierung erfahren die von H. Giesecke und F. J. Krafeld vorgelegten historischen Aufarbeitungen durch die von B. Naudascher (1990) erarbeitete, kommentierte Materialsammlung zur Geschichte der öffentlichen Jugendpflege bis 1980.

Mit guten Argumenten beginnen die Geschichtsschreibungen zur Jugendarbeit im letzten Jahrzehnt des vorletzten Jahrhunderts. Allerdings war sie in ihren Ursprüngen keineswegs ausschließlich eine pädagogische Praxis, sondern auch, vielleicht sogar wesentlich geprägt von sozialpolitischen Beweggründen (vgl. Naudascher 1990): „Am Beginn dieses Jahrhunderts setzte sich die Einsicht durch, dass die von der Industrialisierung geschaffenen Bedingungen des Heranwachsens neue Risiken und Gefährdungen für einen Großteil der städtischen proletarischen Jugend mit sich brachten und deshalb eine Erweiterung der jugendfürsorgerischen Maßnahmen durch den Bereich der Jugendpflege geboten erschien" (Münchmeier 1992, S. 372). Auch hier wurde ja schon mehrfach herausgestellt, dass in diesem Zeitraum der Blick auf die Generation der Heranwachsenden an Kontur gewann auch Kindern und Jugendlichen in der gesellschaftlichen Rhetorik deutlich mehr Aufmerksamkeit geschenkt wurde. Doch auch schon vor dieser Zeit interessierte sich die Öffentlichkeit für die Heranwachsenden und überließ in einigen Regionen der heutigen Bundesrepublik Deutschland älteren Kindern und Jugendlichen Räumlichkeiten für Freizeitaktivitäten. Solche Orte waren beispielsweise die Spinnstuben des späten Mittelalters. Hier fanden sicherlich keine Aktivitäten statt, die mit denen der heutigen Kinder- und Jugendarbeit direkt vergleichbar sind. Und doch waren es Örtlichkeiten, die einerseits von den Heranwachsenden, aber zum Teil auch von den Erwachsenen relativ frei ausgestaltet werden konnten, die jedoch andererseits auch von den Erwachsenen und staatlichen Behörden kontrolliert wurden. Bevor also die oben genannten drei klassischen Ursprünge - die bürgerliche Wandervogelbewegung, die Jugendverbandsarbeit und die öffentliche Kinder- und Jugendarbeit - vorgestellt werden, soll auf diese Vorform der Kinder- und Jugendarbeit ebenso eingegangen werden wie auf die sogenannten Schnapskasinos, den „selbstverwalteten" Zentren der jugendlichen Immigranten in den neuen Industriezonen der frühen Moderne.[1]

2.2 „Jugendarbeit" in der Vormoderne - Spinnstuben

Begreift man Jugendarbeit nicht ausschließlich als bewusste, pädagogisch inszenierte Beschäftigung von Jugendlichen außerhalb von Familie und Schule, schaut quasi hinter die Kulissen der modernen Kinder- und Jugendarbeit, kann

---

1 Hinweise zur jüngeren Theoriegeschichte sind zudem in dem Kapitel „Theorien und Konzepte" (Kapitel 7) und zur Verberuflichung der Kinder- und Jugendarbeit in dem Kapitel über die „MitarbeiterInnen" (Kapitel 5) zu finden.

man Gemeinwesen entdecken, die den Heranwachsenden Orte für Freizeitaktivitäten zur Verfügung stellten, ohne diese im eigentlichen Sinn als pädagogische Orte auszuzeichnen. Was dem „Hof" der Ballsaal war, war dem „Volk"
und insbesondere den Jugendlichen zumindest ab der frühen Neuzeit die Spinnstube. Die städtische und dörfliche Spinnstube eröffnete „dem Volk" der frühen
Neuzeit Möglichkeiten, Kultur im öffentlichen Raum zu praktizieren (vgl. u. a.
Mitterauer 1986). Die Spinnstuben des ausgehenden 17. bis 18. Jahrhunderts
waren die abendlichen Treffpunkte der zumeist älteren, aber noch unverheira-
ten Dorf- und Stadtjugend. Bevorzugten die Älteren, ihre Abende im familiären
Kreis in der Wohnküche zu verbringen, zog es die Jungen und insbesondere die
Mädchen in die Kulturzentren der Dörfer oder der städtischen Quartiere, in die
Spinnstuben, Lichtbuden, Rockenstuben, Kunkelstuben oder wie sie auch immer genannt wurden. Sie waren Kristallisationspunkte des dörflichen wie städtischen jugendkulturellen Gemeinschaftslebens (vgl. Medick 1980).

Das abendliche Leben und Treiben in diesen Zentren hatte vielerlei Gestalt. Es
wurde getanzt, gegessen und getrunken, über den Alltag palavert, gesungen und
musiziert, gespielt, getobt und gerauft, gewitzelt und geflirtet. Neueste Gerüch-
te und Informationen wurden ausgetauscht. Die Arbeit an den Spinn- und Web-
stühlen spielte nur eine sekundäre Rolle, war lediglich Anlass zum gemütlichen
Beisammensein der Jugend zur wilden „Gugelfuhr": „Gewöhnlich geht es ver-
gnügt und lustig zu in den Lichtstuben, jedoch besonders immer dann, wenn
der Ein- und Ausstand (erster und letzter Abend in der Lichtstube), der Pfeffer-
tag, Lichtmess und Fastnacht mit Bier, Weißbrot, Wurst und Küchlein gefeiert
werden. Von Arbeit ist an diesen Abenden keine Rede, aber sonst wird eifrig
gestrickt, genäht und gehäkelt. Daneben verhandelt man die Tagesneuigkeiten
mit einem wahren Feuereifer und jedes bekommt hier seinen Treff, wie der
Laichinger ganz richtig sagt. Ist man des Sprechens müde, so werden ein paar
Volkslieder angestimmt, vielleicht stellen sich auch etliche Burschen zu Besuch
ein. Um 10 Uhr macht sich alles auf den Heimweg" (Schurr 1909).

Wie aus dem Bericht hervorgeht, verbrachten die männlichen und weiblichen
Jugendlichen keineswegs den ganzen Abend gemeinsam. Vielerorts trafen sich
die jungen Männer schon am frühen Abend in „Gunkels", in jugendlichen
Freundschaftsgruppen mit einem hierarchisch strukturierten Normenkodex. Ini-
tiationsrituale durchzogen die Treffen. Die erwachsenen Verkehrs- und Verhal-
tensformen imitierend, spielten die Heranwachsenden Karten, räsonierten über
politische Ereignisse, lasen aus Zeitungen vor oder bereiteten die anstehenden
Festlichkeiten des Dorfes bzw. des städtischen Quartiers vor. Im Anschluss an
die informellen Treffen stolzierten sie gemeinsam - ein ungeschriebenes Gesetz
verbot den Mitgliedern der männlichen Peers individuelles Vorrennen - zu den
Mädchen in die Spinnstuben. Einblicke in den Verlauf des kulturellen Lebens
und turbulenten Treibens übermittelt uns der zeitgenössische Chronist Anon
mit seinem im „Fränkischen Merkur" 1799 abgedruckten Bericht:

„Zu diesen Lichtherrn bringen nun die Mädchen ihre Arbeiten; ihr Spinnrad,
Strickzeug so wie ihre Neuigkeiten, Liebesgeschichten, Ball- oder andere

Anekdoten mit; es wird gestrickt, gesponnen, gelacht, gescherzt, erzählt, sehnlichst geharrt auf die fröhliche Stunde der Erscheinung ihrer Höflinge, und dann das vorige Spiel von neuem begonnen. Die jungen Burschen hingegen tragen Sorgen, ihren Vorrath an Witz, ihre Karten und ihre Tabackspfeife nicht zu vergessen. Wenn sich nun die Mitglieder dieser von jener abgesonderten Lichtstube eingefunden haben, so wird nun natürlich theils geschmaucht, theils gespielt, theils der Vorrath an Witz, Laune und Satyre eine kleine Weile nach Kräften ausgekramt; bald aber lüstert einen oder den andern, oder einigen besonders vertrauten Freunden zugleich, nach schmackhaften Speisen. Sie schleichen sich ohne viel Umstände, ohne abgeschmackte, sinnlose Empfehlungskomplimente, um dieser ihnen nun einförmig und langweilig gewordenen Gesellschaft, durchstreichen unter manchem Unfuge die Straße, und statten endlich Visite beym schönen Geschlechte ab. Vor allen Dingen machen sie nun die Runde, das ist, sie fahren vor jeder Lichtstube der Mädchen auf Schustersrappen vor, oder geben eine kleine Staatsvisite. Oder machen zur Abwechslung einen ganz kurzen Hof. Endlich gelangen sie auch an diese, wo ihre Dulcinea, mit vielen andern längst sehnlichst harrt. Hier wird nun bis zum Ausgang der Gesellschaft verweilet, der Rest von Salz noch ausgestreut, vollends zur Unterhaltung, zum Opfer dargebracht, und unversehens hat der Schalk den Spinnrocken der fröhlichen, traulichen Schöne abgehoben, dessen Ausantwortung, ihm für seine List einen volltönenden Kuß einbringt. Wohl laufen auch noch einige schmutzige Zweydeutigkeiten mit unter, oder man erlaubt sich auch noch einiges Andere - zur Abwechslung. Endlich begleitet jeder respective Galan seine Schöne bis ans väterliche Haus, zuweilen, auch noch einen Schritt weiter, - in aller Stille und Ehrbarkeit, und so löst sich dann die ganze muntere Gesellschaft wieder auf." (vgl. Medick 1980)

Der Chronist konzentriert seine Mitteilung auf den für ihn wesentlichen Inhalt des Spinnstubengeschehens, auf das Zusammentreffen von Jungen und Mädchen und die damit verbundenen „erotischen Ausschweifungen", die Züge einer „allgemeinen Orgie" annahmen, wenn das Licht bei einem Spinnabend häufiger erlosch (vgl. Fuchs 1909/1912). Die Spinnstuben waren das Pendant zu der entsinnlichten, Sexualität lediglich im Geheimen und nur zum Zweck der Fortpflanzung duldenden feudalstaatlichen Wirklichkeit. Sinnlichkeit und sexueller Trieb fanden in den Lichtstuben zueinander. Hier konnten die Jugendlichen gegen die Desexualisierung des Alltags opponieren. Die Spinnstuben bildeten eine Nische gegen die zivilisatorische Verpanzerung der Gefühle zu dieser Zeit.

Moraltheologen, aber auch die Apologeten der feudal-merkantilistischen Obrigkeitssysteme sahen sich angesichts der entmoralisierenden Spinnstubenkultur immer wieder zu Reglementierungen veranlasst. Weniger das Spinnstubenleben, als vielmehr die Angst, die dort gelebte Kultur könnte auf das allgemeine Leben übergreifen, erregte die staatlichen und kirchlichen Autoritäten. Doch weder staatliche Verbote und Reglementierungen noch die Repressionen der

Gewerbe- und Sittenpolizei konnten das volkskulturelle Leben in den Stuben einschränken oder gar zerstören.

Doch mit der Ausdehnung der Industrialisierung und der Verbreiterung bürgerlichen Denkens stellten sich Formen der sozialen Repression des jugendlichen Alltags mehr und mehr selbst in Frage. Einerseits galt es, den fortschreitenden gesellschaftlichen Wandlungsprozessen entgegenzutreten. Gewachsene dörfliche wie städtische Kulturpraxen schienen auf der Ebene des Alltags geeignet, dem Eindringen der bürgerlichen Moderne trotzen zu können. In diesem Sinne galt es, den volkstümlichen Alltag als Fokus antibürgerlicher Stimmungen zu bewahren. Andererseits wollte man jedoch auch auf ihn einzuwirken. War er doch nicht nur Ort der Brauchtumspflege, sondern gleichfalls Ort einer expressiven Jugendkultur, die die gewachsene Ordnung von unten zu zersetzen drohte. Die Ambivalenz zwischen dem jugendlichen Streben nach Autonomie und der obrigkeitsstaatlichen Intention, das Verlangen nach Selbständigkeit sozial zu disziplinieren, spiegelt sich somit schon in den Vorformen der heutigen Kinder- und Jugendarbeit.

Im Jahr 1910, also Jahrzehnte nach dem sozialen Tod der Spinnstuben, wurde in Essen erneut eine Spinnstube gegründet. In ihr war von dem Leben und Treiben früherer Jahre jedoch nichts mehr zu spüren. Die Essener Spinnstube wurde in „hochherzigster Weise" von der Stadtverwaltung unterstützt. Was nicht verwundert, denn die Gründung der Essener Spinnstube erfolgte mit dem Ziel, die Jugend vor den „Schundgesängen der heutigen Zeit zu bewahren", ihr die „Augen und Ohren für die Schönheit des echten, zweistimmigen Volksliedes zu öffnen" (vgl. Gerdes/Koch 1914). Von der in Spinnstuben ehemals ansässigen Widerborstigkeit und kulturellen Vielfalt war hier nichts mehr zu spüren. Jugendpflegerische Intentionen dominierten, und ihre Gründer sprachen sich ausdrücklich gegen eine Integration der autonomen jugendlichen Praxen aus, zu denen sie insbesondere die „unfeinen Schieber- und Wackeltänze", die „die gute Sitte in unserem Volkes nur untergraben", zählten.

 Tipps zum Weiterlesen

Medick, H. (1980): Spinnstuben auf dem Dorf. In: Huck, G. (Hrsg.) (1980): Sozialgeschichte der Freizeit. Wuppertal, S. 19–50.
Mitterauer, M. (1986): Sozialgeschichte der Jugend. Frankfurt a. M., S. 164–192.

2.3 An der Schwelle zur Jugendarbeit - Episoden

Gut zwanzig, dreißig Jahre bevor die Spinnstuben eine Renaissance erlebten, entwickelte sich eine neue sozial-kulturelle Praxis aus der „Not" heraus. Mit dem Beginn der bürgerlich-industriellen Modernisierung wurde auch eine neue Epoche der alltäglichen Geselligkeitsformen eingeleitet. Das städtische Alltagsleben konnte sich von seiner Fixierung auf die repräsentativen Öffentlichkeiten befreien, selbst öffentlich werden, sich in Cafés, Debattiergemeinschaften und Clubs politisch und kulturell engagieren und dabei auf gewachsene Kommunikationsformen zurückgreifen (vgl. Habermas 1962). Die neuen industriellen Zentren wie das Ruhrgebiet verfügten nicht über vergleichbare, gewachsene kulturelle Netzwerke. Sie entstanden nicht dort, wo schon Menschen in größeren Gemeinschaften zusammenlebten, sondern wo die Aussicht bestand, Rohstoffe gewinnbringend zu fördern und zu verwerten. Das Wachstum der neuen Industriezonen war nicht Resultat einer innerstädtischen Bevölkerungsentwicklung, sondern einer intensiven Werbekampagne für Arbeitskräfte.

Masurische und polnische ImmigrantInnen strömten in die neu entstandenen Industriegebiete. Die Belegschaften beispielsweise in den Zechen an Rhein und Ruhr verfünffachten sich zwischen 1880 und 1930, und die Städte erfuhren eine gewaltige Bevölkerungsexplosion. Hatte Hamborn z. B. 1890 noch weniger als 5.000 Einwohner, so waren es 1910 bereits über 100.000. Mit der Ausdehnung der Produktionssphäre konnte die Entwicklung von sozialen, kommunalpolitischen, kulturellen und wohnungsbaulichen Einrichtungen nicht Schritt halten. Nur langsam bildeten die Orte an Ruhr, Emscher und Lippe, aber auch in den neuen industriellen Zentren in Schlesien, im Bergischen Land und anderen Regionen, urbane Strukturen heraus und erfüllten ihre Aufgaben als Metropolen. Ein Grund für die ungleichzeitige Entwicklung von Industrie und städtischer Struktur mag darin liegen, dass in diesen Regionen keine breite bürgerliche Schicht existierte, die sich die politische, soziale und kulturelle Stadtentwicklung zur Aufgabe hätte machen können (vgl. Brüggemeier 1978; Niethammer 1981).

Die BewohnerInnen waren gezwungen, ein eigenes Netz von Reproduktionseinrichtungen aufzubauen. Die Konsumvereine und genossenschaftlichen Verbrauchervereine, die Sport- und Bildungsvereine, die insbesondere in den Kohlerevieren entstanden, sind die Ergebnisse dieser neuen Selbsthilfebewegung. Im Kontext dieser Bewegung entstanden in der Frühphase der Industrialisierung auch die Schnapskasinos. Zusammen mit den Wirtshäusern fungierten sie besonders für die jungen Arbeiter als Stätten geselliger Kommunikation und politischer Diskussion.

Dass neben den Wirtshäusern private Schankräume entstanden, ist Resultat der gebrochenen infrastrukturellen Entwicklung in vielen industriellen Zentren in der Anfangsphase der Industrialisierung. Kamen zu Beginn des 20. Jahrhunderts z. B. in Berlin auf eine Schankgaststätte 135 Einwohner, in Münster 160, so waren es in Borbeck und Dortmund 329 Einwohner, in Altenessen 495 und in Hamborn gar 545 Einwohner. Die Schnapskasinos, diese besondere Form der genossenschaftlichen Konsumvereine, schienen eine Möglichkeit zu sein, das Fehlen geselliger Orte zu kompensieren. Mit Wohnortnähe und Schichtzeiten, die häufig nach 23.30 Uhr endeten, zu einer Zeit, wo die wenigen Wirtshäuser schon geschlossen hatten, wurden die Bitten begründet, die Eröffnung von Schnapskasinos zu genehmigen:

„In der Grube der Zeche Graf Schwerin ist es bekanntlich, und wenn erforderlich kann es ebenfalls leicht festgestellt werden, sehr heiß, so dass die in

derselben arbeitenden Bergleute zu jeder Jahreszeit im Schweiße gebadet
werden. Die Mittagsschicht beginnt Nachmittags 2 Uhr und endet mit Ein-
und Ausfahrt zirka 11 Uhr nachts. Viele Bergleute wohnen ziemlich weit von
der Zeche entfernt und zwar bis zu 1 Stunde Entfernung. Wenn dieselben in
einem sehr erhitzten Zustande, besonders bei nassem und kaltem Wetter,
zumal zur Winterszeit bei Frost und Schnee aus der Grube kommen und in
solchem Zustande den Weg in ihre Wohnungen zurücklegen müssen, so ist
ihre Gesundheit selbstverständlich im höchsten Grad gefährdet, wenn sie
nicht zuvor irgendeine passende Erfrischung erhalten und ihre Kleider trocknen können. Das Haus der Ww. Senft liegt in fast unmittelbare Nähe der Zeche und zwar in dem Kreuzungspunkte der Straßen, mithin das entspre-
chendste Lokal dieses Bezirks. Die Wirtschaften sind zur genannten Zeit geschlossen, um sich zu wärmen, und wenn das auch nicht so wäre, so würde
der Herr Wirt es doch nicht gerne sehen, wenn Leute, welche durchnäßt sind,
die Gegenstände schmutzig zu machen vielmehr die Kleider zu trocknen.
Dagegen soll das Gesellschaftslokal bei Tag und Nacht zur Winterzeit warm
gehalten werden und den Mitgliedern der Zutritt gestattet sein trotzdem sie
sich in nassen oder schwarzen schmutzigen Kleidern befinden, um ihre Erfri-
schungen gemeinschaftlich verzehren und ihre Kleider trocknen zu können.
Dieser Zweck der Gesellschaft ist in keiner Weise darauf gerichtet, den
menschlichen Leidenschaften irgendwie zu frönen, sondern die Gesundheit
ihrer Mitglieder möglichst vor Nachteilen zu schützen." (Stadtarchiv Castrop)

Einem Bericht des Dortmunder Oberbergamts zufolge gab es 1894 im Ruhrgebiet 110 Schnapskasinos. Da sie keine öffentliche Schankerlaubnis hatten, war
der Zutritt nur den Mitgliedern des jeweiligen Konsumkasinos gestattet. Über
16.000 hauptsächlich jüngere Bergleute gehörten 1894 den Kasinos an. Den
örtlichen Behörden waren die Schnapskasinos aus vielfältigen Gründen ein
Hindernis für die angestrebte gesellschaftliche Harmonie. Zum einen nahmen
sie an, dass hier durch Frönen der Trunksucht die Verwilderung der Arbeiterschaft gefördert würde (vgl. Rühle 1977). Zum anderen sahen sie in den Lokalitäten Brutstätten sozialdemokratischer Ideologie.

Repressive Interventionen der örtlichen Polizeibehörden und regierungspräsidi-
ale Auflagen führten immer wieder zu Verboten und zu einschneidenden Be-
hinderungen der Schnapskasinokultur. Zudem waren diese wie andere autonom
geregelte Freizeitpraxen der jungen Arbeiterschaft Zielscheibe einer Reihe von
sozialpolitischen, zumeist privaten Initiativen. So war „die materielle und sittliche Hebung, Festigung und Veredelung des Familienlebens" erklärtes Ziel der
1891 gegründeten „Zentralstelle für Arbeiterwohlfahrt". Öffentliche, gesellige
und kulturelle Betätigungen in den Schnapskasinos und Wirtshäusern sollten
unterbleiben, sich zumindest jedoch auf die Förderung der menschlichen Beziehungen ohne Alkoholkonsum beschränken. Diese Zivilisierungsversuche der
Arbeiterkultur intendierten eindeutig deren Entpolitisierung. Obgleich die er-

zieherischen Disziplinierungsvorhaben ihre neutralen Absichten emsig betonten, standen sie doch in der Tradition des spätfeudalistischen Deutschlands.

Staatliche Behörden und die Organisationen der Arbeiterbewegung, allen voran die Sozialdemokratische Partei, nahmen gegenüber den Schnapskasinos, aber auch gegenüber den öffentlichen Wirtshäusern keine eindeutige Position ein. Einerseits waren die Kasinos argumentatives Angriffsziel der Antialkoholkampagnen der organisierten Arbeiterbewegung, andererseits war diese jedoch gerade auf die öffentlichen Stätten zur Entfaltung ihrer eigenen politischen wie kulturellen Praxis angewiesen (vgl. Kautsky 1891). Bildungsvereine, Sängerbünde, ja sogar die Sportvereine waren von den Schankstätten als Versammlungslokale abhängig.

Tanzfeste, Vereinsfeiern, Geselligkeitsabende und Kinderfeste in den Schankgaststätten gaben immer wieder Anlass, gegen die Wirtschaften und Schnapskinos in jenen Jahren vorzugehen. Häufiger, nicht immer nur vorgeschobener Anlass hierzu war der Aufenthalt von nicht schulentlassenen Jugendlichen in den Gaststätten. Der Hunger nach Freude im „Schatten der Schlote" (vgl. Kautz 1929), das Bedürfnis, im geschlossenen Raum, aber nicht unbedingt in der dazu oft viel zu engen Wohnung zu spielen, sich auszutoben und mit Alters- und Gleichgesinnten zu kommunizieren, führte die Jugend immer wieder in die zum Konsum verpflichtenden Gastwirtschaften.

Den Kindern, Jugendlichen und jungen Arbeitern wohlgesonnene Pastoren, Schulpädagogen und Richter bemühten sich eindringlich, die Jugend zu einer „sinnvolleren" Freizeitgestaltung anzuregen, sie anzuleiten, „ihre Erholung in edleren Genüssen zu finden, als wie sie das Kneipenleben und der Tanzboden zu bieten vermag". Sie votierten für jugendgemäße Veranstaltungen, die „nicht mit einem wüsten Sinnrausch" edlere Genüsse erkaufen, sondern „das Verlangen nach Vergnügungen höherer Art wachrufen, insbesondere nach solchen Vergnügungen, die nicht etwa wie der Alkohol und andere in Sinnenreiz sich erschöpfende Genüsse die Nerven ruinieren und die Gesundheit untergraben, sondern die im Gegenteil Körper und Geiste stark, frisch und gesund machen bzw. erhalten" (Mayer 1909, S. 52).

Vor allem jedoch jugendfürsorgerische Verbände und Pädagogen polemisierten gegen diesen für die Sozialdemokratie unlösbaren Widerspruch. „Die sozialdemokratische Partei betrachtet die Anregung des Volkes zu immer größerer Genusssucht als eines ihrer wirksamsten Agitationsmittel", hielt ein Duisburger Schulrektor fest, um zu folgern, dass damit „die Unsitte die Kinder zu den Vergnügungen Erwachsener mitzunehmen" toleriert, ja unterstützt und geschützt würde (Tessel 1904, S. 388).

 Tipps zum Weiterlesen

Brüggemeier, F.-J./Niethammer, L. (1978): Schlafgänger, Schnapskinos und schwerindustrielle Kolonie. In: Reulecke, J./Weber, W. (Hrsg.) (1978): Fabrik, Familie, Feierabend. Wuppertal, S. 135–175.

2.4 Die Wurzeln der Jugendarbeit in der Moderne

Die Spinnstuben und die Schnapskasinos können nicht als direkte Ursprünge der Kinder- und Jugendarbeit angesehen werden. Dennoch dokumentieren diese beiden, zu unterschiedlichen Zeiten und keineswegs mit identischen Motiven gegründeten sozialkulturellen Orte, dass schon vor der umfassenden Durchsetzung des sozialpädagogischen Blicks auf die Generation der Heranwachsenden Initiativen existierten, die darauf zielten, Kindern und Jugendlichen im Zentrum der Gesellschaft Kommunikationsmöglichkeiten zu eröffnen. Gegenüber den geschaffenen „Jugendräumen" artikulierten jedoch gleichzeitig normative und kontrollierende Instanzen ihre Bedenken, votierten für die Einhaltung der rituell und gesetzlich kodifizierten Regeln und bei Verstößen gegen diese für Sanktionen. Auch in Protest zu solchen sozialdisziplinierten Eingriffen entstand in den 90er Jahren des vorletzten Jahrhunderts die erste Jugendbewegung und in der Hoffnung, die Heranwachsenden über neue Ideale und erzieherische Einflussnahmen und mit weniger autoritärer Kontrolle die ersten Jugendverbände und die staatliche Jugendpflege.

„Wandervogel" und musisch-kulturelle Jugendbewegung

Die Wandervogelbewegung, die erste, historisch belegte autonome Jugendbewegung, entstand im letzten Jahrzehnt des 19. Jahrhunderts. In Renitenz zu der feudal-bürgerlichen Plüschkultur des Kaiserreichs wie zu den durchrationalisierten industriellen Modernisierungserscheinungen war sie bis Anfang der 50er Jahre des 20. Jahrhunderts zwar nicht zahlenmäßig, jedoch mit ihrem Credo von einem autonomen, generationsübergreifenden Jugendreich inhaltlich für die gesamte Jugendarbeit prägend (vgl. Koebner/Janz/Trommler 1985). Die zentralen Merkmale und Grundübereinkünfte der bürgerlich-autonomen Jugendbewegung werden von U. Hermann (1991, S. 36) in Anlehnung an Th. Wilhelm (1963) beschrieben:

- „das Erlebnis nach Gemeinschaft in der 'Unmittelbarkeit und Ungezwungenheit' Gleichgesinnter und Gleichgestimmter;
- das Erlebnis der inneren Bindung auf der Grundlage von Vertrauen und Freundschaft, bewährt durch die Häufigkeit, Intensität und Festigkeit der Beziehungen untereinander;
- die Überschaubarkeit und kreativ musisch-ästhetische Gestaltung des Gemeinschaftslebens;
- die absolute Selbstverpflichtung zur Einhaltung der Grundsätze neuer Lebensführung, so dass 'Organisation' überflüssig und Mitläufertum ausgeschlossen war."

Jugendbewegung, so resümiert H. Giesecke (1981, S. 25), „ist der Sammelbegriff für alle Protestformen Jugendlicher gegen die Ansprüche gesellschaftlicher Institutionen". Die Wandervogelbewegung und die späteren autonomen Jugendbünde aktivierten sich durch Fahrten, gemeinsames Singen und Musizieren sowie durch andere, vornehmlich künstlerische Tätigkeiten. Im Verlauf der

Entwicklung kam es in diesem Spektrum der Jugendgeschichte zu vielfältigen Spaltungen und Neugründungen, die zum Teil politisch, aber in vielen Fällen auch persönlich motiviert waren. Im Kern ging es jedoch allen Gruppierungen jeweils darum, ihre Unabhängigkeit von der Erwachsenenwelt und der staatlichen Obrigkeit zu dokumentieren. Um insbesondere ihre Distanz zur herrschenden Politik und Kultur des Kaiserreichs zu dokumentieren, organisierten Teile der Wandervogelbewegung unter Führung der sogenannten „Freideutschen" 1913 als eine Art Gegenveranstaltung zu den offiziellen Feierlichkeiten zum 100. Jahrestag der Völkerschlacht bei Leipzig ihren Jahrestag auf dem Hohen Meißner und verabschiedeten hier die berühmte „Meißner Formel": „Die Freideutsche Jugend will aus eigener Bestimmung, vor eigener Verantwortung mit innerer Wahrhaftigkeit ihr Leben gestalten. Für diese innere Freiheit tritt sie unter allen Umständen geschlossen ein. Zur gegenseitigen Verständigung werden Freideutsche Jugendtage abgehalten. Alle gemeinsamen Veranstaltungen der Freideutschen sind alkohol- und nikotinfrei."

Die proklamierte Geschlossenheit existierte jedoch weder vor noch nach dem Meißner Jugendtag und nach 1919 potenzierten sich die Spaltungen und Trennungen in einem nicht mehr zu rekonstruierenden Umfang. Zahlenmäßig blieb die bündische Jugendbewegung auch in den 20er Jahren recht überschaubar. Auch zu ihren Hochzeiten vermochte sie nie mehr als insgesamt 30.000 Jugendliche zu organisieren. Als ein „pädagogischer" Arm der autonomen Jugendbewegung - viele Lehrer, die Sozialpädagogik beeinflussende Praktiker der Wohlfahrtspflege sowie Hochschullehrer der 20er Jahre hatten sich in ihrer Jugendzeit im Wandervogel engagiert - entwickelte sich, auch geprägt durch die Ideen der Reformpädagogik, die Jugendmusikbewegung mit ihrem Anliegen, die Jugend in den ästhetischen Ausdrucksformen - Theater, Musik, Malerei, Literatur - zu bilden. Formen und Methoden der kulturellen Kinder- und Jugendarbeit haben hier ihren historischen Ursprung. Insbesondere die Ausdruckskraft der Musik wurde gegenüber der Sprache glorifiziert (vgl. Jöde 1918).

War in den ersten Ausführungen und Schriften zur musikalischen Jugendkultur noch von musikalischer Erziehung die Rede, so wurde etwa ab Mitte der 20er Jahre der Begriff offener definiert (vgl. Seidenfaden 1962). Fortan war die Rede von musischer Erziehung und Bildung. Musische Bildung wurde als spielerisches Lernen im Kontext der „Erziehung zur Volksgemeinschaft" gegen die Zweckrationalität des Alltags verstanden (vgl. hierzu u. a. Hodek 1977; Kolland 1979).

 Tipps zum Weiterlesen

Giesecke, H. (1981): Vom Wandervogel zur Hitler-Jugend. München.
Laqueur, W. (1978): Die Deutsche Jugendbewegung. Eine historische Studie. Köln.
Mogge, W. (1985): Wandervogel, Freideutsche Jugend und Bünde. Zum Jugendbild der bürgerlichen Jugendbewegung. In: Kobner, Th./Janz, R.-P./Trommler, F. (Hrsg.) 1985): „Mit uns zieht die Zeit." Der Mythos Jugend. Frankfurt a. M., S. 174–199.

Zur frühen Geschichte der organisierten Jugendarbeit in Verbänden und sonstigen Vereinigungen

Die ersten, mit den heutigen Vereinen und Verbänden vergleichbare Initiativen, in denen Jugendliche sich in ihrer Freizeit treffen konnten, entstanden Mitte des letzten Jahrhunderts in konfessionellen, ländlichen und städtischen Lebenslagen und Milieus sowie über sportliche und politische Aktivitäten. Den intensivsten Expansionsschub erfuhren in dieser Phase die evangelischen und die katholischen Jugendvereinigungen und -verbände (vgl. Dehn 1929). Von Anbeginn profitierten die kirchlichen, weltanschaulichen, sportlichen und freizeitbezogenen wie auch die politischen Vereinigungen von der autonomen Jugendbewegung, also von zuvor beschriebenen Wandervogel und später dann von der bündischen Jugendbewegung. Der ausdifferenzierte Organisationsprozess der Jugendvereine und -verbände erfolgte standes- und milieuspezifisch quer durch die gesamte Gesellschaft, „indem sich Erwachsenenorganisationen Jugendorganisationen schufen, in denen Jugendliche in durchaus unterschiedlich beschaffenen Freiräumen ihre Freizeit verbringen konnten" (Gängler 1995, S. 179).

Schon am Ende des letzten Jahrhunderts konnten die Jünglingsvereine auf eine stattliche Mitgliederzahl verweisen. Der 1895 gegründete „Verband der katholischen Jünglingsvereine" hatte zu Beginn des 20. Jahrhunderts schon 300.000 männliche und 400.000 bis 500.000 weibliche Mitglieder organisiert. Immerhin 125.000 männliche Mitglieder und auch 40.000 weibliche Jugendliche konnten die evangelischen Jugendvereinigungen vorweisen. In den sportlichen Vereinen waren 320.000 Jugendliche unter 18 Jahre organisiert und eine nicht näher ausgewiesene Anzahl von Jugendlichen aktivierte sich in den diversen nicht-konfessionellen, freien oder von Wohlfahrtsvereinigungen gegründeten Jugendbünden.

Die politischen Vereinigungen, insbesondere Arbeiterjugendorganisationen, fanden sich in organisierten Strukturen erstmals ab 1903 zusammen. Verlässliche Mitgliedszahlen über das erste Jahrzehnt des 20. Jahrhunderts fehlen allerdings (vgl. Wendt 1991). Doch 1912 fanden sich in den vorwiegend sozialdemokratisch orientierten Institutionen und Verbänden der proletarischen Jugend bereits über 12.000 Jugendliche organisiert. Nochmals ungefähr ebenso viele aktivierten sich in gewerkschaftlichen Jugendorganisationen. Anders als die konfessionellen und freien Jugendvereinigungen und Verbände konnten sie auf keine staatliche Förderung hoffen. Im Gegensatz zu den konfessionellen Verbänden verstanden sie sich als Interessenvertretung der proletarischen Jugendlichen und erhoben sozialpolitische Forderungen. Deutlicher als alle anderen jugendlichen Vereinigungen belebten sie die Auffassung, dass die Jugend ihre Anliegen und Interessen selbständig zu vertreten hat (vgl. Zwerschke 1963).

Was die formale Mitgliedschaft betraf, blieben die konfessionellen Vereinigungen jedoch stärker. In den über 3.800 katholischen Jugendvereinen wurden 1916 über 360.000 jugendliche Männer gezählt und in den 2.000 Vereinen, die sich im Zentralverband der katholischen Jungfrauenvereinigungen Deutschlands zusammengeschlossen hatten, waren zum selbigen Zeitpunkt etwa 400.000 weibliche Jugendliche organisiert.

Abbildung 1: „Speerkämpfer" des evangelischen Jugendvereins Essen, 1915

Bis zum Beginn der Weimarer Republik hatte sich das Spektrum der Jugendorganisationen weitgehend auch gesellschaftlich etabliert. Doch die eigentliche Blütezeit erreichten die Jugendverbände erst in der Weimarer Republik mit einem Organisations- und -aktivitätsgrad, auf den die Jugendverbände noch heute mit Neid zurückschauen. Weder jedoch für den hier skizzierten Zeitraum noch für die nachfolgenden Jahrzehnte kann von „der" Geschichte der Jugendvereinigungen und -verbände gesprochen werden. Die Heterogenität der weltanschaulichen, religiösen und politischen Grundauffassungen, aber auch die unterschiedlichen Organisationsformen und Aktivitätsschwerpunkte favorisieren im Grunde verbandsspezifische Darstellungen. Systematisch lassen sich dennoch „einige den meisten Jugendverbänden gemeinsame Merkmale ausmachen:

(a) Entstehung und Erfolg der Jugendverbände seit Beginn des Jahrhunderts verdanken sich nicht zuletzt der engen Bindung an sozial-moralische Milieus.

(b) Ihre Organisationsform ist - obwohl staatlich angeregt und gefördert - eine privatrechtliche, überwiegend in Vereinen organisierte.

(c) Ihre Personalstruktur ist von Anfang an überwiegend ehrenamtlich geprägt. Im Gegensatz etwa zu den Wohlfahrtsverbänden entwickeln die Jugendverbände erst vergleichsweise spät Formen der Verberuflichung.

(d) Sie stellen eine Institutionalisierung des Generationenverhältnisses außerhalb von Familie, Schule und Berufsausbildung dar. Sie werden daher auch als dritte Bildungs- und vierte Sozialisationsinstanz bezeichnet.

(e) Sie entwickeln eine eigene 'corporate-identity', eigene pädagogische Formen und Methoden, von denen insbesondere die Arbeit mit Gruppen herausragende Bedeutung gewinnt.

(f) Sie organisieren Jugendliche vornehmlich in Gesellungsformen Gleichaltriger." (Gängler 1995, S. 191)

Auch wenn einige der genannten Strukturmerkmale sicherlich nicht in gleicher Form auf alle Jugendverbände zutreffen - zum Beispiel erhielten die Organisationen der Arbeiterjugend zum Teil keine staatliche Unterstützung und wurden zeitweise sogar verboten - sind es die genannten Aspekte, die die Jugendverbände zum Teil heute noch gemeinsam kennzeichnet.

 Tipps zum Weiterlesen

Gängler, H. (1995): Staatsauftrag und Jugendreich: Die Entwicklung der Jugendverbände vom Kaiserreich zur Weimarer Republik. In: Rauschenbach, Th./ Sachße, Ch./Olk, Th. (Hrsg.) (1995): Von der Wertgemeinschaft zum Dienstleistungsunternehmen. Frankfurt a. M., S. 175–200.
Giesecke, H. (1981): Vom Wandervogel zur Hitler-Jugend. München.
Krafeld, F. J. (1984): Geschichte der Jugendarbeit. Weinheim u. Basel.

Ursprünge der staatlichen Jugendpflege und Jugendarbeit

Der Entstehungszeitraum der staatlichen Jugendpflege - und damit der dritten Wurzel der heutigen Kinder- und Jugendarbeit - liegt in den ersten Jahren des zwanzigsten Jahrhunderts, obwohl schon zuvor in Lehrlings- und Handwerkerheimen sowie in Fortbildungsschulen - Vorläufer der heutigen Berufsschulen - die schulentlassene Jugend vor „schädlichen" Einflüssen „bewahrt" werden sollte. Nachdem von Jugendpflege erstmals im Preußischen Fürsorgegesetz von 1900 die Rede war, fand sie eine erste rechtliche Rahmung in dem - heute als die „Geburtsurkunde" der Jugendarbeit angesehenen - Erlass des preußischen Kultusministers zur Jugendpflege von 1911 in bezug auf die männliche sowie 1913 für die weibliche Jugend. Der Preußische Erlass legte die Grundlage für die staatliche Institutionalisierung der bis dahin fast ausschließlich von den freien, konfessionellen und politischen Wohlfahrts- und Jugendorganisationen durchgeführten Jugendpflege. In dem Erlass des preußischen Kultusministers zur Jugendpflege vom 18. Januar 1911 hieß es: „Die in den letzten Jahren erfolgte Veränderung der Erwerbsverhältnisse mit ihren nachteiligen Einflüssen auf das Leben in Familie und Gesellschaft hat einen großen Teil der Jugend in die Lage gebracht, die ihr leibliches und noch mehr ihr sittliches Gedeihen auf schwerste gefährdet (…). Auch die Königliche Staatsregierung betrachtet deshalb die Jugendpflege wegen ihrer hohen Bedeutung für die Zukunft unseres

Volkes als eine der wichtigsten Aufgaben der Gegenwart und hat deren Förderung dem mir unterstellten Ministerium übertragen" (zit. nach Ganzer 1912).

In einer beigefügten Anlage wurden die Ziele des Erlasses ausführlich kommentiert: „1. Aufgabe der Jugendpflege ist die Mitarbeit an der Herausbildung einer frohen, körperlich leistungsfähigen, sittlich tüchtigen, von Gemeinsinn und Gottesfurcht, Heimat- und Vaterlandsliebe erfüllten Jugend. Sie will die Erziehungstätigkeit der Eltern, der Schule und Kirche, der Dienst- und Lehrherrn unterstützen, ergänzen und weiterführen" (vgl. Ganzer 1912; auch Giesecke 1971, S. 48). Zur Einlösung dieser Ziele sollten Räume zur Einrichtung von Jugendheimen bereitgestellt, Wanderfahrten, Lese-, Theater- und Musikabende durchgeführt, Werkstätten errichtet und, wo angebracht, Jugendpflegeausschüsse gegründet werden.

Der preußische Erlass fokussierte die jugendpflegerischen Diskussionen der Folgezeit. Ihn galt es lediglich durch nuanciert vorgetragene, die jeweiligen weltanschaulichen Optionen berücksichtigende Interpretationen auszudeuten. Eine der Interpretationen sah die Bedeutung des Erlasses in - der auch schon im Erlass selbst betonten - Notwendigkeit zur Erziehung der volksschulentlassenen Jugend: „Mit dem 14. Lebensjahr verlässt der Knabe die Schule und vermeintlich auch das Elternhaus. Wenn auch der Junge in der Schule nicht viel gelernt hat - je nach seiner Veranlagung und der Persönlichkeit des Lehrers -, so hat er doch durch munteres Spiel eine jugendliche Frische erhalten. Mit dem Verlassen der Schule und des Elternhauses tritt er in den Dienst als Knecht, oder er lernt ein Handwerk, oder er sucht seinen Erwerb in den Fabriken, Bergwerken usw. Auf eigene Füße gestellt betrachtet sich der 15- und 16jährige Knabe als freier Mann, der seine Arbeitskraft nach Belieben hier und dort anbieten kann und damit auch das Recht erworben hat, über seinen Verdienst und seine freie Zeit uneingeschränkt zu verfügen. Und wenn es unter dem großen Heere der jungen Leute gewiss manchen gibt, der davon nur im besten Sinne Gebrauch macht, so birgt doch die Selbständigkeit große Gefahren in sich. (...) Wir müssen somit Veranstaltungen treffen, durch die wir unsere Jugend wieder an uns ziehen, sei es beim fröhlichen Spiele auf grünem Rasen, in belehrender Unterhaltung oder in heiterer, unschuldiger Geselligkeit. Wir müssen und wollen Einrichtungen treffen zum Schutze derer, die unseres Volkes Zukunft sind" (Hemprich 1914, S. 4 ff.).

K. Hemprich wusste sich hier mit F. Pagel (1911, S. 513 ff.) einig, der die Fürsorge für die normale Jugend zwischen dem 14. und 18. Lebensjahr zu einer „Fundamentalfrage" der „gesamten Kultur- und Menschenentwicklung" erkor, zu einer „Volkserziehungsfrage im großen Stil", die gleichberechtigt eine „gründliche Berufsausbildung" wie die Anleitung der Jugend zur „zweckdienlichen Ausnutzung der arbeitsfreien Zeit durch die Pflege edler Geselligkeit und freier Fortbildung" zu betonen habe.

Als Adressatenkreis die arbeitende Jugend im Visier, intendierte die Jugendpflege, diese durch körperliche Betätigungen, Tisch- und Zimmerspiele, musi-

kalische, theatralische und literarische Übungen und Vorführungen in konfessionellen Jugend- und Jünglingsvereinen, Volksheimen, Lehrlings-, Sonntags-
und Jugendheimen und in den Jugendbünden in Fortsetzung der Schulerziehung
vor dem Eintauchen in den „Großstadtsumpf" zu bewahren. Gleichfalls dazu
beitragen sollten Kriegsspiele, Exerzier- und andere vormilitärische Übungen,
wobei den militärischen Übungen, vertraut man zeitgenössischen Quellen, nur
eine geringe Bedeutung zukam, obwohl implizit als eine wesentliche Aufgabe
hervorgehoben wurden. Die pädagogische Begründung und implizite Rechtfer-
tigung der patriotisch-militärischen Jugendpflege lieferte insbesondere H.
Bohnstedt (1914). Dieser, auf Paulsens „System der Ethik" (1908) sich bezie-
hend, beklagte die Nivellierung der monarchistisch-klerikalen Autoritätsver-
hältnisse durch einen demokratisch-bürgerlichen Individualismus, propagierte
als Ziel der Jugendpflege die „Rettung und Gewinnung gefährdeter und abir-
render junger Menschen" durch eine dem Christentum verpflichtete sittliche
Erziehung und diskutierte gegen Positionen, die prononciert für die Trennung
von militärischen Übungen und jugendpflegerischer Erziehung votierten.

Gegen die Synthese von pädagogischen und militärischen Intentionen oppo-
nierte, wenn auch vorsichtig, ebenso der Berliner Pastor G. Dehn (1919). Er betonte die Differenz von pädagogischen und militärischen Prinzipien und warnte
vor der Illusion, durch jugendpflegerisch-militärische die jugendpflegerisch-
erzieherische Jugendarbeit absorbieren zu können. Die „Militärische Jugend-
vorbereitung", so Dehn, bewusst den Begriff Erziehung vermeidend, verdrehe
den Gedanken der Jugendpflege, in dem sie vorgibt, der Staat diene der Jugend,
drehe in Wahrheit das Verhältnis jedoch um, und verlange autoritär von der Jugend, dem Staat zu dienen. Dehn, der seine 1919 publizierte Arbeit „Großstadtjugend" als Kriegsgefangener in einem holländischen Internierungslager
schrieb - ergänzt durch schon vor 1914 veröffentlichte Aufsätze -, dachte keineswegs daran, die andernorts proklamierten Ideen zur Jugendarbeit zu hinter-
fragen. Auch er stand „patriotischen Ideen" durchaus nahe. Doch außer Frage
stand für ihn die Trennung von Militär und Erziehung. Er interpretierte den
Standpunkt der Jugendpflege patriotisch-pädagogisch und betonte das Desinteresse der Jugendpflege, „sich um die Einführung der militärischen Jugendpflege besonders zu kümmern" (Dehn 1919, S. 18). Und noch in einem weiteren
Punkt akzentuierte er Differenz zu der patriotisch-militärischen Position. Für
Dehn gehörte, im Gegensatz zu H. Bohnstedt und K. Hemprich, auch die sozialistische Jugendbewegung, „trotz mancher Abweichungen", zum Kreis der Jugendpflege.

Auch wenn Dehns Einlassungen zur Jugendpflege nur geringe Beachtung fanden, so intensiver wurden seine „Typen der Volksjugend" rezipiert und hier vor
allem seine deskriptive Skizze vom jugendlichen Halbstarken (Dehn 1919,
S. 82 ff.), von dem „degenerierten" Teil der Volksjugend und den „verlorenen
Kindern des vierten Standes". Sie, für die es nichts Spannenderes mehr gab als
die Abwechslungen des gerade gelebten Augenblicks und die Auflehnung gegen die Staatsgewalt, präsentierten den von der Jugendpflege nicht zu integrie-

renden Teil (vgl. Dehn 1919). Einiges spricht für die Vermutung, dass die jugendlichen Halbstarken, die die Erwachsenenwelt gleichfalls nachahmten wie spielerisch überhöhten und damit karikierten, sich von der Jugendpflege nicht nur nicht angesprochen fühlten, sondern dass auch große Teile der Jugendpflege kein Interesse zeigten, die halbstarken Arbeiterjugendlichen in die Jugendheime und -vereine einzubeziehen.

Abbildung 2: Mädchenraum in einem Düsseldorfer Jugendhaus in den 20er Jahren

Deutlicher als bei Dehn wird die damals angestrebte Ausgrenzung des Fremden in der Gestalt des „unnormalen" Jugendlichen bei C. Schultz (1912, S. 34): „Diese Halbstarken, die aus allen Kreisen der menschlichen Gesellschaft kommen, bilden den Mob, sind eine furchtbare, grauenerregende Macht, zumal im großstädtischen Leben; ein Schlamm, der immer nach unten sinkt, wenn das soziale Leben in ruhigen Gleisen fortfließt, sich am Boden der Gesellschaft festsetzt. Dieser Mob ist viel schlimmer und verderblicher als einzelne sogenannte Verbrecher. Gegen sie kann man sich schützen, jene Kräfte der Finsternis aber wirken vernichtend, verpestend, viel schlimmer als alle ansteckenden Seuchen. Es ist - es mag gleich hier bemerkt werden - Pflicht des Staates, gegen diese furchtbaren Elemente einzuschreiten; wenn der Staat weiter hier gleichgültig bleibt, so duldet er seine allerschlimmsten Feinde." Ob Schultz wirklich die wilhelminische Plüschkultur in Gefahr sah, mag dahingestellt bleiben. Zumindest sorgte er sich um die von den Halbstarkenkulturen attackierte gesellschaftliche Ordnung. Nur vereinzelt meldeten sich kritische Einwände gegen diesen ausgrenzenden Konsens. Dass der oppositionell-renitente Alltag der Halbstarken, quasi das städtisch-proletarische Pendant zur alternativ-bürgerlichen Wandervogelbewegung, in der Jugendpflege keine Heimat fand, lag auch an deren Struktur und ihren inhaltlichen Vorgaben, so mutmaßt O. Ganzer (1912). Im Gegensatz zur patriotisch-militärischen und patriotisch-pädagogischen Argumentation dachte er Jugendpflege als einen Verstehensprozess:

„Der Jugendpfleger muss die Arbeiterbewegung in ihren Ursachen und Wirkungen durch eigenes Erfahren und tätiges Erleben zu verstehen suchen und bereit sein, dem einzelnen in seiner besonderen Not zu helfen" (Ganzer 1912, S.
III). Darüber hinaus wies er der Jugendpflege eine Bildungsaufgabe zu, die
auch die Sozial- und Erfahrungsräume der Jugend und deren Anregungen und
Wünsche zudachte: „Durch bloße Belehrung, durch Vorträge und Ansprachen
werden keine Kräfte (für die Jugendpflege, W. T.) gewonnen (...). Wer der Jugend helfen will, der gebe ihr Gelegenheit zu eigener Tat; aber es darf keine
aufgenötigte, mit Unlust geübte Tätigkeit sein; nur der freie Entschluss gibt ihr
den bildenden Wert. Darum musste der Jugendpfleger ein weites Feld der Tätigkeit abstecken, auf dem jeder tun darf, wozu ihn seine Liebe treibt, weil das
der einzige und sichere Antrieb des Wollens ist." (Ganzer 1912, S. 31)

Die zeitspezifischen Gemeinsamkeiten und die Zaghaftigkeit, mit der Unterschiede hervorgehoben wurden, verwundern aus heutiger Sicht, hätte man doch
vermutet, dass sich insbesondere sozialistische Gedanken zur Jugendpflege
deutlicher gegen die Ausgrenzung von Jugendlichen aus der Jugendarbeit und
gegen die militärische Orientierung gewandt hätte. Doch zumindest unter pädagogischer Perspektive mischte sich eine solche Position nicht ein.

Den Veränderungen der industriellen und handwerklichen Erwerbsverhältnisse
und des daraus resultierenden Wandels der Familie und der Gesellschaft Rechnung
tragend, sollte die Jugendpflege die Erziehungstätigkeiten der Eltern, der Schulen
und der beruflichen Ausbildungsstätten unterstützen, die schulentlassene, aber
noch nicht in den Militärdienst eingetretene beziehungsweise verheiratete Jugend
vor „Verwahrlosung und Verrohung" schützen. Insbesondere sollten Jugendliche
zu paramilitärischen Übungen und zum Lesen ausgesuchter Lektüre, zu sportlichen und musisch-kulturellen Vorführungen und Wettkämpfen, Tisch- und Zim-
merspielen zusammenkommen.

Die Jugendlichen strömten allerdings zu keinem Zeitpunkt in Scharen zu den Angeboten der Jugendpflege. Damit ist ein bis heute fortdauernder Konflikt benannt.
Die autonomen, territorialen, also gebietsorientierten Jugendkulturen zeigten nur
äußerst selten eine ungebrochene Harmonie mit den wohlgemeinten Bemühungen
und Aktivitäten der außerschulischen Jugendarbeit, ja betonten häufig ihren sozialkulturellen Eigensinn bewusst in Absetzung von den jugendarbeiterischen Ansprachen und Absichten.

 Tipps zum Weiterlesen

Giesecke, H. (1981): Vom Wandervogel zur Hitler-Jugend. München.
Krafeld, F. J. (1984): Geschichte der Jugendarbeit. Weinheim u. Basel, S. 49–53 u. 102–
    128.
Peukert, D. J. K. (1986): Grenzen der Sozialdisziplinierung. Aufstieg und Krise der
    deutschen Jugendfürsorge von 1878–1932. Köln.

Aus den Anfängen des Kinder- und Jugendschutzes - Exkurs

Fast zeitgleich mit der freien und öffentlichen Jugendpflege und Jugendarbeit entstand der erzieherische Kinder- und Jugendschutz. Deutlicher und schonungsloser als in der Jugendarbeit illustriert die Geschichte des Jugendschutzes das Bemühen, durch normative Rhetorik - konkreter: durch Verbote unerwünschter Literatur und „bewegter Bilder" in den Kinematographentheatern - Kinder und Jugendliche sozial zu disziplinieren.

„Schmutz und Schund" in Wort und Bild zu Beginn des 20. Jahrhunderts

„Es empfiehlt sich sehr, in den Vereinen Hefte illustrierter Zeitschriften auszulegen. Wir kaufen uns für wenig Geld alte Jahrgänge, kartonieren die einzelnen Hefte, nachdem sie vorher sorgfältig durchgesehen und alles Anstößige fortgenommen ist; (…) Von den Romanen (…) entfernen wir immer einzelne Seiten, so dass das Lesen derselben seitens der Jungen unmöglich wird." Dies riet der Essener Pastor P. Weigle (1907) Jugendarbeitern anlässlich einer Konferenz des Westdeutschen Jünglingsbundes. Mit moralischem Zeigefinger argumentierten die Jugendschützer und -schützerinnen ab der Jahrhundertwende gegen den Konsum von Nikotin und Alkohol, gegen den Besuch von Schank- und Tanzlokalen, Kirmessen und Lunaparks, gegen Heftromanserien und bebilderte Zeitschriften, gegen das Automatenspiel, gegen Aufklärungs-, Kriminal- und Abenteuerfilme. Im Zentrum des insbesondere von den örtlichen Jugend- und Jugendfürsorgevereinen geführten Kampfes stand der sogenannte Schmutz und Schund in Kolportagenliteratur und -film.

Mit Nick Carter (ab 1906), Pat Pinkerton (ab 1910), Ethel King (ab 1909/1910), Percy Stuart (ab 1914), Sherlock Holmes (ab 1907) und Bill Canon (ab 1910/1911) als Titelhelden verbreitete sich zu Beginn dieses Jahrhunderts eine Form von Trivialliteratur, die Jugendliche begeisterte. Die Groschenhefte lösten Romanheftserien ab, die einen Gesamtumfang von bis zu 2.000 Seiten hatten und in wöchentlichen Serien von 30 Seiten erschienen. Ein junger Arbeiter hielt in seinen Erinnerungen fest: „Als Bub habe ich über 3.000 Hefte verschlungen, eine große Sammlung gehabt, Zeit mit dem Lesen der blödesten Abenteuer eines Percy Stuarts, Horst Krafts und John Spurlocks verschwendet. Eine kleine Rechnung: Um ein Heft zu lesen, braucht man etwa 30 Minuten, zu 100 Heften etwa 3.000, zu 1.000 Heften etwa 30.000, zu 3.000 Heften etwa 90.000 Minuten. Das sind 1.500 Stunden. Einen achtstündigen Arbeitstag zur Grundlage genommen, gibt fast 200 Arbeitstage. Noch einzukalkulieren ist, dass für den Tausch der Hefte, für durch die Hefte angeregte Abenteuer und dergleichen mindestens ebensoviel Zeit verwendet wurde - oft sind wir nach stundenweit entfernten Städten gewandert, um die neuesten Hefte zu erhalten. Ich habe demnach ein volles Lebensjahr der Schundliteratur geopfert" (Rühle 1977, S. 273).

Bis in die Zeit des Ersten Weltkrieges hinein war der heimliche Held aller Groschenheftserien Nick Carter. Immer wenn der Chef der New Yorker Kriminalpolizei, Inspektor McClusky, und seine „gewieften Beamten" mit ihrem „Latein am Ende waren", wurde Nick Carter gerufen. Und immer erst, wenn man McCluskys „genialen Freund" Carter auf die bis dahin ungehindert operierenden Verbrecher hetzte, versprach die weitere Spurensuche Erfolg. Erst sein „Scharfsinn", seine Fähigkeit, Fäden der Aufklärung fein zu weben, brachten Resultate. Und natürlich maß sich Nick Carter am liebsten mit ebenbürtigen, gerissenen Gegnern wie Morris Charruthers, dem König der Verbrecher New Yorks, oder George Macrane, dem Mörder von Ethel Romney. Auf seinen Abenteuern wurde der in die Großstadt verpflanzte Westernheld Carter von seinem Vetter Chick, seiner Cousine Ida, der Quasseltante Patsy, dem Japaner Ten Ichti, seiner Pistole Wilhelmina, seinem Messer Hugo und der Handgranate Pierre begleitet. Sie alle trugen nicht nur dazu bei, Einzelerzählungen mit der Gesamtserie zu verknüpfen, sondern sie begründeten auch den Erfolg der Serie mit. 1908 betrug die wöchentliche Auflage ca. 45.000 Hefte pro Folge und bis 1911 erschienen 250 Folgen. Sherlock Holmes' Berichte „Aus den Geheimakten eines Weltdetektivs" brachten es auf eine annähernd hohe Auflage. Zwischen 1907 und 1912 erschienen 230 Erzählungen. Ab Nummer 108 erschien sogar eine Salonausgabe, die nicht 20 Pfennig kostete, sondern 30 und 96 Seiten im kleineren Format umfasste. (vgl. Thole 1987)

Abbildung 3: Abteilung „das gute Buch" in einer Ausstellung gegen die Schmutz- und Schundliteratur, um 1926

K. Brunner (1909), der wohl bekannteste Moralist und Befürworter einer reinen Jugendliteratur zu jener Zeit, publizierte eine erste Liste mit „Giftgetränken" aus der „Teufelsküche" der Kolportagenliteratur. Mit Blick auf die „Pflege vaterländischer, sittlicher und religiöser Ideale" und zur Verhinderung der weiteren Jugendverwilderung gab die „Allgemeine Jugendschriftenvereinigung, Essen" im Auftrag der Kgl. Regierung in Düsseldorf für den rheinisch-westfälischen Industriebezirk 1916 eine ähnliche Zusammenstellung heraus. Der Liste lag von Schülern an sämtlichen Essener Schulen gesammeltes Material zugrunde. Jede Klasse, die 100 und mehr Hefte sammelte, erhielt einen Tag schulfrei. 100.000 Hefte wurden zusammengetragen. Zusätzlich wurden die Verbotslisten der stellvertretenden Generalkommandos, die 1915 erstmalig erschienen, herangezogen. Bis dato hatte es diverse Vorschläge für eine Zensurliste gegeben, insbesondere von der Berliner Zentrale für Jugendschutz. Die gesetzlichen Regelungen des Reichsstrafgesetzbuches erlaubten jedoch nur Verbote gegen Literatur, die direkt unzüchtig oder schamlos wirkte. Doch wie die Essener Liste zeigt, reichte den selbsternannten Jugendschützern die Kriegsverbotsliste nicht aus. Neben den schon verbotenen Heftserien von Nick Carter, Pat Pinkerton, Percy Stuart, Sherlock Holmes und anderen enthielt die Liste „Schmöker" mit Titeln wie „Das Waldröschen oder rund um die Erde", „Mord im Piano", „Backfischstreiche", „Der Zuchthausgefangene Albert Ziethen in Werden a. d. Ruhr oder: Wer ist der Mörder?", „Der Liebestraum einer Grafenbraut", „Das Gespenst der ersten Frau", „Jugendstreiche, Rüpeleien, Geheimnisse und Abenteuer unserer Jugend". 320 Titel standen auf der Liste und damit mehr als doppelt so viele wie auf der offiziellen Verbotsliste.

Nach dem Ersten Weltkrieg sahen sich „Schund- und Schmutzgegner" wieder allein. Die in der Kriegszeit von den stellvertretenden Generalkommandos erlassenen Verbotsvorschriften und Verfügungen hatten ihre Gültigkeit verloren. Lederstrumpf, John Spurlock, Heinz Brand und Horst Kraft und wieder und immer noch Karl Mays Abenteuerhelden Winnetou, Old Shatterhand, Kara Ben Nemsi und Hadschi Alef Omar waren nun die Favoriten der Groschenheftkonsumenten. Neue Vertriebsmöglichkeiten eröffneten sich in Bahnhofskiosken und Buchhandlungen, bei Trödelhändlern und Leihbibliotheken. Sogar in Fleischereien und Bäckereien war die Trivialliteratur jetzt käuflich zu erwerben. Darüber hinaus gab es einen florierenden Hand-zu-Hand-Verkauf und die Möglichkeit, eine komplette Serie im Abonnement zu beziehen. Doch aus Furcht vor den Säuberungsfeldzügen der Jugendschützer versahen immer mehr Verlage ihre Jugendbuchreihen mit Einleitungen: „Fürs Deutsche Haus ist diese neue Bücherei bestimmt. Sie soll als gute Unterhaltungslektüre auf jedem Familientisch Heimatrecht haben. Was sie bringt, ist sittlich rein, auch frei von jenen literarischen Erzeugnissen, die nur darauf bedacht sind, dem Publikum etwas vorzutäuschen und durch zügellose Phantasie in der Darstellung ihre Schwächen sowie ihre innere Haltlosigkeit zu verdecken" (zit. nach Thole 1987). Titel wie der „Diamantenraub im Weltenraum" und „Dämonische Nächte", jeweils zum Preis von 10 Pf., erschienen in dieser „Bücherei fürs Deutsche Haus".

In den Städten und Gemeinden des westlichen Ruhrgebietes bildeten sich, wie überall zu Beginn der 20er Jahre, zum Schutz der Deutschen Jugend örtliche Ausschüsse zur Bekämpfung der „Schundliteratur". Erlasse, wie der des Düsseldorfer Regierungspräsidenten vom 27.12.1923, erteilten hierzu die Vollmacht: „Wo an einzelnen Orten des Regierungsbezirkes noch keine, Kampfausschüsse gegen Schund und Schmutz' bestehen, sind sie alsbald zu bilden." Die Ausschüsse, in denen häufig sogar Vertreter der Papier- und Schreibwarenhändler mitarbeiteten, organisierten Kampagnen für das gute Buch und das hieß zugleich immer auch gegen die vermeintlich schlechte Lektüre. Doch die Mehrheit der Kioske, Straßenhändler und sonstigen Vertriebsstellen verkaufte weiter, sah keinen Anlass, den Bitten der Jugendschützer zu entsprechen und auf die lukrativen Einnahmen durch Illustrierte und Groschenhefte zu verzichten. So orientierten sich die berufenen Jugendschützer auf die Erziehung zum guten Geschmack, versuchten „durch Vorlesen einiger guter Dichtwerke (…) auf das Schöne und Wertvolle der Dichtung" hinzuweisen, Lehrer zu animieren, „die Schultornister der Kinder (…) gelegentlich auf Schundbücher nachzusehen", Kinder und Jugendliche aufzufordern, „Schundbücher abzugeben", jedoch „nicht zu verbrennen, sondern zu zerreißen und als Altpapier zu verkaufen" (Duisburg 1923). Jugendbuchwochen und Tage des guten Buches fanden in diesen Jahren in der ganzen Republik Weimars statt: 1927 in Düsseldorf mit über 14.000 Besuchern, in Mettmann, Viersen, Büderich, Lennep, Dortmund, Bochum und Rheydt und 1929 in Mülheim. Erst 1926 konnte durch das vom Reichstag verabschiedete Gesetz „Zur Bewahrung der Jugend vor Schund- und Schmutzschriften" das Vorgehen der örtlichen Polizei- und Jugendwohlfahrtsbehörden vereinheitlicht werden. Das Gesetz präzisierte - obgleich es keine Definition der formalen und textlichen Gestaltung sogenannter Schundschriften enthielt - die bis dato den „Schmutz- und Schundkampf" nur unzulänglich legitimierenden Paragraphen des Reichsstrafgesetzbuches (wie der § 184, der sich gegen das „direkt unzüchtige", der § 184 a, der sich gegen das „schamlose", und der § 56, Ziffer 12 der Gewerbeordnung, der sich gegen das „ärgerniserregende" Buch wendete). Analog zu der zentralen Oberprüfstelle Leipzig berief zum Beispiel das Landesjugendamt der Rheinprovinz nach der Verabschiedung des Gesetzes eine fünfköpfige Kommission. Sie hatte die Aufgabe, Richtlinien für die Beurteilung von Literatur zu erarbeiten, Meldungen der örtlichen Behörden entgegenzunehmen, Lektüre zu prüfen und ggf. Vertriebsverbote vorzuschlagen. Betroffen waren Illustrierte und Zeitschriften wie die Blätter für galante Kunst mit dem Namen „Reigen", „Die Freundin", „Jugend", „Die Ehelosen und Eheverbundenen", „Lachendes Leben" und „Licht-Land". (vgl. Rheinische Jugend 1927)

Die Verbote hatten für jeweils drei, sechs oder zwölf Monate Gültigkeit. Häufig erschien die Lektüre jedoch in der Zeit ihres Verbotes unter einem anderen Titel weiter: „Lachen, wirklich echtes frohes Lachen, erlöst und aus dieser Erlösung heraus wird der Mensch frei. Das haben unsere Leser und Freunde auch schmerzlich erkannt, als wir ihnen 'Lachendes Leben' nahmen. Ein halbes Jahr haben wir versucht, 'Lachendes Leben' durch 'Sonne ins Leben' zu ersetzen. aber die Menschen wollen lachen, wirklich herzhaft und frei, und so nahmen die Zuschriften kein Ende, die um das Wiedererscheinen von 'Lachendes Leben' baten. (…) Deshalb haben wir uns entschlossen, mit dieser Nummer 6 die Reihe von 'Sonne ins Leben' zu schließen und ab 15. Juli 'Lachendes Leben' wieder erscheinen zu lassen" (Lachendes Leben 1927/6).

Die Indizierung von „schlechter Lektüre" gestaltete sich für die Jugendschützer in der Tat unbefriedigend. Denn standen 1916 135, im Mai 1917 228, im Juni 1918 97 Titel auf dem Index, so wurden 1931, also fünf Jahre nach Wiedereinführung der gesetzlich abgesicherten Verbotsliste, nur 18 Titel auf der Liste der Leipziger Oberprüfstelle geführt. Infolgedessen wurde das Gesetz 1934 außer Kraft gesetzt. Für den nach der nationalsozialistischen Machtübernahme mit Vehemenz durchgeführten völkischen Kulturkampf stellte sich das Gesetz eher als Blockade denn als hilfreiches Instrument heraus. Das Fußvolk der nationalsozialistischen Bewegung und mit ihr im Gleichschritt die örtlichen Polizeibehörden brauchten das Gesetz nicht mehr.

Kinokultur - aus der Frühgeschichte der Kinozensur

Die Geschichte der Kinozensur begann in den ersten Jahren des 20. Jahrhunderts und erlangte ihre ersten „Höhepunkte" nach dem ersten Weltkrieg.

„Duisburg, 24. November 1919: Gegen 20.15 Uhr wurde der diensthabende Oberwachtmeister T. des 1. Duisburger Polizeibezirks vom Kinobesitzer des ‚Modernen Theaters' per Telefon über einen großen Skandal im Kino unterrichtet. Sofort machte er sich mit vier jungen Beamten auf den Weg. Dort angekommen, stellten sie zwar keinen Tumult, doch eine so große Erregung unter dem Publikum fest, dass ihre weitere Präsenz im Kino erforderlich blieb. Die Kinematographenvorstellung wurde mit dem Film ‚Der Aberglaube' fortgesetzt. Aufgebrachte Zuschauer quittierten den Wiederbeginn der Vorstellung unter Polizeischutz mit Pfuirufen, andere riefen ‚Bravo, Bravo'. Die Polizei ermahnte - nach eigenen Angaben - die Ruhestörer und bewahrte sie vor Tätlichkeiten der Bravo-Rufer, schützte die Filmvorführung und verhinderte die Eskalation des Konflikts. Eine hitzige Kinodebatte im Duisburger Stadtparlament, in der der Sprecher des Zentrums das Verhalten der Polizei kritisierte, folgte dieser Filmveranstaltung. ‚Jeder anständige Mensch ohne Rücksicht auf die Partei sei Gegner des Schmutzfilms', so Dr. F. vom Zentrum, und Aufgabe der Polizei hätte es nicht sein dürfen, ‚den edleren Teil des Publikums vor den Kopf zu stoßen', um ‚einem Teil des Publikums zu seinem kitzligen Schauspiel zu verhelfen'. Die ebenfalls in die Debatte eingreifende Sozialdemokratische Partei fragte an, ‚ob der Film außer dem beanstandeten Auftreten des katholischen Geistlichen in einer verfänglichen Szene auch sonst anstößige Szenen enthalte'". (vgl. Thole 1987)

Die Tageszeitung „Duisburger Volkszeitung", die dem Ereignis und der Debatte breiten Raum widmete, spitzte den Konflikt auf die Feststellung zu, es gehe hier „nicht um die Möglichkeit irgendwelcher menschlicher Verfehlungen, sondern um den Wert oder Unwert ihrer Darstellungen im Film" und fragte, wo die Reform der Kinozensur bleibe.

Die Duisburger Kinodebatte ereignete sich zu einem Zeitpunkt gesetzgeberischer und rechtlicher Unsicherheit. Mit dem Ende des Ersten Weltkrieges und der Beendigung der rechtlichen Militärdiktatur hatten zum Bedauern der Jugendschützer auch die Erlasse der regionalen Generalkommandos zur Kinozensur ihre Gültigkeit verloren. Zwar trafen die Zensurbehörden weiter Entscheidungen, setzten ihre 1907 begonnene Praxis der Erstellung von Zensurkarten fort, doch die allgemeine Filmzensur für Erwachsene war aufgehoben. Die für die Überwachung der Lichtbildvorstellungen zuständigen Polizeidienststellen in der Rheinprovinz und Westfalen orientierten sich seit Einführung der Zensurkarten übrigens an Entscheidungen der Berliner Behörde. Die insbesondere von konservativen, nationalistisch und kaiserlich gesinnten Bildungskreisen geforderte Wiedereinführung der im Kriege bewährten Maßnahmen zum Schutze der Jugend vor „unsauberen" Lichtbildern ließ nicht lange auf sich warten. Die Weimarer Verfassung garantierte einerseits zwar die allgemeine Meinungsfreiheit, betonte dementsprechend „eine Zensur findet nicht statt", beschränkte dieses Grundrecht doch andererseits im gleichen Absatz: „Doch können für Lichtspiele durch Gesetz abweichende Bestimmungen getroffen werden. Auch sind zur Bekämpfung der Schund- und Schmutzliteratur sowie zum Schutze der Jugend bei öffentlichen Schaustellungen und Darbietungen gesetzliche Maßnahmen zulässig" (§ 118 der Weimarer Verfassung).

Am 12.5.1920 wurde dieser Möglichkeit zur Filmzensur durch das „Reichslichtspielgesetz" entsprochen. Doch allein schon die dort angeregte Erstellung von örtlichen Regelungen zur Überwachung der Kinematographen bereitete den Städten im Ruhrgebiet Schwierigkeiten. Eine vom Jugendamt der Stadt Aachen durchgeführte Rundfrage betreffs der „Überwachung des Kinobesuchs Jugendlicher" vermerkte als Ergebnis: „In die Erhebung sind einbezogen worden die großstädtischen Jugendämter Rheinlands und Westfalens, also die Jugendämter der Städte Bochum, Dortmund, Düsseldorf, Duisburg-Hamborn, Essen, Gelsenkirchen, Gladbeck-Rheydt, Köln, Krefeld-Uerdingen, Oberhausen, Münster i.W. und Wuppertal. (...) Sämtliche Jugendämter haben mitgeteilt, dass gemeindliche Bestimmungen über die Zulassung Jugendlicher zu den Lichtspielvorführungen bisher auf Grund der Ausführungsanweisung des Preußischen Staatsministeriums vom 1.3.1923 nicht erlassen worden sind." (vgl. Thole 1987, S. 93)

Zumeist wurde den örtlichen Polizeidienststellen die Ausführung des Gesetzes überlassen. Der „Kampf" der Jugendfürsorgeorganisationen konzentrierte sich auf Nebenschauplätze, auf die Einhaltung vereinbarter Reklamebeschränkungen und darauf, dass die Kinematographentheater bei entsprechenden Filmen sichtbar das Schild „Jugendlichen unter 18 Jahren ist der Zutritt verboten" aushängten. Insgesamt waren dies jedoch Maßnahmen, die weder die Jugendlichen vom Kino fernhielten noch die Kinobesitzer dazu anhielten, das Alter der Besucher zu kontrollieren. Androhungen, die Lustbarkeitssteuer zu erhöhen, brachten ebenso wenig Erfolg wie Anzeigen gegen Kinobesitzer: „Die eingeführte Überwachung der Lichtspieltheater auf den Besuch Jugendlicher hat, trotzdem verschiedentlich Anzeigen vorgelegt wurden, noch nicht zu einer gerichtlichen Bestrafung geführt", stellte das Duisburger Jugendamt in einem Bericht 1922 fest.

Geleitet von der Einflusslosigkeit ihres Engagements, orientierten sich die Jugendschützer und Zensurbehörden gegen Ende der 20er Jahre des 20. Jahrhunderts um. Auf den Verbotslisten standen nun Filme wie „Mutter Krausens Fahrt ins Glück", „Sacco und Vanzetti", „Salamander" und „Kuhle Wampe"; Filme, die Milieustudien Zilles zum Anlass nahmen, Leben, Hoffnungen und Zusammenbrüche der „Kleinen Leute" auf die Leinwand zu bringen.

Wohlwollend beobachteten viele national-konservative Jugendschützer den nationalsozialistischen Streifendienst ab 1933 vor den Kinos, setzen sie doch durch, was vorher zwar gesetzlich vorgeschrieben, aber unüblich war: die Kontrolle der Ausweise von jugendlichen Kinobesuchern. Eine Praxis, die nach einer kurzen, „liberaleren" Übergangszeit, überflüssig wurde. Gemäß dem Motto, dass auch ein „ausgesprochenes Tendenzwerk ein großes Kunstwerk sein kann" (Goebbels), wurde die Filmproduktion der Aufsicht des „Reichsverbandes Deutsche Bühne" untergeordnet. Das alte Filmgesetz von 1920 wurde 1934 durch ein Gesetz mit schärferen Zensurvorschriften abgelöst. Unabhängig von der Zensur führte man eine präventive Kontrolle ein. Alle Drehbücher mussten vor Produktionsbeginn dem Reichsdramaturg zur Genehmigung vorgelegt werden. „Wir wollen die Rhythmik der Seele vernehmen und nicht mehr den Takt des Gleichschritts internationaler Intellektualisten", verkündete der Literat R. C. Muschler als Programm nationalsozialistischer Kulturpolitik. Eine Forderung, die sich durchsetzte und die Masse der deutschen Bevölkerung zu ihrem Ausdruck, doch beileibe jedoch nicht zu ihrem Recht kommen ließ (vgl. Benjamin 1977, S. 167).

Kindheit und Jugend im Visier des „Jugendschutzes"

„Lesen ist eines der wichtigsten Dinge, mit denen sich unsere Jugendlichen in der Freizeit beschäftigen." Zu diesem Ergebnis kommt R. Dinse in seiner umfangreichen Untersuchung „Das Freizeitverhalten der Großstadtjugend" (1930). 73 % der Jungen und 70 % der Mädchen gaben Ende der 20er Jahre an, Bücher, Zeitschriften und/oder Zeitungen zu lesen. Besondere Aufmerksamkeit verdient die Studie von R. Dinse auch deshalb, weil Jugendliche über die Art ihres Lesestoffes Auskunft geben: „Ich lese am liebsten Karl May. Jetzt lese ich gerade den zweiten Band von Winnetou. Die Bücher von Karl May sind sehr spannend und klingen, trotzdem sie es vielleicht nicht sind, glaubhaft. Die Bücher sind auch sehr lehrreich" (17jähriger Radbote).

Abenteuerliche Handlungen, kriminalistische und kriegerische Erzählungen, Jagden und Kämpfe, Inhalte der hier zitierten Jugendlektüre, waren das Genre von Karl May, den Autoren von Nick Carter, Jack London und Edgar Wallace, aber auch von Schriftstellern wie Erich M. Remarque, Autoren, die von Mädchen kaum bis gar nicht gelesen wurden. Sie bevorzugten Liebesgeschichten, schicksalsreiche, rührselig-sentimentale Erzählungen, wie Courths-Mahler, Ganghofer und Gustav Freytag. Trotz aller Weltfremdheit enthielt die Kolportagenliteratur den von den Jugendlichen erwünschten Blick auf die Wirklichkeit. Sie kam den jugendlichen „Denk- und Gefühlswelten mit ihren Inhaltswerten und Darstellungsgängen entgegen" (Jung 1930). Der durch den Busch schleichende Trapper, der durch die Großstadt hetzende Detektiv, die von aller Hausarbeit befreite Prinzessin, das den alternden Baron heiratende Dienstmädchen, der mit wilden Tieren kämpfende Großwildjäger und die jugendliche Gräfin, die wider alle gesellschaftliche Konvention den armen Bauernsohn heiratet - das waren Figuren, die sich trotz, vielleicht auch gerade wegen ihrer Phantasiefülle, zur Identifizierung anboten. „Obgleich Karl May nie tat, was er von sich selbst erzählt, nie dort war, wo er jeden Strauch zu kennen vorgab, findet ihn doch jeder Junge richtig. Also muss an der Lüge etwas dran sein, nämlich der echte Wunsch nach Ferne, den sie erfüllt" (Bloch 1977, S. 169).

Auch die Kolportage der laufenden Bilder vermittelte den Blick über die Mauer, die die gelebte Wirklichkeit umzäunte, und erzeugte Hoffnung. „Unsere einzige Freude ist schließlich das Kino", so ein Schüler, ebenfalls zitiert in Dinses Untersuchung. Ein anderer Schüler - Besucher einer höheren Schule - ergänzte: „Ich bevorzuge jetzt das Kino, obwohl ich noch Jugendlicher bin und somit das Kino nur betreten dürfte, wenn Filme für Kinder bis zehn Jahre gegeben werden. Dass ich als Jugendlicher kein Interesse an diesen Filmen habe, wird jeder einsehen. Übrigens habe ich die Erfahrung gemacht, dass ich mit Geld überall hingehen kann, auch als Jugendlicher. Dieses sollte sich die Filmprüfstelle merken: Wenn viele Leute glauben, dass man sittliche Filme nicht richtig verstehen kann, glaube ich, dass diese Leute sich gerade darin irren." Der Kinobesuch von Jugendlichen ließ sich durch andere Momente leiten als durch gesetzliche Bestimmungen. Wünsche nach einem Leben, das über den tristen Tag hinausgeht, waren Motor für den Besuch von Lichtbildvorführungen.

Die Jugendschützer und die DiskutantInnen in den örtlichen Jugendpflegeausschüssen gingen unbelegt davon aus, dass Kolportage in Wort und Film hauptsächlich bis ausschließlich von Jugendlichen aus proletarischen Milieus, insbesondere von den arbeitslosen, ungelernten männlichen Jugendlichen, von Dienstmädchen und ungelernten Arbeiterinnen, genossen wurde. Dinses Untersuchung relativiert diese Auffassung. Bei der Wahl der Lektüre deutlicher als bei der Filmauswahl lässt seine Erhebung erkennen, dass zwar der lebensweltliche Hintergrund die Wahl für diese oder jene Literaturgattung oder diesen oder jenen Film beeinflusste, doch nicht in der prägenden, ausschließenden Weise, wie die Jugendschützer unterstellten. Zwar lasen Besucher und Besucherinnen höherer Schulen prozentual mehr „einwandfreie" Literatur als berufstätige Jugendliche. Auch tendierten ungelernte weibliche Jugendliche am stärksten zur „Schundlektüre". Dennoch: Die jugendliche Leidenschaft für filmische und literarische Trivialliteratur war klassenübergreifend. Weder war der jugendliche Arbeiter „der eigentliche Kinobesucher", wie Dehn (1922) ausführte, der erlebnishungrige, -lüsterne und häufigste Kinobesucher, wie H. Jung (1930) annahm, noch der einzige Leser von „anstößigen" Zeitungen und prickelnden, phantasieaufpeitschenden Büchern.

„Die Verherrlichung des Verbrechens in den Schundromanen führt nicht selten zur Ausübung von Heldenstücken, die den Unglücklichen dann in Konflikt mit dem Strafgesetz bringen." Brunner (1909) formulierte diesen Satz, schmückte ihn mit diversen Zeitungsgeschichten aus und legte damit den Grundstein für eine die 20er Jahre überdauernde Argumentation des Jugendschutzes. Selbstmorde von Jugendlichen, Prostitution, Vergewaltigung, Diebstahl und Hehlerei, jugendliche Wanderlust und Schulschwänzerei wurden hinfort direkt auf den Einfluss von Literatur und Film zurückgeführt. Zwischen jugendlicher „Verwahrlosung" und „Verwilderung" und jugendlichem Konsum von „Schund" in Wort und Lichtstreifen wurde ein direkter Zusammenhang hergestellt, obwohl empirische Forschungen diese Annahme nicht stützen konnten. Von den „Schmutz- und Schundkämpfern" wurden Forschungsergebnisse, die ihren Überlegungen widersprachen, nur am Rande wahrgenommen. Unbehelligt exerzierten sie ihre Anliegen in geschlossener Front. Erst gegen Ende der 20er, Anfang der 30er Jahre des letzten Jahrhunderts, zu einem Zeitpunkt, wo der Schundkampf sich allgemein von der puritanischen Mentalität des Wilhelminismus löste, aber gleichzeitig auch politisierte, brach die gemeinsame Front der Schundkampffraktionen auf. Bis hierhin hatten sie den Weg gemeinsam zurückgelegt, stets dem Ideal verpflichtet, das bürgerliche, klassisch-humanistische Kulturleben gegen die alltagskulturellen Praxen der Jugendlichen, die nur der Zerstreuung dienten, durchzusetzen.

 Tipps zum Weiterlesen

Peukert, D. J. K. (1986): Grenzen der Sozialdisziplinierung. Aufstieg und Krise der deutschen Jugendfürsorge von 1878–1932. Köln, S. 175–194.

2.5 Von der Konsolidierung zur nationalsozialistischen Entpluralisierung

Nach Beendigung des Ersten Weltkrieges waren nicht mehr die Kultus- und Wissenschaftsministerien, sondern jetzt die Ministerien für Volkswohlfahrt in den Ländern der Weimarer Republik für die Jugendarbeit zuständig. Doch weder der Ressortwechsel noch das 1922 im Reichstag verabschiedete und im April 1924 mit Einschränkungen in Kraft getretene, bis 1990 mehrfach novellierte Reichsjugendwohlfahrtsgesetz (RJWG) änderten die strukturellen und rechtlichen Bedingungen der Jugendarbeit grundlegend (vgl. Naudascher 1990). Dennoch konnte die Jugendarbeit in den 20er Jahren sich quantitativ und qualitativ fortentwickeln. Neue Spiel- und Sportplätze, Turn-, Schwimm- und Badeanlagen, Jugendheime und Jugendherbergen sowie Werkstätten für arbeitslose Jugendliche wurden gebaut. Neben sportlichen und geselligkeitsorientierten Aktivitäten, jugendschützerischen, berufs-, arbeitsvorbereitenden und -ersetzenden Angeboten gewannen kulturell-ästhetische (musische) Akzente in der staatlichen, verbandlichen, aber auch in den Angeboten der politischen Jugendverbände an Bedeutung. Damit war die Hoffnung verbunden, den quantitativ unbedeutenden, inhaltlich jedoch sehr einflussreichen, wenn auch wenig geliebten Bünden der Jugendbewegung an Attraktivität zu entsprechen.

In fast allen Gebietskörperschaften des deutschen Reiches wurden Orts-, Stadt-, Kreis- und BezirksjugendpflegerInnen eingestellt (vgl. hierzu auch Kapitel 5) und der seit der Jahrhundertwende begonnene Bau von Jugendheimen wurde intensiviert. Doch auch weiterhin verzichteten viele Jugendliche auf den Besuch der Jugendheime und bewahrten den Alltag vor pädagogischen Reglementierungen. Denn weder die mit militärisch-administrativer Gewalt vorgetragenen Bemühungen Mitte der 20er Jahre noch die reformpädagogischen Anstrengungen wohlgesonnener FürsorgerInnen konnten die subkulturellen jugendlichen Milieus in das sozialstaatliche Netz integrieren. Ein Großteil der Jugend zeigte wenig Neigung, die Straße, das Kino und die Wirtshäuser gegen die formelle Geselligkeit eines Jugendheims oder Jugendverbandes einzutauschen. Der Selbstbehauptungs- und Selbstbestimmungswillen vieler Jugendlicher sperrte sich gegen die Annäherungsversuche der staatlichen Jugendpflege. Wohlwollend wurden daher Anträge und Forderungen der organisierten, nicht nur bündischen und bürgerlichen Jugendbewegung um Unterstützung ihrer Bestrebungen zur „geistig-seelischen Vertiefung des jugendlichen Gemeinschaftslebens" (Jugendrat der Stadt Düsseldorf 1926) von den kommunalen Jugendpflegeausschüssen und Jugendringen registriert. Ihre Aktivitäten - Tanz, Spiel und Sport, Sing- und Musikabende, Gesprächs- und Diskussionsveranstaltungen, aber auch Wanderungen und Ferienfahrten - versprachen, renitente, verwahrloste Jugendliche in die Palette jugendfürsorgerischer Maßnahmen zu integrieren. Doch Teilnehmer und Teilnehmerinnen an diesen Veranstaltungen blieben vornehmlich die ohnehin schon in Jugendvereinigungen und -verbänden Organisierten. Und ihnen blieb es fast ausschließlich vorbehalten, die inzwischen von den Kommunen und Kirchen eröffneten Jugendheime zu besuchen. In der Zeit vor 1900 wurden 88, zwischen 1901 und 1918 192 und zwischen 1918 und 1928 565 städtische Jugendheime allein auf dem Gebiet Preußens gebaut. In Düsseldorf und Essen gab es 1925 je fünfzehn städtische Jugendfreizeiteinrichtungen, im Stadtbezirk Duisburg-Hamborn acht, in Mülheim neun und in Oberhausen zwei. Mitte der 20er Jahre gab es im Regierungsbezirk Düsseldorf über 300 öffentliche und vereinsgebundene Jugendheime (vgl. Thole 1989a). Die Jugendheime wurden für die organisierte Jugend zu Zentren ihrer kulturellen Aktivitäten. Der nicht organisierte Teil der Jugend nahm hieran nicht teil. Ihnen blieb die Straße, das Wirtshaus und andere kommerzielle Lokalitäten. Und insbesondere den „verwahrlosten" und „verwilderten" Jugendlichen galt auch weiterhin das Wehklagen der Jugendfürsorge: „Ein Blick auf die Lage und Haltung der schulentlassenen Jugend zeigt keine wesentlichen Veränderungen in deren Lebensbild. Dem aufmerksamen Beobachter wird allerdings eine starke Hinneigung zum Materiellen und zur Genusssucht nicht entgehen. Hier zeigte sich die Jugend von Erscheinungen beeinflusst, wie sie in unserem Gesamtvolk wahrzunehmen sind. Oberflächlichkeit, Unordnung und Zerstreuung lassen keine gesammelte geistige Haltung zu. Es liegen Anzeichen vor, dass die innere Auflösung fortschreitet. In solche Zeitverhältnisse hineingestellt, obliegt der Jugendpflege die Aufgabe, verstärkt den Aufbau unserer Kultur und unseres Volkstums herauszustellen" (vgl. Jahresbericht des Jugendamtes Duisburg 1928). Auch die organisierte Arbeiterbewegung fühlte sich aufgefordert, auf die „Unordnung und Zerstreuung" und die Ausdehnung von kommerziellen Freizeitangeboten mit Alternativen zu reagieren. In seinem Jahresbericht 1929 nannte der Allgemeine Deutsche Gewerkschaftsbund die Zahl von 150 existierenden Volks- bzw. Gewerkschaftshäusern. 30 von diesen Häusern waren reine Restaurantbetriebe mit Versammlungsräumen, 104 Volkshäuser beherbergten darüber hinaus auch Büros und Zentralen der politischen Arbeiterbewegung (vgl. Rüden/Koszyk 1979; Niess 1984). Ziel der zumeist genossenschaftlich organisierten Häuser war, entsprechend der sozialen Realität der Arbeiterschaft, Räume anzubieten, in denen diese ihre kulturellen wie politischen Projekte leben und planen konnten.

Die sozialpolitische Bedeutung, die die eigenständigen und selbstverwalteten Kulturformen und -stätten bis 1933 erlangten, war unterschiedlich (vgl. Parisius 1983). In den urbanen Metropolen wie Berlin mögen die gegenkulturellen Aktivitäten von unten partiell an der Dominanz der herrschenden bürgerlichen Kultur haben kratzen können. Ob gleiches für andere Regionen ebenso zutrifft, ist zweifelhaft. Zwar hatten die Kulturen jugendlicher wie erwachsener Arbeiter in anderen Regionen sowohl im wilhelminischen wie im bürgerlich-demokratisierten Deutschland subkulturelle, gegen die Normalität gerichtete Züge. Aber die aus agrarischen und handwerklichen Produktionsweisen in die industrielle Fertigung übernommenen Wertvorstellungen wirkten als Fesseln, die die neuen sozialpolitischen wie kulturellen Orientierungen stets traditionell banden und ihnen ihre nonkonformistische Eindeutigkeit nahmen.

Die Hoffnung, mit dem neugeschaffenen jugendpflegerischen Dienstleistungsnetz endlich die bisher der Jugendarbeit Ferngebliebenen zu erreichen, erfüllte sich jedoch nicht (vgl. Hirtsiefer 1930). Jugendliche aus sozial und materiell marginalisierten Milieus, arbeitslose Jugendliche, aber auch die städtische „Jugendbohême" nahmen an den Angeboten der Jugendarbeit auch weiterhin nicht teil. Auch die Tatsache, dass in den zeitweise zirka hundert Jugendverbänden, die seit Beginn der 20er Jahre reichsweit ihre Anliegen in einem zentralen Ausschuss koordinierten, verschiedenen Quellen zufolge bis zu fünf Millionen Kinder und Jugendliche ab Mitte der 20er Jahre organisiert waren, veränderte diese Situation nicht grundlegend. Die auf soziale Integration setzende Vergesellschaftungspolitik der Weimarer Republik schaffte kein Netz, das die gesellschaftlichen Desintegrationsprozesse von Kindern und Jugendlichen aufzufangen vermochte. So mussten und wollten viele Kinder und Jugendliche in der Zwischenkriegszeit weiterhin auf die „flüchtigen Netze informeller Solidarität" (Peukert 1986a) vertrauen.

Neben der staatlichen Jugendpflege entwickelten die beiden anderen Formen der Jugendarbeit sich weiter. Die bündische Jugendbewegung organisierte sich seit dem Ersten Weltkrieg geschlossener, artikulierte sich partiell auch politischer, setzte jedoch weiterhin auf die Kunstformen Tanz, Dichtung und Musik. Obwohl sich die bündische Jugendbewegung politisierte, zuweilen ihre Anliegen mit völkisch-nationalem Vokabular unterfütterte (vgl. Kolland 1979; Hodek 1977), war sie als Ganzes nie parteipolitisch eindeutig zuzuordnen. Anders die musische Bildungsbewegung: Sie verstand sich als ein Beitrag zur „Erziehung zur Volksgemeinschaft", deutlich artikuliert etwa in den „drei Argumenten" von W. Flitner (1953) zur musischen Bildung:

- „Jugendkundliches Argument: Alle Geistesbildung ist im Anfang zugleich musische Bildung, weil sich die rationale und technische Tätigkeit erst als kompliziertere Stufen aussondern lassen.

- Nationalpädagogisches Argument: Die Überlieferung des Gefühls, ein Volk zu sein, ist wesentlich eine der Empfindungen, Formen und Symbole, die nur dem musisch Gebildeten zugänglich sind.

- Kulturkritisches Argument: Die rational-technische Geistesverfassung und die soziale Atomisierung ergeben für den aufwachsenden und geistig sich formenden Menschen eine Störung, die eine besondere Pflege der Gegenkräfte nötig macht, weil alle höhere Geistestätigkeit dieser Gegenkräfte fundamental bedarf."

Abbildung 4:   Jugendliche beim Umbau eines Eisenbahnwagens zu einem selbstorganisierten Jugendtreff, 1928

W. Flitners Programm entfaltete das zentrale Anliegen der musischen Bildung. Es ging nicht darum, das Musische in der außerschulischen wie schulischen Bildung als Fach zu etablieren, sondern die musische Bildung als das integrale Moment einer allgemeinen Menschenbildung, einer Erziehung zur Volksgemeinschaft zu begründen. Die Unterordnung der Vernunft und der wissenschaftlich-technischen Argumentation unter das alles beherrschende Moment der Emotion, die Herausbildung einer Kaste von musisch Gebildeten und die Förderung und gesellschaftliche Verbreiterung einer „Geistestätigkeit" die der

Moderne trotzt, das waren die zentralen Prinzipien der musischen Bildung in der Weimarer Republik.

Trotz aller Modernisierungen kann die außerschulische Pädagogik mit Jugendlichen in den Jahren zwischen 1918 und 1933 insgesamt wenig dazu beizutragen, jugendliche Lebenswelten am Ausgang der Weimarer Republik zu stabilisieren, so dass diese bereit und fähig gewesen wären, den ideologischen, autoritär-ordnungspolitischen Erlassen, Maßnahmen und Vereinheitlichungsversuchen der Generationsgestalt Jugend ab 1933 zu widerstehen. Auch die staatliche Jugendpflege und die Mehrzahl der großen Jugendverbände waren nicht durchgängig bereit, in der Lage oder willens, sich den nationalsozialistischen Erziehungsvorstellungen zu widersetzen. Die in der Weimarer Republik aufgebaute staatliche Jugendpflege wurde fast gänzlich aufgelöst, viele Jugendverbände und Teile der bündischen Jugendbewegung lösten sich selber auf, traten in nationalsozialistische Organisationen über oder wurden zwangsaufgelöst wie die kommunistischen und sozialistischen Kinder- und Jugendorganisationen. Lediglich die katholischen Jugendverbände wahrten noch eine zeitlang ihre Unabhängigkeit.

Die nationalsozialistische Machtergreifung leitete insgesamt eine Ära der besonderen Prägung schulischer wie außerschulischer Erziehungsöffentlichkeiten ein. Inhalte und Formen der Weimarer Jugendarbeit kopierend, organisierten die nationalsozialistischen Jugendorganisationen mittels Einführung der Jugenddienstpflicht in der zweiten Hälfte der 30er Jahre 8,7 Millionen der 8,87 Millionen 10- bis 18jährigen weiblichen und männlichen Jugendlichen (vgl. Hellfeld/Klönne 1985, S. 35). Neben den bestehenden Bildungsgängen gründeten die nationalsozialistischen Machthaber Ausbildungsstätten für die zukünftige Elite wie die Nationalpolitischen Erziehungsanstalten, die Adolf-Hitler-Schulen und die Ordensbruderschaften der NSDAP. Ziel der alle gesellschaftlichen Bereiche umfassenden nationalsozialistischen Erziehung war, die Kinder und Jugendlichen aus ihren traditionellen sozialen Bindungen herauszulösen und in das nationalsozialistische Vergesellschaftungssystem zu integrieren (vgl. hierzu auch Kapitel 5). Autonome jugendliche Artikulationen waren kaum möglich und selbst das eigenständige, von den nationalsozialistischen Massenorganisationen unabhängig organisierte Wandern in Gruppen war untersagt. Doch nicht alle, auch nicht alle die der Hitlerjugend (HJ) oder dem Bund Deutscher Mädchen (BDM) angehörten, standen dem nationalsozialistischen Staat ungebrochen und unkritisch gegenüber. Neben den Zustimmenden, den Kindern und Jugendlichen, die begeistert an den Aktivitäten teilnahmen und noch heute, im Rückblick auf ihre Jugendzeit, die HJ oder den BDM mythologisieren, befanden sich unter den Mitgliedern eine sicherlich nicht kleine Gruppe der „Durchmogler“, die den Weg durch die nationalsozialistischen Jugendorganisationen als Teil einer gesellschaftskonformen Normalbiographie annahmen. Nur wenige Jugendliche fanden einen Weg in die verbotenen oppositionellen Zusammenschlüsse der autonomen Jugendbewegung, der Arbeiterjugendbewegung oder der konfessionellen, insbesondere katholischen Milieus. Erst verstärkt in den 40er Jahren formierten sich unabhängig von den wertgebundenen Oppositionsbewegungen regionale, im Kern oftmals unpolitische, gegen die Autoritarisierung des Alltags aufbegehrenden Jugendcliquen (vgl. u. a. Krüger 1987; vgl. auch Kapitel 5).

Abbildung 5:   Oppositionelle „Kittelbachpiraten" auf illegaler Wanderschaft an der Ruhr, 1942

    Tipps zum Weiterlesen

Breyvogel, W. (Hrsg.) (1991): Piraten, Swings und Junge Garde. Jugendwiderstand im Nationalsozialismus. Bonn.

Giesecke, H. (1981): Vom Wandervogel zur Hitler-Jugend. München.

Kenkmann, A. (1996): Wilde Jugend. Lebenswelt großstädtischer Jugendlicher zwischen Weltwirtschaftskrise, Nationalsozialismus und Währungsreform. Essen.

Klönne, A. (1984): Jugend im dritten Reich - Die Hitler-Jugend und ihre Gegner. Köln.

Peukert, D. J. K. (1986): Grenzen der Sozialdisziplinierung. Aufstieg und Krise der deutschen Jugendfürsorge von 1878–1932. Köln.

2.6 Notizen zur Geschichte der Jugendarbeit nach 1945

Neuaufbau und erste „Theoretisierung" der Jugendarbeit in der BRD

Die Hoffnung, insbesondere der nationalsozialistischen Opposition, dass die Jugendarbeit, die staatliche wie die verbandliche, die politische wie die kulturelle, soziale wie sportliche, nach dem 8. Mai 1945 die schmalen Spuren jugendlichen Antinationalsozialismus fortsetzt, erfüllten sich nicht. Drei andere Bezugspunkte prägten die Geschichte der Jugendarbeit in der Anfangsphase nach dem Zweiten Weltkrieg: Erstens wurden die Erfahrungen der Jugendpflege der Weimarer Republik reaktiviert, zweitens erlebten die Formen und Gestaltungen der Jugendarbeit der Zeit zwischen 1933 und 1945 eine entpolitisierte Renaissance und drittens wurde vereinzelt an internationale Formen der Jugendarbeit anzuknüpfen versucht. Der Aufbau der Jugendarbeit wurde in den ersten eineinhalb Jahrzehnten nach 1945 federführend von Personen getragen, die vor oder sogar während der nationalsozialistischen Zeit in der staatlichen Jugendpflege, der Jugendverbandsarbeit und insbesondere in der bündischen Jugendbewegung aktiv waren, auf die Initiierung von formellen Jugendgruppen setzten und hierzu einem Jugendbild den Vorrang gaben, nach dem die Jugend trotz ihrer prekären Lebenslage zu dieser Zeit als Hoffnungsträger für eine bessere Zukunft auserkoren blieb (vgl. Münchmeier 1995). Im Kern prägt demnach eine nur leicht modernisierte Traditionspflege die Phase der Neukonstitution der Jugendarbeit auf allen Ebenen. Die Ideen und die Praxis der jugendlichen Opposition gegen den Nationalsozialismus fand nur wenig Anerkennung (vgl. u. a. Klönne 1991). „Das Problem, mit dem sich die Jugendarbeit der Nachkriegsjahre (…) herumschlagen musste, lag darin, dass die von der Jugendbewegung entwickelten Inhalte kanonisiert, heilig gesprochen wurden" (Faltermaier 1983, S. 21) und die ideellen Grundlagen der Jugendbewegung als wesentliche Orientierungspunkte der staatlichen wie freien Jugendarbeit angesehen wurden.

Auch die Initiativen der Alliierten Besatzungsmächte änderten hieran wenig. Nachdem sie anfänglich insbesondere die Kriminalitätsrate unter Kindern und Jugendlichen zu senken versuchten, dachten sie ab 1946/1947 verstärkt daran, demokratische Impulse zu initiieren. Auf ihre Initiative hin wurden bis Anfang der 50er Jahre des letzten Jahrhunderts über 300 „German Youth Activity-Heime", quasi offene Jugendzentren, in den amerikanischen und britischen Besatzungszonen gegründet. Allein bis zum August 1946 entstanden in der amerikanischen Besatzungszone 186 Jugendausschüsse und 2.866 lizenzierte Gruppen mit knapp einer halben Million jugendlichen Mitgliedern. Die öffentliche Jugendpflege fand zunehmend Verbreitung und Ende 1948 wurde die Zahl der in die verschiedenen Programme involvierten Jugendlichen bereits auf 2,5 Millionen geschätzt. Mehr als 1.300 kleinere Jugend- und Gemeinschaftsräume wurden errichtet. (vgl. Füssl 1995).

Doch die Stimmung des Aufbruchs erlosch bald. Insgesamt gelang es der Jugendarbeit bis weit in die 50er Jahren hinein nicht, sich entsprechend des wirtschaftlichen Wandels und der politisch-kulturellen Aufbruchsstimmung inhaltlich neu zu
formieren. Das traf insbesondere auf die jetzt sich wieder neu konstituierende musisch-kulturelle Bewegung zu. Vorsichtiger, in ihrer Wortwahl sensibler, vielleicht auch nur taktisch geschickter als noch in den vorherigen Jahrzehnten,
tendenziell jedoch genauso wenig selbstkritisch, äußerten sich zu Beginn der
50er Jahre die Wortführer der musischen Bildung: Die Gleichschaltungspraxis
des NS-Staates wurde gehuldigt und die Zwangsintegration in die Hitlerjugend
als ein Faktum beschönigt, das die Jugend endlich zur „schöpferischen Gestaltung der Freizeit" befähigte: „Wie man auch zum totalen Staat Adolf Hitlers
stehen, welche Erfahrungen man auch im einzelnen in ihm gemacht haben mag,
es ist nicht zu bestreiten: In diesen Jahren ist es weithin gelungen, das Grundan-
liegen der Jugendbewegung zu erfüllen und ein tätiges, eigenständiges Leben
der Jugend zwischen der Kinderzeit und der Zeit des Erwachsensein zu verwirklichen. (...) Das Entscheidende ist, dass es damals gelungen ist, die Jugend
zu einem gemeinsamen Tun, zu schöpferischer Gestaltung der Freizeit zu gewinnen. Es ist auch kein Geheimnis, dass sich viele Führer der Jugend- und
auch der Singbewegung (selbst wenn sie dem Nationalsozialismus als Skeptiker
oder Gegner gegenüberstanden) bewusst in diese Arbeit hineingestellt haben,
weil dies der einzige Weg war, im Dritten Reich die Jugend zu erreichen."
(Vötterle 1952) Schon früh wandte angesichts solcher Reflexionen einer der
schärfsten Kritiker der musischen Bewegung, T. W. Adorno, ein, dass es bei
der Kritik der Singbewegung, die die „Erbschaft des zugleich konservativsten
und scheinrevolutionärsten Flügels der deutschen Jugendbewegung angetreten"
hat, es nicht mehr um musikalische „Stilfragen" geht (vgl. Adorno 1956, S. 62
ff.). Die Annahme, die unvernünftige Zweckrationalität gesellschaftlicher Le-
bensprozesse könnte durch das Musische überwunden werden, hofierte eine Illusion, die sich aus der mythisch verklärenden Irrationalität der gesamten Bewegung speiste. Durch materielle Realitäten gestaltete gesellschaftliche Verhältnisse und Entfremdungen konnten und können nicht durch Singen, Tanzen
oder rhythmisches Klatschen ihrer Wirklichkeit beraubt werden. Nur ein naiver
Irrationalismus kann vor sich selbst glaubhaft behaupten, dass ästhetischer Ge-
meinschaftswille das Tun der ökonomischen Sphäre ernsthaft und radikal zu
beeinflussen in der Lage wäre. So schreibt Th. W. Adorno: „Die Sehnsucht
nach dem von der Vergesellschaftung Unverschandelten wird mit dessen Existenz und gar mit überästhetischen Wahrheiten verwechselt. Der Objektivismus
musikalischer Gesinnung überschreitet sich, weil die Objektivität, die so verkündet, bloßes Wunschprodukt des ohnmächtigen Subjekts ist" (Adorno 1956,
S. 68). Die Kritisierten antworteten mit schärfster Gegenkritik, ohne jedoch die
gegen sie formulierten Einwände zu entkräften. Ohne Selbstzweifel knüpfte also die kulturelle Bewegung der musischen Bildung in den 50er Jahren an ihre
traditionellen Bezüge an.

Erst mit dem Beginn der 60er Jahre des 20. Jahrhunderts wurden die Überlegungen zur musischen Erziehung auch von ihren Apologeten kritisch befragt.

Doch nicht die bekannten, ideologiekritischen Einwände, sondern pragmatisch pädagogische Motive gaben den Anlass, neue Konzepte zu entwickeln (vgl. u. a. Kirchgäßner 1981). Die immer größere Distanz zwischen musischer Theorie und Praxis lagen den neuen Überlegungen zugrunde. Die ehemals musische Bildung verstand sich jetzt als musisch-kulturelle Bildung und neben Schule und Familie als dritten Sektor einer allgemeinen Jugendbildung. Ihr zentrales Ziel sah sie aber weiterhin in den Möglichkeiten zur Elitebildung, auch wenn die Erziehung zur kulturellen Identität im Vordergrund stand. Der Wandel von der musischen zur musisch-kulturellen Bildung war von so grundsätzlicher Bedeutung, dass er auch in den kultur- und sozialpolitischen Erklärungen, wie zum Beispiel denen des Deutschen Städtetages, nachvollzogen wurde. Noch 1952 erklärte dieses höchste Gremium kommunaler Selbstverwaltung, dass die städtische Kulturarbeit das ganze deutsche Geistesleben zu berücksichtigen und zu erziehen habe und die „kulturelle Leistung des deutschen Ostens unverlierbar" (Deutscher Städtetag 1952) einzubeziehen sei. Die Erklärung war noch unverkennbar von Traditionen durchzogen, die auch das Konzept der musischen Bildung prägten. Etwas mehr als 20 Jahre später liest sich hingegen das kulturpolitische Ziel des Deutschen Städtetages wie eine Proklamation gegen den konventionellen Kulturbetrieb. Unter dem Leitsatz der „Wiedergewinnung der Stadt als kulturgeprägte Schöpfung und Ereignisstätte" sollten nicht „abgesonderte Bildungs- und Kulturghettos, sondern Kristallisationskerne und Zonen für künstlerische und kulturelle Aktivitäten mit dem Ziel der Begegnung und Verständigung" (Deutsche Städtetages 1973) geschaffen werden.

Unter Fortbestand sozialer Probleme und Belastungen orientierten sich viele Jugendliche im Zuge der ökonomischen Konsolidierung in den 50er Jahren neu. Schneller als die Jugendarbeit dies vermochte, fanden viele Jugendliche neue normative Orientierungen und entwickelten Karrierepläne, eroberten neue soziale und kulturelle Handlungs- und Artikulationsformen. Bis Ende der 50er Jahre zeigte sich die Jugendarbeit, insbesondere die Jugendverbandsarbeit hiervon wenig erschüttert. Erst zu Beginn der 60er Jahre deuteten sich erste Verunsicherungen an. Diskussionen begannen, die die Jugendarbeit bis zu Beginn der 80er mitbestimmen sollten, ihre Verberuflichung einleiteten, sie von autoritär-normativen Diktionen entlasteten und darüber öffneten. In den Jugendverbänden wurde über eine Öffnung der Arbeit nachgedacht, die politische Bildung experimentierte mit neuen Themen und Veranstaltungsformen, die Jugendhäuser gaben „Rockern" und „Halbstarken" Raum zum Treffen und die Jugendkulturbewegung verabschiedete sich langsam von ihrem musischen „Laienspielhabitus", entwickelte sich zur Jugend- und später zur Kinder- und Jugendkulturarbeit.

Die vielfältigen, kleinen Veränderungen in der Praxis der Jugendarbeit ab dem Ende der 50er Jahre des letzten Jahrhunderts fanden in dem bis heute verwendeten Begriff „Offene Jugendarbeit" eine Bezeichnung. Im gewollten Kontrast zur geschlossenen und verregelten verbandlichen Jugendarbeit fanden sich unter dem Dach „Offene Jugendarbeit" jene Angebote und Konzepte der Kinder- und Jugendarbeit zusammen, die neue soziale Milieus und Zielgruppen für die außerschulische Pädagogik gewinnen wollten. Heute allerdings scheint der Begriff seine charakterisierende und innovative Kraft verloren zu haben. Der Vielfältigkeit und dem Nuancenreichtum der Kinder- und Jugendarbeit wird er nicht mehr gerecht.

Dennoch kristallisierte sich in diesem begrifflichen Wandel eine enorme Sprengkraft, die am Ende der 50er Jahre insbesondere im Kontext der Jugendverbände ihren Ausgang fand. Getrieben durch öffentliche Kritik sahen sie sich veranlasst, ihre bisherigen Formen der Jugendarbeit zu überdenken. In der Erklärung von „St. Martin" fassten sie dann ihr neues, modifiziertes Verständnis von Jugendarbeit zusammen. Nach Giesecke verdienen insbesondere folgende Aspekte eine „besondere Akzentuierung:

(1) Das ursprünglich vor allen politische Selbstverständnis wird mit einem pädagogischen zu einem politisch-pädagogischen verbunden (…).

(2) Die jugendliche Gruppe ist nicht mehr sich selbst genug. (…) Die Jugendarbeit übernimmt ausdrücklich die Funktion, den Übergang von der Kindheit in die Erwachsenenwelt pädagogisch zu gestalten.

(3) Dabei wird die Funktion der Gruppe neu bestimmt. Die kontinuierliche, durch feste Mitgliedschaft gekennzeichnete Heimabendgruppe gilt nur noch als eine Möglichkeit. Gerechtfertigt wird darüber hinaus auch die informelle, wenig verbindliche, an den spezifischen Interessen gebundene und auf bestimmte Zeit terminierte Gruppe, wie sie sich im Typus der offenen Arbeit bildete.

(4) (…) Im Unterschied zur überlieferten deutschen Vorstellung von der Funktion der Gruppe, nach der die Gruppe eher zur kollektiven Indoktrination von außen kommender Intentionen dient, ist nach diesem neuen Verständnis die Gruppe grundsätzlich Gleichberechtigter eine optimale Sozialform zur Lösung gemeinsamer Probleme.

(5) (…) Jugendarbeit wurde zur dritten Erziehungsinstitution neben Elternhaus und Schule bzw. Betrieb." (Giesecke 1971, S. 81)

Mit der Erklärung von „St. Martin" versuchte sich die Jugendverbandsarbeit den Jugendlichen wieder zu öffnen und signalisierte, dass sie gewillt war, an der Neugestaltung einer plural gegliederten Landschaft der Jugendarbeit mitzuwirken. Gleichwohl waren damit nicht alle Probleme gelöst und die Praxis der Jugendverbandsarbeit noch lange nicht an den durch gesellschaftliche Veränderungsprozesse initiierten Gestaltwandel der Kindheits- und Jugendphase angepasst. Denn die unorganisierte Jugend fand in den Städten, Gemeinden und Kreisen zunehmend mehr Jugendhäuser und Jugendfreizeitstätten, die eine Alternative zu den immer noch auf das Gruppenprinzip setzenden Jugendverbänden boten. Schon 1953 hatten sich die Träger von „Heimen der offenen Tür" auf Einladung der „Arbeitsgemeinschaft für Jugendpflege und Jugendfürsorge" (AGJJ), der heutigen „Arbeitsgemeinschaft Jugendhilfe" (AGJ), auf die sogenannten „Gautinger Beschlüsse" verständigt und festgehalten, dass „das Heim der offenen Tür eine Freizeiteinrichtung und Begegnungsstätte im freien Erziehungsraum ist und die Erziehung im Elternhaus, in der Schule und im Beruf ergänzt" (vgl. Rössner 1967, S. 28).

Die drei Kernbewegungen der Kinder- und Jugendarbeit - die autonome Jugendbewegung und mit ihr die musisch-kulturelle Tradition, die Jugendverbandsarbeit sowie die Jugendpflege und staatliche Jugendarbeit - realisierten also ab Mitte der 50er Jahre des letzten Jahrhunderts mit zunehmender Dynamik umfangreiche Reformen. Trotzdem verstummten die kritischen Stimmen nicht, denn die angekündigten Veränderungen bei den Jugendverbänden verwirklichten sich nur sehr langsam und zum Teil auch nur sehr halbherzig. Die musisch-kulturelle Bewegung verlor deutlich an Einfluss und konzentrierte sich wieder stärker auf ihre traditionellen Handlungsfelder und die Expansion der offenen Arbeit in den Jugendfreizeitstätten und Jugendheimen verlief nur sehr zaghaft. Zudem bezogen sich die Reformbemühungen im Kern auf strukturelle Fragen, diskutieren nicht den ebenfalls notwendigen Modernisierungsbedarf hinsichtlich der grundsätzlichen Orientierungen der pädagogischen Arbeit mit Jugendlichen (vgl. hierzu auch die Hinweise in Kapitel 7).

In den Diskussionsbeiträgen von H. Kentler, C. W. Müller, H. Giesecke und K. Mollenhauer, zu Beginn der 60er Jahre in der Zeitschrift „deutsche jugend" (C. W. Müller u. a. 1964) publiziert, fand die Jugendarbeit im Anschluss an die tendenziell praxisorientierten Überlegungen erstmals einen Ort erziehungswissenschaftlicher Reflexion (vgl. hierzu auch Kapitel 7). Ihre Vorschläge, die traditionellen und sozialintegrativen Konzeptionen mit emanzipativen Grundlegungen zu konfrontieren, bildeten die kontrovers diskutierte Basis für die Bemühungen um eine Theorie der Jugendarbeit, insbesondere in bezug auf die außerschulische Jugendarbeit in Jugendfreizeiteinrichtungen, von denen es in Westdeutschland Mitte der 60er Jahre 1.148 gab (vgl. Lüdtke 1972, S. 185). Neben kritisch-produktiven Anmerkungen (vgl. etwa Hornstein 1965) sahen sie sich jedoch schon bald mit Entgegnungen konfrontiert, die aus der Feder von AutorInnen stammten, die ihre politische und sozial-kulturelle Sozialisation in den Milieus der „antiautoritären" SchülerInnen-, StudentInnen- und Lehrlingsbewegung erfahren hatten und theoretisch wie auch praktisch für eine stärker politisch engagierte, antikapitalistische Jugendarbeit plädierten (vgl. etwa Lessing/Liebel 1975).

Nicht zuletzt die kulturellen Projekte, Initiativen und Experimente, die sich ab Anfang der 70er Jahre spärlich, danach aber immer zahlreicher entwickelten, förderten diesen Wandel. Parallel sahen sich die klassischen musisch-kulturellen Tanz-, Spiel-, Rhythmik-, Sing-, Theater-, Mal- und Literaturprojekte mit neuen, nicht mehr nur die individuellen Ausdrucksformen des einzelnen fördernden Experimenten konfrontiert: Die musische Bildung emanzipierte sich zur soziokulturellen Animation. Diese war jetzt nicht mehr nur kulturpädagogische Elitebildung, sondern formulierte sich als Teil des kulturellen Alltagslebens. Erstmals wurden kulturtheoretische Ansprüche mit den Wünschen und Bedürfnissen von breiten Bevölkerungskreisen, insbesondere von Jugendlichen, in Einklang gebracht. Mit den selbstverwalteten Jugendzentren und Kommunikationszentren, später dann auch mit den kommunalen Kulturzentren, waren soziale Räume erkämpft und geschaffen worden, die prädestiniert waren, zu vollziehen, was konzeptionell teils unabhängig, teils aber auch an den traditionellen Orten der musischen Bildung an neuer Kulturarbeit erdacht und fixiert worden war. Dennoch war es ein sehr brüchiger, ambivalenter Annäherungsprozess zwischen der Idee der sozialkulturellen Animation und der kommunikativer Zentren. Die Idee von Soziokultur entstand in der traditionellen, bürgerlichen Kulturdiskussion. Hingegen sahen sich die Initiatoren der Kommunikationszentren in der Tradition oppositioneller Bewegungen der 50er und späten 60er Jahre, die gegen den gesellschaftlichen Zeitgeist opponierten und Inhalte der geförderten Kultur kritisierten (vgl. Krüger 1985; Niess 1984). So können noch heute die Betreiber von Kommunikationszentren sich mit der Kennzeichnung ihres Zentrums als moderne Variante der mittelalterlichen Spinnstube oder des Jazz-Kellers der 50er Jahre eher identifizieren als mit dem Hinweis, ihre Kulturangebote würden vieles vom dem realisieren, was musische Bildung, insbesondere jedoch soziokulturelle Animation intendierte.

Neben neuen kreativen Ausdrucks- und Darstellungsformen wie creating dance, Bauchtanz, ostasiatischen und lateinamerikanischen Theater- und Selbstentdeckungstechniken bieten die Zentren auch heute noch (vielleicht besser: wieder) Kurse in Rhythmik, Singen und Sprechen, Fotografie und Tanz, Holzbearbeitung und Batik an, also Angebote, die ehemals die Jugendbewegung zur musischen Bildung zählte und die heute neutral als sozial-kulturelle Techniken bezeichnet werden. Und es war das Unbehagen mit dem jeweiligen offiziellen Kulturbetrieb, was die gegenkulturellen Sozialmilieus zu einer „alternativen" Verräumlichung ihrer eigenen Alltagskulturen veranlasste.

Bei den PraktikerInnen der Jugendarbeit fanden die jeweiligen neuen Überlegungen und Initiativen zwar Aufmerksamkeit. Die Jugendlichen jedoch, die zu AdressatInnen der emanzipativen, sozial-kulturell animativen und antikapitalistischen Jugendarbeit werden sollten, interessierten sich mehrheitlich nicht für pädagogisierte „Aufklärungen". Die autonome Jugendzentrums- und Kulturzentrumsbewegung war schon weniger Jahre nach ihrer Blütezeit verstummt. Nicht überall konnte sie sich als Teil der Jugend- und Kulturlandschaft fest etablieren. Und auch die theoretischen, gesellschaftskritischen Überlegungen für eine andere Jugendarbeit wurden zur Disposition gestellt. Theoretische Modelle wie die bedürfnisorientierte Jugendarbeit, die situative, die erfahrungsbezogene Jugendarbeit, die progressive Jugendarbeit (vgl. Bierhoff 1974) bis hin zu Zugängen wie die sozialräumliche, die lebensweltliche oder die akzeptierende Jugendarbeit wurden vorgestellt und häufig wieder verworfen (vgl. u. a. Thole 1991; Krieger/Mikulla 1994).

 Tipps zum Weiterlesen

Krafeld, F. J. (1984): Geschichte der Jugendarbeit. Weinheim u. Basel.

Vom Nationalsozialismus bis zur „Wendezeit": FDJ und Jugendclubbewegung in der DDR

In der DDR wurde bereits 1947 die Einheit von Jugendpflege und -fürsorge aufgegeben. 1950 wurde zwar die Jugendförderung als gesellschaftliche Aufgabe höchster Priorität gesetzlich fixiert, jedoch nicht als Teil der Jugendhilfe. Unter Ausschaltung der pluralen Strukturen - und damit des Subsidiaritätsprinzips - entstand die Freie Deutsche Jugend (FDJ) als einheitliche Jugendorganisation. Sie entwickelte sich zum zentralen Ort der außerschulischen Pädagogik und der knapp 40jährigen DDR-Jugendpolitik. Der Organisationsgrad der DDR-Jugend stieg kontinuierlich von 42,2 % im Jahre 1950 bis zum Höchststand 1987, wo über 86 % der Kinder und Jugendlichen in einer der FDJ-Organisationen eingebunden waren (vgl. Zilch 1992). Die Kinder- und Jugendarbeit in den Pionierorganisationen und der FDJ war eng an die Schulen gebunden (vgl. hierzu Kapitel 5). Neben Schule, Familie und dem nach Altersstufen getrennt organisierten Mitwirken bei den Jungpionieren, den Thälmannpionieren oder bei der Freien Deutschen Jugend waren die Jugendclubs für die Kinder- und Jugendgenerationen ab 1970 ein wesentliches Sozialisationsfeld. Die breite Jugendclublandschaft der DDR am Ende der 80er Jahre basierte auf einem, auch von jugendlichen Selbstinitiativen mitgetragenen expansiven Aus- und Neubau von Jugendfreizeiteinrichtungen, partiell auch von Kinderfreizeiteinrichtungen, ab Mitte der 70er bis Mitte der 80er Jahre. Die Ausweitung realisierte sich demnach mit einer leichten zeitlichen Verzögerung in demselben Jahrzehnt, in dem in den alten Ländern der Bundesrepublik die offene Kinder- und Jugendarbeit personell und räumlich ihre bisher intensivste Expansionsphase erlebte.

Die Angaben über die tatsächliche Anzahl der Jugendclubeinrichtungen in der DDR variieren leicht. Ausgegangen wird allgemein von ca. 10.000 Jugendclubhäusern, Mehrraumjugendclubs und Jugendclubzimmern (vgl. Lindner 1991; M. Müller 1990). Die offizielle Statistik des Amtes für Jugendfragen der DDR erfasste 1988 nur 9.499 Jugendclubeinrichtungen in der Trägerschaft von Betrieben, Schulen, Universitäten und Hochschulen, von staatlichen Organisationen und Kommunen. Allein 6.797 ehrenamtlich verwaltete Jugendclubeinrichtungen befanden sich in kommunaler Trägerschaft. Die 823 hauptamtlich geleiteten Jugendclubs unterstanden ebenfalls zumeist den kommunalen Räten (vgl. Weicht/Weicht 1992). Allein in Berlin-Ost konnten in dem Zeitraum zwischen 1981 und 1985 2.356 neue Plätze für ältere Kinder und Jugendliche in Clubeinrichtungen geschaffen werden. Die Schaffung dieser Plätze erfolgte im Rahmen eines damals neuen Wohnungsbauprogramms und stützte sich auf Meinungsumfragen, die festhielten, dass die qualitative Ausgestaltung und Beschaffenheit von Wohnumfeldern im starken Maße die Wohnzufriedenheit und das familiale Zusammenleben, aber auch die Art der kulturellen Aktivitäten beeinflusst (vgl. Aßmann/Winkler 1987). Die sozialistische Idealvorstellung, derzufolge mit der Aufhebung des Privateigentums an Produktionsmitteln die entfremdende Differenz von Arbeit und Freizeit sich gleichfalls negiert und die Verwirklichung der individuellen Bedürfnisse zur gesellschaftlichen Aktivität avanciert, beförderte in diesem Zeitraum die Idee des Ausbaus von staatlichen und halbstaatlichen Dienstleistungsangeboten in eine höhere Planungspriorität. Die Etablierung eines breitflächigen Freizeitangebots entsprach somit vollends der programmatischen Intention, die Entwicklung der sozialistischen Lebensweise durch „sinnvolle", kulturelle Gestaltungen der Freizeit und „gesellschaftlich nützliche" Tätigkeiten zu fördern und zu sichern: „Im Sozialismus ist auch der Lebensbereich Freizeit auf soziale Sicherheit gegründet und gerichtet auf die Realisierung und Entwicklung ihres materiellen und kulturellen Lebensniveaus. Die Freizeit umfasst vornehmlich die individuelle Lebenssphäre der Bürger und ihrer Familien, die nicht isoliert von anderen Bereichen der Gesellschaft, sondern in Wechselwirkung mit ihnen steht. Diese Wechselwirkung bereichert und entfaltet die Freizeit der Bürger. (...) Um freie Zeit überhaupt sinnvoll verwenden und genießen zu können und immer bessere Bedingungen ihrer Gestaltung zu erhalten, wird ein stetig wachsender Anteil gesellschaftlicher Arbeitszeit für die Schaffung, Erhaltung und Erweiterung gesellschaftlicher Voraussetzungen zur Bedürfnisbefriedigung der Bürger im Freizeitbereich aufgewandt" (Aßmann/Winkler 1987, S. 138 f.; vgl. auch Akademie der Pädagogischen Wissenschaften 1978).

Die Freizeitkultur wurde als eigendynamisches Feld neben der ökonomischen Sphäre entdeckt, wenn auch nicht unabhängig davon, und erhielt eine eigenständige Bedeutung jenseits der sozialistischen Agitations- und Aufmarschkultur. Die „Bitterfelder Formel" (1959) „Greif zur Feder Kumpel, die sozialistische Nationalliteratur braucht dich!" erfuhr hierüber zu Beginn der 80er Jahre eine modernistisch gefärbte kulturpolitische Korrektur (vgl. Meuschel 1992).

Der Freizeitbereich war folglich mit einem hohen Bildungsanspruch belegt - zumindest auf der Proklamationsebene. Und so existierten neben den Jugendfreizeiteinrichtungen in nahezu allen größeren Kommunen der DDR Volkshochschulen; Musikschulen waren an 89 Orten zu finden. Im „Kulturbund", einem Zusammenschluss von kulturellen Organisationen und Kulturschaffenden, waren neben den (Alltags-)Künstlern und Literaten auch die Briefmarkenfreunde und Münzsammler organisiert. Die vom für die Kulturarbeit zuständigen Kulturbund, aber auch von den Kommunen, Betrieben und Gewerkschaften betriebenen 670 Kulturhäuser bildeten eine eigene Kulturraumlandschaft neben den Kultur"palästen" der staatlichen Organisationen Polizei und Armee sowie den sieben kulturellen Zentren des Ministeriums für Staatssicherheit. Zusammen mit den 1.663 Volks-, Kinder-, Gewerkschafts- und Betriebsbibliotheken, den 66 Theatern und 450 Museen konstituierten sie das räumlich-institutionalisierte Tableau der Kulturarbeit in der DDR (vgl. Groschopp 1991). Und auch die quantitativ durchaus beachtliche „Kleingärtner-, Siedler- und Kleintierzüchterkultur" mit eigenen Bildungs- und Kulturhäusern prägte die Spezifik der realsozialistischen Alltagskultur unterhalb der Verlautbarungskultur ebenso mit wie die kleinen, aber durchaus lebendigen autonomen Jugendkulturen, Literaten- und Künstlerszenen. Darüber hinaus gab es 1986 etwa 2.400 künstlerische Interessengemeinschaften mit über 37.000 TeilnehmerInnen in den diversen Freizeiteinrichtungen. Die hier entwickelten „künstlerisch-kulturellen" Initiativen entsprachen allerdings nicht durchgängig den Erwartungen des zentralistischen Staats- und Parteiapparats. Die Selbstinitiative und die Eigenaktivitäten in den Projekten der kulturellen Arbeit wurden kritisch angefragt und zum Forschungsfeld. Unter anderem interessierte, welche „Gestaltung des Erziehungsprozesses zu beachten ist, wenn ein aktives Verhalten zu den Zielen und Aufgaben der Pionierorganisationen auf dem künstlerisch-kulturellem Gebiet herbeigeführt werden soll" (Geidel 1978, S. 8). Die Ergebnisse der Untersuchungen hielten fest, dass „die Herausbildung von Initiative in der kulturell-künstlerischen Tätigkeit" von den Leitungen der Pioniergruppen optimaler zu fördern ist, wenn die „kulturellen Beziehungen im Kollektiv bewusster" und „stets in Verbindung mit den politischen Anliegen des Pionierauftrages gestaltet werden" (Geidel 1978, S. 11).

Eine vergleichbar angeleitete „Selbstinitialphase" hatte die „Jugendclubbewegung" nicht nötig. Über 90 % der Jugendclubgründungen ging eine Initiative von Jugendlichen voraus und annähernd ebenso viele unterstanden einer jugendlichen „Selbstverwaltung" (vgl. M. Müller 1990). Dennoch waren die Jugendclubs keine politikfreien Oasen. Trotz eines hohen Selbstverwaltungsanteils waren die Jugendfreizeiteinrichtungen bis 1989 keineswegs ideologiefreie Zonen.

Die im Verlauf der 80er Jahre zunehmende Präsenz der staatlichen Organisationen kann als eine sich sukzessive verstärkende Form sozialer und politischer Kontrolle interpretiert werden (vgl. Lindner 1991; Weicht/Weicht 1992). Resultat dieser Einmischung war, dass viele ClubbesucherInnen sich gegängelt und gemaßregelt fühlten, die Lust und das Interesse an der Clubarbeit verloren und sich zurückzogen. Dem entgegen hebt M. Müller (1990) den relativ eigenaktiven Freiraum in den DDR Jugendclubs auch noch in den 80er Jahren hervor. Der Widerspruch zwischen diesen beiden Deutungsweisen ist hier nicht aufzuklären. So muss offen bleiben, wie direkt und intensiv kulturpolitische Vorgaben auf die Programme und die Freizeitgestaltungsmöglichkeiten von Kindern und Jugendlichen in den Jugendclubeinrichtungen einzuwirken vermochten.

Eindeutig ist hingegen, dass nur die wenigsten hauptamtlichen MitarbeiterInnen in den kommunalen Jugendclubeinrichtungen gegen Ende der 80er Jahre über eine pädagogische oder geisteswissenschaftliche Hochschulqualifikation verfügten, also über eine fachliche Ausbildung, die eine Profession inhaltlich zu nähren vermag, die in der außerschulischen Pädagogik des Kindes- und Jugendalters sich engagiert. Zu kämpfen hatten die DDR-JugendarbeiterInnen dennoch mit ähnlichen Problemen wie ihre sozialpädagogisch ausgebildeten BerufskollegInnen in den Jugendhäusern der damaligen Bundesrepublik, wie Cliquenbildung in den Einrichtungen, Alkoholprobleme, Desinteresse an den kulturellen Agit-Prop-Veranstaltungen. Interessant ist auch, dass sie anscheinend auf ihren „Alltagsfrust" in den Kinder- und Jugendfreizeiteinrichtungen in identischer Art und Weise reagierten wie ihre „westdeutschen KollegInnen" (vgl. Thole 1990): Sie begaben sich nicht zu den Aktivitätsorten der Kinder und

Jugendlichen hin, sondern hielten sich in den Büros auf, empfanden ihre Bezahlung als ungenügend, waren demotiviert und versuchten, in die „reine" Kulturarbeit umzusteigen oder in staatlichen Organisationen „ihre" Karriere fortzusetzen (vgl. Weicht/Weicht 1992).

Das Ende der DDR setzte auch in bezug auf die Kinder- und Jugendarbeit eine vielfältige Entwicklung in Gang. Die Jugendverbandsstruktur der Freien Deutschen Jugend löste sich auf und viele Einrichtungen der Kinder- und Jugendarbeit sowie der Kulturarbeit schlossen. Mit dem Zerbersten der zentralbürokratischen Organisationsgesellschaft Deutsche Demokratische Republik standen nicht nur die politischen und ökonomischen Systeme vor der Aufgabe, sich neu und anders zu organisieren, sondern ein bis dato zumindest äußerlich funktionierendes Netzwerk von Sozialstrukturen und sozialer Absicherung geriet ins Wanken. Die staatlichen und jugendpolitischen Organisationen, die zu DDR-Zeiten die Biographien der Heranwachsenden wesentlich begleiteten und abstützten, verloren für die Kinder und Jugendlichen ihre inhaltliche und strukturierende Bedeutung. Das Altbewährte konnte keine verlässlichen Sicherheiten mehr liefern.

Die Freisetzung von dem Gewohnten ließ das Leben eigenaktiver und selbstverantwortlicher gestalten, aber zum Teil mit sozialen Risiken verknüpft, deren unmittelbare Folgen nicht voraussehbar, schon gar nicht bearbeitbar waren. Doch vorerst wurde mit den neuen Möglichkeiten experimentiert. Unter anderem der Wunsch, selbstverantwortlich das gesellschaftliche, politische, soziale und kulturelle Leben mitzuformen, erlebte eine kurze, aber intensive Blütezeit. In der noch zukunftsungewissen Herbstzeit des Jahres 1989 stand diese Idee der Gründung von einer Vielzahl von kleineren neuen kirchlichen, studentischen, parteinahen, kulturellen und sozialen Jugendinitiativen und -verbänden Pate. Aus dem „Runden Tisch der Jugend" heraus entstand im Frühjahr 1990 die Arbeitsgemeinschaft „Demokratischer Jugendbund" mit 33 Mitgliedsorganisationen und dem Anspruch, die unterschiedlich ausgerichteten Jugendinitiativen in den neuen Bundesländern zu fördern und deren Probleme und Interessen gemeinschaftlich zu artikulieren. Aus der Rückblende sicherlich kein gescheiterter, aber auch kein gelungener Orientierungsversuch. Denn die offiziellen Angaben des Demokratischen Jugendbundes von über 2 Millionen Mitgliedern wurden schon bald kritisch angefragt und reale Schätzungen gingen fortan davon aus, dass in keinem der neuen Jugendverbände sich mehr als 10 % der angegebenen Mitglieder engagierten (vgl. Pogundke 1991).

Viele Landes-, Kreis- und Stadtjugendringe gründeten sich, lösten sich wegen Inaktivität wieder auf, gründeten sich erneut und lösten sich wieder auf, noch bevor inhaltliche und strukturelle Konturen sich herauszubilden vermochten. Der Reorganisationsprozess der kinder- und jugendverbandlichen Landschaft in den neuen Bundesländern zeigt so noch heute ein gebrochenes Bild. Es deutet sich an, dass der Wandel von reinen Mitgliedsorganisationen hin zu Verbänden und Initiativen, die Dienstleistungen für Kinder und Jugendliche anbieten, sich in den neuen Bundesländern deutlicher und schneller durchsetzt und zum Programm wird als in den Ländern der Alt-Bundesrepublik.

Die erste Zeit nach der Wende war auch eine Phase des Experimentierens (vgl. Schefold 1995). Insbesondere jedoch die partiell zu schnelle und unreflektierte Übernahme westdeutscher Strukturen überdeckte eine Zeitlang die DDR-typische Ausformulierung von Angeboten für Kinder und Jugendliche. Die noch in DDR-Sozialisationskontexten gewonnenen kulturellen Kompetenzen konnten sich unter den neuen sozial-politischen Bedingungen nicht mehr überall wie früher entfalten. Die Kulturzirkel der DDR hatten eine breite Kleinkunstlandschaft entwickelt, die heute schon fast vergessen ist. Auch die Verzahnung von Schule und Freizeit, schulischen und außerschulischen Freizeitangeboten, die in der DDR eine entwickelte Tradition vorweisen konnte, ist engagierter zu reaktivieren als augenblicklich. Dem Bundesland Sachsen-Anhalt, das vor kurzem ein landesweites Programm für Schulsozialarbeit aufgelegt hat, kommt diesbezüglich eine Modellfunktion zu. Im Verlauf der weiteren Reorganisation der Kinder- und Jugendarbeit bleibt zu prüfen, ob in den Schulen nicht Ressourcen und Kompetenzen brach liegen, die zu reaktivieren sich lohnen würde, weil darüber neue Kooperationen zwischen Schule und der außerschulischen Kinder- und Jugendarbeit eröffnen werden könnten.

Insbesondere zwei Initiativen der Reaktivierung der Kinder- und Jugendarbeit in den neuen Bundesländern sind herauszuheben. Zum einen das „Jugendpolitische Programm des Bundes zum Aus- und Aufbau freier Träger der Jugendhilfe in den neuen Bundesländern" (AFT), das den freien Trägern seit 1992 über fünf Jahre Ressourcen zur Verfügung stellte, um flächendeckend Einrichtungen und Aktionen der Kinder- und Jugendarbeit zu initiieren. Zum anderen ist das sehr umstrittene „Aktionsprogramm gegen Aggression und Gewalt" zu nennen, das im selben Zeitraum zirka 140 „gewaltpräventive" Projekte in Kinder- und Jugendfreizeiteinrichtungen, der Straßensozialarbeit und der Jugendsozialarbeit förderte. Dennoch, so ist zu befürchten, wird die sozialpädagogische Kinder- und Jugendarbeit mittelfristig nur auf einem geringen Finanzniveau in den kommunalen Haushalten Berücksichtigung finden. Insbesondere die Etatisierung von Planstellen wird zurückhaltend angegangen. Projektmittel und Förderprogramme können wegen ihrer zeitlich begrenzten Dauer die offensichtlichen Angebotslücken nur kurz- bis mittelfristig kompensieren. Hierdurch wird die Organisation einer kontinuierlichen und konstanten sowie konzeptionell langfristig und grundlegend angelegten Pädagogik des Kindes- und Jugendalters in den außerschulischen Handlungsfeldern auf einen noch nicht absehbaren Zeitraum verschoben. Spontane, durch aktuelle Problem- und Risikolagen animierte kurzzeitpädagogische Maßnahmen werden so auch in den nächsten Jahren weiterhin das Bild bestimmen.

Auch in den neuen Bundesländern kommt den Kinder- und Jugendfreizeiteinrichtungen eine zentrale Bedeutung als freizeitkulturelle Treffpunkte für die heranwachsende Generation zu. Für viele Kinder und Jugendliche sind die kommunalen Einrichtungen - neben öffentlichen Treffpunkten wie die „Straße" - die einzigen Orte, an denen sie sich mit Gleichaltrigen treffen können, insbesondere für die Altersgruppe der 14- bis 18jährigen, die im Gegensatz zu den neuen Bundesländern bekanntlich im alten Bundesgebiet zunehmend schwieriger von Projekten der Jugendarbeit anzusprechen ist. Die kommunalen Einrichtungen in den neuen Bundesländern sind heute mehr denn je Tauschzentralen für geschlechtstypische und zwischengeschlechtliche Erfahrungen (vgl. Nickel 1990): „Der Erwerb von geschlechtstypischen Verhaltensmustern und geschlechtstypischem Alltagswissen ist besonders eng verknüpft mit den Sozialisationserfahrungen, die Jugendliche im Freizeitbereich machen. Sind hier die Voraussetzungen schlecht, dann trifft es die Mädchen und Frauen besonders hart, weil Studien über geschlechtsspezifisches Freizeitverhalten immer wieder belegen, dass Mädchen und junge Frauen ohnehin dazu neigen, sich in die häusliche Privatsphäre zurückzuziehen" (Büchner 1993, S. 59).

Die Dynamik der Neuorganisation der Kinder- und Jugendarbeit in den neuen Bundesländern verläuft nicht ungebrochen, aber auch nicht völlig ohne erkennbares Profil. Wie erfolgreich sie letztendlich sein wird, wird auch davon abhängen, inwiefern zukünftig von unreflektierten Übernahmen altbundesrepublikanischer Lösungen abgesehen werden kann. Dazu gehört auch, die Differenz zwischen Schule und Jugendhilfe sowie zwischen kulturellen und sozialpädagogischen Inhalten und Arbeitsformen in der Kinder- und Jugendarbeit weniger konkurrenzvoll und vielmehr kooperativ zu verstehen und mit entsprechenden Modellen in der Praxis auch weiterhin zu experimentieren. Gelingt das, dann werden die Entwicklungen in den neuen Bundesländern zukünftig vielleicht sogar noch mehr innovative Ideen für die Praxis in den Alt-Bundesländern als bisher   vorlegen   können   (vgl.   u. a.   Gawlik/Krafft/Seckinger   1995; Bohn/Münchmeier 1997).

 Tipps zum Weiterlesen

Krüger, H.-H. (1994): „Wie Ernst Thälmann treu und kühn". In: Krüger. H.-H./Marotzki, W. (Hrsg.) (1994): Pädagogik und Erziehungsalltag in der DDR. Opladen, S. 275–294.
Schefold, W. (1995): Das schwierige Erbe der Einheitsjugend. In: Rauschenbach, Th./Sachße, Ch./Olk, Th. (Hrsg.) (1995): Von der Wertgemeinschaft zum Dienstleistungsunternehmen. Frankfurt a. M., S. 404–426.
Mählert, U./Stephan, G.-R. (1996): Blaue Hemden - Rote Fahnen. Die Geschichte der Freien Deutschen Jugend. Opladen

3 Das Recht und die Trägerstrukturen

Ebenso wie die anderen Leistungen und Angebote der Kinder- und Jugendhilfe ist auch der Rahmen der Kinder- und Jugendarbeit in der Bundesrepublik Deutschland durch das Kinder- und Jugendhilfegesetz (KJHG), dem 8. Buch des Sozialgesetzbuches (SGB), gesetzlich kodifiziert. In allgemeiner Form werden in diesem Gesetz die Aufgaben, Leistungen und Schwerpunkte der Kinder- und Jugendarbeit zusammen mit denen der Jugendsozialarbeit und des erzieherischen Kinder- und Jugendschutzes skizziert. Inwieweit der rechtlich fixierte Rahmen für sozialpädagogische Einrichtungen und Angebote der Kinder- und Jugendarbeit konkret in den Kommunen und Kreisen zu realisieren ist, findet in dem Gesetz nur insofern Niederschlag, als hier festgehalten wird, dass eine Konkretisierung durch die Bundesländer in Form von Landesausführungs- gesetzen zu erfolgen hat.

Übersicht 1: Rechtliche Kodierungen der Kinder- und Jugendarbeit

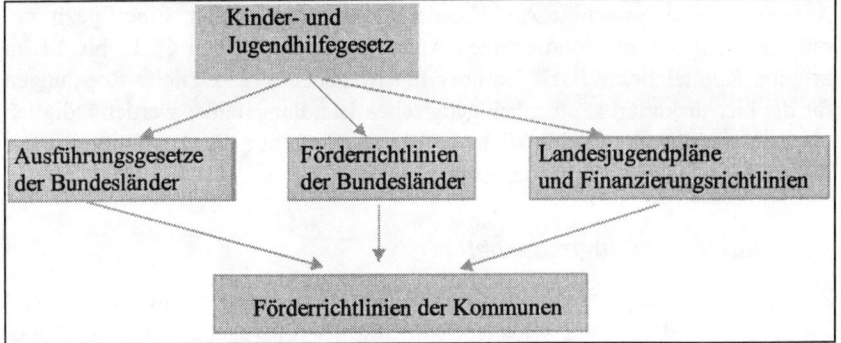

Die finanziell geförderte und gewünschte Praxis der Kinder- und Jugendarbeit vor Ort gestaltet sich demnach zugleich durch die länderbezogenen Ausfüh- rungsgesetze, über die ebenfalls von einigen Ländern erlassenen Förderrichtli- nien sowie über die Landesjugendpläne, die in der Regel jährlich zusammen mit den einzelnen Landeshaushalten verabschiedet werden und die Finanzie- rung der Kinder- und Jugendarbeit, der Jugendsozialarbeit, des erzieherischen Jugendschutzes sowie weiterer Leistungen der Kinder- und Jugendhilfe für das jeweilige Haushaltsjahr festschreiben. Darüber hinaus haben viele Gemeinden, Kreise und Städte Förderrichtlinien verabschiedet, die die Verteilung der für die Kinder- und Jugendarbeit reservierten kommunalen Mittel steuern sollen.

3.1 Die bundesgesetzlichen Regelungen - das KJHG

Die Kinder- und Jugendarbeit findet sich zusammen mit der Jugendsozialarbeit, der Jugendverbandsarbeit und dem erzieherischen Jugendschutz im KJHG in einem eigenen Abschnitt platziert.

Mit dem KJHG trat 1990 für die neuen und 1991 für die alten Bundesländer - gewissermaßen parallel zum Auflösungsprozess der DDR und dem Ende ihrer bis dahin eigenen Vergesellschaftungsgeschichte von Kindheit und Jugend - eine neue Rechtsgrundlage für die Kinder- und Jugendarbeit in Kraft, die das seit 1924 fast durchgängig gültige, mehrfach novellierte Jugendwohlfahrtsgesetz (JWG) ablöste.

Die Jugendarbeit, die Jugendsozialarbeit und der erzieherische Kinder- und Jugendschutz werden in § 2, Abs. 2 KJHG u. a. neben den Angeboten zur Förderung der Erziehung in der Familie, in Tageseinrichtungen und in der Tagespflege, den erzieherischen Hilfen und der Inobhutnahme sowie den hoheitlichen Aufgaben als eine genuine Aufgabe der Jugendhilfe genannt. Eine Spezifizierung der damit korrespondierenden Aufgaben erfolgt in den §§ 11 bis 14 im zweiten Kapitel des KJHG. Darüber hinaus gehende gesetzliche Regelungen für die hier diskutierten sozialpädagogischen Handlungsfelder werden lediglich implizit miterörtert. Ausdrücklich wird hier jedoch auf die Ausführungen zur Kinder- und Jugendhilfeplanung eingegangen.

Die Kinder- und Jugendarbeit

Zu Beginn der Ausführungen in § 11 KJHG wird allgemein für die Kinder- und Jugendarbeit - das Gesetz selbst spricht lediglich von Jugendarbeit, meint aber insgesamt immer auch die Angebote für Kinder mit - festgehalten: „Junge Menschen sind die zur Förderung ihrer Entwicklung erforderlichen Angebote der Jugendarbeit zur Verfügung zu stellen. Sie sollen an den Interessen junger Menschen anknüpfen und von ihnen mitbestimmt werden, sie zur Selbstbestimmung befähigen und zu gesellschaftlicher Mitverantwortung und zu sozialem Engagement anregen und hinführen." Folgen wir den gängigen Kommentaren zu dieser allgemeinen Zielbestimmung, dann ist festzuhalten (vgl. Münder u. a. 1999; Wiesner u. a. 1995; Wiesner/Zarbock 1991; Häbel 1996):

• Die Jugendarbeit erfährt in dieser rechtlichen Kodifizierung keine statische, den qualitativen und den quantitativen Zuschnitt der Angebote dimensionierende Festschreibung. Die offene Formulierung entspricht der Tatsache, dass die Angebote der Kinder- und Jugendarbeit ständigen Veränderungen unterliegen. Der Kinder- und Jugendarbeit ist es rechtlich somit möglich, sich sowohl organisatorisch als auch inhaltlich-thematisch an den ständig sich verändernden Interessen- und Erwartungskonstellationen von Kindern und Jugendlichen zu orientieren.

• AdressatInnen der Kinder- und Jugendarbeit sind alle jungen Menschen. Damit sind jedoch nicht nur Jugendliche gemeint. Junge Menschen sind gemäß § 7 Abs. 1 KJHG Kinder beiderlei Geschlechts, die das 14. Lebensjahr noch nicht überschritten haben, weibliche und männliche Jugendliche ab 14 Jahren, die jedoch das 18. Lebensjahr noch nicht vollendet haben, und junge Volljährige der Altersgruppe zwischen 18 und 27 Jahren. Dementsprechend kennt die Jugendarbeit rein rechtlich keine untere Altersgrenze. Aber auch die angegebene obere Altersgrenze ist flexibel, da in § 11 Abs. 4 KJHG ausdrücklich festgehalten wird, dass auch Personen, die über 27 Jahre alt sind, in einem angemessenen Umfang in die Angebote der Jugendarbeit mit einbezogen werden können. Damit ist es Projekten der Jugendarbeit grundsätzlich möglich, Angebote bezüglich AdressatInnengruppen zu konzipieren und zu realisieren, die über 27 Jahre alt sind. Gemeinwesenbezogene, stadtteil- und lebensweltorientierte Formen der Kinder- und Jugendarbeit werden so rechtlich aus dem Kanon der Jugendarbeit nicht herausdefiniert. Als Kernaltersgruppe der Kinder- und Jugendarbeit sind jedoch Heranwachsende zwischen dem 10ten und dem 18ten Lebensjahr anzusehen.

- Interpretationsbedürftig bleiben die Ausführungen insofern, als die Zielformulierungen - „an den Interessen junger Menschen anknüpfen", „ihrer Entwicklung erforderliche Angebote (…) zur Verfügung stellen", sie „zur Selbstbestimmung befähigen" und zu „sozialem Engagement anregen und hinführen" - unbestimmte Rechtsformulierungen darstellen. Tendenziell wird hier einer Forderung entsprochen, die seit Mitte der 70er Jahre in den Diskussionen zu unterschiedlichen Reformbemühungen des damals noch gültigen Jugendwohlfahrtsgesetzes (JWG) vorgetragen wurden. Insbesondere von Vertretern einer emanzipativen und bedürfnisorientierten Jugendarbeit wurde eine Stärkung der Subjekt-Stellung des Jugendlichen in der Jugendarbeit reklamiert (vgl. Böhnisch/Dieckerhoff/Grieser 1974; Swoboda 1974; Giesecke 1998). Eine kritische Lesart der rechtlichen Regelungen kann allerdings nicht übersehen, dass der Kinder- und Jugendarbeit - einmal abgesehen von ihren realen Möglichkeiten - in bezug auf die Aktivierung von Selbstbestimmungspotentialen und sozialem Engagement rechtlich enge Grenzen aufgebürdet werden, denn sie hat nicht nur das im § 1 Abs. 2 KJHG herausgestellte „natürliche Recht der Eltern" auf Erziehung zu beachten, sondern auch die Prämisse, wonach der „Erziehung zu einer eigenverantwortlichen und gemeinschaftsfördernden Persönlichkeit" nachzukommen ist. Trotz einer im Kern undefinierten Rolle ist die Förderung von sozialem Engagement und Selbstbestimmung somit gebunden an die Konformität der Gemeinschaften (vgl. Mollenhauer 1992).

- Ebenfalls offen bleibt letztendlich, welcher Bedarf an Jugendarbeit sich aus dem § 11 Abs. 1 KJHG ableiten lässt. Wird den vorliegenden Rechtsinterpretationen gefolgt, ist zumindest hierüber ein allgemeines Fördergebot der Jugendarbeit durch die öffentlichen Träger begründbar, d. h., die öffentlichen Träger sind verpflichtet, die notwendigen Angebote im Rahmen der aus dem § 79 Abs. 2 KJHG ableitbaren Gewährleistungsverpflichtung in einem ausreichenden, zeitlich und räumlich zumutbaren Umfang zur Verfügung zu

stellen. Inwieweit damit jedoch dem einzelnen „jungen Menschen" ein ein-
klagbarer Rechtsanspruch auf bestimmte Angebote gegeben wird, ist umstritten und in der Regel wohl nur möglich, wenn ein konkretes Verlangen nach
einem bestimmten Angebot der Jugendarbeit sich über die in § 27 KJHG näher geregelten erzieherischen Hilfen begründet.

• Bezüglich der Förderung des ehrenamtlichen Engagements sei zumindest
noch der § 73 KJHG erwähnt, der festhält, dass die in der Jugendhilfe „ehrenamtlich tätigen Personen bei ihrer Tätigkeit angeleitet, beraten und unterstützt" werden sollen. Aus dieser allgemeinen Formulierung ist zwar nur
schwer ein Rechtsgut abzuleiten, dennoch ist die explizite Erwähnung des
freiwilligen, unbezahlten Engagements insbesondere für die Kinder- und Jugendverbandsarbeit, aber auch für die Kinder- und Jugendarbeit der Kirchen
und der Wohlfahrtsverbände bedeutsam, wird doch zumindest so der quantitativ und qualitativ nicht unbedeutsamen Tätigkeit von Ehrenamtlichen in
diesen Organisationen und Verbänden entsprochen.

Verwirklicht werden sollen die allgemeinen Ziele der Kinder- und Jugendarbeit
durch Angebote von freien Trägern - also durch die Wohlfahrts- und Jugendverbände, Gruppen und Initiativen sowie durch andere Träger - und von den öffentlichen Trägern. Diese weite gesetzliche Fassung ermöglicht es ausdrücklich
auch Initiativen, Gruppen und Einrichtungen außerhalb des klassischen freien
Trägerspektrum, sich im Kontext der Jugendarbeit zu engagieren. In den Ge-
nuss einer Förderung können sie allerdings nur gelangen, sofern sie gemäß § 74
KJHG die fachlichen Voraussetzungen erfüllen, Gewähr bieten, die Mittel angemessen und wirtschaftlich zu verwenden, gemeinnützige Zwecke verfolgen
sowie eine angemessene Eigenleistung erbringen, entsprechend der Ziele des
Grundgesetzes handeln und in der Regel als Träger der Kinder- und Jugendhilfe
nach § 75 KJHG anerkannt sind (vgl. hierzu ausführlich Münder u. a. 1999;
Wiesner u. a. 1995).

Folgen wir der gesetzlichen Regelung, dann ist die Kinder- und Jugendarbeit
für drei AdressatInnenpopulationen anzubieten:

• erstens für die Mitglieder der jeweiligen Verbände, Gruppen und Initiativen,
die die Angebote offerieren,

• zweitens für Jugendliche in den Projekten der Offenen Jugendarbeit sowie

• drittens für die BewohnerInnen eines Stadtteils oder Quartiers im Rahmen
von gemeinwesenorientierten Maßnahmen.

Damit sind im Kern auch die drei wesentlichen Handlungsfelder der Kinder-
und Jugendarbeit markiert, in denen sich die in § 11 Abs. 3 KJHG aufgeführten
Schwerpunkte der Jugendarbeit herausbilden sollen: Zu ihnen gehören die „außerschulische Jugendbildung mit allgemeiner, politischer, sozialer, gesundheit-
licher, kultureller, naturkundlicher und technischer Bildung", die „Jugendarbeit
in Sport, Spiel und Geselligkeit", die „arbeitswelt-, schul- und familienbezogene Jugendarbeit, die „innerdeutsche und die internationale Jugendarbeit", „Kin-

der- und Jugenderholung" sowie die „Jugendberatung". Der im Gesetz aufgeführte Kanon von Schwerpunkten hat zum einen beispielhaften Charakter, ist aber zum anderen auch nur konturenhaft gegenüber anderen Leistungs- und Schwerpunktbereichen abgegrenzt. Dies trifft insbesondere auf die Kinder- und Jugendberatung zu, die vielerorts unabhängig von der Kinder- und Jugendhilfe im Verantwortungsbereich der Gesundheitsämter oder psychologischer Beratungsdienste liegt. Die Aufnahme der Jugendberatung in den Angebotskanon der Jugendarbeit signalisiert zumindest, dass strukturell Beratungsstellen immer dann eine Schwerpunktaufgabe der Jugendarbeit wahrnehmen und Teil dieser sind, wenn ihre Beratungspraxis sich im Kern auf Risikolagen und Problembelastungen von Kindern und Jugendlichen konzentriert (vgl. Bundesministerium für Jugend, Familie, Frauen und Gesundheit 1990; Lerch-Wolfrum 1992). Weitere Schwerpunkte der Kinder- und Jugendarbeit sind in den letzten Jahren hinzugekommen und können aufgrund gesellschaftlicher Modernisierungen, der Veränderung der Sozialisationsfelder und der Lebenswelten von Kindern und Jugendlichen auch zukünftig hinzukommen.

Mit der offenen Schwerpunktbestimmung wird auch den Anforderungen entsprochen, die sich durch § 9 Abs. 1 KJHG ergeben. Dem Grundsatz nach wird hier die Kinder- und Jugendhilfe insgesamt als ein „plurales Feld an Erziehungssystemen und -hilfen" (vgl. Schellhorn/Wienand 1991) skizziert, das neben der Beachtung der „Rechte der Personenberechtigten und des Kindes oder des Jugendlichen bei der Bestimmung der religiösen Erziehung" und der „sozialen und kulturellen Bedürfnisse und Eigenarten junger Menschen" auch die divergierenden Lebenslagen von Jungen und Mädchen zu berücksichtigen hat. Dies hat mit dem Ziel zu geschehen, geschlechtsspezifische Ungleichheiten abzubauen und die Gleichberechtigung von Mädchen zu fördern.

Damit wird sowohl den traditionellen Ansprüchen der großen christlichen Religionsgemeinschaften durch explizite Erwähnung ihrer besonderen Rolle als auch den Forderungen entsprochen, geschlechtsspezifische Arbeitsansätze und Projekte durch geeignete Kinder- und Jugendhilfemaßnahmen besonders zu fördern. Maßnahmen und Intentionen, Mädchen durch die Bereitstellung allein für sie reservierter sachlicher und personeller Ressourcen in ihren objektiven Anliegen auf gesellschaftliche Gleichberechtigung zu fördern und zu unterstützen, wird hier ausdrücklich Rechnung getragen. Die Etablierung von jungenfreien Zonen, die Reservierung von Räumen und Zeiten sowie die Vorbehaltung von Maßnahmen ausschließlich für Mädchen in den Einrichtungen und Projekten der Kinder- und Jugendarbeit erfährt hierdurch eine rechtliche Kodifizierung. Anderseits lassen sich daraus auch die Aufgaben für jungenspezifische Angebotsformen ableiten.

Obwohl die formulierten thematischen und sachgerechten Schwerpunktbereiche der Kinder- und Jugendarbeit im KJHG Erweiterungen zulassen, scheinen dennoch die Kernbereiche genannt, zumal im Zusammenhang mit den Ausführungen zur amtlichen Kinder- und Jugendhilfestatistik im neunten Kapitel des KJHG die genannten Schwerpunkte auf die statistisch zu erfassenden Bereiche der außerschulischen Jugendbildung, der Kinder- und Jugenderholung, der innerdeutschen und internationalen Jugendarbeit und Maßnahmen der Mitarbeiterfortbildung reduziert werden (vgl. hierzu Thole 1997; Pothmann/Thole 1999).

In § 12 des zweiten Kapitels des KJHG finden sich die Ausführungen zur besonderen Förderung der Jugendverbände, in § 13 Regelungen zur Jugendsozialarbeit und in § 14 eine genauere Regulierung der Maßnahmen des erzieherischen Kinder- und Jugendschutzes. Die exklusive Erwähnung der Jugendverbände und Jugendgruppen in einem eigenständigen Paragraphen verdeutlicht die Stellung dieser Trägergruppe der Jugendarbeit im Konzert der freien Träger. Das KJHG geht davon aus, dass die Jugendarbeit in den Jugendverbänden und -gruppen auch heute noch weitestgehend von den dort aktiven Kindern, Jugendlichen und jungen Volljährigen selbst organisiert, gemeinschaftlich gestaltet und mitverantwortet wird. Unklar ist allerdings, inwieweit diese voraussetzungsvolle Annahme auch heute noch mit der Wirklichkeit korrespondiert.

Sicherlich finden sich quantitativ in den Jugendverbänden und -gruppen mehr Jugendliche ein als in anderen Angebotsformen der Kinder- und Jugendarbeit, die bereit und willens sind, eigenständig und mitverantwortet ihren Anliegen ein Profil zu geben. Doch inwieweit darüber eine generelle Aussage legitimiert ist, die die Kinder- und Jugendarbeit in den Jugendverbänden und -gruppen tendenziell als selbstverantwortet und -organisiert ausweist, ist vor dem Hintergrund der inzwischen weitgehend auch hier von hauptamtlichen MitarbeiterInnen getragenen Strukturen auf Bundes- und Landesebene skeptisch zu begutachten. Trotz dieses Einwands bleibt aber hervorzuheben, dass sich aus den Formulierungen des § 12 KJHG für die Jugendverbände ein besonderer Rechtsanspruch ergibt, der sie deutlich auch gegenüber anderen freien Trägern privilegiert (vgl. hierzu Häbel 1997, S. 50).

 Tipps zum Weiterlesen

Wiesner, R. u. a. (^{2}2000): SGB VIII. Kinder- und Jugendhilfe. München.
Münder, J. u. a. (1999): Frankfurter Lehr- und Praxiskommentar zum Kinder- und Jugendhilfegesetz. Münster.
Häbel, H. (1997): Rechtsgutachten zur kommunalen Förderung der Jugendarbeit nach dem Kinder- und Jugendhilfegesetz. Backnang u. Stuttgart.

Die Jugendsozialarbeit

Die Ausführungen in § 13 KJHG zur Jugendsozialarbeit notieren Hilfsangebote zur schulischen und beruflichen Ausbildung und Eingliederung sowie zur sozialen Integration von sozial oder individuell benachteiligten respektive beeinträchtigen jungen Menschen. Im Gegensatz zu den in § 11 KJHG aufgelisteten sozialpädagogischen Angeboten der Förderung, stehen die hier formulierten sozialpädagogischen Maßnahmen deutlich abgegrenzt. Im Kontrast zur allgemeinen Jugendarbeit richten sich die Angebote der Jugendsozialarbeit nicht an alle

Kinder, Jugendlichen und junge Volljährigen. Sie wenden sich ausschließlich an diejenigen, die bezüglich ihrer schulischen Qualifizierung, ihrer Eingliederung in berufliche Ausbildungsmaßnahmen oder das Berufssystem und bezüglich ihrer sozialen Integration in existierende gesellschaftliche Netzwerke auf Förderung, sozialpädagogischer Begleitung und Unterstützung angewiesen sind. Damit wird insbesondere der eigenständigen Bedeutung von berufsbezogenen Unterstützungsformen im Kontext der Kinder- und Jugendhilfe entsprochen, wie sie sich schon in der Weimarer Republik herausgebildet hatten (vgl. u. a. Peukert 1986b; Hermanns 1990).

Beruflichen Maßnahmen der Jugendsozialarbeit obliegt somit zentral die Aufgabe, Jugendliche, die nach der schulischen Ausbildung beziehungsweise nach der beruflichen Erstqualifikation keine Chance erhalten, ihre Arbeitskraft auf dem Arbeitsmarkt anzubieten, über Qualifizierungsmaßnahmen in ihrer Berufsorientierung zu stärken. Gleichwohl ist der Zuschnitt dieser gesetzlichen Regelung aus sozialpädagogischer Perspektive problematisch, weil zwar anerkannt wird, dass die Platzierung von Jugendlichen auf dem Arbeitsmarkt ein gesellschaftliches Problem darstellt. Gleichzeitig wird diese Diagnose rechtlich jedoch als Devianzphänomen (vgl. Münchmeier 1996) ausbuchstabiert, indem unterstellt wird, dass diejenigen, deren schulische Karriere gebrochen verläuft, und die aufgrund arbeitsmarktpolitischer Entscheidungen oder aufgrund der Strukturlage im ökonomischen Sektor keine kontinuierliche Berufsbiographie entwickeln können, individuelle Beeinträchtigungen zu überwinden haben. Insbesondere vor dem Hintergrund der Labilisierung von lohnarbeitsorientierten Normalitätsmustern im Zuge der Modernisierung der Arbeitsgesellschaft erscheint die sich daraus ableitende Aufgabe für die sozialpädagogische Jugendberufshilfe zunehmend fragwürdiger. Überlegungen, die von der klassischen Jugendberufshilfe favorisierte Arbeitsmarktorientierung in Richtung einer deutlichen Stärkung der lebensweltlichen Kompetenzen zu verlagern, scheinen deshalb naheliegend (vgl. Galuske 1998b sowie Kapitel 4).

Die Formulierungen des Gesetzestextes lassen eine dementsprechende Korrektur der Zielprämissen der berufsbezogenen Jugendsozialarbeit ausdrücklich zu. Unter dem Druck, Effizienz und Effektivität sozialpädagogischer Leistungsangebote deutlicher als in den letzten Jahrzehnten auszuweisen und zu dokumentieren, ist die Perspektivenerweiterung allerdings nicht ohne eine erneute Diskussion über die gesellschaftliche Funktion der Jugendberufshilfe zu realisieren. Die sich durchsetzende Praxis der Arbeitsverwaltungen und öffentlichen Finanziers der Jugendberufshilfe, Maßnahmen öffentlich auszuschreiben und abgelaufene Projekte hinsichtlich ihres berufsintegrierenden Erfolgs zu evaluieren, legt den Projektträgern weiterhin nahe, die im Kern langfristig nicht mehr zu realisierende Berufseinstiegsintention konzeptionell fortzuschreiben. Sozialpolitisch wird damit die berufsorientierte Jugendsozialarbeit arbeitsmarktfunktionell instrumentalisiert. Sie wird mit der Lösung von Problemlagen beauftragt, zu der sie aufgrund der Veränderungen des Arbeitsmarktes, der weiterhin auf Kapitalakkumulation setzenden Steuerung der Wirtschaft und der darüber strukturell notwendigen Rationalisierungen zu bearbeiten nicht in der Lage ist.

Generell stellt die im zweiten Abschnitt des KJHG beschriebene Jugendberufshilfe ein relativ eigenständiges Feld dar, dessen Aufgaben sich von der eigentlichen Kinder- und Jugendarbeit weitestgehend klar abgrenzen lassen und das über einer eigene Infrastruktur verfügt. Die in § 78 KJHG rechtlich abgesicherten Verzahnungsmöglichkeiten zwischen der Jugendberufshilfe und der Kinder- und Jugendarbeit werden gegenwärtig jedoch nicht voll genutzt (vgl. hierzu auch Kapitel 4). Eine stärkere Vernetzung zeigen hingegen schon heute die weiteren Angebote, die über § 13 KJHG rechtlich geregelt werden. Wohnbezogene sozialpädagogische Hilfen, Beratungsangebote und Formen der Schulsozialarbeit, also Angebote der sozialen Integration von individuell beeinträchtigen und benachteiligten jungen Menschen, dokumentieren in den letzten Jahren mit zunehmender Tendenz eine über kooperative Projekte abgestützte Qualitätssteigerung sozialpädagogischer Angebote.

 Tipps zum Weiterlesen

Wiesner, R. u.a. (²2000): SGB VIII. Kinder- und Jugendhilfe. München.

Der erzieherische Kinder- und Jugendschutz

Der erzieherische Kinder- und Jugendschutz ist historisch betrachtet ein klassisches Feld der Jugendarbeit, auch heute noch vielerorts integraler Bestandteil und auch verwaltungstechnisch in der Regel als Handlungsfeld im Kontext der Kinder- und Jugendarbeit verankert.

Die Diskussion um die kulturellen Erzeugnisse und Orte, die einen „verwildernden" und „verwahrlosenden" Einfluss auf die Jugend ausüben, begann mit der Entstehung einer eigenständigen Jugendphase. In den ersten drei Jahrzehnten des 20. Jahrhunderts argumentierten die Jugendschützer und -schützerinnen noch mit moralischem Zeigefinger gegen den Konsum von Nikotin und Alkohol, gegen den Besuch von Schank- und Tanzlokalen, Kirmessen und Lunaparks, gegen Heftromanserien und bebilderte Zeitschriften, gegen das Automatenspiel, gegen Aufklärungs-, Kriminal- und Abenteuerfilme (vgl. auch Kapitel 2). In den 50er und 60er Jahren opponierten sie gegen die verheerenden Wirkungen des Rock'n Roll und plädierten für ein sittenkonformes Kino und zu Beginn der 80er Jahre des letzten Jahrhunderts gegen den übermäßigen Videokonsum. Heute konzentrieren sie sich auf die Kritik der Verbreitung von pornographischen Illustrationen via Internet und auf den präventiven Kinder- und Jugendschutz mit den Schwerpunkten Drogenmissbrauch, Aggression und Delinquenz, Glücksspiel, auf das Problemfeld Gewalt gegen Kinder und sexueller Missbrauch. Der moderne Kinder- und Jugendschutz zeigt dabei inzwischen Distanz zu reaktiven Interventionsstrategien und favorisiert statt dessen präventive und prophylaktische Angebotsformen (vgl. Bienemann/Hasebrink/Nikles 1995). Dabei wird allerdings häufig übersehen, dass einerseits „Präventions-

Appelle" die Modernitätsfallen lediglich verschleiern, weil sie davon ausgehen, einem unerwünschtem Ereignis durch Vorsorge zuvor kommen zu können. Andererseits sind sie nicht unproblematisch, weil sie nämlich eine Normalität voraussetzen, die nicht real ist und darüber die von den Kindern und Jugendlichen erlebte Wirklichkeit „pathologisieren" (BMJFFG 1990, S. 85).

Auch präventiver Kinder- und Jugendschutz erfordert eine enge Zusammenarbeit mit der Polizei und anderen Ordnungsbehörden (vgl. Münder u. a. 1999), gleichwohl sie niemals umstands- und kritiklos zu realisieren ist. Wenn Kooperationen zum Beispiel in bezug auf Kindesmißhandlungen und dem sexuellem Missbrauch von Kindern notwendig und unabdingbar erscheinen, wird doch häufig übersehen, dass die Nähe sozialpädagogischer Projekte zu polizeilichen Sanktionsintentionen nicht unbedenklich ist, weil hierüber sozialpädagogische Prinzipien der anwaltlichen, „advokatorischen Ethik" (vgl. Brumlik 1992) strapaziert werden und das stellvertretende Handeln im Interesse der AdressatInnen eingeschränkt, wenn nicht sogar unterlaufen wird.

Letztendlich bleibt herauszustellen, dass die gesetzlich fixierten Kooperations- und Vernetzungsmöglichkeiten zwischen den unterschiedlichen außerschulischen Projekten und der Jugendarbeit mit anderen Einrichtungen der Kinder- und Jugendhilfe und des Erziehungs- und Bildungssystems in den kommunalen Gebietskörperschaften noch nicht überall umgesetzt werden. Die Kooperationsmöglichkeiten zwischen den im zweiten Abschnitt des KJHG aufgelisteten und hier vorgestellten Leistungen sind bisher ebenso wenig ausgeschöpft wie darüber hinausgehende Vernetzungen zwischen Maßnahmen der Kinder- und Jugendarbeit und den Angeboten im Kontext der erzieherischen Hilfen. Die Synergieorientierung weiter auszuloten und zu konsolidieren, ist gesetzlich durch das Instrument der im § 78 KJHG erwähnten Arbeitsgemeinschaften sowie durch die Jugendhilfeplanung fixiert.

 Tipps zum Weiterlesen

Gernert, W. (1995): Kinder- und Jugendhilfegesetz. In: Bienemann, G./Hasebrink, M./Nikles, B. (Hrsg.) (1995): Handbuch des Kinder- und Jugendschutzes. Münster, S. 119–123.

Kinder- und Jugendhilfeplanung

In § 79 KJHG wird den Trägern der öffentlichen Jugendhilfe ausdrücklich die Gesamtverantwortung für die Kinder- und Jugendhilfe einschließlich der Planungsverantwortung zugestanden. Auch wenn die notierten Rechtsbegriffe „erforderlich", „geeignet", „rechtzeitig" und „ausreichend" relativ unbestimmt sind, akzentuieren sie doch immerhin deutlich die grundsätzliche Relevanz von Planung. Die allgemeinen Leistungsziele des KJHG sind als Planungsziele leitend. Damit ist die Einbeziehung der Kinder- und Jugendarbeit in die allgemeine Kinder- und Jugendhilfeplanung rechtlich abgesichert und normiert. Konsens besteht so auch weitestgehend darüber, dass eine allgemeine Jugendfreizeitstättenplanung, wie sie in den 70er und 80er Jahren in vielen Gebietskörperschaften durchgeführt wurde, den Anforderungen an eine kinder- und jugendliche Bedürfnis- und Bedarfslagen berücksichtigende Planung, wie sie aus dem KJHG ableitbar sind, nicht entspricht (vgl. Merchel 1994, S. 152). Weder kann die Pluralisierung und Diversifizierung der Freizeitwünsche und -aktivitäten von Kindern und Jugendlichen in ihren örtlichen Ausprägungen durch eine reine Jugendfreizeitstättenplanung erfasst werden, noch kann es so gelingen, die Ausdifferenzierung der Kinder- und Jugendarbeit und die Entwicklung neuer, insbesondere mobiler, lebensweltbezogener und kulturpädagogischer Angebote zu entsprechen und in den Planungszielen zu würdigen.

Die Reduzierung der Jugendhilfeplanung für die Kinder- und Jugendarbeit auf eine Jugendfreizeitstättenplanung, eine in vielen kommunalen Gebietskörperschaften praktizierte Form, korrespondiert nicht mit den gesetzlichen Vorgaben. Vorgegeben ist, die Interessen und Bedürfnisse der AdressatInnen während des Planungsprozesses zu ermitteln und die anerkannten Träger der freien Kinder- und Jugendhilfe in allen Phasen der Planung zu beteiligen (vgl. hierzu ausführlich u. a. Gläss/Hermann 1994; Merchel 1994). Eine reine Freizeitstättenplanung wird diesen Ansprüchen kaum entsprechen können. Die rechtliche Codierung der Jugendhilfeplanung bietet insbesondere der Kinder- und Jugendarbeit die Chance der konzeptionellen Weiterentwicklung vor Ort und Möglichkeiten der stärkeren Implementierung von lebensweltorientierten und ethnographischen Methoden in die Alltagsarbeit, die zur Erkundung jugendlicher Szenen, ihrer raumorientierten Artikulationen, Aneignungsprozesse und Eroberungen von gesellschaftlicher Wirklichkeit genutzt werden können. Vehement ist dabei Interpretationen der gesetzlichen Grundlagen entgegenzutreten, die davon ausgehen, dass die Vorhaltung von Kinder- und Jugendeinrichtungen selbst schon als ein Element von Planung anzusehen ist. Solcherart Auslegungen der Gesetzeslage unterlaufen nicht nur die gewünschten fachlichen Standards einer zukunftsorientierten Kinder- und Jugendhilfeplanung, sondern verschenken auch die Möglichkeiten, die diese für die Weiterentwicklung kommunaler Infrastrukturen bietet.

 Tipps zum Weiterlesen

Gläss, H./Hermann, F. (1994): Strategien der Jugendhilfeplanung. Weinheim u. München.
Merchel, J. (1994): Kooperative Jugendhilfeplanung. Eine Einführung, Opladen.

3.2 Länderspezifische Regelungen

Inwieweit und mit welchen konkreten Inhalten, Schwerpunkten, Angeboten in welchen Handlungsfeldern und Projekten die Jugendarbeit, die Jugendsozialarbeit und der erzieherische Kinder- und Jugendschutz in den Städten, Gemeinden und Kreisen realisiert oder gefördert werden, ist abhängig von den Regelungen in den Ausführungsgesetzen der einzelnen Bundesländer. Durch den § 15 KJHG wird die weitere Regelkompetenz in bezug auf die in § 11 bis § 14 KJHG aufgeführten Leistungen der Kinder- und Jugendhilfe den Bundesländern übertragen. Neben den Ausführungsgesetzen stellen die Landesjugendpläne sowie die Richtlinien, die die Aufstellung der Landesjugendpläne strukturieren und festschreiben, entscheidende landespolitische Steuerungsinstrumente dar. Insbesondere vor dem Hintergrund der fast zyklisch wiederkehrenden öffentlichen und politischen Infragestellungen der Kinder- und Jugendarbeit kommt den länderspezifischen Ausführungsbestimmungen neben den Landesjugendplänen eine besondere Bedeutung zu, wird doch von den Trägern, PraktikerInnen und partiell auch von sozial- und jugendpolitisch engagierten PolitikerInnen gehofft, dass diese Bestimmungen helfen, die Kinder- und Jugendarbeit durch konkrete Schwerpunktsetzungen und verbindliche Aufgabenbeschreibungen verbindlich abzusichern (vgl. Münder u. a. 1999). Zudem wird über die länderbezogenen Ausführungsregelungen und detaillierte Förderrichtlinien die kommunale Jugendarbeit finanziell in einem häufig nicht unwesentlichen Umfang durch die Länder direkt gefördert.

Obgleich gesetzlich vorgeschrieben, haben auch zehn Jahre nach Inkrafttreten des KJHG noch nicht alle Bundesländer ein Ausführungsgesetz auf der Grundlage des KJHG's verabschiedet. Ausführungsgesetze existieren in den Bundesländern Berlin, Schleswig-Holstein, Saarland, Rheinland-Pfalz, Niedersachsen, Baden-Württemberg, Bremen, Mecklenburg-Vorpommern und Thüringen. In Hessen existiert ein Jugendbildungsförderungsgesetz, in dem Teile der Kinder- und Jugendarbeit landesbezogen geregelt und inhaltlich akzentuiert werden. Die Landesförderung der Kinder- und Jugendarbeit wird in den anderen Bundesländern durch gesonderte Förderrichtlinien oder aber durch allgemeine Bestimmungen zur Erstellung der Landesjugendpläne geregelt. Die in den einzelnen Ausführungsgesetzen und Fördergrundsätzen formulierten Präzisierungen des Kinder- und Jugendhilfegesetzes sind jedoch sehr unterschiedlich (vgl. Übersicht 2, S.). Einige Bundesländer verabschiedeten separate Ausführungsbestimmungen für einzelne Segmente der Kinder- und Jugendhilfe. In Niedersachsen wird zum Beispiel die Förderung des Kinder- und Jugendschutzes gesondert geregelt. In anderen Bundesländern wiederum liegen gesonderte Bestimmungen für die Jugendsozialarbeit vor. Wiederum andere legten einheitliche, die gesamte Palette der Kinder- und Jugendhilfe abdeckende Ausführungsgesetze vor. Veröffentlicht durch den Minister für Arbeit und Soziales, Jugend, Gesundheit und Energie (1993) existiert für das Land Schleswig-Holstein zum Beispiel ein einheitliches Jugendförderungsgesetz, das neben Präzisierungen für die allgemeine Jugendarbeit und Jugendsozialarbeit sowie den Kinder- und Jugendschutz auch solche für die Erziehung in der Familie, für Kinderspielplätze und die erzieherischen Hilfen in der Familienpflege und in Einrichtungen enthält.

Übersicht 2:   Länderbezogene Regelungen zur Kinder- und Jugendarbeit*

	Ausführungsgesetze zum KJHG	Landesjugendrahmenpläne und Ausführungsrichtlinien
Berlin	Gesetz zur Ausführung des Kinder- und Jugendhilfegesetzes	Rahmenrichtlinien für die Erstellung der Landesjugendpläne sind in Planung", „Nebenbestimmungen" zur Jugendförderung ersetzen Ausführungsrichtlinien
Bremen	Bremer Kinder-, Jugend- und Familienförderungsgesetz	Förderrichtlinien werden gegenwärtig überarbeitet und werden ältere Regelungen zur Förderung der außerschulischen Jugendbildung modifizieren
Hamburg	–	Förderrichtlinien sind Bestandteil des Landesjugendplans
Hessen	Jugendbildungsförderungsgesetz	Maßnahmeförderungsrichtlinien liegen vor
Bayern	Bayrisches Kinder- und Jugendhilfegesetz: enthält keine Ausführungen zur Kinder- und Jugendarbeit, regelt aber die Anerkennung der Freien Träger	Ein Kinder- und Jugendprogramm wird kontinuierlich fortgeschrieben und bildet die inhaltlich Basis für die jährlichen Landesjugendpläne; der Bayrische Landesjugendring hat im Einvernehmen mit den zuständigen Ministerien eine Reihe von Förderrichtlinien erlassen
Saarland	Kinder- und Jugendförderungsgesetz: enthält Vorschriften zur Jugendarbeit, Jugendsozialarbeit und zum Kinder- und Jugendschutz	Richtlinien zum Kinder- und Jugendförderungsgesetz liegen vor und regeln u. a. die Förderung von Fortbildungen für Ehrenamtliche, von Bildungsmaßnahmen und der Landesgeschäftsstellen der Jugendverbände sowie die Mädchen- und die allgemeine Jugendarbeit
Baden-Württemberg	Gesetz zur Förderung der außerschulischen Jugendbildung	Sowohl Richtlinien zum Landesjugendplan als auch allgemeine Förderrichtlinien existieren
Nordrhein-Westfalen	Ausführungsgesetz enthält Regelungen für die Anerkennung Freier Träger; kein Ausführungsgesetz für die Kinder- und Jugendarbeit	Landesjugendplan mit konkreten Schwerpunktsetzungen sowie vorläufige Förderrichtlinien für die Kinder- und Jugendarbeit liegen vor
Niedersachsen	Jugendförderungsgesetz: setzt inhaltliche Akzente in bezug auf die Kinder- und Jugendarbeit; der Kinder- und Jugendschutz wird gesondert geregelt	Bezüglich der Förderung von anerkannten Trägern der Jugendarbeit liegt eine gesonderte Verordnung vor; die Förderung von JugendbildungsreferentInnen wird im Jugendförderungsgesetz geregelt
Rheinland-Pfalz	Landesgesetz zur Förderung der Jugend- und Jugendsozialarbeit	Landesjugendplan wird im Landeshaushalt gesondert ausgewiesen und publiziert; Verwaltungsvorschriften regeln die Förderung der Jugendarbeit, insbesondere die politische, berufsbezogene und soziale Bildung
Sachsen	Landesjugendhilfegesetz: trifft Regelungen bezüglich der Anerkennung der Freien Träger, jedoch keine Regelungen zur Kinder- und Jugendarbeit	Förderrichtlinien zur Gewährung von Zuwendungen im Bereich der Jugendarbeit und Jugendverbandsarbeit liegen vor
Sachsen-Anhalt	Ausführungsgesetz liegt nicht vor; ein allgemeines Ausführungsgesetz regelt die Anerkennung Freier Träger	Die Förderungsrichtlinien liegen für die Kinder- und Jugendarbeit, die Jugendsozialarbeit und den Kinder- und Jugendschutz vor
Thüringen	Kinder- und Jugendhilfeausführungsgesetz	Landesjugendförderplan existiert, Richtlinien spezifizieren die Gewährung von Zuschüssen
Mecklenburg-Vorpommern	Kinder- und Jugendfördergesetz	Richtlinien steuern programmatisch die Aufstellung des jährlichen Landesjugendplans und Leitregelungen präzisieren Teile des Kinder- und Jugendfördergesetzes
Schleswig-Holstein	Jugendförderungsgesetz	Landesjugendplan wird im Landeshaushalt gesondert ausgewiesen und regelt die Förderung der Jugendarbeit, Jugendsozialarbeit und des Kinder- und Jugendschutzes ist gesondert geregelt
Brandenburg	Im Ausführungsgesetz wird die Förderung der Jugendarbeit durch die öffentlichen Träger geregelt	Allgemeine Förderrichtlinien liegen für die internationale, interkulturelle und bildungsorientierte Kinder- und Jugendarbeit vor

* Die Angaben basieren auf einer Umfrage vom Frühjahr und Herbst 1999

Das Jugendförderungsgesetz repliziert allerdings im wesentlichen das KJHG und konkretisiert diese lediglich partiell für einzelne Schwerpunkte und Leistungen. In bezug auf die Kinder- und Jugendarbeit wird als besonderes Ziel die „Entwicklung von Toleranz gegenüber Menschen anderer Herkunft, Weltanschauung und Lebensweise" sowie die pädagogische Arbeit mit Kindern und die Mitwirkung der Jugendarbeit bei der „Herstellung kinderfreundlicher Lebensräume und Lebenssituationen" als Aufgabe betont. Interessant ist zudem ein Passus, der die Freistellung für die ehrenamtliche Mitarbeit in der Jugendarbeit regelt.

Festgehalten wird, dass „ehrenamtlichen Mitarbeiterinnen und Mitarbeitern in der Jugendarbeit, die mindestens 16 Jahre alt sind und in einem Arbeitsverhältnis beschäftigt sind (...) Freistellung von der Arbeit bis zu 12 Tagen im Kalenderjahr zu gewähren ist" (Minister für Arbeit und Soziales, Jugend, Gesundheit und Energie Schleswig-Holstein 1993, S. 14). Neben einigen weiteren Bundesländern weist auch das „Kinder- und Jugendfördergesetz" Mecklenburg-Vorpommerns die Freistellung von ehrenamtlichen MitarbeiterInnen sowie darüber hinaus die Fortbildung von hauptberuflichen Fachkräften und MitarbeiterInnen aus.

In Nordrhein-Westfalen liegt ein Ausführungsgesetz ebenfalls im Entwurf vor. In einer ersten öffentlichen Runde wurde es auch schon mit TrägervertreterInnen landesweit diskutiert. Der interfraktionelle Abstimmungsprozess zwischen den politischen Parteien sowie insbesondere die von den großen freien Trägern vorgetragenen Bedenken blockierten jedoch bisher die Einbringung des Ausführungsgesetzes in den parlamentarischen Beratungs- und Abstimmungsprozess. Statt dessen wurde der Landesjugendplan erneuert - vielleicht auch in der Hoffnung, über diesen den Klärungsprozess hinsichtlich des Ausführungsgesetzes zu beschleunigen.

In den Landesjugendplänen - den Haushaltsplänen für die Kinder- und Jugendhilfe - wird strukturell und substantiell festgeschrieben, welche Maßnahmen, inhaltlichen Schwerpunkte, Träger und Programme der Kinder- und Jugendhilfe und besonders der Kinder- und Jugendarbeit in den Bundesländern von den jeweiligen Landesregierungen gefördert werden. Sie sind von Bundesland zu Bundesland unterschiedlich komponiert. Die konkrete Struktur und das über die Landesjugendplänen bereitgestellte Finanzvolumen ist abhängig von sozial- und jugendpolitischen Schwerpunktsetzungen der einzelnen Bundesländer.

Jedoch nicht in allen Bundesländern existieren ausformulierte Rahmenrichtlinien, die die Aufstellung von Landesjugendplänen aufschlüsseln. In einigen Bundesländern wird die Aufstellung des jährlichen Landesjugendplans durch Förderrichtlinien und -erlasse geregelt; in anderen Bundesländern ersetzen allgemeine Rahmenrichtlinien für die Erstellung von Landesjugendplänen die Förderrichtlinien. Generell ist festzustellen, dass insbesondere die berufsbezogene Sozialpädagogik als Teil der Jugendsozialarbeit eine besondere Beachtung erfährt. Damit wird die auf einem relativ hohen Niveau sich leider einpendeln-

den Rate an Jugendliche ohne Arbeit und ohne Ausbildungsstelle entsprochen.
In vielen Bundesländern werden neben den landesbezogenen Aufwendungen
für die Kinder- und Jugendarbeit, die Jugendsozialarbeit und den erzieherischen
Kinder- und Jugendschutz auch die Ausgaben für die Familienförderung, für
Kindertagesstätten, Erziehungshilfen, gesundheitsbezogene Präventionspro-
gramme und für Investitionen in Sport- und Spielstätten im Landesjugendplan
festgeschrieben (vgl. Ministerium für Arbeit, Soziales, Familie und Gesundheit
Rheinland-Pfalz 1992). Zusätzlich werden in einigen Bundesländern für die
Gewährung von landesbezogenen Zuwendungen und zur Spezifizierung des
Landesjugendplans eigene Richtlinien erlassen, die u. a. die Förderungsberei-
che, die Zuwendungsempfänger, die Art und den Umfang der Zuwendungen
sowie die allgemeinen Antragsbedingungen für Zuwendungen konkret regeln
(vgl. u. a. Ministerium für Bildung, Jugend und Sport Brandenburg 1993).

Übersicht 3:   Landesjugendplan des Bundeslandes Nordrhein-Westfalen für den
                „Schwerpunktbereich Kinder- und Jugendförderung 1999 (Auszug)

	Förderbereiche	Verfügbare Mittel
1	Angebote der Kinder- und Jugendarbeit durch Jugend-verbände	40.000.000 DM
2	Offene Formen und Einrichtungen der Kinder- und Ju-gendarbeit; kulturelle Kinder- und Jugendarbeit	65.800.000 DM
3	Besondere Handlungsansätze der Kinder- und Jugendar-beit	4.900.000 DM
4	Formen der Zusammenarbeit von Jugendhilfe und Schu-le	9.000.000 DM
5	Angebote der Prävention und Hilfe für Kinder und Jugendliche in Konfliktsituationen oder Notlagen	7.000.000 DM
6	Besondere Maßnahmen, innovative Projekte und Expe-rimente	4.700.000 DM
7	Geschlechtsspezifische Angebote der Jugendarbeit: par-teiliche Mädchenarbeit und reflektierte Jungenarbeit	3.000.000 DM
8	Schul- und berufsbezogene Angebote der Jugendarbeit	36.500.000 DM
9	Förderung des ehrenamtlichen Engagements	7.000.000 DM
10	Förderung von Zusammenschlüssen auf Landesebene	9.282.000 DM
11	Investitionen in die Kinder- und Jugendarbeit und Jugendsozialarbeit	7.000.000 DM
	Gesamtförderung	**194.182.000 DM**

In den programmatischen Rahmenrichtlinien zur Erstellung der jährlichen Landesjugendpläne finden sich in einigen Bundesländern, die über kein Ausführungsgesetz verfügen, partiell auch Regelungen, die in anderen Bundesländern
Bestandteil des Ausführungsgesetzes oder hierzu ergänzend erlassener Bestimmungen sind. Dies trifft zum Beispiel auf das Bundesland Nordrhein-
Westfalen zu. Der nordrhein-westfälische Landesjugendplan (vgl. Übersicht 3)
hatte sich im Verlauf der letzten drei Jahrzehnte zu einem recht starren Förde-
rungskonzept stabilisiert. Die offene Jugendarbeit, aber auch die Jugendverbandsarbeit und andere, klassische Formen der Kinder- und Jugendarbeit werden bisher über den Landesjugendplan verbindlich in einer im Vergleich zu anderen Bundesländern finanziell gut ausgepolsterten Form gefördert. Neuere Ini-

tiativen und innovative Formen der Kinder- und Jugendarbeit fanden hingegen keine deutlich sichtbare, ihre Aktivitäten anerkennende Etablierung in dem Landesjugendplan, weil das Land nicht willens war, die Fördersumme insgesamt aufzustocken. Der neue Landesjugendplan intendiert eine stärkere Berücksichtigung neuerer Angebotsvarianten und stellt hierfür erstmals seit dem Haushaltsjahr 1999 auch Mittel in einem erheblichen Umfang bereit. Die finanzielle Flankierung für Jugendfreizeiteinrichtungen und die Jugendverbände wurde demgegenüber reduziert. Auf den durch diese Reduzierung finanzierten Innovationspool können auch die klassischen Angebotstypen der Kinder- und Jugendarbeit zurückgreifen, allerdings nicht mehr auf der Basis fester Zusagen, sondern anlass- und projektbezogen auf Antrag. Kultur- und medienpädagogische Projekte, pädagogisch betreute, dezentrale Spielangebote für Kinder, mobile, niedrigschwellige Angebote für Kinder- und Jugendliche sowie Kooperationsformen zwischen verschiedenen Anbietern von Kinder- und Jugendarbeit, aber auch zwischen Jugendhilfe und Schule erhalten durch die neue Struktur des Landesjugendplans die Möglichkeit, vom Land finanziell gefördert zu werden. Bei Konsolidierung des finanziellen Gesamtvolumens im Jahr 1999 von 194 Millionen DM bietet die neue Landesjugendplanstruktur die Chance, zukünftig auf innovative Entwicklungen schneller zu reagieren und leichter als bisher die Angebote den veränderten Freizeitformen und Interessen von Kindern und Jugendlichen anzupassen (vgl. hierzu u. a. Deimel 1998).

Eine Einführung in die Kinder- und Jugendarbeit kann nicht der Ort sein, die gesetzlichen Kodifizierungen und Regelungen aller Bundesländer en detail zu beschreiben. Auf eine typisch bayerische Besonderheit ist aber noch ausdrücklich hinzuweisen. Die Aufgaben des Landesjugendamts in bezug auf die Kinder- und Jugendarbeit werden hier vom Bayerischen Jugendring, also einem überregionalen Trägerdachverband, wahrgenommen. Dem Bayerischen Landesjugendring obliegt sowohl der Erlass von Förderrichtlinien, die Planung von neuen Projekten, die Beratung der Träger, die Fortbildung der MitarbeiterInnen als auch die Verteilung der Finanzmittel, die für die Kinder- und Jugendarbeit von der bayerischen Landesregierung zur Verfügung gestellt werden (vgl. Bayerisches Staatsministerium für Arbeit und Sozialordnung, Familie, Frauen und Gesundheit 1999).

Hier gänzlich unberücksichtigt bleiben mussten die in einzelnen Kommunen vorliegenden ortsbezogenen Förderrichtlinien, die insbesondere erstellt werden, um die kommunalen Mittel zu verteilen. Über diese werden aber auch die Zuwendungen verwaltet und gestreut, die aufgrund der Bereitstellung von projektbezogenen Mitteln durch Bundes- und Landesministerien und der Regelförderung aus dem Bundesjugendplan für Maßnahmen der internationalen Jugendarbeit, der Jugendbildung, der Kinder- und Jugenderholung und der Fortbildung von Mitarbeitern der Jugendarbeit zur Verfügung stehen. Über die exemplarischen Ausführungen sollte deutlich geworden sein, dass die gesetzlichen Bestimmungen und Richtlinien in bezug auf die Kinder- und Jugendarbeit in den einzelnen Bundesländern nicht nur ein je spezifischer Sprachgebrauch auszeichnet, sondern diese auch eine spezifische inhaltliche Färbung tragen. Zusammenfassend kann nur nochmals hervorgehoben werden, dass die länderspezifischen Ordnungen zur Kinder- und Jugendarbeit sich in der Regel erstens in Form von Ausführungsgesetzen, zweitens in der Fixierung in den Landesjugendplänen und drittens in primär verwaltungstechnischen Richtlinien manifestieren.

 Zum Weiterlesen - Literaturhinweise

Münder, J. u. a. (1999): Frankfurter Lehr- und Praxiskommentar zum Kinder- und Jugendhilfegesetz. Münster, S. 181–185.

3.3 Träger und Finanzierung

Trotz der Förderung mit Bundesmitteln und der Finanzierung der Kinder- und Jugendarbeit durch bundeslandspezifische Regelungen erfährt die Kinder- und Jugendarbeit ihre primäre finanzielle Unterstützung in der Regel durch die Kommunen und Kreise.

Auf Bundesebene wird die Förderung über den Bundesjugendplan reguliert. Durch ihn erfahren insbesondere bundesweite, zumindest überregionale Zusammenschlüsse und Projekte der sozialen, politischen und kulturellen Kinder- und Jugendarbeit eine finanzielle Förderung, ebenso wie die im Bundesjugendring zusammengeschlossenen Jugendverbände, Fortbildungs- und Weiterbildungseinrichtungen und das Deutsche Jugendinstitut in München, als zentrale Forschungsinstitution, Projekte der internationalen Kinder- und Jugendarbeit sowie kleinere Forschungsvorhaben und Modellprojekte. Darüber hinaus fördern eine Reihe von Stiftungen Projekte und Maßnahmen der Kinder- und Jugendarbeit temporär (vgl. Birmes/Vermeulen 1989).

Wie im vorangegangenen Abschnitt vorgestellt, ist die länderbezogene Förderungspraxis äußert unterschiedlich geregelt. In einigen Bundesländern wird die Kinder- und Jugendarbeit durch eine sachmittel- oder personalmittelbezogene Förderung unterstützt. Teilweise können darüber hinaus Mittel für Investitionen, Umbau- und Neubaumaßnahmen beantragt werden. Die Förderung der Jugendverbandsarbeit und der Kinder- und Jugendkulturarbeit ist zudem häufig darüber hinaus separat geregelt. In vielen Bundesländern findet jedoch lediglich eine Förderung von Einzelprojekten und -angeboten statt. Diese ergänzt entweder die Personalmittel- und Sachmittelförderung oder aber die Gesamtförderung basiert auf ausgewiesenen Förderprogrammen. Förderprogramme bestehen so beispielsweise in einzelnen Bundesländern für die internationale Jugendarbeit, für die Fort- und Weiterbildung von ehrenamtlichen MitarbeiterInnen der Kinder- und Jugendarbeit, für innovative Initiativen, für MigrantInnen, für die schulbezogene Jugendhilfe, für beschäftigungsorientierte Berufsbildungsprojekte, Kinderferienmaßnahmen, für Projekte der soziokulturellen Kinder- und Jugendarbeit oder beispielsweise für Programme „Schule von acht bis vierzehn Uhr". Vergleichbar vielfältig sind die Regelungen auf der kommunalen Ebene. Einzelne Förderformen vorzustellen, sprengt den Rahmen. Neben der staatlichen Unterstützung wird die Kinder- und Jugendarbeit der freien Träger durch trägergebundene Eigenmittel unterstützt. Hinzu kommen Spenden, Fördermittel der Arbeitsverwaltungen, Zuschüsse von Stiftungen und Akademien, im geringem Umfang auch von privatrechtlich organisierten Unternehmen. Träger der Kinder- und Jugendarbeit sind öffentliche Institutionen und freie Trägerorganisationen (siehe Übersicht 4).

Die kommunalen Jugendämter - in kleineren Gebietskörperschaften auch Gemeinden ohne Jugendamt und partiell auch auf Kreis- und Bezirksebene institutionalisierte Sozial- und Jugendbehörden - sowie die Landesjugendämter und Landesjugendbehörden in den Bundesländern bilden die Gruppe der öffentlichen Träger. Der Bund tritt als Träger von Einrichtungen und Projekten der Kinder- und Jugendarbeit so gut wie gar nicht in Erscheinung.

Auf der Ebene der kommunalen Gebietskörperschaften sind die Abteilungen für Kinder- und Jugendarbeit bis heute noch in der Regel Teil des Jugendamtes und hier durch die Amtsbezeichnung 51.3 zu identifizieren. Die Formulierung „bis heute" deutet an, dass sich diese Organisationsstruktur zur Zeit verändert. In vielen, keineswegs jedoch schon in allen Gemeinden und Städten sind durch verwaltungsinterne Umstrukturierungen die bisherigen Ämter- und Abteilungszuordnungen verändert oder gar ganz aufgelöst und in eigenständige Betriebseinheiten überführt worden (vgl. u. a. Boskamp/Knapp 1996). Ähnliche Entwicklungen zeigen sich derzeitig auch auf Landesebene. Auch hier wird diskutiert - und wie in Niedersachsen 1998 zum Teil auch schon realisiert -, mit welchen neuen Strukturen die bisher von den Landesjugendämtern wahrgenommenen Aufgaben neu organisiert werden können. Den Landesjugendämtern obliegt in der Regel die Verwaltung und Verteilung der Länderzuschüsse für die Kinder- und Jugendarbeit, die Initiierung neuer Angebote und Projekte sowie die Durchführung von zentralen Veranstaltungen der Fort- und Weiterbildung. Da die Landesjugendämter in den meisten Bundesländern nur in Ausnahmefällen als eigenständiger Träger von Angeboten der Kinder- und Jugendarbeit in Erscheinung treten, haben die kommunalen Neustrukturierungen in bezug auf die Trägerstruktur der landesweit organisierten Kinder- und Jugendarbeit keine gravierenden Veränderungen zur Folge. Betroffen sind jedoch durch die Verwaltungsreformen einige zentrale Einrichtungen der Fort- und Weiterbildung, die in der Trägerschaft von Landesjugendämtern stehen.

Zu den freien Trägern gehören

• erstens die in der Bundesarbeitsgemeinschaft der Freien Wohlfahrtspflege organisierten Wohlfahrtsverbände Arbeiterwohlfahrt, Diakonisches Werk, Caritas, Deutsches Rotes Kreuz, Deutscher Paritätischer Wohlfahrtsverband (Der Paritätische) und die Zentralwohlfahrtsstelle der Juden in Deutschland.

• Zweitens zählen zu den freien Trägern die vor allem in den kommunalen Jugendringen, Landesjugendringen und dem Bundesjugendring zusammengeschlossenen Jugendverbände, wie u. a. die christlich orientierten Jugendorganisationen, die „Sozialistische Jugend Deutschlands" (Die Falken), die Ju-

Übersicht 4:   Träger der Kinder- und Jugendarbeit

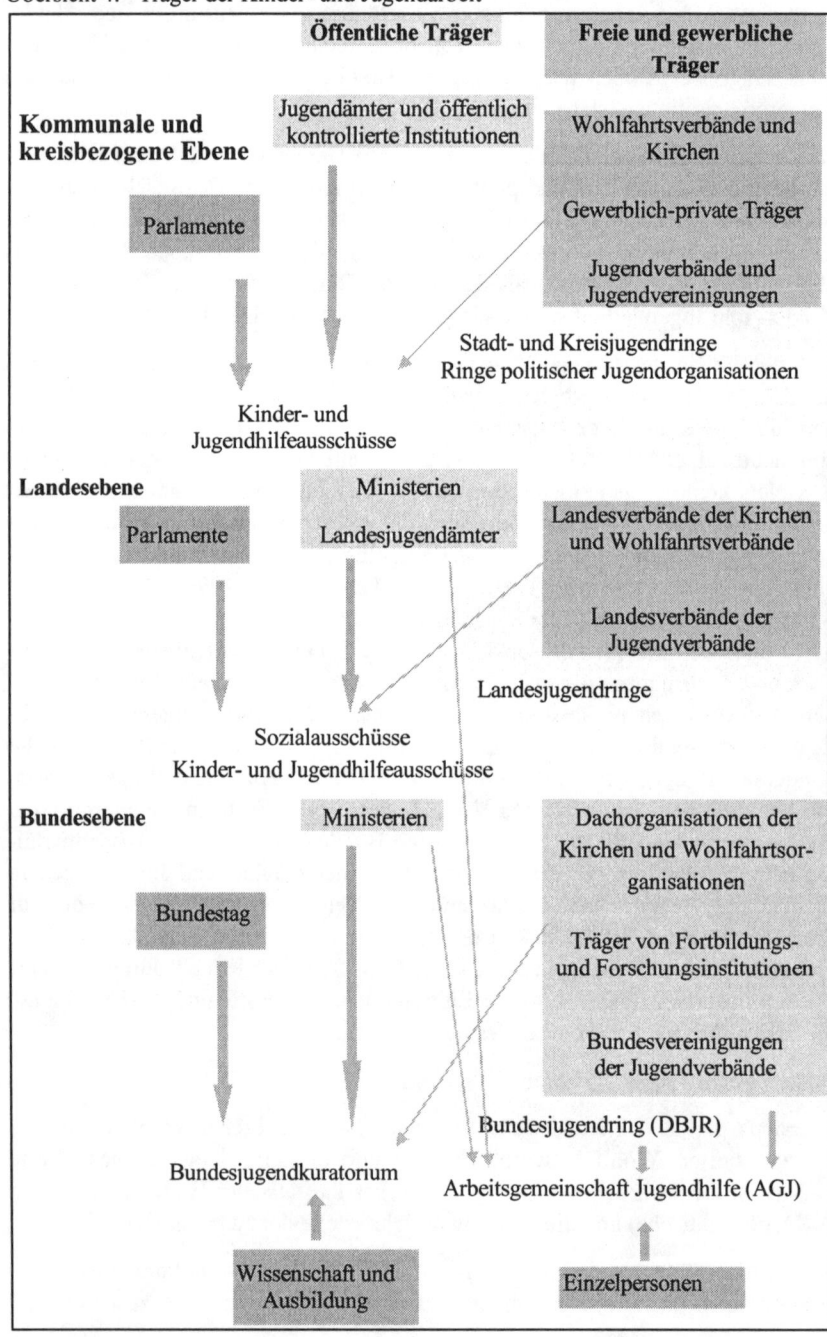

gend der „Deutschen Lebens-Rettungs-Gesellschaft" (DLRG), die Sportju-
gendorganisationen, die gewerkschaftlichen Jugendverbände oder die diversen PfadfinderInnenverbände. Die politischen Jugendorganisationen haben in
der Regel einen eigenen Status und arbeiten in Ringen der Politischen Jugendverbände zusammen. Die Jugendverbände sind ebenfalls größtenteils
jeweils noch eigenständig bundes- und landesweit sowie kommunal organisiert.

• Als dritte freie Trägergruppe sind die lokalen und überregionalen Arbeitsgemeinschaften, Verbände, Initiativen, Vereine und Projekte der Kinder- und
Jugendarbeit, Reste der bündischen Jugendbewegung sowie einige wenige
privatgewerbliche Träger zu nennen.

Der „Deutsche Bundesjugendring" (DBJR) ist der bundesweite Zusammenschluss der Jugendverbände. Der DBJR organisiert als bundesweite Interessenvertretung über 20 bundesweite Jugendorganisationen und die Landesjugend-
ringe. Jugendverbände können hier Mitglied werden, wenn sie über 20.000 Jugendliche organisiert haben und in der Mehrheit der Bundesländer aktiv sind
(vgl. Böhnisch/Gängler/Rauschenbach 1991, S. 813–820). Auf der kommunalen und kreisbezogenen Ebene sowie in den einzelnen Bundesländern haben
sich die Jugendverbände zu Jugendringen zusammengeschlossen. Neben den
Abgeordneten der Parlamente sind VertreterInnen der freien Trägergruppen
auch in den Kinder- und Jugendhilfeausschüssen vertreten.

Auf Bundesebene haben sich eine Reihe von Trägern, bundeslandbezogenen
Trägerorganisationen und einzelne Einrichtungen der Kinder- und Jugendarbeit
zu einer bundesweiten Arbeitsgemeinschaft der Jugendfreizeiteinrichtungen
und Häuser der Offenen Tür zusammengefunden. Diese bundesweite Vernetzung, die sich an entsprechende Zusammenschlüsse in einzelnen Bundesländern anlehnt, hat sich zur Aufgabe gemacht, die Interessen von Projekten der
Kinder- und Jugendfreizeitarbeit bundesweit zu koordinieren und zu vertreten.
Als eigenständiger Träger tritt dieser Zusammenschluss jedoch ebenso wenig
auf wie das „Bundesjugendkuratorium" oder die „Arbeitsgemeinschaft Jugendhilfe" (AGJ), die sich aus VertreterInnen der Landesjugendämter und -
ministerien, der Wohlfahrts- und Jugendverbände sowie Einzelpersonen aus der
Wissenschaft, Politik und Praxis zusammensetzt und sich für die fachliche Weiterentwicklung der Kinder- und Jugendhilfe insgesamt und damit auch für die
der Kinder- und Jugendarbeit engagiert. Als Träger der Kinder- und Jugendarbeit spielt die AGJ jedoch nur eine unwesentliche Rolle, tritt als solcher lediglich bei der Durchführung des „Deutschen Jugendhilfetages" und bei internationalen Aktivitäten in Erscheinung. Das „Bundesjugendkuratorium" hat keine
Trägerfunktion. Dem bis zu 20 Personen umfassenden, von der Bundesregierung auf drei Jahre befristet berufenem Gremium obliegen ausschließlich bera-
tende Aufgaben (vgl. Borsche 1996).

Mitte der 90er Jahre gab es in der Bundesrepublik Deutschland statistisch erfasst insgesamt 12.275 Einrichtungen der Kinder- und Jugendarbeit. Davon

wurden 4.225 Einrichtungen von öffentlichen und 8.032 Einrichtungen von
freien Trägern betrieben (vgl. Tabelle 1). Damit unterhalten die öffentlichen
Träger knapp 35 % und die freien Träger etwas mehr als 65 % der Einrichtungen. Von den 33.637 dort tätigen MitarbeiterInnen sind 46 % bei den öffentlichen und 54 % bei den freien Trägern angestellt. Gegenüber den öffentlichen
Trägern hat sich der Prozentanteil derjenigen, die bei freien Trägern beschäftigt
sind, in den letzten 20 Jahren jedoch deutlich zugunsten der öffentlichen Träger
verschoben, denn 1974 waren noch über 67 % aller MitarbeiterInnen bei freien
Trägern tätig.

Übersicht 5:   Überregionale Organisationen der Kinder- und Jugendarbeit

Öffentliche Träger
Bundesarbeitsgemeinschaft der Landesjugendämter
c/o Landschaftsverband Rheinland
Kennedyufer 2, 50678 Köln

Freie Träger
Deutscher Bundesjugendring
Haager Weg 44, 53127 Bonn

Bundesarbeitsgemeinschaft der Freien Wohlfahrtspflege
Franz-Lohe-Str. 19, 53129 Bonn

Zentrale Koordinierungs- und Fachverbände

Deutscher Verein für öffentliche und private Fürsorge
Am Stockborn 1-3, 60439 Frankfurt a. Main

Arbeitsgemeinschaft für Jugendhilfe (AGJ)
Haager Weg 44, 53127 Bonn

Zentrale Forschungs- und Weiterbildungsinstitutionen

Deutsches Jugendinstitut (DJI)
Freibadstr. 30, 81543 München

Institut für Sozialarbeit und Sozialpädagogik (ISS)
Am Stockborn 5-7, 60439 Frankfurt a. Main

Institut für Soziale Arbeit (ISA)
Studtstr. 20, 48149 Münster i. Westfalen

Konferenz zentraler Fortbildungsinstitutionen für Jugendarbeit und Sozialarbeit
c/o Deutscher Verein für öffentliche und private Fürsorge
Am Stockborn 1-3, 60439 Frankfurt a. Main

Bei den freien Trägern sind in dem kinder- und jugendarbeitsbezogenen Segment der Kinder- und Jugendhilfe insbesondere das katholische und evangelische Trägerspektrum sowie mit Abstand auch das Spektrum der Jugendverbände mit eigenen Einrichtungen vertreten. Allein für 1.067 Jugendzentren und Jugendfreizeitheime sind Träger verantwortlich, die der Evangelischen Kirche
Deutschlands zugehörig sind, und von den insgesamt 4.018 erfassten Jugendheimen befinden sich 2.043 in der Trägerschaft von katholischen Organisationen. Die Jugendverbände und -vereine unterhalten insgesamt 720 Jugendheime
und Jugendzentren sowie 85 der 479 Jugendtagungs- und Bildungsstätten.

Auf dem Gebiet der alten Bundesländer unterhielten die freien Träger Mitte der 90er Jahre des letzten Jahrhunderts knapp 69 % und die öffentlichen Träger gut 31 % aller Einrichtungen. Im Längsschnittvergleich bedeutet dies, dass sich der prozentuale Anteil der freien gegenüber den öffentlichen Einrichtungsträgern in den alten Bundesländern seit 1982 um knapp 13 % deutlich reduzierte, denn 1982 unterhielt das freie Trägerspektrum noch 78,1 % aller Einrichtungen der Kinder- und Jugendarbeit. Im Vergleich zu 1990/1991 wäre diese Trägerverschiebung sogar noch deutlicher, wenn es den freien Trägern in den neuen Bundesländern in dem Zeitraum von 1991 bis 1994 nicht gelungen wäre, ihren Anteil von 13,8 % auf 48,4 % auszubauen. Zwar dominieren in den neuen Bundesländern auch 1994 noch die öffentlichen Träger das Bild der außerschulischen Kinder- und Jugendarbeit - gegenüber den freien Trägern mit 48,4 % unterhalten sie hier 51,6 % der Einrichtungen –, doch die unterschiedlichsten Förderprogramme zeigen zumindest insofern Resultate, als dass die freien Träger heute präsenter sind als noch zu Beginn der 90er Jahre (vgl. Tabelle 2). Diese Befunde können aber wahrscheinlich zum Zeitpunkt des Erscheinens dieser Einführung schon mit aktuelleren Daten verglichen werden.

Tabelle 1: Einrichtungen der „Kinder- und Jugendarbeit" 1974–1994

	1974		1982		1986		1990/91		1994	
	abs.	%	abs.	%	abs.	%	abs.	%	abs.	%
Insgesamt	27.686		17.781	./.	11.010	./.	12.308	./.	12.257	./.
Öffentliche Träger	./.	./.	3.758	21,1	2.748	25,0	3.680	29,9	4.225	34,5
Freie Träger	./.	./.	13.888	78,1	8.150	74,0	8.551	69,5	8.032	65,5
Privat-gew. Träger	./.	./.	135	0,8	112	1,0	77	0,6	./.	./.

Quelle: Statistisches Bundesamt (1977; 1985; 1988; 1992; 1993; 1996); eigene Berechnungen (bis 1986 sind nur die alten, danach die Einrichtungen in den alten und neuen Bundesländern notiert)

Wie viel Geld von den einzelnen Trägern und für die einzelnen Einrichtungen jährlich aufgewendet wird, ist unbekannt. Einrichtungs- und arbeitsfeldbezogene Daten bezüglich der aufgewendeten Finanzmittel liegen verlässlich nicht vor. Die Ausgaben für die Kinder- und Jugendarbeit werden nur sehr allgemein und insbesondere für die „Maßnahmen der Kinder- und Jugendarbeit" erhoben.

Laut „Statistik der Jugendhilfe - Ausgaben und Einnahmen" wurden 1998 von den insgesamt in der Kinder- und Jugendhilfe ausgegebenen 33 Milliarden DM weit weniger als 10 % - 2,5 Milliarden DM - für die Kinder- und Jugendarbeit verausgabt. Zum Vergleich: Für Kindertageseinrichtungen wird insgesamt eine Ausgabensumme von 19 Milliarden DM notiert. Von den für die Kinder- und Jugendarbeit aufgewendeten Mitteln entfielen beispielsweise auf die sonstige, allgemeine Jugendarbeit 300 Millionen DM, auf die außerschulische Jugendbildung 191 Millionen DM, auf die Kinder- und Jugenderholung 143 Millionen

DM, auf die internationale Jugendarbeit 62 Millionen DM sowie auf die Fort- und Ausbildung von ehrenamtlichen MitarbeiterInnen 77 Millionen DM. Die freien Träger usurpierten in den 90er Jahren des letzten Jahrhunderts von den Gesamtaufwendungen weit mehr als 50 %.

Tabelle 2:   Einrichtungen der „Jugendarbeit" nach Trägern in West- und Ostdeutschland 1991–1994

	1990/91 Bund		1990 West		1991 Ost		1994 Bund		West		Ost	
	abs.	%	abs.	%	abs.	%	abs.	%	abs.	%	abs.	%
Insgesamt	12.308		11.961		347		12.257		10.463		1.794	
Öffentliche Träger	3.680	29,9	3.381	28,3	299	86,2	4.225	34,5	3.300	31,5	925	51,6
Freie Träger	8.551	69,5	8.503	71,1	48	13,8	8.032	65,5	7.163	68,5	869	48,4
Priv.-gew. Träger	77	0,6	77	0,6	./.	./.	./.	./.	./.	./.	./.	./.

Quelle: Statistisches Bundesamt (1992; 1993; 1996); eigene Berechnungen

 Tipps zum Weiterlesen

Bundesarbeitsgemeinschaft Offene Kinder- und Jugendeinrichtungen (Hrsg.) (1998): Finanzierungsmöglichkeiten Offener Kinder- und Jugendarbeit. Stuttgart.
Kolvenbach, F.-J. (1997): Die Finanzierung der Kinder- und Jugendhilfe. In: Rauschenbach, Th./Schilling, M. (1997) (Hrsg.): Die Kinder- und Jugendhilfe und ihre Statistik. Bd. 2. Neuwied, S. 367–401.

4 Die Einrichtungen, Arbeitsfelder und Inhalte

Vor einiger Zeit bat ich Studierende in einer Veranstaltung zur außerschulischen Pädagogik, aufzuschreiben, an welchen Orten und in welchen Einrichtungen Kinder- und Jugendarbeit stattfindet. Von den Nennungen war ich überrascht. Obwohl, wie sich nachher herausstellte, die Mehrzahl der SeminarteilnehmerInnen auf Erfahrungen in Feldern der Kinder- und Jugendarbeit zurückblicken konnte, fanden sich auf den Zetteln neben den klassischen Einrichtungen wie Jugendzentren und Jugendhäusern auch Kindergärten und Kindertageseinrichtungen, Drogenberatungsstellen und der Jugendstrafvollzug, der Allgemeine Soziale Dienst und Volkshochschulen notiert. Durch die kleine, sicherlich nicht repräsentative Seminarbefragung fand sich einmal mehr bestätigt, dass es gar nicht so einfach zu sein scheint, konkret zu lokalisieren, wo Kinder- und Jugendarbeit ihren Ort hat, zumal zwischen Angeboten und Einrichtungen, Handlungsorten und Maßnahmen, Trägern und Konzepten nicht immer systematisch einleuchtend unterschieden wird. Genau hierum wird es in diesem Kapitel gehen.

Dass zwischen Einrichtungen, Arbeitsbereichen und Maßnahmen (Angebotsformen) unterschieden wird, ist einerseits einsichtig. Plausibel deshalb, weil den meisten bekannt ist, dass zum Beispiel politische Bildungsmaßnahmen nicht nur in Bildungsstätten, sondern auch in Jugendfreizeitheimen durchgeführt werden, kulturelle Aktivitäten nicht nur in Jugendkunstschulen, sondern auch in Bürgerhäusern und Jugendheimen stattfinden - hierzu an späterer Stelle mehr. Andererseits kann gegen die begriffliche Trennung das Argument stark gemacht werden, dass in der Praxis eine Differenzierung zwischen Einrichtungen, Angebotsformen, Angebotskonzepten und Methoden nicht immer möglich ist. Der Kreis in der Übersicht 6 trägt dieser Tatsache Rechnung und markiert so die Überschneidungen zwischen den Arbeitsfeldern und den hier realisierten Angeboten und Maßnahmen. Zudem wird bei den Arbeitsfeldern nochmals grob zwischen solchen unterschieden, die über einen festen Veranstaltungsort verfügen - beispielsweise Jugendzentren und Bildungshäuser -, und solchen, die gewissermaßen ortsungebunden sind wie kulturpädagogische Aktionen und die Straßensozialarbeit. Dazwischen platzieren sich zwei wichtige Arbeitsfelder - die Kinder- und Jugendverbandsarbeit sowie die Jugendpflege -, die sich nicht eindeutig zuordnen lassen. Die Kinder- und Jugendverbandsarbeit findet zuweilen zwar an festen sozialen Orten statt, ist im Kern jedoch ein räumlich ein relativ flexibles Arbeitsfeld. Vergleichbares, wenn auch aus anderen Gründen, trifft auch die Jugendpflege zu. Beide Arbeitsfelder werden infolgedessen unabhängig von der Systematisierung vorgestellt. Dass bei den illustrierenden Praxisbeispielen Projekte aus dem Bundesland Nordrhein-Westfalen dominieren, ist sicherlich der „Heimat" des Autors, aber auch der quantitativen Dichte der Kinder- und Jugendarbeit in dieser Region geschuldet.

Übersicht 6: Arbeitsfelder, Konzepte und Arbeitsbereiche

„ARBEITSFELDER" UND ORTE	„THEORIE"KONZEPTE	ARBEITSBEREICHE UND „MAßNAHMEN"
Einrichtungen	Sozialraumorientierung	
Jugendzentren	Multiperspektivischer Ansatz	
Jugendhäuser	Emanzipativer Ansatz	
Jugendclubs	Subjekttheoretischer Ansatz	Jugend"freizeit"arbeit
Jugendheime	Akzeptierender Ansatz	Kulturarbeit
Bildungsstätten	„Psychoanalytischer" Ansatz	Jugendbildung
Tagungshäuser	Cliquenorientierung	„Erholung"
Jugendkunstschulen	**AKTUELLE „PRAXIS"KONZEPTE**	Internationale Jugendarbeit
Soziokulturelle Zentren	Mädchen- u. Jungenarbeit	„Spielplatz"
Bauspielplätze	Kulturpädagogik	Jugendsozialarbeit
Horte	Interkulturelle Ansätze	MitarbeiterInnenfortbildung
Kinder- u. Jugendverbandsarbeit	Erlebnispädagogik	Jugendhilfeplanung
Jugendpflege	Sportive Ansätze	
„Mobile" Arbeitsfelder		
Straßensozialarbeit		
Kulturpädagogische Projekte		
Stadtranderholungen		
Spielmobile		
Kooperative Handlungsfelder		
Jugendsozialarbeit		
Kinder- u. Jugendschutz		
Schulen		

In diesem Kapitel werden also die Einrichtungen und sonstigen Aktionsorte der Kinder- und Jugendarbeit, also die institutionellen, räumlichen und sozialraumbezogenen Orte und Kontexte der Kinder- und Jugendarbeit (Abschnitt 4.2) und einige Arbeitsschwerpunkte beziehungsweise Angebotsformen und Maßnahmen der Kinder- und Jugendarbeit steckbriefartig beschrieben (Abschnitt 4.3). Die obige Abbildung illustriert die systematische Absicht des Vorhabens und die Struktur dieses Kapitels. In der Abbildung finden sich zudem einige Konzepte notiert, auf die an anderer Stelle näher eingegangen wird (vgl. Kapitel 7). Bevor jedoch einzelne Einrichtungen und Projekte der Kinder- und Jugendarbeit vorgestellt werden, erfolgt ein kurzer Blick in die Statistik. Er soll über die quantitative Dimension der Kinder- und Jugendarbeit aufklären (Abschnitt 4.1).

Wie jeder Systematisierungsversuch hat auch die hier gewählte Darstellung ihre Schwächen. Angebotsformen, die in diesem Kapitel vergeblich gesucht werden, finden unter der Überschrift „Theorien und Konzepte" als „Praxiskonzepte" Berücksichtigung (vgl. Kapitel 7).

4.1 Die Einrichtungen und ihre Verteilung - Überblick

Wie viele Jugendzentren, Jugendheime und Jugendkunstschulen gibt es überhaupt in der Bundesrepublik Deutschland? Arbeiten mehr MitarbeiterInnen in Jugendheimen, also in kleineren Jugendeinrichtungen, oder in großen Jugendzentren? Ist es wirklich so, wie überall zu vernehmen ist, dass in den letzten Jahren viele Einrichtungen aufgrund von Sparprogrammen schließen mussten?

Die 1994 erhobenen Daten[1] zu den Einrichtungen und zum Personal der Jugendhilfe weisen für die außerschulischen Einrichtungstypen der Kinder- und Jugendarbeit 6.114 Jugendzentren und Jugendfreizeitheime, 4.018 Jugendheime und kleinere Jugendklubs, 565 Kinder- und Jugendferienstätten, 479 Jugendbildungs- und -tagungsstätten, 411 pädagogisch betreute Spielplätze und Jugendzeltplätze, 385 Jugendzeltplätze sowie 285 Jugendkunstschulen und kulturpädagogische Projekte aus, registrierten also insgesamt 12.257 Einrichtungen in den neuen und alten Bundesländern (vgl. Statistisches Bundesamt 1996; vgl. auch Thole/Cloos 1997). Freizeitbezogene Einrichtungen wie Jugendzentren und -heime stellen bezogen auf die Quantität der Einrichtungen das größte Einrichtungssegment dar. Über 80 % aller Einrichtungen der Kinder- und Jugendarbeit sind statistisch gesehen im weitesten Sinne Freizeiteinrichtungen.

Von den 1994 erfassten Einrichtungen befinden sich 10.463 auf dem Gebiet der alten und 1.794 auf dem Territorium der neuen Bundesländer (vgl. Tabelle 4); 4.225, das sind 34,5 %, werden von öffentlichen Trägern und 8.032, das entspricht 65,5 %, von freien Trägern unterhalten. Dieser statistische, quantitativ sicherlich beachtliche Befund gewinnt an Aussageschärfe allerdings erst im Zeitvergleich (vgl. Tabelle 3).

Unter einer zeitvergleichenden Perspektive ist auffällig, dass sich seit 1990 (West) und 1991 (Ost) - also seit der vorletzten Erhebung - die Zahl der Einrichtungen insgesamt um 51 Einrichtungen reduzierte. Die Minimierung geht allerdings allein zu Lasten der westlichen Bundesländer, denn lediglich hier ist ein Verlust zu registrieren, von 11.961 auf 10.463 Einrichtungen. Diese Reduzierung in den alten Bundesländern liegt jedoch im Trend der letzten 20 Jahre, denn seit 1974, als noch insgesamt 27.686 Einrichtungen statistisch erfasst

---

1 Leider lagen zu Beginn des Jahres 2000 die Daten der 1998 durchgeführten Erhebung des Statistischen Bundesamtes für das Gebiet der Bundesrepublik noch nicht vor. Die vorliegenden Ergebnisse für Nordrhein-Westfalen zeigen jedoch, daß im Kontrast zu allen Spekulationen sich die Zahl der Einrichtungen von 1994 bis 1998 nicht reduzierte, im Gegenteil sogar ein leichter Zuwachs der Einrichtungen für dieses Bundesland ausgewiesen wird. Der Personalbestand erhöhte sich sogar deutlich.

wurden, sank mit Ausnahme des Erhebungszeitraums 1990 die Zahl der registrierten Einrichtungen ständig.

Tabelle 3:   Einrichtungen der „Kinder- und Jugendarbeit" (1974–1994), ab 1990 inklusive neue Bundesländer*

	1974		1982		1986		1990/91		1994	
	abs.	%	abs.	%	abs.	%	abs.	%	abs.	%
Insgesamt	27.686		17.781		11.010		12.308		12.257	
Öffentliche Träger	./.	./.	3.758	21,1	2.748	25,0	3.680	29,9	4.225	34,5
Freie Träger	./.	./.	13.888	78,1	8.150	74,0	8.551	69,5	8.032	65,5
Privat-gew. Träger	./.	./.	135	0,8	112	1,0	77	0,6	./.	./.
Jgd.zentren	7.594	27,5	2.265	12,7	3.667	33,3	4.527	36,8	6.114	49,9
Jgdvb.heim	19.524	70,5	./.	./.	./.	./.	./.	./.	./.	./.
Jugendraum	./.	./.	9.629	54,2	./.	./.	./.	./.	./.	./.
Jugendheim	./.	./.	4.337	24,4	5.403	49,1	5.952	48,4	4.018	32,8
Jgd.tagung	286	1,0	432	2,4	639	5,8	572	4,6	479	3,9
Spielplätze	./.	./.	314	1,8	412	3,7	400	3.2	411	3,4
Jgd.zeltplätze	119	0,4	187	1,0	344	3,1	353	2,9	385	3,1
K.Jgd.ferien	163	0,6	617	3,5	545	5,0	504	4,1	565	4,5
Jugendkunst	./.	./.	./.	./.	./.	./.	./.	./.	285	2,3

*   Jugendzentren = Jugendzentren/-freizeitheime/Häuser der offenen Tür; Jgdvb.heim = Jugendverbandsheim/-gruppenheim; Jgd.tagung = Jugendtagungs/-bildungsstätten; Spielplätze = pädagogisch betreute Spielplätze; Jgd.zeltplätze = Jugendzeltplätze; K.Jgdferien = Kinder- u. Jugendferienstätten u. Einrichtungen der Stadtranderholung; Jgd.kunst = Jugendkunstschulen und kulturelle Einrichtungen für junge Menschen

Quelle: Statistisches Bundesamt (1977; 1985; 1988; 1992; 1993; 1996); eigene Berechnungen

Eine nähere Betrachtung offenbart zudem, dass die Minderung von Einrichtungen fast ausschließlich auf eine drastische Abnahme der Zahl der Jugendzentren und Jugendheime zurückgeht. In diesem Segment hat sich in den letzten drei Jahrzehnten die Zahl der bestehenden Einrichtungen mehr als halbiert (vgl. Tabelle 4). Diese Tatsache ist wahrscheinlich zum einen auf eine Veränderung der Erfassungsmodalitäten zurückzuführen, findet aber sicherlich auch eine Erklärung in dem Umstand, dass zahlreiche kleinere Einrichtungen und Räumlichkeiten in Gemeinden und Pfarrhäusern, aber auch bei den Wohlfahrts- und Jugendverbänden heute nicht mehr den Kindern und Jugendlichen zur Verfügung stehen. In der Regel werden dies Räumlichkeiten gewesen sein, in denen kein pädagogisches Personal tätig war und über die vielerorts Jugendliche autonom die „Schlüsselgewalt" hatten. Wenn diese Annahme sich verifiziert, dann geht mit dem Personalzuwachs in der Kinder- und Jugendarbeit (vgl. Kapitel 5) eine Reduktion der Einrichtungen einher und der Prozess der Verberuflichung ist für dieses Handlungsfeld in den letzten 30 Jahren deutlich an einen Prozess der Pädagogisierung gekoppelt.

Tabelle 4: Einrichtungen der „Jugendarbeit" in der Bundesrepublik, in West- und Ostdeutschland 1991–1994*

	1990/91 Bund		1990 West		1991 Ost		1994 Bund		1994 West		1994 Ost	
	abs.	%	abs.	%	Abs.	%	abs.	%	abs.	%	abs.	%
Insgesamt	12.308		11.961		347		12.257		10.463		1.794	
Öffentliche Träger	3.680	29,9	3.381	28,3	299	86,2	4.225	34,5	3.300	31,5	925	51,6
Freie Träger	8.551	69,5	8.503	71,1	48	13,8	8.032	65,5	7.163	68,5	869	48,4
Priv.-gew. Träger	77	0,6	77	0,6	./.	./.	./.	./.	./.	./.	./.	./.
Jgd.zentren	4.527	36,8	4.215	35,2	312	89,9	6.114	49,9	4.694	44,9	1.420	79,2
Jugendheim	5.952	48,4	5.946	49,7	6	1,7	4.018	32,8	3.886	37,1	132	7,4
Jgd.tagung	572	4,6	562	4,7	10	2,9	479	3,9	442	4,2	37	2,1
Spielplätze	400	3.2	399	3,3	1	0,3	411	3,4	368	3,5	43	2,3
Jgdzeltplätze	353	2,9	353	3,0	./.	./.	385	3,1	380	3,6	5	0,3
K.Jgd. ferien	504	4,1	486	4,1	18	5,2	565	4,5	507	4,8	58	3,2
Jugendkunst	./.	./.	./.	./.	./.	./.	285	2,3	186	1,8	99	5,5

* Jugendzentren = Jugendzentren/-freizeitheime/Häuser der offenen Tür; Jgdvb.heim = Jugendverbandsheim/-gruppenheim; Jgd.tagung = Jugendtagungs/-bildungsstätten; Spielplätze = pädagogisch betreute Spielplätze; Jgd.zeltplätze = Jugendzeltplätze; K.Jgdferien = Kinder- u. Jugendferienstätten u. Einrichtungen der Stadtranderholung; Jgd.kunst = Jugendkunstschulen und kulturelle Einrichtungen für junge Menschen

Quelle: Statistisches Bundesamt (1992; 1993; 1996); eigene Berechnungen

Im Gegensatz zu dem rückläufigen Trend in den westlichen Bundesländern signalisiert die Statistik für die neuen Bundesländer eine Vervierfachung der Einrichtungen in nur drei Jahren seit der ersten Erhebung im Jahr 1991. Zudem ist hervorzuheben, dass gegenläufig zu der allseits konstatierten Pluralisierung der Angebotsformen sich auch im Bereich der Kinder- und Jugendarbeit der Typus der Jugendzentren, Jugendfreizeitheime und Häuser der offenen Tür ständig ausbaute und 1994 unter diesem Einrichtungstypus knapp 50 % aller statistisch erfassten Einrichtungen notiert wurden. Zum einen verdankt sich diese Tendenz dem Verlust an Jugendheimen, Jugendverbandsheimen und - räumen beziehungsweise den Umgruppierungen der Erfassungsmodalitäten und der Erhebungsitems.[2] Zum anderen wird jedoch auch deutlich signalisiert, dass insbesondere vor gut 20 Jahren - also in den 80er Jahren - diese klassische Einrichtungsform der außerschulischen Kinder- und Jugendarbeit eine deutliche Expansion erlebte und trotz einer allgemein rückläufigen Einrichtungsdichte in den westlichen Bundesländern sogar eine nochmalige Steigerung von über 400 Einrichtungen von 1990 bis 1994 zu verzeichnen ist.

---

2 Vgl. zu den Merkmalsausprägungen seit 1974 Thole/Cloos (1997).

Wird von den Umdefinitionen zwischen den verschiedenen Einrichtungsformen „Jugendhaus" einmal abgesehen, dann wurden seit 1974 lediglich zwei neue Einrichtungsformen für so relevant eingestuft, dass sie Aufnahme in den Befragungsbogen fanden. Nach den pädagogisch betreuten Spielplätzen, die sich infolge der insbesondere von den skandinavischen Ländern beeinflussten Abenteuerspielplatzbewegung ab Mitte der 70er Jahre des letzten Jahrhunderts gründeten, kam lediglich die Rubrik „Jugendkunstschulen, kulturelle Einrichtungen für junge Menschen" als neues Arbeitsfeld hinzu. Erst neuerdings plädieren Initiativen für die Erfassung weiterer Einrichtungstypen.

 Tipps zum Weiterlesen

Rauschenbach, Th./Schilling, M. (1997): Das Ende der Fachlichkeit? Soziale Berufe und die Personalstruktur der Kinder- und Jugendhilfe im vereinten Deutschland. In: neue praxis, Heft 1, 27. Jg. (1997), S. 22–53.
Thole, W./Cloos, P. (1997): MitarbeiterInnen in Jugendkunstschulen und kulturpädagogischen Einrichtungen der außerschulischen Pädagogik. In: Thole, W./Cloos, P. (Hrsg.) (1997): Kultur-Pädagogik studieren. Hildesheim, S.143–172.

4.2 Vom Jugendzentrum bis zum Spielmobil - Steckbriefe

In diesem Abschnitt werden Einrichtungen und Orte, in denen Kinder- und Jugendarbeit stattfindet, in Form von Steckbriefen vorgestellt. Unterschieden wird zwischen einrichtungsbezogenen und mobilen, flexiblen Einrichtungen und Arbeitsfeldern. Allerdings nicht sämtliche Formen der Kinder- und Jugendarbeit sind dieser Systematik zuzuordnen. Auf die Jugendpflege und auch die Kinder- und Jugendverbandsarbeit trifft die Kennzeichnung „sowohl als auch" zu. Infolgedessen werden sie in gesondert skizziert. Abschließend werden einige Handlungsfelder charakterisiert, die Schnittflächen mit der Kinder- und Jugendarbeit zeigen.

Kinder- und Jugendarbeit in Einrichtungen

„Offene Jugendarbeit" in Jugendzentren und Freizeiteinrichtungen

Die Sozialpädagogik in Jugendzentren, Jugendhäusern und -clubs, Kinder- und Jugendheimen, Offenen Türen und Häusern der Jugend, also in Häusern und Räumen, die für die Arbeit mit Kindern und Jugendlichen errichtet oder hierfür reserviert werden, stellt das quantitativ größte und wahrscheinlich auch qualitativ vielfältigste, aber zugleich auch das heterogenste Feld der Kinder- und Jugendarbeit dar. Alltagssprachlich ist für dieses Arbeitsfeld der Kinder- und Jugendarbeit der Begriff „Offene Jugendarbeit" geläufig (vgl. Deinet/Sturzenhecker 1998; auch Kapitel 1).

Die 1994 erhobenen Daten zu den Einrichtungen und zum Personal der Kinder-
und Jugendhilfe (vgl. Statistisches Bundesamt 1996) weisen - wie zuvor schon
ausgeführt - 6.114 Jugendzentren, Jugendfreizeitheime und Häuser der Offenen
Tür mit insgesamt 20.905 MitarbeiterInnen aus, davon gut 11.000 vollzeitbe-
schäftigte und knapp über 6.000 teilzeitbeschäftigte MitarbeiterInnen. In 4.018
Jugendheimen sind 1.957 MitarbeiterInnen beschäftigt. Davon sind statistisch
828 als vollzeit- und als 639 teilzeitbeschäftigte Personen ausgewiesen. In der
Rubrik Jugendzentren, Jugendfreizeitheime und Häuser der offenen Tür der Jugendhilfestatistik werden die Einrichtungen registriert, die „Kindern und Jugendlichen ein differenziertes Freizeit- und Bildungsprogramm anbieten". Jugendheime sind gemäß der Einrichtungs- und Personalstatistik hingegen Einrichtungen mit zwei oder mehr Gruppenräumen oder sogenannte Einraumein-
richtungen, wenn diese ausschließlich Jugendgruppen zur Verfügung stehen
oder wenn sie über eigenes haupt- oder nebenberufliches Personal verfügen
(vgl. Statistisches Bundesamt 1992, S. 133).

Darüber hinausgehende generelle und bundesweit anerkannte Differenzierungen existieren nicht. In Nordrhein-Westfalen ist allgemein die Unterscheidung
zwischen „Kleineren Offenen Türen" (KOT), „Halb-Offenen Türen" (HOT)
und „Offenen Türen" (HOT) geläufig. Diese Differenzierung hat aber lediglich
förderungstechnische Bedeutung, denn gemäß den noch gültigen nordrhein-
westfälischen Ausführungsbestimmungen für die Kinder- und Jugendarbeit
bemisst sich die finanzielle Bezuschussung des Landes nach der Zuordnung zu
den einzelnen Typen. Eine weitere Unterteilung dieses Bereichs der Kinder-
und Jugendarbeit ist somit kompliziert - und das nicht erst seit kurzem: „Jede
Typisierung der Jugendfreizeitheime, die sich auf vordergründige Faktoren wie
Größe und Raumzahl beschränken will, bleibt problematisch. Die Gesamtheit
der Jugendfreizeitheime repräsentiert nicht nur unterschiedliche architektonische Formen, eine Vielzahl von Aufgabenstellungen und Verfahrensweisen,
sondern diese Faktoren unterliegen zugleich einer permanenten Einflussnahme
durch die sie umgebenden gesellschaftlichen Bedingungen und damit ständigen
Veränderungen" (Grauer 1973, S. 27).

Von den registrierten Jugendzentren und Jugendfreizeitheimen befinden sich
1994 2.878 Einrichtungen mit 11.277 MitarbeiterInnen in öffentlicher und
3.236 Einrichtungen mit 9.628 MitarbeiterInnen in freier Trägerschaft. Davon
sind wiederum gut die Hälfte in der Trägerschaft von kirchlichen Organisationen und knapp 500 in der von Jugendverbänden und -gruppen. 255 MitarbeiterInnen arbeiten in den 592 Jugendheimen der öffentlichen und 1.702 MitarbeiterInnen in den 3.426 Einrichtungen der freien Träger. Davon befinden sich
wiederum über 2.000 in katholischer mit 798 MitarbeiterInnen, etwas über 700
mit 433 MitarbeiterInnen in evangelischer und gut 300 mit knapp 200 MitarbeiterInnen in der Trägerschaft von Jugendverbänden und -gruppen (vgl. Statistisches Bundesamt 1992, S. 133).

In den letzten Jahrzehnten haben sich nicht nur die Einrichtungen weiter spezialisiert, sondern auch die Angebotsformen und -strukturen. Ist die quantitative Dichte der Einrichtungen der Kinder- und Jugendarbeit zumindest noch annähernd anzugeben, ist das Fehlen einer qualitativen, empirisch gesicherten Gesamtanalyse der Angebote, Angebotsformen und Inhalte der Arbeit zu konstatieren. Die Evaluation der offenen Kinder- und Jugendarbeit erfolgt zumeist über regional oder kommunal begrenzte Studien (vgl. u. a. Jugendamt Dormagen 1991; Neumann 1992; Stoffers/Gernert 1986).

Abbildung 6: „Krökeln" beziehungsweise Kickern - jungendominantes Standardangebot
in den meisten Jugendhäusern

In vielen Einrichtungen wird heute zwischen einem Kinderbereich, einem Bereich für Teenies und jüngere Jugendliche und dem eigentlichen Jugendbereich unterschieden. Die Angebote für Kinder platzieren sich in der Regel in der Zeit zwischen 14 und 18 Uhr, die für die jüngeren Jugendlichen zwischen 16 und 21 Uhr und die für die Jugendlichen zwischen 18 und 22 Uhr. Die täglichen Öffnungszeiten und die -struktur sind ebenso orts- und einrichtungsabhängig wie Regelungen bezüglich der Öffnungstage. In der Regel öffnen größere Einrichtungen an mindestens fünf Tagen in der Woche. Inzwischen gilt auch der Samstag vielerorts als Öffnungstag.

Die Angebotsstruktur ist zumeist nach offenen und teiloffenen Angeboten sowie Gruppenangeboten differenziert. Unter dem Signet „offene Angebote" fällt der normale, zumeist unstrukturierte Bereich der Alltagsarbeit in den frei zugänglichen Zonen und Bereichen der Einrichtungen (Cafeteriabereich, Teestube, Spiel- und Freizeitbereiche). „Teiloffene" Angebote werden im Rahmen der normalen Öffnungszeiten organisiert und zeichnen sich durch ihren unverbindlichen Charakter aus. Hierzu zählen von den MitarbeiterInnen in den Einrichtungen organisierte Spiele, spontan organisierte Unternehmungen und zeitlich begrenzte, flexible Projekte ohne deutlich fixierte Verbindlichkeiten. Gegenüber diesen „teiloffenen Angeboten" dokumentieren die Gruppenangebote ein höheres Maß an Verbindlichkeit. Trotz vielfältiger Probleme wird von den Kindern und Jugendlichen im Rahmen von Gruppenarbeiten erwartet, dass sie soweit wie möglich kontinuierlich und engagiert an den Gruppenaktivitäten teilnehmen und diese mitgestalten. Die Themenpalette für die Gruppenangebote ist dabei ebenso breit und bunt wie insgesamt die thematische und strukturelle Angebotspalette in den Jugendfreizeiteinrichtungen. Exemplarisch illustriert wird diese thematische und strukturelle Vielfalt in dem Portrait des Jugendzentrums Schwedenheim der Stadt Witten, Nordrhein-Westfalen:

 „Das Schwedenheim Witten - so genannt, weil das Schwedische Rote Kreuz 1950 die Gebäude stiftete - besteht in seiner jetzigen Form seit gut 30 Jahre. Es verfügt über zwei Holzhäuser in einem weiträumigen Gelände in Witten-Annen. Die Häuser sind im Besitz der Stadt Witten. Im Schwedenheim arbeiten drei hauptamtliche MitarbeiterInnen, drei nebenamtliche mit zehn, 17 und 18 Stunden und zwei Zivildienstleistende. Dazu kommen noch Honorarkräfte und Ehrenamtliche für bestimmte Angebote.
Im Schwedenheim wird vor allem offene Jugendarbeit in der Form von sozialer Brennpunktarbeit geleistet. Als ein zweiter Schwerpunkt wird die Jugendkulturarbeit genannt - ein Mitarbeiter führt dazu aus: ,Jugendkulturarbeit ist das Medium für Sozialarbeit, sozusagen das Medium, sich auszudrücken. (...) Doch ständig besteht der Zwang, etwas Neues anzubieten, um die Jugendlichen stärker an die Einrichtung zu binden und sie nicht in Spielhallen o. ä. abwandern zu lassen. Die Disco ist so auch deshalb attraktiv, weil viele der Jugendlichen aus der Gegend in kommerzielle Discos gar nicht hereingelassen würden.'
Ein besonderes Standbein hat das Schwedenheim im Musikbereich. Die eigene Band fährt auch zu Gastspielen in die Nachbarstädte oder organisiert im Schwedenheim für sich selbst, aber auch für Gastbands Auftritte. Die Einrichtung verfügt über einen eigenen Probenraum. Für Bastel- oder Holzarbeiten stehen ebenfalls Räumlichkeiten und Geräte zur Verfügung. Das Schwedenheim organisiert auch Freizeiten und Außenaktivitäten wie z. B. Fußballturniere.
Die Mädchenarbeit wird nur nach Bedarf angeboten. So läuft zur Zeit ein Selbstverteidigungskurs für Mädchen, ansonsten finden keine Angebote speziell für Mädchen statt." (Christ 1995, S. 153)

Die Angebote der Kinder- und Jugendarbeit werden vornehmlich von Kindern und Jugendlichen aus den unmittelbaren Umgebungen der jeweiligen Einrichtungen wahrgenommen, so das Ergebnis einer regionalen Studie (vgl. Behr u. a. 1993). Darüber hinaus hält diese Studie fest:

- Knapp drei Viertel der BesucherInnen kommen in die Einrichtungen, um sich zu unterhalten und Freunde zu treffen. 63 % der BesucherInnen wollen spielen und Sport treiben, 52 % Musik hören und 34 % tanzen oder die Diskothek besuchen. Handwerkliche Tätigkeiten wie Werken, Basteln, Töpfern werden von 22 % wahrgenommen, Computerspiele von 14 %, musische Angebote wie Singen, Theaterspielen von 7 %. In bezug auf eine Angebotserweiterung, die allgemein von 16 % gewünscht wird, werden Kursangebote von 10 % und kulturelle Veranstaltungen von 3 % der Jugendlichen genannt.

- Der Großteil der jugendlichen BesucherInnen von Jugendfreizeiteinrichtungen ist zwischen 14 und 18 Jahre alt. Die Angebote in den Einrichtungen richten sich somit auch in erster Linie an die Altersgruppe der 14– bis 18jährigen, gefolgt von den 7- bis 12jährigen und den 19- bis 25jährigen. Obwohl das Verhältnis von Kindern zu Jugendlichen mit 1 : 2 lange konstant war, scheint sich seit 20 Jahren eine Verjüngung zu vollziehen. Nahezu in allen Einrichtungen hat sich der Anteil der Kinder und jüngerer Jugendlichen (Teenies) deutlich erhöht.

- Ist in der Gruppe der 7- bis 12jährigen das Verhältnis zwischen männlichen und weiblichen TeilnehmerInnen annähernd ausgeglichen, sinkt der Mädchenanteil in vielen Einrichtungen mit zunehmendem Alter. Bei den älteren Jugendlichen ergab sich je nach Einrichtung entweder eine Verlagerung zur weiblichen oder zur männlichen Seite. 35,7 % der untersuchten Einrichtungen bieten kulturelle Angebote an, die sich ausschließlich an weibliche oder männliche TeilnehmerInnen richten, wobei hier die traditionellen Bereiche wie Basteln, Kosmetik, Tanzen oder Kochen für Mädchen und Video-, Medien- und Computerarbeit, Billard und Musikbands für Jungen überwiegen.

Häufig erreichen die Jugendfreizeitstätten mit ihren Angeboten nicht die AdressatInnen, die gewünscht werden. Ausnahmen bilden die 7- bis 12jährigen, die von zwei Dritteln der Einrichtungen mit ihren Angeboten gut erreicht werden, und die Gruppe der 19- bis 25jährigen, die sich insbesondere von kulturellen Veranstaltungen angesprochen fühlen (vgl. u. a. Hubweber 1990; Bauer 1991; Thole/Kolfhaus u. a. 1994). Wie die Angebote sich entsprechend der BesucherInnenstruktur gruppieren, verdeutlicht das Kurzportrait eines Jugendzentrums der Stadt Herten:

 „Das Jugendzentrum Herten wurde vor zwölf Jahren als Offene Tür gegründet und ist eine städtische Einrichtung. Das zweigeschossige Haus liegt am Rande einer Siedlung und eines vom Jugendzentrum mitbetreuten Abenteuerspielplatzes. Im Jugendzentrum arbeiten zwei hauptamtliche pädagogische MitarbeiterInnen sowie Honorarkräfte für musikalische und computerorientierte Angebote und für den offenen Bereich.
Das Jugendzentrum Herten hat seine Konzeption der Offenen Tür mittlerweile immer mehr in die Richtung der Realisierung von konkreten Angeboten für die unterschiedlichen Altersgruppen verändert. Begründet wird dies damit, dass die ‚neuen‘ Jugendlichen ganz andere Interessen mitbrächten. Es werden jetzt regelmäßig konkrete Angebote wie Computerkurse (an hauseigenen Computern), Holzwerkstatt, Mofawerkstatt u. a. gemacht. Auch der Musikbereich wurde erweitert. Es gibt einen eigenen Probenraum und drei Schlagzeuge, und die Disco ist regelmäßig in Betrieb. Es wurde bereits eine Ausstellung mit Graffiti-Plakaten durchgeführt. Viele Angebote sind dabei von großer Beliebigkeit gekennzeichnet, weil sie immer auch vom Engagement der einzelnen MitarbeiterInnen abhängen, und die sind ‚irgendwie auch so Allround-Dilettanten‘, wie eine Mitarbeiterin formuliert.
Das Jugendzentrum wird seitens der Stadt in erheblichem Maße mit den angeblich zurückgehenden BesucherInnenzahlen konfrontiert. So werden einerseits Überlegungen angestellt, Büroräume im Gebäude einzurichten (mittlerweile werden schon Räume an Fremdnutzer vermietet), andererseits kommen aber auch Konzepte zur Sprache, die auf-

suchende Jugendarbeit befürworten, was von einer Mitarbeiterin auch unter einem Sparaspekt gesehen wird." (Christ 1994, S. 155)

In bezug auf die Angebote in den Jugendfreizeiteinrichtungen haben im letzten Jahrzehnt insbesondere kulturelle Angebote für Kinder und Jugendliche an Bedeutung gewonnen (vgl. hierzu auch Thole/Kolfhaus u. a. 1984). „Feste und Feiern" und „Spiele, Spielaktionen und Spielprojekte" gehören in fast allen Einrichtungen zur festen Angebotsstruktur. Gestalterische Angebote wie Malen, Basteln oder Werken sowie Musikangebote sind in vier Fünfteln und medienpraktische Arbeiten wie Fotografie, Film oder Video in drei Vierteln der Einrichtungen anzutreffen (vgl. Behr u. a. 1993; Hubweber 1993, S. 4).

Bezogen auf die Gesamtheit der Jugendfreizeitstätten ist herauszustellen, dass die Palette an Angebotsbereichen innerhalb der letzten fünfzehn Jahre sich enorm erweiterte. Streichungen und Kürzungen in einzelnen Angebotsbereichen standen in der Regel erheblichen Erweiterungen oder Neuhinzunahmen in den gleichen Sparten bei anderen Einrichtungen gegenüber. Besondere Angebote und Öffnungszeiten für Mädchen und jüngere Frauen gehören heute fast ebenso zu den Standards wie spezielle Hilfen für nicht-deutsche Jugendliche und Kinder. Einrichtungen hingegen, die den Integrationsgedanken auch auf behinderte Kinder und Jugendliche beziehen, sind immer noch die Ausnahme, wie z. B. das „Jugendhaus Sürth" im Süden Kölns:

„Nach dem Motto „Behinderung ist der Blick der anderen" eröffnete das Jugendhaus Sürth 1982 als Freizeiteinrichtung für Behinderte und Nichtbehinderte die Türen. Träger dieser modellhaften Kinder- und Jugendeinrichtung ist der 1965 aus einer Elterninitiative hervorgegangene ‚Verein für Körper- und Mehrfachbehinderte Köln-Rodenkirchen e.V.'. Eingebettet in ein umfassendes Netz von Förder- und Betreuungsangeboten für behinderte Menschen im Kölner Süden, ist das Jugendhaus eine Begegnungsstätte für behinderte und nicht behinderte junge Menschen.
Das Jugendhaus liegt in unmittelbarer Nähe des Marktplatzes direkt am Rhein und erfreut sich eines weitläufigen Geländes. Neben einer großen Wiese und teilweise behindertengerechten Spielgeräten steht den Kindern und Jugendlichen jeden Samstag der Bereich des Bauspielplatzes zur Verfügung. Im Keller des Jugendhauses befindet sich der gut ausgestattete Werkstattbereich für Holz und Ton, weiter ein Musikraum, ein Fotolabor und ein Gruppenraum. Im Erdgeschoss stehen den Kindern und Jugendlichen die Gruppenküche, zwei Tagesräume mit Kicker, Billard, Tischtennis, Sofaecke und Spielbereich und ein Gruppenraum zur Verfügung, der eventuell zu einem Jugendcafé mit öffentlichem Charakter umgewandelt werden soll. Die letzte Ebene des Hauses, das erste Stockwerk, bietet neben der Hausmeisterwohnung und den Büroräumen noch einen weiteren Gruppenraum, der gleichzeitig als Bibliothek und Leseraum genutzt wird.
Derzeit zählen zirka 200 Kinder und Jugendliche im Alter von 6 bis 18 Jahren zur Stammbesucherschaft des Jugendhauses. Ungefähr ein Drittel der BesucherInnen ist behindert. Die Nichtbehinderten leben meist im direkten Einzugsbereich. Für die Behinderten ist der Weg meist weiter, da vergleichbare Einrichtungen im unmittelbaren Wohnumfeld fehlen.
Die Angebote des Jugendhauses gestalten drei Hauptamtliche MitarbeiterInnen und etwa 10 Honorarkräfte. Der Wochenplan (Dienstag bis Samstag, 14.00–20.00 Uhr) wird erstens bestimmt durch den Offenen Bereich, wo die BesucherInnen die Möglichkeit finden unstrukturierten Tätigkeiten nachzugehen oder an kleinen Kreativangeboten teilzunehmen.

Der zweite Schwerpunkt bietet den behinderten und nichtbehinderten TeilnehmerInnen eine Vielzahl von Gruppenangeboten. Es gibt verschiedene Kinder- und Jugendgruppen, Töpfergruppen, Mädchengruppen, Bauspielplatz, Fußball- und Tischtennisgruppen. Gerade diese Angebote ermöglichen eine langjährige Begleitung der Kinder und Jugendlichen." (Hillermacher 1999)

Auch wenn Projekte der Kinder- und Jugendarbeit mit körperlich und geistig behinderten jungen Menschen nicht unbedingt zu den verbreitetsten gehören, das Jugendhaus Köln Sürth, wie bereits angemerkt, eine blühende Oase in einer diesen AdressatInnenkreis ansonsten ignorierenden Jugendhauslandschaft darstellt, sind in den letzten Jahren Initiativen zu erkennen, klassisch-traditionelle Formen der Jugendhausarbeit zu modernisieren. Hierzu zählen Ansätze der Förderung jugendlichen Engagements in der Jugendarbeit (vgl. Zinser 1998) ebenso wie die partielle Kommerzialisierungen von Jugendfreizeiteinrichtungen (vgl. Rech 1999) und Formen der Initiierung einer erweiterten Dienstleistungsstruktur in Einrichtungen der Kinder- und Jugendarbeit (vgl. Sturzenhecker 1998; auch Offene Jugendarbeit, Heft 1, 1999).

 Tipps zum Weiterlesen

Bauer, W. (1991): JugendHaus. Geschichte, Standort und Alltag Offener Jugendarbeit. Weinheim u. Basel.
Böhnisch, L./Münchmeier, R. (1990): Pädagogik des Jugendraumes. Weinheim u. München.
Deinet, U./Sturzenhecker, B. (Hrsg.) (1998): Handbuch Offene Jugendarbeit. Münster.

Bildungs- und Jugendtagungsstätten

Bildungs- und Jugendtagungsstätten sind Einrichtungen der bildungsorientierten Jugendarbeit, in denen sich Jugendliche in Form von Tages- und Wochenendseminaren und auch mehrtägigen oder mehrwöchigen Veranstaltungen sozialen, kulturellen und politischen Fragestellungen mit pädagogischer Unterstützung von ReferentInnen und TeamerInnen zuwenden. Auch wenn in vielen Handlungsfeldern bildungsorientierte Angebote einen festen Platz einnehmen, sind doch die Jugendtagungsstätten, Jugendbildungsheime und Bildungsstätten noch immer die Kernorte der Bildungsarbeit im Kontext der Pädagogik mit Kindern und Jugendlichen außerhalb von Schule.

Statistisch gesehen existierten in der Bundesrepublik Deutschland 1994 479 Jugendtagungs- und Jugendbildungsstätten. Davon befanden sich 107 in öffentlicher Trägerschaft und 536 in der Trägerschaft von freien Verbänden und Vereinigungen. Von den insgesamt hier tätigen 3.751 Personen verfügten immerhin gut 2.200 über einen pädagogischen Abschluß als Diplom SozialarbeiterIn oder SozialpädagogIn, als Diplom PädagogIn oder als ErzieherIn. Insgesamt waren in der Bundesrepublik Deutschland in und außerhalb von außerschulischen Bildungseinrichtungen über 7.700 Personen schwerpunktmäßig mit Bildungsaufgaben betraut. In der kulturellen Jugendbildungsarbeit waren zu diesem Zeitpunkt insgesamt 4.203 MitarbeiterInnen und in der sogenannten sonstigen außerschulische Jugendbildungsarbeit 3.592 MitarbeiterInnen statistisch als Beschäftigte notiert. (vgl. Statistisches Bundesamt 1996)

Die bildungsorientierte Jugendarbeit gehört zu den klassischen Bereichen der außerschulischen Pädagogik (vgl. u. a. Peter/Sünker/Willigmann 1982). Auch wenn sie unter quantitativen Gesichtspunkten nicht zu den größten Handlungsfeldern gehört, so ist sie doch unter qualitativen Gesichtspunkten auch heute noch einer der bedeutendsten Angebote, auch weil ihre Angebote in der Regel dazu beitragen, Jugendliche - und in den letzten Jahren zunehmend auch Kinder - langfristig und kontinuierlich an die Kinder- und Jugendarbeit insgesamt und insbesondere an die verbandliche Kinder- und Jugendarbeit zu binden. Auffällig ist allerdings, dass die gewerkschaftliche Bildungsarbeit im Kontext der außerschulischen Kinder- und Jugendarbeit in den letzten Jahrzehnten kaum noch Beachtung findet, obwohl sie sicherlich mit Abstand zu den qualitativ und quantitativ bedeutendsten Bereichen der klassischen Jugendbildungsarbeit zu zählen ist.[3] Von ihrer Tradition und auch heute noch ist die außerschulische Bildungsarbeit, die in Jugendbildungsstätten und Tagungshäusern von den öffentlichen und insbesondere von den freien Trägern durchgeführt wird, trotz der augenscheinlichen Dominanz der kulturellen im Kern politische Bildungsarbeit (vgl. Hafeneger 1997) geblieben. Zu beobachten ist aber auch, dass die Grenzen zu anderen Formen und Schwerpunktsetzungen immer mehr verblassen. Projekte und Angebote zu ökologischen, berufsorientierten, gesundheitlichen, kulturellen, freizeit- und familienbezogenen Fragestellungen sind häufig ohne die Thematisierung der politischen Dimensionen nicht zu bearbeiten. Neben der damit verbundenen inhaltlichen Verbreiterung der Jugendbildungsangebote ist in den letzten zwanzig Jahren eine Abkehr von rein seminaristischen Angeboten hin zu mehr erlebnis- und erfahrungsorientierten Veranstaltungsformen zu verzeichnen (vgl. Giesecke 1993).

Das bereits Ende der 60er Jahre des letzten Jahrhunderts entwickelte Prinzip des exemplarischen Lernens (vgl. Negt 1971), das versucht, objektive Intentionen mit den subjektiven Erfahrungen und Interessen der TeilnehmerInnen zu verbinden, gewann an Bedeutung und bildet heute in vielfältigen Variationen den offenen methodisch-didaktischen Grundrahmen für viele außerschulische Jugendbildungsveranstaltungen. Auf geschlossene Curricula wird in der Jugendbildung inzwischen kaum noch zurückgegriffen. Dies illustriert auch die nachfolgend wiedergegebene Beschreibung, die auf ein Projekt verweist, das in den Jahren 1993 bis 1996 von der Jugendbildungsstätte Peseckendorf, Sachsen-Anhalt, in dem an der ehemaligen innerdeutschen Grenze gelegenen Ort Wefensleben mit dort beheimateten Jugendlichen durchgeführt wurde.

---

3 Mit einiger Verwunderung ist beispielsweise zu registrieren, daß in einem neueren Handbuch zur politischen Bildungsarbeit zwar das Verhältnis von Bildung und Religion, Bildung und Geschlecht sowie die körperbezogene, politische und die theaterpädagogische Bildungsarbeit diskutiert wird, nicht jedoch die gewerkschaftliche Jugendbildungsarbeit (vgl. Hafeneger 1997).

„(...) inhaltliches Ziel war es, den Jugendlichen zu ermöglichen, sich mit historischen Vorgängen aktiv auseinanderzusetzen. Sie sollten sich mit den Veränderungen in ihrem Heimatdorf beschäftigen (...). Im Januar 1993 fand das erste Wochenendseminar statt. Die inhaltlichen Schwerpunkte waren ein Fotokurs und eine Einführung in die Arbeitsweisen der historischen Spurensicherung. (...) Zudem erarbeiteten die Jugendlichen eine Übersicht darüber, welche ihrer Verwandten ab wann im Raum Wefensleben gelebt haben. Dies verdeutlicht den Ansatz, 'große' Geschichte um die Aspekte der Alltags- und Kulturgeschichte zu erweitern (...). Im Mai 1993 organisierten wir eine Rallye durch den Ort und ein erstes Treffen mit Rentnern wurde organisiert. Im November 1993 konnte das Projekt fortgesetzt werden. Hier stand das Nachdenken über eine Ausstellung auf dem Programm. (...) ‚Ausstellungen sind langweilig' urteilten die Jugendlichen am Beginn aufgrund ihrer bisherigen Museums-Erfahrungen. Wir suchten nach Präsentationsformen, die sie interessant fanden. Wir entschlossen uns für eine variable Präsentation, die Ausstellung nicht für ein Museum zu gestalten, sondern als ein Produkt, das an alltäglichen Orten gezeigt werden kann. (...)
An den folgenden Wochenenden ab Januar 1994 begannen für die Jugendlichen die anstrengenden Arbeitsphasen: in Kleingruppen wurden einzelne Themen weiter strukturiert, Protokolle gewälzt, Ausstellungstexte geschrieben, Unmengen von Fotos gesichtet, Lücken durch weitere Nachforschungen geschlossen. Viele TeilnehmerInnen übernahmen zunehmend selbständig Aufgaben. Auch das Atommüll-Endlager Morsleben wurde besichtigt. Dort erhielten die Jugendlichen Archivmaterial über die Geschichte der Schächte - u. a. waren im Zweiten Weltkrieg hier KZ-Häftlinge im Rüstungsbetrieb unter Tage beschäftigt. Bei der Ausstellungseröffnung am 8. Mai 1994 signalisierten uns viele Wefensleben, Gesehenes noch einmal in Ruhe nachlesen und nachblättern zu wollen. So beschlossen wir, unsere Spurensuche fortzusetzen und in einem Buch allen Interessierten zugänglich zu machen. Das Buch wurde im Herbst 1995 vorgestellt und damit die dritte Etappe unseres Projektes eingeleitet. Dieses Mal kam der Bürgermeister auf die Gruppe zu und machte uns mit der Idee bekannt, über Wefensleben einen werbewirksamen Videofilm zu drehen. (...) Im Herbst 1996 fand dann die offizielle Präsentation des Videos ‚Wefensleben - ein Dorf im Blick seiner Jugend' statt. Mit dem Filmprojekt wurde die ‚Spurensuche' mit Jugendlichen Ende 1996 abgeschlossen." (Epp 1997, S. 58–76)

Nicht alle Veranstaltungen von Jugendbildungsstätten sind über einen derartig langen Zeitraum, methodisch und thematisch so vielförmig angelegt wie dieses Projekt in Peseckendorf. Anschaulich dokumentiert es jedoch den Wechsel zwischen unterschiedlichen Lehrgangs- und Lernformen und das Prinzip einer offenen Didaktik (vgl. hierzu Giesecke 1993).

 Tipps zum Weiterlesen

Hafeneger, B. (Hrsg.) (1997): Handbuch politische Jugendbildung. Schwalbach/Ts.
Selle, G. (Hrsg.) (1990): Experiment ästhetische Bildung. Aktuelle Beispiele für Handeln und Verstehen. Reinbek b. Hamburg.
Außerschulische Bildung. Zeitschrift des Arbeitskreises deutscher Bildungsstätten.
        Bonn.

Jugendkunstschulen und Kindermuseen

Der Begriff Jugendkunstschule stellt einen Oberbegriff für institutionalisierte Formen kulturpädagogischer Arbeit mit Kindern und Jugendlichen dar. Jugendkunstschulen sind Einrichtungen der außerschulischen, kulturellen Kinder- und Jugendbildung. Ihre wesentliche Aufgabe konzentriert sich auf die Vermittlung von kulturellem Wissen, sozialkulturellen Erfahrungen und von künstlerisch-handwerklichen Praxen und Ausdrucksmöglichkeiten. Laut einer Erhebung des Bundesverbandes der Jugendkunstschulen und kulturpädagogischer Einrichtungen (BJKE 1995) ist die Anzahl der Jugendkunstschulen gerade in den letzten Jahren stark gestiegen, obwohl sie noch immer nicht flächendeckend etabliert sind. Bundesweit existierten 1994 über 350 Einrichtungen, davon befanden sich auf dem Gebiet der neuen Bundesländer gut 140 und in Nordrhein-Westfalen allein über 50 Einrichtungen. Im Vergleich zu den über 1.000 Musikschulen ist und bleibt die Jugendkunstschulen allerdings ein recht bescheidenes Segment der kulturellen Bildung (vgl. Thole/Cloos 1997).

Abbildung 7: Von der kreativen Malschule zum offenen Atelier - Kinder- und Jugendkunstschulen

Kindermuseen sind ein noch jüngeres Arbeitsfeld der kulturpädagogischen Arbeit innerhalb der Kinder- und Jugendhilfe (vgl. Kathen/Zacharias 1993). Zwar wurden schon im zweiten Jahrzehnt des letzten Jahrhunderts Kinder und Jugendliche als besondere Zielgruppe von einigen Museen entdeckt, die Idee eigenständiger Kindermuseen ist in der Bundesrepublik Deutschland aber relativ neu und wurde aus den Nordamerika importiert. Was Kinder- und Jugendmuseen sind oder sein können, darüber existiert zur Zeit noch keine verbindliche Definition. In der Regel zeichnen sie sich gegenüber anderen Museen dadurch aus, dass sie den BesucherInnen einen freien Zugriff auf die Ausstellungsobjekte ermöglichen und sich primär nicht durch einen bestimmten Darstellungsschwerpunkt, sondern über die Generation der Heranwachsenden auszeichnen. Viele Kinder- und Jugendmuseen beziehen zudem die BesucherInnen in die Konzeption von Ausstellungen mit ein: „sie sammeln, ordnen und bewahren Zeugnisse ihres Lebensraumes oder ihrer eigenen Produktivität, gestalten Ausstellungen und präsentieren die Ergebnisse in Museen. In diesem Bereich museumspädagogischen Arbeitens im Kinder- und Jugendmuseum ist eine Museumspropädeutik enthalten, die mehr will als nur zum Museum zu erziehen. Sie will vielmehr Raum schaffen für kulturelle Aneignungsmöglichkeiten und die Errichtung eines eigenständigen kulturellen Lernortes" (Schreiber 1998, S. 22). Kinder- und Jugendmuseen bilden somit eine ideale Ergänzung zu den schon einige Jahre länger existierenden Kunstschulen.

Die Geschichte der Jugendkunstschulen begann vor 40 Jahren, also Ende der 60er Jahre (vgl. Kapitel 2). Damals wurde beklagt, dass die Schulen zu wenig sinnliches Lernen vermitteln; dass Musik- und Kunstunterricht einen Lückenbüßerplatz im Fächerkanon einnehmen; dass Theater, Tanz, plastisches Gestalten usw. gar nicht angeboten wurden. Auf der Suche nach einem Modell, das diese Defizite ausgleichen könnte, stieß man auf Projekte in einigen osteuropäischen Staaten und in den Beneluxländern. Die Anregungen waren mitbestimmend für das Konzept „Jugendkunstschulen", das im März 1967 zum ersten Mal der Öffentlichkeit vorgestellt wurde. Die ersten Jugendkunstschulen wurden Ende der 60er Jahre in Nordrhein-Westfalen gegründet. Das nordrheinwestfälische Ministerium für Arbeit, Gesundheit und Soziales sagte frühzeitig eine finanzielle Unterstützung über mehrere Jahre als Starthilfe für Modelleinrichtungen zu. Mit dieser Initiativförderung gelang es, mehrere Jugendkunstschulen einzurichten. So existierten bereits 1974 in dem Bundesland Nordrhein-Westfalen sechs Einrichtungen. Zu den ersten Einrichtungen zählt auch die 1972 gegründete Jugendkunstschule Wanne-Eickel:

„Die Jugendkunstschule Wanne-Eickel unterhält neben dem für die Jugendkunstschulen üblichen Kursbereich ein eigenständiges Projekt für Jugendliche, die keinen Schulabschluss erreicht oder keine Lehrstelle bekommen haben. Die Kursangebote finden überwiegend im Kunsthaus Crange statt, während es für das Projekt eine Werkstatt in der Jugendkunstschule selbst gibt. Für den Kursbereich werden Gebühren erhoben, der Projektbereich wird vom Landesjugendamt finanziert.
Im Kursbereich arbeiten zwei ABM-Kräfte und eine Mitarbeiterin über das ‚Arbeit-statt-Sozialhilfe'-Programm. Für die einzelnen Kurse werden jeweils Honorarkräfte angestellt. Im Projektbereich gibt es eine fest angestellte Mitarbeiterin und mehrere pädagogische MitarbeiterInnen und Handwerker, die als Teilzeit- oder Honorarkräfte arbeiten.
Die Jugendkunstschule Wanne-Eickel liefert ein gutes Beispiel dafür, wie unterschiedlich Jugendkulturarbeit von den Anbietern geprägt wird, hier sogar unter dem Dach einer Institution. Beide Bereiche haben ähnliche, sich teilweise überschneidende Angebote wie Video, Film, Musik, Bildnerische Kunst u. ä. Die Themenschwerpunkte Umwelt/Natur, Literatur, Alltag und Religion sind deckungsgleich, regelmäßig werden Ausstellungen, Aufführungen und Kataloge gemacht, nur: Die Zielgruppen sind unterschiedlich. Eine Mitarbeiterin aus dem Kursbereich bezeichnet ihre Arbeit als die ‚klassische' Jugendkunstschularbeit während die Mitarbeiterin aus dem Projektbereich, in dem zusätzlich Schreib- und Leseförderung und sowie Beratung durchgeführt wird, mitteilt,

dass sie 'schon eher Jugendsozialarbeit als Jugendkunstschularbeit realisiert. Deshalb würde ich das auch eher Sozialpädagogik oder Jugendarbeit als Kulturarbeit nennen'. Entsprechend unterschiedlich schätzen die Mitarbeiterinnen die Gründe der Jugendlichen ein, die jeweiligen Angebote zu nutzen. Im Kursbereich herrscht der Wunsch vor, kreativ zu sein, etwas zu lernen und Spaß zu haben. Jugendlichen im Projektbereich ginge es eher darum, überhaupt irgend etwas zu tun, Freunde zu treffen und Hilfe zu bekommen. Einig sind sich beide Mitarbeiterinnen darin, dass Mädchenarbeit überholt sei, statt dessen eher gemeinsames Erleben und notfalls auch die Auseinandersetzung zwischen Mädchen und Jungen gefördert werden sollten." (Christ 1994, S. 140)

An dem Jugendkunstschulkonzept war zweierlei neu: zum einen die Öffnung für alle künstlerischen Medien - im Gegensatz etwa zu der eindimensionalen Ausrichtung der bestehenden Musikschulen -, zum anderen die Öffnung für Interessenten aus unterschiedlichen sozialen Milieus. Vor allem wollten Jugendkunstschulen denjenigen Kindern und Jugendlichen Angebote machen, die, aus welchen Gründen auch immer, Schwierigkeiten mit dem betont kognitiven Lernen in der Schule hatten. Insgesamt sind die Angebotsprofile von Jugendkunstschulen sehr unterschiedlich - kaum eine Jugendkunstschule gleicht der anderen. Über 90 % aller Jugendkunstschulen bieten ihre Angebote auch in Kursform an, jedoch nur 79 % auch in Projektform und lediglich 41 % führen Exkursionen durch. Bildnerisch gestalterische Angebote finden sich in über 95 % der Jugendkunstschulen, literarische und elektronische Angebote jedoch in weit weniger als einem Drittel der Einrichtungen. In über 80 % der Einrichtungen liegt der Anteil der weiblichen Besucherinnen bei über 60 % und bei gut 80 % der Anteil der BesucherInnen ausländischer Herkunft zwischen 0 % und unter 10 % (vgl. BJKE 1995; Pyka 1994). Im Konzert der außerschulischen Kinder- und Jugendarbeit stellen die Jugendkunstschulen insbesondere für Mädchen unter 16 Jahren mit kulturell-künstlerischen Ambitionen eine Alternative zu den Angeboten von Jugendfreizeiteinrichtungen und Kinder- und Jugendverbänden dar.

Vergleichbar detaillierte Informationen liegen für die zur Zeit existierenden 12 eigenständigen Kinder- und Jugendmuseen allerdings nicht vor. Neben den selbständigen Museen existieren in der Bundesrepublik Deutschland sechs Einrichtungen mit einem eigenen kindermusealen Bereich, fünf Kindermuseen innerhalb bestehender Museen sowie in weiteren 14 Museen Bereiche oder Abteilungen, die sich an Konzepten der Kinder- und Jugendmuseen orientieren (vgl. Worm 1998, S. 70). Allein die 34 Einrichtungen, die von einer Befragung des Bundesverbandes für Jugendkunstschulen und kulturpädagogische Einrichtungen erfasst wurden, konnten in den Jahren 1995 und 1996 410.000 BesucherInnen registrieren. Durchschnittlich besuchten zirka 12.000 Kinder, Jugendliche und Erwachsene die bestehenden Kinder- und Jugendmuseen (vgl. Worm 1998, S. 75). Die Ausstellungsinhalte reichen dabei von gesundheitlichen und körperbezogenen Fragestellungen über kinder- und jugendkulturelle, stadtgeschichtliche, kunst- und kulturgeschichtliche Themen bis zu technischen und naturgeschichtlichen Fragestellungen wie in der Kinder-Akademie, Fulda:

„In einem ehemaligen Industriegelände hat das erste eigenständige Kindermuseum der Bundesrepublik seinen Platz gefunden. Die Kinder-Akademie Fulda versteht sich als kulturelle Einrichtung mit Ziel, Kinder für Kunst und Kultur zu interessieren und ihre Neugierde dafür wachzuhalten. (...) Seit 1994, nach Abschluss des ersten Bauabschnittes, umfasst der Kulturort für Kinder zirka 1.000 qm, weitere 500 qm werden noch hinzukommen. Die Arbeit der Akademie gliedert sich in die Bereiche Museum und Akademie. (...) Kunst, Kultur, Naturwissenschaft und Technik sind die Themen der Dauerausstellung, die nach und nach erweitert wird. Die überwiegend interaktiv ausgerichteten Objekte regen die Besucher an, zu experimentieren und auszuprobieren und dabei Phänomenen, wie beispielsweise der Kräfteersparnis des Flaschenzuges, auf die Spur zu kommen. Zentrales Objekte mit überregionaler Anziehungskraft ist das 'Begehbare Herz', entstanden in Kooperation mit dem Hygiene-Museum Dresden. (...) Sonderausstellungen zu unterschiedlichen Themen, wie z. B. ‚Mitten in Deutschland - Geschichten um Kuh und Milch' im Herbst 1995 oder die aktuelle Ausstellung 'Computer für den Pharao', ergänzen den Dauerausstellungsbereich. (...) Im Akademiebereich greifen Workshops die Ausstellungsthemen auf. (...) Die jährlich stattfindende Sommerakademie bietet zu wechselnden Themen mehrtägige Workshops sowie Angebote für Tagesbesucher, deren Ergebnisse als Werkausstellungen präsentiert werden. 1996 beispielsweise fand diese Veranstaltung in Kooperation mit der Patentstelle der Fraunhofer Gesellschaft München und dem Institut für Didaktik der Physik der Goethe-Universität Frankfurt a. Main unter dem Thema ‚Sommer der Erfindungen' statt." (Popp 1998, S. 97–98)

Im Gegensatz zu anderen Kinder- und Jugendmuseen kann das Fuldaer Projekt auf eine fast schon üppig zu bezeichnende Ausstellungsfläche und Objektausstattung zurückgreifen. Das Kinder- und Jugendmuseum Prenzlauer Berg verfügt im Vergleich hierzu lediglich über eine nutzbare Ausstellungsfläche von 60 qm (vgl. Worm 1998). Auf dieser relativ kleinen Fläche werden jährlich immerhin zwei bis drei Wechselausstellungen und verschiedene Mitmach-Aktionen realisiert. Anders als bei neuen Projektideen der 70er und 80er Jahre des letzten Jahrhunderts können die neueren Kinder- und Jugendmuseumsinitiativen nicht mehr ohne weiteres darauf hoffen, finanzielle Unterstützung aus den kommunalen Haushalten zu erhalten. Schon heute sind sie mehr als andere Arbeitsfelder der Kinder- und Jugendarbeit auf private Sponsoren angewiesen. Und wie in kaum einem anderen Bereich der Kinder- und Jugendhilfe wird hier der Gedanke der „Marktförmigkeit" diskutiert. W. Zacharias (1998, S. 133), einer der Protagonisten der Idee von Kinder- und Jugendmuseen, betont somit auch den Synergieeffekt einer Kopplung des Bildungsgedankens mit dem der ökonomischen Effizienz in einem „professionell-engmaschig institutionellen nongovermental Gefüge": „Das Gebot der Stunde lautet somit, einen eigenen Markt entwickeln nach dem Prinzip des aktiven Vernetzens, des offenen flexiblen Netzwerkes gleichberechtigter Partner und Subjekte zunächst auch ohne formalisierte Strukturen und Mitgliedschaftshürden. (...) Marktförmige Netzwerke, netzwerkartige Märkte sind offen und spiegeln Vielfalt wie auch solidarisches Entwicklungsinteresse wider. Denn zukunftsfähig ist nur, wer heute mehr als in aktuelle Reproduktion investiert, und nachhaltig wird nur wirken, was mit Blick und Rücksicht auf die gesamte Kinder- und Jugendmuseumslandschaft und darüber hinaus die Kultur-, Museums- und Medienpädagogik bzw. -arbeit sowie ihre 'nachwachsenden Ressourcen' auch über sich selbst hinaus gestaltet wird. (…) Der Markt der interaktiven Ausstellungsprojekte ist groß: Von Mercedes bis zum Deutschen Museum, von der Telekom bis zum Soziokulturellen Zentrum, von der Schulaula bis zur Jugendkunstschule."

 Tipps zum Weiterlesen

BJKE (1995): Jugendkunstschulen im Überblick. Unna.
Worm, N. (Hrsg.) (1998): Kinder- und Jugendmuseen: ein neues Konzept in der Jugendhilfe!? Unna.

Kinder- und Jugendarbeit in Soziokulturellen Zentren

Soziokulturelle Zentren, auch bekannt als Bürgerhäuser oder Kommunikationszentren, sind größtenteils Einrichtungen für BürgerInnen aller Altersgruppen einer Stadt, eines Stadtteils oder einer Gemeinde. Sie bieten Raum für kommunikatives Miteinander, für kulturelle und politische Aktivitäten.

Die Gründung der ersten Kommunikationszentren und Bürgerhäuser, selbstverwalteten Treffs und Häuser, Stadtteilzentren und kulturellen Werkstätten, also von Projekten, für die sich vor 20 Jahren der Begriff „Soziokulturelle Zentren" als einheitlicher, zumindest übergreifender durchsetzte, geht auf die frühen 70er Jahre des letzten Jahrhunderts zurück. Zu den historischen Vorfahren der Soziokulturellen Zentren können neben den Gewerkschafts- und Volkshäusern der 20er Jahre die Dorfgemeinschafts- und Freizeitheime der 50er und 60er Jahre des letzten Jahrhunderts gezählt werden (vgl. Nahrstedt u. a. 1990). Die „Fabrik" in Hamburg, die „Börse" in Wuppertal, das „Komm" in Nürnberg, die „Lagerhalle" in Osnabrück, das 1987 geschlossene „Eschhaus" in Duisburg und die „Altstadtschmiede" in Recklinghausen gehören mit zu den ersten Zentrumsgründungen in den alten Bundesländern. Ende der 70er Jahre existierten auf dem Gebiet der alten Bundesrepublik bereits über 100 Soziokulturelle Zentren. Zu dem gesellschaftspolitischen und kulturpolitischen Klima und zu den Motiven, die die erste Gründungsphase mitbestimmten, gibt K. Küppers, einer der Gründungsmitglieder der Initiative des Duisburger Eschhauses, eindrucksvoll Auskunft:

„Zum einen gab es Anfang der 70er Jahre ein Vakuum für mögliche Treffpunkte junger Menschen, wie ich allgemein sagen will - überhaupt Betätigungsmöglichkeiten. (…) Gleichzeitig war wichtig die Fortsetzung von Studentenbewegung, Lehrlingsbewegung und was weiß ich alles, in deren Zusammenhang die Idee selbstverwalteter Jugendzentren überhaupt entstand. Es gab als Vorläufer vielleicht die republikanischen Clubs, die aber mehr akademisch ausgerichtet waren, es gab parallel gerade in der Zeit 1971/1972, übrigens sehr medial vorbereitet, die Idee selbstverwalteter Jugendzentren. Es gab verschiedene Sendungen, ‚Jourfix' etwa, eine Fernsehsendung, die diese Idee aufnahm: In Schorndorf bei Stuttgart entstand das erste Zentrum, und von dort wurde eine Sendung ausgestrahlt. Vierzehn Tage später in der darauffolgenden Sendung gab es dann Erfolgsmeldungen, dass sich schon wieder 50 Initiativen gemeldet hätten; so wurde die Idee auch sehr stark verbreitet und traf sicher auch auf offene Ohren. Ein dritter Ausgangspunkt war die Kritik an herrschenden Bedingungen, die sich festmachte an Umständen wie dem Hausmeister, der um 10 Uhr die Türe zuschließt, bis zu den ganzen ‚Sozialklempnern' als Bütteln des Kapitals, auch mit diesen

Begriffen, das war sicher auch 'ne wichtige Triebfeder. Auf diesem Nährboden wuchs eine Initiative, die ausging von einer Schülerzeitung ‚Qualm', von einer Schule der Stadtmitte, die diese Idee aufgriff unter dem Stichwort: ‚Wo können wir uns eigentlich treffen?' Es wurde ein erster Treffpunkt vereinbart, und es hieß, alle, die das beschäftigt, sollen auch mal dahinkommen. Und so entstand die Initiative Eschhaus 1972. (Lindloff 1989, S. 40 f.)

Viele der heute existierenden zirka 200 Soziokulturellen Zentren können auf eine ähnliche bzw. vergleichbare Entstehungsgeschichte zurückblicken. Sie gehen auf sozial-politische Initiativen zurück, die ihre kulturellen Ideen und Projekte in den bestehenden Institutionen nicht integrieren konnten bzw. wollten. Vor allem die im Gefolge der Studentenbewegung nach 1968 entstandene Jugendzentrumsbewegung, die Alternativbewegung und die neuen sozialen Bewegungen der späten 70er und frühen 80er Jahre forderten und stritten um selbstverwaltete Räume, um eigene Lebens-, Arbeits- und Kulturvorstellungen. Daneben verdanken viele Kommunikations-, Stadtteil- und Bürgerzentren ihre Existenz jedoch auch einem kommunalen kulturpolitischen Klima, das sich offen gegenüber neuen Formen der Kultur- und Sozialarbeit zeigte (vgl. Thole 1989b, S. 133 ff.; Nahrstedt u. a. 1990)

Die heutige wirtschaftliche, arbeitsmarktpolitische und kulturpolitische Relevanz der Soziokulturellen Zentren verdeutlichen folgende, von der „Landesarbeitsgemeinschaft Soziokultureller Zentren NW e. V." (AG NW) erhobene Daten für Nordrhein-Westfalen exemplarisch (vgl. LAG Soziokulturelle Zentren NW 1992, S. 3 f.):

• In den letzten Jahren waren in den Soziokulturellen Zentren in NRW zwischen 1.700 und 2.000 Personen auf Dauer- oder Zeitarbeitsplätzen neben- oder hauptberuflich teil- bzw. vollzeitbeschäftigt.

• Der Gesamtumsatz der 35 befragten Zentren auf der Ausgabenseite bezifferte sich 1991 auf 27 Millionen DM. Der Kulturwirtschaftsbericht Nordrhein-Westfalen geht von 32,6 Millionen DM Gesamtumsatz aus. Dem standen Einnahmen von 26,6 Millionen DM gegenüber. Die Kommunen bezuschussten die Arbeit der Zentren mit 7,3 Millionen DM (zum Teil über eine kommunale Sockelfinanzierung) und das Land Nordrhein-Westfalen mit 1,8 Millionen DM.

• Drei Viertel der Zentren können die bewirtschafteten Gebäude und Räumlichkeiten mietfrei nutzen. 27 Soziokulturelle Zentren bekamen 1991 Zuschüsse zwischen 25.000 und 1 Million DM pro Jahr über eine Regelförderung durch die Kommunen; weitere acht Zentren erhielten Projektmittel zwischen 1.000 und 20.000 DM pro Jahr.

• Die BesucherInnenzahl aller nordrhein-westfälischen Soziokulturellen Zentren liegt aktuell zwischen 3 und 3,5 Millionen. Zum Vergleich: Die öffentlichen Theater in Nordrhein-Westfalen zählten in der Spielzeit 1987/1988 4,7 Millionen BesucherInnen.

Die Zusammenstellung dokumentiert nicht nur die quantitativ durchaus beachtliche kulturelle Bedeutung der Soziokulturellen Zentren, sondern auch die durch sie gegebenen wirtschafts- und arbeitsmarktpolitischen Effekte. Die jahrelangen Auseinandersetzungen um die Etablierung und Einrichtung Soziokultureller Zentren sind heute größtenteils vergessen. Dass viele Zentren ihre Institutionalisierung einem Kampf verdanken, ist in den Kommunen heute nur noch denjenigen gegenwärtig, die ehemals aktiv in die Auseinandersetzungen einbezogen waren. Genauso wenig jedoch wie die Geschichte der ersten Bürgerinitiativen und Zentrumsgründungen einheitlich ist, kann aktuell ein einheitliches, genaues und umfassendes Bild der Soziokulturellen Zentren gezeichnet werden. Die real gegebenen kommunalen kultur- und sozialpolitischen Bedingungen sowie die räumlichen Gegebenheiten formen die Praxis in den einzelnen Zentren ebenso mit wie die divergenten internen Strukturen.

Insgesamt ist eine Verberuflichung und Professionalisierung der Arbeit in den Soziokulturellen Zentren seit Mitte der 80er Jahre des letzten Jahrhunderts festzustellen. Auch dieser Trend hat bei den politisch Verantwortlichen in den Kommunen zu mehr Akzeptanz der Zentren beigetragen. In vielen Städten und Gemeinden haben sich die alternativen Kulturzentren und Soziokulturellen Häuser in die Kulturlandschaft eingepasst oder sind integriert worden. Sie sind vielerorts zu einem akzeptierten, wenn auch partiell zu einem kommunalpolitisch kritisch beäugten Teil der städtischen Kulturszene geworden, und es entstanden vielfältige Kooperationen zwischen ihnen und verschiedensten anderen Trägern und Anbietern von Kultur auf kommunaler Ebene. Dadurch haben sich in den Kommunen mancherorts auch die Konfrontationslinien zwischen „Hoch"- und Alternativkultur verschoben.

Nicht alle Soziokulturellen Zentren sind jedoch anerkannte Träger der Kinder- und Jugendhilfe oder Träger von Projekten der Kinder- und Jugendarbeit. Der quantitative Umfang der Kinder- und Jugendarbeit in den Soziokulturellen Zentren ist nirgendwo hinreichend erfasst (vgl. BMBW 1990, S. 123). Inwieweit Kinder und Jugendliche als eigenständige AdressatInnengruppe in den Soziokulturellen Zentren Beachtung finden, illustriert der nachfolgende Auszug aus einem Portrait der Zeche Carl, Essen:

 „Das Kultur, Kommunikations- und Jugendzentrum ‚Zeche Carl' geht auf eine Initiative von Jugendlichen, SozialarbeiterInnen und Architekten zurück, die 1977 den Kampf um das Gebäude der Zeche Carl aufgenommen haben, um es als soziokulturelles Zentrum zu gestalten. 1981 konnte das Zentrum mit zunächst provisorischer Nutzung eröffnet werden. Trotz des überregional bedeutenden Kulturprogramms mit Rock, Jazz, Folk, Kabarett, Pantomime und Tanz ist der Zuschnitt der Zeche Carl von Anfang an auf soziokulturelle Anliegen ausgerichtet gewesen als z. B. der Düsseldorfer Werkstatt.
Neben den zahlreichen Gruppenräumen, Werkstätten und Sälen gibt es auch zwei Kinderräume, in denen eine fest angestellte Erzieherin Mutter-Kind-Gruppen, offene Kinder- und Jugendarbeit, Hausaufgabenhilfe und Ferienspiele anbietet. Für den Jugendbereich kommen zwei Sozialarbeiter dazu, die Jugenddiskussionen und Feste betreuen, aber auch die Kreativ- und Sportangebote durchführen. Kinder- und Jugendkulturarbeit orientiert sich an den Stadtteilmöglichkeiten und geht auch mit größeren Projekten ‚auf

die Straße'. Darüber hinaus prägen alternative Gruppen und lokale Bürgerinitiativen den Alltag des soziokulturellen Zentrums.
Jugendliche und junge Erwachsene kommen von sich aus und gründen ihre Teestube und Jugendkneipe. Es ist nicht zu verkennen, dass mit zunehmender Sozialarbeit eine gewisse Angleichung des Jugendbereichs an den Betrieb in herkömmlichen Einrichtungen eingetreten ist. Dennoch stand nicht sozialarbeiterisches Handeln im Mittelpunkt, sondern die Orientierung an dem, was bei den Jugendlichen an Eigeninitiativen vorhanden ist." (Brademann u. a. 1989, S. 70)

Abbildung 8: Jugendvollversammlung - unabhängiges Kulturzentrum „Zeche Carl" in der Gründungsphase

Obwohl Kinder und mit dem Älterwerden der Kultureinrichtungen immer mehr auch Jugendliche allgemein eine eher randständige Besuchergruppe darstellen (vgl. u. a. Nahrstedt u. a. 1990), hat der Kinderbereich der Zeche Carl eine wichtige Bedeutung. Deutsche und nicht-deutsche Kinder lernen sich kennen, erleben etwas gemeinsam und stellen kreative Dinge her. Ein Bauspielplatz auf dem Gelände und spezielle Theateraufführungen und Feste runden das kulturelle Angebot ab. „Die Kinder lernen das Zentrum Zeche Carl als 'ihr' Zentrum kennen, in dem etwas für sie stattfindet, in dem sie wichtig sind" (Brademann u. a. 1989, S. 73).
Neben den selbstorganisierten, freien Soziokulturellen Zentren entstanden seit Mitte der 70er Jahre Kulturhäuser und dezentrale Freizeitzentren in kommunaler Trägerschaft. Im Kontrast zu der offenen Struktur der freien Zentren orientieren sich diese Zentren allerdings stärker an der örtlichen und städtischen Vereinskultur und verstehen sich als Veranstaltungs- und Kulturhäuser für Verbände, Vereine und Initiativen sowie als dezentrale Veranstaltungsorte. Aber nicht nur im Kontrast zu diesen kommunalen Kulturhäusern zeigen die Soziokulturellen Zentren und Kulturzentren ein anderes Profil. Auch in sich ist das Spektrum der selbstorganisierten Zentren uneinheitlich konturiert.

Typologisierende Unterscheidungen der Zentren haben heute kaum noch Bedeutung. Soziokulturelle Zentren, Zentren, die sich früher stärker als autonome Jugendzentren, als Bürger- und Stadtteilzentren bzw. als kulturelle Bildungseinrichtungen verstanden, haben sich heute dem „multikulturellen Vorbild" der größeren Zentren angenähert. Generell ist festzustellen, dass die Zentren sich seit 20 Jahren den neuen gesellschaftlichen Entwicklungen nicht nur angepasst, sondern diese auch produktiv aufgenommen haben. Die Veranstaltungen, Projekte, Kurse und Workshops in den Soziokulturellen Zentren sind professioneller geworden, aber auch stärker orientiert an den jeweiligen Moden der Zeit. Die ehemals weit gesteckten Ziele - die kreativen Fähigkeiten des einzelnen sollten sozialkulturell (pädagogisch) mobilisiert, Lebenshilfen wohnortnah angeboten (auch um der Entwirtlichung der Städte zu begegnen) und lokale Gegenöffentlichkeit aufgebaut werden - wurden weitgehend aufgegeben, ohne dass die ehemaligen Verheißungen gänzlich karikiert wurden. Die Zentren sind heute Teil der städtischen Infrastruktur.

 Tipps zum Weiterlesen

Claßen, L./Krüger, H.-H./Thole, W. (Hrsg.) (1989): In Zechen, Bahnhöfen und Lagerhallen. Zwischen Politik und Kommerz - Soziokulturelle Zentren in Nordrhein-Westfalen. Essen.
Nahrstedt, W. u. a. (1990): Soziokultur à la carte. Bestandsaufnahme und Perspektiven soziokultureller Zentren. Institut für Freizeitwissenschaft und Kulturarbeit e.V. (Hrsg.). Bd. 14. Bielefeld.
Schulze, J. (1993): Soziokulturelle Zentren - Stadterneuerung von unten. Essen.
Kulturpolitische Mitteilungen. Zeitschrift der kulturpolitischen Gesellschaft e. V. Hagen.

Kinder- und Jugendfarmen, Bau-, Abenteuer- und Aktivspielplätze

Bau- und Abenteuerspielplätze sind freiflächenbezogene, in der Regel wenig strukturierte, die Selbstaktivierungsfähigkeiten von Kindern und jüngeren Jugendlichen fördernde Angebote der Kinder- und Jugendarbeit. Obwohl inzwischen auch viele Abenteuer- und Bauspielplätze auf eine rege Tierhaltung verweisen können, sind es doch insbesondere die Kinder- und Jugendfarmen, die Kindern und Jugendlichen die Möglichkeit bieten, Erfahrungen im Umgang mit Tieren zu sammeln.

Die ersten Abenteuerspielplätze entstanden Ende der 60er Jahre durch StudentInnen- und Bürgerinitiativen im gewollten Kontrast zu den ab dem ausgehenden 19. Jahrhundert gegründeten konventionellen Gerätespielplätzen. Ihren Ursprung haben sie in Skandinavien, genauer in Dänemark, wo 1943 der erste „Skrammelegeplads" (Gerümpelspielplatz) eröffnet wurde. Da die traditionellen Spielplätze gewöhnlich nicht betreut werden, also über kein Personal verfügen, das die Kinder beim Spielen begleitet, können wir davon ausgehen, dass die 1994 statistisch erfassten 411 pädagogisch betreuten Spielplätze mit ihren gut 1.500 MitarbeiterInnen in der Regel Abenteuer-, Bau oder Aktivspielplätze waren. 242 Abenteuer- und Bauspielplätze mit 858 MitarbeiterInnen gehörten zum Spektrum der öffentlichen und 169 mit 654 MitarbeiterInnen zum Spektrum der freien Träger (vgl. Statistisches Bundesamt 1996).

Im Hinblick auf die Kinderarbeit - und partiell auch die Arbeit mit Jugendlichen - soll auf den pädagogischen Spielplätzen unter Berücksichtigung der Lebensbedingungen von Heranwachsenden die Vernetzung von Spielräumen und -orten unterstützt werden und so den Partizipationsinteressen von Kindern entsprochen werden. Als Besonderheit von Aktiv- und Abenteuerspielplätzen wird zum einen ihre offene Struktur herausgestellt und zum anderen ihre soziale und präventive Funktion:

> „Der Abenteuerspielplatz wiederholt Vorgänge von der Baustelle. Dies geschieht nicht nur im Angebot von Bau- und Konstruktionsspielen, die erstes technisches Wissen und handwerkliche Fertigkeiten vermitteln, die eine Gespür für Behausung herausbilden, die das Maß an Plan und Spielraum bei der Vorgabe eines festgelegten Ziels deutlich machen können. (...) Der Platz ist Spielmaterial. (...) Alles was da ist, fordert zur Gestaltung heraus. Erde, Sand, Bäume, die Wasserleitung am Haus, Bauholz, Balken, Gerümpel, lauter Werkzeug: Hämmer, Sägen, Nägel, Schrauben, Kellen, Schippen, Spaten, Autoreifen, Schläuche, Bindfäden - und Streichhölzer - sind Requisit und Instrument. Schutz, Anleitung und erste Hilfe kommt von den Betreuern. (...) Beim Verarbeiten lernt man, was am besten hält, was am längsten ganz bleibt, was am schwierigsten ist - und wo die Gefahr beginnt. Beim Zerstören lernt man, was am meisten Widerstand entgegensetzt. (...) Man lernt zu differenzieren zwischen Besitz und Eigentum, wenn der andere den selben Hammer, dasselbe Brett, dasselbe Stück Land braucht. Da man sie nicht mehr alleine zur Verfügung haben kann, lernt man, nacheinander zu benutzen; wenn man das beherrscht, lernt man vielleicht, sie miteinander zu benutzen." (Schneider 1972, S. 102)

Die wesentlichen Intentionen der Abenteuer- und Bauspielplatzbewegung haben sich in den letzten zwei Jahrzehnten kaum verändert. Kindern sollen auf den Abenteuer- und Bauspielplätzen Freiräume zur Verfügung gestellt werden, die sie nutzen können, um sich „auszuspielen" und neue Lernerfahrungen zu machen. Durch unterschiedliche Aktivitäten und Materialien sollen sie ihre Wahrnehmungs- und Aneignungsfähigkeiten weiterentwickeln sowie im Umgang mit anderen Kindern neue Verhaltensweisen und Möglichkeiten des sozialen Lernens mit Gleichaltrigen verschiedener Nationalitäten und gesellschaftlicher Schichten experimentell erproben. In den 80er Jahren des letzten Jahrhunderts wurden viele Aktiv- und Abenteuerspielplätze mit Einrichtungen und Räumlichkeiten versehen, die Bauwagen und feste Hütten mit ihrem provisorischen Charakter ersetzten. Parallel etablierten sich häufig feste Kurs-, Spiel- und Freizeitangebote, um auch in den Wintermonaten, dann wenn die Freiflächen aufgrund der Witterungsverhältnisse nicht bebaut werden können, den Kindern und jüngeren Jugendlichen Angebote anbieten zu können. Inzwischen wird diese Entwicklung von ihren BetreiberInnen jedoch auch skeptisch beurteilt, denn die „ursprüngliche Idee, möglichst unstrukturierte Raum-, Zeit- und Materialangebote zu machen, droht dabei unterzugehen" (Schock 1999, S. 28).

Wer sich mittels neuerer Literatur mit diesem Arbeitsfeld der Kinder- und Jugendarbeit bekannt machen möchte, wird allerdings enttäuscht. In den letzten zwei Jahrzehnten gerieten die Abenteuer- und Bauspielplätze aus den Blick von wissenschaftlichen, aber auch von praxisbeschreibenden Reflexionen. Und auch in den einschlägigen Fachzeitschriften der Kinder- und Jugendarbeit fristet dieses Segment der Kinder- und Jugendarbeit ein Schattendasein. Als offensive Interessenvertretung der bundesrepublikanischen Abenteuer-, Bau- und Aktivspielplätze sowie der Jugendfarmen und Spielmobile haben in den letzten Jahren die Arbeitsgemeinschaft „ABA Fachverband Offene Arbeit mit Kindern e.V.", Dortmund, sowie der „Bund für Jugendfarmen und Abenteuerspielplätze e. V., Stuttgart, über die jeweiligen Landesgrenzen hinaus fachliche Anerkennung erlangt. Laut Satzung des nordrhein-westfälischen Verbands sollen Kinder, Jugendliche und Erwachsene in die Lage versetzt werden, die gesellschaftliche Wirklichkeit zu erfassen, zu durchschauen und mitzugestalten sowie die Möglichkeiten gesellschaftlicher Veränderung zu erkennen. Neben diesem allgemeinen pädagogischen Ansatz werden auch weitergehende Zielvorstellungen formuliert: Eine Forderung des Verbandes ist die „Schaffung von uneingeschränkten Spielräumen" sowie die Entwicklung von „Experimentierfeldern für kreatives und soziales Verhalten" (ABA NRW e.V. o. J., S. 2).

 Tipps zum Weiterlesen

Schelhorn, D. (1997): Spielplatz - Spielorte für Kinder. In: Deutscher Verein für öffentliche und private Fürsorge (Hrsg.): Fachlexikon der sozialen Arbeit. Frankfurt a. M., S. 909–910.
Offene Spielräume. Zeitschrift des Bundes der Jugendfarmen und Aktivspielplätze. Stuttgart.

Horte

Mit dem Inkrafttreten des Kinder- und Jugendhilfegesetzes sind Horte nach einer über einhundertzwanzigjährigen Geschichte seit 1991 als Tageseinrichtungen für Kinder mit einem eigenständigen Rechtsstatus versehen. Ihnen obliegt die Erziehung, Betreuung und Bildung von sechs- bis 14jährigen Kindern außerhalb der Schule. Horte stellen somit ein familienergänzendes, freizeitbezogenes und schulergänzendes Angebotsfeld der Kinder- und Jugendhilfe dar.

Neben Horten als eigenständigen Tageseinrichtungen sind Horte integraler Bestandteil von Kindertageseinrichtungen, von Schulen und Jugendhäusern. Modelle der Integration von Horten in Schulen und Jugendfreizeiteinrichtungen sind allerdings recht neu (vgl. Kesberg 1996). Auch aus diesem Grund werden sie nur selten als der Kinder- und Jugendarbeit zugehörig identifiziert. Mit dem Abschied von dem traditionellen bewahrenden Anspruch und der immer deutlicheren schulergänzenden und freizeitorientierten Konzeptualisierung dieses Angebotsfeldes und der Etablierung einer weitestgehend eigenständigen Pädagogik des Hortes zeigt sich jedoch immer deutlicher, dass die Schnittflächen zwischen Horten und anderen Angeboten der Kinder- und Jugendarbeit weitaus breiter sind als die zwischen Horten und dem vorschulischem traditionellen Kindergartenbetrieb. Im Gegensatz jedoch zu den Jugendfreizeiteinrichtungen setzt der Besuch eines Hortes eine Anmeldung und die Zuweisung eines freien

Hortplatzes voraus. Der Besuch eines Hortes ist zudem kostenpflichtig und hat somit einen wesentlich verbindlicheren Charakter als zum Beispiel der sporadische Besuch eines Jugendfreizeitheims.

Dennoch hat die Affinität von Hortangeboten zur außerschulischen Kinder- und Jugendarbeit in den letzten Jahrzehnten zugenommen. Gestärkt wird diese Entwicklung auch durch die Tatsache, dass in den letzten Jahren immer mehr Kooperationsprojekte zwischen Jugendfreizeiteinrichtungen, Horten und Schulen sich etablieren konnten.

 „Der Hort hat folgende Öffnungszeiten: montags bis freitags von 10.00 Uhr bis 17.00 Uhr. Um 12.30 bis 13.00 trifft sich die Hortgruppe zum Mittagessen. Von 13.00 Uhr bis 15.00 Uhr findet für die Hortgruppe eine Hausaufgabenhilfe statt und danach können die Hortkinder bis 17.00 Uhr an dem allgemeinen Freizeitprogramm der Einrichtung teilnehmen. Allen Kindern und Jugendlichen bis 16 Jahre steht die Einrichtung für die offene Arbeit täglich von 14.00 Uhr bis 19.00 Uhr offen. Von 17.00 Uhr bis 21.30 Uhr ist das Jugendzentrum für Jugendliche über 16 Jahre geöffnet." (Kesberg u. a. 1996, S. 139)

Der Bericht illustriert, dass Hortangebote durchaus in den Tagesablauf einer Jugendfreizeitstätte eingebunden werden können - dennoch: Obwohl Horte generell Freizeitangebote anbieten und im außerschulischen Feld angesiedelt sind, können nicht alle Horteinrichtungen ohne weiteres dem Feld der Kinder- und Jugendarbeit zugeschlagen werden. Auch bei den öffentlichen und freien Trägern werden nur die allerwenigsten Horteinrichtungen als integraler Bestandteil von Projekten der außerschulischen Pädagogik geführt. In der Regel und in der überwiegenden Anzahl sind Horte selbständige Einrichtungen oder sind im weitesten Sinn Kindertageseinrichtungen angeschlossen.

Statistisch wurden Mitte der 90er Jahre des letzten Jahrhunderts für das Gebiet der gesamten Bundesrepublik 3.657 Horte mit 19.959 MitarbeiterInnen registriert (vgl. Statistisches Bundesamt 1996). Die Tatsache, dass davon jedoch nur gut die Hälfte, das heißt knapp 8.500 MitarbeiterInnen auf dem Territorium der alten Bundesländer beschäftigt war, signalisiert einen deutlichen Nachholbedarf der alten gegenüber den neuen Bundesländern. Wer in den westlichen Bundesländern sein Kind nachmittags in einem Hort unterbringt, sieht sich vielerorts auch heute noch mit der Stigmatisierung konfrontiert, sein Kind zu vernachlässigen, zumindest jedoch keine Zeit für die nachmittägige Versorgung und schulbegleitende Unterstützung aufbringen zu können oder zu wollen.

Tipps zum Weiterlesen

Kesberg, E. u. a. (1996): Hort-Modelle. In: Deinet, U. (Hrsg.) (1996): Schule aus - Jugendhaus? Münster, S. 114–143.

Die Kinder- und Jugendverbandsarbeit

Die Kinder- und Jugendverbandsarbeit liegt quer zu der hier vorgenommenen Unterscheidung zwischen einer einrichtungsbezogenen und einer einrichtungsunabhängigen Kinder- und Jugendarbeit: Die Kinder- und Jugendverbände sind Träger von Einrichtungen und von ortsungebundenen beziehungsweise mobilen Projekten der Kinder- und Jugendarbeit. In dieser Funktion hätten sie im Rahmen dieses Kapitels vollständig ignoriert werden können, denn vorgestellt werden sollen ja Einrichtungen und Angebotsformen, nicht jedoch Träger der Kinder- und Jugendarbeit.

Jedoch auch wenn die Kinder- und Jugendverbandsarbeit nicht als Trägerspektrum, sondern als Handlungsfeld identifiziert wird, ist eine Zuordnung zu der hier gewählten Systematik nicht unproblematisch. Die Kinder- und Jugendverbandsarbeit erweist sich bei näherer Betrachtung als ein sperriges, kaum systematisch zu beschreibendes Feld, das als Trägerspektrum wie auch als Arbeitsfeld zu identifizieren ist: Sie ist sowohl Träger von Jugendfreizeiteinrichtungen und Jugendclubs, von Projekten der Straßensozialarbeit wie von solchen der berufsbezogenen Jugendsozialarbeit, Initiator von kulturpädagogischen Aktionen sowie Nutzer wie auch Betreiber von Bildungsstätten. Sie ist mit Gruppen und Projekten Gast in Jugendzentren und Bürgerhäusern öffentlicher und freier Träger wie auch Partner von Kooperationen zwischen der außerschulischen Pädagogik und der Schule. Mit anderen Worten: Die Kinder- und Jugendverbandsarbeit ist als „Anbieter" in allen Arbeitsfeldern präsent, die diesem Kapitel vorgestellt werden.

Diese Vielfältigkeit und Besonderheit macht die Kinder- und Jugendverbandsarbeit autark von eindeutigen Definitionen. Vielleicht haben L. Böhnisch, H. Gängler und Th. Rauschenbach (1991, S. 15) mit ihrer Beschreibung im Vorwort zum „Handbuch der Jugendverbände" den Kern getroffen, indem sie herausstellen, dass „seit gut hundert Jahren Jugendverbände für Heranwachsende Orte der sozialen und kulturellen Bildung, Foren der Auseinandersetzung mit Sinn- und Wertfragen aber auch Räume der Begegnung und Geselligkeit sind."

Obwohl die Bedeutung der Kinder- und Jugendverbände bei der Herausbildung gesellschaftlicher Jugendbilder und kultureller Praxen kaum zu bestreiten ist, Jugendverbände seit 1920 ein zentrales außerschulisches Sozialisationsfeld repräsentieren, erstaunt doch die Diskrepanz zwischen faktischer gesellschaftlicher Bedeutung und tatsächlicher Anerkennung. Mit Ausnahme der Kinder- und Jugendarbeit in Jugendheimen, -clubs und -häusern, Jugendzentren und -freizeitstätten ist kein anderes Handlungs- und Organisationsfeld der Arbeit mit Kindern und Jugendlichen so oft und eindringlich mit fast schon apokalyptischen Krisendiagnosen belegt worden wie die verbandliche Kinder- und Jugendarbeit. Immer wieder mussten sich die Jugendverbände in ihrer gut hundertjährigen Geschichte gegen Infragestellungen wehren und mit kritischen Einwänden auseinandersetzen. Anfang der 70er Jahre kam eine Analyse der bundesrepublikanischen Jugendverbände gar zu dem Ergebnis, dass „für die große Zahl der Jugendlichen wie für ihre individuell und gesellschaftlich bedingten Interessen und Bedürfnisse, besonders deren Erfüllung, Jugendverbandsarbeit entbehrlich ist" (Schefold 1972, S. 65).

Dass dieser Prognose die gesellschaftliche Entwicklung nicht folgte, zeigt ein Blick auf die vorhandenen quantitativen Befunde. Innerhalb des freien Trägerspektrums der außerschulischen Kinder- und Jugendarbeit bilden die Kinder- und Jugendverbände auch in den 90er Jahren immer noch ein kleines, aber bedeutsames Segment. Insgesamt unterhielten sie 1994 943 Einrichtungen der Kinder- und Jugendarbeit - davon allein 314 Jugendheime und 406 Jugendzentren - mit insgesamt 2.191 Beschäftigten (vgl. Statistisches Bundesamt 1996).

Die heterogene Kinder- und Jugendverbandslandschaft kann, um sie überschaubarer zu machen und um nicht alle Organisationen - von der ArbeiterSamariter-Jugend über die Arbeitsgemeinschaft deutscher Junggärtner, dem Bund Deutscher PfadfinderInnen, der Deutschen Schreberjugend bis hin zu den großen Verbänden der Kirchen, der Arbeitsgemeinschaft der Evangelischen Jugend und dem Bund der Katholischen Jugend sowie der Deutschen Sportjugend - einzeln auflisten zu müssen, anhand der Tätigkeitsschwerpunkte, Ziele und Ausrichtungen in fach- und sachbezogene sowie in weltanschaulich orientierte Verbände unterteilt werden. Bei den fach- und sachbezogenen Kinderund Jugendverbänden finden wir dann einerseits die Freizeit-, Sport- und Naturschutzverbände, wie beispielsweise den Bund der Deutschen Landjugend und die Jugend des Deutschen Alpenvereins, und andererseits die Jugendorganisationen der Hilfsorganisationen, wie die Jugendorganisation der Deutschen Lebens-Rettungs-Gesellschaft und das Jugendrotkreuz. Zu den weltanschaulich orientierten Verbänden gehören erstens die politischen und gewerkschaftlichen Interessenverbände, also die Jugend des Deutschen Gewerkschaftsbundes, aber auch die Jugendorganisationen der politischen Parteien und politische Verbände wie die Naturfreundejugend und die Sozialistische Deutsche Jugend, und zweitens die konfessionellen Verbände (vgl. u. a. Damm/Eigenbrodt/Hafeneger 1990). Überregional und politisch vertreten werden die lokalen, in Orts- und Kreisverbänden organisierten einzelnen Verbände innerhalb der einzelnen Organisationen durch Landes- und Bundesorganisationen. Extern kooperieren die Jugendverbände untereinander auf den unterschiedlichen Ebenen in Stadt- beziehungsweise Kreisjugendringen, in den Landesjugendringen und auf Bundesebene über den Bundesjugendring.

Gedoppelt wird diese komplizierte, auf den ersten Blick undurchsichtige Organisations- und Kooperationsstruktur durch die Vielfalt an konzeptionellen Zielen und sozialen, kulturellen und politischen Positionen. Dennoch lassen sich unter systematischer Perspektive und vereinfachend einige typische, die Landschaft der Kinder- und Jugendverbände auszeichnende Merkmale identifizieren, die Differenzen zu anderen Handlungsfeldern zumindest andeuten (vgl. hierzu Düx 1999). Zu den Merkmalen zählen:

- die Freiwilligkeit der Teilnahme und der Mitarbeit,

• die Milieunähe, Traditions- und Wertgebundenheit,
• Prinzip der Selbstorganisation und Mitbestimmung auf allen Ebenen,
• die Ehrenamtlichkeit,
• die vereinsmäßigen Organisationsstrukturen,
• die Reklamation eines jugendpolitischen Mandats,
• die Finanzierung über öffentliche Zuschüsse, über Mitgliederbeiträge und Spenden und über Zuschüsse der Erwachsenenorganisationen,
• die Initiierung eines freizeitorientierten, Bildungsaspekte integrierenden Sozialisationsfeldes und
• die Priorisierung der Gleichaltrigengruppen als Kern verbandlicher Kinder- und Jugendarbeit

Doch: „All diese Handlungsprinzipien und Ressourcen sind bei Verbänden (...) höchst ungleich verteilt, ihre Verteilung lässt Verbandsprofile entstehen. Im Kern stellt sich ein Jugendverband somit als formales, auf Dauer gestelltes Handlungssystem dar, in dem Organisation, Beteiligung, Lebensweltbezug, jugendlicher Status und sozialpädagogische Professionalität verflochten sind. Die Spezialität der Organisationsform des Verbandes liegt in der Kombination dieser Kriterien. (...) Die Strukturen von Kombinationen, die Verbände kennzeichnen, sind jedoch nie widerspruchsfrei. Konflikte zwischen Beteiligung und Professionalität, zwischen formaler Organisation und Gruppenkultur, zwischen wohlfahrtsstaatlicher Umwelt und Eigenleben sind gleichsam das Basisskript eines in der Regel konfliktfreien Binnenlebens der Verbände" (Schefold 1995, S. 420).

Die aufgelisteten strukturellen und inhaltlichen Fixpunkte begründeten und legitimieren somit zwar die Relevanz der bundesrepublikanischen Kinder- und Jugendverbandsarbeit. Gleichfalls deuten sie aber implizit auch schon die Probleme an, denen sich die Verbände gegenwärtig zu stellen haben. Die Betonung beispielsweise des Prinzips respektive der Orientierung „Milieunähe, Traditions- und Wertverbundenheit" enthält in einer Zeit der Auflösung normativer Bezugspunkte und der Auflösung traditioneller Milieus und Territorien nicht nur eine anziehende, sondern aus der Perspektive vieler Kinder und Jugendlicher auch eine abweisende Botschaft. So ist die gegenwärtige Bedeutung und die Situation der Kinder- und Jugendverbände durch viele Ambivalenzen gekennzeichnet. An den klassischen Verbänden - eine Ausnahme bilden hier lediglich die Sportvereine - zeigen inzwischen kaum mehr als 10 % der jeweiligen Heranwachsendengeneration ein kontinuierliches Interesse (vgl. Jugendwerk der Deutschen Shell 1992, 1997). Dies hat zur Folge, dass es den Verbänden nicht mehr durchgängig gelingt, ihre personellen, auf ehrenamtliches Engagement aufbauenden Strukturen auf den unterschiedlichen Ebenen innovativ und immer wieder aufs Neue zu beleben. Das statistisch erfasste ehrenamtliche Engagement der unter 25jährigen Bevölkerung ist von 9,1 % im Jahre 1985 auf 6,5 % im Jahre 1994 zurückgegangen (vgl. u. a. Heinze/Strünk 2000).

Auch die methodische und konzeptionelle Erweiterung vieler Verbände[4] vermochte bisher keine grundlegende Perspektivenerweiterung zu fundieren, zumindest keine, die deutlich signalisiert, dass zukünftig wieder deutlich mehr Kinder und Jugendliche für die Kinder- und Jugendverbandsarbeit Interesse zeigen. Die Zukunft der Kinder- und Jugendverbände hängt folglich davon ab, inwieweit es gelingt, die Schere zwischen moderner Dienstleistungsorientierung und traditioneller Wertorientierung, zwischen Verberuflichung der personellen Ressourcen und Ehrenamtlichkeit, zwischen Gruppen- und Projektarbeit so attraktiv zu schließen, dass ein in den Augen der Kinder und Jugendlichen qualitativ interessantes, professionell präsentiertes und dennoch engagiert mitzugestaltendes Angebot entsteht.

  Tipps zum Weiterlesen

Böhnisch, L./Gängler, H./Rauschenbach, Th. (Hrsg.) (1991): Handbuch der Jugendverbände. Weinheim u. München.
Deutscher Bundesjugendring (Hrsg.) (1994): Jugendverbände im Spagat - zwischen Erlebnis und Partizipation. Münster.
Schefold, W. (1995): Das schwierige Erbe der Einheitsjugend. In: Rauschenbach, Th./Sachße, Ch./Olk, Th. (Hrsg.) (1995): Von der Wertgemeinschaft zum Dienstleistungsunternehmen. Frankfurt a. M., S. 404–427.

Die Jugendpflege

„Jugendpflege" ist im Kontext der Jugendarbeit einer der schillerndsten und zugleich unkonkretesten Begriffe. Ursprünglich bezeichnete Jugendpflege das Feld der öffentlich organisierten Jugendarbeit in Abgrenzung zur Jugendverbandsarbeit und zur Jugendbewegung. Zugleich kennzeichnete Jugendpflege jedoch auch die Gesamtheit der freien Jugendarbeit und grenzte diese von der Jugendfürsorge, also den familienunterstützenden und insbesondere den familienersetzenden sozialpädagogischen Aufgabenfeldern ab.

Einen rechtlich fixierten Status erlangte die Jugendpflege erstmals in dem sogenannten „Jugendpflegeerlass" des preußischen Kultusministers vom 18. Januar 1911 (vgl. hierzu auch Kapitel 2). In dem Erlass wird die Verwendung des Ausdrucks Jugendpflege ausdrücklich empfohlen und betont, ihn deutlich von der Jugendfürsorge zu unterscheiden. Doch die einschlägigen Kommentierungen bezeichneten auch schon zu dieser Zeit die Jugendpflege als Jugendarbeit (vgl. Siercks 1913, S. 7; Hasenclever 1978, S. 38). Im Jahr 1913 erschien dann

---

4 Die sukzessive Aufweichung traditioneller Orientierungen, die partielle Aufgabe des Prinzips der langfristigen und kontinuierlichen Gruppenverbundenheit zugunsten einer zeitlich überschaubaren, auf die Verwirklichung bestimmter Projekte konzentrierten Gruppenarbeit sowie die Medialisierung der Informationstrukturen, aber auch das neuerliche Favorisieren öffentlicher Events gegenüber interner „Lagerfeuerverbandstage" sowie Kooperationen mit anderen Handlungsfeldern der Kinder- und Jugendarbeit sowie kommerziellen Jugendmessen und -börsen sind Initiativen, die eine prinzipielle Modernisierungsfähigkeit der Kinder- und Jugendverbandsarbeit anzeigen.

das erste „Handbuch für Jugendpflege", herausgegeben von F. Duensing im Auftrag der Deutschen Zentrale für Jugendfürsorge. Themen des Handbuchs waren der Lebens- und Bildungsstand der städtischen und ländlichen, bürgerlichen und proletarischen Jugend, rechtliche Fragen der Jugendpolitik und -pflege, Träger, Formen, Methoden und Ziele der Jugendpflege in Vereinen, Fortbildungsschulen sowie in kirchlichen und staatlichen Institutionen und Fragen der zielgruppenspezifischen Arbeit und die Ausbildung von Jugendpflegern. 1930 legte E. Schneider dann ein „Handbuch der weiblichen Jugendpflege" vor, in dem aber anders als heute nicht der Emanzipationsgedanke, sondern „Glaube und Sitte", „Beruf, Heimat und Volk" und „Mütterlichkeit und Heimatpflege" im Vordergrund standen, und wiederum zwei Jahre später erschien ein zweites allgemeines, insgesamt auf fünfzehn Hefte angelegtes „Handbuch der Jugendpflege" (vgl. Richter 1932). Im Vorwort des Herausgebers wurden die Ziele des Handbuches herausgestellt, aber auch auf Definitions- und Abgrenzungsprobleme gegenüber anderen Handlungsfeldern der Sozialpädagogik eingegangen: „Hervorgehoben werden muss, dass das Handbuch von der Jugendpflege im engeren Sinne handelt, d. h. von der Betreuung der Jugend zwischen 14 und 21 Jahren. Ihr Ziel ist die harmonische Ausbildung der in den schulentlassenen Jugendlichen schlummernden körperlichen, geistigen und sittlichen Kräfte. Auch die Bestrebungen, die Bildung der Schülerschaft der höheren Schulen durch Maßnahmen außerhalb des Unterrichts zu ergänzen, gehören dazu. Im Gegensatz zur Jugendfürsorge handelt es sich dabei nicht um die Betreuung der verwahrlosten oder gefährdeten, sondern um die gesunde, unter normalen Verhältnissen heranwachsende Jugend. Allerdings muss zugegeben werden, dass die Grenzen zwischen Jugendpflege und Jugendfürsorge, die ja nicht auf jedem Gebiet scharf gezogen werden können, in der Zeit der schweren Not (...) noch fließender geworden sind." (Richter 1932, S. III)

Im weiteren Verlauf des 20. Jahrhunderts haben sich die partiellen Überschneidungen zwischen der Jugendpflege und den erzieherischen Hilfen beziehungsweise der klassischen Jugendfürsorge nicht nur weiter potenziert, sondern durch die Vervielfältigung und innere Ausdifferenzierung der Kinder- und Jugendhilfe hat der Begriff der Jugendpflege auch seine arbeitsfeldumgrenzende und -kennzeichnende Bedeutung weitestgehend eingebüßt. Das, was ursprünglich Jugendpflege titulierte, findet sich spätestens seit Mitte der 60er Jahre des letzten Jahrhunderts in dem Begriff Jugendarbeit aufgehoben.

Die Jugendpflege hat dennoch auch in den gegenwärtigen Diskussionen um die Kinder- und Jugendarbeit noch eine Bedeutung. Sie bezeichnet allerdings nicht mehr die außerschulischen, freizeit- und bildungsbezogenen Angebote und Aktivitäten als Ganzes, sondern nun einen nicht unwesentlichen Kernbereich der kommunalen Kinder- und Jugendarbeit, in der Regel die auf einen Bezirk, einen Stadtteil, einen Kreis oder eine Gemeinde bezogenen allgemeinen Aufgaben. Der kommunalen Jugendpflege obliegt es so vielerorts, sämtliche Angebote der Kinder- und Jugendarbeit in einem jeweils näher spezifizierten Territorium zu vernetzen und aufeinander abzustimmen. In Großstädten finden wir neben der sogenannten Stadtjugendpflege, die häufig eine eigenständige Abteilung innerhalb des Jugendamtes bildet, mehrere BezirksjugendpflegerInnen. Neben der Dienst- und Fachaufsicht über die MitarbeiterInnen der Kommune haben sie die gesamte Kinder- und Jugendarbeit in dem Stadtteil oder den Stadtteilen, für die sie zuständig sind, zu koordinieren. Entsprechend der städtischen Organisationsstruktur kommt ihnen somit die Funktion eines Unterabteilungsleiters zu. In kleineren Städten und Gemeinden sind die Aufgaben der Jugendpflege und der JugendpflegerInnen häufig sogar noch wesentlich vielfältiger. Wie auch vielen KreisjugendpflegerInnen - also dem Fachpersonal, dem auf Kreisebene die Verantwortung für die Jugendarbeit in der Regel zufällt - kommt ihnen neben den schon erwähnten Aufgaben auch noch die Leitung von Kinder- und Jugendfreizeiteinrichtungen zu. Darüber hinaus sind VertreterInnen der Jugendpflege auf den verschiedenen Ebenen auch die kommunalen FachvertreterInnen für die Kinder- und Jugendarbeit in den Jugendhilfeausschüssen der Städte, Gemeinden und Kreise. JugendpflegerInnen haben somit in den Gebietskörperschaften Aufgaben der Planung und Konzeptualisierung von Angeboten in einer Stadt, Gemeinde oder Region, die Initiierung von Aktionen, die Beratung und Unterstützung von Gruppen, die Koordinierung der Maßnahmen der unterschiedlichen Träger, die allgemeine Öffentlichkeitsarbeit und die Vertretung der Belange der Kinder- und Jugendarbeit in den politischen Gremien zu bewältigen.

„Vor acht Jahren habe ich als Sozialpädagoge in Ebersberg (9.000 Einwohner) angefangen und die Stelle des gemeindlichen Jugendpflegers aufgebaut. (...) Mein Arbeitsplatz ist das Rathaus - nicht das Jugendhaus. Ich werde wie alle anderen Kollegen im Haus nach Tarif bezahlt. Zu meinen Aufgaben gehört u. a. der Kontakt zum Jugendtreffpunkt. Dieser wird von niemanden geleitet, auch nicht heimlich von mir. Jugendliche verwalten ihn selber, ohne Entgelt. Das ist ein wesentlicher Unterschied zu den üblichen Jugendhäusern. Die Jugendlichen wissen, wo ich bin, und wenn sie etwas brauchen oder von mir wollen, kommen sie. Ich bin also nicht im Jugendhaus und den Jugendlichen mit meinen Ideen, Vorschlägen (...) und Aktivierungsabsichten im Genick. Das bedeutet nicht, dass ich mich ins Rathaus zurückziehe. Ich gehe in den Jugendtreffpunkt, bin mir aber bewusst (...), dass ich dort nur Berater und Gast bin. Mein ‚Sitz' ist also die Verwaltung, mein Verwaltungsaufwand aber gering: Ich muss keinen Apparat in Gang halten, es gibt kein Amt für Jugend- und Freizeitarbeit, keine Programme, Rundschreiben, Verteiler, keine Sekretärin zu beschäftigen. (...) Ich verfüge über einen Etat von 2.000 DM zur Restfinanzierung von Bildungsseminaren, Honorar- und Referentenkosten. Ich bin kein Geldverteiler, (...) sondern pädagogische Fachkraft (...), d. h., ich bin verantwortlich für die Beratung von Jugendlichen, Eltern, Lehrern und Mandatsträgern. Jugendpolitische Entscheidungen werden dagegen im Stadtrat getroffen, und Initiativgruppen und Verbände beantragen unmittelbar dort ihren Zuschuss. (...) Aber meine Aufgabe ist, über die eigene Fachkompetenz und meine öffentliche Stellung als Stadtjugendpfleger die Positionen von Initiativgruppen zu unterstützen. (...) Ich verbinde als Jugendpfleger die ‚praktische' Jugendarbeit (Beziehungsarbeit) mit der ‚administrativen' Jugendarbeit (Analysen, Konzepte, Angebote, Verhandlungen innerhalb der Gemeinde, Kontakt und Auseinandersetzung mit anderen Fachkräften und Modellen der Jugendarbeit). (...) Die Arbeit des Jugendpflegers ist also weniger die Pflege der Jugend als vielmehr die Pflege des Verhältnisses zwischen Jugendlichen und Erwachsenen." (Meier 1988, S. 202–204)

Gegenüber dieser tendenziell vermittelnden Aufgabenbestimmung sieht B. Müller (1989, S. 77) die Aufgabe von JugendpflegerInnen insbesondere darin, Jugendliche zu unterstützen, ihre eigenen Interessen auch auf der politischen Bühne zu vertreten und Kinder und Jugendliche mit den bestehenden gesellschaftlichen Machtverhältnissen bekannt zu machen. JugendpflegerInnen nehmen in vielen kommunalen und kreisbezogenen Bereichen der Jugendarbeit und -politik eine Art Schlüsselstellung ein (vgl. Schefold 1997, S. 526), die eine hohe fachliche Kompetenz und Flexibilität erfordert. Um diese, aber auch die anderen Aufgaben erfüllen zu können, werden von JugendpflegerInnen sowohl sozial- als auch kommunalpolitische, sozialwissenschaftliche und pädagogische Kenntnisse sowie Organisations- und Personalführungskompetenzen verlangt (vgl. Palz-Gerling 1995, S. 23).

Trotz der erheblichen Bedeutung der Jugendpflege ist dieses Arbeitsfeld der Kinder- und Jugendarbeit bisher kaum erforscht. Lediglich die hier schon erwähnten Erfahrungsberichte von Jugendpflegern in kleineren Städten (Meier 1988; Palz-Gerling 1995) sowie eine Studie von B. Müller (1989) über die ländliche Jugendpflege geben in der jüngeren Zeit Hinweis davon, dass dieses Arbeitsfeld überhaupt existiert. Berichte geschweige denn empirische Studien über die Jugendpflege in Städten fehlen ebenso wie Informationen über die Anzahl der in der Bundesrepublik Deutschland beschäftigten JugendpflegerInnen, da von der Kinder- und Jugendhilfestatistik die Jugendpflege als eigenständiges Arbeitsfeld bisher nicht erfasst wird.

 Tipps zum Weiterlesen

Müller, B. (1989): Auf'm Land ist mehr los. Jugendpflege in Kleinstädten und ländlichen Gemeinden. Weinheim u. München.

Mobile und flexible Arbeitsfelder der Kinder- und Jugendarbeit

Niedrigschwellige Kinder- und Jugendarbeit - Straßensozialarbeit

Unter den Signets Straßensozialarbeit, Streetwork, aufsuchende Jugend- und Sozialarbeit, Gassenarbeit und mobile Jugendarbeit werden in der Bundesrepublik seit gut 30 Jahren Handlungsansätze verstanden, erprobt und diskutiert, deren Merkmal es ist, dass Sozialarbeiterinnen und Sozialarbeiter sich in den von den Zielgruppen „eroberten" sozialen Räumen bewegen. Straßen-, cliquen- und sozialraumorientierte sozialpädagogische Methoden beziehen sich vorrangig auf problembelastete und problematische Sozialräume beziehungsweise auf jugendliche Zielgruppen, die - nicht zuletzt aufgrund gesellschaftlicher Stigmatisierungen - in marginalisierten Nischen eigensinnige ästhetisch-kulturelle Stile entwickeln oder existenzsichernden, jedoch hoch tabuisierten materiellen Reproduktionsformen nachgehen: Sie präsentieren sich öffentlich mit ihren nonkonformen, renitenten und partiell illegalen Alltagsvergegenwärtigungen und kriminalisierbaren Handlungen und verschließen sich aber weitgehend sozialpädagogischen Angeboten und klassischen, orts- und raumgebundenen institutionellen Zugängen - mit den Worten eines Streetworkers: „Die Aufgabe der StraßensozialarbeiterInnen besteht darin, häufig in drei- bis vierköpfigen Teams Kontakte zu mit dem Etikett 'auffällige, gewaltbereite und gewalttätige' versehene Jugendliche aufzunehmen, die sich in Parkanlagen, U-Bahnhöfen, auf Spielplätzen und anderen öffentlichen Plätzen treffen, um dort gemeinsam ihre Freizeit zu verbringen. Ziel ist es, ihnen konkrete Lebenshilfe anzubieten und ihnen Wege zu neuen Erfahrungen aufzuzeigen. Dabei sollen sich die Straßensozialarbeiter auf die Jugendlichen zu bewegen und sie so annehmen, wie sie sind, ohne gleich mit erhobenem pädagogischen Finger auf sie zu zeigen und ihr Verhalten und ihre Ansichten ändern zu wollen" (Stürzbecher 1994, S. 31 f.). Zu den Adressatengruppen von kinder- und jugendarbeiterischen Projekten der Straßensozialarbeit gehören jugendliche Gleichaltrigengruppen und Szenen, aggressive und delinquente Jugendbanden, gewaltorientierte jugendliche Fußballfans, alleinstehende Obdachlose, Stricher und weibliche Prostituierte, Drogenabhängige sowie die als risikobelastet und problematisch angesehenen Kinder und Jugendliche, die einen Teil ihres Alltags auf den Straßen der Innenstädte verbringen.

Erste Vorläufer der heutigen Straßensozialarbeit finden sich schon im 19. Jahrhundert in der Aktivität der „Pilgernden Brüder" und der ehrenamtlichen Gassenarbeit von Pastoren und FürsorgerInnen sowie in der karitativ motivierten Milieuarbeit und der offenen Jugendfürsorge der Weimarer Republik. An dieser frühen Spuren erinnerten sich die Initiatoren der neuen Streetworkprojekte jedoch nur selten. Sie fanden ihre Vorbilder in den milieubezogenen, kriminalpräventiven Ansätzen der Chicagoer Gangprojekte der 20er Jahre des vergangenen Jahrhunderts und in deren amerikanischen Nachfolgeprojekten (vgl. Specht 1987; Steffan 1997; Galuske/Thole 1999).[5] Eines der ersten Straßensozialarbeitsprojekte entstand vor gut vierzig Jahren, also Ende der 60er Jahre in Stuttgart-Freiberg. Einer der Mitinitiatoren des dortigen Projektes, der Pfarrer J. Luuka, erinnert sich wie folgt an diese Gründungsphase:

„Es gab keine Cafés, keine Kneipen. Die ‚halbstarken' Jugendlichen machten sich einen Spaß daraus, mit Steinschleudern auf die Fenster der Hochhäuser zu schießen. Bester war der, welcher das höchstgelegenste Fenster zertrümmert hat. Mit Herzklopfen ging ich als junger Pfarrer auf die Jugendlichen zu. (...) Mit der Einbindung der Eltern gelang mir langsam die Stabilisierung der ersten Kontakte und eine Beruhigung der Nachbarschaft. Damit wurde ein Grundstein für die Entwicklung gemeinwesenorientierter Jugendarbeit gelegt." (Simon 1997, S. 97)

Seit gut einem Jahrzehnt haben mobile und niedrigschwellige Arbeitsformen und Projekte Konjunktur. Aufgrund ihrer konzeptionellen Anlage können diese Angebotsformen mit dem Adjektiv „niedrigschwellig" typisiert werden; aufgrund ihrer zentralen, nicht raumbezogenen Orientierung können sie jedoch auch als Projekte der „Straßensozialarbeit" oder als „Streetwork" identifiziert werden. Streetwork bezeichnet dabei einerseits eine methodische Vorgehens-

---

5 Zur Kritik der Straßensozialarbeit als Methode und Konzept vgl. auch Kapitel 8.

weise innerhalb verschiedener Praxisfelder der Jugend- und Sozialarbeit, (...)
eine Kontaktform im Sinne aufsuchender Arbeit. StreetworkerInnen arbeiten
nicht (nur) in den Räumen einer Institution, sondern begeben sich (auch) in das
unmittelbare Lebensumfeld ihrer Zielgruppe, indem sie deren informelle Treffpunkte aufsuchen: Straßenecken, Scenetreffs, Parks, öffentliche Plätze, Laden-
passagen, Fußgängerzonen, Spiel- und Bolzplätze, Schulhöfe, Kneipen, Discos,
Spielcenter sowie teilweise auch Privaträume und Wohnungen" (Gref 1995,
S. 13). Andererseits und darüber hinaus haben sich Formen der Straßensozialarbeit in der Kinder- und Jugendarbeit, aber auch in der Arbeit mit Drogenabhängigen, TrebegängerInnen, „Strichern" und Prostituierten zu eigenen Arbeitsfeldern entwickelt.

Als Konzepte der Straßensozialarbeit haben sich im Verlauf der Entwicklung in
der Bundesrepublik Deutschland zwei Formen herausgebildet. Erstens sind Projekte zu erkennen, die ein deutliches sozialräumliches Profil zeigen und damit
einen Gemeinwesenbezug aufweisen - wie z. B. in der mobilen Jugendarbeit
(vgl. Specht 1991). Zweitens sind Projekte mit einem klaren Milieubezug zu
erkennen - beispielsweise Fußballfanprojekte und Projekte mit gewaltbereiten
und aggressiven Jugendlichen (vgl. u. a. Lütkemeier/Peter 1987).

Zwischen den konzeptionellen Zugängen existieren keine scharfen Abgrenzun-
gen, die nahe legen, dass von zwei divergenten Zugriffen auszugehen ist. Trotz
einiger kleiner deutlich konturierter Unterschiede, die sich in der Praxis herausgebildet haben, können sechs, die gegenwärtigen konzeptionellen Grundorientierungen dokumentierende Aspekte hervorgehoben werden, auch wenn die heterogene Praxis der Straßensozialarbeit[6] bislang wenig erforscht und systematisiert ist, (Gref 1995; vgl. auch Keppeler 1989; Arnold/Körndörfer 1993; Gusy
u. a. 1990; Krauß/Steffan 1990):

• *Zielgruppenorientierung:* Streetwork wendet sich nicht an alle, sondern bezieht sich überwiegend auf klar umrissene, zumeist öffentlich präsente und
  von der gesellschaftlichen Mehrheit als Rand- respektive Risikogruppen i-
  dentifizierte Zielgruppen. Demzufolge werden Streetworkprojekte in aller
  Regel initiiert, wenn Jugendliche gesellschaftlichen Öffentlichkeiten und
  Systemen zum Problem werden und die existierenden pädagogischen Institutionen und Konfliktbewältigungsformen die für notwendig erachteten sozialen Disziplinierungen und Integrationsleistungen nicht mehr erbringen können.

• *Konzeptionelle Orientierung:* Folgen wir den konzeptionellen Grundlegungen, dann ist Straßensozialarbeit in der Bundesrepublik Deutschland nicht
  nur, sondern möglicherweise nicht einmal primär an einer Befriedung stö-
  render Klientel orientiert, sondern zielt wesentlich auch auf eine Unterstüt-

---

6 Im Kontrast zur wenig erforschten Praxis der Straßensozialarbeit (vgl. u. a. Pfennig
  1996) ist das Phänomen „Straßenkindheit" in den letzten Jahren Gegenstand einiger
  empirischer Feldbetrachtungen gewesen (vgl. u. a. Institut für Soziale Arbeit 1996;
  Langhanky 1993; Degen 1995).

zung der Betroffenen bei ihren Versuchen der Bewältigung spezifischer Lebenslagen, ist demnach im Kern sozialpädagogische Hilfe zur Lebensbewältigung (vgl. u. a. Böhnisch 1992).

• *Szene- und Gruppenbezug*: Streetworkerinnen und Streetworker arbeiten in und mit den informellen Strukturen der zumeist jugendlichen Szenen und Gruppen. Gegenüber der institutionengebundenen Sozialen Arbeit verkehrt sich damit quasi das „Hausrecht". Nicht die Klientinnen und Klienten müssen sich an institutionell vorgegebene Spielregeln anpassen, sondern die Sozialarbeiterinnen und Sozialarbeiter haben sich umgekehrt auf die Regularien und rituellen Grundmuster der jeweiligen Adressatengruppen einzulassen. Im Bild gesprochen: Während institutionengebundene Soziale Arbeit die Vorteile eines „Heimspiels" nutzen kann, ist Straßensozialarbeit ein „Auswärtsspiel". Grundvoraussetzung ist deshalb zunächst, die gegebenen Szenestrukturen und Gruppenregeln sowie ihre sozialräumliche Einbindung wahrzunehmen, zu verstehen und zu respektieren, um angemessen, und das heißt in pädagogisch professioneller Art und Weise authentisch, situations- und subjektbezogen zu reagieren und zu wirken.

• *Versorgungsorientierung:* Straßensozialarbeit ist nicht einfach dadurch hilfreich, dass professionelle sozialpädagogische Akteure in den betreffenden sozialen Räumen anwesend sind, sondern vielmehr darüber, dass sie sich bemühen, durch Kenntnis des Umfelds infrastrukturelle Schwachstellen zu identifizieren und Schritte zu deren Behebung zu initiieren. Dies kann im Regelfall nur geschehen, wenn über die SozialpädagogInnen sachliche Ressourcen wie zum Beispiel Kontaktläden, Räume und disponible finanzielle Mittel an die Projekte angebunden sind, die den Klientinnen und Klienten zur Verfügung gestellt werden können.

• *Ganzheitlicher Arbeitsansatz:* Ganzheitlichkeit meint im Kontext der Straßensozialarbeit, dass die StreetworkerInnen als universelle AnsprechpartnerInnen erreichbar sind und ihre Rolle auch kompetent auszufüllen wissen. Das heißt, dass sie für Probleme und Anfragen, die den Lebenszusammenhang der jeweiligen Szenen und Gruppen betreffen, offen sind und ihr Wissen und Können den vorgetragenen Ansprüchen entsprechend zu artikulieren vermögen.

• *Street-Live:* Straßensozialarbeit vollzieht sich nicht in konstruierten und kontrollierten Räumen und Situationen, sondern in den gewachsenen gesellschaftlichen Lebenswelten. Sie agiert in bezug auf die sich hier täglich neu reproduzierenden unmittelbar erfahrbaren Alltagssituationen mit den für die jeweiligen Szenen typischen Kommunikationsformen und häufig wenig sprachlichen, sondern handlungsorientiert geformten Interaktionen.

Im Kern geht es allen Projektansätzen insbesondere darum, triviale, klischeehafte und oft andere stigmatisierende Alltagsdeutungen und darüber abgestützte ritualisierte Handlungsketten durch methodisch begründete und pädagogisch initiierte Angebote handlungsorientiert anzufragen. Das obige konzeptionelle

Strickmuster findet dabei in fünf, nicht linear aufeinander aufbauenden, sondern zirkulär angelegten praktischen Handlungsaspekten eine Entsprechung:
dem Aufbau und der Pflege eines Kontaktnetzes in der Szene, der Entwicklung
und Betreuung eines institutionellen Netzes an Kommunikations- und Koopera-
tionspartnerInnen, der psycho-sozialen Unterstützung und sozialkulturellen A-
nimation, der Szeneinteressenvertretung und der Herstellung von angemessenen Angeboten für die jeweilige Zielgruppe (vgl. u. a. Gusy u. a. 1990).

Inzwischen realisieren sich Projekte der mobilen Jugendarbeit und der Straßensozialarbeit nicht mehr nur in bezug auf „problembelastete" Jugendliche. In
ländlichen, aber auch in städtischen Territorien, in denen keine Einrichtungen
der Jugendarbeit existieren oder diese aus den unterschiedlichsten Gründen von
den Kindern und Jugendlichen nicht mehr als akzeptable Freizeitorte betrachtet
werden, wird nach alternativen Modellen gesucht und in mobilen Angebotsformen gefunden:

 „Fast drei Jahre war die ‚Offene Kiste' unterwegs, um Jugendarbeit neu ‚ins
Rollen zu bringen'. Der Begriff ‚Offene Kiste' meint dabei sehr viel: einen um-
gebauten Zirkuswagen, eine Vision, einen konzeptionellen Entwurf, MitarbeiterInnen - aber vor allem: direkte Erlebnisse mit Jugendlichen und Erfahrungen mit Jugendarbeit. Siebzehn völlig unterschiedliche Orte wurden aufgesucht. In vier- bis
sechswöchigen Präsensphasen begleitete die ‚Offene Kiste' Jugendliche und Erwachsene. Sie unterstützte sie bei der Entwicklung von Jugendarbeit. (...) Die ‚Offene Kiste'
entwickelte sich dabei zu einem Laboratorium der Jugendpädagogik, in dem Versuche
stattfinden konnten und mussten. Denn die Situation, in der Jugendliche sich befinden,
ist immer neu. Moderne Entwicklungen haben die Jugendarbeitslandschaft verändert.
Die Jugendlichen be- und ergriffen die Chance sofort, die sich ihnen in Gestalt der ‚Offenen Kiste' bot." (Becker/Wenig 1999, S. 8)

Dieses wie auch andere Projekte dokumentieren nachdrücklich die Innovati-
onsbereitschaft der Kinder- und Jugendarbeit und die Suche nach neuen, alters-,
adressen-, milieu- und geschlechtsangemesseneren Arbeitsformen und -
ansätzen. Die Suchbemühungen zielen mit unterschiedlichen Akzentuierungen
darauf ab, sich den Modernisierungen der Kindheits- und Jugendphase zu stellen und den veränderten Ansprüchen und Wünschen der Heranwachsenden
durch ansprechende Projekte entgegenzukommen (vgl. u. a. Sturzenhecker
1998; Münich 1998; Zinser 1998; Barth/Bopp 1999; Lutz/Stickelmann 1999).

 Tipps zum Weiterlesen

Specht, W. (Hrsg.) (1987): Gefährliche Straße - Jugendkonflikte und Stadtteilarbeit.
Bielefeld.
Klose, A./Steffan, W. (Hrsg.) (1997): Streetwork und mobile Jugendarbeit in Europa.
Münster.
Becker, /Simon, T. (Hrsg.) (1995): Handbuch Aufsuchende Jugend- und Sozialarbeit.
Weinheim und München.
GANGWAY e. V. (Hrsg.) (1998): Streetwork und Professionalität. Berlin.

Kulturpädagogische Aktionen und Projekte

Kulturpädagogische Aktionen und Projekte gehören mit zu den reformfreudigsten Formen der Kinder- und Jugendarbeit seit Mitte der 70er Jahre. Entwickelt wurde diese Angebotsvariante 1972 im Kontext der Olympischen Spiele von der damaligen „Kulturpädagogischen Aktion", München. Kinder- und Jugendarbeit kulturpädagogischer Prägung stellt den herkömmlichen, in Sparten separierten Formen der kulturellen Angebotspädagogik eine von und mit Kindern und Jugendlichen realisierte „kulturelle Gegenwelt" gegenüber. Kulturpädagogische Intentionen und Arbeitsformen finden sich zwar heute auch in den Häusern der Offenen Tür, Jugendkunstschulen, Jugendzentren und Jugendverbänden, aber nicht mit dem Zuschnitt wie in kulturpädagogischen Projekten.

Kulturpädagogische Dienste sind Initiativen, die auf örtlicher oder regionaler Ebene die kulturelle Kinder- und Jugendbildung beraten, Veranstaltungen koordinieren und Kooperationszusammenhänge schaffen, einen Gerätepark unterhalten und Arbeitsmittel zur Verfügung stellen sollen, um die spezifischen Inhalte und die organisatorischen Rahmenbedingungen einer lokalen Kulturarbeit zu begünstigen. Eine Konkretisierung dieses allgemeinen Profils versuchte B. Schäfer (1988, S. 12), indem sie folgende Aspekte als Schwerpunkte von kulturpädagogischen Aktionen hervorhob:

● „Entwicklung von kulturpädagogischen Konzepten für das gesamte Gemeinwesen
● Erschließung und Unterstützung von Aktivitäten
● kulturpädagogische Betreuung bestehender Kultur- und Freizeiteinrichtungen
● Koordination und Kooperation zwischen verschiedenen Institutionen in kommunaler und freier Trägerschaft, z. B. durch die Initiierung von Arbeitskreisen
● Information und Beratung für Vereine, Gruppen und Initiativen
● Entwicklung von stadtteil- und zielgruppenbezogenen Veranstaltungen und Projekten
● Aufbau eines 'Kulturinformationssystems'
● Verwaltung eines Technikpools."

In der Praxis aber hat sich dieses Profil eines koordinierenden Services bisher kaum durchsetzen können. Einzelne Anläufe dokumentieren die Möglichkeiten „Kulturpädagogischer Dienste", aber auch ihre Realisierungsschwierigkeiten: Die Initiativen und Projekte der ehemaligen „Pädagogischen Aktion" in München belegen eindrucksvoll die innovative Spannbreite dieser Angebotsform, die „Kulturpädagogische Kooperative Köln" betreibt erfolgreich die eigene Lobbyarbeit und die lokale Diskussion über die Kulturpolitik der Stadt; „Aber Hallo" in Aachen/Alsdorf wandelte sich vom mobilen „Kulturpädagogischen Dienst" zum Verein, der kontinuierlich eine „Werkstatt" nach kulturpädagogischem Konzept betreibt (vgl. Thole/Kolfhaus u. a. 1994).

Abbildung 9: Ferienaktion ‚Mittelalter'-Projekt des Düsseldorfer Vereins „Aktion & Kultur mit Kindern"

„Akki" (Aktion & Kultur mit Kindern e.V.), Düsseldorf, hat seit 1985 beispielhaft immer wieder und größtenteils auch erfolgreich versucht, das Spezifische der Kulturpädagogik einerseits und die Möglichkeiten kooperativer und vernetzender Arbeit andererseits in der Praxis herauszuarbeiten:

„Der Düsseldorfer Verein zur Förderung der Kinderkultur ist gemeinnützig und seit 1985 als freier Träger nach § 75 KJHG anerkannt. Seit 1990 wird Akki kontinuierlich über eine Sockelfinanzierung durch die Stadt Düsseldorf gefördert. Akki versteht sich als animatives Zentrum ‚kulturpädagogischer Inszenierungen' und möchte Gelegenheiten zur Selbstbildung schaffen: Zu den wesentlichen Merkmalen von Akki gehört es, die Selbständigkeit der Kinder und ihr Bedürfnis nach eigenständigem Experimentieren und spielerischem Lernen schon im Ansatz zu fördern. Alle Projekte sind angelegt als große, vielfältige Erlebnisräume, die Kinder zu selbständigem, eigenverantwortlichem und aktivem Handeln animieren. Drei Kunstpädagogen und eine Sozialarbeiterin arbeiten kontinuierlich an Konzeption und Organisation der jeweilig anstehenden Projekte. Die kunst- und kulturpädagogischen Angebote werden unterstützt von zahlreichen ehrenamtlichen MitarbeiterInnen und MitspielerInnen aus den unterschiedlichsten Berufsbereichen. Der Verein kooperiert mit Jugend- und Kulturämtern, Verbänden und freien Trägern im Düsseldorfer Raum und konzipiert, organisiert und realisiert kulturpädagogische Kinderfeste, Projekttage, Spielaktionen, Kulturwochen und Sommeraktivitäten für Kinder im schulpflichtigen Alter. Akki versteht sich nicht als feste Einrichtung, sondern als mobiles Team. ‚Akki auf Achse' umfasst jene Aktionen und Projekte, die im Auftrag für andere konzipiert und durchgeführt werden. Diese Art der pädagogischen Dienstleistung ist für solche Interessenten reizvoll, die neue Ansätze und Wege der Arbeit mit Kindern suchen, selbst aber nicht über die Kapazitäten und Möglichkeiten verfügen oder ihre Arbeitsschwerpunkte anders gesetzt haben." (Akki 1990, S. 1993)

Mobil, als „Wanderlehrer", bietet der Verein seine spezifischen, kulturpädagogischen Arbeitsformen und -inhalte allen Kinder- und Jugendeinrichtungen, Verbänden und Verwaltungen als Ergänzung und Bereicherung der kontinuierlichen Arbeit mit Kindern und Jugendlichen an. Obwohl der Verein sich nicht primär als Kulturpädagogischer Dienst definiert, lassen sich seine Aktivitäten (Konzeption und Realisation kooperativer Projekte, Videomagazin „Clipper", Kostüm- und Gerätefundus, Fortbildungen und Tagungen zu Themen von Kindheit und Jugendkultur, Beratungen, Veröffentlichungen, Studien) als kulturpädagogische Dienstleistungen und Förderinstrumente bezeichnen, die dem lokalen Bedingungsrahmen und den wirtschaftlichen Möglichkeiten Rechnung tragen. Bekannt geworden aber ist die Initiative durch die zahlreichen kulturpädagogischen Veranstaltungen für und mit Kindern im schulpflichtigen Alter (vgl. auch Kapitel 7).

   Tipps zum Weiterlesen

Grüneisl, G./Zacharias, W. (1989): Die Kinderstadt. Eine Schule des Lebens. Reinbek
  b. Hamburg.
Infodienst Kulturpädagogische Nachrichten. Zeitschrift des Bundesverbandes der Jugendkunstschulen und Kulturpädagogischen Einrichtungen. Unna.

Stadtrand- und Ferienerholungen, Spielmobile

Parallel zu den Abenteuer- und Bauspielplatzbewegung entstanden mit Beginn der 70er Jahre die Projekte für Spielmobile und flexible Spielaktionen. Spielmobile - in der DDR hießen sie Spielwagen - sind zu „Spielhäusern" umgebaute Bauwagen, Kleintransporter, Omnibusse oder Lastkraftwagen. Sie werden auf Schulhöfe, städtische Freiflächen oder Spielplätze gefahren und verweilen dort von einem Tag bis mehrere Wochen mit dem Ziel, Kinder und Jugendliche zum Umgang und Spiel mit den im Mobil mitgeführten Materialien und Geräten zu animieren. Häufig kommen Spielmobile nur in den Sommermonaten zum Einsatz und in dieser Zeit werden sie vornehmlich im Rahmen von sogenannten Stadtranderholungsmaßnahmen beziehungsweise im Rahmen von Sommerferienprogrammen eingesetzt.

Genaue Daten bezüglich der Anzahl der Spielmobile in der Bundesrepublik Deutschland liegen nicht vor. Auch ist unbekannt, wie viele der 1994 registrierten 1.627 Personen, die auf Spielplätzen im Rahmen der Kinder- und Jugendhilfe beschäftigt waren, auch Spielmobilprojekte betreuten oder sogar schwerpunktmäßig hierfür angestellt waren. Auch bezüglich der existierenden Stadtranderholungsmaßnahmen und -projekte liegen keine spezifizierten Daten vor. Folgen wir der Einrichtungs- und Personalstatistik, dann waren in den 288 bundesrepublikanischen Projekten der Stadtranderholung 1994, von denen sich alleine über 170 in freier Trägerschaft befanden, insgesamt lediglich 560 Personen vollzeit- oder teilzeitbeschäftigt (vgl. Statistisches Bundesamt 1996).

Seit etwa einem Jahrzehnt erweitern sich insbesondere in den größeren Städten die Spielmobilprojekte zu multifunktionalen, mobilen Spiel- und Partizipationszentren beziehungsweise kooperieren mit Kinderbüros, an Orten, wo sich solche etablieren konnten. Im Rahmen dieser Aufgabenerweiterung wurden die Spielmobile zu einem integralen Bestandteil einer „Spiellandschaft Stadt", partiell darüber hinaus sogar zu mobilen „Kinderstadtplanungsbüros":

> „Mein Büro ‚Hoch & Teuer' bekam den kommunalen Auftrag, vorbereitende Vermessungsarbeiten in einem Bielefelder Stadtteil durchzuführen. Ziel war der Ausbau eines Straßenzuges (…). Der Konfliktfall bestand nun darin, dass durch die Straßenerweiterung ein Spielplatz erheblich verkleinert werden musste und ein anderer zu verlegen war. Der Konflikt mit den Kindern war vorprogrammiert. Die Kinder zeigten für die Notwendigkeit der Erweiterung keine Einsicht. Konfliktscheu versprach ich den Kindern ihre Mitarbeit. In Kooperation mit dem städtischen Spielmobil stellten wir ein mobiles Kinderstadtplanungsbüro zusammen. Das Spielmobil lieferte das ‚pädagogische Know-how', ein Zelt, Tische, Bänke und eine Buttonmaschine zur Erstellung eines Legitimationsbuttons als Kinderstadtplaner. Ich brachte die notwendigen Pläne, Büromaterial und das notwendige ‚Know-how', ein Gutachten zu erstellen, mit. So ausgestattet konnte das Kinderstadtplanungsbüro eröffnen und mit der grundlegenden Aufgabe, der Erstellung des Gutachtens, beginnen. Zuerst wurde der Stadtteil erforscht. (…) Die Ergebnisse wurden ausgewertet und visualisiert. Der nächste Schritt war die gesetzlich vorgeschriebene Bürgerbefragung. Auch hierbei wirkten die Kinder mit. Abschließend werteten wir die Resultate gemeinsam aus und fanden auch für die Straßenführung befriedigende Kompromisse. Die mir gestellte Aufgabe, Erstellung eines Gutachtens, war damit erfüllt und das Projekt beendet - wären da nicht die PädagogInnen gewesen. Sie bestanden darauf, ein Abschlussfest (…) durchzuführen." (vgl. Platz 1991, S. 31–32)

Wie die Spielmobilintentionen, so haben sich auch die Ferienerholungs- und Stadtrandfreizeiten weiter entwickelt und verändert. Sicherlich sind auch heute noch Ferienfreizeitprogramme zu entdecken, die sich darauf beschränken, Fahrten in den benachbarten Zoo sowie Töpfer-, Mal- und Bastelkurse anzubieten. Immer mehr Ferienaktionen weichen jedoch von diesen Standardprogrammen ab, ersetzen sie oder ergänzen sie durch thematische qualitativ und quantitativ umfangreiche Aktionen:

> „Auf dem Schulhof einer kleinen schleswig-holsteinischen Grundschule herrscht lebhaftes Treiben. Jugendliche tragen Plakate, technische Medien, Koch-, Wander- und Übernachtungsutensilien zusammen und beladen einen kleinen Ponywagen, sammeln Naturprodukte wie Blätter und Blumen, kleben sie auf, fotografieren und studieren Landkarten. Sommerferienstimmung vermischt sich mit gezieltem Tun. Es ist der Beginn einer aufsehenerregenden Wanderung entlang einer geplanten Autobahn. Die Szene erinnert an längst überholt geglaubte jugendkulturelle Freizeitformen, erinnert an Wandervogelidylle. Orientiert an der jugendlichen Abenteuerlust soll das Unternehmen die geographischen, historischen, ökologischen wie aktuell ökonomisch-sozialen Besonderheiten der von einer Autobahntrasse bedrohten Landschaft zwischen Marsch und Geest in einem Prozess der Selbsterfahrung erkunden.
> Mit detektivischem Spürsinn werden auf der mehrtägigen Wanderung seltene Pflanzen entdeckt, häufig sogar mittels eines Bestimmungsbuches als vom Aussterben bedrohte Arten identifiziert. In den Pausen wird gebadet, abends ein Donnerbalken gebaut und gemeinschaftlich auf einem kleinen Gaskocher gekocht. Frisch geerntetes Gemüse und Obst erfreute immer wieder die Münder. Interessantes wird fotografiert oder gefilmt und, soweit möglich, als ökologischer beziehungsweise historischer Fund auf dem Ponywagen verstaut. Und die Bauern erzählen den Jugendlichen, welche Konsequenzen der Straßenbau für die Landwirtschaft hätte. Am abendlichen Lagerfeuer werden die

Tageserlebnisse phantasievoll ausgeschmückt, zu visionären Schreckensbildern versponnen. Die Jugendlichen malten sich aus, wie die Autobahnraststätte ‚Rüstjer Forst' sich im wahrsten Sinne des Wortes zu einem gigantischen Denkmal einer zerstörerischen Kultivierung verwandelt. Stinkende Blechkolonnen parkender Autos, leere Bierdosen, weggeworfenes Papier und anderer Unrat verschandeln den umzäunten Restwald und lassen den Gedanken an Leben zu einer kümmerlichen Erinnerung verblassen. Es entstehen Kristallisationspunkte gemeinsamen Nachdenkens, die schriftlich und bildlich festgehalten, auch den Menschen an der Wegstrecke mitgeteilt werden. Und die Mehrzahl reagiert freundlich, aufgeschlossen. Nur wenige wenden sich ab, entsagen sich dem Gespräch mit den Jugendlichen und schreiben Sprüche wie ‚Ihr habt wohl nichts besseres zu tun'. An der Herstellung einer Gegenöffentlichkeit zu dem geplanten Trassenbau steuern die Jugendlichen durch eine Ausstellung über ihre Wanderung bei. Lernen roch in diesem Projekt nicht nach Pauken und Langeweile. Symbolische Auseinandersetzungen mit, interpretative Durchdringungen und konkret unmittelbare Aneignungsprozesse von gesellschaftlicher Wirklichkeit verbanden sich in diesem soziokulturellen Projekt und unterstützten - siehe die Szene am Lagerfeuer - phantasievolle ‚Probebesetzungen'. Für die Jugendlichen trugen die Wandererfahrungen dazu bei, das ‚dichte' Geflecht komplexer Alltäglichkeit zu entwirren und im gemeinsamen Prozess zu erfahren, dass Veränderungen (...) Handeln im Verbund mit anderen bedarf." (vgl. Schnieders 1982)

Thematisch ausgerichtete Ferienaktionen und Stadtranderholungen sind nicht immer derart anspruchsvoll. Konsequent umgesetzt zeichnen sich die Projekte in der Regel jedoch dadurch aus, dass sie für die unterschiedlichen kulturell-ästhetischen, künstlerischen und konsumorientierten Angebote einer Ferienaktion einen thematischen Rahmen präsentieren, der die Teilnahme der Kinder und Jugendlichen zu einem experimentellen, erfahrungsbezogenen Bildungsereignis und damit zu mehr als nur zu einem konsumtiven Erlebnis werden lässt.

     Tipps zum Weiterlesen

Deutsches Kinderhilfswerk u. a. (Hrsg.) (1990): Das Spielmobilbuch. Eine Lobby für Spielräume und Kinderrechte. Berlin.
Knecht, E./Knecht, G. (1999): Die Stadt als Spiel und Lernraum. In: deutsche jugend, Heft 5, 46. Jg. (1999), S. 199–208.
Spielmobilszene. Zeitschrift der Bundesarbeitsgemeinschaft Spielmobile e. V.

Kinder- und Jugendreisen, Jugendtourismus

Kinder- und Jugendreisen, Fahrten- und Ferienlager sind seit Jahrzehnten fester Bestandteil der Kinder- und Jugendarbeit. Viele der heute in der Kinder- und Jugendarbeit hauptamtlich Beschäftigten begannen ihre Karriere als TeamerIn oder BetreuerIn einer Kinderfreizeit oder einer Jugendgruppenreise und viele Erwachsene berichten noch im hohen Alter von ihrem ersten elternlosen Urlaub mit einer Kinder- oder Jugendgruppe. Obwohl also Kinder- und Jugendreisen wahrscheinlich das Segment der Kinder- und Jugendarbeit darstellen, in dem die meisten Heranwachsenden Kontakt mit der Kinder- und Jugendarbeit hatten und eine kaum überschaubare Anzahl von Kommunen, Jugend- und Wohlfahrtsverbänden sowie kleinerer und größerer gemeinnützige Veranstalter seit den 50er Jahren des letzten Jahrhunderts Reisen und mehrtägige Erholungsfahrten für Kinder und Jugendliche anbieten, spielt dieser Bereich in den allgemeinen jugendpädagogischen Diskussionen im Kontext der Kinder- und Jugendhilfe kaum eine Bedeutung.

Das war nicht immer so (vgl. Giesecke/Keil/Perle 1967; Kentler/Leithäuser/ Lessing 1969), mag aber auch damit zusammen hängen, dass Kinder- und Jugendferienreisen sich seit jeher sperrig gegenüber theoretischen Präzisierungen und methodisch-didaktischen Konzepten zeigten, sozusagen als „Praxis pur" anzusehen und allenfalls Gegenstand von praxisorientierten Handreichungen, Leitlinien und Verhaltensregelungen sind. Ob damit allerdings dem realen Angebot, der Bedeutung und der wachsenden Nachfrage an Kinder- und Jugendreisen zu Beginn des neuen Jahrtausend entsprochen wird, ist fragwürdig. Immerhin artikulieren gegenwärtig cirka 4,7 Millionen Heranwachsende allein der Altersgruppe der 14- bis 19jährigen jährlich den Wunsch, an einer Jugendreise teilzunehmen (vgl. Korbus/Nahrstedt 1997). Insbesondere bei Jugendlichen, die einen gymnasialen Schulabschluss anstreben, steht das Reisen hoch im Kurs. 83 % aller befragten Gymnasiasten notieren Reisen als beliebteste Freizeittätigkeit und platzieren damit diese Freizeitform noch vor Interessen wie Musik hören, soziale Kontakte pflegen und sportlichen Aktivitäten nachgehen (vgl. Schmidt 1997; vgl. auch Jugendwerk der deutschen Shell 2000).

Abbildung 10: Jugendtourismus - zwischen jugendpflegerischer Gruppenreise und „Party-Tourismus", Selbstorganisation und Kommerzialisierung

Auch aufgrund dieser enormen Nachfrage hat sich das Segment der Kinder- und Jugendreisen aus dem Feld der Kinder- und Jugendhilfe inzwischen partiell herausentwickelt und in eigenständigen Profit-Organisationen etabliert. „Ökonomisierung" ist zwar eine Botschaft, die das gesamte Angebotsfeld der Kinder- und Jugendarbeit seit dem letzten Jahrzehnt wie ein roter Faden durchzieht, jedoch in keinem Angebotsbereich so deutlich und einschneidend wie bei den Kinder- und Jugendreisen: „Der Weg geht auch im Jugendtourismus vom Staat zum Markt, von der öffentlichen Subvention zur Privatfinanzierung, von der Jugendpflege zum Jugendtourismus" (Nahrstedt 1997, S. 7).

Neben den gemeinnützigen, kommunalen und verbandlichen Veranstaltern, den klassischen, rein gewinnorientierten Anbietern von „Twen Tours" und „Club

28 Reisen" ergänzen inzwischen Reisen von diversen mittleren und kleineren, zum Teil ehemals gemeinnützigen Veranstaltern das Angebot an Kinder- und Jugendreisen und - keineswegs zu unterschätzen - bilden zudem ein immenses Reservoir an Praktikumsplätzen für diejenigen, die eine spätere hauptberufliche Tätigkeit mit Kindern und Jugendlichen anstreben.

Unter Beachtung marktorientierter Prämissen schimmern hier im Kontrast zu den rein kommerziellen Anbietern partiell heute noch die zumeist in der Gründungsphase erarbeiteten pädagogischen Intentionen durch, wie zum Beispiel bei dem Bielefelder Unternehmen „Reisen und Freizeit mit jungen Leuten" (RuF) - mit jährlich inzwischen 19.000 jugendlichen Reiseteilnehmern, zirka 1.000 saisonalen und 34 hauptamtlichen Mitarbeitern und einem Jahresumsatz von 15 Millionen DM einer der größten Veranstalter des „neuen" Jugendreisemarktes:[7]

 „RuF bietet pädagogisch qualifizierte Jugendreisen an, die sich auf dem Markt behaupten. Die Finanzierung erfolgt rein über den Markt. Dennoch müssen offensichtlich keine Abstriche beim pädagogischen Konzept gemacht werden. Die Jugendspanne zwischen 12 und 18 Jahren wird pädagogisch ausgestaltet. (...) Die Jugendreisekonzeption von RuF-Reisen scheint zur Förderung von Lernprozessen zur Lebensbewältigung in diesen Lebensbereichen günstig. Von daher können (...) Konzept und Realisierung des RuF-Reisekonzeptes als pädagogisch positiv bewertet werden. Die Aufgliederung der Destination in eine Vielzahl kleinerer ‚Villagios' mit je 20 bis 30 Jugendlichen fördert die intensive Kommunikation der relativ gleichaltrigen Jugendlichen untereinander." (Korbus/Nahrstedt 1997, S. 54f.)

Allein 64 dieser „neuen" Reiseveranstalter haben sich im „Reisenetz", der „Bundesarbeitsgemeinschaft unabhängiger Veranstalter von Kinder- und Jugendreisen", zusammen gefunden. Vielfach sehen sie sich als Ergänzung, nicht als Konkurrenz zu dem herkömmlichen, von den Jugendverbänden organisierten Veranstaltungsmarkt. „Den hiesigen Jugendverbänden möchte ich in der Regel attestieren, dass sie (...) konzeptionell sehr engagiert sind. An der zufriedenstellenden (professionellen?) Umsetzung hapert es jedoch meist beträchtlich. Den 'Profis' der Jugendreiseszene gelingt es, ihre Konzepte bis in die unmittelbare Praxis umzusetzen. Sie haben gelernt, angemessen mit logistischen Problemen umzugehen. Meine Lieblingsidee ist, dass beide Trägergruppen bei ihren Schwächen nachbessern, ohne die jeweilige Stärke zu vernachlässigen." (Müller 1997, S. 98)

Inzwischen bieten in der Bundesrepublik Deutschland insgesamt mehr als 100 Veranstalter betreute Gruppenreisen für Kinder- und Jugendliche an (Hanser 1999, S. 7). Sie sehen sich bei der Planung und Durchführung von Reisen insbesondere mit erweiterten Erwartungshaltungen und einem erhöhten Qualitätsbewusstsein der Kinder und Jugendlichen konfrontiert. Dem wird mittels mehr Komfort und einer verbesserten Qualität der Urlaubsreisen, neuer Werbe- und Präsentationsformen, einer Professionalisierung der Reisebegleitung und neuer,

---

7 Unter dem Stichwort „Jugendtourismus" werden in diesen „neuen" Organisationen inzwischen einige der Fragen diskutiert, die von der Kinder- und Jugendhilfe ausgeblendet bleiben. So wird u. a. die Bedeutung der Aus- und Fortbildung, die Akzentuierung pädagogisch begründeter Regeln, Formen der MitarbeiterInnenakquisition und die Relevanz der Jugendforschung für die Pädagogik des Jugendreisens thematisiert.

insbesondere sportlicher Angebotspaletten zu entsprechen versucht. Camping-
und Busreisen wurden dementsprechend durch Appartement-, Hotel- und Flug-
reisen ergänzt. Die klassische Fahrt ins Zeltlager ohne weitere Action-
Angebote ist „out". Der gegenwärtige Trend geht von der reinen „jugendpflegerischen" Gruppenreise zur jugendtouristischen „Party-Reise".

 Tipps zum Weiterlesen

Korbus, Th. u. a. (Hrsg.) 1997): Jugendreisen - Vom Staat zum Markt. Analysen und
    Perspektiven. Bielefeld.
Jugend & reisen informationsdienst. Zeitschrift von „transfer e. V.", Köln.

Kooperationsnahe Handlungsfelder

Kooperations- und Vernetzungsgedanken nehmen gegenwärtig in den Diskussionen um die außerschulische Kinder- und Jugendarbeit eine prominente Stellung ein, weil sie die Hoffnung nähren, finanzielle Einsparungen durch Kooperationen mit anderen sozialpädagogischen Handlungsfeldern kompensieren zu
können, neue AdressatInnengruppen zu gewinnen und verlorengegangene zu-
rückzugewinnen. Sie versprechen, gänzlich neue Angebotsformen zu entwickeln und darüber im Verbund mit anderen attraktiver zu werden. Aber auch
unter fachlichen Prämissen finden sich Argumente für eine verstärkte Kooperation zwischen den Arbeitsfeldern der Kinder- und Jugendhilfe. Warum sollen
nicht Jugendliche, die vom Jugendrichter die Auflage erhielten, einen sozialen
Trainingskurs zu besuchen oder Sozialstunden abzuleisten, diese in einem Jugendfreizeitheim absolvieren? Können nicht Kinder und Jugendliche im Rahmen familienergänzender oder familienunterstützender erzieherischer Hilfen
von MitarbeiterInnen eines Jugendverbandes, eines Soziokulturellen Zentrums
oder eines Jugendclubs betreut werden, zumal wenn die Heranwachsenden zuvor schon zu den BesucherInnen von Projekten der Kinder- und Jugendarbeit
gehörten (vgl. Koch/Lenz 1999). Und auch die Vernetzungen zwischen der Jugendgerichtshilfe und den reintegrativen Unterstützungsmaßnahmen für jugendliche Strafentlassene, dem Allgemeinen Sozialen Dienst und den Kindertageseinrichtungen sind noch lange nicht umfassend ausgelotet und erschlossen.
Die Synergieeffekte, die über sozialraumbezogene, fallübergreifende Ansätze
und eine lebensweltorientierte Organisation sozialpädagogischer Dienstleistungen zu erzielen sind, werden erst allmählich erkannt und erschlossen. Im Folgenden werden einige Kooperationsfelder exemplarisch vorgestellt. Ausgewählt wurden solche, die gegenwärtig schon in einem umfänglicheren, keineswegs jedoch ausreichenden Maße mit Projekten der Kinder- und Jugendarbeit
zusammenarbeiten.

Jugendsozialarbeit

Die Jugendsozialarbeit hat sich in den ersten Nachkriegsjahren entwickelt und in den 50er Jahren des vergangenen Jahrhunderts als eigenständiges sozialpädagogisches Handlungsfeld der Kinder- und Jugendhilfe etabliert. In seiner heutigen Form umfasst es als wesentliche Arbeitsgebiete die Jugendberufshilfe, Eingliederungshilfen für jugendliche AussiedlerInnen, die Mädchen- und AusländerInnensozialarbeit und Angebote des Jugendwohnens.

Statistisch waren 1994 in der Kinder- und Jugendhilfestatistik für das gesamte Bundesgebiet 643 Einrichtungen - davon 107 Einrichtungen der öffentlichen und 536 von freien Trägern - der Jugendsozialarbeit mit 6.820 Beschäftigten ausgewiesen. Da die Jugendsozialarbeit nochmals als Arbeitsbereich erfasst wird und so auch die MitarbeiterInnen registriert werden, die nicht nur in Einrichtungen, sondern insgesamt in der Jugendsozialarbeit tätig sind, liegen auch die Daten bezüglich der Gesamtbeschäftigtenzahl für das Handlungsgebiet der Jugendsozialarbeit vor, allerdings nur für das Segment, das auch von der Jugendhilfestatistik erfasst wird. Insgesamt arbeiteten demnach 9.063 MitarbeiterInnen in den drei Schwerpunktbereichen der Jugendsozialarbeit, davon 5.941 als vollzeit- und 2.462 als teilzeitbeschäftigte MitarbeiterInnen. Hiervon waren 3.078 Beschäftigte bei öffentlichen Trägern und 5.985 bei freien Trägern tätig. Von ihnen waren knapp 2.700 MitarbeiterInnen, also nicht ganz ein Drittel aller Beschäftigten, mit jugendsozialarbeiterischen Aufgaben in Einrichtungen der Jugendarbeit engagiert, 2.496 Personen in Jugendzentren oder vergleichbaren Einrichtungen, 69 in Jugendheimen, 68 in Jugendbildungsstätten und 51 in Jugendkunstschulen oder kulturpädagogischen Projekten (vgl. Statistisches Bundesamt 1996).

Während die Jugendberufshilfe und die Eingliederungshilfen eigenständige Arbeitsfelder darstellen, können die anderen Aufgaben der Jugendsozialarbeit als Querschnittsaufgaben angesehen werden (vgl. Füllbier/Schnapka 1991, S. 280), die im Rahmen der Jugendarbeit ebenso Berücksichtigung finden sollten wie in der Heimerziehung. Da die Hilfen und Angebote zur Eingliederung Jugendlicher SpätaussiedlerInnen - insbesondere aus den osteuropäischen Staaten - ein relativ geschlossenes, individuelles und gruppenbezogenes Arbeitsfeld darstellen, das nur selten und dann projektbezogen Berührungspunkte mit der Kinder- und Jugendarbeit zeigt, kann eine Konzentration auf die Jugendberufshilfe und deren mögliche Schnittstellen mit der Jugendarbeit hier im Zentrum stehen.

Die Erwerbslosigkeit im allgemeinen und die Jugendarbeitslosigkeit im besonderen stellen spätestens seit den 70er Jahren des letzten Jahrhunderts ein Dauerthema der politischen und öffentlichen Diskussionen dar. Da Arbeit in kapitalistischen, industriellen Gesellschaften ein Medium der sozialen Integration ist, und Sozialpädagogik das gesellschaftliche Mandat hat, soziale Desintegrationen zu kompensieren, ist die Arbeitslosigkeit seit dieser Zeit - wenn auch mit wechselnden Konjunkturen - ein Thema der sozialpädagogischen Diskussionen. Angesichts einer Zahl von um die 4 Millionen Erwerbsarbeitslosen insgesamt und zirka 400.000 arbeitslosen Jugendlichen im zurückliegenden Jahrzehnt ist dies eine kaum Überraschung auslösende Feststellung. Mehr Verwunderung könnte da schon hervorrufen, dass bei einer derart hohen Erwerbsarbeitslosenquote auch in modernen Gesellschaften Arbeitslosigkeit immer noch als ein Devianzphänomen wahrgenommen wird, also als ein Problem, das vornehmlich individuell verschuldet ist, nicht jedoch gesellschaftlich hervorgerufen wird. Der einzelne Erwerbslose ist in der Perspektive der gesellschaftlichen Mehrheitsmeinung somit nicht Opfer konkreter, ökonomisch-gesellschaftlicher Verhältnisse, sondern „Täter" seiner von Erwerbsarbeit freigesetzten Lebenssituation: „Die Herstellung von Arbeitsvermögen war nie nur Herstellung von Qualifikation, sondern immer auch die Wiederaufrichtung jenes zentralen Musters der Biographie, das als unverzichtbar für die Integration in unsere Kultur und unsere Gesellschaft gegolten hat und gilt. Entsprechend wurde der Verlust der Arbeit oder das Scheitern in der Biographie gewertet als Herausfallen aus dem Modell der Normalität, (…) als 'Versagen' und 'Devianz'" (Münchmeier 1996, S. 147). Diese Selbstverschuldungs-Annahme gilt insbesondere für Jugendliche, „die die Prägekraft von Arbeit noch nicht erlebt haben und mithin in der Gefahr stehen, Existenzweisen jenseits der Lohnarbeitsgesellschaft zu habitualisieren" (Galuske 1998a, S. 537) - mit anderen Worten: Jugendliche, die in ihrem Leben noch keine Chance fanden, in ein Normalarbeitsverhältnis einzutreten, definieren erstens ihre Situation als deviant und selbstverschuldet und sehen darüber hinaus zweitens diese Selbstzuschreibung in der gesellschaftlichen Meinung gespiegelt.

Unter dem Stichwort Jugendberufshilfe als Teilbereich der Kinder- und Jugendhilfe hat die Sozialpädagogik eine sich stetig ergänzende und ausdifferenzierende Angebotspalette für Jugendliche aufgebaut, die aus Normalarbeitsverhältnissen entlassen wurden, das angestrebte berufliche Ausbildungsziel nicht erreichten oder nie eine Chance hatten, in eine Ausbildungsverhältnis einzutreten - über 10 % aller Jugendlichen und über 30 % der nicht-deutschen Jugendlichen pro Jahrgang können auf keinen Ausbildungsabschluss verweisen.

Im einzelnen lassen sich folgende Handlungsfelder der Jugendberufshilfe unterscheiden (vgl. Füllbier/Schnapka 1991; Braun 1996; Galuske 1998a):

- berufsorientierende und berufswahlunterstützende Jugendsozialarbeit in Schulen;

- qualifizierende Berufsfindungsmaßnahmen;

- berufsvorbereitende Bildungsveranstaltungen, die Jugendlichen helfen, qualifizierende Berufsausbildungen zu finden;

- berufs- und ausbildungsflankierende Bildungs- und Unterstützungsangebote;

- sozialpädagogisch begleitende Berufsausbildungen für benachteiligte Jugendliche in überbetrieblichen und beriebsunabhängigen Einrichtungen;

- sozialpädagogisch begleitende und für berufliche Ausbildungen qualifizierende Beschäftigungsprojekte;

- fort- und weiterbildende Qualifizierungs- und Beschäftigungsprojekte für nicht ausreichend ausgebildete Jugendlich sowie

- berufsbegleitende Hilfen für Jugendliche in schwierigen Phasen der beruflichen Beschäftigung.

Abbildung 11: An der Schwelle zur Jugendberufshilfe:
"Malerkolonne" einer Jugendfreizeitstätte

Einzelne dieser Maßnahmen und Angebote haben Vorläufer in den 20er, den 50er und 60er Jahren des 20. Jahrhunderts, denn die nicht immer optimal gelingende Integration von Jugendlichen in den Arbeitsmarkt ist keine Erscheinung, mit der moderne Industriestaaten sich erstmals in jüngerer Zeit konfrontiert werden (vgl. u. a. Hermanns 1990). Seit den 70er Jahren ist ein quantitativer Ausbau der berufsbezogenen Jugendsozialarbeit ebenso zu beobachten wie eine Konsolidierung und Ausdifferenzierung der Angebote mit einer kaum noch überschaubaren Fülle an Finanzierungsquellen und -trägern: vom europäischen Sozialfond über Programme der Bundesregierung und der Länderregierungen, der Bundesanstalt für Arbeit bis hin zu kommunalen und gebietskörperschaftsbezogenen Programmen (vgl. Galuske 1998a, S. 541). Erwähnenswert sind zudem die Projekte, die sich darauf konzentrieren, straffällig gewordene Jugendliche während ihrer Haftzeit und nach ihrer Haftentlassung bei den Bemühungen der beruflichen Qualifizierung und Integration gezielt zu unterstützen.

So unterstützungswürdig und gesellschaftlich notwendig die existierenden Programme und Projekte auch sein mögen, so fatal ist doch gleichzeitig die an sie adressierte Erwartung, das Problem der Arbeitslosigkeit von Jugendlichen grundlegend dergestalt bearbeiten zu können, dass es mittelfristig als soziales und ökonomischer Problem der bundesrepublikanischen Gesellschaft verschwindet. An dieser Diagnose ändert auch die Kreation von immer neuen, noch zielgruppenspezifischeren Angeboten nichts. Dass die Projekte der berufsbezogenen Jugendsozialarbeit lokale Sozial- und Wirtschaftspolitik kontinuierlich so einschneidend mitgestalten und beeinflussen, dass die berufliche Integration aller Jugendlichen wieder allein den sogenannten Kräften des Marktes überlassen werden kann, ist eine Erwartung, die in den letzten dreißig Jahren zwar immer wieder neu geschürt, aber ebenso immer wieder aufs Neue enttäuscht wurde. Wenn eine effektive Lösung der tiefgreifenden Beschäftigungskrise angestrebt werden sollte, dann ist diese nicht lokal, schon gar nicht von Projekten der Jugendberufshilfe oder Arbeitsloseninitiativen, sondern allenfalls gesamtgesellschaftlich und zentralstaatlich zu initiieren (vgl. u. a. Braun 1996, S. 323). Gleichwohl in vielen professionell konzipierten und engagiert durchgeführten Projekten einzelnen Jugendlichen Kompetenzen zur Integration in den ersten oder zweiten Arbeitsmarkt vermittelt und auch Eingliederungshilfen angeboten werden, ist nicht zu übersehen, dass die Erfolgsbilanz vieler Projekte gegen null tendiert, wenn der Übergang in den Arbeitsmarkt als einziger und zentraler Erfolgsindikator herangezogen wird.

Vor diesem Hintergrund ist möglicherweise die Arbeitsmarktorientierung der berufsbezogenen Jugendsozialarbeit durch eine alltagspragmatische Lebensweltorientierung zu komplettieren. Nachzudenken ist über eine konzeptionelle Erweiterung der Jugendberufshilfe, die anregt, dass den Jugendlichen in den Projekten neben berufsbezogenen auch biographiegestaltende Kompetenzen vermittelt werden, dass sie vorbereitet werden auf einen biographischen Weg durch das Leben, der nicht mehr die Integration in den „Normalarbeitsmarkt" als einzig erstrebenswertes Ziel glorifiziert (vgl. Galuske 1998a). Eine derartige Neukonzeptualisierung käme nicht nur den gesellschaftlichen Realitäten entgegen, sondern ließe die gemeinsame Schnittfläche zwischen der Jugendberufshilfe und der Kinder- und Jugendarbeit wieder breiter werden. Hierüber gesteuerte Anreize könnten die Jugendarbeit ermutigen, sich wieder verstärkt auch mit den Bewältigungsproblemen von Jugendlichen beim Übergang von der Schule in den Beruf auseinander zu setzen (vgl. Krisch 1999). Zudem erhielten gemeinsame, freizeit-, allgemeinbildungs- und berufsorientierende sowie integrierende Projekte mehr Spielraum als gegenwärtig, wo die Kooperationen zwischen den beiden Handlungsfeldern sich häufig darauf reduzieren, dass die Kinder- und Jugendarbeit in der Regel allenfalls noch Jugendliche an die Jugendberufshilfe vermittelt und - wenn es hochkommt - Monate später sich nach dem Wohlergehen der Jugendlichen erkundigt.

Noch in den 80er Jahren des letzten Jahrhunderts waren vielerorts die Fäden enger geknüpft und die Kinder- und Jugendarbeit in vielen Kommunen innovativer Ausgangspunkt für viele damals neu entstandene berufsvorbereitende und -qualifizierende Projekte. Doch die zu jener Zeit noch bestehenden Kooperationen haben sich größtenteils verflüchtigt. Mögliche Synergieeffekte, die als Folge einer stärkeren Zusammenarbeit zwischen der Kinder- und Jugendarbeit und der berufsbegleitenden Jugendsozialarbeit unausweichlich wären, werden bei der gegenwärtigen scharfen Dualität der beiden Kinder- und Jugendhilfefelder so leider verschenkt.

 Tipps zum Weiterlesen

Galuske, M. (1993): Das Orientierungsdilemma. Jugendberufshilfe, sozialpädagogische Selbstvergewisserung und die modernisierte Arbeitsgesellschaft. Bielefeld.
Galuske, M. (1998): Jugend ohne Arbeit. Das Dilemma der Jugendberufshilfe. In: Zeitschrift für Erziehungswissenschaft, Heft 4, 1. Jg. (1998), S. 535–560.
Jugendsozialarbeit Inform. Zeitschrift des Landschaftsverbandes Rheinland. Köln.
Jugend Beruf Gesellschaft. Zeitschrift der Bundesarbeitsgemeinschaft Jugendsozialarbeit. Bonn

Der erzieherische Kinder- und Jugendschutz

Der erzieherische Kinder- und Jugendschutz stellt erstens eine Querschnittsaufgabe dar, die alle Handlungsfelder der Kinder- und Jugendhilfe tangiert und von allen Trägern zu beachten ist. Zweitens und im engeren Sinn ist er ein rechtlich ausdrücklich kodifizierter Schwerpunkt der Kinder- und Jugendhilfe mit einem eigenständigen institutionalisierten Netzwerk in Form von überregionalen Arbeitsgemeinschaften, Verbänden und Vereinen sowie Abteilungen innerhalb der kommunalen Jugendämter.

Die wohl bekannteste Organisation des bundesrepublikanischen Kinder- und Jugendschutzes ist der Deutsche Kinderschutzbund (DKSB) mit über 300 Ortsverbänden und Zentralen in allen Bundesländern. Fast ebenso bekannt ist die Bundesprüfstelle für jugendgefährdende Schriften, die Indizierungen bezüglich der Abgabe, Vertreibung und der Werbung von Medien aller Art, nicht nur von schriftlichen, sondern auch von Tonträgern, Videofilmen und Computerspielen vornimmt. Die Freiwillige Selbstkontrolle der Filmwirtschaft hat die Freigabe und Beschränkung von Filmen für öffentliche Veranstaltungen zur Aufgabe. Der präventive Kinder- und Jugendschutz in den Städten, Gemeinden und Kreisen wird von Abteilungen der örtlichen Jugendämter durchgeführt beziehungsweise koordiniert. Hierzu zählt auch der Kinder- und Jugendmedienschutz und die vorübergehende Inobhutnahme von Kindern und Jugendlichen, die elternlos „aufgegriffen" werden oder deren Wohl im familialen Zusammenhang nicht mehr gewährleistet ist. Die konzeptionelle Weiterentwicklung sowie die Fort- und Weiterbildung der ehrenamtlichen und beruflichen Kinder- und JugendschützerInnen wird von den Landesjugendämtern und den Arbeitsgemeinschaften und Landesstellen für den Kinder- und Jugendschutz realisiert und durchgeführt (vgl. Gernert 1995).

In den letzten Jahrzehnten hat sich der Kinder- und Jugendschutz konzeptionell von einem primär eingreifenden, indizierenden, kontrollierenden und disziplinierenden zu einem stärker aufklärenden, beratenden, auf Prophylaxe und Prävention setzenden Vorgehen verändert und sich verstärkt auch sozialpolitischen Fragen, der kommunalen Kinderrechtspolitik und der Einhaltung der allgemeinen Kinderrechte zugewandt (vgl. hierzu auch die Anmerkungen im Kapitel 2). Trotzdem konnte der Kinder- und Jugendschutz seinen von vielen belächelten Habitus als Überwachungs- und Eingriffsinstitution noch immer nicht gänzlich abschütteln. Die mit einer enormen Geschwindigkeit zunehmende Diffusion von zentralen Freiheits- und Normvorstellungen - die einerseits die individuellen Norm- und Freiheitsräume einengen, andererseits und zugleich jedoch diese auch verbindlich rahmen sowie die Pluralisierung von kindlichen und jugendlichen Lebensstilen - untergräbt jeden Tag aufs Neue die bürgerlichen Ordnungsvorstellungen und die hierauf abgestimmten rechtlichen Kodifizierungen. Dass 15jährige auch vor zehn Uhr ohne elterliche Begleitung keine öffentlichen Veranstaltungen, Gaststätten und Diskotheken besuchen dürfen, 17jährige vor zwölf Uhr die Diskothek verlassen müssen, diese Regelungen haben sicherlich ihre Berechtigung, beruhen aber auf Voraussetzungen, die durch den sozialen Wandel der letzten Jahrzehnte an Alltagstauglichkeit verloren haben.

Über die Anzahl der existierenden kinder- und jugendschützerischen Beratungsstellen und Institutionen sowie der hier tätigen Beschäftigten liegen keine Informationen vor. Statistisch registriert waren 1994 lediglich 140 Einrichtungen - davon befanden sich 45 Einrichtungen in öffentlicher und 95 Einrichtungen in freier Trägerschaft - mit 1.568 Plätzen für die Inobhutnahme von Kindern und Jugendlichen. Hier arbeiteten insgesamt 1.454 Personen, davon 698 in Einrichtungen der öffentlichen und 756 in Einrichtungen unter freier Trägerschaft. Für das Arbeitsfeld des erzieherischen Kinder- und Jugendschutzes wurden 478 Beschäftigte statistisch ausgewiesen - allein über 350 Personen hiervon waren in Jugendämtern erfasst (vgl. Statistisches Bundesamt 1996).

Im Sinne des oben nochmals benannten Querschnittsprofils ist der Kinder- und Jugendschutz eine genuine Aufgabe der Kinder- und Jugendarbeit insgesamt. Als solche wird sie auch im Rahmen der Alltagsarbeit in den Einrichtungen und Projekten mehr oder weniger bewusst realisiert, selten jedoch unter dem Etikett „Kinder- und Jugendschutz" auch entsprechend ausgewiesen. In bezug auf die Sucht- und Aidsprävention, Gesundheitsprophylaxe, den bewussten und kritischen Medienkonsum und in bezug auf Fragen der Sexualaufklärung existieren jedoch vielfältige gemeinsame Arbeits- und Kooperationsmöglichkeiten zwischen der Kinder- und Jugendarbeit und dem Kinder- und Jugendschutz. Die kommunalen Netzwerke zwischen der Kinder- und Jugendarbeit und dem erzieherischen Kinder- und Jugendschutz sind jedoch vielerorts kaum entwickelt. Initiativen zum Aufbau solcher Netzwerke scheinen - unter Einbezug der Angebote der erzieherischen Hilfen und der Jugendgerichtshilfe - dringend notwendig, nicht nur um lokale Präventionsprojekte zu effektivieren, sondern auch, um Fragen des Kinder- und Jugendschutzes und des Risikoverhaltens von

Kindern und Jugendlichen aus dem Kanon individueller Zuschreibungen zu befreien und als das Problem zu thematisieren, das es ist, nämlich als politisches.

Denn immer noch ist fatal, dass der Kinder- und Jugendschutz risikohaftes Verhalten von Kindern und Jugendlichen individualisiert, zu häufig nicht nach den gesellschaftlich indizierten Auslösungsfaktoren für Alkoholkonsum und Drogenmissbrauch, für den Konsum von gewaltverherrlichenden und frauendiskriminierenden Filmen und den Bedingungen für die Affinität von Kindern und Jugendlichen gegenüber rechtsnationalen und ausländerfeindlichen Stimmungen fragt. Riskantes Verhalten und die Glorifizierung von chauvinistischen sowie gewaltsamen und Minderheiten diskriminierenden Alltagsdeutungen und Handlungen stehen in direkten Zusammenhang mit den risikobelasteten Lebenslagenstrukturen von Kindern und Jugendlichen in unser Gesellschaft. „Sind unsere bisherigen Überlegungen stimmig, dann ist der Idee des Jugendschutzes auch nicht damit genüge getan, dass einzelne, scheinbar isolierte Formen des Risikoverhaltens 'behandelt' werden. Alkoholismus, Drogenkonsum sind ja bereits 'Lösungen' von Problemen (...). Deswegen gilt es bessere Lösungen zu entwickeln, d. h. Lebensstile in die Richtung zu entwickeln, die (...) bessere und zugleich befriedigendere und risikoärmere Bewältigungen von Lebenslagen ermöglichen. (...) Chancen, Lebensstile von Kindern und Jugendlichen nachhaltig zu verbessern, sind nur dann gegeben, wenn die Lebenslagen und Lebensformen von Kindern zum öffentlichen Thema werden - wenn bewusst und unbewusst politisch Handelnde sich der Tatsache bewusst werden, dass sie Lebensverhältnisse herstellen."(vgl. Schefold 1987, S. 176) Ein dies aufgreifender, offensiver Kinder- und Jugendschutz hat nicht nur die Kinder und Jugendlichen im Visier seiner aufklärerischen Diktionen, sondern auch und insbesondere Personen in den politischen und wirtschaftlichen Schaltstellen dieser Gesellschaft.

 Tipps zum Weiterlesen

Bienemann, G./Hasebrink, M./Nikles, B. (Hrsg.) (1995): Handbuch des Kinder- und Jugendschutzes. Münster.
jugend & gesellschaft. Zeitschrift für Erziehung, Jugendschutz und Suchtprävention. Hoheneck-Verlag, Hamm.
Kind - Jugend - Gesellschaft. Zeitschrift für Jugendschutz. Luchterhand Verlag, Neuwied.

Schule und Jugendhilfe

Das Beziehungsnetz zwischen Schule, Kinder- und Jugendhilfe allgemein und der Kinder- und Jugendarbeit im besonderen ist auf der Basis einer als dramatisch empfundenen familialen Gesamtsituation neu in den Blick geraten: Knapp 11 % aller auf dem Gebiet der alten Bundesländer und noch einige Prozent mehr der auf dem Territorium der neuen Bundesländer lebenden Kinder und Jugendlichen unter 18 Jahren wachsen in Familien auf, in denen der leibliche Vater und die leibliche Mutter nicht mehr gemeinsam anwesend sind. Hieraus wird ein vermehrter Betreuungsbedarf für Kinder und Jugendliche im Anschluss an die Schulzeit abgeleitet. VertreterInnen der kommunalen Spitzenverbände schätzten den realen Betreuungsbedarf am Nachmittag von Schulkindern schon vor einigen Jahren auf 25 %. Gegen diese Diagnose spricht jedoch die Information, dass auch am Ende des 20. Jahrhunderts noch immer weit über 85 % aller minderjährigen Kinder und Jugendlichen mit beiden leiblichen Eltern in einem Haushalt als Familie zusammenleben und familiale Krisenszenarien Tradition haben: In der 1931 von A. Salomon im Auftrag der „Deutschen Akademie für soziale und pädagogische Frauenarbeit" herausgegebenen Schriftenreihe „Bestand und Erschütterung der Familie in der Gegenwart" führt A. Niemeyer zum Beispiel aus, dass sich zwar „ein Wandel in der familialen Struktur des Volkes" vollzogen hat, „dass dieser Wandel aber nicht entscheidend für den inneren Gehalt des Familienlebens ist" (Niemeyer 1931, S. 171).

Ebenso wie die sozialwissenschaftlichen Beschreibungen ihr Wissen über den Zustand und die Art der bundesrepublikanischen Gesellschaft in einer geradezu inflationären Begriffsvielfalt vortragen, verlieren sich auch die soziologischen, sozialpsychologischen und erziehungswissenschaftlichen Diagnosen zum Bild der Familie in einer Vielfalt typisierender Bilder. Sprechen auf der Ebene der sozialwissenschaftlichen Gesellschaftsbetrachtung augenblicklich die einen von „Risiko-" und die anderen von „Erlebnisgesellschaft", wird der Typus einer „postfordistischen Gesellschaft" konterkariert von dem der „Konsumgesellschaft" und der „postmodernen Gesellschaft" und stehen Modelle einer neuen „liberalen Bürgergesellschaft" denen einer „Globalgesellschaft" gegenüber. In der sozialwissenschaftlichen Familienforschung steht die „postmoderne Familie" neben dem „Auslaufmodell Familie" und der „Patchwork-Familie", die „Spagat-Familie" neben der „Familie auf Zeit" und der „Partnerfamilie", die „Risikofamilie" neben der „Single-Familie" und der neuen „Solidargemeinschaft Familie". Zeiten gesellschaftlichen Wandels beleben anscheinend die sozialwissenschaftliche Gesellschaftsdiagnose und die begriffskreative Produktivität ins unüberschaubare. Doch zurück: Die aktuellen Diagnosen sind sich fast durchgängig zumindest darin einig, dass die Gesellschaft im Übergang zum 21. Jahrhunderts einem tiefgreifenden Prozess des Wandels mit offenem Ausgang unterliegt und die Familie von diesem Transformationsprozess nicht ausgegrenzt bleibt (vgl. auch Kapitel 6).

Die sozialpädagogischen Beobachtungen registrieren den allerorten erkennbaren Wandel der Familie interessiert, aber mit vorsichtiger Distanz, keinesfalls systematisch und auffallend zentral. Dabei fordern die ausgemachten Veränderungen des familialen Gefüges - wie die Liberalisierung der Erziehungskoordinaten, die Zunahme von „Allein-Erziehenden", die Verlagerung von Erziehungsaufgaben aus der Sphäre des Privaten ins Öffentliche, summa summarum die Tendenz der Entlassung der Familie von alltäglichen Lebens-, Versorgungs- und Erziehungsaufgaben - insbesondere die sozialpädagogischen Handlungsfelder. Denn neben dem breiten Spektrum von wirtschaftlichen und rechtlichen, steuer- und wohnungspolitischen gesellschaftlichen Hilfen und dem schulischen Bildungswesen sind es insbesondere pädagogisch-beratende Angebote und sozialpädagogisch orientierte Institutionen und Handlungsfelder wie die Kinder- und Jugendarbeit, die sich auf die familialen Wandlungsprozesse einzustellen haben. In der Tat trifft für immer mehr Kinder und Jugendliche zu, dass zwischen Schul- und Familienzeit mit einer oder mehreren primären Bezugspersonen eine sogenannte „Betreuungslücke" klafft. Diese durch Angebote zu kompensieren, durch pädagogisch gerahmte Dienstleistungsarrangements, die mehr intendieren als nur eine Lücke in der Betreuung zu schließen, dazu ist das Projekt der Kinder- und Jugendarbeit aufgefordert. Dies wird um so dringlicher, weil die allein in der Verantwortung von Schulen konzipierten Ganztagsangebote aufgrund ihrer strukturellen Verankerung in das schulische Lernsystem nicht durchgängig prädestiniert für eine über die reine Schulzeit hinausgehende Betreuung sind.

Ganztagsangebote genießen gegenwärtig besondere Aufmerksamkeit, weil sie Frauen, aber auch Männern versprechen, dass die Aufrechterhaltung einer Berufstätigkeit, also die Gleichzeitigkeit von Familienleben und Beruf ermöglicht werden, dass sie neue Formen des Miteinanderlebens eine Wirklichkeit geben, „Doppelkarrieren" in Familien stützen, ohne dass die Kinder und Jugendlichen hierfür das alleinige Opfer tragen. Sie schaffen neue Erlebnis- und Erfahrungsräume, in dem sie Terrain bereitstellen, das Kinder und Jugendliche ihren Wünschen und biographischen Planungen entsprechend ausfüllen können. Nach Möglichkeit sollten diese Angebotsformen mit den Schulen kooperativ geplant und partiell auch durchgeführt werden. Zwischen Schulen und Einrichtungen der Kinder- und Jugendarbeit gemeinsam konzipierte „Über-Mittag-Betreuungen" können für Kooperationen den Grundstein legen (vgl. Deinet 1997b; Holtappels 1995; Oelerich 1997):

„Der Anfang war ganz pragmatisch, die Schule ist auf uns zugekommen und hat gefragt, ob sie unsere Räume über Mittag nutzen kann. Der Kontakt zu den Lehrern hat sich im Laufe der Zeit verbessert, so dass wir jetzt auf einer anderen Ebene der Zusammenarbeit sind. Wir suchen uns jetzt gemeinsame praktische Projekte, wo wir konkret zusammenarbeiten wollen, so wie in dem Theaterprojekt. Wir überlegen jetzt gemeinsam, welche konkreten Schritte wir für den Stadtteil und die Schüler entwickeln können, und das ganz klar über die Betreuungsgeschichte hinaus geht. Sowohl die Schule als auch wir sind im Stadtteil verankert, und wenn man die Augen aufmacht und sieht, welche Fragen es hier gibt, so kommt man auch auf die Ausländerfeindlichkeit. Aus diesen Überlegungen wird sich eine gemeinsame Veranstaltung ergeben, die von Schule und Jugendhaus für den Stadtteil gemacht wird. (...) Ein wirklich konkretes Beispiel für die inhaltliche Zusammenarbeit ist das Theaterprojekt, weil da lernen die Schüler und Lehrer den Jugendhauskollegen jetzt wirklich kennen in der praktischen Tätigkeit und machen wirklich was zusammen in Kooperation mit Schule." (Röhrich/Winkler 1994, S. 67)

So wichtig der Betreuungsaspekt auch immer ist, nach Möglichkeit sollten die Angebotsformen jedoch jeweils über ausschließlich betreuende Dienstleistungen hinausgehen. Die Angebote sollten jeweils Ausgangspunkt für Kooperationen mit den Schulen sein. Ganztagsangebote und Betreuungsangebote unterliegen allerdings der Gefahr, Kinder und Jugendliche an einen Einrichtungstypus von Kinder- und Jugendarbeit zu binden und damit zu einem „Hort" der Produktion von sozialer Ungleichheit zu werden, weil sie Kinder und Jugendliche an eine bestimmte Form der Freizeitgestaltung binden und ihnen darüber die Möglichkeit genommen wird, ihre Freizeit ihren kulturellen, sozialen und sportlichen Interessen entsprechend flexibel und vielseitig zu gestalten.

Um dieser Gefahr nicht zu unterliegen, sind Modelle zu favorisieren, bei denen ein Anbieter, etwa ein Jugendhaus oder ein Jugendverband, ein Grundangebot bereitstellt, etwa die Hausaufgabenbetreuung und das Mittagessen, und darüber als öffentliche Dienstleistungszentrale fungiert und die Kinder und Jugendlichen darüber hinaus dabei unterstützt, die gewünschten Freizeitangebote anderer Anbieter zu besuchen. Denkbar ist in diesem Zusammenhang auch die Etablierung von Kooperationsverbünden. Anbieter vernetzen ihre Projekte und bündeln ihre Ressourcen in der Form, dass sie nicht als einzelner Träger, sondern als kooperatives Projekt und in Addition ihrer Möglichkeiten zum gemeinsamen Träger eines ganztägigen und in sich ausdifferenzierten Betreuungs-, Freizeit und Bildungsangebots avancieren, in einem Stadtteil, einem Quartier oder einer kleineren Region unter Einbeziehung der schulischen Zeitbudgets und Interessen. Eine Zentrale - vielleicht ein Jugendring, ein Soziokulturelles Zentrum oder ein zu diesem Zweck gegründetes Netzwerk - könnte in diesem Fall die Aufgaben eines „counters" übernehmen und Kinder und Jugendliche bei der Erstellung und Koordinierung ihrer individuellen, außerschulischen Freizeit- und Bildungsplanungen beraten und unterstützen.

 Tipps zum Weiterlesen

Deinet, U. (Hrsg.) (1996): Schule aus - Jugendhaus. Ganztagskonzepte und Kooperationsmodelle in Jugendhilfe und Schule. Münster.
Olk, Th./Bathke, G.-W./Hartnuß, B. (1998): Jugendhilfe und Schule. Empirische Befunde und theoretische Reflexionen zur Schulsozialarbeit. Weinheim u. München.

4.3   Was „passiert" in der Kinder- und Jugendarbeit?

Es kann nicht häufig genug betont werden: Die Kinder- und Jugendarbeit ist ein ausdifferenziertes, nicht auf ein Angebot oder ein Leistungsprofil zu fokussierendes sozialpädagogisches Handlungsfeld. Diese Tatsache wird um so augenscheinlicher, desto näher das in den Blick rückt, was alltagssprachlich als die „Praxis" definiert wird. Über die im letzten Abschnitt vorgestellten Einrichtungen und Handlungsfelder der Kinder- und Jugendarbeit ist nicht immer zu erkennen, was in der Kinder- und Jugendarbeit tatsächlich „passiert". Wenn wir uns beispielsweise in einem Jugendhaus befinden, sagt diese Tatsache wenig darüber aus, was hier für Veranstaltungen stattfinden. Sowohl kulturelle Aktivitäten als auch freizeitbezogene Veranstaltungen sind in den jeweiligen Programmen zu finden. Und in einer Bildungsstätte sind die MitarbeiterInnen nicht ausschließlich mit der Initiierung von politischen, sozialen, kulturellen oder ökologisch orientierten Bildungsprozessen beschäftigt.

Was in der Kinder- und Jugendarbeit an den einzelnen Aktionsorten und in den verschiedenen Einrichtungen real stattfindet, ist also nicht unbedingt schlüssig aus dem Typus des jeweiligen pädagogischen Raumes zu schließen. Zwar kann davon ausgegangen werden, dass in Jugendkunstschulen vorwiegend kulturellen Tätigkeiten nachgegangen wird und in klassischen Jugendeinrichtungen überwiegend Freizeitangebote zu finden sind, aber, so ist schnell und begründet einzuwenden, eben nicht ausnahmslos.

! Die einzelnen Einrichtungen und Handlungsorte repräsentieren eine different ausgefächerte Palette von inhaltlichen Profilen und Schwerpunkten, die nirgendwo in ihrer gesamten Komplexität und Vielfalt erfasst werden: Was in den Einrichtungen wirklich geschieht, ist nur über detaillierte Panoramastudien in Erfahrung zu bringen. Diese liegen allerdings nicht vor, so dass wir uns nochmals auf die Informationen verlassen müssen, die die Kinder- und Jugendhilfestatistik zur Verfügung stellt. In bezug auf die Palette der einzelnen Schwerpunkte und Angebote informiert zumindest grob die Einrichtungs- und Personalstatistik des Statistischen Bundesamts insoweit, als ausgewiesen wird, wie viele MitarbeiterInnen in den einzelnen Einrichtungen sich schwerpunktmäßig in welchen Aufgabenfeldern engagieren. Die Maßnahmenstatistik des Statistischen Bundesamtes gibt Auskunft bezüglich einiger veranstaltungsbezogener, öffentlich geförderter Angebote.

Arbeitsbereiche der Kinder- und Jugendarbeit

Das, was in Jugendzentren, auf Abenteuer- und Bauspielplätzen, in Horten und in der Kinder- und Jugendverbandsarbeit wirklich stattfindet, ist weitgehend unbekannt und allenfalls für einzelne Einrichtungen und Projekte zu schildern. Quantitative Daten oder qualitativ ausdrucksstarke Expertisen liegen hierzu nicht vor. Die schon erwähnte Einrichtungs- und Personalstatistik des Statistischen Bundesamtes informiert im vierjährigen Turnus zumindest darüber, wie viele Mitarbeiterinnen schwerpunktmäßig in der kulturellen Jugendarbeit, in der Jugendbildung, in Freizeit und Erholungsmaßnahmen, in der internationalen Jugendarbeit, in der allgemeinen Jugendarbeit, auf Spielplätzen und in der Jugendsozialarbeit engagiert sind, in der Leitung von Einrichtungen tätig oder in der Verwaltung beschäftigt beziehungsweise mit der Bewirtschaftung von Einrichtungen betraut sind (vgl. Tabelle 5).

In den in der Einrichtungs- und Personalstatistik ausgewiesenen Arbeitsbereichen der Kinder- und Jugendarbeit waren 1994 33.637 Personen hauptamtlich, teilzeit- oder nebenamtlich beschäftigt (vgl. Tabelle 5). Auffallend ist zuvorderst, dass lediglich knapp 20 % aller beruflich in Jugendbildungs- und Jugendtagungsstätten Engagierten im Hauptamt mit direkten pädagogischen Aufgaben beschäftigt waren. Der höchste Anteil von MitarbeiterInnen, die primär sozialpädagogischen beziehungsweise pädagogischen Tätigkeiten nachgehen, war in den Jugendzentren und Jugendfreizeitheimen zu finden. So stellte auch die allgemeine Jugendarbeit mit gut 14.000 MitarbeiterInnen das personalintensivste Arbeitsfeld dar. Allein weit über 13.500 Personen waren in Jugendzentren, Freizeitheimen und Jugendheimen tätig.

Als überraschend hoch kann der Anteil der Beschäftigten in Arbeitsfeldern der Jugendsozialarbeit angesehen werden. Folgen wir den Angaben, dann waren 2.697 Personen in Einrichtungen der Kinder- und Jugendarbeit mit Fragen der Jugendsozialarbeit beschäftigt und davon wiederum knapp 2.500 MitarbeiterInnen in Jugendfreizeiteinrichtungen und Jugendzentren. Damit war 1994 die Jugendsozialarbeit das zweitgrößte Angebotsspektrum in diesem Segment der Kinder- und Jugendarbeit. Betrachten wir nur die pädagogischen Arbeitsfelder, lag die Jugendsozialarbeit damit hinter der kulturellen Jugendbildung an dritter Stelle, noch vor dem Beschäftigungsfeld „Jugendbildung", in dem 11,3 % aller Beschäftigten tätig waren. Quantitativ bedeutend ist mit 21,1 % oder 7.111 MitarbeiterInnen der Anteil derjenigen, die primär wirtschaftliche und verwaltungstechnisch Tätigkeiten im Kontext der Kinder- und Jugendarbeit nachgingen. 71,2 % der Beschäftigten in Jugendbildungs- und Jugendtagungsstätten, 40,2 % der Beschäftigten im Zusammenhang mit Stadtranderholungen sowie 22,5 % der Beschäftigen in Jugendheimen und 13,5 % in Jugendzentren und ähnlichen Einrichtungen waren schwerpunktmäßig in dem Arbeitsfeldsegment „Verwaltung und Wirtschaft".

Tabelle 5:   Personal in ausgewählten Einrichtungen und Arbeitsbereichen 1994

Arbeitsbereiche / Einrichtungen	Insgesamt	kult. Jugendarbeit	Jugendbildung	Erholung	Internat. Jugendarbeit	Jugendarbeit	Spielplatzwesen	Jugendsozialarbeit	Leitung	Verwaltung und Wirtschaft
Insgesamt	33.637	3.798	2.166	1.067	216	13.564	1.512	2.697	1.516	7.111
%	100,0	11,3	6,4	3,2	0,6	40,3	4,5	8,0	4,5	21,1
Jgd.zentren	20.905	1.078	1.330	./.	170	12.126	./.	2.496	878	2.827
%	62,1	5,2	6,4	./.	0,8	58,0	./.	11,9	4,2	13,5
Jugenheim	1.957	44	189	./.	3	1.074	./.	79	135	443
%	5,8	2,2	9,6	./.	0,1	54,8	./.	4,0	6,8	22,5
Jgd.tagung	3.751	81	454	41	31	161	./.	68	245	2.670
%	11,2	2,2	12,1	1,1	0,8	4,3	./.	1,8	6,5	71,2
Spielplätze	1.512	./.	./.	./.	./.	./.	1.512	./.	./.	./.
%	4,5	./.	./.	./.	./.	./.	100,0	./.	./.	./.
Jgdzeltplätze	329	./.	3	55	2	74	./.	3	./.	192
%	1,0	./.	0,9	16,7	0,6	22,5	./.	0,9	./.	58,4
KJgd.ferien	1.827	./.	./.	971	./.	./.	./.	./.	122	734
%	5,4	./.	./.	53,1	./.	./.	./.	./.	6,7	40,2
Jugenkunst	3.356	2.595	190	./.	10	129	./.	51	136	245
%	10,0	77,3	5,7	./.	0,3	3,8	./.	1,5	4,1	7,3

*   Jugendzentren = Jugendzentren/-freizeitheime/Häuser der offenen Tür; Jgdvb.heim = Jugendverbandsheim/-gruppenheim; Jgd.tagung = Jugendtagungs/-bildungsstätten; Spielplätze = pädagogisch betreute Spielplätze; Jgd.zeltplätze = Jugendzeltplätze; K.Jgdferien = Kinder- u. Jugendferienstätten u. Einrichtungen der Stadtranderholung; Jgd.kunst = Jugendkunstschulen und kulturelle Einrichtungen für junge Menschen

Quelle: Statistisches Bundesamt (1996); eigene Berechnungen

„Maßnahmen der Kinder- und Jugendarbeit"

Die Zeitschrift „Wandervogel" druckte 1912 eine Übersicht, die die Fahrtenaktivitäten der Wandervogelbewegung seit 1897 festhielt. Diese Liste kann als eine der ersten „Maßnahmestatistiken" angesehen werden. Differenziert nach halb- und eintägigen sowie nach mehrtägigen Fahrten und unterschieden nach dem Wanderbund, der die Fahrt durchführte, wurden die tatsächlichen Wander-

tage sowie die Zahl der TeilnehmerInnen akribisch aufgelistet, ohne dass jedoch eine geschlechtsspezifische Differenzierung vorgenommen wurde. Deutlicher als andere Schriften der Bündischen Bewegung illustriert diese Übersicht
die Expansion der Wandervogelbewegung in ihrer Entstehungsphase. Wurden
zwischen 1897 und 1901 lediglich 10 Fahrten mit 95 TeilnehmerInnen und
1.000 geleisteten Wandertagen registriert, nahmen 1905 schon 1.220 TeilnehmerInnen an 103 mehrtägigen Wanderungen mit insgesamt 7.000 Wandertagen
und 4.800 TeilnehmerInnen an 200 halb- respektive eintägigen Wanderungen
teil. Die Statistik weist von Jahr zu Jahr fast eine Verdoppelung der Wandertä-
tigkeit aus. 1910, in dem letzten Jahr der dokumentierten Erhebung, beteiligten
sich dann 61.000 Wanderfreudige an 5.150 halb- und eintägigen und 6.200
Teilnehmer an 860 mehrtägigen Wanderungen mit insgesamt 53.500 Wandertagen (vgl. Wandervogel 1912, S. 20–21). Aber vergleichbar detaillierte Informationen liegen weder für die Jugendarbeit in der Weimarer Republik noch für
die nachfolgenden Jahrzehnte vor (vgl. Thole 1997). Erst ab 1982 führt das Statistische Bundesamt im vierjährigen Rhythmus eine Erfassung der „Maßnahmen der Jugendarbeit im Rahmen der Jugendhilfe" durch. Damit wurde amtli-
cherseits ein neues Feld der Beobachtung der Leistungen der Jugendarbeit insti-
tutionalisiert.

Die „Maßnahmen" im Überblick

Im Vergleich zu der Einrichtungs- und Personalstatistik registriert die Kinder-
und Jugendhilfestatistik „Maßnahmen der Jugendarbeit" alle vier Jahre nicht
das gesamt Spektrum der Kinder- und Jugendarbeit, sondern lediglich die öffentlich geförderten, sporadischen wie kontinuierlichen, sich auf wenige Stunden beschränkenden, halb- und ganztägigen sowie mehrtägigen Angebote. Sie
erfasst Veranstaltungen, Reisen und Projekte der außerschulischen Jugendbildung, der Kinder- und Jugenderholung und der internationalen Jugendarbeit der
freien und öffentlichen Träger sowie die Fortbildungsmaßnahmen für MitarbeiterInnen der freien Träger (vgl. § 99, Abs. 7 Nr. 1–4 SGB VIII). In den Fach-
diskursen der Kinder- und Jugendarbeit ist die Jugendhilfestatistik „Maßnahmen der Jugendarbeit im Rahmen der Jugendhilfe" bisher fast unbekannt.[8] Die
Erhebungsarten, Erhebungsmerkmale, der Erhebungs- und Berichtszeitraum
sowie die Regelungen zur Auskunftspflicht werden in den § 98–103 SGB VIII -
in Verbindung mit dem zuletzt 1990 geänderten „Gesetz über die Statistik für
Bundeszwecke" - festgeschrieben. Erhebungsbestandteile sind demnach die
„mit öffentlichen Mitteln geförderten Maßnahmen" im Bereich der außerschulischen Jugendbildung (§ 11, Abs. 3 Nr. 1 SGB VIII), der Kinder- und Jugenderholung (§ 11, Abs. 3 Nr. 5 SGB VIII), der internationalen Jugendarbeit (§ 11,

---

8 Die Maßnahmestatistik vermittelt lediglich einen sehr unscharfen und streckenweise
   ungenauen Überblick über die Wirklichkeit. Gleichwohl referiert sie Tendenzen und
   einen Überblick über die Verteilung der unterschiedlichen Maßnahmeformen. Da es
   hier nicht darum geht, in die Unwäg- und Unsagbarkeiten der Maßnahmestatistik einzuführen, wird auf eine explizite Darstellung der besonderen Erhebungs- und Auswer-
   tungsprobleme verzichtet (vgl. hierzu Rauschenbach/Schilling 1997; Thole 1997).

Abs. 3 Nr. 4 SGB VIII) sowie der Fortbildungsmaßnahmen für Mitarbeiter (§74 Abs. 6 SGB VIII) unter Beachtung der Erhebungsmerkmale „Träger", „Dauer der Maßnahme", „Geschlecht der TeilnehmerInnen" und zusätzlich bei internationalen Maßnahmen „Partnerländer" und „Durchführungsort". Obwohl die Erhebung nur Segmente des Arbeitsfeldes der Kinder- und Jugendarbeit erfasst, u. a. die freizeitbezogenen Aktivitäten in den Häusern der offenen Tür, in Jugendzentren, Jugendclubs und Jugendhäusern nicht registriert, und aufgrund eines stetig sich verändernden Erhebungsprofils nur mit erheblichen Einschränkungen zeitreihenorientierte Vergleiche erlaubt, ist sie eine nicht unbedeutende Erkenntnisquelle.

Turnusgemäß hat das Statistische Bundesamt für das Jahr 1996 zum zweiten Male in den 90er Jahren Daten zu den öffentlich geförderten Maßnahmen der außerschulischen Kinder- und Jugendarbeit veröffentlicht. Ein erster Blick auf die gesamtdeutsche Lage zeigt eine positive Entwicklung. Die Anzahl der Maßnahmen stieg gegenüber 1992 von 127.915 auf 130.372, also um 1,9 % oder 2.457 Maßnahmen. Und statt mehr als 4,3 Millionen zum Zeitpunkt der letzten Erhebung nahmen 1996 weit über 4,6 Millionen TeilnehmerInnen an den registrierten öffentlich geförderten Maßnahmen der außerschulischen Jugendbildung, der internationalen Jugendarbeit, der MitarbeiterInnenfortbildung[9] und der Kinder- und Jugenderholung teil. Insgesamt ist nicht nur ein Anstieg der Maßnahmen, sondern auch eine Steigerung der TeilnehmerInnenzahl um 8,4 % oder 363.000 Personen zu vermelden (vgl. Tabelle 6).

Doch ein zweiter Blick in das umfangreiche Datenpaket relativiert den ersten positiven Eindruck. Denn für die alten Bundesländer wird eine Reduktion der Maßnahmen und der TeilnehmerInnen dokumentiert. Sank die Zahl der registrierten Maßnahmen in Westdeutschland von 1988 bis 1992 um 2.031, verringerte sie sich im folgenden Erhebungszeitraum nochmals um gut 3.300 auf 112.101 Veranstaltungen. Diese Entwicklung deutet möglicherweise auf einen Popularitätsverlust der öffentlich geförderten Maßnahmen der Jugendarbeit in den westlichen Bundesländern hin. Hierfür spricht, dass erstmals auch die Zahl der TeilnehmerInnen von 3,65 Millionen im Jahre 1992 auf 3,61 Millionen im Jahr 1996 zurückging. Zudem zeigt sich die zu beobachtende Tendenz, dass sich der Gesamtrückgang nicht gleichmäßig auf alle Bundesländer verteilt und somit zu generalisieren ist. Die ungleichen Entwicklungen in den einzelnen Bundesländern, die sowohl einen Rückgang der TeilnehmerInnenzahlen in einzelnen Bundesländern um bis zu 75.000 Personen als auch einen Anstieg der TeilnehmerInnen um über 35.000 Personen umfassen, stehen somit möglicherweise für ein regionalabhängiges Modernisierungsgefälle der Jugendarbeit. Mit anderen Worten: Die statistischen Daten deuten darauf hin, dass die Angebote der Kinder- und Jugendarbeit in den einzelnen Bundesländern nicht überall im gleichen Umfang den Bedürfnissen der unterschiedlichen Jugendkulturen bei

---

9 In der Rubrik MitarbeiterInnenfortbildungen versammeln sich vornehmlich Schulungen und Kurse der freien Träger zur Qualifizierung der ehrenamtlich beziehungsweise freiwillig und unbezahlt Engagierten.

der Freizeitgestaltung entsprechen. Aber auch unterschiedliche landesspezifische und kommunale Regelungen zu Gruppengrößen und TeilnehmerInnen sind für diesen Befund verantwortlich: Z. B. werden in Niedersachsen auf der Grundlage einer Rechtsverordnung aus dem Jahre 1995 nur Bildungsveranstaltungen gefördert, an denen zwischen 10 und 40 Personen teilnehmen (vgl. BKJ 1996).

Darüber hinaus ist wahrscheinlich, dass das Absinken der registrierten Maßnahmen und TeilnehmerInnen auf fiskalpolitischen Einschnitten in den öffentlichen Haushalten basiert, denn die Ausgaben für die Kinder- und Jugendarbeit wurden im annähernd gleichen Zeitraum um über 40 Mio. DM dezimiert (vgl. Statistisches Bundesamt 1995; 1998b). Anders als in den westlichen Bundesländern gestaltet sich die Entwicklung der öffentlich geförderten Kinder- und Jugendarbeit zwischen 1992 und 1996 in den neuen Bundesländern. Hier sind die Maßnahmen um knapp 5.800 sowie die Anzahl der TeilnehmerInnen um knapp 400.000 angestiegen (vgl. Tabelle 6).

Tabelle 6:　　Entwicklung der Maßnahmen und TeilnehmerInnen in der Kinder- und Jugendarbeit; alte und neue Bundesländer 1982 bis 1996

	Maßnahmen		TeilnehmerIn-nen		Teilnehmer pro Maßnahme	Maßnahmen pro 10.000 der Bevöl-kerung*
	abs.	%	abs.	%		
Deutschland insgesamt						
1992	127.915		4.308.121		34	145
1996	130.372		4.671.972		36	146
Veränderung						
1992–1996	2.457	1,9	363.851	8,4	2	1
Alte Bundesländer						
1982	94.316		2.755.162		29	87
1988	117.455		3.097.750		26	152
1992	115.424		3.645.626		32	167
1996	112.101		3.614.198		32	163
Veränderung						
1982–1988	23.139	24,5	342.588	12,4	-3	65
1988–1992	-2.031	-1,7	547.876	17,7	6	15
1992–1996	-3.323	-2,9	-31.428	-0,9	0	-4
1982–1996	17.785	18,9	859.036	31,2	3	76
Neue Bundesländer						
1992	12.491		662.495		53	66
1996	18.271		1.057.774		58	89
Veränderung						
1992–1996	5.780	46,3	395.279	59,7	5	23

* 　Grundlage für die Berechnungen ist die Generationskohorte der 12- bis 21jährigen, da diese Bevölkerungsgruppe nach Wiesner u. a. (1995) die jungen Menschen umfasst, die Angebote der Kinder- und Jugendarbeit am häufigsten in Anspruch nehmen.

Quelle: Statistisches Bundesamt (1994, 1998); nach Berechnungen der Arbeitsstelle für Jugendhilfestatistik, Dortmund

In Relation zur entsprechenden Altersbevölkerung bedeutet dies, dass 1996 pro 10.000 der 12- bis unter 21jährigen 89 Maßnahmen in den neuen Bundesländern durchgeführt wurden im Gegensatz zu 66 Maßnahmen im Jahre 1992. Des weiteren nahmen statistisch gesehen knapp 40 % der altersentsprechenden Bevölkerung hier an den in der Statistik erfassten Angeboten teil, während dieser Wert 1992 lediglich bei knapp 26 % gelegen hat. Einhergehend mit dem Maßnahmen- und TeilnehmerInnenanstieg ist festzuhalten, dass das finanzielle Engagement für die Kinder- und Jugendarbeit in den neuen Ländern im Gegensatz zu den alten Bundesländern sich in dem Erhebungszeitraum intensiviert hat. So haben sich die Ausgaben für die Maßnahmen der Jugendarbeit insgesamt um rund 94,5 Mio. DM erhöht. Speziell für die in der Maßnahmenstatistik erfassten Angebote mussten 1996 rund 20,5 Mio. DM mehr ausgegeben werden als noch 1992. In bezug auf die Maßnahmeträger- und arten sind zudem insbesondere folgende Erkenntnisse herauszustellen:

- Die Maßnahmen der öffentlich geförderten Kinder- und Jugendarbeit in der Bundesrepublik Deutschland werden laut Statistik zu über 80 % von den freien Trägern durchgeführt (vgl. Tabelle 7). Im Vergleich zu 1992 hat sich den Befunden zufolge der Anteil der freien Träger, vor allem aufgrund der Entwicklungen in den neuen Bundesländern, noch einmal um knapp 2 Prozentpunkte erhöht. Dahinter verbirgt sich ein Maßnahmenanstieg von weit über 4.000 Angeboten, während die öffentlichen Träger 1996 im Vergleich zu 1992 statistisch knapp 1.900 Maßnahmen weniger durchführten. Eine ähnliche Entwicklung - vor allem aufgrund der Veränderungen in den neuen Bundesländern - zeigt sich hinsichtlich der Entwicklung der TeilnehmerInnenzahlen an Maßnahmen der Jugendarbeit. Vier von fünf in der Statistik erfassten Kinder und Jugendlichen nahmen an Maßnahmen der freien Träger teil. Insgesamt hat sich die Anzahl der TeilnehmerInnen bei freien Trägern seit 1992 um rund 375.000 Personen erhöht, während 1996 an den Maßnahmen, die von öffentlichen Trägern durchgeführt wurden, knapp 13.000 Personen weniger teilnahmen als zum Zeitpunkt der 92er Erhebung. Der unveränderte zentrale Befund für die westlichen Bundesländer ist, dass auch 1996 87 % der öffentlich geförderten Maßnahmen von Jugendverbänden u. a.[10], Wohlfahrtsverbänden, Kirchen sowie sonstigen freien Trägern initiiert und realisiert wurden. Damit dokumentiert die Maßnahmenstatistik die bedeutende Rolle der Jugendverbände bezüglich der erfassten Angebote für die Kinder- und Jugendarbeit. Allerdings ist seit 1982 auch zu beobachten, dass der Anteil der Jugendverbände an der Maßnahmendurchführung insgesamt rückläufig ist, obwohl immer noch mehr als jede zweite in der Statistik erfasste Person an einer Maßnahme von Jugendverbänden teilnimmt.

- Für das Territorium der östlichen Bundesländer weist die Statistik als wesentlichsten Befund aus, dass die Landschaft der Träger öffentlich geförderter Maßnahmen der Kinder- und Jugendarbeit hier in den letzten vier Jahren

---

10 Die Trägerbezeichnung Jugendverbände u. a. faßt die Träger „Jugendinitiativen", „Jugendgruppen", „Jugendverbände" und „Jugendringe" zusammen.

erheblich durcheinander gewirbelt wurde. Unter den freien Trägern werden
in den neuen im Kontrast zu den alten Bundesländern allerdings die meisten
Maßnahmen seitens der sonstigen freien Träger geplant und realisiert. Insgesamt hat diese Trägergruppe 1996 einen Anteil an der Maßnahmendurchführung von 34,6 %. Die Trägergruppe der Jugendverbände u. a. hat im Gegensatz zu den sonstigen freien Trägern 1996 lediglich einen Anteil von 27,6 %
an der Maßnahmendurchführung, womit dieser um knapp 30 Prozentpunkte
niedriger ist als in den alten Bundesländern. Die amtliche Statistik dokumentiert damit für die Jugendarbeit nicht nur eine deutliche Verschiebung der
Aufgabenwahrnehmung hin zu den freien Trägern, sondern auch die Ausprä-
gung einer im Vergleich zum Westen differierenden Trägerstruktur, die bei
weitem nicht in dem Maße durch Trägergruppen im Umfeld von Jugendinitiativen, Jugendgruppen, Jugendverbänden und Jugendringen dominiert wird,
sondern augenscheinlich bestimmt wird durch eine Vielzahl von in der Statistik nicht näher bestimmten freien Trägern, die sich von ihrem Selbstverständnis her sowohl von den Jugendorganisationen als auch von den Wohlfahrtsverbänden sowie den kirchlichen und religiösen Trägern abgrenzen.

• Nach den jüngsten Ergebnissen der Erhebung zu den Maßnahmen der Jugendarbeit werden 1996 in der Bundesrepublik Deutschland über 130.000
  Maßnahmen der Jugendarbeit öffentlich gefördert. Davon sind knapp 67.700
  Angebote den Kinder- und Jugenderholungen zuzuordnen (51,9 %), rund
  38.600 den außerschulischen Jugendbildungen (29,6%), rund 6.100 dem Bereich der internationalen Jugendarbeit (4,7 %) sowie rund 17.900 den Mitarbeiterfortbildungen bei freien Trägern (13,7 %). Die Entwicklung bestätigt
  somit den zwischen 1982 und 1988 auszumachenden Trend von der bildungsorientierten hin zur erholungsorientierten Jugendarbeit (vgl. Thole
  1997; Pothmann/Thole 1999) und korrespondiert mit der Beobachtung, dass
  die ehrenamtliche Aktivität von Jugendlichen und jüngeren Erwachsenen in
  der Jugendverbandsarbeit zahlenmäßig nicht mehr das Ausmaß hat wie noch
  vor Jahrzehnten. Dieses gesamtdeutsche Bild spiegelt sich sowohl in den alten als auch in den neuen Bundesländern wieder. Blickt man auf die statistische Erfassung der Maßnahmen der Jugendarbeit in den 80er Jahren in
  Westdeutschland zurück, so zeigt sich, dass 1982 8.414 Kinder- und Jugenderholungen mehr durchgeführt wurden als außerschulische Jugendbildungen.
  Sechzehn Jahre später werden in den alten Bundesländern bereits 25.638
  Kinder- und Jugenderholungen mehr durchgeführt als außerschulische Jugendbildungen (vgl. Tabelle 7). Lag der Anteil der Kinder- und Jugenderholungen an allen öffentlich geförderten Angeboten der Jugendarbeit 1982
  noch bei 41,6 % so betrug dieser Ende der 80er Jahre über 55 %. Hingegen
  waren 24,3 % der Maßnahmen der außerschulischen Jugendbildung zuzurechnen.

• Die Maßnahmen der internationalen Jugendarbeit machen seit 1982 mit 4 %
  bis 7 % aller öffentlich geförderten Maßnahmen den geringsten Anteil am
  Spektrum der öffentlich geförderten Maßnahmen in der Jugendarbeit aus.

Seit 1988 reduzierte sich die Anzahl dieser Angebote auf zuletzt 4.700, was einem Anteil von noch 4,2 % entspricht. Dies bestätigt den Entwicklungstrend der Jugendarbeit zur Erlebnisarbeit und dokumentiert eine kontinuierliche Entinternationalisierung der Jugendarbeit seit dem Ende der 80er Jahre, möglicherweise mitverursacht durch die zunehmend billiger werdenden Angebote von kommerziellen Reiseveranstaltern.

Tabelle 7: Maßnahmen und TeilnehmerInnen in der Kinder- und Jugendarbeit nach Trägergruppen; Bundesrepublik Deutschland insgesamt 1992 bis 1996

Trägergruppe	1992		1996		Entwickl. 92/96	
	Absolut	in %	Absolut	in %	Absolut	in %
Maßnahmen						
Insgesamt	127.915	100,0	130.372	100,0	2.457	1,9
Öffentliche Träger	19.465	15,2	17.588	13,5	-1.877	-9,6
Örtliche Träger	12.051	9,4	10.315	7,9	-1.736	-14,4
Gemeinde o. Jugendamt	6.721	5,3	6.752	5,2	31	0,5
Überörtliche Träger	351	0,3	219	0,2	-132	-37,6
Land	342	0,3	302	0,2	-40	-11,7
Freie Träger	108.450	84,8	112.784	86,5	4.334	4,0
Jugendinitiativen u. a.	73.078	57,1	69.002	52,9	-4.076	-5,6
Wohlfahrtsverbände	5.640	4,4	5.347	4,1	-293	-5,2
Kirchen und Rel.gem.	19.678	15,4	26.042	20,0	6.364	32,3
Sonstige freie Träger	10.054	7,9	12.393	9,5	2.339	23,3
TeilnehmerInnen						
Insgesamt	4.308.121	100,0	4.671.972	100,0	363.851	8,4
Öffentliche Träger	948.395	22,0	935.454	20,0	-12.941	-1,4
Örtliche Träger	543.593	12,6	520.154	11,1	-23.439	-4,3
Gemeinde o. Jugendamt	356.378	8,3	400.988	8,6	44.610	12,5
Überörtliche Träger	34.591	0,8	6.598	0,1	-27.993	-80,9
Land	13.833	0,3	7.714	0,2	-6.119	-44,2
Freie Träger	3.359.726	78,0	3.736.518	80,0	376.792	11,2
Jugendinitiativen u. a.	2.148.856	49,9	2.071.505	44,3	-77.351	-3,6
Wohlfahrtsverbände	218.338	5,1	242.865	5,2	24.527	11,2
Kirchen und Rel.gem.	591.422	13,7	733.134	15,7	141.712	24,0
Sonstige freie Träger	401.110	9,3	689.014	14,7	287.904	71,8

Quelle: Statistisches Bundesamt (1994, 1998)); nach Berechnungen der Arbeitsstelle für Jugendhilfestatistik, Dortmund

• Grundsätzlich anders als in den alten Bundesländern stellen sich die Maßnahmen der internationalen Jugendarbeit und der Mitarbeiterfortbildungen in den neuen Bundesländern im Lichte der amtlichen Statistik dar. So ist der Anteil der Maßnahmen der internationalen Jugendarbeit mit 7,7 % hier wesentlich höher als in den alten Bundesländern, zumal von 1992 bis 1996 die Maßnahmenanzahl noch einmal um 600 Angebote gestiegen ist, während im gleichen Zeitraum in den alten Bundesländern der Maßnahmenbestand um mehr als 2.000 zurückgegangen ist. Im Gegensatz zu den Maßnahmen der internationalen Jugendarbeit haben die Mitarbeiterfortbildungen der freien

Träger in den neuen Bundesländern prozentual eine geringere Bedeutung im Spektrum der öffentlich geförderten Angebote als in den alten Bundesländern, auch wenn 1996 mehr Fortbildungen gezählt werden als noch 1992.

Wachstum oder Stagnation?

Die Maßnahmenstatistik signalisiert für die Kinder- und Jugendarbeit, wenn auch sicherlich mit erheblichen, einschränkenden Vorbehalten belastet, exemplarisch

- eine Reduzierung der Kinder- und Jugendarbeit im Westen und einen „nachholenden" Wachstumsprozess im Osten,

- eine über die nachlassende Beteiligung an Maßnahmen der MitarbeiterInnenfortbildungen angedeutete Reduzierung des ehrenamtlichen Engagements und der „Freiwilligenarbeit",

- vor dem Hintergrund der politischen Europäisierung eine „Entinternationalisierung" und somit auch eine „Enteuropäisierung" der Jugendarbeit in den westlichen und eine Intensivierung der internationalen Kontakte - insbesondere zu osteuropäischen Nachbarstaaten - auf niedrigem Niveau in den neuen Bundesländern sowie

- eine Festigung der traditionellen Trägerstruktur im früheren Bundesgebiet und die Konstituierung neuer nicht öffentlicher Trägerformen in den neuen Bundesländern.

Insgesamt ist ein Trend von tendenziell bildungs- zu erholungsorientierten Maßnahmen angezeigt. Sollte sich diese Tendenz bestätigen, so ist eine Entwicklung der Kinder- und Jugendarbeit von der Bildungsarbeit hin zur Erholungs- und Erlebnisarbeit indiziert. Trotz dieser Tendenz votieren die vorliegenden Daten keineswegs in die Richtung, von einem gravierenden Abbau der Kinder- und Jugendarbeit zu sprechen. Allerdings, und dies deutet ja auch die „Einrichtungs- und Personalstatistik" für die Kinder- und Jugendarbeit an (vgl. Kapitel 5), hat wahrscheinlich der Ausbau dieses sozialpädagogischen, außerschulischen Handlungsfeldes vorerst seinen Expansionshöhepunkt erklommen.

  Tipps zum Weiterlesen

Nörber, M. (1996a): Ehrenamtliche - Stiefkinder der Jugendhilfe. In: deutsche jugend, Heft 3, 44. Jg. (1996), S. 103–106.
Pothmann, J./Thole, W. (1999): Maßnahmen der Kinder- und Jugendarbeit 1996 im Spiegel der Statistik. In: deutsche jugend, Heft 4, 47. Jg. (1999), S.169–180
Thole, W. (1997): Jugendarbeit - ein Stiefkind der Statistik. In: Rauschenbach, Th./Schilling, M. (Hrsg.) (1997): Die Kinder- und Jugendhilfe und ihre Statistik. Band II: Analysen, Befunde und Perspektiven. Neuwied, S. 279–320.

5 Die MitarbeiterInnen

Auch wenn Jugendlichen und immer mehr auch älteren Kindern weitestgehend Autonomie und Eigenverantwortlichkeit zugestanden wird und ihre Selbstverwaltungsinteressen und Selbstbestimmungsbemühungen akzeptiert werden, ist das, was unter Kinder- und Jugendarbeit verstanden wird, ohne Erwachsene undenkbar. Lehrer und Lehrerinnen, Pastoren und Pfarrer, Offiziere, Juristen und Verwaltungsbeamte bildeten zu Beginn der Kinder- und Jugendarbeit das Potential der MitarbeiterInnen, die „die Jugend für die hohen Ziele der Gesellschaft, des Staates und des Vaterlandes zu erziehen" (Hemprich 1914, S. 10) wünschten. Aber nicht nur sie, auch Handwerksmeister und UnternehmerInnen, ArbeiterInnen, Landwirte und Landfrauen stellten sich zu Beginn des 20. Jahrhunderts die Aufgabe, die Jugend vor Schmutz und Schund, vor Verwahrlosung und vor dem adoleszenten Vagabundieren, vor dem allzu exzessiven Verweilen in Kaffeehäusern, Konditoreien und Schanklokalen, vor dem Alkohol und dem Fußballspiel zu „bewahren" (vgl. Blum 1908). Bis heute engagieren sich verschiedene Berufsgruppen ehren-, neben- und hauptamtlich in der Kinder- und Jugendarbeit.

Hauptamtliche MitarbeiterInnen der Kinder- und Jugendarbeit sind diejenigen, die mindestens mit der Hälfte der tarifrechtlich geregelten wöchentlichen Arbeitszeit für einen längeren Zeitraum bei einem freien, öffentlichen oder privatgewerblichen Träger angestellt sind. Nebenamtliche MitarbeiterInnen, zuweilen auch als Honorarkräfte bezeichnet, sind mit weniger als der Hälfte der tarifrechtlich geregelten wöchentlichen Arbeitszeit in der Kinder- und Jugendarbeit gegen Entgelt tätig. Ehrenamtliche MitarbeiterInnen sind diejenigen, die ohne Entgelt Aufgaben innerhalb der Kinder- und Jugendarbeit freiwillig wahrnehmen. Darüber hinaus sind Zivildienstleistende und PraktikantInnen der unterschiedlichsten Ausbildungswege sowie insbesondere Frauen, die ein Freiwilliges Soziales Jahr absolvieren, in der Kinder- und Jugendarbeit tätig.

„Es hängt in der Jugendpflege nicht weniger als alles von der Person des Jugendpflegers ab", konstatierte G. Dehn (1929) Ende der 20er Jahre. Mit dem organisatorischen Ausdifferenzierungsprozess der Jugendverbände, der Entwicklung der staatlichen Jugendpflege zu einem breiten Dienstleistungsangebot und der Etablierung immer neuer Angebotsvarianten sowie der weiteren rechtlichen Kodifizierung der „außerschulischen Jugendarbeit", unter anderem durch das 1924 in Kraft getretene Reichsjugendwohlfahrtsgesetz (RJWG), gewannen die vielfältigen Formen der „Erziehung" und Bildung, Begleitung und Organisation von Jugendlichen außerhalb von Familie, Schule und Betrieb nicht nur an gesellschaftlicher Akzeptanz (vgl. Giesecke 1971; Gängler 1995) und erfuhren ihren ersten Vergesellschaftungsschub, sondern auch die Frage der MitarbeiterInnen und ihrer Ausbildung und Qualifikation wurde auf Tagungen der

Kreis- und BezirksjugendpflegerInnen und in der Literatur erörtert. Dehn ging
sogar soweit, das Profil der gesamten Jugendpflege von der Person des Jugendpflegers abhängig zu machen und hierüber zu konkretisieren, denn „je mehr Jugendpflege Volkssache wird, je mehr also Jugendpflegersein ein erlernter Beruf
wird, desto stärker sollte sein 'charismatischer', d. h. sein von Gott gegebener
Charakter betont werden, damit er nicht einer öden Betriebstechnik zum Opfer
falle. (...) Ich meine (...), dass eine Verbundenheit der Seele des Leiters mit
der des Jugendlichen vorhanden sein muss, die nicht nur auf pädagogischen
Vorsätzen und sittlichen Erwägungen beruht, sondern die irgendwie eine natürliche Grundlage hat. (...) Neben dieser Anlage muss aber freilich noch beim
Jugendpfleger, aus dieser Reife und Überlegenheit herauswachsend, die pädagogische Befähigung treten, ohne die er nichts weiter als Bandenführer wäre"
(Dehn 1929, S. 109). Dehn befürchtete, dass mit der professionellen Verberuflichung eine Eliminierung der erzieherischen Intuition sich vollzieht und die
„natürlichen" erzieherischen Ressourcen im Zuge einer Verberuflichung des
Pädagogischen verloren gehen. Diese Positionierung fixiert die Frage, ob pädagogisches und soziales Handeln in institutionellen Handlungsräumen einen anderen Handlungstypus fordert als das Handeln in Alltagssituationen. Wie viel
Verberuflichung kann die außerschulische Kinder- und Jugendarbeit verkraften,
ohne seine „natürlichen personellen Strukturen" zu verlieren, das ist die von
Dehn aufgeworfene und bis heute aktuelle Frage. Aus einer professionsinteres-
sierten Perspektive provoziert derselbe Fragekomplex allerdings ein diametral
anders gelagertes Aufklärungsinteresse. Nicht die Frage, „ob" die außerschulische Pädagogik überhaupt Verberuflichungsprozesse aushalten kann, sondern
die Frage nach dem „wie" der professionellen Gestalt verberuflichter Pädagogik in den Handlungsfeldern der außerschulischen Kinder- und Jugendarbeit ist
dann das Thema. Und auch weil gegenwärtig Stimmen aus den politischen Milieus und den administrativen Spitzen der Landes- und Kommunalverwaltungen
die Strukturen, Inhalte und Konzepte der Kinder- und Jugendarbeit kritisch anfragen und über eine intensivere Unterstützung ehrenamtlichen Engagements
nachdenken, der hier aufgezeigte Fragenkomplex also auch hierüber eine besondere Akzentuierung und Schärfe erhält, werden Fragen nach den Qualifikationsprofilen, die von MitarbeiterInnen in den Handlungsfeldern der Kinder-
und Jugendarbeit zu erwarten sind, und des Verhältnisses der drei Mitarbeiter-
Innentypen untereinander diese Kapitel wie eine Art roter Faden durchziehen.

Im folgenden wird zunächst die Geschichte der MitarbeiterInnen in der außerschulischen Kinder- und Jugendarbeit gestrafft rekonstruiert und als eine stetig
sich weiter verberuflichende und auf der Ebene der formalen Ausbildungsabschlüsse sukzessiv sich konsolidierende Entwicklung skizziert (5.1). Wie sehr
sich dieser Prozess insbesondere seit den 70er Jahren des 20. Jahrhunderts dy-
namisiert hat und welche Berufsgruppen heute das Bild der MitarbeiterInnen in
der Kinder- und Jugendarbeit konturieren, wird daran anschließend dokumentiert und erörtert (5.2). Inwieweit die Verberuflichung der Kinder- und Jugendarbeit sowie der statistisch belegbare Akademisierungsprozess parallel auch zu
einer Professionalisierung dieses Handlungsfeldes geführt hat, wird hieran an-

schließend diskutiert (5.3). Hierüber angeregt wird die Frage nach dem „Handwerkszeug", das die MitarbeiterInnen in der Kinder- und Jugendarbeit benötigen, um fachlich abgesichert und begründet ihre Angebote und Projekte planen, durchführen und organisieren zu können. Da das Nachdenken hierüber auch und wesentlich eine Frage der Zukunft ist, sind die Überlegungen hierzu im abschließenden 9. Kapitel zu finden. Erörtert wird dort auch, welche Anforderungen die MitarbeiterInnen jetzt und zukünftig zu erfüllen haben und mit welchen fachlichen Handlungskompetenzen und Wissensressourcen sie zu ihrer Bewältigung ausgestattet sein müssen.

5.1 Vom Ehrenamt zum Beruf

Mit leichter Verzögerung konstituierte sich in den Grundzügen im Zuge der Herausbildung der Jugend als eigenständige Lebenslaufphase und Generation im 19. Jahrhundert über die Gründung von Jugendverbänden, die Entstehung der bürgerlich-autonomen Jugendbewegung und der staatlichen Jugendpflege jenes Handlungsfeld, das wir heute als Kinder- und Jugendarbeit kennzeichnen (vgl. Kapitel 2). Und immer mischten auch Erwachsene mit, strukturierten und organisierten diesen Konstitutionsprozess maßgeblich mit, waren es nicht nur Jugendliche, die sich selbständig in unterschiedlichen Konstellationen und Organisationsvarianten zusammenfanden.

Pfarrer, Lehrer und Landfrauen - die ersten JugendarbeiterInnen

„In einer geradezu erfreulichen Weise zeigt sich in der Gegenwart das Interesse und die Begeisterung für die Jugendpflege", schrieb K. Hemprich in seinem erstmals 1906 publizierten „Handbuch und Wegweiser für die Arbeit der Jugendpflege". Die Beteiligung an der Pflege der zaghaften Knospen der sich noch in der Entstehung befindlichen Jugendpflege wurde zur nationalen Aufgabe erklärt, bedurfte „vor anderen des Wohlwollens und der opferwilligen Mithilfe aller Vaterlandsfreunde in allen Ständen und Berufsklassen" (Hemprich 1914, S. 8; vgl. auch Blum 1908), um die Jugend vor Schmutz und Schund, vor Verwahrlosung und vor dem adoleszenten Vagabundieren, vor dem allzu exzessiven Verweilen in Kaffeehäusern, Konditoreien und Schanklokalen, vor dem Alkohol und dem Fußballspiel zu „bewahren".

Obwohl Personen beiderlei Geschlechts mit unterschiedlichen Berufen in Jugendverbänden, Jugend- und Handwerkerheimen, Jugendklubs und -vereinigungen sich aktivierten, so wie es auch in dem preußischen „Ministerialerlass betreffend der Fürsorge für die schulentlassene gewerbliche männliche Jugend" vom 24. November 1901 angeregt wurde, waren es doch im wesentlichen Lehrer und Lehrerinnen von Volks- und Fortbildungsschulen, wie am 24. Oktober 1905 in einem weiteren Erlass zu lesen war, die „in dankenswerter Weise ihre Kräfte in den Dienst der vorstehend bezeichneten Bestrebungen" stellten (vgl. Minister der geistlichen, Unterrichts- und Medizinalangelegenheiten 1905).

Dass insbesondere Lehrer und Lehrerinnen, neben den hauptamtlichen Geistlichen beider großen Konfessionen, neben Offizieren und Staatsbeamten, immer wieder aufgefordert wurden, sich an den Bestrebungen der Jugendpflege zu beteiligen, ist der Erkenntnis geschuldet, dass die Arbeit mit der „degenerierten Volksjugend" (vgl. Dehn 1919) wie mit der „normalen, nicht durch besondere Umstände gefährdeten oder schon zu Fall gekommenen Jugend" (Blum 1908, S. 4) auch schon damals als eine pädagogische Aufgabe verstanden wurde. Sie erforderte nicht nur Bereitschaft, sondern darüber hinaus eine durch Ausbildung erworbene Qualifikation. Lehrer und Lehrerinnen schienen für diese Aufgabe somit prädestiniert, obgleich zuweilen darauf hingewiesen wurde, dass die unterrichtliche Tätigkeit in den Schulen anderer Gestalt ist als die Arbeit in der außerschulischen Jugendpflege, „es dabei bleiben muss, dass der Lehrer in erster Linie Lehrer der Jugend seiner Schule ist" und ein virtuoses Engagement in der Jugendpflege auch das „Betreten einer abschüssigen Bahn" bedeuten kann, „denn leichter und bequemer als intensive Unterrichtsarbeit ist Jugendpflege in ihren lockeren, dem Belieben des einzelnen zur Wahl gestellten Formen" (Bohnstedt 1914, S. 107). Um die LehrerInnenschaft von ihrem Engagement in der Jugendpflege zu entlasten, aber auch, um die hier Tätigen mit den Spezifika der Arbeit mit Jugendlichen bekannt zu machen, sie über die Wünsche und Bedürfnisse der Heranwachsenden und über mögliche Angebote mit ihnen zu informieren, wurden in der Entstehungsphase der Kinder- und Jugendarbeit Kurse für die ausschließlich noch ehrenamtlichen Tätigen der Jugendarbeit durchgeführt. Den ersten, dokumentierten „Kursus für Leiter von Vereinigungen für die schulentlassene männliche Jugend" veranstaltete 1902 die Berliner „Zentralstelle für Arbeiter-Wohlfahrtsvereinigungen" (vgl. Hemprich 1914). Weitere Informations- und Schulungskurse für LeiterInnen von Jugendvereinigungen, -heimen und Klubs in den verschiedenen preußischen Provinzen folgten.

Eine entscheidende sozialpolitische Aufwertung und Akzentuierung erfuhr die Jugendarbeit durch den „Jugendpflegeerlass" vom 18. Januar 1911 und den diesen ergänzenden Erlass vom 30. April 1913, der ausdrücklich und erstmals auch die Förderung der weiblichen Jugend anregte (vgl. hierzu auch Kapitel 2). Ausdrücklich wird in den Erlassen die Ehrenamtlichkeit der Jugendpflege hervorgehoben und zugleich die Wichtigkeit von Fortbildungskursen eindringlich betont und erneut ausdrücklich erwähnt, dass an diesen in Zukunft verstärkt „auch nicht dem Lehrerstande angehörige" teilnehmen sollten, um die Jugend unter anderem - und darin offenbart sich der patriotisch-nationale Grundtenor der Erlasse - über die „Darstellungen des Heldentums auf den verschiedenen Gebieten, einer in ihrem Berufe sich aufopfernden Krankenpflegerin" auch mit der Kriegsgeschichte und ihrer begeisternden Wirkung vertraut zu machen. Die in der Regel ein- bis zweiwöchigen Fort- und Weiterbildungsmaßnahmen für ehrenamtliche LeiterInnen von Jugendgruppen und -clubs, für örtliche und bezirkliche JugendpflegerInnen und die wenigen, zumeist bei den konfessionellen Jugendvereinigungen angestellten neben- und hauptberuflich tätigen JugendarbeiterInnen wurden intensiviert. Im Jahr der Veröffentlichung des „Jugendpflegeerlasses" 1911 fanden 366 Aus- und Fortbildungskurse statt. An den 434

Kursen des darauffolgenden Jahres nahmen schon 22.139 Personen teil, darunter 11.755 Lehrer und 2.870 Lehrerinnen, 277 Schulaufsichtsbeamte, 686 Geistliche und 834 Beamte sowie einige TeilnehmerInnen mit den unterschiedlichen Berufen (vgl. Samter 1913; u. a. auch Rauschenbach 1991b). Obgleich von den verschiedensten Stellen Stimmen laut wurden, dass die Aufgaben der Jugendpflege nicht mehr von ehrenamtlichen und nebenberuflichen MitarbeiterInnen zu bewältigen sind, erste freie Initiativen Ausbildungen für das Segment der sozialen Berufe durchführten und 1911 erstmals staatlich anerkannte JugendleiterInnen die ebenfalls freien Fachseminare verließen und einzelne LehrerInnen vom Schuldienst für die Aufgaben der Jugendpflege freigestellt wurden (vgl. Giesecke 1981), arbeitete die weit überwiegende Anzahl der JugendarbeiterInnen ehrenamtlich und ohne grundständige Qualifizierung.

Herausbildung beruflicher Strukturen - JugendarbeiterInnen in der Weimarer Republik

Für das Land Preußen, und damit für weite Landstriche der Weimarer Republik, wurde die Jugendpflege schon vor dem Inkrafttreten des Reichsjugendwohlfahrtsgesetzes (RJWG) 1924 über Erlasse zur Jugendpflege vom 17. Dezember 1918 und vom 22. November 1919 rechtlich neu kodifiziert. Im wesentlichen wurden in diesen beiden Erlassen die inhaltlichen Schwerpunkte neu akzentuiert und von allzu offensichtlichen militärisch-patriotischen ideologischen Floskeln „entspeckt". An den bewährten Methoden sollte allerdings festgehalten werden. An dem in der Regel ehrenamtlichen Status der JugendarbeiterInnen in den Jugendvereinigungen, Jugendheimen und -clubs, Jugendverbänden und -organisationen sowie der kommunalen und bezirklichen Jugendpflege sollte sich weder über die Erlasse noch durch das neue RJWG, auch durch die rigide Sparpolitik in der Weimarer Republik zusätzlich bedingt, vorerst nichts grundlegend verändern. Nachdrücklich drängten sozial- und jugendpolitische Gremien in der Folgezeit darauf, die Jugendarbeit in all ihren Verzweigungen mit einem zumindest minimalen verberuflichten Unterbau auszustatten. In einer Petition an den Preußischen Landtag fordert der „Vorstand des Landesverbandes der Bezirks- und Kreisjugendpfleger in Preußen" für jeden Regierungsbezirk zumindest die Anstellung eines hauptamtlichen Bezirksjugendpflegers oder einer Bezirksjugendpflegerin (vgl. Hafeneger 1992, S. 51). Von den preußischen JugendpflegerInnen wird auf ihren ersten Vertretertagungen der durch das RJWG getroffene Rechtsstatus kritisiert, weil die Bedeutung der Jugendpflege und die Arbeit des Jugendpflegers nicht genügend gewürdigt und eine erfolgreiche Wahrnehmung von jugendpflegerischen Tätigkeiten durch Ehrenamtliche nicht gewährleistet wird. Konsequenterweise fordert die Vertreterversammlung „die ehrenamtliche Tätigkeit auf dem Gebiete der Jugendpflege (...) durch die Anstellung von Jugendpflegern im Hauptberuf" zu ergänzen (Ratgeber für Jugendvereinigungen 1924, S. 242). Neben der grundsätzlichen Würdigung der Arbeit der örtlichen, kreisbezogenen und bezirklichen Jugendpflegeausschüsse war aber auch Kritik aus dem zuständigen preußischen Ministerium

zu vernehmen. Insbesondere mit der Zusammensetzung vieler Ausschüsse zeigte man sich unzufrieden und forderte, die „Umbildung dieser Ausschüsse bal-
digst in die Wege zu leiten" und „als neue Mitglieder (…) solche Persönlich-
keiten zu wählen, die Interesse und Verständnis für die Jugendpflege haben und
dies auch durch ihre bisherige Tätigkeit bewiesen haben" (Hirtsiefer 1930,
S. 8).

Insgesamt ist jedoch dokumentiert, dass im Verlauf der Weimarer Republik die
Zahl der Bezirks- und KreisjugendpflegerInnen bis zum Jahr 1928 um das Drei-
fache stieg und zwar von 392 im Jahre 1919 über 969 im Jahr 1925 auf 1.092
im Jahr 1928, um dann jedoch im Jahr 1929 wieder leicht auf 1.075 abzufallen.
Diese Reduzierung verdankt sich wahrscheinlich insbesondere kommunalen
Gebietsreformen, da ausschließlich die Zahl der Kreisjugendpfleger sank. Da-
hingegen zeigt die quantitative Entwicklung bei den Kreisjugendpflegerinnen
die deutlichste Expansion, von 62 im Jahr 1919 über 332 im Jahr 1926 auf 362
im Jahr 1929 (Hirtsiefer 1930, S. 16). Trotz der ökonomischen Dauerkrise und
aller politischen Instabilitäten konnte sich das Segment der Kinder- und Jugendarbeit in den 20er Jahren personell ausweiten und partiell weiter verbe-
ruflichen (vgl. u. a. Dehn 1929). Immer wieder und zum Ende der Weimarer
Republik vermehrt waren Rufe nach mehr Ehrenamtlichkeit und Selbsthilfe zu
vernehmen, und wiederum deutlich auch an die Adresse der, insbesondere arbeitslosen LehrerInnen, die aufgefordert wurden, sich verstärkt um die arbeitslose Großstadtjugend zu kümmern und in beschäftigungspolitischen Projekten
zu engagieren (vgl. u. a. Behrens 1931; Stets 1931).

Ob die Entwicklung in der Weimarer Republik insgesamt den Aufbau einer
verberuflichten und „eine sukzessive Professionalisierung der kommunalen Jugendpflege" dokumentiert, wie B. Hafeneger (1992, S. 53; vgl. auch Naudascher 1990, S. 243) annimmt, bleibt undeutlich, darf aber generell bezweifelt
werden, zumal das „Preußische Ministerium für Volkswohlfahrt" noch 1930
bedauerte, dass „leider (…) sich bis zum heutigen Tage die hauptamtliche Anstellung der Bezirksjugendpfleger und -pflegerinnen trotz fortgesetzter nach-
drücklicher Bemühungen des Ministeriums (…) noch nicht hat durchsetzen lassen" (vgl. Hirtsiefer 1930, S. 16). Insgesamt blieb es bei der Praxis, dass die
Kreis- und BezirksjugendpflegerInnen von den jeweiligen politischen Gebietskörperschaften zeitlich befristet berufen wurden und dabei peinlichst darauf ge-
achtet wurde, dass auch alle politischen Orientierungen und verbandlichen
Richtungen dabei Berücksichtigung fanden.

Ein großes Problem in der Weimarer Republik blieb die Ausbildungs- und Qua-
lifizierungssituation. Trotz einiger zaghafter Versuche (vgl. Richter 1932)
konnte sich die Ausbildungssituation für die Handlungsfelder der Kinder- und
Jugendarbeit in den 20er Jahren nicht einschneidend konsolidieren. Zwar wurde
allgemein anerkannt, dass sich mit der organisatorischen „Entwicklung der Jugendpflege und Jugendführung ein Arbeitsgebiet für die berufliche Tätigkeit
ergeben hat" (Bäumler 1929, S. 210), doch ob dieses Profil für die Entwicklung
eines eigenständigen Ausbildungsweges hinreiche, blieb allgemein offen. Die

vorgetragenen positiven Initiativen konnten sich institutionell nicht etablieren. Die „Entwicklung einer Qualifizierung der Jugendpflege blieb ungeklärt zwischen der Forderung eigenständiger Ausbildungen einerseits und deren Einbindung in die allgemeineren sozialpädagogischen Curricula einer stark expandierenden Wohlfahrtspflegerinnenausbildung andererseits" (Rauschenbach 1991b, S. 617) stehen. Konsolidieren konnte sich hingegen das kurzzeitpädagogische Fort- und Weiterbildungsangebot für die JugendarbeiterInnen. Allein in Preußen wurden in den Jahren von 1919 bis 1928 6.111 Lehrgänge für den gesamten Bereich der freien und staatlichen Jugendpflege mit 472.435 TeilnehmerInnen durchgeführt. Davon waren allein 866 Maßnahmen der Qualifikation von JugendpflegerInnen vorbehalten (vgl. Hirtsiefer 1930).

Die JugendarbeiterInnen in der Jugendpflege, in Jugendhäusern und -einrichtungen wie auch bei den Jugendverbänden waren in der Weimarer Republik in ihrer weitaus überwiegenden Mehrzahl ehrenamtlich und nebenberuflich tätig und konnten nur in einem geringen Maße auf eine fachlich grundständige, pädagogische Qualifikation verweisen. Ihr spezifisches Wissen über Jugendliche und Kinder und die möglichen Maßnahmen der außerschulischen Kinder- und Jugendarbeit generierten sie über ihre Erfahrungen, allenfalls über Lehrgänge und Fort- und Weiterbildungen, ohne dabei jedoch umfassend an den Erkenntnissen der sich in den 20er Jahren wissenschaftlich profilierenden und etablierenden Jugendforschung zu partizipieren. So standen sie nicht nur im Blickpunkt der administrativen und politischen, sondern auch der pädagogischen Kritik, die vortrug, „dass der Jugendpfleger ganz anders als bisher noch in die realistischen Nöte dieser Jugend (…) eindringen und ihnen beratend und helfend zur Seite stehen muss, (…) ihr nicht Traditionen predigt, die sie eben überwinden will, sondern sich in den lebendigen Zug ihres Lebens einstellt, um aus ihm heraus das Schicksal des Jugendlichen zu deuten" (Nohl 1928, S. 223).

Staatliche Jugenderziehung als Beruf

Im Zuge der nationalsozialistischen Ideologisierung und systematischen Funktionalisierung der Sozialpolitik und des Wohlfahrtswesens wurde das gesamte Feld der Jugendpflege und Jugendverbandsarbeit nach 1933 eliminiert und neu strukturiert. Die Jugendverbände wurden aufgelöst oder lösten sich auf, die autonome bürgerliche Jugendbewegung integrierte sich in die Hitlerjugend oder zersplitterte sich in widerständischen Szenen, soweit sie hierzu Möglichkeiten fand. Die staatliche Jugendpflege wurde neu geordnet und zur „staatlichen Jugenderziehung außerhalb der Schule" (RMinAmtsbl. 1935). Aus den bisherigen orts-, stadt-, kreis- und bezirksbezogenen Ausschüssen für Jugendpflege wurden Arbeitsgemeinschaften zur Koordination der Aktivitäten von Hitlerjugend, Bund Deutscher Mädchen und den Vereinen zur Leibeserziehung. Aus den Bezirksjugendpflegerstellen wurden hauptberuflich besetzte „Dezernate für Jugendpflege und körperliche Erziehung an den Regierungen" und die BezirksjugendpflegerInnen wurden zu hauptamtlichen „BezirksjugendwartInnen". Zusammen mit den weiterhin ehrenamtlichen KreisjugendpflegerInnen und jetzi-

gen KreisjugendwartInnen hatten sie sich vornehmlich um die noch unorganisierte Jugend zu kümmern und dafür Sorge zu tragen, „jeden Jungen und jedes
Mädchen außerhalb der Schule durch geeignete körperliche Ausbildung sowie
durch geist- und charakterbildende Erziehungsmaßnahmen zu tüchtigen und
verantwortungsbewussten Nationalsozialisten zu machen" (RMinAmtsbl.
1935). Doch keineswegs wurden die schon vor 1933 in der Jugendpflege Tätigen übernommen und erhielten nun den von ihnen schon immer angestrebten
hauptamtlichen Status. Viele der bisherigen Bezirks- und KreisjugendpflegerInnen wurden durch Aktivisten der nationalsozialistischen Bewegung abgelöst.
Ihnen war untersagt, weiterhin innerhalb der Jugendpflege aktiv zu sein. Die
nationalsozialistische Erziehungs- und Gemeinschaftsideologie wurde zum alles bestimmenden Bezugspunkt auch der außerschulischen Sozialisationsinstanzen und -organisationen. Inhalte und Formen der Kinder- und Jugendarbeit
teilweise kopierend, organisierten die nationalsozialistischen Organisationen
nach der Einführung der Jugenddienstpflicht in der zweiten Hälfte der 30er Jahre von den 8.870.000 10- bis 18jährigen weiblichen und männlichen Heranwachsenden 8.700.000.

In der Kinder- und Jugendarbeit in den nationalsozialistischen Verbänden, die
trotz des hohen Formalisierungsgrades und eines engmaschigen sozialdisziplinierenden Kontrollsystems viele der Mitmachenden in angenehmer Erinnerung
blieb (vgl. Möding/Plato 1986), waren Ende 1933 schon 220.000 Ehrenamtliche als FührerInnen aktiv. Für 1938, auch als Folge der zuvor eingeführten Jugenddienstpflicht, weisen die Statistiken schon über 720.000 und 1939 dann
765.000 ehrenamtliche FührerInnen in den Verbänden der Hitlerjugend aus
(vgl. Kaufmann 1940, S. 42; vgl. hierzu und zum folgenden ausführlich auch
Giesecke 1981; Hafeneger 1992). Hauptamtlich sind zu diesem Zeitpunkt in der
Hitlerjugend 8.017 FührerInnen aktiv, eine im Vergleich zur Weimarer Republik zwar beachtliche, dennoch auch kritisch betrachtete Zahl. So merkt der
Pressereferent des Reichsleiters für die Jugenderziehung, Günter Kaufmann, an,
dass in der Schule, „die ebenfalls acht Jahrgänge betreut, (…) 234.345 haupt-
amtliche Lehrer" (Kaufmann 1940, S. 42) tätig sind, mithin auf einen Lehrer 37
SchülerInnen, jedoch auf einen hauptamtlichen HJ-Funktionär immerhin 1.450
Kinder und Jugendlichen entfallen.

Die für die Jugenderziehung zuständige Reichsjugendführung gründete für die
Ausbildung und Schulung der ehrenamtlichen FührerInnen ein komplexes, de-
zentralisiertes Netz von 35 Gebietsführer-, 43 Obergauführer-, 2 Reichsführer-
und 3 Reichsführerinnenschulen sowie ab 1937 die „Akademie für Jugendführung" für die hauptamtlichen „Jugendführer". An den insgesamt 149 Schulen
sind Ende der 30er Jahre insgesamt 1.789 hauptamtliche DozentInnen beschäftigt. Addieren wir die unterschiedlichen Angaben der für die Jugenderziehung
außerhalb der Schule zuständigen Hauptamtlichen, dann sind Ende der 30er
Jahre zirka 19.000 Beschäftige respektive Funktionäre auf unterschiedlichen
Ebenen und in unterschiedlichen Funktionen in Handlungsfeldern und Organisationen der außerschulischen Erziehung tätig. Allein in den Bezirken, Kreisen,

Städten und Orten sind über 5.700 Personen mit Fragen der Jugenderziehung beschäftigt. Unter ihnen finden sich auch diejenigen, die Aufgaben wahrnehmen, die zuvor unter dem Etikett der Jugendpflege realisiert wurden. Die Verberuflichung der Jugendarbeit erreicht damit einen in der Zeit zuvor nicht einmal in den kühnsten Träumen angedachten Stand.

Doch nicht allein jugendpädagogische, sondern primär ideologische, organisatorische, sozial-disziplinierende und „rassenhygienische" Aufgaben hatten die „hauptberuflichen JugendarbeiterInnen" wahrzunehmen. Obwohl sie auch für die Durchführung von freizeitpädagogischen Maßnahmen verantwortlich waren, bis in die 40er Jahre hinein ein Netzwerk von Angeboten schufen, das viele Kinder und Jugendliche aktiv und nicht nur mit Widerwillen belebten, bestand ihre eigentliche Aufgabe doch darin, die heranwachsende Generation im Sinne der nationalsozialistischen Erziehungsvorstellung zum „Dienst und Dienen für Führer, Volk und Vaterland" zu sozialisieren.

Jugendarbeit als Beruf nach 1945 in der BRD und DDR

Im Kern orientierte sich der Reaktivierungsprozess der außerschulischen Pädagogik nach 1945 in den westlichen Bundesländern an den rechtlichen und subsidiären Strukturen der Weimarer Republik (vgl. auch Kapitel 2). In der DDR wurde hingegen bereits 1947 die Einheit von Jugendpflege und -fürsorge aufgegeben. 1950 wurde die Jugendförderung als gesellschaftliche Aufgabe höchster Priorität gesetzlich fixiert und schon in dem ersten Jugendgesetz der DDR wurden die Kommunen verpflichtet, den Kinder- und Jugendorganisationen in den Schulen Räume zu überlassen. Seit Mitte der 50er Jahre wurden die Pioniergruppen von hauptamtlichen PionierleiterInnen geleitet. Und parallel mit der Einrichtung von Planstellen für PionierleiterInnen begann auch deren hauptberufliche Ausbildung. Die grundständige Ausbildung war entweder an das Abschlussexamen für die UnterstufenlehrerInnenausbildung gekoppelt oder das Resultat einer vierjährigen Qualifikation an einem der lehrerbildenden Institute (vgl. Krüger 1994). Die DDR-Jugendpolitik setzte demnach schon in dem ersten Jahrzehnt auf eine enge Verzahnung der Kinder- und Jugendarbeit mit der Schule über die Pionierorganisationen und die FDJ sowie auf eine ebenfalls über diese Schnittstelle hergestelltes Netzwerk von verberuflichten MitarbeiterInnen. Darüber hinaus prägten zu Beginn dieser Entwicklung insbesondere reformpädagogische Ideen und eine dezidiert antifaschistische Orientierung den Aufbauprozess.

In der amerikanischen Besatzungszone wurde das „German Youth Activities Programm" (GYA) mit 323 Häusern der offenen Tür von zirka 250 Offizieren, 600 Soldaten und, nicht vollständig gesicherten Angaben zufolge, weiteren 1.000 deutschen MitarbeiterInnen gestartet. In dem offiziell bis 1955 andauernden, ab 1953 teilweise jedoch schon in Kooperation mit deutschen Behörden fortdauernden Programm ging es um die „re-education", der „Erziehung der deutschen Jugend zur Demokratie". Bis Mitte der 50er Jahre des 20. Jahrhunderts konnten 58 „Häuser der offenen Tür" in die Trägerschaft von deutschen Jugendbehörden übergehen (vgl. hierzu ausführlich u. a. Projektgruppe 1988). Eine Untersuchung der „Arbeitsgemeinschaft für Jugendpflege und Jugendfürsorge" (vgl. AGJJ 1955) erfasste für das Jahr 1953 110 offene Jugendfreizeiteinrichtungen. In 94 arbeitete zumindest ein von Honorarkräften unterstützter hauptamtlicher Mitarbeiter (vgl. Projektgruppe 1988), in über 20 Einrichtungen waren sogar mehr als drei MitarbeiterInnen hauptamtlich angestellt (vgl. Grauer 1973, S. 130). Über das Qualifikationsprofil dieser MitarbeiterInnen liegen keine gesicherten Kenntnisse vor. Parallel zu dieser Entwicklung baut sich auch allmählich wieder ein strukturelles Netzwerk örtlicher, kreis- und bezirksbezogener Jugendpflege auf.

Nur wenige der dort beschäftigten JugendpflegerInnen verfügten allerdings über eine fachliche Qualifikation, obwohl schon ab Ende der 40er Jahre des letzten Jahrhunderts eine Professionalisierung der Jugendpflege angestrebt wurde. 4.800 zumeist ältere Jugendliche nahmen allein 1948 an jugendpflegerischen Ausbildungsgängen teil. Bis 1952 wurden insgesamt 30.000 TeilnehmerInnen durch die unterschiedlichsten Ausbildungskurse geschleust (vgl. Füssl 1995) und immerhin 180 Landkreise der noch jungen Bundesrepublik hatten schon 1952 einen hauptamtlichen Jugendpfleger eingestellt. Viele Jugendgruppen, insbesondere die katholischen Jugendverbände wünschten allerdings auch keinen hauptamtlichen Jugendpfleger in „ihren Reihen" (vgl. Palm 1956). Bei den Jugendverbänden waren vornehmlich auf der Ebene der Planung und Koordinierung hauptamtliche MitarbeiterInnen anzutreffen: Von 100 MitarbeiterInnen waren durchschnittlich 90 ehrenamtlich und lediglich 10 hauptberuflich tätig (vgl. Müller-Schöll 1957). Inhaltliche, strukturelle und organisatorische Veränderungen bestimmten das Gesicht der Kinder- und Jugendarbeit in der weiteren Zeit bis Anfang der 70er Jahre. Im Wesentlichen profilierten sich in dieser Phase die Varianten außerschulischer Pädagogik, die dann über knapp drei Jahrzehnte unter dem Begriff „Offene Jugendarbeit" firmierten und eine Periode der weiteren Entdisziplinierung und Entnormierung der Jugendarbeit einleiteten und die außerschulische Kinder- und Jugendarbeit insgesamt modernisierten (vgl. Thole 1995a, S. 113).

Eine Erhebung, die die kleineren, zumeist in der Eigenverantwortung von Jugendlichen geführten Jugendheime mit registrierte, notierte für die 60er Jahre insgesamt 2.625 Jugendfreizeiteinrichtungen auf dem Gebiet der damaligen Bundesrepublik Deutschland (vgl. hierzu und zum folgenden Naudascher 1990, S. 212; auch Grauer 1973). Eine solidere Untersuchung aus dem Jahr 1965 geht von 1.148 existenten Jugendfreizeiteinrichtungen, wovon 510 Einrichtungen von hauptamtlichen MitarbeiterInnen geführt wurden, aus. Bei den Jugendverbänden waren zu dieser Zeit nach Selbstauskunft des Deutschen Bundesjugendrings rund 250.000 ehrenamtliche und zirka 1.000 hauptamtliche MitarbeiterInnen aktiv. Und auch die Jugendpflege verberuflichte sich weiter, auch wenn im einzelnen nicht dokumentiert ist, in welcher Form. 1971 hatten jedoch immerhin von den 643 Jugendämtern 379 einen und 34 Jugendämter mehr als einen

Jugendpfleger angestellt. Insgesamt waren zu dieser Zeit in der Bundesrepublik 567 JugendpflegerInnen tätig, insbesondere in den ländlichen Regionen sogar vornehmlich auch in Jugendhäusern und -freizeiteinrichtungen.

Das Qualifikationsniveau der in der Kinder- und Jugendarbeit Tätigen war auch nach 1945 äußerst disparat. In der Phase des Neuaufbaus dominierten Personen ohne fachspezifische Ausbildung auf allen Ebenen. Im Laufe der 50er Jahre wurden jedoch zunehmend mehr Personen mit einer mehr oder weniger fachlichen Grundausbildung in der Kinder- und Jugendarbeit aktiv: KindergärtnerInnen, HeimerzieherInnen, WohlfahrtspflegerInnen und FürsorgerInnen, Diakonen und JugendleiterInnen, die im Anschluss an ihre KindergärtnerInnenausbildung an einer der 17 Jugendleiterseminare eine eineinhalbjährige Zusatzausbildung absolviert hatten. Unzählige Reformvorschläge kursierten angesichts dieser disparaten Ausbildungssituation. Das Thema einer grundständigen, speziellen Ausbildung für JugendpflegerInnen wurde ebenso neu in die Debatten um eine Konsolidierung der grundständigen Ausbildungslandschaft reaktiviert wie Plädoyers für eine vollständige, abgestufte Ausbildung für alle, die in den Handlungsfeldern der Sozialen Arbeit tätig werden wollten. Ein wichtiger struktureller Vereinheitlichungsschritt wurde dann 1962 mit der Umwandlung der bis dahin auf Fachschulniveau angesiedelten Ausbildungsstätten für WohlfahrtspflegerInnen, FürsorgerInnen und VolkspflegerInnen in Höhere Fachschulen für Sozialarbeit und die Umwandlung der JugendleiterInnenseminare 1967 in Höhere Fachschulen für Sozialpädagogik vollzogen (vgl. Lattke 1957; Hasenclever 1965).

Resümierend ist festzuhalten, dass sich die Kinder- und Jugendarbeit in der Bundesrepublik nach 1945 sukzessive verberuflicht und verfachlicht hat. Dennoch ist am Ende der 60er Jahre eine durchgängig einschlägige Verfachlichung der Kinder und Jugendarbeit mit einem ausgefeilten Professionalisierungsprofil nicht zu erkennen (vgl. Grauer 1973, S. 205). In der DDR wurde der Verberuflichungsprozess über die enge Verzahnung zwischen Schule „und außerschulischer Pädagogik" schon in den 50er Jahre quasi abgeschlossen. Ausgewiesen ist hier allerdings eine eindeutige Politisierung und Ideologisierung der Kinder- und Jugendarbeit seit den 60er Jahren. Dieser wurde wesentlich von den seit Mitte der 60er Jahre über ein vierjähriges Hochschulstudium ausgebildeten „klassenbewussten und hochqualifizierten Freundschaftspionierleitern" (vgl. Niegisch 1988) getragen. Erst mit der Gründung von Fachhochschulen für Sozialpädagogik und Sozialarbeit sowie mit der Einführung von erziehungswissenschaftlichen Hauptfachstudiengängen an den Universitäten, jeweils auch mit Studienschwerpunkten für die außerschulischen Sozialisationsfelder, bestand für die Anstellungsträger ab Beginn der 70er Jahre des letzten Jahrhunderts zumindest potentiell die Möglichkeit, für die Kinder- und Jugendarbeit einschlägig fachlich qualifizierte MitarbeiterInnen zu rekrutieren.

Tipps zum Weiterlesen

Hafeneger, B. (1992): Jugendarbeit als Beruf. Geschichte einer Profession in Deutschland. Opladen.
Rauschenbach, Th. (1991): Jugendarbeit in Ausbildung und Beruf. In: Böhnisch, L./Gängler, H./Rauschenbach, Th. (Hrsg.) (1991): Handbuch Jugendverbände. Weinheim u. München, S. 615–630.
Giesecke, H. (1971): Die Jugendarbeit. München.

5.2 Die MitarbeiterInnen in Zahlen

Bezogen auf die voll- und teilzeittätigen sowie auf Honorarbasis arbeitenden MitarbeiterInnen und bezogen auf die Träger, die Qualifikationsprofile, die Geschlechterverteilung, die Altersstruktur und die Art des Beschäftigungsverhältnisses enthalten die 1974 erstmals und seit 1982 im vierjährigen Rhythmus durchgeführten Einrichtungs- und Personalerhebungen des Statistischen Bundesamtes auch für die Handlungsfelder der außerschulischen Kinder- und Jugendarbeit und mithin auch für die „offene Jugendarbeit" statistische Grunddaten (vgl. einführend Rauschenbach 1991a).

Für die ehrenamtlich in der Kinder- und Jugendarbeit Tätigen liegen keine vergleichbaren, regelmäßig erhobenen statistischen Informationsquellen vor. Ein Gesamtbild bezüglich der in den Arbeitsfeldern der Kinder- und Jugendarbeit engagierten Ehrenamtlichen ist aus den vorliegenden Studien nur eingeschränkt zu gewinnen. Bezüglich der ehrenamtlichen oder freiwillig, unbezahlt Tätigen zum Beispiel in den Jugendfreizeitzentren, Jugendhäusern und Jugendheimen, den kulturellen Arbeitsgemeinschaften und den soziokulturellen Zentren, Fußballfanprojekten oder auf den Bau- und Abenteuerspielplätzen existieren nicht einmal empirische Regional- oder Detailstudien. Bekannt ist lediglich, dass auch in diesen Arbeitsfeldern sich Jugendliche und jüngere Erwachsene freiwillig engagieren. Findet dieses Engagement im Kontext von Angeboten der freien Träger statt, wird es möglicherweise insofern registriert, als dass es sich quantitativ in den Ehrenamtsschätzungen niederschlägt. Aber verlässliche oder auch nur annähernd solide Daten zum Stellenwert und zum Umfang des ehrenamtlichen Engagements mit und für Kinder und Jugendliche in den klassischen Organisationen des Ehrenamts, den Wohlfahrts- und Jugendverbänden, fehlen. Der Deutsche Bundesjugendring geht zwar von mehr als 12 Millionen ehrenamtlich Tätigen in der Bundesrepublik Deutschland aus, wovon zirka eine Million in der Kinder- und Jugendarbeit anzutreffen sind, belegt diese Annahme jedoch nicht weiter (vgl. Deutscher Bundesjugendring 1998). Für das Gebiet der alten Bundesländer wird immer noch die im Achten Jugendbericht über eine Expertise grob validierte Zahl von 600.000 in den Jugendverbänden ehrenamtlich Engagierten genannt. Eine Zeitbudgetstudie ermittelte darüber hinaus, dass Jugendliche und junge Erwachsene zwischen 12 und 20 Jahren mit 3,8 % an der entsprechenden Alterskohorte gegenüber anderen Altersgruppen ein relativ geringes ehrenamtliches Engagement zeigen und Mädchen mit 3,4 % sich nochmals weniger hervortun als männliche Jugendliche mit 4,3 % (Blanke/Ehling/Schwarz 1996).

Tabelle 8: Personal in der „Jugendarbeit" nach ausgewählten Merkmalen und Arten der Einrichtung 1994

	Bundesgebiet		West		Ost	
	insg.	in %	insg.	in %	insg.	in %
Beschäftigte insgesamt	33.637		26.973		6.664	
Männer	14.784	44,0	12.223	45,3	2.561	38,4
Frauen	18.853	56,0	14.750	54,7	4.103	61,6
< 25 Jahre	5.525	16,4	4.657	17,3	868	13,0
25–40 Jahre	17.529	52,1	14.291	53,0	3.238	48,6
40–60 Jahre	9.943	29,6	7.480	27,7	2.463	37,0
> 60 Jahre	640	1,9	545	2,0	95	1,4
Vollzeit	17.283	51,4	./.	./.	./.	./.
Teilzeit	10.073	29,9	./.	./.	./.	./.
Nebentätigkeit	6.281	18,7	./.	./.	./.	./.
Mit Ausbildung	./.	./.	./.	./.	./.	./.
Noch in Ausbildung	./.	./.	./.	./.	./.	./.
Ohne Ausbildung	3.764	11,2	./.	./.	./.	./.
Öffentliche Träger	15.593	46,4	12.417	46,0	3.176	47,7
Freie Träger	18.044	53,6	14.556	54,0	3.488	52,3
Privatgewerbliche Träger	./.	./.	./.	./.	./.	./.
Sozialarb./Sozialpäd. (FH)	5.762	17,1	./.	./.	./.	./.
Diplom-PädagogInnen	1.744	5,2	./.	./.	./.	./.
ErzieherInnen	4.452	13,2	./.	./.	./.	./.
KinderpflegerInnen	150	0,4	./.	./.	./.	./.
Mitarbeiter mit nicht einschlägig fachl. Hochschulabschluß	3.850	11,5	./.	./.	./.	./.
Anzahl der MitarbeiterInnen in den ausgewählten Einrichtungen						
Jugendzentren, Jugendfreizeitheime	20.905	62,1	16.152	60,0	4753	71,3
Jugendheime	1.957	5,8	1.895	7,0	62	0,9
Jugendtagungsstätten Jugendbildungsstätten	3.751	11,2	3.380	12,5	371	5,6
Päd. Betreute Spielplätze	1.512	4,5	1.335	4,9	177	2,7
Jugendzeltplätze	329	0,1	322	1,2	7	0,1
Kinder- und Jugendferien/ Stadtranderholung	1.827	5,4	1.516	5,6	311	4,7
Jugendkunstschulen/kulturelle Einrichtungen	3.356	10,0	2.373	8,8	983	14,7

Quelle: Eigene Berechnungen nach Statistisches Bundesamt 1996

Doch auch gegenüber dieser Studie ist Skepsis angebracht, ist doch zu vermuten, dass viele Jugendliche und jüngere Erwachsene ihre Aktivitäten in projektgebundenen Aktionen oder aber auch in Mitbestimmungsgremien wie Schülervertretungen und kirchlichen Gremien nicht als ehrenamtliche Tätigkeiten definieren und bei entsprechenden Befragungen diese auch nicht nennen. Freiwillige, unbezahlte Tätigkeiten von Jugendlichen und Erwachsenen in Projekten der Kinder- und Jugendarbeit unter öffentlicher Trägerschaft wird in der Regel nur unter dem Signet der Mitbestimmung und Partizipation wahrgenommen und nur in Ausnahmefällen als ehrenamtliche Mitarbeit ausgewiesen. Auch wenn nur wenige „fundierte Befunde zur Entwicklung des ehrenamtlichen Engagements vorliegen, erscheint es jedoch relativ gesichert, dass - im Vergleich zu anderen Arbeitsfeldern der Jugendhilfe - 'Ehrenamtlichkeit' das prägende Strukturprinzip im Bereich der verbandlich organisierten Jugendarbeit ist" (Beher/Liebig/Rauschenbach 1998, S. 131; vgl. auch Düx 1999).

Insgesamt hat sich damit seit 1974 die Beschäftigtenzahl in der außerschulischen Kinder- und Jugendarbeit in den alten Bundesländern nahezu verdoppelt, von 13.462 auf 26.973. Dieser Personalzuwachs verdankt sich insbesondere auch der Expansion von Jugendzentren und -freizeiteinrichtungen. Von 7.559 1974 über 13.914 1986 und 14.938 1990 wuchs die Zahl der hier arbeitenden Personen auf 16.152 im Jahr 1994 an (vgl. Tabelle 8 u. 9). Darüber hinaus präsentiert die „Einrichtungs- und Personalstatistik" folgende, ausgewählte Informationen über die MitarbeiterInnen der außerschulischen Kinder- und Jugendarbeit:

(1) Bundesweit sind laut Jugendhilfestatistik 1994 bei den freien Trägern 53,6 % und bei öffentlichen Trägern 46,4 % aller MitarbeiterInnen beschäftigt. Ein leicht anderes Bild zeigt allerdings die Verteilung zwischen den öffentlichen und freien Trägern bei den Jugendzentren und Freizeiteinrichtungen. Von den knapp 21.000 MitarbeiterInnen insgesamt sind knapp 54 % bei öffentlichen und nur knapp 46 % bei den freien Trägern tätig. Demgegenüber sind 87 % der MitarbeiterInnen in den Jugendheimen bei freien Trägern engagiert. Das Verhältnis in den alten Bundesländern hat sich seit der letzten Erhebung im Jahr 1990 einschneidend verschoben, waren doch zu diesem Zeitpunkt noch über 53 % der MitarbeiterInnen bei öffentlichen und lediglich 43 % bei den freien Trägern beschäftigt. Damit hat sich die Relation zwischen freien und öffentlichen Trägern zum zweiten Mal seit 1974 gedreht, denn 1974 waren 67,3 % aller damals 13.462 MitarbeiterInnen bei freien und nur knapp 33 % bei öffentlichen Trägern tätig. Noch gravierender hat sich die Relation zwischen freien und öffentlichen Trägern in den neuen Bundesländern seit der ersten Erhebung im Jahr 1991 verändert. 1991 waren von den damals insgesamt erfassten knapp 2000 Beschäftigten 86,4 % bei den öffentlichen und 13,6 % bei den freien Trägern beschäftigt. Bis 1994, also dem Zeitpunkt der jüngsten Erfassung, hat sich der Personalbestand nicht nur mehr als verdreifacht, sondern inzwischen sind auch über 52 % aller MitarbeiterInnen bei freien und nur noch 47,7 % bei öffentlichen Trägern tätig.

(2) Weit mehr als die Hälfte, das heißt 56 % aller MitarbeiterInnen in den Handlungsfeldern der außerschulischen Kinder- und Jugendarbeit sind Mitte der 90er Jahre des letzten Jahrhunderts Frauen, auch, zumindest statistisch, in den Einrichtungen Jugendfreizeitheime und -zentren. Ebenfalls mehr als die Hälfte aller MitarbeiterInnen (52,1 %) gehören der Altersgruppe der 25- bis

40jährigen an, weit unter 2 % sind älter als 60, knapp 30 % zwischen 40 und 60 und 16,4 % jünger als 25 Jahre. Damit ist deutlich angezeigt, dass seit Erhebungsbeginn noch nie so wenig Personen wie 1994 mit einem Alter jünger als 25 Jahre in Handlungsfeldern der außerschulischen Pädagogik arbeiteten. Insgesamt ist darüber jedoch nicht deutlich signalisiert, dass die MitarbeiterInnen im Durchschnitt älter werden. Zu den einzelnen Erhebungszeitpunkten sind zwar leichte Verschiebungen zwischen den einzelnen Alterskohorten dokumentiert, jedoch ist bisher nur eine schwach ausgeprägte Verschiebung des Durchschnittsalters insgesamt statistisch ausgewiesen, obwohl signifikant ist, dass der Anteil der unter 30jährigen kontinuierlich abnimmt. Besonders auffallend ist lediglich, dass in den neuen Bundesländern nur 13 % der MitarbeiterInnen unter 25 Jahre, jedoch immerhin 37 % zwischen 40 und 60 Jahre alt sind.

(3) 51,4 % der MitarbeiterInnen 1994 sind hauptamtliche Berufstätige auf Vollzeitbasis, 29,9 % arbeiten als teilzeitbeschäftigte und 18,7 % als nebenamtliche MitarbeiterInnen oder als Honorarkräfte. Damit ist für die letzten 20 Jahre ein beschleunigter Verberuflichungsprozess für die Kinder- und Jugendarbeit dokumentiert, denn noch 1974 waren 46,7 % aller MitarbeiterInnen nebenberuflich oder auf Honorarbasis tätig und nur 39,1 % waren vollzeitangestellt. Statistisch notiert ist auch, dass seit 1986 der Anteil der hauptberuflichen Teilzeitbeschäftigten ansteigt. Über 6.000 der insgesamt gut 16.000 MitarbeiterInnen in den Jugendzentren und -freizeiteinrichtungen sind teilzeitbeschäftigt und gut 3.500 nebenberuflich tätig. Damit sind über 60 % der MitarbeiterInnen in den klassischen Einrichtungen der offenen Kinder- und Jugendarbeit mit weniger als die durchschnittliche tarifliche Wochenarbeitszeit engagiert.

(4) Das Qualifikationsprofil der MitarbeiterInnen in der außerschulischen Kinder- und Jugendarbeit ist breit gestreut und reicht von ÄrztInnen über LogopädInnen und HeilpädagogInnen, diplomierten sozialpädagogischen Fachhochschul- und UniversitätsabsolventInnen über HauswirtschaftlerInnen, IndustriemeisterInnen bis hin zu Personen mit einem künstlerischen Ausbildungsabschluss. Jedoch auch noch über 11 % der Tätigen verfügen über keinerlei Ausbildungsabschluss. 5.762 der in der Jugendhilfestatistik 1994 erfassten Beschäftigten verfügen über einen Fachhochschulabschluss der Fachrichtung Sozialarbeit oder Sozialpädagogik und 1.744 studierten Erziehungswissenschaft. Gehen wir davon aus, dass die außerschulische Kinder- und Jugendarbeit ein eigenständiges pädagogisches Handlungsfeld ist und eine qualifizierte Tätigkeit Kompetenzen voraussetzt, die grundsätzlich über ein einschlägig fachliches Studium erworben werden sollen, dann sind es erst einmal diese beiden Ausbildungsprofile, die als fachlich einschlägig angesehen werden können. Unterhalb einer universitären und fachhochschulischen Qualifikation können darüber hinaus noch die ErzieherInnen und mit Abstand die KinderpflegerInnen als fachlich für eine Tätigkeit in der Kinder- und Jugendarbeit ausgebildet angesehen werden. Demnach sind 22,3 % der in der außerschulischen Pädagogik Tätigen über ein Studium und 13,6 % über eine fachspezifische Ausbildung formal für eine Tätigkeit in diesem außerschulischen Kinder- und Jugendhilfebereich qua-

Tabelle 9: Personal in der „Jugendarbeit" nach ausgewählten Merkmalen und Einrichtungen 1974, 1986 und 1990 (alte Bundesländer)

	1974		1986		1990	
	insg.	in %	insg.	in %	insg.	in %
Beschäftigte insgesamt	13.462		23.005	./.	24.303	./.
Männer	6.053	44,8	12.398	53,9	10.879	44,8
Frauen	7.427	55,2	10.607	46,1	13.424	55,2
< 25 Jahre	3.342	24,9	4.851	21.1	4.323	17,8
25–40 Jahre	6.192	46,0	12.563	54,6	13.346	54,9
40–60 Jahre	3.375	25,0	5.155	22,4	6.069	25,0
> 60 Jahre	553	4,1	436	1,9	565	2,3
Vollzeit	5.259	39,1	13.474	58,6	13.637	56,1
Teilzeit	1.918	14,2	5.415	23,5	6.249	25,7
Nebentätigkeit	6.285	46,7	4.116	17,9	4.417	18,2
Mit Ausbildung	9.588	71,2	17.225	74,9	18.314	75,4
Noch in Ausbildung	1.947	14,5	3.090	13,4	2.994	12,3
Ohne Ausbildung	1.927	14,3	2.690	11,7	2.995	12,3
Öffentliche Träger	4.016	32,3	10.761	46,8	12.961	53,4
Freie Träger	8.361	67,3	11.911	51,8	11.014	45,3
Privatgewerbliche Träger	48	0,4	332	1,4	321	1,3
Sozialarb./Sozialpäd. (FH)	1.343	10,0	4.715	20,5	5.429	22,3
Diplom-PädagogInnen	./.	./.	802	3,5	900	3,7
ErzieherInnen	670	5,0	2.880	12,5	3.061	12,6
KinderpflegerInnen	122	0,9	82	0,4	89	0,4
Mitarbeiter mit nicht einschlägigen Hochschulabschluss	2.004	14,9	1673	7,3	1.824	7,5
Anzahl der MitarbeiterInnen in den ausgewählten Einrichtungen						
Jugendzentren, Jugendfreizeitheime	7.559	56,1	13.914	60,5	14.938	61,5
Jugendheime	./.	./.	1.572	6,8	1.845	7,6
Jugendtagungsstätten Jugendbildungsstätten	1.779	13,2	4.188	18,2	4.2053	17,3
Päd. betreute Spielplätze	3.629	27,0	./.	./.	./.	./.
Jugendzeltplätze	./.	./.	1.579	6,7	1.571	6,5
Kinder- und Jugendferien/ Stadtranderholung	149	1,1	164	0,7	201	0,8
Jugendkunstschulen/kulturelle Einrichtungen	346	2,6	1.588	6,9	1.543	6,3

Quelle: Eigene Berechnungen nach Statistisches Bundesamt 1977, 1988, 1993

lifiziert. Darüber verfügen weitere 11,5 % der Beschäftigten auf einen Hochschulabschluss, der jedoch in Studienbereichen und Fächern abgelegt wurde, die ohne weiteres nicht als einschlägig anzusehen sind. Dennoch scheint es immerhin beachtlich, wenn auch vielleicht nicht zufriedenstellend, dass gut ein Drittel der Beschäftigten über einen akademischen Abschluss verfügen. Signalisiert ist aber auch, dass der Anteil der MitarbeiterInnen mit einem Fachhochschulabschluss von 1990 bis 1994 um über 5 % abnahm. Dieser Trend scheint sich zudem fortzusetzen, denn schon vorliegende Daten der Erhebung 1998 für das Bundesland Nordrhein-Westfalen dokumentieren diese Entwicklungsten-

denz deutlich. Ferner sind Personen mit einem Verwaltungsberuf, Facharbeite-
rInnen, PraktikantInnen und noch in der Ausbildung befindliche Personen mit
einem Anteil von jeweils über 5 % an der Gesamtbeschäftigtenzahl vertreten.

(5) Statistisch gesehen hat die außerschulische Kinder- und Jugendarbeit seit
1974 in den alten Bundesländern, und nur die können hier aufgrund der Daten-
lage vergleichend herangezogen werden, über die hier tätigen MitarbeiterInnen
ein fachlich einschlägiges Profil erhalten. Der größte Verfachlichungsschub ist
für die Periode von 1974 bis 1986 verzeichnet. Verfügten 1974 erst 10 % der
MitarbeiterInnen über einen Fachhochschulabschluss, so waren es 1986 schon
20,5 %. Die über die Ausbildungsabschlüsse identifizierte weitere fachliche
Ausgestaltung - wohl bemerkt immer noch bezogen auf die alten Bundesländer -
ist unterhalb von Hochschulabschlüssen auch über die Zunahme von Personen
angezeigt, die eine Fachschule für ErzieherInnen besuchten. Der Anteil der ErzieherInnen stieg von 5 % 1974 über 12,5 % 1986 und 12,6 % 1990 bis auf ü-
ber 13 % im Jahr 1994. Demnach ist festzuhalten, dass heute mehr AkademikerInnen und mehr fachlich ausgebildete Personen in der Kinder- und Jugendarbeit arbeiten als zu Beginn der statistischen Erfassung. Gleichwohl ist jedoch
auch zu beobachten, dass die Verfachlichung des Personals in der Kinder- und
Jugendarbeit tendenziell sich nicht zu erhöhen scheint. Prozentual ist partiell,
so z. B. in Nordrhein-Westfalen, der Anteil der MitarbeiterInnen mit einem
Fachhochschulabschluss sogar Mitte der 90er Jahre des letzten Jahrhunderts
gegenüber dem vorherigen Erfassungszeitraum leicht rückläufig.

! Zusammenfassend ist herauszustellen, dass die Anzahl der in der außerschulischen
Kinder- und Jugendarbeit hauptberuflichen Voll- und Teilzeiterwerbstätigen sowie
der Anteil der hier nebenberuflich Engagierten sich in den letzten 20 Jahren nahezu
verdoppelte, die freien Träger seit der jüngsten Erhebung wieder mehr Personen beschäftigen als die öffentlichen, dass mehr Frauen als Männer in den Einrichtungen tätig
sind, die Alterskohortenverteilung seit Beginn der statistischen Erfassung bis heute sich
nur geringfügig von Erhebungsdatum zu Erhebungsdatum verschob und einen Prozess
des Älterwerdens der MitarbeiterInnen ankündigt. Nur knapp über die Hälfte der Beschäftigten gehen einer tarifrechtlichen Vollzeittätigkeit nach und Mitte der 90er Jahre
des letzten Jahrhunderts sind laut Jugendhilfestatistik mehr AkademikerInnen und fachlich einschlägig qualifizierte Personen in der Kinder- und Jugendarbeit tätig als je zuvor.
Trotz der deutlichen Steigerung der Erwerbsquote kann der Stand der statistisch dokumentierten Fachlichkeit insgesamt allerdings noch nicht befriedigen. Der Anteil derjenigen, die statistisch ausgewiesen fachlich einschlägig für die Handlungsfelder der außerschulischen Pädagogik formal qualifiziert sind, erreicht immer noch nicht die 40 %
Marke. D. h., dass auch heute noch über 60 % der MitarbeiterInnen keine Möglichkeit
hatten, über ein Studium oder eine Ausbildung sich hinreichend auf eine Tätigkeit in der
Kinder- und Jugendarbeit vorzubereiten. Dass möglicherweise viele von ihnen trotzdem
im Beruf qualifiziert arbeiten, ist über die statistischen Daten weder zu belegen noch in
Zweifel zu ziehen. Die formale Qualifikation alleine ist kein Indiz dafür, ob jemand für
die außerschulische Kinder- und Jugendarbeit hinreichend qualifiziert und geeignet ist
(vgl. Lüers 1979, S. 57).

Eindeutig hingegen ist belegt, dass trotz aller gegenteiligen Annahmen, Vermu-
tungen und entgegen aller Befürchtungen und „Aufschreie" sich die Mitarbei-
terInnenzahl in den Handlungsfeldern der Kinder- und Jugendarbeit seit Beginn

der 90er Jahre aufgrund der fiskalpolitischen Sparmaßnahmen bei den öffentlichen Haushalten nicht dezimierte, sondern sich entgegen aller Prognosen in allen Bereichen über einen leichten Personalzugewinn weiter konsolidierte.

 Tipps zum Weiterlesen

Rauschenbach, Th./Schilling, M. (1997): Das Ende der Fachlichkeit? Soziale Berufe und Personalstruktur der Kinder- und Jugendhilfe im vereinten Deutschland. In: neue praxis, Heft 1, 27. Jg. (1997), S. 22-53.
Thole, W./Cloos, P. (1997): MitarbeiterInnen in Jugendkunstschulen und kulturpädagogischen Einrichtungen der außerschulischen Pädagogik. In: Thole, W./Cloos, P. (Hrsg.) (1997): Kultur-Pädagogik studieren. Hildesheim, S. 143-172.

5.3 Qualifikationsprofile, Wissensressourcen und Handlungskompetenzen der MitarbeiterInnen

Was die ehrenamtlich-, neben- und hauptberuflichen MitarbeiterInnen in der Kinder- und Jugendarbeit machen, also welche Angebote, Projekte und Maßnahmen sie durchführen, wie sie ihren Alltag und ihre Angebote konzipieren und methodisch strukturieren ist in Programmankündigungen nachzulesen und teilweise in praxisorientierten Publikationen notiert. Doch die Frage, welches Können auf Seiten der JugendarbeiterInnen anzutreffen ist und mit welchem Wissen sie ihr Machen, Können und Handeln begründen und produzieren, welche Formen sie finden, um ihre Kenntnisse für einen „gelungenen", fachlich abgesicherten Berufsalltag fruchtbar zu machen, bleibt weitestgehend unbeantwortet. Nachfolgend geht es um die Suche nach den fachlich virulenten, nicht nur zertifizierten Qualifikationsprofilen der MitarbeiterInnen in der Kinder- und Jugendarbeit.

Insgesamt ist der Erkenntnisstand zum ehrenamtlichen Engagement in der Kinder- und Jugendarbeit und hier insbesondere bezogen auf die Jugendverbandsarbeit nicht nur in Bezug auf die Quantität der Engagierten - siehe hierzu weiter vorne –, sondern auch bezüglich der ausgeübten Tätigkeiten noch recht unterkomplex, zumal nicht einmal bekannt ist, wie sich die „Gesamtszene" der ehrenamtlichen MitarbeiterInnen nach beruflichen Erfahrungen, Geschlechtszugehörigkeit, Alter und Nationalität strukturiert (vgl. Beher/Liebig/Rauschenbach 1998).

Nur wenige, zum Teil regionalbezogene Studien geben Auskunft über die Motivation der Ehrenamtlichen sowie ihre formalen und selbstgewählten Platzierungen im Feld der Kinder- und Jugendarbeit (vgl. Hamburger u. a. 1982; Beck/Wolf 1984; Reichwein/Freund 1992; Homfeldt/Schulze/Schenk 1995; zusammenfassend Heidenreich 1991). Empirisch und über Erfahrungen zaghaft angezeigt ist zumindest, dass

• ehrenamtliche MitarbeiterInnen dazu tendieren, pädagogische Handlungsstrategien zu reproduzieren, die sie in ihrer ehrenamtlichen Jugendarbeitsphase kennenlernten,

- ehrenamtliche MitarbeiterInnen zumeist in den Kinder- und Jugendverbänden und dort bei der Gestaltung von Freizeiten und Erholungsmaßnahmen, Schulungen und Gruppenstunden aktiv sind,

- in sach- und politikbezogenen Arbeitsbereichen vornehmlich männliche und in der konfessionellen Kinder- und Jugendarbeit hauptsächlich weibliche Ehrenamtliche zu finden sind,

- die ehrenamtlichen MitarbeiterInnen am längsten aktiv sind, wenn sie sich einen „Funktionärsstatus" erobern,

- sich die Ehrenamtlichen durchschnittlich unter vier Jahren engagieren sowie sich ihr Engagement auf Aktivitäten vor Ort konzentriert und begrenzt und

- in der Regel in der Mitte des zweiten Lebensjahrzehnts sich das ehrenamtliche Tun gänzlich einstellt.

Aufgrund des insgesamt unzureichenden Untersuchungsstands zur Ehrenamtlichkeit konzentrieren sich die nachfolgenden Anmerkungen vornehmlich auf die hauptamtlichen MitarbeiterInnen in der Kinder- und Jugendarbeit.

Die erste und bis heute immer noch einzige größere Gesamtstudie zur „Offenen" Kinder- und Jugendarbeit, zu Beginn der 70er Jahre bezeichnenderweise unter dem Titel „Jugendfreizeitheim in der Krise" publiziert (vgl. Grauer 1973), diskutierte anhand der erhobenen Daten auch die Situation der MitarbeiterInnen in den Einrichtungen. Die über Selbstauskünfte erhobenen Daten hielten die Entlohnung und die Ausbildungsprofile, die Beziehungen zu den Trägern, Jugendlichen und Eltern fest. Darüber hinaus enthielt die Erhebung Hinweise auf die tatsächliche, die tarifrechtlichen Regelungen übersteigende Arbeitszeit der MitarbeiterInnen in den Freizeitheimen, auf die Diskrepanzen zwischen den gesellschaftlichen Erwartungen an die „Offene Kinder- und Jugendarbeit" und den pädagogischen Möglichkeiten dieser sowie die relativ hohe Zahl an Berufswechslern unter den qualifizierten Kräften, die „die HeimleiterInnensituation als vorläufig und als Durchgangsstadium definieren" (Grauer 1973, S. 206) Diese Studie beschäftigte sich außerdem mit den normativen institutionellen Rahmenbedingungen und Kontrollen, obgleich auch festgehalten wurde, dass die normativen Zwänge die MitarbeiterInnen nicht gravierend einschränken, im Gegenteil sogar „die Heimleiter das Gefühl eines hohen Maßes an beruflicher Selbständigkeit genießen" (Grauer 1973, S. 205).

Eine weitere, vom Zuschnitt jedoch wesentlich kleiner angelegte Regionalstudie zehn Jahre später bestätigte die Ergebnisse zum Teil. Über 35 % gaben an, in der Woche mehr als 40 Stunden zu arbeiten. Die Studie hielt zum Beispiel auch fest, dass über 30 % der befragten hauptamtlichen MitarbeiterInnen in der außerschulischen Kinder- und Jugendarbeit mehr als ein starkes Bedürfnis haben, ihren Arbeitsplatz zu wechseln, über 50 % ihre Tätigkeit über Verwaltungsvorschriften und Dienstanweisungen behindert sehen, lediglich 27 % der Einrichtungen im verstrichenem letzten Jahr vor der Befragung keinen MitarbeiterInnenwechsel verzeichneten und sogar über 80 % notierten, dass ihre Arbeitssituation sie in der Ausübung von Freizeitmöglichkeiten einschränkt (vgl. Bergkessel u. a. 1981).

Die subjektiv als belastend empfundene Arbeitssituation wird nicht durch eine hohe gesellschaftliche Akzeptanz honoriert. Anfragen von Jugendlichen, „Wofür wirst Du eigentlich bezahlt?" (Aly 1977), und politische Missachtungen, „Mir ist jeder halbprofessionelle Fußballtrainer einer drittklassigen Jugendmannschaft sympathischer als diese anpolitisierten Jugendarbeiter" - so ein ehemaliger Düsseldorfer Oberbürgermeister - forcieren „Identitätsprobleme zwischen Alltagsrealität und Utopie" (Knoll-Krist 1985). Wenig überraschen kann so, dass „Burn out"- und „Cool out"-Phänomene insbesondere von MitarbeiterInnen in der „Offenen" Kinder- und Jugendarbeit immer wieder artikuliert, auf Aus- und Fortbildungen thematisiert und in den einschlägigen Publikationen diskutiert wurden und werden. Verschärfend kommt seit einigen Jahren hinzu, dass JugendarbeiterInnen zunehmend mehr Schwierigkeiten erfahren, wenn sie in andere, in ihren Augen weniger problematische und stressbedingte Arbeitsbereiche der Sozialen Arbeit wechseln möchten. Das „Älterwerden in der Kinder- und Jugendarbeit" ist für viele zur kaum noch umgehbaren biographischen Berufsperspektive avanciert (vgl. u. a. Hafeneger 1990). Erschwert wird den MitarbeiterInnen in der Kinder- und Jugendarbeit ein Arbeitsfeldwechsel auch, weil ihnen unterstellt wird, dass sie für andere sozialpädagogische Tätigkeiten nicht hinreichend qualifiziert sind.

Was „wissen" und „können" die MitarbeiterInnen in der Kinder- und Jugendarbeit und welchen beruflichen Habitus zeigen sie, das ist im folgenden das Thema. Eine qualitative Untersuchung (vgl. hierzu Thole/Küster-Schapfl 1996, 1997) belegt, dass die sozialpädagogischen Akteure in der Kinder- und Jugendarbeit mit Hochschulausbildung mehrheitlich fachlich einschlägige Publikationen nur dann rezipieren, wenn sie nach Lösungswegen für gravierende Alltagsprobleme Ausschau halten oder wenn sie zu besonders im Trend liegenden Themen - wie zur Zeit die angenommene hohe Affinität von Jugendlichen zu rechtsorientierten Ideologien oder Fragen der geschlechtsspezifischen Sozialisation - eine ebenfalls alltags- und praxisverträgliche Aufklärung suchen. Die herangezogenen Informationsquellen sind dabei allerdings nicht nur beliebig, sondern auch wenig spezifisch ausgewählt und nur in geringem Maße einschlägig fachlich. Einige lesen das, was „KollegInnen empfehlen" oder versuchen über ihre nicht fachorientierte Privatlektüre Anregungen für ihren beruflichen Alltag zu erhalten. Wenn überhaupt stehen kognitiv leichter zugängliche Periodika, wie die sozialpädagogischen und psychologischen Monatszeitschriften, generell in der Lesegunst weit vor wissenschaftlichen Monographien, populär aufgemachte Literatur zu speziellen Fragestellungen vor solcher, die grundlegende Fragen thematisieren und Publikationen mit einem vermeintlich hohen Alltagsbezug vor solchen mit einem angenommenen ausgefächerten theoretischen Gehalt.

Aber auch diejenigen, die Bezüge zur wissenschaftlichen Literatur suchen, finden hier nur selten ein einschlägig ausgewiesenes fachliches, die berufliche

Praxis in der Kinder- und Jugendarbeit fundierendes und abstützendes Referenzwissen. Mit anderen Worten: Die MitarbeiterInnen in der Kinder- und Jugendarbeit zeigen mehrheitlich nur eine „niedrige" Affinität zu den wissenschaftlichen und fachlichen Diskursen der Erziehungs- und Sozialwissenschaft im allgemeinen und der Sozialpädagogik des Kindes- und Jugendalters im speziellen. Die verfügbaren fachlichen Wissens- und sozialen Erfahrungsressourcen sind in den Deutungen der Handelnden vorrangig in lebensweltlichen, biographisch angehäuften und alltagspraktischen Kompetenzen gelagert. Der langjährige Kneipenjob, die Praxis im Sportverein, die vor dem Studium ausgeübte ehrenamtliche Tätigkeit, Erlebnisse in Praktika, Studienerfahrungen außerhalb der fachlichen Veranstaltungen, Gespräche mit Freunden und Bekannten, Kenntnis des Lebensmilieus heutiger AdressatInnen, die vor dem Studium aufgrund des eigenen Lebensweges erworben wurden, und die Kommunikation mit KollegInnen bilden die Palette, so hält die Studie fest, die als wesentliche Quellen der fachlichen Expertise im Beruf ausgewiesen werden.

Bei der Hervorbringung einer beruflichen Fachlichkeit wird dem Studium folglich auch nur eine marginale, in der Regel fast ausschließlich zertifizierende Bedeutung zugesprochen. Das Studium scheint die Herausbildung einer pädagogischen bzw. sozialpädagogischen Fachlichkeit und Performanz bei den MitarbeiterInnen der Sozialpädagogik des Kindes- und Jugendalters nicht grundlegend zu habitualisieren. Ein anderes Bezugssystem als die über fachliches Wissen leicht unterfütterten sozial-biographischen Erfahrungen als zentrale Ressourcen zur Bewältigung des beruflichen Alltags und der Entwicklung von „Professionalität" liegt offensichtlich entfaltet nicht vor. Weder können die Institutionen und Organisationen der Sozialen Arbeit mit ihren nur äußerst unvollständigen Skripts und Identifikationspunkten die beruflich Tätigen bei der Entwicklung eines fachlich ausgewiesenen sozialpädagogischen Alltags entlasten noch liegt der sozialpädagogischen Praxis ein Kanon vor, der die Ritualisierung, Verwertung und Verberuflichung sozialer biographischer Erfahrungen und Ressourcen im Kontext der institutionellen Netzwerke Sozialer Arbeit fachlich kodifiziert. Somit kommt dem Satz einer befragten Jugendarbeiterin „Man wächst ja auch mit der Zeit durch die Routine, die man bekommt" fast eine paradigmatische Bedeutung in bezug auf die MitarbeiterInnen in der Kinder- und Jugendarbeit zu. Und wenn die Studie (vgl. Thole/Küster-Schapfl 1996, 1997) sich der Wirklichkeit annähert, dann verdeutlicht sich in einer nahezu als klassisch anzusehenden Weise, dass die Handlungsfelder der Kinder- und Jugendarbeit über und durch die hier beruflich Tätigen in einer Art und Weise ausgestaltet werden, die jenseits eindimensionaler Bestimmungen liegen. Weder reproduzieren die beruflichen AkteurInnen ausschließlich marionettenhaft die systemischen Vorgaben einer entmenschlichten kapitalistischen Ordnung, noch überführen sie autonom und lediglich an ihren Erfahrungen orientiert ihr Wissen in gekonntes Handeln.

Den „natürlichen Ressourcen", den sozial-kommunikativen Orientierungen und Fähigkeiten kommt zweifelsohne für die Ausgestaltung sozialpädagogischer Handlungsfelder, insbesondere der Kinder- und Jugendarbeit eine nicht zu unterschätzende Geltung zu. Viele MitarbeiterInnen in der Kinder- und Jugendarbeit gehen allerdings davon aus, dass diese alltagsorientierten Fähigkeiten hinreichen oder habituieren explizit eine Entprofessionalisierung der außerschulischen Kinder- und Jugendarbeit mit der Begründung, nur so die autonome Verselbständigung von Kindern und Jugendlichen fördern zu können. Sie glauben, auf die Ausbuchstabierung einer systematischen, wissenschaftlich gestützten und reflexiven Fachlichkeit bis fast zur Unkenntlichkeit hin verzichten zu können bzw. die „natürliche Fachlichkeit" in der Regel nur über ein populärwissenschaftlich und alltagspragmatisch fundiertes Wissensrepertoire untermauern zu müssen. Warum die akademisch qualifizierten Berufstätigen in den Handlungsfeldern der außerschulischen Kinder- und Jugendarbeit in der Regel einen nur undeutlich konturierten professionellen Habitus entwickeln, wird über diese Ergebnisse nachvollziehbar.

Keineswegs sind die beruflichen Profile der in der Kinder- und Jugendarbeit Tätigen kongruent. Neben mehr oder weniger deutlichen fachlichen Abstützungen finden sich berufliche Profile, die tendenziell an habituelle Profile der privaten Lebensführung angelehnt sind, neben solchen, die eine hohe Homogenität mit der sozialen Institution auszeichnet, finden sich Profilierungen, die stark in die infrastrukturellen sozialen Netzwerke der Kommune involviert sind, neben beruflichen Habituskonstitutionen, die ihr Profil über ihre Akzeptanz bei den AdressatInnen konturieren, sind andere zu erkennen, die ihr habituelles Profil wesentlich von ihrer symbolischen Präsenz in den örtlichen Kommunikationsmedien und ihre Anerkennung durch die kommunalen Honoratioren abhängig machen. Insgesamt sind die habituellen Profile jedoch nur äußerst marginal über ein nach außen offensiv dokumentiertes spezifisches Expertenwissen konturiert. Weder scheinen die Akteure in der außerschulischen Kinder- und Jugendarbeit darauf zu vertrauen, dass ihrem Wissen ein exklusiver Stellenwert in bezug auf soziale Fragen, Probleme und Risiken von den gesellschaftlichen Öffentlichkeiten zugestanden wird, noch scheinen sie selbst ihrem Wissen so weit zu vertrauen, dass sie es massiv und wohltemperiert zur habituellen Profilierung einsetzen. Die berufliche Praxis - die professionelle Performanz - und der professionelle, sozial-kulturelle Habitus ritualisieren sich primär über subjektive Orientierungen und den privaten Lebensstil und umgekehrt.

 Tipps zum Weiterlesen

Dewe, B./Ferchhoff, W./Scherr, A./Stüwe, G. (1993): Professionelles soziales Handeln. Soziale Arbeit im Spannungsfeld zwischen Theorie und Praxis. Weinheim u. München, S. 128–148.
Thole, W./Küster-Schapfl, E.-U. (1997): Sozialpädagogische Profis. Beruflicher Habitus, Wissen und Können von PädagogInnen in der außerschulischen Kinder- und Jugendarbeit. Opladen.

6 Die AdressatInnen - Kindheit und Jugend

Die Publikationsmenge über die Lebensphasen Kindheit und Jugend stehen im disproportionalen Verhältnis zu dem Wissen, dass wir über die Lebensphasen Kindheit und Jugend haben. Diagnostizieren die einen eine politikapathische, lustbetonte, werteabstinente und primär das individuelle Lebensglück suchende Heranwachsendengeneration, erkennen die anderen in der heutigen Jugend eine durchaus engagierte, politisch interessierte, pragmatische, kritische, Gemeinsamkeit und Solidarität suchende Generation. Die einzelnen Beobachtungen mögen sich bei näherer Betrachtung vielleicht gar nicht widersprechen. Sie illustrieren jedoch zumindest eines: Pauschalisierende, generelle Bilder von Kindheit und Jugend verfehlen die Wirklichkeit.

Obwohl die öffentlichen Medien gerne generalisierende Bilder verbreiten, haben sie die Realität noch nie abzubilden vermocht. Schon in den 50er Jahren des letzten Jahrhunderts waren nicht alle Jugendlichen der „skeptischen Generation" kritisch und skeptisch, nicht alle Jugendlichen der 68er Zeit „Revoluzzer" und nicht alle in den 90er Jahren AktivistInnen der „Spaßguerilla". Inzwischen gehen selbst die JugendforscherInnen zu den von ihnen produzierten Ergebnissen auf Distanz (vgl. TAZ 1997, S. 13) und fragen, wie der Soziologe J. Kerstens, „ob die Maßstäbe, nach denen Parfüms verkauft werden, bei der Jugendforschung auch gelten", oder stellen fest, wie einer der Initiatoren und „Macher" der Shell-Jugendstudien, A. Fischer, „dass die Jugendforschung mit Recht als die erfolgloseste Disziplin der Sozialwissenschaft gilt, was die Prognosekraft betrifft, da liegen wir ja konsequent daneben". Angesichts dieser selbstkritischen Reflexionen klingt das Resümee von K. Farin, Szeneforscher aus Berlin, dass „Jugendforschung überall gemacht wird, doch das Ergebnis der Anstrengungen in den vergangenen 40 Jahren eher mager ist", wenig spektakulär und überraschend.

Die fast beliebig vorgetragenen Diagnosen tragen also zur Erhellung des Kenntnisstandes nicht durchgängig bei, erst recht dann nicht, wenn sie empirisch unaufgeklärt und oberflächlich bleiben. Mögen entworfenen Bilder und Muster noch so stringent und nachvollziehbar ihre Zeitdiagnose vom Zustand der Kindheit und von der Lebensphase Jugend entwickeln, letztendlich bleibt es unterhalb dieser Entwürfe konkreten, empirischen Studien und Arbeiten vorbehalten, zu bestimmen, wie sich die Kindheit und die biographische Transformation von Kind-Sein zum Erwachsenen-Sein gestaltet und woran sie sich orientiert (vgl. Abels/Fuchs/Krüger 1988).

Skepsis ist somit auch gegenüber den nachfolgend referierten Erkenntnissen der Kinder- und Jugendforschung angeraten, beziehen sie sich doch gerade auf jene

kritisch kommentierten Studien. Nicht entschuldigend, doch zumindest ver-
ständnisvoll sollte allerdings registriert werden, dass mit der beschleunigten
Pluralisierung kindlicher und jugendlicher Lebenslagen, der immer feineren
Ausdifferenzierung kultureller Orientierungen und dem Verschwinden deutlich
normierter Differenzierungen zwischen Kindheits-, Jugend- und Erwachsenen-
alter die Kindheits- und Jugendforschung ein zunehmend komplizierter zu er-
fassendes Feld in den Blick zu nehmen hat (vgl. Cloos 1998).

6.1 Kindheit und Jugend in der individualisierten Gesellschaft

Auch wenn strittig ist, ob von der Arbeits- zur Wissensgesellschaft, von der In-
dustrie- zur Freizeitgesellschaft, von der Ungleichheits- zur Erlebnisgesellschaft oder von der Reichtums- zur Risikogesellschaft ausgegangen werden
soll, existiert weitestgehend in den sozialwissenschaftlichen Expertisen dahingehend Konsens, dass die „alte" bürgerlich-kapitalistische Gesellschaft tiefgreifenden Veränderungen unterliegt. Die wohl gewaltigste, wenn auch empirisch
allerdings nur wenig sorgfältig abgestützte Betrachtung des gesellschaftlichen
Wandels stammt aus der Feder des Münchner Soziologen U. Beck (vgl. u. a.
1986, 1993, 1997, 1999; Beck/Giddens/Lash 1996). Die zum Standardreper-
toire der Feuilletons der großen Wochenzeitschriften mutierten Begriffe Globalisierung, Individualisierung und Risikogesellschaft sind insbesondere mit seinem Namen verbunden.

Nach Beck konturiert sich die vielfältige ökonomische, politische, soziale, zwi-
schenmenschliche und kulturelle, in einen allgemeinen internationalen Globali-
sierungsprozess eingebundene nationalstaatliche Entwicklung der Bundesrepublik Deutschland augenblicklich in ihrer ambivalenten Struktur am theoretisch
eindrucksvollsten in dem Analysemodell der reflexiven Modernisierung. Dass
bisher tragende einfache Vergesellschaftungsmuster der Reichtumsproduktion
wird durch eine neue, reflexive Vergesellschaftungsform der Produktion von
Risiken und neuen Ungleichheiten jenseits von Klassen und sozialen Lebenslagen unterlaufen und die Menschen werden parallel aus den industriellen Lebensformen freigesetzt, „ähnlich wie sie beim Einstieg in die Industrieepoche
freigesetzt (...) wurden aus den ständisch-feudalen Selbstverständlichkeiten,
Lebens- und Gesellschaftsformen" (Beck 1993, S. 149).

Diese fundamentale Veränderung vollzieht sich jedoch nicht als linearer, ge-
planter oder gar revolutionärer Prozess, sondern vielmehr als Nebenfolge des
Alltagsgeschäfts industriekapitalistischer Vergesellschaftung, quasi als „ein
Kampf auch gegen die eigenen Prämissen (...) der im Modell der nationalstaat-
lich-kapitalistisch-demokratischen Industriegesellschaft stillgelegten Moderne"
(Beck 1993, S. 25). Das führende und dominante Deutungsmuster dieses grundlegenden, traditionelle soziale Strukturen zersplitternden Prozesses (vgl. Hirsch
1995) heißt Individualisierung, was keinesfalls, wie häufig angenommen wird,
Individuierung oder gar Vereinsamung und Verinselung der Gesellschaftsange-

hörigen meint, sondern die Dynamisierung der sozialen Beziehungsformen und -regeln am Ende des 20. Jahrhunderts mit einschneidenden Folgen für die Konstitution des Sozialen und der Subjekte:

(1) Zuvorderst meint Individualisierung die „Auflösung vorgegebener Lebensformen" (Beck/Beck-Gernsheim 1994, S. 11), die Herauslösung der Subjekte aus vormals standardisierten kollektiven Orientierungen und Traditionen sowie ihre Freisetzung zu einem selbständigen Leben. Der Bedeutungsverlust traditioneller Vorgaben kann auch als Freisetzungsdimension gelesen werden: Kannte die klassische, kapitalistische Industriegesellschaft noch eine Vielzahl an Stützen der Lebensführung, die den Einzelnen als Fixpunkte dienten, die aber auch häufig den Charakter einer Einbahnstraße besaßen und somit normierend und schematisierend auf Lebensverläufe einwirkten, so werden die Menschen heute mehr als jemals zuvor aus traditionellen, lebensweltlichen, familiären und nachbarschaftlichen Bezügen freigesetzt und zu der Herausbildung einer Biographie der optionalen Vielfalt angehalten. Es entsteht eine bislang unbekannte Selbstgestaltungspalette von zwischenmenschlichen Lebens-, Wohn- und Beziehungsformen, von Lebensmodellen und Lebensstilen, die eben nicht mehr in traditionelle Vorgaben eingebettet sind, sondern auf sozialstaatlichen Regelungen beruhen und auf das „Individuum als Akteur, Konstrukteur, Jongleur und Inszenator seiner Biographie" (Beck 1993, S. 151) setzen.

(2) Die gewonnene Freiheit ist jedoch trügerisch. Dass sie nur um den Preis einer neuen Unfreiheit erworben werden kann, verbirgt sie auf den ersten Blick. Im Kern ist die Freiheit der individualisierten Gesellschaft eine „riskante Freiheit" (vgl. Beck/Beck-Gernsheim 1994), woran sich auch zeigt, dass Individualisierung nicht das Ergebnis einer freien Entscheidung ist. Die Menschen sind zur Teilnahme an diesem Prozess verdammt. Nicht-Mitmachen geht nicht. Das Subjekt hat also nicht nur eine neue Vielfalt an Entscheidungsmöglichkeiten über die Weichen der Lebensplanung und Lebensführung hinzugewonnen, es wird nämlich zugleich unter Entscheidungszwang gesetzt. Und - eine Binsenweisheit - wer sich entscheidet, kann sich auch falsch entscheiden.[1] Mehr noch: Mit dem Verlust an Orientierungsmustern, die positiv ja auch als Entscheidungshilfen gelesen werden können, geht auch der Verlust an sozialräumlicher Stabilität und sozialer Einbindung einher, das heißt genauso wie der Einzelne

---

1 ... und damit Opfer von gesellschaftlichen Risiken werden. Die empirischen Forschungsbemühungen befinden sich auf diesem Gebiet aber immer noch in den Startlöchern. So vermochte bisher beispielsweise die präventive Stauforschung nicht zu klären, ob „unfreiwillige Teilnehmer beziehungsweise Partizipanten an stillstehenden Automobilversammlungen in öffentlichen Verkehrsräumen schon als Modernisierungsopfer einer ins Stocken geratenen kapitalistischen Produktionsweise und ihrer daraus resultierenden kulturellen Erosion betrachtet werden können" (Heider/Laßmann/Rotis 1995, S. 43). Möglicherweise sind Forschungen auf diesem Gebiet deshalb besonders knifflig, weil unklar ist, ob zum Beispiel auch die unmittelbare „Katastrophenschwelle" (Luhmann 1991, S. 11) der samstägig automobilwaschenden Bewußtseinsstaugesellschaft mit in den Fokus der Beobachtung gelangen muß.

heute Entscheidungen selbst zu treffen hat, muss er auch für fehlerhafte Entscheidungen mit allen Konsequenzen selbst gerade stehen.

(3) Individualisierung bedeutet aber auch Institutionalisierung, institutionale Prägung, und damit: „politische Gestaltbarkeit von Lebensläufen und Lebenslagen" (Beck, 1986, S. 212). Die Institutionalisierung von individuellen Lebensläufen vor allem durch den Arbeitsmarkt, aber auch durch das Bildungssystem und die sozial-politischen Versorgungssysteme verweisen auf die Widersprüchlichkeit des Individualisierungsprozesses. An die Stelle normativer und wertintegrierter Konsens- und Gruppenbildung treten als Regulierungsinstrumente bisher nicht bekannte institutionelle Anforderungen und Disziplinierungen. Über die Ausbildungssysteme, den Arbeitsmarkt, die Angebote und Zwänge des Wohlfahrtsstaates und die Bürokratie werden die Menschen mit einem Netzwerk von Regularien und Normierungen konfrontiert. Im Gegensatz zu früher, wo dieses Netzwerk quasi von außen gesetzt war, bereitstand, sind die Individuen heute mehr dazu angehalten und gezwungen, über tagtägliches produktives Agieren, also durch eigenes Handeln, diese Rahmungen herzustellen und in die Biographie zu integrieren. „Die Freisetzung aus klassen- oder familienfixierten Biographiemustern mündet ein in marktabhängige Lebensverläufe und Lebenslagen und damit in die Institutionalisierung von Biographiemustern" (Hilpert, 1996, S. 43). Die Menschen werden damit nicht nur zu Konstrukteuren ihrer „Wahlbiographien", sondern gezwungenermaßen auch zu Handwerkern neuer sozialer Beziehungsformen, sozialkultureller Gemeinsamkeiten und Identitätsbildungen. Die Institutionalisierung der Jugend ist insbesondere auf die formalen Rationalisierungsprinzipien und -prozesse in der Ökonomie zurückzuführen, die sich in fast allen Lebensbereichen durchsetzen. In der Jugend geschieht dies über die Qualifikationsanforderungen, die in erster Linie von wirtschaftlichen und durch die Gesellschaft adaptierten Interessen geleitet an sie gestellt werden. Schlicht ausgedrückt bedeutet dies nichts anderes als, dass Individualisierung nur innerhalb der gesellschaftlichen Grenzen möglich ist, die durch die gesellschaftliche Zielvorgabe für die Lebensphase Jugend bestimmt sind. Demnach ist die Individualisierung zugleich auch Entindividualisierung, da die Jugendlichen ihre eigene Lebensphase als weitestgehend durch die Zielsetzungen der individualisierten Gesellschaft fremdbestimmt wahrnehmen.

Individualisierung ist somit der semantische Code für die paradoxe Entwicklung der „Herstellung, Selbstgestaltung, Selbstinszenierung nicht nur der eigenen Biographie, sondern auch ihrer Einbindungen und Netzwerke, und dies im Wechsel der Präferenzen und Lebensphasen und unter dauernder Abstimmung mit anderen und den Vorgaben von Arbeitsmarkt, Bildungssystem und Wohlfahrtsstaat" (Beck/Beck-Gernsheim 1994, S. 14). Als Effekt dieser Neutarierung des Verhältnisses von Individuum und Gesellschaft entwickelt sich die Normalbiographie mehr und mehr zur Wahl- und Bastelbiographie, die aktiv hergestellt werden muss und die zugleich immer in der Gefahr steht, zur Bruchbiographie zu werden, weil nicht mehr auf die traditionellen Sicherungen der Industriegesellschaft,

Familie, Klasse, soziale Netzwerke voraussetzungslos zurückgegriffen werden kann, denn auch diese sind mehr und mehr das Produkt aktiver Konstruktionsleistungen. Mit anderen Worten: Der Weg durchs Leben gestaltet sich nicht mehr als schablonenhafter Lebenslauf, sondern als biographische Bricolage.

Auch wenn nicht nur Kinder und Jugendliche von diesen Veränderungsprozessen eines ausgehenden Jahrhunderts betroffen sind, sondern Menschen aller Altersgruppen und aller sozialen Lebenslagen und Milieus, sind es doch Heranwachsende, die von den Veränderungsschüben am deutlichsten betroffen sind. Erinnern sich ältere Gesellschaftsmitglieder zumindest noch in Krisenzeiten und problematischen Situationen an die Nützlichkeit sozialer Netzwerke und setzen zumindest noch partiell auf die Gültigkeit und Tragfähigkeit traditioneller gesellschaftlicher Gerüste, müssen Kinder und Jugendliche diese soziale Formationen sich nicht nur aneignen, sondern zuvor auch noch entwickeln, ohne eine Vorstellung davon zu haben, wie diese auszusehen haben.

6.2 Einwurf: „Die" AdressatInnen gibt es nicht

Bevor die konkreten, verzwickten wie ambivalenten Konsequenzen dieses allgemeinen gesellschaftlichen Individualisierungsprozesses ausschnitthaft vorgestellt werden, folgt ein notwendiger Einwurf: „Die" AdressatInnen „der" Kinder- und Jugendarbeit gibt es nicht. Die Vielförmigkeit des gesellschaftlichen Wandels verunmöglicht es, „die" AdressatInnen der Kinder- und Jugendarbeit hinsichtlich ihrer Präsenz in den verschiedenen Projekten vorzustellen.

Sicherlich besuchen auch heute noch vornehmlich „marginalisierte", handlungs- und körperorientierte, „bildungsferne" Kinder und Jugendliche auf ihrer „Suche nach Gemeinsamkeit" (Bohnsack u. a. 1995; vgl. auch Thole 1991) Jugendfreizeiteinrichtungen und Jugendzentren. Viele BesucherInnen von „klassischen" Jugendzentren und Jugendclubs gehören unwidersprochen zu den Verlierern der gegenwärtigen Modernisierungsprozesse. Sie spüren und erfahren die gesellschaftlichen Freisetzungsprozesse, erleben diese Prozesse jedoch nicht nur als eine Liberalisierung des Werte- und Normgeflechtes und der Ausdehnung individueller Spielräume, sondern als „Freisetzung" von der Zugehörigkeit zur Gruppe der Erwerbstätigen und als Ausgrenzung aus dem medial vermittelten System der „Reichtumsgesellschaft". Oftmals erleben sie sich nicht einmal mehr dem System der sozialen Grundversorgung zugehörig. Waren für ihre Großeltern- und Vätergeneration individuelle Krisenerfahrungen wie Arbeitslosigkeit zumindest noch partiell durch die Stabilität, Konstanz und Verlässlichkeit sozialer Milieuzusammenhänge quasi kollektiv zu bewältigen, müssen sie im Zuge des Implodierens lebensweltlicher Stützungssysteme mit diesen Erfahrungen alleine fertig werden.

Mehr als für Jugendliche, die ausgedehnte soziale, kulturelle und kognitive Kompetenzen besitzen und auf neue Problemlagen und Risiken flexibel und situationsadäquat reagieren können, wächst für Jugendliche, denen umfassende, stets abrufbare soziale und kulturelle Lebensbewältigungskompetenzen nur in einem eingeschränkten Maße zur Verfügung stehen, die Gefahr, die Betroffenheit von ökonomischen und sozialen Krisen genuin als selbstverschuldet zu deuten. Die bei vielen „marginalisierten" Kindern und Jugendlichen entwickelte Renitenz und Aggression klagt jedoch nicht die bestehenden Vergesellschaftungsformen und die hierüber ausgelösten Risiken und Krisen an, sondern orientiert sich an den Verheißungen und Versprechungen der bürgerlichen Gesellschaft und reklamiert diese bei denen, die von den gesellschaftlichen Modernisierungen real oder vermeintlich profitieren. Ohne zu sehen, dass auch diese, andere jugendliche Szenen, Menschen nicht deutscher Nationalität, Frauen und ältere Personen, von denselben Entwicklungen betroffen sind, werden sie als „Täter" der erlebten Ausgrenzungen identifiziert. So opponieren viele Kinder und Jugendliche kraftvoll gegen ihre „marginalisierte", von gesellschaftlichen Modernisierungen „freigesetzte" Situation, ohne zu merken - aber auch ohne es zu wollen -, dass sie eben diese über ihre nonkonformen, teilweise aggressiven Verhaltensweisen tagtäglich neu und häufig mit ständig steigernder Intensität mit reproduzieren.

Beleuchten wir diese charakterisierenden Facetten kindlicher und jugendlicher „Modernisierungsverlierer" im Lichte der gesellschaftlichen Diagnosen präziser, können wir einerseits festhalten, dass potentiell alle Kinder und Jugendliche heute mehr Möglichkeiten als ihre Vorgängergenerationen haben, ihre Biographie individuell zu gestalten, da sie aus den Zwängen sozialer und räumlicher Determinierungen weitgehend freigesetzt sind. Zum anderen führt jedoch der Zwang, für die eigene Biographie alleine verantwortlich zu sein und die eigene Kindheits- und Jugendphase auf den Erwerb von sozialen, kulturellen und kognitiven Qualifikationen auszurichten, gerade bei jenen Kindern und Jugendlichen zu einem „Abwertungsempfinden" der eigenen Persönlichkeit, die mit der Grammatik der schulischen und kulturellen Sozialisationsmedien sich nicht anfreunden können und die Optionsvielfalt als chaotischen Optionsdschungel erleben. Da nur noch die subjektive Kompetenz zählt, werden die Möglichkeiten, Ersetzbarkeit und Austauschbarkeit zu erleben, erhöht: „Ob sozialstrukturelle Individualisierungsschübe (...) zu Entfremdung, Austauschbarkeit und Vermassung oder aber zur Herausbildung von Einzigartigkeit und Einmaligkeit führen, hängt vor allem davon ab, ob der erweiterte sozialstrukturelle Möglichkeitsraum für Individuierung unter je konkreten situativen Lebensbedingungen auch tatsächlich genutzt wird bzw. genutzt werden kann" (Heitmeyer/Olk, 1990, S. 20). Der Druck, die eigene individuelle Persönlichkeit auszugestalten und so seine Einzigartigkeit gegenüber anderen auszuzeichnen, wird durch die Individualisierungsprozesse radikalisiert und für viele so dramatisch, dass sie an der Aufgabe, zum Produzenten ihrer eigenen Identität zu werden, „aus sich etwas zu machen" und sich selbst zu stilisieren, scheitern.

Die Projekte der Kinder- und Jugendarbeit sind so für viele „marginalisierte" Kinder und Jugendliche die letzten Zufluchtsstätten, wo sie noch so etwas wie

Solidarität erleben und Anerkennung erfahren können (vgl. Thole 1991; Lutz/Stickelmann 1999) und wo die Spirale der Fremd- und Selbststigmatisierung durch Hilfen zur Bewältigung und Durchdringung des Lebens sowie mittels konkreter, alltagsnaher Bildungsofferten zumindest vereinzelt unterbrochen wird. Dennoch ist vor eine etikettierenden, adressatInnenbezogenen Sortierung der Kinder- und Jugendarbeit zu warnen. Sicherlich sind „marginalisierte" Kinder und Jugendliche seltener in Jugendkunstschulen und in Kinder- und Jugendverbänden anzutreffen als musisch orientierte Kinder und Jugendliche aus bildungsnahen Lebenswelten. Doch auch wenn diese typisierende Perspektive vielerorts die Wirklichkeit spiegelt, lässt sie sich dennoch nicht generalisieren. Denn zu beobachten ist auch, dass eindeutige Zuordnungen von bestimmten AdressatInnenmilieus zu bestimmten Einrichtungstypen der Kinder- und Jugendarbeit heute weniger denn je zutreffen, weil die Einrichtungen sich verändern und neue BesucherInnen ansprechen oder aber Kinder- und Jugendszenen eines sozialen Raumes sich eine Einrichtung eroberten, die von ihren älteren Geschwistern Jahre zuvor noch peinlichst gemieden wurde. Auch wenn häufig vermieden oder als weniger wichtig angesehen, führt für die JugendarbeiterInnen kein Weg daran vorbei, sich vor Ort mit den potentiellen AdressatInnen und tatsächlichen BesucherInnen der Einrichtung und der Angebote intensivst zu beschäftigen, ihre sozialen, kulturellen und vielleicht auch politischen Handlungs- und Deutungsmuster ethnographisch zu erschließen und sich mit ihren Freizeit- und Bildungsoptionen bekannt zu machen. Die hier referierten Befunde können allenfalls mittels allgemeiner Informationen dabei unterstützen, die eigenen Beobachtungen vergleichend zu würdigen.

6.3   Kindheit und Jugend in Familie, Schule, Ausbildung und Beruf

Familiensozialisation - zwischen Kontinuität und Neuorientierung

Der in den letzten Jahrzehnten sich beschleunigende gesellschaftliche Modernisierungsprozess hat nicht nur die Subjekte und gesellschaftlichen Institutionen sowie das bis dato existierende Norm- und Wertesystem, sondern vollends auch die Institution Familie erfasst. Die Chance für Kinder und Jugendliche, bis zur Erreichung der Volljährigkeit in einer konstanten Zwei-Eltern-Familie aufzuwachsen, sinkt. Im Jahr 1996 betrug die Scheidungsziffer für Gesamtdeutschland 32,4 %. Mehr als die Hälfte der in diesem Jahr geschiedenen Ehen hatte zum Zeitpunkt der Scheidung noch minderjährige Kinder. Im Zeitraum von 1989 bis 1992 waren in absoluten Zahlen ausgedrückt jährlich etwa 50.000 Minderjährige von der Scheidung ihrer Eltern betroffen (vgl. Hurrelmann u. a. 1997, S. 130). Bereits 16 % der Eltern von Kindern unter 18 Jahren sind alleinerziehend. In einigen großstädtischen Vierteln hat der Anteil von Ein-Eltern-Familien bereits die 30 %-Marke erreicht (vgl. Landesamt für Datenverarbeitung und Statistik NRW 1991; MAGS 1980, S. 61).

Dennoch kann derzeit (noch) nicht von einem vollständigen Zusammenbruch des familiären Normalitätsentwurfs - verheiratet, ehelich geboren, leibliches Kind der Eltern und Haushaltsgemeinschaft mit Kind - in der Bundesrepublik gesprochen werden. Die überwiegende Mehrheit der westdeutschen und der ostdeutschen Kinder und Jugendlichen wächst trotz der Erosion familiärer Standards immer noch in traditionellen Familienzusammenhängen auf - die Zahlen schwanken zwischen 85 % und 94 % der bis 18jährigen Heranwachsenden. Ob das dahingehend interpretiert werden kann, dass die Zerfaserung familiärer Beziehungen einen Endpunkt erreicht hat bzw. die anhaltende Entscheidung für die Familiengründung gesellschaftliche Individualisierungstendenzen quasi unterläuft, bleibt abzuwarten. Vieles spricht jedoch dafür, dass alle restaurativen und „gegenmodernisierenden" Bemühungen, gesellschaftlichen Individualisierungs- und Entstandardisierungsprozessen durch Rückzug auf vermeintlich problemfreie Zonen und sichere Territorien - und für viele zählt dazu noch die Familie - zu entgehen, hoffnungslose Unterfangen bleiben.

Die überwiegende Mehrheit der Jugendlichen lebt auch heute noch in familialen Kontexten. Von den Jugendlichen, die im Haushalt ihrer Eltern leben, und das ist immer noch die Mehrheit - zwischen 70 % und 80 % der bis 24jährigen Jugendlichen -, bewohnen über 95 % sowohl in den neuen als auch in den alten Bundesländern ein eigenes oder ein mit den Geschwistern geteiltes Zimmer (vgl. Behnken u. a. 1991). Aber der Anteil der Jugendlichen, die nicht mehr in der elterlichen Wohnung leben, nimmt zu. Seit den 80er Jahren des letzten Jahrhunderts ist die Tendenz eindeutig: Mehr Jungen als Mädchen und mehr ältere als jüngere Jugendliche wohnen mit einem Partner bzw. mit einer Partnerin oder in anderer Weise selbständig (Fischer u. a. 1981, S. 105).

Dass hier keine deutlicheren Absetzungen auszumachen sind, hängt auch damit zusammen, dass die Erziehungsziele der familiären Sozialisation sich veränderten. Das Erziehungsziel „Selbständigkeit und freier Wille" wird von Eltern immer stärker als Leitvorstellung für die Erziehung der eigenen Kinder angegeben (vgl. Jugendwerk der Deutschen Shell 1992; Hurrelmann u. a. 1997). Mit dem Abbau der in den 50er Jahren noch sehr deutlichen schicht- und klassenspezifischen Ausprägungen der sozialen und materiellen Lebenslagen ist ein gleichzeitiger Abbau der Kontraste in den allgemeinen Wert- und Erziehungsvorstellungen der verschiedenen Bevölkerungsgruppen einher gegangen. Verbote und andere restriktive Maßnahmen sind nur noch selten angewandte Erziehungsmittel. Die Erziehung ist insgesamt offener und demokratischer geworden, der Umgangsstil liberaler und partnerschaftlicher, und dies nicht nur gegenüber jüngeren und älteren Jugendlichen, sondern auch gegenüber Kindern (vgl. Bois-Reymond u. a. 1994). Die Entwicklung zur selbstverantwortlichen, entscheidungsfähigen Persönlichkeit bleibt aber auch weiterhin der indirekten Steuerung durch die Herkunftsfamilie unterworfen. Zwar wird von den Jugendlichen nicht mehr Gehorsam und Unterordnung gefordert. Ordnungsliebe und Fleiß haben jedoch als Erziehungsziele immer noch einen sehr hohen Stellenwert: „Eltern erwarten von ihren jugendlichen Kindern ein reibungsloses Funktionieren im Leistungsbereich, wollen aber selbst nicht durch Verbote und Eingriffe in das Verhalten der Jugendlichen steuernd tätig sein, sondern setzen auf die Selbststeuerungsfähigkeit der Jugendlichen" (Hurrelmann u. a. 1997, S. 139). Damit korrespondiert der Befund, dass die heutige Elterngeneration mehr als einen Teil ihrer „symbolischen Gewalt" an die gesellschaftliche Öffentlichkeit und an pädagogische Institutionen delegiert hat (vgl. allgemein Jugendwerk der Deutschen Shell 1985; 2000; Bois-Reymond u. a. 1994).

Diese Veränderungen der Erziehungsziele orientieren sich so also wesentlich an den neuen Anforderungen der individualisierten Gesellschaft. Eltern versuchen ihren Kindern und Jugendlichen die bestmögliche Ausgangsbasis für ihren „Kampf" auf dem Markt der „unbegrenzten" Möglichkeiten zu verschaffen. Da hier nicht mehr nur klassische Bildungskompetenzen von Bedeutung sind, sondern zunehmend auch kulturelle und soziale Kompetenzen gefragt sind, heißt dies auch, die Kinder und Jugendlichen in möglichst vielen nicht-schulischen Handlungsfeldern Erfahrungen - und nach Möglichkeit auch Erfolge - sammeln zu lassen - mit zum Teil fatalen Folgen: Bereits ein Drittel aller Eltern praktiziert einen paradoxen Erziehungsstil, indem sie ihren Kindern hohe Leistungen abfordern, ihnen gleichzeitig aber keinen emotionalen Rückhalt als Äquivalent mehr bieten können. Die zunehmenden Selbstschädigungstendenzen unter Kindern und Jugendlichen sind als Fluchtanzeichen auch vor diesem „Leistungsdruck ohne Liebe" zu verstehen. In Nordrhein-Westfalen gelten allein 46.000 Kinder und Jugendliche zwischen 12 und 17 Jahren als akut alkoholgefährdet. Das Einstiegsalter zum Drogenkonsum hat sich vom 15ten bis 16ten hin zum 11ten bis 12ten Lebensjahr verlagert (vgl. Nordlohne 1993, S. 83) Eine „unheilige Allianz" zwischen einer primär lernbezogenen Schule und stark leistungsbezogenen Eltern hat mittlerweile den Schulstress für Kinder und Jugendliche dermaßen eskalieren lassen, dass 40 % der 12jährigen und 50 % der 17jährigen bereits regelmäßig Kopfschmerzmittel einnehmen, 10 % zu Beruhigungs- und Schlafmitteln greifen und 6 % der 12- und 11 % der 17jährigen nur noch unter Einfluss von Anregungs- und Aufputschtabletten dem Unterrichtsgeschehen folgen können (vgl. Engel/Hurrelmann 1989).

Kindheit und Jugend in Schule und Ausbildung

Vor allem die Bildungsexpansion in den 70er und 80er Jahren des letzten Jahrhunderts hat dazu beigetragen, dass Jugendliche immer länger in den Bildungseinrichtungen verweilen, um immer höhere Bildungszertifikate zu erwerben, die ihnen den Einstieg ins Erwerbsleben erleichtern sollen, den Eintrittszeitpunkt in dasselbe aber weiter hinauszögern. Das Bildungsmoratorium und nicht zuletzt die unsichere gesellschaftliche Zukunft führen dazu, dass die Jugendphase nicht mehr nur zum schnellen Durchgang genutzt wird, sondern vielfach zum Verweilen einlädt.

Der Aufenthalt von Jugendlichen in den Bildungs- und Ausbildungseinrichtungen hat sich in den letzten 30 Jahren ständig verlängert. Aus der Struktur der

Bildungswege ergibt sich zwangsläufig eine Verlängerung des Bildungsmoratoriums zuweilen bis weit ins dritte Lebensjahrzehnt hinein. Schulen und Hochschulen stellen demzufolge eine „allgegenwärtige, mächtige und in vielerlei Hinsicht auch lebensprägende Instanz im Jugendalter" dar (Ferchhoff 1993a, S. 109).

Im Rahmen der gestiegenen Bildungschancen ist der Anteil der Jugendlichen mit Hauptschulabschluss in den westlichen Bundesländern im Zeitraum von 1960 bis 1990 von 70 % auf 31 % gefallen. Insbesondere weiblichen Jugendlichen und Jugendlichen aus der Unterschicht kam die in den 70er Jahren einsetzende Bildungsexpansion zugute. 1990 war der Anteil der weiblichen und männlichen Jugendlichen in höheren Bildungseinrichtungen ausgeglichen. Auch ihr Bildungserfolg war ohne weiteres mit dem der männlichen Jugendlichen zu vergleichen, dennoch war ihre Repräsentanz in den nachfolgenden Bildungseinrichtungen - im dualen Ausbildungssystem und an den Hochschulen - noch deutlich unter der männlichen Jugendlichen (vgl. Hurrelmann u. a. 1997, S. 89). So kann „trotz ähnlicher Bildungspartizipation von Jungen und Mädchen (...) bis heute dennoch nicht von einem Abbau geschlechtsspezifischer beruflicher Segregation gesprochen werden", weil nach wie vor insbesondere schlechtbezahltere Arbeitsplätze proportional häufiger „von Frauen besetzt sind und sich nur ein relativ geringer Prozentsatz von Frauen in politischen, wirtschaftlichen oder akademischen Schlüsselpositionen befindet" (Schröder 1995, S. 77). Trotz enormer Verschiebungen hat sich somit die Gesamtstruktur von Ungleichheit im Bildungssystem nicht verändert. Nach wie vor stellen Jugendliche aus Arbeiterfamilien mit 63 % den größten Teil der Hauptschüler. Hingegen besuchen Jugendliche, deren Eltern einen gymnasialen Abschluss haben, zu 54,1 % ein Gymnasium. Eltern mit Realschulabschluss schicken ihre Kinder zu 32,6 %, solche mit Hauptschulabschluss nur zu 13,3 % auf ein Gymnasium. Generell kann konstatiert werden, dass Jugendliche, um den sozialen Status der Herkunftsfamilie zu halten, heute einen höheren Bildungsabschluss erwerben müssen als ihre Eltern. Zugleich hat sich jedoch auch die Schere zwischen Schule und Ausbildungsmarkt geöffnet, die schulische Erstqualifikation von dem beruflichen Ausbildungs- und hochschulischen Qualifikationsmarkt entkoppelt. Die Schule bleibt trotz dieser Entwicklungen ein Ort des sozialen Lernens. Dieses soziale Lernen vollzieht sich jedoch nicht nur auf der offiziellen Ebene, sondern auch nebenher auf den Hinterbühnen im Kontakt zu anderen Jugendlichen, die die gleiche schulische Einrichtung besuchen. Aufgrund der Auflösung traditioneller Milieus gewinnt der schulische Sozialraum für die Bildung von Gleichaltrigengruppen an Bedeutung. Die Schule stellt somit einen Ort für die Entstehung von Peers im Kindes- und Jugendalter dar.

Vor dem Hintergrund des Bedeutungswandels von Schule und Arbeit (vgl. Baethge u. a. 1988; Hantsche 1990) enthalten Optionen für diese oder jene Freizeitressource zunehmend biographische Karriereentscheidungen. Zwar ist der Freizeitbereich auch heute noch vom Feld schulischer und beruflicher Aktivität getrennt (vgl. Baerenreiter/Kirchner 1988), doch Jugendliche, zumeist männliche, die sich in ihrer Freizeit mit Computern beschäftigen, bewegen sich in einem fließenden, „in einem kulturell noch nicht (....) definierten Zwischenbereich zwischen Freizeitinteressen und beruflicher Orientierung" (Baerenreiter u. a. 1990, S. 328; vgl. auch Noller/Paul 1991; Eckert u. a. 1990). Hingegen gelingt es Jugendlichen, die sportive Freizeittätigkeiten, das Engagement in einem Jugendverband oder Angebote der traditionellen Jugendarbeit favorisieren, nur selten, individuelle berufliche Ambitionen und Karrieren im Freizeitbereich abzufedern oder Berufswege hier starten zu lassen (vgl. Reichwein/Freund 1992; Eckert u. a. 1990). Obgleich also die subjektive Bedeutung von Freizeit zunimmt (vgl. Nahrstedt 1988), bleiben jugendliche Freizeitkarrieren in ihrer überwiegenden Mehrheit noch von beruflichen Karrieren separiert.

In den 90er Jahren des letzten Jahrhunderts befanden sich jeweils zirka sich 1,6 Millionen Jugendliche in der beruflichen Ausbildung. Während 1950 noch 5 % der Jugendlichen ein Hochschulstudium absolvierten, waren es 1990 schon 30 % eines jeden Geburtenjahrganges. Der Anteil der Hauptschüler beträgt dabei ungefähr 50 %. Jeweils um die 15 % der Auszubildenden besaßen die Hochschulreife und 34 % einen Realschulabschluss. Diese Entwicklung dokumentiert nochmals eindringlich die Verdrängung der HauptschülerInnen aus der beruflichen Erstausbildung, die bis weit in die 70er Jahre hinein noch eindeutig von ihnen dominiert wurde, und die Entkopplung des Beschäftigungsmarktes von dem schulischen Bildungssystem. Die HauptschülerInnen gehören damit, wie schon erwähnt, eindeutig zu den Verlierern der Bildungsexpansion und der krisenhaften gesellschaftlichen Entwicklung. Sie sind es auch, die schon an der ersten Schwelle, an der Schnittstelle zwischen allgemeinem und beruflichen Bildungssystem scheitern. Sowohl in den westlichen als auch in den östlichen Bundesländern hat sich durch den Abbau von Ausbildungskapazitäten die Situation auf dem beruflichen Qualifizierungsmarkt dramatisch verschlechtert. Kamen zu Beginn der 90er Jahre in den westlichen Bundesländern auf 100 BewerberInnen noch über 120 Ausbildungsstellen, so reduzierte sich die Relation im Jahre 1997 auf 98,6 in den westlichen und knapp 90 Stellen in den östlichen Bundesländern (vgl. Galuske 1998a). Arbeitslosigkeit beginnt heute für viele Jugendliche demnach schon vor dem eigentlichen Einstieg ins Berufsleben.

Jugend und Erwerbstätigkeit

Neben der Entkopplung von Bildung und Ausbildung sehen sich viele Jugendliche heute mit einem zweiten Entkopplungsprozess konfrontiert. Immer weniger gelingt es, nach absolvierten beruflichen Ausbildungen direkt und unproblematisch in das Erwerbsleben einzutreten. Auch das Drehen an der Qualifikationsschraube nach oben vermochte diesen Prozess bisher nicht zu bremsen. Die sogenannte zweite Schwelle, der Übergang von der Berufsausbildung in die Erwerbstätigkeit, zeigt sich Ende der 90er Jahre des letzten Jahrhunderts für immer mehr Jugendliche als zu hoch. Waren 1992 in den westlichen Bundesländern noch zirka 265.000 Jugendliche unter 25 Jahre arbeitslos, davon allein 204.000 im Alter zwischen 30 und 25 Jahren, so waren es 1997 schon über

365.000 Jugendliche bis 25 Jahre und allein 274.000 in der Altersgruppe der 20- bis 25jährigen Jugendlichen - dies entspricht einem Anteil von knapp 11 % an der Gesamtarbeitslosenzahl. In den neuen Bundesländern waren in dieser Alterspanne zum selben Zeitraum zirka 110.000 Jugendliche, also jeder vierte Jugendliche, ohne eine erwerbstätige Beschäftigung. Arbeitslosigkeit ist damit auch für Jugendliche zu einem Strukturproblem avanciert, das nicht in einer mangelnden oder verfehlten Qualifikation der betroffenen Jugendlichen begründet liegt. Nach R. Münchmeier (1997, S. 15) ist Arbeitslosigkeit in der Bevölkerung zu einer „gesellschaftlichen Normalerfahrung" geworden. In einer repräsentativen Stichprobe gibt ein Drittel der 15- bis 30jährigen an, schon einmal selbst von Arbeitslosigkeit betroffen gewesen zu sein.

Verlierer im Wettlauf um Erwerbsarbeitsplätze sind wiederum vornehmlich Haupt- und Sonderschüler. Viele dieser Jugendlichen erleben ihre fortdauernde Erwerbslosigkeit, aber auch ihren Schwebezustand in den diversen Maßnahmen des zweiten und dritten Arbeitsmarktes, als „Versagen". Zum einen erreichen sie gesteckte Ziele nicht, zum anderen müssen sie mit ihrem „Versagen" ganz allein zurechtkommen, da derartige Erfahrungen des „Scheiterns" kompensierende Sozialmilieus im Zuge der Auflösung der traditionellen Milieus mehr oder weniger „wegrationalisiert" wurden. Der zunehmend stärkere Konkurrenzdruck auf dem Arbeitsmarkt, verdrängt bildungsferne Jugendliche inzwischen fast gänzlich aus den ihnen ehemals fast angestammten Berufszweigen: „Die Entwicklung am Arbeitsmarkt zeigt darüber hinaus, dass die traditionellen Einsatzfelder für Volksschul- und Hauptschulabsolventen im Zuge von Automatisierung und Computerisierung der Arbeitsabläufe zunehmend wegrationalisiert werden" (Hurrelmann 1997 u. a., S. 119).

Trotz hoher Arbeitslosigkeit ist Erwerbsarbeit auch in der heutigen Gesellschaft nach wie vor das Medium, über das sich die Individuen definieren und das ihnen den vollwertigen Eintritt in die Gesellschaft ermöglicht. Solange Jugendlichen der Zutritt durch die eingeschränkten Möglichkeiten auf dem Arbeitsmarkt vorenthalten bleibt, sind sie im Sinne der vorherrschenden Definition nur „halbfertige" Gesellschaftsmitglieder, die nichts zur Produktivität der Gesellschaft beitragen. Ihnen bleibt so die Erfahrung der gesellschaftlichen Nützlichkeit verwehrt (vgl. Ferchhoff 1993a, S. 116). Dies bedeutet nichts anderes, als dass Jugendliche zwar in vielen Bereichen „erwachsen" agieren können, aber aufgrund der Ausgrenzung vom Arbeitsmarkt ihnen die ökonomische Selbständigkeit versperrt bleibt und so die Suche nach Identität erschwert wird (vgl. Keupp u.a. 1999).

Mädchensozialisation und weibliche Selbstbilder - Exkurs

Trotz gesellschaftlicher Modernisierungen in den letzten Jahrzehnten bleibt die Bundesrepublik Deutschland eine von sozialen Ungleichheiten und Ungerechtigkeiten bestimmte Gesellschaft, die systemisch nochmals durch die Geschlechterfrage gedoppelt werden. Zwar wird die Ungleichheit zwischen den

Geschlechtern inzwischen öffentlich thematisiert, aber immer noch nicht durchgängig veränderungsorientiert problematisiert. Frauen befinden sich noch immer in einer anderen Situation als Männer, für die Gleichstellung auch einen anderen Sinn hat als für Frauen. „Noch immer gibt die Mehrheit der Männer sich der Illusion hin, dass der Kuchen zweimal gegessen werden kann. Sie halten Gleichstellung von Frau und Mann und Beibehaltung der alten Arbeitsteilung für ohne weiteres vereinbar" (Beck 1986, S. 173). Für die Mehrheit der Frauen ist die gesellschaftliche Modernisierung eine „halbierte" Modernisierung: Mit einem Fuß wird ihnen eine gleichberechtigte Teilhabe und -nahme an den Errungenschaften der Moderne gestattet, aber nur, wenn sie mit dem anderen - quasi freiwillig - in der alten vorbürgerlichen Ständegesellschaft verbleiben.

Trotz alledem hat die Rolle der Frau durch die öffentliche Thematisierung der Geschlechterfrage durch die Frauenbewegung und durch die auch darüber motivierte zunehmende berufliche Orientierung von jungen Frauen eine Veränderung erfahren. So ist ein Wandel zu einem eher nicht-traditionellen Rollenverständnis in erster Linie bei jungen Menschen zu vermuten. Junge Männer in beiden Teilen Deutschlands weisen eine tendenziell kaum voneinander abweichende Einstellung zur Rolle der Frau in der Gesellschaft auf. Frauen zeigen eine deutlich höhere Zustimmung als Männer zu einem gleichberechtigten Rollenverständnis von Mann und Frau. Der Aussage, dass der Mann in der Partnerschaft der Hauptverdiener sein soll, stimmten 1992 im Westen 31,1 % und im Osten 23,6 % der befragten Mädchen und jungen Frauen zu. Bei den männlichen Befragten votierten immerhin noch 43,5 % in den westlichen und 50 % in den östlichen Bundesländern für die klassische Aufgabenverteilung zwischen den Geschlechtern. Ein deutliches Ost-West-Gefälle zeigt sich aber in bezug auf die Aussage, dass „die Frau die Kinder versorgen soll". Dieser Aussage stimmten die westdeutschen jungen Frauen mit 43,9 % zu, die ostdeutschen nur mit 27 %. Wenn wir diese Voten generalisieren, können wir feststellen, dass junge Frauen und Mädchen hinsichtlich der Geschlechtsrollenorientierung weniger traditionell eingestellt sind als Männer. Darüber hinaus deutet vieles darauf hin, dass die Geschlechtsrollenorientierung mit den Einflussfaktoren Bildungsstand und Familienstand korreliert. Nicht-traditionelle Einstellungen werden besonders stark von jungen Menschen mit höherer Bildung und nicht-ehelichen Lebensgemeinschaften vertreten. Traditionelles Rollenverständnis ist hingegen eher bei verheirateten und bei bildungsferneren Personen anzutreffen (vgl. Gille 1995 S. 143). Insgesamt scheint einiges dafür zu sprechen, dass wir in bezug auf „Werte, Zukunftsvorstellungen, Lebenskonzepte, Lebenshaltungen sowie Partnerschaftsmodelle (...) bei den deutschen Mädchen und Jungen einen Prozess der Angleichung feststellen können" (Jugendwerk der deutschen Shell 2000, S. 345).

Obwohl Mädchen und junge Frauen sich heute selbstbewusster und souveräner artikulieren als jede ihrer Vorgängerinnengenerationen, viele auf Gleichberechtigungsforderungen gar verzichten, weil sie meinen, gleichberechtigt zu sein

und dieses in vielen Situationen auch erleben, bleiben sie in den Verheißungs-
fallen der modernen bürgerlichen Gesellschaft gefangen. Die geschlechtsspezifische Sozialisation ist und bleibt von den strukturell gegebenen gesellschaftlichen Möglichkeiten determiniert. Die bestehende, auf patriarchalen Strukturen
basierende Gesellschaft sozialisiert die Heranwachsenden im Kern weiterhin
auf die Übernahme der klassischen, geschlechtsdifferenten Rollen- und Aufgabenverteilung, wonach die Rolle des Mannes auf die materielle Sicherung der
Familie und die der Frau auf Haushalt und Versorgung der Kinder fixiert ist.
Hieran ändern auch die Bestrebungen der weiblichen Jugendlichen nach Bildung, Berufstätigkeit und damit nach Karriere nur wenig. Es ist zwar im Rahmen der Bildungsexpansion zu einer Angleichung der Bildungschancen der
weiblichen Jugendlichen an die der männlichen festzustellen, die Ungleichheit
der Karrierechancen bleibt jedoch aufgrund der ungleichen Chancen auf dem
Erwerbsarbeitsmarkt weiterhin bestehen (vgl. u. a. Geissler/Rerrich 1994).

6.4 Soziale und kulturelle Freizeitpraxen von Kindern und Jugendlichen

Ebenso wie die familiale, schulische und berufliche Sozialisation lässt sich das
Freizeitverhalten und die -orientierungen von Kindern und Jugendlichen nur
vor dem Hintergrund der fortschreitenden Prozesse gesellschaftlicher Modernisierung und Individualisierung verstehen. Zur Erinnerung: Individualisierung
als ein spezifischer Ausdruck gesellschaftlicher Modernisierung meint auch bezogen auf die sozialen und kulturellen Freizeitinteressen von Kindern und Jugendlichen nicht nur und ausschließlich Vereinzelung oder Vereinsamung, Be-
ziehungslosigkeit oder das Ende jeder Form von Sozialität, sondern die Auf-
bzw. Ablösung der bisherigen industriegesellschaftlichen Verständigungs- und
Lebensformen und den Aufbau einer neuen gesellschaftlichen Sozialstruktur
mit sozialen Ungleichheiten jenseits einer klassenspezifischen Hierarchisierung
sowie den Wechsel von der „Normalbiographie" zu „Wahlbiographien" (vgl.
u. a. Beck 1986) - deutlicher: Individualisierung bedeutet für Kinder und Jugendliche, dass sie in einem immer früheren Alter selbstverantwortlich Entscheidungen zu treffen haben, aber auch, dass sie unter dem Druck stehen, die
Entscheidungsoptionen auch richtig auszufüllen und zu legitimieren. Kinder
und Jugendliche haben auch in ihren sozialen und kulturellen Freizeitpraxen
zwischen diesen beiden Polen der Individualisierung - dem Zugewinn an Freiheit und dem damit gegebenen Druck, entscheiden zu müssen - auszubalancie-
ren.

„Zeit" und „Geld" - über was verfügen Kinder und Jugendliche?

Über die Schule und die Berufstätigkeit hinaus sind viele Kinder und Jugendliche eingebunden in eine Vielzahl von Freizeit- und zusätzlichen Lernprogram-
men. Auch wenn sie zu bestimmten Freizeitaktivitäten in der Regel nicht ge-

zwungen werden, sind sie doch dazu verdammt, sich zwischen dieser oder jener zu entscheiden, „überhaupt etwas zu machen" (Elternaussage).

Einer Terminierung ihrer Freizeit können - und wollen - sich gegenwärtig nur noch wenige Kinder und Jugendliche entziehen. Kinder und Jugendliche sind heute mehr oder weniger in feste Zeitstrukturen eingebunden. Untersuchungen des Tagesplans von Kindern deuten darauf hin, dass Kinder über deutlich weniger Zeit frei verfügen können, als allgemein vermutet wird (vgl. Fuhs/Büchner 1993). Die hohe Termindichte, die bei Kindern mit Eltern aus hohen Berufspositionen am ausgeprägtesten ist, verlangt eine straffe Durchorganisation des Kindesalltags. Kindliche Freizeit wird heute weniger spontan und situationsabhängig gelebt als noch vor zehn oder mehr Jahren. Jugendliche in den alten verfügen gegenüber Jugendlichen aus den neuen Bundesländern über mehr disponible Zeit, SchülerInnen können über mehr Zeit autonom entscheiden als berufstätige Jugendliche und Mädchen können gegenüber Jungen geringere Zeiten frei gestalten. Übereinstimmend teilen Jugendstudien aber auch mit, dass in den letzten drei Jahrzehnten für Jugendliche die frei gestaltbare Zeit ein konstantes Niveau hält. Im Durchschnitt konnten und können sie werktags über vier bis sechs Stunden, samstags über acht Stunden und sonntags über knapp 10 Stunden frei verfügen (vgl. zusammenfassend Lüdtke 1989b; Krüger 1991; Behnken u. a. 1991, S. 133). Demzufolge haben Jugendliche an dem gesellschaftlichen Programm der strukturellen Veränderung der Zeitdispositionen (vgl. Negt 1984) in den westlichen Bundesländern, also unter anderem an der Verkürzung der wöchentlichen und jährlichen Arbeitszeit, nicht partizipieren können (vgl. Lüdtke 1989b).

Die ökonomischen und materiellen Ressourcen, die der Jugendgeneration insgesamt zur Verfügung stehen und ihr die Teilnahme am kommerziellen Freizeit- und Konsummarkt ermöglichen, haben sich von den 70er bis zu den 90er Jahren des letzten Jahrhunderts nahezu verdoppelt, von 17 Milliarden DM 1977 auf zirka 31 Milliarden DM 1989 (Bravo-Studie 1986; G+J 1986; vgl. zusammenfassend Wolsing 1991), und im Vergleich zu den 60er Jahren (vgl. Scharmann 1965, S. 23) nahezu verzweieinhalbfacht. 1999 wirbt die Europäische Jugendmesse GmbH für die von ihr veranstaltete Jugendmesse „YOU" zukünftige Aussteller mit dem Hinweis, dass in „keiner Altersgruppe Marken so schnell und mit so geringem Aufwand 'zu machen' sind wie im Jugendbereich. Über mehr als 40 Milliarden DM jährlich verfügt die Jugend in Deutschland selbständig und noch mehr Geld bewegt ihr Einfluss auf Kaufentscheidungen innerhalb der Familien." Konnte ein Schüler bzw. eine Schülerin in den 50er Jahren über durchschnittlich etwas mehr als 20 DM und in den 60er Jahren über DM 35 DM im Monat frei entscheiden, so können sie Anfang der 90er Jahre des letzten Jahrhunderts durchschnittlich Beträge zwischen 90 DM (Wolsing 1991, S. 176) und 115 DM (Behnken u. a. 1991, S. 134) eigenverantwortlich ausgeben (zur Entwicklung in der früheren DDR vgl. Mitksch 1972, S. 46 f.). Insbesondere das eigenverfügbare Geldvolumen von älteren Jugendlichen vervielfachte sich in den letzten Jahrzehnten im Durchschnitt, obwohl seit gut 20

Jahren immer weniger ältere männliche wie weibliche Jugendliche über ein ei-
generwirtschaftetes Einkommen frei bestimmen können. Verfügten 1991 noch
knapp 48 % der 15- bis 24jährigen noch über ein eigenes Einkommen so waren
es 1999 nur noch 41 %. Im gleichen Zeitraum erhöhte sich die Zahl der Heranwachsenden, die Zuwendungen von den Eltern erhielten, von 21,7 % auf knapp
37 %. Die zu den materiellen Ressourcenlagen vorgetragenen Durchschnitts-
werte verdecken allerdings soziale, geschlechts-, alters- und milieuspezifische
Unterschiede sowie die Tatsache, dass die Heranwachsenden in den neuen
Bundesländern und nicht-deutsche Kinder und Jugendliche immer noch über
deutlich geringere finanzielle Möglichkeiten verfügen als ihre AltersgenossInnen durchschnittlich in den alten Bundesländern (vgl. Jugendwerk der deutschen Shell 2000, S. 286). Generell gilt, dass jüngere Jugendliche über geringere finanzielle Ressourcen verfügen als ältere, die eigenverfügbare Geldmasse
von Mädchen geringer ist als die von Jungen, die materielle Kapitaldisposition
der Eltern einerseits, andererseits der Zeitpunkt des Übergangs in das Berufsleben unterschiedliche materielle Ressourcenlagen bedingen (vgl. Vasko-
vics/Schneider 1989; Wolsing 1991). Deutlich zugenommen hat aufgrund der
durchschnittlichen materiellen Verbesserungen in den letzten Jahrzehnten auch
die Medienausstattung und die Ausstattung mit anderen konsumtiven Gütern
(vgl. Lindner 1991; Behnken u. a. 1991; Wolsing 1991). Wir können davon
ausgehen, dass heute nur noch eine verschwindend kleine Minderheit der Jugendlichen und auch zunehmend weniger Kinder von der Möglichkeit, die klassischen Medien, Radio, Schallplatten und Kassettenrecorder, Fernseher und Fo-
toapparat täglich zu nutzen, ausgeschlossen ist. Auch im Bereich der neuen
Medien (Video, CD-Player und Heimcomputer) ist seit 20 Jahren ein Zuwachs
im persönlichen Besitz dieser Medien bei Jugendlichen zu verzeichnen. Wenig
überraschend, dennoch auffällig, dass weibliche Jugendliche beim Besitz neuer
Medien, insbesondere aber beim Besitz und somit auch bei der Benutzung von
Computern, weitestgehend ausgegrenzt bleiben (vgl. Noller/Paul 1991; Eckert
u. a. 1991; Baacke u. a. 1990, S. 64). Einige aktuelle Befunde: 28 % aller deutschen, 41 % aller italienischen und 28 % aller türkischen 15- bis 24jährigen Jugendlichen besitzen ein Handy, 30 % aller deutschen Heranwachsenden besitzen einen Computer, den sie alleine benutzen können, und 28 % können darüber hinaus über einen mit verfügen.

Die materiellen, finanziellen, häuslich-räumlichen, mobilen und zeitlichen Ressourcen, die Jugendlichen heute zur Verfügung stehen, scheinen am Ende des
letzten Jahrzehnts des 20. Jahrhunderts nicht mehr wie noch bis in die 70er Jahre hinein ausschließlich schichtenspezifisch vermittelt zu sein. Diese, vornehmlich auf die altbundesrepublikanischen Länder zutreffende Feststellung stimmt
mit den sozialwissenschaftlichen Diagnosen überein, die von einer Diversifizierung von Lebenslagen und von einer Ausdünnung sozialer Klassen und Schichten bei gleichzeitiger, sukzessiver „Verschärfung sozialer Ungleichheiten" (vgl.
Beck 1986) ausgehen. Demzufolge formulieren sich soziale Ungleichheiten im
Jugendalter nicht mehr ausschließlich über das „Haben", sondern die sozialen
und intellektuellen Kompetenzen, die über Art und qualifizierten Umgang mit

den Ressourcen befinden, gestalten auf einem quasi kulturell vermitteltem Niveau (vgl. Zinnecker 1990, S. 26 f.) heute Ungleichheiten mit. Das Mehr an gesellschaftlichem Reichtum hat in der Gesellschaft allerdings insgesamt nicht zur Nivellierung von Ungleichheit beigetragen, sondern lediglich im Sinne eines Fahrstuhl-Effekts die Gesellschaft unter Beibehaltung sozialstruktureller Distinktionen eine Etage höher gehoben. Kinder und Jugendliche aus den fünf neuen Bundesländern, ausländischer Nationalität und weibliche Jugendliche werden, trotz potentieller Erweiterung der Möglichkeiten, zu partizipieren, vornehmlich auf der Verliererseite dieser Prozesse zu finden sein.

Verinselung, Verhäuslichung und neue Beweglichkeit

Die Stadt, insbesondere die Großstadt, hat als Streif- und Spielraum für Kinder und als Lebensraum für Jugendliche ihre Funktionen weitestgehend verloren. Vieles, was früher kindliche und auch jugendliche Lebenswirklichkeit ausmachte, ist heute für sie kaum noch begreifbar und noch weniger greifbar. Die öffentlichen Nahräume sind für Kinder als Spielraum weitestgehend entwertet. Die Funktionen des Nahraums übernehmen pädagogische, soziale und kulturelle Infrastrukturen (vgl. hierzu die Beiträge in Markefka/Nauck 1992). Kinder - und auch ein Großteil der Jugendlichen - können ihre Erfahrungen nicht mehr in raumverbindenden Untersuchungs- und Erlebnistätigkeiten sammeln. Kindliches und jugendliches Leben und Handeln verteilt sich auf unverbundene Inseln und in nicht aufeinander bezogene Aktivitätszonen. Die vielfältigen Freizeitaktivitäten von Kindern werden in der Regel nur über die elterlichen Transporttätigkeiten zu einer Pseudoeinheit verbunden. Freizeitalltag ist für viele Kinder zu einem erwachsenenabhängigen Organisations- und Zeitpuzzle geworden, gebunden an die Gegebenheiten, Öffnungszeiten und Rhythmen der besuchten Einrichtungen und koordinierungsbedürftig mit den Zeittakten der Freunde und Eltern (vgl. Zeiher/Zeiher 1994).

Im Gegensatz zu Jungen, die noch teilweise die Straße als Treffpunkt und Aufenthaltsort nutzen, meiden Mädchen aller Altersgruppen in der Regel öffentliche Räume als Treffpunkte. Die geringere Mobilität von Mädchen im städtischen Raum - sie verbringen mehr Zeit als Jungen mit häuslichen und/oder institutionalisierten Freizeitaktivitäten und nutzen weniger Fahrräder und andere Transportmittel als Jungen - ist auch auf die Angst der Eltern vor sexueller Gewalt und Belästigung zurückzuführen. Jedoch auch die Mädchen selbst artikulieren doppelt so häufig wie Jungen Angst vor dem Spielaufenthalt auf der Straße oder im freien Gelände (vgl. DJI 1993). Das im Vergleich zu den Aktivitäten altersgleicher Jungen mehr verhäuslichte Freizeitverhalten von Mädchen, die Abkoppelung von einer Straßenkindheit und die Hinwendung zu institutionalisierten Freizeitangeboten beinhalten jedoch nicht nur negative Effekte, sondern auch die Möglichkeit, andere und neue, eher kommunikative und kulturell-ästhetische Erfahrungen zu sammeln.

Mit einigem Grund kann angenommen werden, dass soziale Ungleichheiten sich durch die Verinselung der Lebensorte auf einem neuen Niveau herstellen. Diejenigen, die mit elterlicher Hilfe die Sprünge von einer zur anderen Rauminsel schaffen, erleben die Verinselung als kulturelle Bereicherung. Die anderen, für die Inseln wie die Musikschule oder der besondere Sportverein wegen fehlender Transportchancen verschlossen bleiben, erleben Kindheit - und zum Teil auch die Jugendzeit - stärker als Verhäuslichung. Zu dieser Veränderung von Kindheit hat auch beigetragen, dass gegenwärtig zirka 90 % aller Kinder und Jugendlichen über ein eigenes Zimmer verfügen oder eines mitbenutzen können. Allerdings relativieren bildungsspezifische Unterschiede - gut die Hälfte der Kinder von Eltern in niedrigen Berufspositionen in Großstädten besitzt kein eigenes Zimmer - und räumliche Begrenzungen des durchschnittlichen Kinder- und Jugendzimmers auf 12 m^2 mit einer realen Begegnungsfläche von gut 2 m^2 - das Bild eines zumindest häuslichen „Freizeitparadieses".

Freizeitpraxen von Kindern und Jugendlichen

Kindliche und jugendliche Lebenswelten kennzeichnet zu Beginn des neuen Jahrtausends eine expandierende Vervielfältigung und Ausdifferenzierung kreativer Freizeittätigkeiten. Die Pluralisierung und Ausfächerung kultureller Praxen von Kindern und Jugendlichen potenzierten die schon bestehende Unüberschaubarkeit des Freizeitangebots nochmals. V. Blüchers (1967, S. 220) Markierung, dass „das Freizeitsystem (…) vielgestaltig, schwer zu übersehen und auf einen Nenner zu bringen" ist, hat an Aktualität keine Einbuße erfahren - im Gegenteil ist zu beobachten, dass viele Freizeitpraxen zu einem genuinen, integrierten, ja fast unauffälligen Bestandteil des Alltags wurden - quasi ihre „Unschuld" verloren haben. Offensichtlich ist aber auch, dass im „Supermarkt" der sich ständig wandelnden und kommerzialisierenden Freizeitangebote Jugendliche - zunehmend jedoch auch ältere Kinder - expressive „Flip-Praxen" (Techno-Parties, Mega-Konzerte, Aktion auf der Südtribüne, Autorennen und -crashings) entfalten. Es sind dies für die Heranwachsenden „kleine Fluchten" aus der Alltagsroutine. Zunehmend schwieriger ist die Verortung bestimmter Freizeitpraxen und kultureller Stilmuster nach altersspezifischen Präferenzen. Die frühe Zwangs- und Wahlbiographisierung kindlicher und jugendlicher Lebensläufe und die Öffnung des Freizeitmarkts für jüngere Altersgruppen haben zur Auflösung eindeutiger Altersgrenzen bei Kindern und Jugendlichen geführt und entsprechend zu einer Verflüssigung altersspezifischer Freizeitpräferenzen. Keineswegs kann jedoch von einem primär hedonistisch ausgeprägten jugendlichen Freizeitverhalten gesprochen werden, da berufliche Weiterbildung, kulturelle Interessen und Zeitung lesen, insbesondere mit zunehmenden Alter, ebenfalls häufige Freizeithandlungen sind (vgl. Fritzsche 1997, S. 345).

Trotz des gesellschaftlichen Wandels ist im allgemeinen das gesellige und kommunikative Moment der prägende Faktor für die häufigsten Freizeitbeschäftigungen der Jugendlichen. Zinnecker spricht von einem „Kult der Geselligkeit", der sich seit den fünfziger Jahren des letzten Jahrhunderts sukzessive

etabliert hat (Strzoda 1996, S. 263). So sind am Ende des 20. Jahrhunderts, neben dem stark präferiertem „Medienkonsum" - Musik hören mit einem Wert
von 92% und Fernsehen mit 79% -, Aktivitäten wie mit Freunden/Freundinnen
die Zeit verbringen, mit ihnen zu telefonieren und mit der Familie zusammen
sein die häufigsten. Etwa 40 bis 50% der Jugendlichen zählen Sport treiben,
Lesen und Spielen sowie Arbeiten am Computer zu ihren liebsten Freizeitbeschäftigungen, wobei das Lesen in den letzten Jahren einen leichten Rückgang
erlitt und die Beschäftigung mit dem Computer als Freizeitaktivität an Bedeutung gewonnen hat. Die Gartenarbeit ist heutzutage ebenfalls eine geringere
Freizeitpräferenz der Jugendlichen als noch ein Jahrzehnt zuvor. In bezug auf
die musikalische Orientierung wird konstatiert, dass die Gitarre die Blockflöte
als das am häufigsten gespielte Musikinstrument ablöste. Insgesamt zeigt sich
eine Höherbewertung der Musikinstrumente durch Jugendliche, die auch von
den musikalischen Idealen der Jugendlichen vorgeführt werden. Diese Tendenz
dokumentiert sich noch deutlicher bei den Tänzen. Favorisierte die Jugend der
50er Jahre des letzten Jahrhunderts den Tango und den Walzer, so die Jugend
der 80er den „Discotanz", den „Freien Stil" und den Grundtanz einer jeden
Tanzstunde, den Foxtrott oder Slow-Fox, ein Tanz im übrigen, der schon in den
60er Jahren eine hohe Beliebtheit hatte. (vgl. u.a. Jugendwerk der Deutschen
Shell 1992). Die Inanspruchnahme der Tanzkurse ist in den 90er Jahren allerdings leicht rückläufig (vgl. Strzoda 1996). In der neuesten Shell Jugendstudie
werden diese allgemeinen Daten nochmals präzisiert: 98 % aller 14- bis
24jährigen Jugendlichen gehen mehr oder weniger regelmäßig auf Partys oder
Feste, 96 % hören regelmäßig Musik, 81 % treiben Sport und immerhin noch
68 % arbeiten oder spielen regelmäßig am Computer. Auch den scheinbar noch
so „unproduktiven" Beschäftigungen kommt dabei aus einer gesellschaftspolitischen Perspektive eine hohe Bedeutung zu. Feiern und „Party machen" stellen
Tätigkeiten dar, die nach Angaben der älteren Kinder und Jugendlichen zu 42
% gemeinsam mit nicht-deutschen Heranwachsenden ausgeübt werden. (vgl.
Jugendwerk der deutschen Shell 2000, S. 207)

W. Fuchs (1985, S. 7 ff.) subsumierte die alltagsphänomenologische Ausfächerung jugendlicher Freizeitformen (vgl. Fischer u.a. 1985) erstmals unter den E-
tiketten „Ausruhen/Erholung" einerseits und den „Flip-Praxen", als Pendant zu
den Entspannungstechniken, andererseits. Anders als bei den Erwachsenen, so
resümiert Fuchs (1985), wo die Intensität und die Bindung an ausgewählte Entspannungstechniken an Belastungssituationen, aber auch an Bildungsvariablen
gebunden ist, ist bei den Jugendlichen ein Einfluss solcher Variablen nicht
nachzuweisen. Gleichfalls entbunden von lebensweltlichen und normativen
Hintergründen entfalten Jugendliche „Flip-Praxen". Ebenso wie die Entspannungstechniken bilden diese für Jugendliche die „Kleinen Fluchten" aus der
Alltagsroutine. „Musik irrsinnig laut hören", „beim Essen mal richtig sündi-
gen", „seinen Körper mal bis zum letzten verausgaben", „sich in seine Liebha-
bereien vergraben" und „mit anderen die Nacht bis zum Morgen durchmachen"
sind diejenigen Alltagsflips, die von den Jugendlichen mit Summenwerten vom
knapp 40 % bis über 50 % bedacht werden. Hingegen rangieren „blaumachen"

in der Schule und „verrückte Sachen anziehen" mit Werten um 10 % in ihrer Bedeutung bei Jugendlichen niedriger. Eine hohe Flip-Intensität korreliert aussa-
gekräftig mit dem Geschlecht, auch mit dem Alter, jedoch weniger mit dem
Schulniveau als auch mit der Wohnortgröße. Hinsichtlich des Spielens an
Spielautomaten ist allerdings zu bemerken, dass dies eher männliche, vor allem
die arbeitslosen, Jugendlichen favorisieren. Jungen votieren expressiver als
Mädchen. Zudem zeigt sich: Jugendliche mit einer hohen Flip-Intensität scheinen geselliger zu sein - Geselligkeit wird von Mädchen generell mindestens so
stark präferiert -, bevorzugen außerhäusliche Aktivitäten und sind sportlich engagiert, in ihrer Freizeit extrovertierter und in ihren Freizeitpräferenzen vielfältiger (vgl. Fuchs 1985, S. 28 ff.). Eingesponnen in die gewählten und favorisierten Praxen, zu entspannen oder zu „flippen", zeichnen die Items Freizeittätigkeiten - Sport treiben, am Computer spielen, Tanzen gehen, Lesen und seinen Hobbies nachgehen sowie Praxen kommunikativer Geselligkeit mit
Gleichaltrigen - nach, die bei Jugendlichen - und inzwischen auch bei älteren
Kindern - eine hohe Präferenz genießen.

Zunehmend schwieriger ist die Verortung bestimmter Freizeitpraxen und kultureller Stilmuster nach altersspezifischen Präferenzen. Die frühe Zwangs- und
Wahlbiographisierung kindlicher und jugendlicher Lebensläufe und die Öffnung des Freizeitmarkts für jüngere Altersgruppen haben zur Auflösung eindeutiger Altersgrenzen bei Kindern und Jugendlichen geführt und entsprechend
zu einer Verringerung altersspezifischer Freizeitpräferenzen. Das Freizeitverhalten ist dennoch innerhalb der Jugendphase Wandlungen unterworfen, somit ist
eine Dynamik des Freizeitverhaltens im Verlauf zu beobachten. Ähnlich verhält
es sich mit den geschlechtsspezifischen Unterschieden in den Freizeitprioritä-
ten. Auch wenn sie ebenfalls zunehmend undeutlicher werden, so lassen sich
doch einige aufzeigen. Das heißt, dass sich trotz des Strukturwandels der Jugendphase Auswirkungen aufgrund des biographischen Standes eines Jungen
oder eines Mädchens zu Beginn, in der Mitte oder am Ende der Jugendphase
für das Freizeitverhalten feststellen lassen (vgl. Strzoda 1996, S. 261).

Die größten geschlechtsspezifischen Unterschiede zeigen sich in der Altersgruppe der 13- bis 16jährigen. Mädchen bevorzugen stärker künstlerisch-musi-
kalisch-literarische Aktivitäten wie Briefe/Tagebuch schreiben, Musik machen,
Lesen und Malen. Insbesondere in der frühen Jugendphase stehen bei Mädchen
Aktivitäten mit einem introvertierten und problemverarbeitenden Charakter a-
nalog zu dem Durchleben der Pubertät im Vordergrund. Weitere „typisch-
weibliche" Präferenzen sind persönliche Probleme „bequatschen", einen
„Schaufensterbummel" machen, u.a. ein Indiz für die modische Orientierung,
und Telefonieren. Bei den 17- bis 20jährigen Mädchen gewinnt dann der ge-
sprächsorientierte und gesellige Aspekt an Priorität. Eher „männliche" Freizeitbeschäftigungen sind Fernsehen, Videos schauen, Computerspiele, Comics lesen und im allgemeinen technik- und motororientierte Freizeithandlungen.
Sport als Lieblingsbeschäftigung wird heutzutage sowohl von Jungen als auch
von Mädchen gleichermaßen ausgeübt. Die Freizeitpräferenzen im Verlauf der

Jugendphase beider Geschlechter liegen bei den jüngeren eher im häuslichen Bereich, während der „Hochphase" im gesellig/kommunikativen und in der Nachjugendzeit wieder vermehrt im häuslichen, was im Zusammenhang mit der Etablierung von Partnerschaften und mit der semantischen Begriffsveränderung von "Familie" steht. Mit zunehmenden Alter synchronisieren sich, auch gerade vor diesem Hintergrund, die Lebensläufe von den Jungen und Mädchen. Deshalb lässt sich hier eine Annäherung zwischen weiblicher und männlicher Freizeitgestaltung beobachten (vgl. Strzoda 1996; Fritzsche 1997). Des weiteren ist Freizeit als „Sozialisations-, Moratoriums-, Distinktions- und Identifikationsfeld" (Fritzsche 1997, S. 348) durch den gesellschaftlichen Kontext geprägt. Folglich muss auch das Freizeitverhalten, ein Jahrzehnt nach dem Mauerfall, in Ost- und Westdeutschland fokussiert werden. Während sich noch 1991 vielfältige Differenzen zwischen den Freizeitmustern der west- und ostdeutschen Jugend erkennen ließen (vgl. Jugendwerk der Deutschen Shell 1992, Bd. 2, S. 242 ff.) wird heute eine weitgehende Angleichung verzeichnet. Unterschiede zwischen Ost und West bestanden vor allem in den materiellen Ressourcen des Freizeitlebens. Aufgrund der verbesserten Infrastruktur, mehrere Jahre nach der Wende, im Osten Deutschlands haben sich die Differenzen im Freizeitverhalten weiter verringert. Die Gemeinsamkeiten dokumentieren sich auffällig in den weniger ressource-abhängigen Dimensionen, also in den besonders interessen-, motivations- und kompetenzabhängigen Dimensionen (Bildung/Computer/Kunst/Politik/Sport, etc.) und in der Geselligkeitsdimension. Die kaum noch nennenswerten Unterschiede manifestieren sich, neben den infrastrukturellen, dort, wo die verschiedenen Lebensläufe sichtbar werden, beispielsweise in dem Freizeitverhalten der jungen ostdeutschen Frauen, die früher eine eigenen Familie gründen. (vgl. Fritzsche 1997; Strzoda 1996)

Inwieweit kindliche und jugendliche Freizeitaktivitäten heute von Medien beeinflusst und über sie vorstrukturiert werden, visuelle und auditive Kommunikationsformen verbale Artikulation zurückdrängen, die Lesekultur durch eine "Techno- und Computerkultur abgelöst wird, ist in der Kindheits- und Jugendforschung seit zehn Jahren sehr umstritten: Insbesondere die Tatsache, dass das Lesen - als traditionelle, den bürgerlichen Bildungsidealen am nächsten stehende Freizeittätigkeit - seit den 50er Jahren nicht an Bedeutung verloren hat (vgl. Zinnecker 1987), relativiert Diagnosen, die von einer durchgehenden und tiefgreifenden Medialisierung jugendlicher und kindlicher Freizeitwelten ausgehen. Medienwelten sind heute in die Lebenswelten von Kindern und Jugendlichen integriert.

Der mehr oder weniger regelmäßige Fernsehkonsum von Kindern ab dem dritten Lebensjahr scheint sich seit Mitte der 80er Jahre bis ins erste Drittel der 90er Jahre kaum verändert und bei einer durchschnittlich ca. 1,5stündigen Sehdauer pro Tag eingependelt zu haben. Zwei Drittel der 6- bis 13jährigen sitzen täglich vor dem Bildschirm, und während die 12- bis 15jährigen am häufigsten das TV nutzen, geht der Fernsehkonsum bei den 16- bis 19jährigen Jugendlichen wieder deutlich zurück. Medienstudien legen nahe, dass Kinder und Jugendliche mit einer geringeren Bildungsaspiration deutlich länger „fern"sehen und Jugendliche aus niedrigen sozialökonomischen Lebenswelten vorrangig harte Actionfilme und Gewaltdarstellungen bevorzugen. Insgesamt meinten knapp - siehe hierzu auch weiter vorne - 80 % der 12- bis 24jährigen, häufig oder sehr häufig Fernsehen zu schauen (vgl. Jugendwerk der Deutschen Shell 1997, 2000). Darüber hinaus ist ein kontinuierlicher Anstieg des Videokonsums bei Kindern und Jugendlichen mit zunehmendem Alter festzustellen, obwohl unter den 6- bis 10jährigen auch noch ein Drittel Nie-Seher zu finden ist und unter den 14- bis 16jährigen immerhin noch knapp ein Viertel keine Videofilme sieht. Einschränkend zu konstatieren ist jedoch, dass die Häufigkeit des Konsums von audiovisuellen Produktionen keine Aussage über die Qualität und die Tiefe der Rezeption erlaubt (vgl. zusammenfassend Krüger/Thole 1993).

Trotz des steigenden Einflusses von Bildmedien muss nicht unbedingt von einer Visualisierung des kindlichen und jugendlichen Freizeitverhaltens gesprochen werden, zumal auditive Medien mit zunehmendem Alter für Kinder und Jugendliche immer attraktiver werden. Insbesondere Musiksendungen im Radio erfreuen sich großer Beliebtheit, und etwa ab dem 16. Lebensjahr wird ihnen mehr Zeit gewidmet als dem Fernsehen. Für die aktuelle und zukünftige Printmedienforschung in bezug auf Kinder und Jugendliche dürften vor allem nach Alterskohorten, bildungsspezifischen sowie geschlechtsspezifischen Aspekten differenzierende Analysen von Belang sein.

In den 90er Jahren des letzten Jahrhunderts schienen jedoch gerade die jugendlichen Musikkulturen in eine unangenehme „Zwickmühle" geraten zu sein. Auf der einen Seite gibt es zunehmende Zwänge einer stark expandierenden Musikindustrie, auf der anderen Seite die „neuen Rebellen", die mit ihrem „Nazi-Rock" das subversive und aggressive Element der Rockmusik immer mehr für sich zu vereinnahmen trachten und über Skinbands wie „Störkraft", „Radikahl" und „Kraftschlag" mit ihrem „ultraharten Sound" aus der „Bauchmusik" partiell auch das verkörpern, was Rock'n Roll schon immer sein wollte. Zeigten jedoch bis zu Beginn der 90er Jahre des letzten Jahrhunderts vornehmlich - wenn auch nicht ausschließlich - männliche Jugendliche über 15 Jahre eine besonders hohe Affinität zu Rockgruppen und waren insbesondere sie es, die die jugendliche Musikkultur zu einer Jugendkultur erweiterten, so sind es heute auch und insbesondere jüngere Mädchen, die über die „Boygroups" angeregt eigenständige jugendkulturelle Stile kreieren: „In Deutschland der 90er Jahre grassiert eine neue kollektive Kinderverzückung. Zwar zählen kreischende Mädchen, Ohnmachtsgefühle und Massenhysterie seit den wilden Zeiten der Beatles in den 60er Jahren zu den gewöhnlichen Spaßritualen der Jugendkultur - noch nie aber hat sich ein ganzes Pop-Genre derart erfolgreich der mutwilligen Erregung von Teenagerkrawallen (…) verschrieben. (…) Der Kölner Musiksender MTV verkündet apodiktisch im Jargon seiner jugendlichen Kunden: 'Boygroups sind das Ding der neunziger'" (Der Spiegel 1997, S. 186). „New Kids on the Block", „Caught In The Act" und die „Backstreet Boys" verkörpern ein Zeitgefühl, das jüngere Mädchen besonders anspricht und in einem

hohen Maße Identifikationswünsche freisetzt und adoleszente Phantasien wach-
rüttelt, auch weil sich das Erscheinungsbild der „Boygroups" nur unwesentlich
von dem der Teenagerkulturen absetzt. Hinzu kommt die ausgeprägte Medienpräsenz dieser Gruppen.

Die neuen Medien sind in den letzten zehn Jahren zum selbstverständlichen Bestandteil des jugendlichen Alltags geworden. Medienpädagogische Untersuchungen deuten z. B. darauf hin, dass Jugendliche zur Computerwelt ein sehr
pragmatisches Verhältnis entwickelt haben. Mehr als ein technologischer
Sprung ist der „Siegeszug" der Handcomputer, dessen wohl immer noch be-
kanntester Typ „Game Boy" zwar vermehrt auch von Mädchen zum Spielen
genutzt wird, vorrangig aber das Spielzeug von männlichen Jugendlichen ist.
Der schon für das Videospiel Mitte der 80er Jahre konstatierte hohe Faszinati-
onsgehalt mit einer enormen Abschirmungsfunktion gegenüber dem „grauen
Alltag" erreicht durch die rasante Verbreitung von Handcomputern wie dem
„Game Boy" eine neue Dimension. Inwieweit „technologische Sprünge" Freizeitverhalten und -orientierungen von Kindern und Jugendlichen in Zukunft beeinflussen und neu strukturieren, ist nicht zu prognostizieren. Zumindest deutlich signalisiert ist, dass Jugendliche, die am Computer programmieren, weniger Videoproduktionen sehen als die Jugendlichen, die dem nie nachgehen.
Von den jugendlichen Häufig-Programmierern besitzen auch prozentual mehr
Jugendliche mehr als 70 Bücher als von den Nicht-Programmierern. Jugendliche, die mit dem Computer umgehen, sind entgegen landläufiger Meinungen
auch nicht weniger kreativ. Jungen, die mit diesem Medium umgehen, Malen
häufiger, als Nicht-Computerbenutzer, und „Computer"-Mädchen Malen, Basteln, schreiben Tagebuch und Briefe, verfassen Gedichte und Musizieren häufiger als ihre nicht „computerisierten" Altersgenossinnen (vgl. Baacke u. a. 1990,
S. 239 ff.).

Für alte und zunehmend auch für neue Medien gilt, dass sie zum selbstverständlichen Bestandteil jugendlichen Alltags geworden sind. Sicherlich gibt es
auch den isolierten Vielnutzer eines Mediums, jedoch tritt dieser Extremfall in
quantitativen Untersuchungen kaum in Erscheinung und kann auch nicht ein-
dimensional auf mediale Ursachen zurückgeführt werden (vgl. Baacke u. a.
1990, S. 248; vgl. auch Jugendwerk der deutschen Shell 2000). Zeichnen, Malen und Musizieren, der Besuch von Konzerten und Theatern, die fortbildende
Aktivität, aber auch das Wandern und Sporttreiben stellen auch in den 90er Jahren immer noch bevorzugte Freizeitaktivitäten dar.

Dass sich die Interessen, Freizeithäufigkeiten und damit Strukturen der inhaltlichen und quantitativen Gestaltung von jugendlicher Freizeit in den letzten Jahrzehnten nur partiell modifizierten, wird nicht durch die Vermutung in neueren
Studien widerlegt, dass sich die selbstaktiven und damit inhaltlichen Optionen
an und in der Freizeit vervielfältigten. In bezug auf bevorzugte kreative Freizeittätigkeiten, sportive Praxen und Tänze, bei den Aufgaben, die Jugendliche
an Peers, Cliquen oder entsprechenden Jugendszenen adressieren, und Urlaubs-
optionen lässt sich eine solche Vervielfältigung und Ausdifferenzierung ausma-

chen. Zum einen mag diese, in den Studien dokumentierte inhaltliche Ausdifferenzierung, auf eine gewendete, deutlich „jugendzentriertere" Umfragetechnik zurückzuführen sein. Zum anderen dokumentiert sie jedoch eine reale Pluralisierung und Ausfächerung jugendlicher Optionen für einzelne Freizeitformen.

Jugendliche Gleichaltrigenkulturen

Autonome, informelle und strukturell organisierte Gleichaltrigengruppen sind neben gleich- und andersgeschlechtlichen Beziehungen und neben Familie, Schule und Arbeitswelt ein entscheidendes Kommunikationsfeld für Kinder und Jugendliche. Das Besondere an ihnen ist, dass sie Netzwerke für Sozialformen verkörpern, in denen ältere Kinder und Jugendliche wesentlich „unter sich" sind (vgl. Mitterauer 1986). Oftmals präsentieren sie in den Biographien der Heranwachsenden die ersten selbständig aktivierten sozialen Netze. Weil das Wissen über Gleichaltrigenkulturen von Kindern insgesamt noch sehr gering ist, aber auch weil eigenständige, von den erwachsenen Milieus vollständig losgelöste Milieus sich frühestens im letzten Drittel der Kindheitsphase herausbilden, konzentrieren sich die Ausführungen hier auf die Gestaltungsweisen jugendlicher Peers.

Gleichaltrigenkulturen heute ...

Die Erkenntnisse über die Lebensphase Jugend waren wohl noch nie so dicht und sicher und doch zugleich so gebrochen und unsicher wie augenblicklich. Eine Beobachtung, die den Wissensstand über die Generationsphase Jugend als ganzes betrifft, insbesondere jedoch den Kenntnisstand in bezug auf das jugendliche Freizeitverhalten, auf die sozialen und kulturellen Orientierungen von Jugendlichen, ihre Einbindungen in formelle und informelle Netze und ihre an die Gesellschaft und an die Gestaltungen des Weges durch die Jugendbiographie adressierten Hoffnungen, Erwartungen und Wünsche. Die vorliegenden Befunde lassen sich in fünf Aspekten zusammenfassen:

(1) Im Vergleich zu den 60er Jahren des 20. Jahrhunderts, wo sich rund die Hälfte der befragten Jugendlichen im Kreis von gleichgesinnten Gleichaltrigen traf, gehören gegenwärtig laut Selbstauskunft 80 % aller Jugendlichen einer vom Wir-Gefühl geprägten Clique an - über 90 % der 12- bis 24jährigen geben sogar an, oft oder sehr oft mit ihren FreundInnen zusammen zu sein. Demgegenüber scheint die Auffassung zu stehen, dass es den Jugendlichen heute an Gemeinsinn fehlt (vgl. Oswald 1992; Spiegel Special 1994; Der Spiegel 1999, Nr. 28). Das eigentlich überraschende ist jedoch, dass institutionelle Kontakte nicht etwa im Zuge dieser Intensivierung der informellen Beziehungen abnahmen, sondern, zumindest im historischen Vergleich, einen relativ konstanten Level zeigen (vgl. Lüdtke/Pawelka 1989). Überholten jedoch bei den informellen „Mitgliedschaften" die Mädchen im Verlauf der 80er Jahre die Jungen, ist die Differenz zwischen männlichen und weiblichen Jugendlichen in bezug auf die Integration in formelle Verbände mit zirka 15 Prozentpunkten relativ un-

veränderlich geblieben (vgl. Zinnecker 1987; Jugendwerk der Deutschen Shell 1997). Ein zentraler außerhäuslicher Freizeitort für Kinder und Jugendliche ist immer noch der Verein, vor allem der Sportverein. Für Kinder und Jugendliche ist die Vereinsmitgliedschaft fast zur „Freizeitpflicht" geworden. Die stärkere Ausdifferenzierung der von Kindern und Jugendlichen favorisiertesten Sportarten (vgl. Zinnecker 1987, S. 230 f.) - unter anderem hat das Interesse für Tischtennis, Tennis, Judo, Skilaufen, Volleyball, Karate, Bodybuilding und tanzbezogene Gymnastik zugenommen - deutet an, dass Kinder und Jugendliche in ihren Freizeitorientierungen heute auch gebrauchswertorientierter sind und ein dienstleistungsorientiertes, keineswegs mehr ein milieugeprägtes Mitgliedsverständnis in und zu den Vereinen und Verbänden entwickeln. Trotz fortschreitender Technisierung kindlicher und jugendlicher Freizeitwelten kann so nicht von einer „Entkörperlichung" der Freizeitorientierungen in den letzten 10 Jahren gesprochen werden.

Abbildung 12: Sport ist heute mehr als nur Fußball: Mädchenhockey

Obgleich der Vereinssport die Sportaktivitäten der Heranwachsenden dominiert, ist doch bemerkenswert, dass knapp 30 % der 12- bis 16jährigen sich außerhalb der Vereine sportlich betätigen und den Kundenkreis der kommerziellen Anbieter von Sportaktivitäten erweitern. Hinter der expansiven Entwicklung neuer sportlicher Freizeitaktivitäten von Kindern und Jugendlichen lassen sich unterschiedliche Ursachen vermuten - zum einen das individuelle Streben nach Distinktion über körperbetonte Lebensstile, zum anderen Abgrenzungsversuche gegenüber den Herkunftsfamilien. Bei den informellen Kontakten lässt sich allerdings eine Verschiebung von personell und sozial festen Peer-Groups und jugendkulturellen Orientierungen hin zu weicheren und in sich lockeren Szene-Verbindungen erkennen (siehe auch weiter unten). Diese innere Entformalisierung jugendlicher Peer-Kontakte findet in bezug auf die jugendliche Einbindung in formalisierte Kontexte eine Entsprechung in der Abwendung von konventionell-traditionellen Vereinen und Verbänden und der höheren Präferierung von themengebundenen und temporär begrenzten Organisationsformen wie z. B. Umwelt-, Musik- oder spontanen Hilfs-Initiativen (vgl. Mitterauer 1986; Silbereisen/Vaskovics/Zinnecker 1996).

(2) Verschiedene quantitative Studien aus den letzten Jahren heben übereinstimmend hervor, dass keineswegs nur Jugendliche mit einem niedrigen Bildungs- respektive Berufsabschluss an der Verbreiterung der informellen Szenen beteiligt sind. Der Präferenz für informelle Gleichaltrigengruppen generell liegt demnach kein ausgeprägter sozial-kultureller Standort in der Gesellschaft zugrunde. So richtig diese quantitative Trenddiagnose zu dem generellen Anstieg altershomogener jugendlicher Sozialbeziehungen in allen Statusgruppen auch ist, so darf daraus keineswegs rückgeschlossen werden, dass sich die Zusammensetzung der jugendlichen Szenen und Peers von den Kriterien sozialer Differenzierung der Gesellschaft völlig abgelöst hat (vgl. Schulze 1989; Lüdtke 1989a). Gerade eine Anzahl von qualitativen Studien, die verschiedene jugendliche Handlungstypen herauszuarbeiten oder unterschiedliche jugendliche Cliquen dicht zu beschreiben suchen (vgl. etwa Lenz 1988; Thole 1991), macht deutlich, dass das Kriterium „soziale Herkunft" für die Konstituierung von jugendlichen Szenen und Peer-Groups keineswegs bedeutungslos geworden ist. Maskulin-, körper- und aktionsorientierte Jugendliche kommen in der Regel aus Familien mit einem niedrigen Sozialstatus. Hingegen rekrutieren sich eher subjektorientierte Jugendliche aus Familien mit einem höheren sozialen Status. Gemeinsam ist ihnen aber mit anderen jugendlichen Orientierungen - wie den hedonistischen oder manieristischen, familien- und institutionell gebundenen, den spirituellen oder den alternativ engagierten -, dass sie sich zwar auch noch, aber nicht mehr ausschließlich und primär in festen Peer-Konstellationen, sondern in offeneren Beziehungsformen bzw. Szenen finden und treffen (vgl. etwa Ferchhoff 1993b). Diese Ausdifferenzierung und partielle Lockerung jugendkultureller Muster findet auf der Seite der Integration in formelle Organisationen und Vereine eine Entsprechung in der Bedeutungsvariabilität dieser Einbindungen. Wird den wenigen hierzu vorliegenden Untersuchungen gefolgt, sind vier unterschiedliche Anspruchshaltungen an Jugendverbände zu lokalisieren. Dient der Verband den einen als biographische Karrierestation, so ist er für andere eine Instanz psychosozialer Lebenshilfe, für dritte eine Raum für Peer-Beziehungen und für vierte ein Feld zur Entfaltung gesellschaftlichen und sozialen Engagements (vgl. Reichwein/Freund 1992; vgl. auch Jugendwerk der Deutschen Shell 1997).

(3) Die Fahrpläne durch die Jugendbiographie haben sich in den letzten beiden Jahrzehnten aufgeweicht. Der Weg durch die Jugendzeit hat, so wird hervorgehoben, in den 80er Jahren des 20. Jahrhunderts endgültig das rechtlich und gesellschaftlich betonierte Flussbett überschwemmt und neue Verläufe gesucht und gefunden. Neben der jugendlichen Orientierung an starre Altersnormen suchen Jugendliche ihren Weg in der Balance zwischen Schule und Clique sowie

zwischen individueller und institutionell vorgegebenen Zeitrahmungen oder a-
ber in der Abkehr von klassischen zeitlichen Vorstrukturierungen und in der
frühen Einkehr in ein neues familiales Dach (vgl. Fuchs-Heinritz/Krüger 1991).
Mit anderen Worten: Jugendliche „beanspruchen weder ein Moratorium noch
bestimmte Altersrechte (...). Differenzen mit den Eltern handeln sie kontinuierlich und selbstbewusst ab. Weder spielt die Frage, ob sie sich dabei als erwachsen fühlen oder noch als Jugendliche, eine entscheidende Rolle, noch die Frage,
ob Erwachsene ihnen einen bestimmten Status zuerkennen. Im Hinblick auf ihr
soziales Selbst sind sie erwachsen und jugendlich zugleich" (Abels 1993,
S. 516).

Abbildung 13: Ausdifferenzierung der Stile: „Gruffties"

(4) Sozialökologisch orientierte Studien zeigen, dass das Quartier und der
Stadtteil nur noch bei Jugendlichen aus großstädtischen Altstadtvierteln oder
aus klein- und mittelstädtischen Zentren als Katalysator für Gleichaltrigenkon-
takte eine zentrale Bedeutung hat. Bei Jugendlichen aus großstädtischen Neu-
baugebieten oder vom Land bildet hingegen vor allem die Schule den Kristalli-
sationspunkt für die Entstehung von Cliquen. Zugenommen hat auch die räumliche Mobilität altershomogener Beziehungen. Der Raumbezug jugendlicher
Cliquen folgt dem generellen Trend der Lösung vom Wohnquartier (vgl. etwa
Becker u. a. 1984; Schulze 1989, S. 556).

(5) Auffällig ist die öffentliche Unauffälligkeit dieser Szenen und Peer-
Beziehungen. Die jugendkulturellen Gleichaltrigengruppen leben in ihrer
Mehrzahl eine leise, stille Jugendzeit. Das gesellschaftliche Bild bestimmen die
exotischen, expressiven, zu gewalttätigen und kriminalisierbaren Handlungen
neigenden Jugendszenen wie die Graffity-Groups, S-Bahnsurfer und Auto-
chrashing-Gangs und Szenen wie die von Th. Stuckert (1993) beobachteten und
beschriebenen „Psychobillies", die wie kaum eine andere jugendliche Szene die
gegenwärtig gängigen Attribute von gesellschaftlicher Auffälligkeit verkörpern.

Sie inszenieren den Tanz als Kraftprobe, Politik als Aktion gegen alles Fremde, Randale, Stimmung und den Alltag als Rebellion. Zugleich ist alles bei ihnen aber immer auch Suche nach Geborgenheit, nach Intimität, Anerkennung, Selbstvergewisserung und Autonomie. Szenen und Cliquen, wie die von Th. Stuckert beschriebenen, sind die expressiven Zeitzeichen jugendlicher Gleichaltrigenkulturen. Diese und andere jugendliche Szenen werden immer wieder zitiert, um die Sachhaltigkeit der Stichworte Individualisierung, Pluralisierung und Entstandardisierung, also jene Semantik zu belegen, die die aktuelle Jugendforschung als begriffliche Fokussierungen für ihre Beobachtungen favorisiert und die auch und insbesondere im pädagogischen Alltag virulent sind. Die Ausgangsfrage ist aktualisiert: Sind die semantischen Zuspitzen so zeitgebunden, dass sie hinreichen, Jugend heute zu beschreiben? Der historische Rückblick soll helfen, eine Antwort zu finden.

... und in der Weimarer Republik - Exkurs

Das „Anderthalbjahrzehnt" von 1918 bis 1933, die Zeit zwischen den Kriegen, war in vielerlei Hinsicht geprägt von Ungleichzeitigkeiten. Wirtschaftlicher Aufschwung wurde begleitet von schleichender, explosiver Inflation, kulturellem Aufbruch und die Aufweichung sozial-kultureller Milieus gebrochen vom Heimweh nach der Plüschkultur des Kaiserreichs. Moderne Weltsichten wurden konterkariert von mittelalterlichen Romantizismen und sozialpolitische Reformen wurden vor dem Hintergrund der ökonomischen Realitäten zur Utopie. Die Zeit prägte Unsicherheiten. Sie waren anderer Natur als die heute, hatten aber vielleicht vergleichbare soziale und kulturelle Folgen auf der Mentalitätsebene, provozierten sie doch in dem Drang nach vorwärts auch den Blick zurück.

Die Jugend konnte die ambivalenten Modernisierungsprozesse nutzen und die in der Kriegszeit gewonnenen Handlungsspielräume politisch und kulturell weiter entfalten sowie Mitgestaltungsansprüche formulieren und vortragen. Die Heranwachsenden der Weimarer Republik lebten und reproduzierten in unterschiedlichen sozialkulturellen, formellen und informellen Gleichaltrigengruppen mit differenten Lebensgefühlen ihre Jugendphase.

Eine der klassischen Arbeiten der Jugendkunde, die „Psychologie des Jugendalters" von E. Spranger (1925), stellt eben diese Ungleichheiten der Jugendgeneration ins Zentrum. Wenn auch ohne empirische Basis entwickelte er eine verstehensbezogene Typologie „des jugendlichen Lebensgefühls", die den latenten Sinn in den subjektiven Sinnerlebnissen der Jugendlichen suchte. Als Typ ortete er die *„jugendlichen Problematiker"*, die das Leben fernab jedweder Unbefangenheit in gespannter Aufmerksamkeit sahen; die *„Berufsfreudigen"*, die vorwärts kommen wollten, rational ihren beruflichen Weg planten; die *„ästhetischen Schwärmer"*, die mit der Natur verwurzelt romantisierend das Schöne suchten und im Alter ganz woanders landeten; die *„Tatendurstigen"*, die sich sowohl in den politischen Parteien wie in kulturellen Kreisen versuchten; die *„Liebevollen"*, ein tendenziell weiblicher Typus, die fest in der Familie wurzel-

ten und ihre Lebensaufgabe im Werk am Sozialen suchten; die *„ethischen En-*
thusiasten", denen die Freiheit über alles ging und die sich sittlich und mora-
lisch integer sowie radikal und rigoros artikulierten; die transzendenten *„Mysti-*
ker", die auf sich konzentriert das Göttliche suchten und Weltangst fanden und
die *„Naturhaften"*, die im eigenen Körpergefühl aufgingen, im Sport, aber auch
in jugendbewegten Zirkeln eine Heimat fanden (vgl. Spranger 1925, S. 332-
362).

Abbildung 14: Jugendliche „Industriefalter" aus dem Duisburger Junggesellenverein,
Ende der 20er Jahre des letzten Jahrhunderts

In der zweiten Hälfte der Weimarer Republik erregte insbesondere der später
von J. Schmidt (1934) als „Hedoniker" vorgestellte jugendkulturelle Typus die
Öffentlichkeit und das sozialpädagogische Interesse, zumal dann, wenn er sich
in Rummel-, Wander-, Straßen-, Park- und Tanz-Cliquen organisierte oder als
„proletarischer Hochstapler", „Industrieritter", „Rosenkavalier", „Junger Industriefalter" oder als „Halbstarker" erkannt wurde und in den sogenannten
„Wilden Cliquen" sich traf. Insbesondere die letzteren erregten öffentliche
Aufmerksamkeit. Ihr Aktionsort war insbesondere Berlin. Die vornehmlich
ungelernten Jugendlichen organisierten sich in informellen Gruppen, Peers, von
bis zu 15, hauptsächlich männlichen Jugendlichen und nannten sich unter anderem „Tartarenblut", „Schnapsdrossel", „Dreckstiebel", „Kosakenblut", „Wald-
piraten" und „Rote Apachen" (vgl. Fournier 1931). Die Mehrzahl der 250 bis
600 Jugendcliquen betonten ihre Selbständigkeit auch gegenüber den Jugendverbänden und politischen Jugendvereinen, orientierten sich also weder an nationalen, sozialistischen oder kommunistischen noch an staatlich-jugendfürsor-
gerischen Verbänden und Institutionen. Allenfalls fühlten sie sich den zum

Selbstschutz gegründeten und nach den vier Himmelsrichtungen bezeichneten Berliner Ringszusammenschlüssen verbunden.

Ihre eigenwillige, mit reichhaltigen Accessoires ausstaffierte Kleidung sowie Wanderungen und Fahrten in die nähere Umgebung Berlins, die kollektiv entwickelten Riten ebenso und die kulturellen Praxen, zu denen auch ein reichhaltiger, zum Teil selbst getexteter Liedschatz gehörte sowie ihre antijugendpflegerische und -pädagogische Orientierung, prägten die Eigenwilligkeit dieser autonomen Jugendkultur.

In den „Wilden Cliquen" versammelten sich allerdings nicht nur die lieben, adoleszent-renitenten „Berliner Jungen und Mädchen". C. Mennicke (1930), Direktor des Sozialpolitischen Seminars der Deutschen Hochschule für Politik und Herausgeber einer sozialpädagogischen Schriftenreihe, machte für einen großen Teil der häufigen Straßenüberfälle jener Zeit die „Cliquen" verantwortlich. Autodiebstähle und Spritztouren mit entwendeten Autos, Überfälle auf Geschäfte und Gaststätten und deren Zerstörung waren weitere Delikte, die den Mitgliedern der Cliquen vorgehalten wurden. Doch nicht alle, wahrscheinlich nur ein kleiner Bruchteil der „Wilden Cliquen" engagierte sich kriminell (vgl. Schön 1930). Doch gerade die kriminalisierbaren Aktionen der Cliquen waren es, die sie zu einem „Gespenst der wilden Cliquen" (Fournier 1931, S. 89) und zu einem Gegenstand in den sozialpädagogischen, politischen und juristischen Gesprächen werden ließen.

Die vorgestellten jugendlichen „Wilden Cliquen" bildeten neben den Jugendlichen, die sich in der bündischen Jugendbewegung fanden, vielleicht die ausgeprägteste, expressivste jugendkulturelle Gleichaltrigenkultur der Weimarer Republik. Doch nicht alle sozialkulturellen Gleichaltrigenkulturen, die zu einem ähnlichen Habitus und Stil fanden, sind als genuine Szenen der Art der Wilden Cliquen anzusehen. Die erwähnten „Rosenkavaliere" und „proletarischen Hochstapler" des Ruhrgebietes, die durch ihre hellen Strümpfe, ihre „Louis-Mütze" und durch vornehme Halbschuhe in den Cafés und Kinos auffielen, oder die diversen Kirmes- und Rummelplatz-Cliquen sind als Gleichaltrigenkulturen zu sehen, die zwar analoge, keineswegs jedoch identische Sozialformen und kulturelle Praxen wie die „Wilden Cliquen" entwickelten. Die „Wilden Cliquen" stellten offenbar dennoch keine „isolierten Randphänomene" dar. Eher ist davon auszugehen, dass sie wie auch die anderen jugendsubkulturellen Gleichaltrigengruppen einen integralen Bestandteil der Jugend in der zweiten Hälfte der Weimarer Republik bildeten. Als ein erstes Ergebnis des Blicks in die Sozialgeschichte der Jugend der Weimarer Republik ist somit herauszustellen, dass die bunte Vielfalt jugendlicher Szenen eine Pluralisierung jugendkultureller Stilvarianten in der Weimarer Republik andeutet. Das pluralistische Bild, welches sich wesentlich regionalspezifischen Bedingungen verdankte, konstituierte sich zudem nicht personenbezogen, sondern fand fast durchgängig in informellen Gruppen seinen symbolischen Ausdruck: Die Jugendlichen der Weimarer Zeit kreierten ihren Stil nicht durchgängig nach Maß, jedoch auch nicht von der Stange.

Die Chance für eine derartige Ausdifferenzierung jugendlicher Gleichaltrigen-kulturen - und hiermit liegt ein zweites Ergebnis vor - wurde begünstigt durch die Tatsache, dass von den zirka 9 Millionen Jugendlichen der Weimarer Republik lediglich 3,6 Millionen einem in dem „Ausschuss der deutschen Jugend-verbände" angeschlossenen Jugendverband angehörten. Und entgegen einem vielerorts verbreiteten Mythos war die Jugendgeneration der Weimarer Republik auch nicht durchgehend politisch. Nur rund 44.000 Jugendliche gehörten ausgesprochen politischen Vereinen oder Parteien an (vgl. Zwerschke 1963, S. 246). So blieben vom Phänomen der „Vergreisung" in der Weimarer Republik nur die relativ jungen Parteien „NSDAP" und „KPD" verschont. Also - entgegen der Hoffnungen und Wünsche der Jugendgeneration - zeigte „die Republik der Alten" während der gesamten Weimarer Republik keine Anzeichen, junge Erwachsene und Jugendliche an den politisch-kulturellen Entscheidungs-prozessen partizipieren zu lassen.

Der politische Ausgrenzungsprozess - und damit liegt ein drittes Resultat vor - war durch die wirtschaftliche Situation in dieser Zeit unterfüttert. Von den gro-ßen Arbeitslosenwellen der Weimarer Republik waren insbesondere die Ju-gendlichen stark betroffen. Und betroffen waren sowohl die jungen Industriear-beiter und Ungelernten wie die jungen Akademiker. Obwohl es nicht zu dauer-haften Solidarisierungseffekten kam, ist doch deutlich, dass die jugendliche Renitenz und die jugendlichen Gleichaltrigenkulturen sich nicht, zumindest nicht ausschließlich und genuin analog zu den sozialen Milieus der Gesellschaft herausbildeten. Neuere Studien betonen Unschärferelationen in den Milieus und zeigen, dass, obwohl Klassengegensätze durchaus noch sinnlich wahr-nehmbar waren, Individualisierungs- und Enttraditionalisierungstendenzen auch schon in dieser mittleren Modernisierungsphase zu entdecken sind. Schon in der Weimarer Republik durchbrachen Jugendliche mit ihren kulturellen Ori-entierungen die normativen Horizonte ihrer Lebenswelten (vgl. Moser 1984).

Letztendlich kann viertens hervorgehoben werden, dass die Lebens- und Ar-beitskontexte, die Sozialisationsbedingungen für Kinder und Jugendliche sich in den 20er Jahren des letzten Jahrhunderts im Vergleich zu den Vorjahrzehn-ten nicht nur generell verbesserten und veränderten, sondern sich auch kulturell und technisch modernisierten. Kinematographentheater waren jetzt in fast allen größeren Gemeinden zu finden, der Sport wurde für Jugendliche zu einer be-zugnehmenden Größe und eine Landschaft von attraktiven Zeitschriften und Il-lustrierten entstand. Die Jugendphase erfuhr hierüber eine kulturell-technische Aufwertung und die Jugendlichen gewannen neue Orientierungen - sehr zum Leidwesen der JugendschützerInnen. Anders gesehen: Im Kontrast zu ihrer po-litischen Ausgrenzung wurde die Jugend als Konsumentengruppe entdeckt und schon schnell zeigte sich, dass mit dem „Jugendkult" neue Absatzmärkte er-obert werden konnten (vgl. Domansky 1986).

6.5   Politik, gesellschaftliches Engagement und Zukunft

Politische Einstellungen

In den öffentlichen Diskussionen wird eine wachsende Distanz der Jugend zur Politik beklagt. Eine der wohl letzten Charakterisierungen der bundesrepublikanischen Jugend des 20. Jahrhundert lockt die LeserInnen mit dem Titel „Die jungen Milden" und dem Zitat eines Jugendlichen „Wozu soll ich den Castor stoppen, wenn ich Atommüll dadurch nicht aus der Welt schaffen kann" (Der Spiegel 1999, Nr. 28). Sind Jugendliche und ältere Kinder unpolitischer als ihre Vorgängergenerationen? Sind sie nur noch kleine, angepasste „Konsumhopser"?

Die immer wieder in den öffentlichen Medien beklagte Politikverdrossenheit der heranwachsenden Generation findet sich in empirischen Studien nicht bestätigt. Gleichwohl wird von den befragten Jugendlichen deutlich signalisiert, dass sie sich von der Politik im Stich gelassen fühlen. Dies ist zumindest ein Ergebnis der letzten Jugendstudie des Jugendwerks der Deutschen Shell (1997). Demnach ist die Zustimmung zu den beiden Items „die Parteien sollten sich nicht wundern, wenn sie bald keiner mehr wählt" und „die Bevölkerung wird sehr oft von Politikern betrogen" in den östlichen Bundesländern höher als in Westdeutschland (vgl. Fischer 1997, S. 311). Das politische Interesse junger Menschen, das kurz nach der Wiedervereinigung ein zwischenzeitliches Hoch erfahren hat, ist, so lautet ein weiteres Ergebnis, bis 1996 wieder stark zurückgegangen und nochmals bis zum Jahr 1999. In den alten Bundesländern zeigten 1984 noch 55 % der jungen Menschen im Alter von 15 bis 24 Jahren politisches Interesse. 1991 stieg das Interesse geringfügig auf 57 % an und lag 1996, jetzt allerdings bezogen auf die gesamte Bundesrepublik Deutschland, bei nur noch 47 % (vgl. Fischer 1997, S. 304) und 1999 nur noch bei 43 % (vgl. Jugendwerk der deutschen Shell 2000, S. 263). Andere Studien weisen darüber hinaus darauf hin, dass ältere Jugendliche ein deutlich höheres politisches Interesse aufweisen als die jüngeren. Interessant ist auch, dass jüngere ostdeutsche Frauen ein deutlich größeres politisches Interesse zeigen als ihre westdeutschen „Schwestern". Dies kann zum einen mit dem bei der Wende initiierten starken politischen Schub auf die ostdeutsche Bevölkerung und zum anderen mit den geringeren traditionellen geschlechtsspezifischen Differenzen der politischen Sozialisation in der DDR erklärt werden (vgl. Schneider 1995, S. 280).

Widersprüchlich sind die Erkenntnisse bezüglich des Bildungseinflusses auf das politische Verhalten und Engagement. Wird in der Jugendstudie der Deutschen Shell festgehalten, dass Jugendliche mit einer höheren Bildungsaspiration keine signifikant ausgeprägtere Bereitschaft zeigen, sich politisch zu aktivieren (vgl. Fischer/Münchmeier 1997), tragen andere Studien ein genau gegenteiliges Ergebnis vor. Demnach zeigt das Bildungsniveau einen starken Einfluss auf das politische Interesse junger Menschen. Zwischen geringem und starkem politischen Interesse differenziert, zeigen sich große Unterschiede zwischen Hauptschülern, Realschülern und Abiturienten. Bei dieser Betrachtungsweise sind nur leichte Ost-West-Differenzen zu erkennen. Während Hauptschüler zu ungefähr der Hälfte ein geringes politisches Interesse bekunden, sind es bei den Abiturienten nur ein Viertel. Ein Drittel der Abiturienten erklärt, stark politisch interessiert zu sein, bei den Hauptschülern sind es nur ungefähr ein Zehntel (vgl. Schneider 1995, S. 280).

Die Komplexität der gegenwärtigen Situation regt dazu an, von schablonenhaften Erklärungen des politischen Verhaltens Jugendlicher Abstand zu nehmen. „Zum einen scheinen bisher unterstellte Bedingungszusammenhänge zwischen politischem Wissen und Engagementbereitschaft, zwischen Wertorientierungen und Beteiligungsformen, zwischen Einstellungen und Verhaltensmustern nicht mehr eindeutig verknüpft zu sein; zum anderen erweist sich das Denken in Alternativen und Gegensatzpaaren (z. B. politisch-unpolitisch, engagiert-desengagiert usw.) der komplexen Realität sowohl der Jugend wie auch der heutigen Gesellschaft nicht als angemessen" (vgl. Fischer/Münchmeier 1997, S. 16f.). Nichtsdestotrotz sehen viele Jugendliche ihre Interessen in der Politik nicht mehr gewahrt. Demnach scheinen nicht die Jugendlichen desinteressiert an der Politik zu sein, sondern die Wahrnehmung, dass die Politik für sie kein Interesse zeigt, provoziert die Politikverdrossenheit bei Jugendlichen insgesamt und bei denen in den neuen Bundesländern insbesondere.

Engagement für die Gesellschaft

Die Kinder- und Jugendverbände klagen - wenn auch still und leise - über einen Rückgang der jugendlichen Ehrenamtlichkeit, die politischen Jugendorganisationen suchen in vielen Gemeinden und Städten nach neuen jugendlichen Aktivisten und in den lebensweltlichen Subsystemen beklagen sich junge wie ältere Menschen über das mangelnde Engagement aller für das Gemeinwesen. Entsolidarisiert sich die bundesrepublikanische Gesellschaft von innen und sind die heutigen Kinder und Jugendlichen die erste Generation, der mitmenschliches, solidarisches Handeln gänzlich unbekannt bleibt? Viele der hierüber aufzuwerfenden Fragen müssen hier unbeantwortet bleiben. Vornehmlich interessiert, ob überhaupt noch und wenn wie Jugendliche gegenwärtig noch Interesse und Engagement für die Gesellschaft artikulieren.

Einig sind sich die vorliegenden Studien in der Erkenntnis, dass eine Bereitschaft zum Engagement, was allerdings nicht unbedingt mit einem aktiven Engagement verbunden sein muss, bei älteren Kindern und Jugendlichen durchaus noch vorhanden ist. 95 % der vom Spiegel befragten Jugendlichen der Altersgruppe 15 bis 25 gaben an, dass es sich lohnt, gegen die Umweltzerstörung zu kämpfen, 90 % konnten sich vorstellen, für soziale Gerechtigkeit zu kämpfen, 83 % gegen Diktatoren, 56 % gegen die Spaßfeindlichkeit der Gesellschaft und 26 % gegen Autoritäten wie Eltern und Lehrer (vgl. Der Spiegel 1999, Nr. 28). Die Motivationen, die Jugendliche zum Engagement bewegen können, „entsprechen allerdings nicht dem vorurteilsbelasteten Bild der Erwachsenen". Sie

sind „nicht mit materiellen Dingen (...) zu ködern, sondern durch die Art der
Tätigkeit ('muss Spaß machen'), durch den Verzicht auf einengendes langfris-
tiges Engagement ('muss ich jederzeit wieder schnell aussteigen können') und
durch Mitbestimmung über die Dinge, die sie tun sollen ('muss ich mitbestimmen können, was ich genau tue')" (Fischer 1997, S. 324). Ältere Kinder und
jüngere Jugendliche artikulieren dabei eher eine nutzungsorientierte Motivation. Ihnen ist wichtig, dass ihre Freunde mitmachen und dass ihnen keine Vor-
schriften gemacht werden. Jugendliche ab etwa 15 Jahren zeigen hingegen eine
zielorientierte Motivation. Ihnen ist wichtig, mitbestimmen zu können, Möglichkeiten zu finden, die eigenen Fähigkeiten darzustellen, und die Erreichbar-
keit des Ziels in angemessener Form - was immer das auch heißen mag.

Vor dem Hintergrund dieser allgemeinen Motivationslagen erklärt sich möglicherweise auch die in bezug auf einzelne Aktivierungsfelder unterschiedliche
Bereitschaft zum Aktiv-Werden. So scheinen vielen Jugendlichen die starren
Strukturen der offiziellen politischen Organisationen wenig geeignet, hier besondere Aktivitäten zu entfalten. Die Ausübung institutionalisierter politischer
Aktivitäten in Regierungsorganisationen wird zwar vom großen Teil der Jugendlichen befürwortet, allerdings scheinen kaum mehr als 4 % der 12- bis
24jährigen Jugendlichen aktiv sich in einer Partei zu betätigen. Der Sektor der
institutionalisierten Politik stellt sich demzufolge für die Jugendlichen nicht so
attraktiv dar, um sich in ihm über das Wählen hinaus zu engagieren. Deutlich
ausgeprägter ist hingegen die Beteiligung in Institutionen und Organisationen
wie Mitbestimmungsgremien, Schülermitverwaltungen, Studenten- und andere
Jugendvertretungen, also mit Aktivitätsfeldern, die weniger deutlich mit der sogenannten „großen" Politik in Verbindung gebracht werden. Diese wenig konflikthaften politischen Aktivitäten erfahren einen weitaus größeren Zuspruch
als die parteipolitischen. 1996 gaben 29 % der Jugendlichen in den östlichen
und westlichen Bundesländern an, in Mitbestimmungsgremien aktiv zu sein,
8 % arbeiteten in einer Bürgerinitiative mit und 7 % engagierten sich in Um-
welt- und Menschenrechtsgruppen (vgl. Fischer 1997, S. 334 f.). Hier ist ein
stärkerer Zusammenhang zwischen Bereitschaft und tatsächlichem Engagement
zu erkennen als bei den Regierungsorganisationen, obwohl auch diese Bereitschaft in den letzten vier Jahren anscheinend nochmals zurück gegangen ist
(vgl. Jugendwerk der deutschen Shell 2000, S. 271). Die Befunde deuten aber
auch an, dass die jüngeren Jugendlichen und die Jugendlichen mit niedrigeren
Bildungsabschlüssen seltener aktiv sind als die älteren Jugendlichen und Mädchen zumindest ebenso häufig sich engagieren wie Jungen. Insbesondere in den
„Neuen Sozialen Bewegungen" ist der Anteil derjenigen mit einer hohen Bildungsaspiration überproportional vertreten (vgl. Schneider 1995). Der Anteil
der weiblichen Jugendlichen im Alter von 16 bis 29 Jahren, die in den Neuen
Sozialen Bewegungen aktiv waren, betrug 1992 in Westdeutschland 52,3 %
und in Ostdeutschland 58,3 %.

Das Engagement außerhalb der Institutionen kann in zwei Dimensionen unterteilt werden: das nicht-konflikthafte und das konflikthafte Engagement. Zum

nicht-konflikthaften Engagement sind z. B. Unterschriftenaktionen, genehmigte Demonstrationen, öffentliche Diskussionen und Versammlungen zu zählen. Bei diesen handelt es sich um legale Aktionen, die im Rahmen der bestehenden Gesetze ausgeübt werden, also verfassungskonform sind (vgl. Fischer 1997, S. 333). Zum konflikthaften Engagement ist insbesondere die Ausübung von zivilem Ungehorsam (z. B. nicht genehmigte Demonstrationen, Hausbesetzungen, Boykott-Aktionen, Verweigerung von Miet- und Steuerzahlungen sowie politische Gewalt) zu zählen. Die nicht-konflikthaften Formen außerinstitutionellen Engagements erfahren innerhalb der jungen Bevölkerung eine breite Zustimmung. Die Teilnahme an genehmigten Demonstration zählt hier zu den am häufigsten ausgeübten politischen Aktivitäten. 38 % der jungen Menschen im Alter von 12 bis 24 Jahren in den alten und neuen Bundesländern gaben 1996 an, an Demonstrationen teilzunehmen bzw. schon teilgenommen zu haben. Auch öffentliche Versammlungen und Diskussionen wurden von 38 % der Jugendlichen häufig besucht. Die Befürwortung und die potentielle Beteiligung an unkonventionellen, illegalen Aktionen ist demgegenüber deutlich geringer ausgeprägt. Doch immerhin 4 % der 12- bis 24jährigen könnten sich eine Beteiligung an einer Haus- oder Fabrikbesetzung vorstellen, 10 % könnten sich vorstellen, sich an Aktionen zu beteiligen, bei denen im Rahmen der Artikulation eigener Interessen auch fremdes Eigentum beschädigt wird und ebenfalls 4 % könnte sich vorstellen, in einer autonomen Bewegung aktiv zu werden (vgl. Fischer 1997, S. 336). Auch für die Bereitschaft, sich an konflikthaften Aktivitäten zu beteiligen, spielt der Bildungsgrad und das Alter anscheinend eine Rolle. Mit steigendem Alter und höherem Bildungsstand nimmt die Bereitschaft für ein dementsprechendes Engagement zu (vgl. Fischer 1997, S. 338).

Insgesamt - und darauf weisen die Autoren der vorletzten Studie des Jugendwerks der Deutschen Shell besonders hin (vgl. Fischer/Münchmeier 1997, S. 20) - weisen die Ergebnisse der jüngeren Jugendforschung in die Richtung, dass Jugendliche zwischen ihren Interessen, Motivationen und Wünschen einerseits und den von ihnen assoziierten und gelebten Möglichkeiten des politischen Engagements per se keine lineare Beziehungen mehr herstellen. Wenn das zutrifft, dann artikulieren ältere Kinder und Jugendliche heute eine ungebundene, „vagabundierende" Engagementbereitschaft.

Ideen von der Zukunft

„Gute Jugend geht allemal den Melodien aus ihren Träumen und Büchern nach, hofft, sie zu finden, kennt heiße dunkle Irren durch Feld und Stadt, wartet auf die Freiheit, die vor ihr liegt. Sie ist ein Heraussehen, Heraussehen aus dem Gefängnis des äußeren, muffig gewordenen oder muffig erscheinenden Zwangs, aber auch der eigenen Unreife. Die Sehnsucht nach dem Leben als Erwachsener treibt an, doch so, dass dieses Leben gänzlich umgeändert werden sollte". Nun hat sich die Gesellschaft, seit E. Bloch (1972, S. 90) diese Sätze vor gut 60 Jahren zu Papier brachte, gewaltig verändert. Der Selbständigkeit einengende Muff hat sich inzwischen sicherlich etwas verflüchtigt und vielleicht sind heute auch neue und alte Medien als Produzenten neuer Wirklichkeiten die animatorische Quelle für Sehnsüchte. Die Tatsache jedoch, dass Jugend davon träumt, dass Leben gänzlich zu verändern, daran scheint sich nur wenig verändert zu haben.

Folgen wir den vorliegen Erkenntnissen der Jugendforschung, dann allerdings hat sich der optimistische Blick der Heranwachsenden in die Zukunft wieder leicht erhellt. Während 1981 - zumindest in den westlichen Bundesländern - viele Jugendliche, die die gesellschaftliche Zukunft eher düster bewerteten, durchaus optimistisch in ihre eigene Zukunft blickten und auch noch 1991 72 % der befragten 15- bis 24jährigen der Zukunft eher positiv entgegen sahen, und 1996 eine eher düster bewertete gesellschaftliche Zukunft mit einer eher pessimistischen eigenen Zukunftssicht einherging, blicken heute anscheinend in den westlichen Bundesländern 65 % und in den östlichen immerhin noch 58 % der befragten Jugendlichen zuversichtlich in die gesellschaftliche Zukunft. „Als Grundstimmung lässt sich eine deutlich gewachsene Zuversicht in Bezug auf die persönliche wie auch auf die gesellschaftliche Zukunft festhalten" (Jugendwerk der deutschen Shell 2000, S. 13). Überraschend kann auch festgestellt werden, dass sich diese Entwicklung in den alten wie in den neuen Bundesländern registrieren lässt. Andere Studien akzentuieren allerdings leicht anders als die Shell-Jugendstudie. Sie betonen, dass sich inzwischen der Anteil derer, die eher zuversichtlich in die gesellschaftliche Zukunft blicken, mit dem Anteil derer, die ihre Zukunft eher „düster" sehen, ungefähr die Waage hält. Bei der Einschätzung der persönlichen Zukunft sind die Jugendlichen mit 51 % in der Mehrzahl, die mit ambivalenten Gefühlen dorthin blicken. 35 % geben an, eher zuversichtlich, 14 %, eher düster im Hinblick auf ihre persönliche Zukunft zu sein. Als eine Interpretationsmöglichkeit des generellen Rückgangs der zuversichtlichen Zukunftseinschätzungen bietet sich „der Abbau des Optimismus-Vorschusses, der die deutsche Vereinigung begleitete, bis Mitte der neunziger Jahre" an (Zinnecker/Strzoda, 1996, S. 203). Zwischen einzelnen Kohorten sind jedoch auch Unterschiede zu erkennen. So sehen jüngere Jugendliche die gesellschaftlichen Zukunft noch deutlich optimistischer als die älteren. Die persönliche Zukunft wird von den Älteren eher zuversichtlich gesehen. Der Rückgang der Zukunftsoptimisten im Zeitraum von 1991 bis 1996 zeigt sich nur bei den 21- bis 29jährigen, wohingegen die 13- bis 16jährigen Jugendlichen die gesellschaftliche Zukunft insgesamt nur relativ gering düsterer einschätzen. Zu erklären ist diese Entwicklung damit, dass vor allem die nachschulischen Jahrgänge den ökonomischen Konjunkturproblemen und den damit verbundenen Arbeitsmarktproblemen besonders stark ausgesetzt sind.

Insgesamt ist also festzustellen, dass die Jugendlichen in Ost und West sich den gesellschaftlichen Anforderungen hinsichtlich der eigenen Verantwortlichkeit für die eigene Zukunft zunehmend anpassen, obwohl sich dies aufgrund der Unsicherheit der gesellschaftlichen Entwicklung als schwierig darstellt. „Es gehört zu den Paradoxien des 'Projektes Jugend' in der Moderne, dass Heranwachsenden auf der einen Seite abverlangt wird, einen klaren planerischen Blick auf die Zukunft zu werfen. Auf der anderen Seite wird ihnen durch das erweiterte Bildungsmoratorium eine verlängerte Wartezeit abverlangt, in der sie keine definitiven, Klarheit über den weiteren Lebensweg herstellenden Entscheidungen treffen können" (Zinnecker/Strzoda 1996, S. 211; vgl. auch Jugendwerk der deutschen Shell 2000). In der erhöhten Sensibilität und Wahrnehmung für die biographischen Risiken und Ungewissheiten des Lebens deutet sich ein genereller Gewinn an Reflexionsfähigkeit bei den Jugendlichen an. Dennoch: „Das pauschale Versprechen, dass der „Jugend die Zukunft gehört" (Münchmeier 1997, S. 293), findet bei den älteren wie den jüngeren Jugendlichen in seiner Pauschalität kaum noch Glaubwürdigkeit.

6.6   Zwischen Hoffnungslosigkeit und Euphorie - Kindheit und Jugend im Wandel

„Noch nie habe ich eine so engagierte, pragmatische und zielstrebige Jugend erlebt wie heute. Da ist nichts mehr von Null-Bock und Langeweile zu spüren. Die wissen, was sie wollen, und wollen häufig durchsetzen, was sie wissen. Ich bin richtig begeistert." So fasste ein knapp über 50 Jahre alter, im Deutschen Alpenverein organisierter und engagierter Vater sein Bild über die heutige Jugend zusammen. „Hör mir bloß auf mit den Mädchen. Egal wie ich die anrede, die helfen nach dem Spiel ja nicht einmal die Sachen zu verstauen, geschweige denn den Platz zu wässern oder die Papierkörbe zu entleeren." So ließ eine zirka 40jährige, in einem ländlichen Feldhockeyverein ehrenamtlich tätige Mutter und Lehrerin ihren Frust freien Raum. Sie merken, wir sind wieder an den Anfang der Ausführungen über Kindheit und Jugend heute zurück gekehrt. Widersprechen sich die beiden Beobachtungen? Der Vater belegte sein Bild von der heutigen Jugend über Beobachtungen von selbstorganisierten, autonomen Situationen, erzählte von dem „Biss" der Jugendlichen am Berg, von ihrem Engagement, Wege zu säubern, von ihren beruflichen und sportlichen Karriereplänen und von ihrem Durchsetzungsvermögen in Diskussionen. Von dem diskursiven Durchsetzungsvermögen der Mädchen erzählt auch die Trainerin der Feldhockeymannschaft. Sie erlebt dieses immer dann, wenn sie den Mädchen mitteilt, was sie zu tun haben und diese einwenden, dass sie gerade in diesem Augenblick etwas ganz anderes, aber wichtiges zu erledigen hätten und zur Belegung dieser Tatsache einen Zeitraum argumentierend ausfüllen, den sie auch zur Bewältigung der angetragenen Aufgabe hätten nutzen können. Möglicherweise können wir die Jugendlichen austauschen und dennoch können beide ihre Wahrnehmung bestätigt finden. Von Jugendlichen und älteren Kindern wird heute verlangt, sich zu entscheiden und sich gesellschaftlich zu verorten. Nur leider geraten Kinder und Jugendliche immer wieder in Situationen, wo ihnen die sonst geforderte Entscheidungsfreiheit abgenommen wird. Wenn die Individualisierungsdiagnose zutrifft, findet sie sich hier bestätigt.

Vielleicht sind es auch gerade solche Alltagssituationen und -erfahrungen, die es uns erschweren, ein kohärentes Bild von der Generation der Heranwachsenden zu gewinnen. Pauschale Hinweise auf gesellschaftliche Individualisie-

rungs-, Pluralisierungs- und Entstandardisierungstendenzen reichen nur selten
aus, einen Wandel von Kindheit und der jugendlichen Generationsgestalten zu
markieren und die Spezifika der heutigen Kindheit und Jugend zu beschreiben.
Das vermuten wahrscheinlich auch L. Böhnisch und R. Münchmeier (1990,
S. 52), wenn sie schreiben, dass Individualisierung und Pluralisierung der Lebenswelten gesellschaftliche Begriffe sind, die einen bestimmten Prozess beschreiben, aber keineswegs „automatisch Begriffe zur Kennzeichnung der Entwicklung und des Verhaltens von Individuen" darstellen. Die prognostizierten
Wandlungsprozesse bleiben semantische Hülsen, wenn sie nicht über inhaltliche, also über empirische Beobachtungen belegt werden. Mit anderen Worten:
Ohne qualitative Befunde über die konkreten Lebenswelten und Orientierungen
von Kindern und Jugendlichen vor Ort bleiben Hinweise auf die vielzitierten
Individualisierungs- und Pluralisierungsprozesse unkonkret und abstrakt.

Jugend und Kindheit heute werden vielleicht erst dann plastisch, wenn sie mit
den Vorläufergenerationen konfrontiert wird. Wird hiernach gesucht, also nach
den Differenzen der Generationen in den unterschiedlichen Zeitabschnitten und
Epochen, sind fünf Stichworte besonders hervorzuheben:

(1) Die prägende Kraft jugendkultureller Orientierungen der Jugendzeit nimmt
ab, wird gebrochen und schon während des Weges durch die Jugendbiographie
karikiert. Finden wir heute bei ehemaligen Halbstarken die Kreidler-Florett
noch im Keller und die Lederjacke im Kleiderschrank, das Bild von der Motor-
rad"gang" über dem Werkzeugtisch und die fotografischen Erinnerungen wohl-
sortiert im Album, sind die subkulturellen Orientierungen und Erfahrungen bei
den Jugendlichen heute oftmals schon nach einem halben Jahr verblasst und
durch neue ästhetische Stilvariationen konterkariert. Die sozial-kulturellen Praxen der Jugend an der Schwelle in ein neuen Jahrtausend sind nicht nur „maß-
geschneidert und dennoch von der Stange", sondern auch nicht mehr für den
gesamten Weg durch die Jugendbiographie entworfen. Die Einbindung in eine
Jugendkultur hat nur noch für eine Etappe der Jugendbiographie Gültigkeit.

(2) Kinder und Jugendliche erleben heute ein dynamisches „Abschleifen traditioneller Sozialformen" (Ziehe 1994, S. 259). Darüber gehen Sicherheiten verloren, auf die ritualisiert zur Bewältigung von Risiken des Alltags zurückgegriffen werden kann, die aber auch - quasi als ritualisiertes soziales Korsett - bei
der Herstellung und Aufrechterhaltung von sozialen Kontakten hilfreich waren.
Das Verschwinden der traditionellen Orientierungen hat zur Folge, dass Jugendliche ihre eigene Biographie planen müssen, ohne auf Bezugssysteme zurückgreifen zu können, die ihnen Orientierungspunkte bieten. Dies macht sie
sozusagen „zu ihres eigenen Glückes Schmied", also selbstverantwortlich für
die eigene Zukunft in der Erwachsenenexistenz, die auf die Jugendphase folgen
soll. Mit anderen Worten: Formale, soziale Netze und Regularien implodieren.
Das Individuum wird selbst zur Produktionseinheit des Sozialen, wie U. Beck
(1986) formulierte. Darüber gewinnen informelle Netze an Bedeutung. Sie sind
aber auch mit der Schwierigkeit belastet, diese neuen informellen Strukturen
kompetent auszufüllen, Kontinuität und Konsistenz zu erzeugen. Wie und ob

das überhaupt immer hinreichend gelingt, ist offen. Die Gefahr zumindest besteht, dass die Gleichaltrigengruppen sich als Gruppe selbst zur Farce werden.

(3) Es spricht vieles dafür, davon auszugehen, dass sich ein Wandel des Alters jugendästhetischer Vorbilder abzeichnet. Waren es jahrzehntelang die Stile und Arrangements von jüngeren Erwachsenen, die die jugendkulturellen Stilbildungen wesentlich beeinflussten, so scheinen es heute auch und zunehmend mehr die jüngeren Geschwister und klassentieferen MitschülerInnen zu sein, die die Anregungen für neue Stile geben und von den Älteren als animatives „Stilreservoir" angesehen werden. Der Stil der Kindheit wird in die Jugendzeit transportiert. Zu entdecken sind 15-, 16- und 17jährige im „Girlie-Look" mit Rotkäppchenzöpfen, Faltenrock, Lederjacke, Kniestrümpfe und Doc Martens auf dem Weg in die Techno-Disco. Alles scheint schon einmal dagewesen. Der „Jugendmythos" beginnt sich weiter zu verjüngen, wird zum „Kindermythos".

(4) N. Rahimpour brachte Mitte der 90er Jahre des letzten Jahrhunderts in einem Spiegelgespräch die Stimmung „seiner Generation", die keine mehr sein will, auf den Punkt: „Ganz klar X ist politisch, weil ihm die Völkermorde und das Ozonloch mächtig an die Nieren gehen. X würde gern überall helfen, doch X weiß nicht, wie er das machen soll. X wird jedenfalls nicht auf die Straße gehen und gegen die Ausbeutung der Dritten Welt demonstrieren. Denn X glaubt, dass unser Planet sowieso nur von Arschlöchern regiert wird und sich daran niemals etwas ändert. X ist in Wahrheit unpolitisch. (…) X denkt in Kosten-Nutzen-Kategorien. Aber X wird keine Waffen an die Roten Khmer verkaufen und keine Fernsehwerbezeiten an Faschisten. X möchte alle glücklich sehen. X schätzt Greenpeace, Amnesty International und Unicef, X unterschreibt zur Rettung der Wale. X ist Pragmatiker. (…) Doch wenn man nicht mehr sagen kann, was man möchte, dann wird es auch für X Zeit, die Fernbedienung aus der Hand zu legen" (Spiegel 1994, S. 49). Sicherlich, N. Rahimpour spricht nicht für „die" Jugend. Diese ist heute ebenso wenig wie jemals zuvor auszumachen: Es gibt „(…) keine Jugend an sich oder keine, die so gleichartig, so unabhängig von den Zeiten heranwüchse, wie Jünglingen zu allen Zeiten der gleiche Bart wächst" (Bloch 1977). Er skizziert jedoch das ambivalente mentale Grundgerüst einer Jugendgeneration, das kein einzelner Jugendlicher präsentiert und doch alle mit prägen.

(5) Die Grundstimmung deutet auf einen Zugewinn an reflexiven Kompetenzen hin. Selbst in Filmen über und Interviews mit national orientierten, gewalttätig handelnden Jugendlichen ist dieser „Reflexionsgewinn" zu entdecken. Sie schildern nicht mehr nur ihren Alltag, glorifizieren ihre Aktionen und ihre gelebte Fremdenfeindlichkeit, sondern antizipieren diese und wenden ihren Alltag als Symbol für ein mehr an Aufmerksamkeit. Die bedeutenden Themen der Zeit müssen von den Jugendlichen heute nicht mehr erstritten werden. Sie erleben keine thematischen Tabus mehr. Die Bilder und Themen der Welt sind ihnen zugänglich und bekannt. Sie sind heute sogar gezwungen zu selektieren, die Themen zu filtern, die ihnen bearbeitbar, aushaltbar erscheinen und sie nicht erdrücken. Mit Überthemen sind sie nicht mehr zu ködern, weder politisch noch

im Leben. In diesem Sinne sind Jugendliche heute politischer als ihre Vorgän-
ger ohne wirklich politisch zu werden. Vielleicht ist ihre eigentliche Politik - in
Verkehrung von Innen- und Außenwelt - die des Privaten. Und darüber haben
sie auch gelernt, Gefühle zu artikulieren, mit Th. Ziehe: „Die eigenen Gefühle,
Ängste und Sehnsüchte zu thematisieren, ist Teil der Normalkompetenz geworden. (...) Subjektivierung ist eine Lebensform-Variante geworden, (...) die von
Jugendlichen jedenfalls nicht mehr biographisch entdeckt und errungen werden
muss" (Ziehe 1994, S. 261).

Abbildung 15: „Die phantastischen Vier" - Nachwuchsgruppe

Der Blick auf die Kinder- und Jugendforschung zeigt, dass in den letzten Jahren
vielleicht zu prononciert der Wandel der Kindheits- und Jugendphase betont
wurde und darüber strukturelle Kontinuitäten des gesellschaftlichen Moderni-
sierungsprozesses zu sehr im dunkeln blieben, vielleicht aber auch vor lauter
Begeisterung über die Attraktivität modernisierungstheoretischer Begriffe die
empirisch gewonnenen Ergebnisse zu schnell subsumtionslogisch verkürzt
wurden. Empirische Tiefenbohrungen fielen diesem „Schnell-Erkennen-Effekt"
zum Opfer.

Der Wandel jugendgenerativer Gestaltungen ist möglicherweise äußerlich von
einem unzerfaserten Mantel der Kontinuität umhüllt als oftmals angenommen.
Den Mantel als Wirklichkeit und darüber als Indiz für den Wandel selbst anzusehen, verhüllt den Blick für die feinen Konturen der eigentlichen Umdeutun-
gen der Kindheit und Jugendzeit. Die neuen Musik- und Jugendkulturen liefern
hierfür Indizien. „Techno" und „House" sind unbestreitbar als Phänomene fortschreitender Pluralisierung und Individualisierung anzusehen. Es dabei jedoch
bewenden zu lassen, versperrt das Erkennen der eigentlichen Dynamik dieser
Form von Jugendszenen. Die sowohl vom philosophischen Poststrukturalismus
wie von der rauschenden Banalität des schlichten Kitsches beeinflusste und begeisterte „Techno-Szene" zeigt schon bei etwas näherer Betrachtung im Innern
ein irritierendes Leben. Bei den Events, den großen „Feten", tanzen neben

„Normalos" und Skins, Alt- und Neualternative, neben hartgesottenen „Techno Freaks" Jugendliche, die einfach mal „Abtanzen" wollen, neben postadoleszenten Mitdreißigern fünfzehnjährige Jugendliche. Die Techno-Szene sprengt bisher gültige Ausschließlichkeiten, deutet ein neues jugendkulturelles Phänomen an: Das Nebeneinander unterschiedlicher sozialkultureller Orientierungen und Altersgruppen unter einem gemeinsamen, nur äußerlich als identisch anzusehenden Dach. Offen ist zudem, ob es sich bei der „Techno-Szene" um eine mediengesteuerte Innovation handelt, bei der Jugendliche wieder einmal zum Spielball eines immer diffuser und verdeckter agierenden spätkapitalistischen Spektakels werden, oder um eine aus den Verstecken der Subversion geschlüpfte, die Mechanismen des Markes geschickt nutzende jugendliche Bemächtigung eben jener Freizeitindustrie? Aber vielleicht war das ja auch schon immer der Fall. Übersehen wird allerdings häufig, dass die Unterschiede zwischen Kindern und Jugendlichen in den westlichen und den östlichen Bundesländern in den letzten vier Jahren insgesamt nicht kleiner, tendenziell in einigen Bereichen sogar größer geworden sind (vgl. Jugendwerk der deutschen Shell 2000).

! Die Jugendlichen und älteren Kinder scheinen sich am Beginn des neuen Jahrtausends - wieder einmal - in ihrem Wissen über „sich" sicher. Noch nie zuvor in der Geschichte der Jugend lehnte eine Jugendgeneration so einhellig wie ihre heutigen „Erben" es ab, als Generation typologisiert zu werden. Sie befinden es nicht mehr wert, sich als Einheit über alle Differenzen hinweg eigens zu begründen. So gesehen bilden sie eine Generation an sich, allerdings nicht mehr für sich (vgl. Engler 1994, S. 63). Vor dem Hintergrund einer zunehmend komplexer, mobiler und undurchschaubarer werdenden Gesellschaft haben viele Kinder und Jugendliche in den 90er Jahren des letzten Jahrhunderts eine „Patchwork-Identität" entwickelt (vgl. Keupp 1992; Keupp u. a. 1999), mit der sie situativ heterogene Anforderungen zu „meistern" suchen. Ob sie dabei mehrheitlich auf pragmatische, idealistische, karrieristische oder spaß- und lustbetonte, systemkonforme oder nonkonforme Lebensbewältigungsstrategien verlassen, bleibt zu beobachten.

 Tipps zum Weiterlesen

Baacke, D. (³1998): Jugend und Jugendkulturen. Weinheim u. München.
Büchner, P. u. a. (1998): Teenie-Welten. Aufwachsen in drei europäischen Regionen. Opladen.
Jugendwerk der Deutschen Shell (Hrsg.) (2000): Jugend 2000 - 13. Shell Jugendstudie. Opladen.
Krüger, H.-H. (²1993): Handbuch der Jugendforschung. Opladen.
SPoKK (Hrsg.) (1997): Kursbuch Jugendkultur. Stile, Szenen und Identitäten vor der Jahrtausendwende. Mannheim.
Zinnecker, J./Silbereisen, R. K. (²1998): Kindheit in Deutschland. Weinheim u. München.

7 „Die" Theorien und Konzepte

Der warenförmig organisierte Freizeitmarkt bietet den heranwachsenden Generationen inzwischen eine fast unüberschaubare, sich ständig erweiternde und wechselnde Palette von Möglichkeiten zur Aktivität und zum Konsum. Doch obwohl der kommerzielle Freizeitmarkt für Kinder- und Jugendliche engmaschiger wird, ist empirisch bisher unbelegt, dass darüber die Angebote der Kinder- und Jugendarbeit nicht attraktiver werden. Im Gegenteil: Die Kinder- und Jugendarbeit spricht auch weiterhin mit unterschiedlichen Angeboten in den einzelnen Einrichtungen und Projekten ein je spezifisches AdressatInnenmilieu an (vgl. Spengler 1994). Anders lautende Befunde werden zwar immer wieder öffentlich, sind allerdings bisher nicht empirisch umfänglich belegt. Dennoch blickt die außerschulische Kinder- und Jugendarbeit mehr als nur mit einem „halben Auge" auf die „Attraktionen" des kommerziellen Freizeitmarktes.

Weniger explizit werden demgegenüber die Theorien, Konzepte, Leitlinien und Methoden wahrgenommen, die für dieses sozialpädagogische Handlungsfeld vorliegen. So bleibt vielerorts undeutlich, auf welche theoretischen Muster, konzeptionellen Orientierungen, Leitlinien und Methoden sich die Kinder- und Jugendarbeit zur Entfaltung ihrer Praxis reflexiv bezieht. Das hängt sicherlich auch mit der schon erwähnten Tatsache zusammen, dass die Kinder- und Jugendarbeit auf kein geschlossenes Theoriegebäude verweisen kann und die vorliegenden Theorieentwürfe und Konzeptualisierungen uneinheitlich, zuweilen immer noch vorläufig und widersprüchlich sind. Klar ist aber auch, dass eine Vernachlässigung der Bemühungen um eine theoretische Absicherung und konzeptionelle Grundlegung der Praxis der Kinder- und Jugendarbeit, die Unterscheidung zum kommerziellen Freizeit- und Bildungsmarkt immer unklarer werden lässt.

Bevor in diesem Kapitel einzelne Theorien und Konzepte sowie im nächsten Kapitel die normativen Leitlinien beziehungsweise Eckwerte einer modernen Kinder- und Jugendarbeit vorgestellt und diskutiert werden, geht es um triviale Klärungen: Was ist überhaupt eine Theorie der Kinder- und Jugendarbeit? Was ist ein Konzept? Ist es zweckmäßig, zwischen Theorien und Konzepten zu unterscheiden? Sollten wir die Ausdrücke nicht doch lieber synonym verwenden, uns also der wahllosen Verwendung der Begriffe in der Praxis anschließen? Oder: Ist möglicherweise ein Konzept doch eher praktisch ausgelegt, so etwas wie ein Bündel von unterschiedlichen Leitlinien oder Methoden, und eine Theorie demgegenüber die Fixierung von allgemeinen Zielvorgaben?

7.1 Theorien, Konzepte und Methoden - Versuch zur Systematisierung der „Unordnung"

Eine Einführung in die Kinder- und Jugendarbeit ist nicht der Ort wissen-schaftstheoretischer Auseinandersetzungen. Im Ergebnis könnte hier folglich festgehalten werden, dass die zur Klärung anstehenden Begriffe in der vorlie-genden Literatur keineswegs einheitlich bestimmt werden. Das mag Wider-spruch bei denjenigen hervorrufen, die sich schon eingehend mit der Definition der Ausdrücke „Theorie" und „Konzept" beschäftigt haben und eine Definition gefunden zu haben glauben (vgl. B. Müller 1998a; Deinet 1998; Scherr 1998). Ob sie aber auch immer mit den von anderen erarbeiteten Bestimmungen über-einstimmen, muss einer detaillierten Überprüfung vorbehalten bleiben. Uns soll in bezug auf diese Klärungsversuche hier das Wissen genügen, dass genauere Bestimmungsversuche möglich sind, über sie aber auch gestritten werden kann und auch in theoretisch ambitionierten Veröffentlichungen häufig mit den Be-griffen „Theorie" und „Konzept" sehr pragmatisch umgegangen wird. Um sich den Unwägbarkeiten einer Klärung zu entziehen, wird zuweilen sogar ganz auf sie verzichtet oder sie werden ersetzt durch Begriffe wie „Denkmodell", „Mus-ter" oder „Richtung". Für die Kinder- und Jugendarbeit - und nicht nur für sie - ist nichtsdestoweniger ratsam, zwischen Theorie, Konzept und Methode und vielleicht darüber hinaus auch zwischen Methode, Technik und dem klassi-schen Begriffspaar Methodik und Didaktik zu unterscheiden.

Wenn hier von „Theorie der Kinder- und Jugendarbeit" die Rede ist - wenn die-se vermisst oder nach dieser gesucht wird -, dann ist damit ein wissenschaftli-ches Gebäude gemeint, das alle Facetten dieses sozialpädagogischen Hand-lungsfeldes umfassend betrachtet, analysiert und reflektiert sowie konkret die Aufgaben und Ziele der Kinder- und Jugendarbeit unter Einbeziehung von ge-sellschafts- und subjekttheoretischen Bezügen als institutionalisiertes Sozialisa-tionsfeld für Kinder und Jugendliche zu bestimmen versucht. Einfacher: Eine Theorie der Kinder- und Jugendarbeit hat zu allererst zu klären, was Kinder- und Jugendarbeit ist und welche gesellschaftliche Funktion sie hat. Darüber hinaus hat sie beispielsweise die gesellschaftlichen Modernisierungen zu re-flektieren und deren Relevanz für das Kindes- und Jugendalter sowie für die Sozialpädagogik anzugeben. Sie hat sich mit der ökonomischen, sozialen und kulturellen Lage und den Alltagsorientierungen von Kindern und Jugendlichen zu beschäftigen, Verarbeitungen und Deutungen sozialer Wirklichkeit zu re-flektieren, über die Möglichkeiten und Grenzen der Pädagogik mit Kindern und Jugendlichen nachzudenken und dabei die rechtlichen, administrativen und in-stitutionellen Bedingungen und Organisationsstrukturen aufzuarbeiten. Sie hat Aussagen zu den fachlichen und sachlichen Ausstattungsbedingungen der Kin-der- und Jugendarbeit zu treffen sowie den lebensweltlichen Kontext und die allgemeinen Vergesellschaftungsprozesse analytisch zu beleuchten. Dieses in-haltliche Anforderungsprofil wird eine Theorie zur Kinder- und Jugendarbeit im einzelnen und detailliert nicht immer belegt und transparent ausweisen kön-nen. Deutlich zu machen hat sie allerdings, dass ihr die hier genannten Dimensionen nicht unbekannt sind und sie strukturell so offen angelegt ist, dass sie bestimmte Aspekte nicht durch theoretische Verengungen ausgegrenzt.

Unterhalb solcher Theorien der Kinder- und Jugendarbeit sind theoretische Ü-berlegungen zu Teilaspekten zu finden. Ohne die Ansprüche der angemahnten „Großtheorie" auch zu erfüllen, beleuchten sie ein oder mehrere Aspekte, zumeist unter Rückbezug auf sozialwissenschaftliche, psychologische oder erziehungswissenschaftliche Theorien. Überlegungen dieses Abstraktionsniveaus werden in dieser Einführung als „Theorie"konzepte bezeichnet.

Die lediglich Teilaspekte der Kinder- und Jugendarbeit mehr oder weniger wissenschaftlich aufarbeitenden „Theorie"konzepte weisen ihre Differenz nicht immer deutlich zu Konzepten aus, die lediglich einzelne „praxisverträgliche" Aspekte beleuchten. In dem „Handbuch Offene Jugendarbeit" werden zum Beispiel das „Muster geschlechtsspezifischer Arbeit", das „Multikulturelle Muster" und „Medien und Jugendkulturen - Neue Mischungsverhältnisse als Herausforderung der Offenen Jugendarbeit" neben der cliquenorientierten, sozialräumlich orientierten und subjektbezogenen Jugendarbeit in dem Abschnitt „Konzeptionelle Grundmuster" vorgestellt. Im Anschluss daran folgt ein Abschnitt mit der Überschrift „Konzepte entwickeln". Hier werden Hinweise auf die Entwicklung von Konzepten an den Praxisorten von Kinder- und Jugendarbeit vorgestellt (vgl. Deinet/Sturzenhecker 1998). Mindestens drei unterschiedliche Ideen werden in diesen zwei Abschnitten mit dem Konzeptbegriff versehen. Erstens wird der Begriff Konzept hier in bezug auf eine Kinder- und Jugendarbeit für spezielle Zielgruppen oder Problemgruppen verwendet und mehr oder weniger theoretisch expliziert (geschlechtsspezifische, multikulturelle und cliquenorientierte konzeptionelle Grundmuster). Zweitens werden allgemeine, theoretisch ausbuchstabierte Orientierungen mit dem Begriff Konzept versehen (subjektorientierte, sozialräumliche und bedürfnisorientierte Jugendarbeit). Schließlich wird drittens angeregt, die Arbeit vor Ort deutlicher als bisher in ihren Zielsetzungen zu rahmen, zu begründen und in ein Konzept zu bündeln. Die zweite Konzeptvariante ist dem vorgeschlagenen Typus „Theorie"konzepte ähnlich (vgl. Übersicht 7 u. 8). Modelle der ersten Variante werden in dieser Einführung als „Praxis"Konzepte bezeichnet.

„Praxis"konzepte, also die Konzepte, die eine bestimmte Form von Jugendarbeit breiter ausformulieren, sind letztendlich von solchen zu unterschieden, die eine konkrete Kinder- und Jugendarbeit vor Ort in ihrem Gesamtumfang skizzieren. Damit wird auch Anschlussfähigkeit mit der für die Sozialpädagogik wohl gängigsten Fassung von Konzept erzeugt, wonach Konzept ein Handlungsmodell ist, „in welchem die Ziele, die Inhalte, die Methoden und Verfahren in einem sinnhaften Zusammenhang gebracht sind" (Geißler/Hege 1995, S. 23). Möglicherweise deckt sich dieser Konzeptbegriff mit dem Terminus Methodik und Didaktik. Auf eine Verwendung dieser Semantik wird hier allerdings verzichtet, auch weil hierüber assoziiert werden könnte, dass die Projekte der Kinder- und Jugendarbeit in einer ausgefeilten und wohldosierten Form -

analog der Gestaltung von Unterrichtseinheiten in der Schule - planbar sind (vgl. konträr hierzu Martin 1989).

Übersicht 7: Theorien, Konzepte, Methoden und Handlungsmaximen

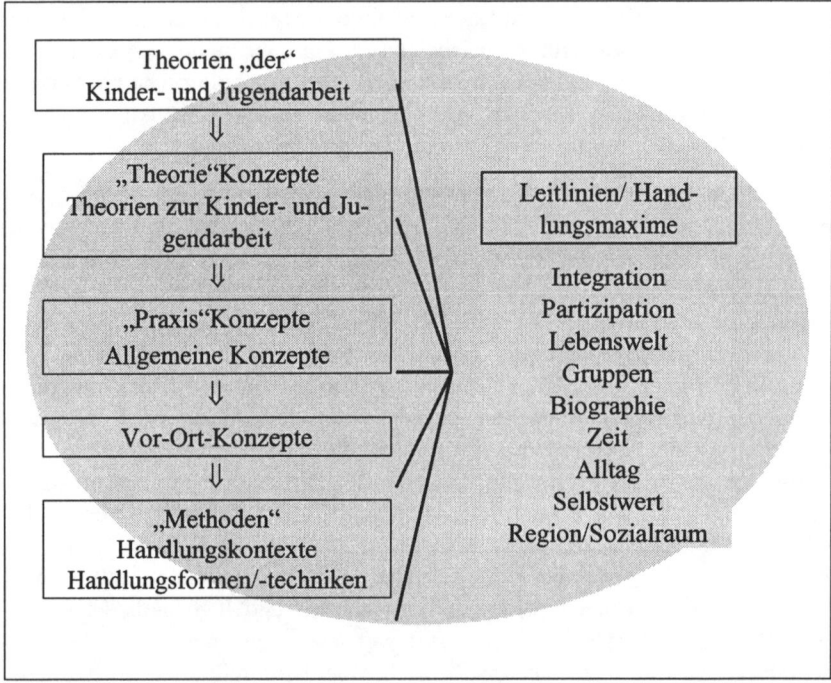

Konzepte sind folglich nicht nur zu Theorien different, sondern auch zu den Methoden. Folgen wir M. Galuske (1998b, S. 25), dann thematisieren Methoden „jene Aspekte im Rahmen sozialpädagogischer/sozialarbeiterischer Konzepte, die eine planvolle, nachvollziehbare und damit kontrollierbare Gestaltung von Hilfeprozessen dahingehend reflektieren (...), inwieweit sie dem Gegenstand, den gesellschaftlichen Rahmenbedingungen, den Interventionszielen, den Erfordernissen des Arbeitsfeldes, der Institutionen sowie den beteiligten Personen gerecht werden". Methoden sind demnach mehr als nur konkrete Handlungsanweisungen und -formen. Dementsprechend wird im nächsten Kapitel unter der Überschrift „Leitlinien und methodische Prämissen" zwischen Handlungskontexten, die den Ort beziehungsweise den Rahmen pädagogischen Handeln benennen, und Handlungsformen, und damit sind die konkreten Techniken des Handelns gemeint, unterschieden.

Unbestritten ist, dass auch andere Unterscheidungen begründet vorgetragen werden können. Intention des Vorstehenden war lediglich, Begriffe möglichst eindeutig zu verwenden und deutlich zu machen, was mit ihnen codiert werden soll. Denn die Praxis, jede schriftliche Äußerung als Theorie zu „etikettieren", Methoden als Konzept anzupreisen und einzelne Techniken des Handeln als Didaktik zu signieren, erzeugt mehr Verwirrung und Irritation als Klarheit.

7.2 Abschied von der Theorielosigkeit

Bemühungen um eine eigenständige „Theorie der Jugendarbeit" entstanden in der Bundesrepublik erst seit Mitte der 60er Jahre des letzten Jahrhunderts mit dem primären Interesse, Jugendarbeit als eine eigenständige Praxis in Abgrenzung und Kritik zu dem gesellschaftlichen Auftrag der Ein- und Anpassung Heranwachsender in die Normen und Werte der bestehenden gesellschaftlich-politischen Ordnung zu begründen.

In den Beiträgen der PädagogInnen in der Weimarer Republik ist eine Theorie der Jugendarbeit noch nicht zu erkennen. Hierfür scheint zum damaligen Zeitpunkt kein ausdrücklicher Bedarf existiert zu haben, obwohl durchaus Beiträge bekannt sind, die das Feld der Jugendpflege theoretisch zu konturieren versuchten. Doch selbst die von H. Nohl formulierten Standards einer akademischen Hochschulausbildung für die AkteurInnen mit Kindern und Jugendlichen formulieren keine eindeutigen Anforderungen. Der Universität wurde in bezug auf die „soziale Jugendarbeit (...) geraten, ein Dreifaches zu leisten; sie soll die wissenschaftliche Forschung auf diesem Gebiet organisieren und entwickeln und die Lehrkräfte dazu bereitstellen; sie soll weiter die beruflichen Fachleute für die leitenden Stellen auf dem Gebiet der Jugend- und Wohlfahrtspflege ausbilden (...); und sie soll endlich sozialpädagogische Einstellung und Erkenntnis an alle Studierenden vermitteln" (Nohl 1965, S. 71). Von theoretischer Konturierung und wissenschaftlicher Fundierung der Jugendarbeit war nicht die Rede.

Tiefgreifende theoretische Fundierungen der Jugendarbeit blieben so weitgehend aus. Bis weit in die 50er Jahre des 20. Jahrhunderts hinein war das von der Gesellschaft an die JugendarbeiterInnen übertragene Mandat eindeutig, ohne damit aussagen zu wollen, dass nicht auch von Anbeginn an sich nonkonforme Voten gegen die herrschende Praxis der Jugendarbeit artikulierten (vgl. u. a. Bernfeld 1927; Hoernle 1929; Mennicke 1928). Entsprechende Aufgabenbestimmungen erlangten jedoch lediglich innerhalb der eindeutig politisch akzentuierten Jugendarbeit Gewicht. Den gängigen Vorstellungen nach hatten die JugendarbeiterInnen die Integration der jeweiligen heranwachsenden Generation über soziale Disziplinierung oder sogar über „soziale und individuelle Therapie" (vgl. Lohmar 1955) zu fördern und zu steuern, Jugendliche vor Verwahrlosung zu schützen, deren Nonkonformismus zu kanalisieren und sie „passend" im Sinne des jeweiligen gesellschaftlichen Jugendentwurfes zu sozialisieren. Der Auftrag war klar und es galt, ihm durch spielerische, sportliche, bildungsorientierte, gesundheitlich-hygienische, handwerkliche, musisch-kulturelle und in den Anfängen para-militärische Angebote zu entsprechen.

Kritisch gegenüber den klassischen Ausprägungen und für eine offene Jugendarbeit plädierend, aber zugleich den integrativen Anspruch dieser Praxis theoretisch begründend, wurden ab Mitte der 50er Jahre verstärkt Überlegungen formuliert, die für sich in Anspruch nahmen, das Feld der Jugendarbeit dezidiert auch theoretisch zu vermessen. Die anfänglich zaghaften Kritiken gegenüber der verbandlichen Jugendarbeit, insbesondere gegenüber den die Verbandsarbeit tragenden Gruppenstrukturen sowie die Kritik an der Option, die Jugendarbeit sei ein quasi autonomes Feld der Jugend außerhalb der Gesellschaft, förderten nicht nur Versuche der Ergänzung der staatlichen Jugendpflege durch offene Jugendfreizeiteinrichtungen, sondern auch die Suche nach einer Theorie, um diese neuen Formen der Jugendarbeit zu legitimieren. Die Abkehr der staatlichen Jugendpflege und der Jugendverbandsarbeit von den Traditionen der bündischen Jugendbewegung gewann Kontur (vgl. Münchmeier 1995). Aus der retrospektiven Beobachtung betonen die ersten Ideen zu einer solchen Theorie allerdings noch unverkennbar sozialintegrative Intentionen. Und deutlich zielte das Nachdenken auch darauf ab, die Jugendarbeit zu pädagogisieren und als dritte Sozialisationsinstanz neben Familie und Schule zu etablieren (vgl. Übersicht 8).

Den Überlegungen einer *sozialintegrativen, konservativen Jugendarbeit* zufolge[1] sollte die Jugendarbeit so geschaffen sein, dass in ihr „Übungsfelder möglich werden, innerhalb derer die Jugendlichen gesellschaftliches Leben erlernen, innerhalb derer sich das Leben in der offenen Gesellschaft widerspiegelt" (Rössner 1967, S. 53). Die Jugendarbeit schien für derartige Bildungsprozesse besonders prädestiniert, weil ihr Charakter dem unterstellten offenen Charakter der modernen Gesellschaft entsprach. Die Jugendarbeit selbst sollte ihre weltanschaulichen Ziele verdeutlichen, weil ohne entsprechende Explikationen erzieherisches Handeln nicht zu realisieren ist. Die theoretischen Überlegungen für eine Jugendarbeit mit einem sozialintegrativen Zuschnitt unterschied nicht zwischen Jugendlichen aus unterschiedlichen sozialen Lagen, definierte die Praxis der Jugendarbeit als modellhaftes soziales Übungsfeld für die Jugendlichen und intendierte die Entwicklung eines „unschulischen Programms" mit einem spezifischen Bildungsanspruch (vgl. u. a. Rössner 1967, S. 153).

Rössner ließ sich bei seinen Überlegungen von seiner jahrelangen Praxis in der Jugendarbeit inspirieren. Über sieben Jahre arbeitete er mit offenen Jugendgruppen in einem Nachbarschaftsheim. Wie bei ihm sind auch viele andere theoretische Überlegungen zur Jugendarbeit über praktische Erfahrungen gereift. C. W. Müller, einer der Apologeten der nachfolgend vorgestellten progressiven, emanzipatorischen Jugendarbeit, war ebenso wie Giesecke über Jahre in der außerschulischen Jugendbildung engagiert. Und auch viele VertreterInnen der Theorie einer „antikapitalistischen Jugendarbeit" sammelten Erfahrungen in Jugendzentren und selbstorganisierten Projekten der Jugendarbeit.

Es scheint an der Spezifik dieses sozialpädagogischen Arbeitsfeldes zu liegen, dass viele, bevor sie zu Fragen der Theorie Stellung nahmen, praktische Erfahrungen in der Kinder- und Jugendarbeit sammelten und diese zum Anlass ihres theoretischen Nachdenkens wählten. Mit anderen Worten: Die Theorieentwick-

---

1 L. Rössner, einer der Protagonisten dieser „Theorie", hob ausdrücklich hervor, daß es sich bei seinen Vorschlägen lediglich um einen Ansatz, keineswegs jedoch um eine Theorie der Jugendarbeit handele.

lungen der Kinder- und Jugendarbeit scheinen zu einem nicht unwesentlichen
Anteil durch Lebensbiographien geprägt zu sein.

Übersicht 8:   „Klassische" Theorien zur (Kinder- und) Jugendarbeit (1960-1980)

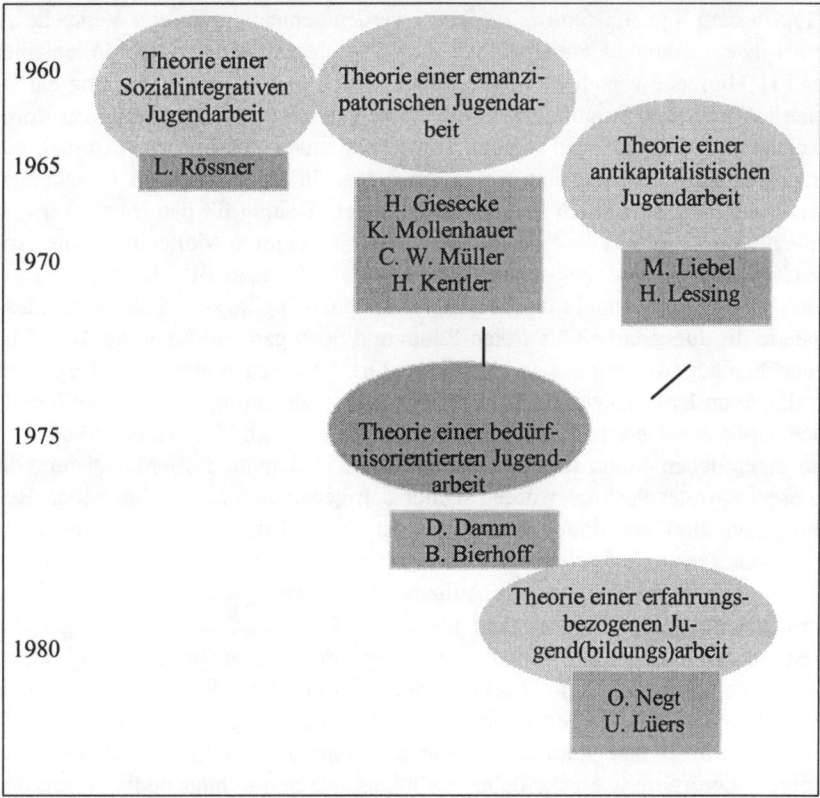

Vielleicht wird man den Beiträgen von Rössner durch die Etikettierung „sozialintegrativ" nicht vollends gerecht. Möglicherweise hätte er vehement wider-
sprochen. Akzeptiert hätte er aber wohl ohne Einwände die Beobachtung, dass
er einer der Mentoren der „offenen" Jugendarbeit seit dem letzten Drittel der
50er Jahre des vergangenen Jahrhunderts war. An viele seiner Überlegungen
knüpfen andere an, zum Teil ohne ihn explizit zu erwähnen. Beiträge von Th.
Wilhelm, Hochschullehrer für Pädagogik an der Universität Kiel, H. Tietgens,
damals noch Leiter der „Pädagogischen Arbeitsstelle für Erwachsenenbildung
in Frankfurt", später dann Inhaber einer Professur für Erwachsenenbildung, und
F. Pöggeler, Direktor der „Akademie für Jugendfragen Münster" und Hochschullehrer an der Pädagogischen Hochschule Aachen - alle Anfang der 60er
noch mehr oder weniger mit Fragen der Jugendarbeit beschäftigt - zielten ebenfalls in die Richtung einer Theorie der Jugendarbeit (vgl. Faltermaier 1983). Sie
alle gingen jedoch weder gegenüber der klassischen Jugendverbandsarbeit noch
gegenüber dem sozialintegrativen Theorieentwurf so deutlich auf Distanz wie
der im selben Zeitraum in groben Konturen vorgelegte Entwurf zu einer eman-

zipatorischen Jugendarbeit und die später entwickelten Vorschläge für eine antikapitalistische beziehungsweise bedürfnisorientierte Grundlegung der Jugendarbeit (vgl. Giesecke 1971; Lessing/Liebel 1974; Damm 1980, 1985).

(1) Mit dem Signet „*emanzipatorisch*" werden gemeinhin die vier Versuche zu
einer Theorie von Jugendarbeit von C. W. Müller, H. Kentler, K. Mollenhauer
und H. Giesecke versehen (C. W. Müller u. a. 1964). Diese Einordnung hat sicherlich ihre Berechtigung, denn die Vorschläge und Überlegungen von Kentler und C. W. Müller sind implizit von einem emanzipatorischen Anspruch getragen und Mollenhauer hat diesen zumindest für seine Idee von Erziehungswissenschaft ausdrücklich reklamiert. In seinem Beitrag für den Band „Was ist
Jugendarbeit? Vier Versuche zu einer Theorie" betonte Mollenhauer die An-
dersartigkeit des pädagogischen Bezugs in der Jugendarbeit - das Erziehungs-
verhältnis repliziert nicht das klassische Erzieher-Zöglings-Verhältnis. Er idea-
lisierte die Jugendarbeit als freien Raum und noch ganz im Sinne der bürgerlichen Jugendbewegung als den kritischen Ort, über den Jugend das Morgen zu
antizipieren lernt, sowie im Kontrast zur Schule als ein methodisch wie inhaltlich variantenreiches pädagogisches Handlungsfeld (vgl. Mollenhauer 1964).
Im eigentlichen Sinne ist der Gedanke der Emanzipation allerdings nur von
Giesecke weiter verfolgt worden. Unter den gegebenen gesellschaftlichen Bedingungen und vor dem Hintergrund der durch Ungleichheiten ausgelösten
massiven gesellschaftlichen Konflikte galt ihm eine allgemeine Emanzipation
als unmöglich, meinte aber, die Aufgabe einer emanzipativen Pädagogik darin
auszumachen, „den Jugendlichen planmäßig Lernhilfen für eine erfolgreiche
Bearbeitung solcher Konflikte im Sinne der Emanzipation anzubieten"
(Giesecke 1971, S. 152). Die konkreten, hierauf ausgerichteten spezifischen
Aufgaben der Jugendarbeit umfasste die Dimensionen lebensbegleitend, korri-
gierend, aktuell und solidarisch. Wie nur wenige theoretische Entwürfe der
Folgezeit erörterte Giesecke dabei auch die konkreten Rahmenbedingungen der
Praxis vor Ort, diskutierte das soziale Milieu des Umfeldes, die Trägerstruktu-
ren, die Fachlichkeit der PädagogInnen und sogar die Ausstattung der Räume
und die architektonische Struktur, weil sie die „Qualität der pädagogischen Interaktionen mitbestimmen" (Giesecke 1971, S. 173).
In einem Beitrag zum Tode von Mollenhauer 1998, also gut ein Vierteljahr-
hundert nachdem er den Emanzipationsgedanken als Idee für die außerschulische Pädagogik reklamierte, weil er auch das Interesse der Jugendlichen nach
Gleichheit und sozialer Gerechtigkeit transportiert, traut er den Gedanken der
Jugend als Träger emanzipativer Hoffnungen nicht mehr vollends: Fraglich ist
für ihn jetzt, ob „Visionen nach einer besseren Zukunft" heute noch tragfähig
sind und wenn, „ob die Jugend als sozialer Träger" von Utopien hierfür überhaupt noch zur Verfügung steht: „Mit dem historischen Ende der Jugendeman-
zipation ist auch das gesellschaftliche Interesse an der Jugend als sozialer
Gruppe weitgehend erloschen. (...) Wenn die These zutrifft, dass der Prozess
der Emanzipation der Jugend als soziale Gruppe und damit auch deren überlie-
ferte Definition an ihr historisches Ende gekommen sind, stellt sich die Frage

nach der Zukunft der Jugendarbeit und nach entsprechenden pädagogischen Theorien neu" (vgl. Giesecke 1998, S. 446).

(2) Die emanzipatorischen Ideen, die Giesecke, Mollenhauer und andere Autoren vertraten, wurden von den Vertretern der *antikapitalistischen Jugendarbeit* scharf kritisiert und mit dem Etikett sozialintegrativ versehen, weil sie, so die KritikerInnen, die Überwindung der kapitalistisch-bürgerlichen Gesellschaft als eine uneinlösbare Utopie betrachtete und folglich den Kampf für eine andere Gesellschaft nicht unterstützte und statt dessen auf die innere Reform setzte und durch umfassende emanzipatorische Akte ein mehr an Solidarität, Gerechtigkeit und Gleichheit meinte durchsetzen zu können. Die emanzipatorische Pädagogik hatte zwar zum Ziel, die „Unterdrückten", am Reichtum der kapitalistischen Gesellschaft nicht partizipierenden Menschen aufzuklären und darüber zu befähigen, sich an Veränderungen der gesellschaftlichen Verhältnisse zu beteiligen, sah allerdings davon ab, die gesellschaftlichen Strukturen insgesamt in Frage zu stellen. Unzutreffend war die Zuschreibung sozialintegrativ allerdings insofern, als dass die emanzipatorische Pädagogik eben nicht nur eine Anpassung und darüber Integration intendierte, sondern im Kern schon eine gesellschaftliche Veränderung zu erreichen beabsichtigte und keineswegs die Jugendarbeit nur als Feld der modellhaften Einübung bürgerlicher Werte- und Verhaltensweisen ansah, wie es bei der klassischen sozialintegrativen Jugendarbeit nach Rössner (1967) zu vermuten nahe liegt.

Die Idee der antikapitalistischen Jugendarbeit zeichnete sich durch diese Abgrenzung gegenüber der emanzipatorischen Jugendarbeit ebenso aus wie durch ihre Kritik gegenüber der soziologischen Jugendforschung, der vorgehalten wurde, die „Spaltung" der Jugend in zwei klassenspezifisch formierte Gruppen analog zu der klassenspezifischen Spaltung der Gesamtgesellschaft durch einen einheitlichen Jugendbegriff zu negieren. Dem antikapitalistischen Theorieentwurf nach sollte die Jugendarbeit die Jugendlichen positiv zu einer selbstorganisierten, „gesellschaftskritischen Praxis motivieren", dass heißt die Jugendlichen in ihren Interessen stärken, gesellschaftliche Zwänge und Ausbeutungsbedingungen in Betrieb, Schule und Familie zu bekämpfen (vgl. Lessing/Liebel 1974; Liebel 1976). In einer späteren Positionierung relativierte H. Lessing diese Position, ohne allerdings von grundsätzlichen Annahmen abzusehen. Im Kern erweiterte er seine gesellschaftskritische und jugendarbeitskritische Diagnose auf die Jugendkulturen selbst, beobachtete, dass diese sich entgegen seiner ursprünglichen Hoffnung nicht gegen die Gesellschaft, sondern mit dem „mainstream" der Gesellschaft artikulieren (Lessing 1986, S. 144): „Den modernen Jugendkulturen und der sozialpolitisch erweiterten Jugendarbeit ist gemeinsam, dass sie alle Beteiligten unter dem Bild der sozialen Gleichheit im Jugendalter vereinen, aber ständig das Gegenteil herstellen." Für die Jugendarbeit stellte er fast 15 Jahre nach dem Aufruf zur antikapitalistischen Praxis fest, dass es hier auch um die Einübung von Aneignungsprozessen von gesellschaftlicher Wirklichkeit und um die pädagogische Realisierung von Lebensbewältigungshilfen geht: „Die Jugendarbeit soll Raum der menschlichen Entwicklung sein und ihr Zeit geben" (Lessing 1986, S. 152).

(3) Zentrale Frage der *bedürfnisorientierten Jugendarbeitstheorie* war, unter welchen Bedingungen eine Jugendarbeitspraxis hergestellt werden kann, die die Bedürfnisse von Jugendlichen ernst nimmt. Dieser Positionierung ging eine Kritik der emanzipatorischen und der antikapitalistischen Theorieentwürfe voraus, denen eine Instrumentalisierung der Jugendlichen entgegen ihrer Bedürfnisse für die Idee der Emanzipation beziehungsweise des politischen Kampfes vorgehalten wurde. Zwar sollten ebenfalls sowohl die Macht- und Entscheidungsstrukturen der Gesellschaft wie die Aktivitätsformen der Jugendlichen kritisch untersucht werden, aber keinesfalls „alle sporttreibenden Jugendlichen vom Sport abgebracht" und dazu animiert werden, „sich ausschließlich mit politischen Fragen zu befassen, da dies weder möglich noch nötig ist und unter bestimmten Umständen durchaus beides sinnvoll sein kann. Vielmehr geht es der bedürfnisorientierten Jugendarbeit gerade darum, die übliche Trennung von Freizeitaktivitäten und politischen Aktivitäten, Freizeitbedürfnissen und politischen Bedürfnissen zu überwinden" (Damm 1975, S. 81). Bedürfnisorientierte Jugendarbeit wollte an den Bedürfnissen der Jugendlichen nach Anerkennung, Erlebnis, Erkenntnis, Selbstbestimmung und Solidarität ansetzen, den Jugendlichen Spaß bereiten wie sie auf ihre zukünftige Rolle in der Gesellschaft kritisch vorbereiten. In der politischen Bildung sollte es nicht darum gehen, Texte zu studieren, sondern die Erfahrungen und Erlebnisse der Jugendlichen selbst sollten aufgegriffen, thematisiert und kritisch untersucht werden.

Die Ideen zu einer emanzipatorischen und antikapitalistischen und mit Abstrichen sicherlich auch die zu einer bedürfnisorientierten und sozialintegrativen Jugendarbeit können auch heute noch als „Kerntheorien" der Jugendarbeit bezeichnet werden. Auch wenn sie nicht in einem umfänglichen Sinn ausgefeilte Theorien darstellen, waren und sind sie jedoch mehr als nur breiter ausformulierte „Theorie"konzepte. Auch aus heutiger Perspektive kommen sie den Anforderungen, die an eine Theorie der Jugendarbeit anzulegen sind, in vielen Punkten sehr nahe.

Weitere Vorschläge, vorgetragen unter Etiketten wie *progressive, erfahrungsbezogene Jugendarbeit*, oder auch Überlegungen, die an den Denkansätzen der humanistischen Psychologie angelehnt sind, präzisierten lediglich die schon vorliegenden Ansätze, trugen zu deren Weiterentwicklung jedoch nur in Nuancen bei (vgl. hierzu Bierhoff 1983; Fehrlen 1985). Will man diese Ansätze in die hier vorgeschlagene Systematik einsortieren, so sind sie als „Theorie"Konzepte zu codieren. Dies trifft sicherlich auch auf die parallel entstandenen Feldstudien zu. Die mittels ethnographischer Beobachtungen empirisch abgestützten Überlegungen von J. Kraußlach u. a. (1976), die die Prozesse des Aufbaus von Vertrauen zwischen JugendhauspädagogInnen und marginalisierten Jugendlichen beschrieben, und von G. Aly (1977), der den Spruch von Jugendlichen „Wofür wirst du eigentlich bezahlt" zum Ausgangspunkt seines Buches wählte, reflektierten den Alltag im Jugendhaus kritisch und unterbreiteten hierüber Vorschläge für eine Neuausrichtung der Praxis.

! Gemeinsam ist den erwähnten theoretischen und konzeptionellen Rahmungen der Jugendarbeit ihr Entstehungsort und -zeitpunkt. Sie entwickelten sich im Kontext der gesellschaftlichen Umbruchsituation der späten 60er und frühen 70er Jahre des 20. Jahrhunderts. Einhellig plädierten sie für eine politische Demokratisierung und die Liberalisierung der Erziehung, für eine emanzipative Wende und für enthierarchisierte Beziehungen. Sie kritisierten die Ausweitung der auf Massenkonsum basierenden Ökonomie und votierten für eine Veränderung der Arbeitsmärkte und des Bildungssystems, auch mit der Intention, die Chancen des sozialen Aufstiegs durch Bildung zu erhöhen. Derartig kritische, die Jugend im System der gesellschaftlichen Klassen verortende und an den objektiven Bedürfnissen „der" Arbeiterjugend orientierte Theorien und Konzeptualisierungen der Jugendarbeit kamen dem Zeitgeist entgegen. Darüber hinaus konnten sie sich auf einflussreiche Jugendbewegungen und Strömungen innerhalb einiger Jugendkulturen beziehen.

 Tipps zum Weiterlesen

Bierhoff, B. (1983): Außerschulische Jugendarbeit. Orientierungen zur Geschichte, Theorie und Praxis eines sozialpädagogischen Handlungsfeldes. Schwerte.
Faltermaier, M. (1983): Nachdenken über Jugendarbeit. Zwischen den fünfziger und achtziger Jahren. Weinheim u. München.
Fehrlen, B. (1985): Theorie der Jugendarbeit. 30 Jahre Konzeptionsdebatte im Spiegel der Zeitschrift deutsche jugend. Ammerbuch.

7.3 „Theorie"konzepte und -entwürfe der Gegenwart

Spätestens seit Beginn der 80er Jahre des letzten Jahrhunderts verlieren die in den 60er und 70er Jahren entstandenen Theorien sowohl in den wissenschaftlichen als auch in den praktischen Diskussionen an Bedeutung (vgl. Scherr/Thole 1998). Mitentscheidend war dafür auch, dass die über die Politisierung der theoretischen Bestimmungsversuche und ethischen Prämissen freigesetzten Handlungskompetenzen und -aktivitäten sich fachlich nur unzureichend ausbuchstabieren und entwickeln konnten.

Die bis Beginn der 80er Jahre des 20. Jahrhunderts entwickelten „Theorien" und Konzeptionen waren „der" Praxis zu schwerfällig und zeigten sich für die praktischen Probleme und Aufgaben zu wenig sensibel. Im Zuge der politischen Entnormierung der Sozialpädagogik nahmen so im letzten Fünftel des 20. Jahrhunderts Gefühle der Unsicherheit und „Krisenhaftigkeit" der Kinder- und Jugendarbeit bei den JugendarbeiterInnen zu. Vermehrt artikulierte sich wieder die Frage, ob Jugendarbeit überhaupt noch eine Zukunft habe (vgl. Giesecke 1984; Mollenhauer 1982). Ab diesem Zeitraum bestimmten so differente, sich ergänzende wie ausschließende konzeptionelle Muster die Kinder- und Jugendarbeit. Auf sie wird in diesem Abschnitt einzugehen sein. Die Übersicht 9 versucht das Nebeneinander der unterschiedlichen Theorie- und Konzeptionstypen darzustellen.

Die gegenwärtig erkennbaren Varianten der Theoriebildung und Konzeptualisierung der Kinder- und Jugendarbeit sind - darauf wurde schon mehrfach hin-

gewiesen - mehr als irritierend. An der zuvor bereits vorgeschlagenen Unter-
scheidung zwischen „Theorie"konzepten, „Praxis"konzepten und Vor-Ort-
Konzepten wird nachfolgend festgehalten. In der mittleren Spalte sind darüber
hinaus die generellen Orientierungen notiert, die die gegenwärtig vorliegenden
Theorien und Konzepten zur Kinder- und Jugendarbeit erkennen lassen. Zum
Teil spiegeln diese konzeptionellen Orientierungen Segmente einzelner „Theorie"Konzepte und umgekehrt diese partiell aktuell erkennbare konzeptionelle
Perspektiven der Praxis. Des weiteren doppeln beide Dimensionen teilweise
wiederum einzelne Handlungsmaximen. Dies erklärt sich darüber, dass einzelne Maximen für die Ausbuchstabierung eines „Theorie"Konzeptes herangezogen wurden. Auf einzelne Aspekte der Übersicht wird an späterer Stelle konkreter eingegangen.

In der Folge der veränderten gesellschaftlichen Rahmenbedingungen ist die
Nachfrage nach einer Theorie, die darauf ausgerichtet ist, Begründungen für eine den gesellschaftlichen Modernisierungen entsprechende Praxis zur Verfügung zu stellen, nach einer Theorie, die sich gesellschaftlichen und politischen
Vorgaben und Funktionszuweisungen entgegensetzt, deutlich zurückgegangen.
An die Stelle eines solchen Bündnisses von gesellschaftskritischer Theorie und
gesellschaftskritischer Praxis ist inzwischen tendenziell die Einschätzung getre-
ten, dass theoretische Überlegungen für die Jugendarbeit nur dann relevant
sind, wenn sie dazu befähigen, die konkrete Gestaltung von Praxis im Rahmen
der gegebenen institutionellen Rahmenbedingungen zu strukturieren beziehungsweise anzuleiten. Der genuine Gehalt von Theorie wurde über diesen Anspruch sukzessive entwertet und in Richtung pragmatischer Konzeptionalisierungen gedreht. Im Zentrum der Fachdiskussion stehen heute vergleichsweise
eng an die Probleme der pädagogischen Praxis angelehnte konzeptionelle Reflexionen sowie auf spezifische Problemlagen beziehungsweise auf Teilgruppen Jugendlicher bezogene Überlegungen (vgl. u. a. B. Müller 1998a).

Hatte sich die sozialwissenschaftlich-pädagogische Diskussion ab Ende der
60er bis zu Beginn der 80er Jahre des letzten Jahrhunderts auf die Frage konzentriert, welcher klassen- beziehungsweise milieuspezifische AdressatInnenkreis mit welchen Zielen durch Projekte der Jugendarbeit vornehmlich anzusprechen sei - also die Jugendarbeit primär hinsichtlich ihrer politisch-
emanzipatorischen Entfaltungsmöglichkeiten angefragt -, so wurden seit Beginn der 80er Jahre vermehrt praktisch-pädagogische Fragen diskutiert. Sie re-
flektieren Handlungssituationen und trugen konkrete pädagogische Handlungs-
orientierungen vor. Die pädagogischen Reflexionen favorisierten nun vermehrt
praktische Fragen. Themen werden entdeckt oder wieder entdeckt: Video und
Computer in der Jugendarbeit, Mädchen- und Jungenarbeit, musikalische Bildung, Theater- und Sexualpädagogik, Jugendarbeit und Schule, Umwelt- und
Erlebnispädagogik. Fragen der Moral- und Werteerziehung erlebten eine Renaissance, und neue Formen der politischen, sozialen, internationalen und multikulturellen Kinder- und Jugendarbeit fanden zunehmend Anerkennung.
Daneben entwickelten sich neue Ansätze und Modelle der Arbeit mit Fangrup-

pen und Hooligans, mit marginalisierten Kinder- und Jugendszenen, mit Jugendlichen, die erhöhte Gewaltbereitschaft zeigen und diese auch gegenüber Gleichaltrigen und Fremden artikulieren. Neben diesen, im Kern lebensweltlich orientierten Ansätzen entfalteten sich erlebnispädagogische und insbesondere kulturpädagogische Modelle, die, obwohl sie zum Teil ein anderes Adressatenmilieu ansprechen, ebenfalls an die Selbstartikulationsfähigkeiten und Wünschen von Kindern und Jugendlichen anzuknüpfen versuchten. Partiell wurde diesen neuen Ansätzen gar eine modellhafte Rolle für die gesamte Jugendhilfe zugeschrieben.

Übersicht 9: Theorien und Konzepte

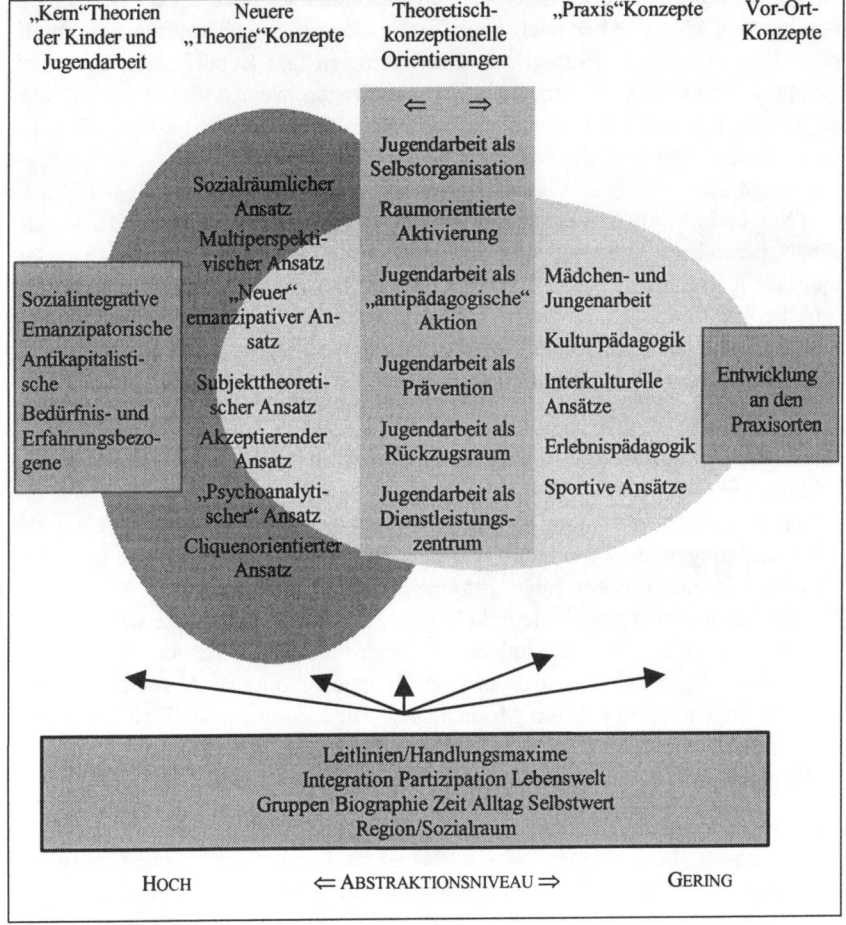

Auch wenn noch ungeklärt ist, inwieweit die Kinder- und Jugendarbeit in den 80er Jahren zum „strategischen Ort" der Kinder- und Jugendhilfe avancierte (vgl. B. Müller 1993a, S. 561), ist unbestritten, dass die genannten Orientierungen über ihren Entstehungsfokus hinaus die Arbeitsfelder der Kinder- und Jugendarbeit neu anregen. So hat sich in der politischen Bildungsarbeit das Prinzip des offenen Curriculums (vgl. Giesecke 1993) weiter verbreitet. In der berufsbezogenen Jugendsozialarbeit wie auch im Kinder- und Jugendschutz finden lebensweltorientierte Konzepte Anklang. „Neue Perspektiven angesichts neuer Probleme" sucht so zum Beispiel Damm (1984) unter dem Stichwort „Jugendarbeit ratlos?". Die These, dass unter den gegenwärtigen gesellschaftlichen Bedingungen sich gerade die Lebensverhältnisse von Kindern und Jugendlichen minimieren und ein Polarisierungsprozess zwischen den gesellschaftlich Integrierten und Desintegrierten stattfindet, führt Lessing (1982) zu der Frage „No future - auch für die Jugendarbeit?" und zu der These, dass nur eine entinstitutionalisierte, raumbezogene Jugendarbeit noch neue Perspektiven bereitstellen könne. Aber auch begriffliche Überprüfungen werden vorgenommen. Die viel zitierte Formel „an den Interessen und Bedürfnissen ansetzen" nimmt K. Möller (1988) zum Anlass, nachzufragen, welche theoretischen Paradigmen sich in bedürfnisorientierten und interessenbezogenen sozialpädagogischen Konzepten von Jugendarbeit verbergen beziehungsweise mit welchen grundlagentheoretischen Wissenshorizonten eine Fundierung der Begriffe „Bedürfnis" und „Motiv" zu erreichen ist. Mit vergleichbarer Intention, der praktischen Jugendarbeit theoretische Grundlagen zur Verfügung zu stellen, argumentiert R. Nachtwey (1987). Weniger als Möller geht es ihm dabei allerdings um die Präzisierung des begrifflichen Instrumentariums. Nachtweys Beitrag geht den Möglichkeiten nach, jugendkulturellen Alltag in eine kulturpädagogische Praxis von Jugendarbeit zu integrieren, ohne dabei die Elemente des Eigenlernens jugendlicher Lebenswelten zu domestizieren.

Doch auch grundsätzliche Infragestellungen waren wieder zu vernehmen. So erklärte Giesecke (1984, 1998) die Jugendarbeit für anachronistisch, weil die moderne Gesellschaft „randständiger Jugendarbeit" im klassischen Sinn die Voraussetzungen entzogen habe, sie keine überzeugende Theorie und kein Professionalisierungskonzept mehr präsentiere. Eine hoffnungsvolle Perspektive für die Jugendarbeit bestehe lediglich dann noch, wenn sie wieder stärker experimentelle Gesellungsformen anbiete und sich im Bereich der außerschulischen Freizeitbildung engagieren würde. Gar für einen radikalen Abschied von der Offenen Jugendarbeit plädiert Mollenhauer (1982, S. 26): „das Beste, was man der jungen Generation und auch dem Verhältnis der Generationen untereinander antun kann, ist, dass man die ganze Jugendarbeit abschafft".

Von dem ehemals mit Euphorie verkündeten „fundamental politischen Sinn der Jugendarbeit" (Mollenhauer 1964, S. 94) ist bei ihm hier nichts mehr zu spüren (vgl. aktuell Giesecke 1998). Dass sich die Infragestellungen der Kinder- und Jugendarbeit seit Mitte der 80er Jahre des vorangegangenen Jahrhunderts zu einer Rede von der „Krise" potenzierten, dazu tragen und trugen mehrere Faktoren bei:

• die immer wieder kolportierte, jedoch empirisch nicht belegte Annahme, dass fiskal-politischen Entscheidungen der Kommunen, Länder und des Bundes Jahr für Jahr zunehmend mehr ihr finanzielles Engagement für den

Jugendbereich einschränken beziehungsweise die reservierten Mittel auf immer mehr Arbeits- und Aufgabenfelder verteilen, vorhandene Ressourcen in vermeintlich profitablere Bereiche umverteilen oder aber anderen sozialen Aufgabenfeldern zukommen lassen;

- die Zentralisierung und Bürokratisierung der Jugendarbeit, in deren Folge immer mehr Entscheidungskompetenzen den PädagogInnen abgenommen werden;

- die Pluralisierung von jugendkulturellen Stilen und die Individualisierung von jugendlichen Lebenslagen und die damit einhergehende Schwierigkeit für die Jugendarbeit, an ihrem jeweiligen Ort ein Profil zu entwickeln, das mehr als nur eine Gruppe mit ihren biographischen Orientierungen anspricht;

- und die Verbreiterung von kommerziellen Freizeitangeboten, die vielerorts zu einer Konkurrenz für die Jugendarbeit werden.

Doch nicht nur der inhaltliche Orientierungsmangel und gesellschaftlich-strukturelle, auch subjektive Gründe auf Seiten der PädagogInnen bestimmen die fast zyklisch wiederkehrende, tendenziell resignative Dynamik in und mit der Jugendarbeit. Die „Krise der Jugendarbeit" ist so keineswegs als etwas Neues anzusehen. Von ihr wird seit den Anfängen der öffentlichen Jugendpflege gesprochen (vgl. u. a. Weigle 1907; Ascher 1971). Eingebunden in die gesellschaftlichen Veränderungsprozesse, zuweilen jedoch wie auch die Schule nicht flexibel genug, um auf diese zu reagieren, ist und bleibt die Kinder- und Jugendarbeit ein für politische und gesellschaftliche Anfragen sensibles pädagogisches Handlungsfeld. Momentan bezieht sich die Praxis der außerschulischen Kinder- und Jugendarbeit mehr oder weniger deutlich auf zumindest sechs unterscheidbare, mehr konzeptionell denn theoretisch fundierte Orientierungen (vgl. hierzu auch Thole 1995a; Scherr/Thole 1998):

- eine Kinder- und Jugendarbeit, die wieder stärker auf die jugendlichen Ansätze zur Selbstorganisation vertraut, insbesondere - in der Kinder- und Jugendkulturarbeit und der politischen Bildungsarbeit, aber auch vereinzelt in der Jugendverbandsarbeit - Mitverantwortungs- und Selbstorganisationsansätze favorisiert;

- eine Kinder- und Jugendarbeit, die sich als animatorisches Zentrum für jugendliche und jugendkulturelle, aber auch für jugendpolitische Initiativen versteht und primär darauf bedacht ist, den Heranwachsenden Räume zur Aktivierung erobern zu helfen, und darüber auch die Aktivitäten in den Jugendhäusern, Jugendzentren und Kinder- und Jugendfreizeiteinrichtungen zu intensivieren hofft;

- eine Praxis der Kinder- und Jugendarbeit, die für pädagogische Arbeit in Jugendhäusern und ähnlichen Einrichtungen keine Zukunft mehr sieht und aktuell stärker auf Projekte und mobile, niedrigschwellige, also adressatennahe Angebote setzt, regionale, dezentrale Aktionen favorisiert und sich vom Zeitalter der pädagogischen Kinder- und Jugendarbeit verabschieden möchte;

• damit verknüpft sind solche Ansätze, die Kinder- und Jugendarbeit stärker am Ziel der Prävention, etwa der Drogen- und Gewaltprävention ausrichten, wobei mancherorts inzwischen enge Kooperationsbeziehungen zwischen Jugendarbeit und Polizei, etwa im Rahmen kommunaler Präventionsräte und -programme, als unproblematisch gelten;

• wird ein Verständnis von Jugendarbeit als Bestandteil einer sozialpoliti- schen Infrastruktur formuliert, die ausgegrenzten, benachteiligten und als problematisch betrachteten Teilgruppen Rückzugsräume bereithält und dort vielfältige Unterstützungsangebote, wie z. B. Beziehungsarbeit, Einzelfall- hilfe, Hausaufgabenhilfe oder sogar ärztliche Betreuung, zur Verfügung stellt;

• eine letzte Orientierung schlägt vor, die existierenden Angebote und Projek- te der unterschiedlichen Einrichtungen und Träger stärker aufeinander abzu- stimmen, sie zu einem klar profilierten, regionalen, außerschulischen Dienstleistungsangebot für Kinder und Jugendliche zu vernetzen und zu professionalisieren.

Diese theoretisch angelegten, keineswegs jedoch den Status einer umfassenden Theorie der Kinder- und Jugendarbeit erfüllenden konzeptionellen Orientierun- gen wurden in den letzten zwei Jahrzehnten in unterschiedlichen „Theorie"- und „Praxis"konzepten präzisiert. Das vielleicht ausformulierteste und verbrei- tetste Theoriekonzept profiliert, ausgehend von einer Analyse der gesellschaft- lichen Modernisierungsprozesse, Jugendarbeit als Pädagogik des sozialen Raumes (vgl. Böhnisch/Münchmeier 1987, 1989; Böhnisch 1998; Deinet 1999). Wenn auch noch nicht paradigmatisch gebündelt, tendiert dieser Vor- schlag augenblicklich am ehesten in die Richtung einer geschlossenen Theorie der Jugendarbeit. Der Vorschlag wurde auch nicht zuletzt deshalb zu einem zentralen Bezugspunkt der Fachdiskussion, weil er die Theorielücke mit einer umfassenden Rahmentheorie zu füllen beabsichtigt. Mit einem vergleichbaren Anspruch wartet auch der Entwurf einer mehrdimensionalen Theorie der Ju- gendarbeit auf, obgleich auch zu registrieren ist, dass er noch nicht mit der glei- chen Aufmerksamkeit bedacht wird wie andere Vorschläge und erst in seinen zentralen Dimensionen vorgestellt wurde (vgl. B. Müller 1998a):

• Die seit Ende der 80er Jahre des 20. Jahrhunderts vermehrt vorgetragenen Einwände gegen die Praxis der Jugendarbeit aufgreifend und den Struktur- wandel der Jugend sensibel nachzeichnend, fragten L. Böhnisch und R. Münchmeier (1987) nach den daraus zu ziehenden Konsequenzen für die Ju- gendarbeit. Pragmatisch und praxisbezogen schlugen sie vor dem Hinter- grund, dass Jugendarbeit in der Freizeit von Jugendlichen sich realisiert, vor, das Bedürfnis Heranwachsender nach sozialen Räumen deutlicher zu berück- sichtigen und die Unterschiede zwischen einzelnen jugendkulturellen, alters-, geschlechts-, und milieuspezifischen Ungleichheiten in den Konzeptualisierungen von Jugendarbeit stärken zu beachten. Zudem reklamierten sie für die Jugendarbeit, „dass Jugendarbeit nicht mehr einfach als öffentlicher Erziehungsbereich verstanden werden kann, sondern wesentlich erweiterte, soziale, kulturelle und sozialpolitische Funktionen" übernommen hat (Böhnisch/Münchmeier 1990, S. 11). Als sozialisationstheoretischer Bezugsrahmen wurde der Begriff der Lebensbewältigung gewählt und theoretisch eingebunden in das Konzept „Pädagogik des Jugendraums". Über die „Grundbegriffe" „Bedürftigkeit", „Pädagogischer Bezug" und „Milieubildung" weiterentwickelt, fokussiert sich dieser Entwurf inzwischen in einer Theorie der „Jugendarbeit als Lebensort" (vgl. Böhnisch 1998; vgl. auch Deinet 1999).

• Neben *lebensweltorientierten*, auf Akzeptanz setzenden „Theorie"konzepten (vgl. u. a. Krafeld 1998), Reformulierungen der *emanzipativen Pädagogik* (vgl. May 1998) beziehungsweise *cliquenorientierten, psychoanalytisch* und *subjekttheoretisch* ausgerichteten „Theorie"konzepten platziert sich der Vorschlag von B. Müller (1998) zu diesen Versuchen kritisch. Sein „Entwurf einer *mehrdimensionalen* Theorie der Jugendarbeit" plädiert für eine Vermittlung der diversen Theoriefragmente und für eine über unterschiedliche Perspektiven abgesicherte Theorie der Jugendarbeit, die konzeptionell auch die unterschiedlichen Praxen von Jugendarbeit zu begründen in der Lage ist und Überlegungen zur Aneignung von sozialen Räumen, generative Differenzen, das Geschlechterverhältnis, interkulturelle Variablen, pädagogische Dienstleistungsvoraussetzungen und die politische Sphäre zu berücksichtigen sich auferlegt sowie in bezug auf methodische Optionen ausbuchstabiert.

Wiederholend ist festzuhalten, dass eine Theorie der Jugendarbeit, die systematisch den gesellschaftlichen Modernisierungsprozess theoretisch reflektiert, sich in diesen Entwürfen noch nicht vollständig realisiert.

 Tipps zum Weiterlesen

Böhnisch, L./Münchmeier, R. (²1993): Pädagogik des Jugendraumes. Zur Begründung einer Praxis sozialräumlicher Jugendpädagogik. Weinheim u. München.
Deinet, U./Sturzenhecker, B. (Hrsg.) (1996): Konzepte entwickeln. Weinheim u. München.
Kiesl, D./Scherr, A./Thole, W. (Hrsg.) (1998): Standortbestimmung Jugendarbeit. Theoretische Orientierungen und empirische Befunde. Schwalbach/Ts.
Müller, B. (1998): Entwurf einer mehrdimensionalen Theorie der Jugendarbeit. In: Kiesl, D./Scherr, A./Thole, W. (Hrsg.) (1998): Standortbestimmung Jugendarbeit. Theoretische Orientierungen und empirische Befunde. Schwalbach/Ts., S. 37–64.
Scherr, A. (1997): Subjektorientierte Jugendarbeit. Eine Einführung in die Grundlagen emanzipatorischer Jugendpädagogik. Weinheim u. München.

7.4 Aktuelle „Praxis"konzepte

Werden in der Praxis MitarbeiterInnen, im Studium Studierende oder in der Er-
zieherInnenausbildung SchülerInnen danach befragt, welche Theorien und
Konzepte der Kinder- und Jugendarbeit ihnen bekannt sind, dann werden häufig nicht die vorgestellten Grundlegungen genannt, sondern vermeintlich praxisverträgliche Arbeitsansätze und Konzeptionen. Gegenwärtig haben geschlechtsspezifische Ansätze der Jungen- und Mädchenarbeit, kulturpädagogische und medienpädagogische Konzeptionen, die Erlebnispädagogik, multikulturelle und sportbezogene Konzeptionen, also handlungsbezogene Konzeptualisierungen - im weitesten Sinne also „Praxis"konzepte - eine weite Verbreitung
und hohe Konjunktur. Über die beschriebenen „Praxis"konzepte hinaus liegen
weitere zielgruppen- beziehungsweise gegenstandsorientierte Thematisierungen
vor. Doch gegenüber den hier beschriebenen Konzepten bereichern sie die Praxis der Kinder- und Jugendarbeit nur relativ kurzzeitig oder aber sie entwickeln
ihre Idee derart engmaschig, dass sie lediglich für eine konkrete Einrichtung
uneingeschränkte Relevanz beanspruchen können. Wiederum andere Ansätze,
obgleich sie den zuvor genannten „Praxis"konzepten strukturell nahe stehen,
sind breiter angelegt und von daher eher als „Theorie"konzepte anzusehen.
Hierzu zählen die weiter vorne schon beschriebenen Ansätze einer neuen e-
manzipatorischen Jugendarbeit ebenso wie die Modelle einer lebensweltorientierten, akzeptierenden und einer sozialräumlich ausgerichteten Kinder- und Jugendarbeit.

Geschlechtsspezifische Arbeitsansätze:
Mädchen- und Jungenarbeit

Seit Ende der 80er Jahre haben geschlechtsspezifische Arbeitsansätze und Konzeptionen der Jungen- und Mädchenarbeit in den Diskussionen der Kinder- und
Jugendarbeit ihren festen Platz und zumindest mädchenbezogene, in den letzten
Jahren im zunehmenden Umfang auch jungenbezogene Projekte in der Praxis
einen bedeutenden Stellenwert. Vergessen oder nicht bewusst ist heute allerdings, dass es eine weibliche Jugendpflege, wenn auch inhaltlich traditionelle
akzentuiert, schon um die Jahrhundertwende gab und die ersten Initiativen für
Mädchen- und Frauengruppen sowie für Männergruppen in der Jugendarbeit
schon über 30 Jahre zurückliegen:

> „Das Jugendzentrum ‚Alter Milchhof' war ein Treffpunkt für Jugendliche aus
> allen sozialen Schichten. An jedem Öffnungstag kamen etwa 200 Jugendliche
> ins Haus. (...) Als sich die Struktur im Haus zugunsten der Arbeiterjugendli-
> chen veränderte, kamen auch immer häufiger Arbeitermädchen ins Haus. In Scharen
> standen sie in den Toiletten, um sich zu schminken und zu kämmen. (...) Die Mädchen
> waren Objekte der Jungen. Die Jungen schienen kein wirkliches Interesse an intensiven
> Beziehungen zu den Mädchen zu haben. (...) Sie sahen keine Möglichkeit, sich gegen
> die Übermacht der Jungen zu behaupten und gegen die körperlichen Attacken zu weh-
> ren. (...) Aufgrund dieser Situation überlegte das Team der Sozialarbeiter und -
> pädagogen, wie es auf das Verhalten der Jungen und Mädchen reagieren könne. Strafan-
> drohungen und intensive Einzelgespräche verfehlten ihre Wirkung. So kamen wir auf

die Idee, ‚etwas mit den Mädchen zu machen', erhofften uns, dass die Mädchen durch eine Gruppenbildung ihre Interessen gemeinsam gegenüber den Jungen organisieren könnten. (...) Das erste Treffen der Mädchen fand unter unglücklichen Umständen lediglich mit drei Mädchen statt. Beim nächsten Treffen waren zehn Mädchen in die Gruppe gekommen. Vorübergehend sollte der Name der Gruppe ‚Frauen-IG' lauten, weil in ihr Probleme von Frauen besprochen werden sollten. (...) Die Jungen standen dieser ‚Frauen-Gruppe' misstrauisch gegenüber. Durch die Entstehung der ‚Frauen-IG' fühlten sich insbesondere die ‚Mini-Rocker' benachteiligt und forderten durch ihre destruktiven Aktionen die Reaktion der Sozialpädagogin heraus. Häufig polterten sie während der Treffen in den Gruppenraum, brüllten herum und wollten die Mädchen herausholen. (...) Auf einer Wochenendfahrt äußerten sie das Bedürfnis, ebenfalls wie die ‚Frauen' eine eigene IG zu gründen und über ihre Probleme zu reden. Durch die Gründung der ‚Männer-IG' ließen die Zerstörungen nach und die Mitglieder setzten sich aktiv - zum Teil aktiv gemeinsam mit der ‚Frauen-IG' - für die Gestaltung und Organisation des Jugendzentrums ein." (Jödicke 1975, S. 19 ff.)

Anfänglich wurden mädchenbezogene Arbeitsformen und Konzepte noch belächelt und konnten sich auch nur vereinzelt entwickeln. Doch schon im letzten Drittel der 80er Jahre existierten in fast der Hälfte aller Jugendfreizeiteinrichtungen Mädchengruppen, Mädchencafés oder gesonderte Öffnungszeiten für Mädchen (vgl. MAGS 1986). Inzwischen sind mädchenbezogene Angebote in der Kinder- und Jugendarbeit ein integrierter und fester Bestandteil. Träger mädchenbezogener Projekte sind heute nicht mehr nur städtische Einrichtungen, sondern auch kulturpädagogische Projekte, Angebote der Straßensozialarbeit und die Kinder- und Jugendverbandsarbeit, auch wenn die Mädchenarbeit im Verband noch nicht durchgängig gefördert wird und oft relativ konzeptionslos bleibt (vgl. Niemeyer/Stotz/Schramm 1994).

Die beobachtete Konzeptionslosigkeit in bezug auf Mädchen und jüngere Frauen scheint aber lediglich noch ein Problem der Kinder- und Jugendverbandsarbeit zu sein. Der Ausdifferenzungsgrad mädchenbezogener Konzeptionen ist sogar relativ hoch und theoretische Kontroversen um die „richtige" Orientierung, ob stärker feministisch, parteilich, emanzipatorisch oder antipatriarchalisch akzentuiert, sind zielgruppen- und themenorientierten Überlegungen weitestgehend gewichen. Den bedeutendsten Durchbruch für die Mädchenforschung, Mädchenpolitik und Mädchenarbeit brachte zweifellos der Sechste Jugendbericht der Bundesregierung zum Thema „Verbesserung der Chancengleichheit der Mädchen in der BRD" (BMJFG 1984). Noch heute liefert dieser Bericht eine Folie zur strukturellen Aufarbeitung der Lage von Mädchen (vgl. Heiliger 1997).

Zu Beginn lag der Schwerpunkt der Mädchenarbeit in der Initiierung autonomer Projekte. Vielerorts wurden Mädchenhäuser, Mädchenzentren und von Jungen nicht gleichzeitig besuchte Mädchenräume gefordert und durchgesetzt sowie Mädchentage und -wochen organisiert.

„Der Treff wurde in manchen Zeiten bis zu 90 % von Jungen besucht. Erst durch die Mitarbeit von mehr Frauen im Team des Jugendtreffs war ein größerer Zulauf an Mädchen zu erkennen, die nun weibliche Ansprechpartnerinnen dort antreffen konnten. Die bestehenden Angebote wie Kicker, Dart, Billardtisch und

244 "Die" Theorien und Konzepte

Tischtennis wurden dennoch vorwiegend von Jungen genutzt. Die Besucherinnen nahmen oft eine abwartende Haltung ein, in der Hoffnung, dass die Jungen sie einmal mitspielen lassen würden. (...) Die Fixierung auf die Jungen relativierte sich erst mit dem Discoangebot im Treff. (...) Schon bald ließ sich bei dieser Veranstaltung ein erstaunlicher Rollentausch feststellen. Während die Mädchen vorwiegend tanzten, also aktiv wurden, waren nun plötzlich die Jungen auf die Mädchen fixiert und übernahmen eine mehr beobachtende, reagierende Rolle. Die einseitige Fixierung der Mädchen auf die Jungen wiederholte sich dennoch in anderen Situationen. (...) Unsere Erfahrung im Jugendtreff war also: Die Angebote und Räumlichkeiten waren offensichtlich nicht genügend auf die BesucherInnen im Alter zwischen 12 und 16 Jahren ausgerichtet. (...) Als Beginn der Mädchenarbeit schien uns der Aufbau einer Mädchengruppe in mühsamer Kleinarbeit zu langwierig; aufgrund mangelnder Erfahrung waren wir uns auch nicht sicher, ob wir dies pädagogisch ‚richtig' anpacken können, ohne den Mädchen unsere Ideale und Vorstellungen von Emanzipation aufzudrücken. So entstand die Idee für die ‚Mädchenwoche'. (...) Die Mädchenwoche wurde über fünf Tage (...) durchgeführt. An einem ‚Nachmittag von Mädchen für Mädchen' wurden Themen wie Liebe, Schönheit, Gesundheit, Verhütung und Sexualität angesprochen. (...) Zum Mitmachen forderte ein überdimensionales, aus schwarzem Tonpapier ausgeschnittenes Frauenprofil auf. Hier sollten sie mit Hilfe von Illustrationen eine Collage anfertigen zu der Frage: ‚Wie sollen deiner Meinung nach Mädchen bzw. Frauen aussehen?' (...) Aufgrund der Tatsache, dass der Treff von Türkinnen besucht wird, stand der zweite Tag ganz im Zeichen ihrer Kultur. (...) Am dritten Tag, dem ‚Kreativtag', konnten sich die Besucherinnen angebotenen Workshops zuordnen (...), Modeschmuck selbst herstellen, aus Bettlaken T-Shirts und ähnliches nähen (...) oder töpfern. Der vierte Tag stand ganz im Zeichen des Jazztanzes. Hier hatten die Mädchen die Gelegenheit, erste Schritte zu erproben. (...) Zum Abschlussfest am fünften Tag wurden auch die Mütter der Besucherinnen eingeladen. (...) Die ganze Woche über befanden sich in einem separaten Raum Materialien von Pro Familia (...). Ein großer Büchertisch mit Mädchenthemen wurde aus Privatbeständen und mit Unterstützung der städtischen Bücherei zusammengestellt. (...) Die Besucherinnenzahl blieb die ganze Woche mit zirka 30 Mädchen im Alter zwischen 8 und 27 Jahren relativ konstant. Dass mit diesem Experiment bei den (...) Mädchen Schwellenängste abgebaut werden konnten, bewies auch die große Anzahl der Mädchen, die den Treff in dieser Woche erstmals besuchten." (Banse/Freyer 1988, S. 217–219)

Mittlerweile gehören autonome und feministische Mädchenprojekte an vielen Orten zum Bild der plural gegliederten Kinder- und Jugendhilfe. In den letzten Jahren hat jedoch die Konzentration auf die Durchsetzung weiterer autonomer Projekte nachgelassen und sich das Engagement bezüglich der Implementierung von mädchenfreundlichen und mädchenbezogenen Ansätzen in koedukativen Einrichtungen und Angeboten verschoben. Pragmatisch akzentuiert geht es hier vornehmlich um die Eroberung von Räumen, Zeiten und Angebotssegmenten für Mädchen und weibliche Jugendliche in bestehenden Einrichtungen, auch um die Mädchenarbeit stärker als zuvor strukturell abzusichern und die Partizipationsmöglichkeiten von Mädchen zu stärken (vgl. Blonski 1999). Hierfür ist gerade auch die Kinder- und Jugendarbeit ein wichtiger Ort, weil inzwischen bekannt ist, dass Mädchen bis zur Pubertät stark und selbstbewusst sind und auch auftreten, ihr Selbstwertgefühl in der Adoleszenz jedoch gebrochen wird und sie beginnen, sich den rollentypischen Vorgaben und Erwartungen der Gesellschaft wieder anzunähern - „die Bewertungshierarchie der Geschlechter in der Gesellschaft wirkt ungebrochen und vermittelt sich den Mädchen als

Entwertung ihrer eigenen Erfahrungen, Denk- und Lebensweisen" (Heiliger 1997, S. 221).

Mädchenarbeit verlangt, dass diejenigen, die sie verwirklichen, Möglichkeiten erhalten, sich für diese Arbeit zu qualifizieren und weiterzubilden. Sie setzt voraus, dass die Pädagoginnen zeitliche Ressourcen für diese Arbeit reklamieren können, verlangt Räumlichkeiten, die ausschließlich oder zumindest für gewisse Zeiten primär von Mädchen genutzt werden können, und bedarf finanzieller Mittel, einer Unterstützung durch die anderen MitarbeiterInnen sowie einer konzeptionellen Absicherung und einer Verankerung in der kommunalen Jugendhilfeplanung. Insbesondere die gesonderte Problematisierung und Konzeptualisierung der Mädchen-, aber auch der Jungenarbeit in den kommunalen Jugendhilfeplänen intendiert eine strukturelle Verankerung der geschlechtsspezifischen Arbeitsansätze. Hierzu beitragen soll und kann auch die Intensivierung der Qualitätsdiskussion in der Mädchenarbeit, die trotz der breiten Akzeptanz insbesondere vor dem Hintergrund der immer wiederkehrenden Legitimationsdiskussion notwendig erscheint und inzwischen auch schon konzeptionell angedacht wird (vgl. Werthmanns-Reppekus 1996; Hörmann 1999). Vergleichbare Überlegungen in bezug auf die Jungenarbeit hingegen befinden sich erst noch im Anfangsstadium.

Dass die Mädchenarbeit nicht erst dort und dann beginnt, wenn Mädchen unter sich sind, darauf weisen jüngere Projektberichte hin, die Erfahrungen mit Mädchen in rechten Szenen reflektieren. Allgemein sind Mädchen zwar wesentlich häufiger Opfer von gewaltförmigen, sexistischen Übergriffen und allem Anschein nach nimmt der Mädchenanteil in rechten, national geprägten, ausländerfeindlichen Szenen und Gruppierungen auch quantitativ nicht deutlich zu. Innerhalb der Szene scheinen sich Mädchen und jüngere weibliche Erwachsene inzwischen jedoch partiell souveräner zu bewegen als noch vor einigen Jahren:

> „Reenies sind von sich aus sehr offensiv und sehr temperamentvoll, verbal wie auch körperlich. Sie sind sehr mutig, schon wenn sie sich die Haare so kurz scheren lassen. Manchmal habe ich das Gefühl, dass die Reenies eigentlich durch die Bewunderung der anderen Mädchen noch mehr Power kriegen. Die S. zum Beispiel hat gemerkt, es gibt Mädchen, die bewundern sie, die orientieren sich ein Stück weit an ihr. Das hat dazu beigetragen, dass sie noch ein größeres Maul gekriegt hat als vorher und inzwischen richtig powermäßig auftritt." (Lützebeck u. a. 1995, S. 546)

Die Reenies sind die weiblichen Mitglieder einer rechten Szenegruppierung. Sie wie auch andere Mädchen in anderen Gruppen über mädchenspezifische Angebote zu isolieren, ist aufgrund ihrer Glorifizierung des männlichen Gewaltverhaltens und ihrer sozial-kulturellen Deutungsmuster der Welt kaum möglich. Die geschlechtsspezifische Arbeit hat somit in dem koedukativen Szenekontext selbst als mädchenorientierte Unterstützung und Alltagsbegleitung stattzufinden und die zaghaften Äußerungen der Mädchen, etwas ohne die Jungen unternehmen zu wollen, aufzugreifen und zu unterstützen.

Die meisten Einrichtungen werden dennoch auch heute noch vorwiegend von Jungen besucht, auch wenn inzwischen mehr jüngere Mädchen als noch vor 20

Jahren in den Projekten der Kinder- und Jugendarbeit anzutreffen sind. Wird ausschließlich auf die BesucherInnenzahl geschaut, so hat sich an der Realität, dass „Jugendarbeit vornehmlich Jungenarbeit ist", nur wenig geändert. Die von H. Funk (1989, S. 118) vor über einem Jahrzehnt formulierte Erkenntnis, dass Mädchenarbeit in der Kinder- und Jugendarbeit mehr beinhaltet als nur eine neue konzeptionelle Orientierung oder Methode, „dass sich mit einer parteilichen Orientierung auf Mädchen die Struktur der Jungenarbeit insgesamt (...) ändern muss, ist eine Forderung, die bisher ignoriert oder praktisch boykottiert wird". Diese Erkenntnisse haben grundsätzlich nicht an Bedeutung verloren.

Obgleich sich in dem am Anfang des Abschnitts geschilderten Fall des Jugendzentrums „Alter Milchhof" im Anschluss an die Mädchengruppe auch eine Jungengruppe gründete, wird die Jungenarbeit breiter erst seit Anfang der 90er Jahre des letzten Jahrhunderts diskutiert und praktiziert.

> „Die Jungenarbeit findet in den Räumen des Jugendclubs statt und zwar mit ihrem besonderen Ambiente (...). Da es keine eigenen Räumlichkeiten gibt, müssen gemeinsam mit den Jugendlichen Regeln erstellt und muss eine Atmosphäre geschaffen werden, die sich deutlich vom offenen Betrieb des Jugendclubs abgrenzen. Als wichtigste Regeln wurden vereinbart: kein Alkohol, feste Gruppenzeiten, mindestens die Hälfte des Gruppenabends steht für thematisches Arbeiten zur Verfügung, kontinuierliche Teilnahme (...), kein ständiges ‚Rauslaufen', sondern einlassen auf die Gruppe. (...) Die Treffen finden einmal in der Woche statt und werden von zwei Teamern geleitet. Schon am Anfang wurde deutlich, dass, bevor ein Arbeiten mit festen Themen möglich war, die Herstellung von Vertrauen und die Schaffung einer Beziehungsebene breiten Raum einnehmen mussten. (...) Angeboten wurden so auch immer wieder Körperarbeit und Interaktionsspiele (...). Das Reden über sich selbst bereitete allerdings immer wieder große Schwierigkeiten. Die Gruppensituation beschrieben die Teamer so, dass sie oftmals durch Sprachlosigkeit geprägt war. Ein näheres Sich-Einlassen auf ein Thema wurde oft durch coole Sprüche abgeblockt." (Heppner 1995, S. 443)

In einem disproportionalen Verhältnis zur Praxis - die Jungenarbeit hat aus den unterschiedlichsten Gründen noch immer Schwierigkeiten, sich in der Praxis zu etablieren - zeigt seitdem die Entwicklung der konzeptionellen Orientierungen fast inflationäre Tendenzen. Vorschläge für eine antisexistische, antifaschistische, reflektierende, emanzipatorische, geschlechterbewusste, identitätsorientierte, patriarchatskritische, bewusste, profeministische und männerbewusste Jungenarbeit liegen vor und konkurrieren miteinander. Auch wenn sich gegenwärtig ein Trend von rein etikettierenden hin zu inhaltlichen Diskussionen abzeichnet, präsentiert sie sich doch immer auch noch „als eine Auseinandersetzung um das richtige Adjektiv, welches das Wort Jungenarbeit näher präzisiert" (Tiemann 1999, S. 76, vgl. auch Karl 1994). Die Praxis interessiert sich - wie so oft - für derartige begriffstheoretische Fragen nur am Rande. Hier ist ein experimentierfreudiges Suchen nach den Möglichkeiten und Grenzen einer jungenbezogenen Kinder- und Jugendarbeit zu beobachten (vgl. u. a. Schmiedel 1999).

Trotz der vielfältigen Schwierigkeiten, für Jungenarbeit Akzeptanz herzustellen und tragfähige Praxismodelle zu entwickeln[2], ist die inhaltliche Diskussion der vorliegenden Konzeptionen weiterhin dringend notwendig, denn die Schwerpunktsetzungen der Jungenarbeitskonzeptionen sind different und zeigen bei näherer Betrachtung unterschiedliche Schwächen: Im emanzipatorischen Ansatz treten beispielsweise die jungenspezifischen Eigenanteile bei der Herstellung der Geschlechteridentität gegenüber den omnipotenten gesellschaftlichen Sozialisationsinstanzen in den Hintergrund. Identitätsbezogene Konzeptionen basieren wesentlich auf eine Analyse der Objektbeziehungen und vernachlässigen andere Erklärungsmuster. Der antisexistische Ansatz muss sich der Kritik stellen, interaktive Praxen der Reproduktion von partriarchalen und sexistischen Deutungs- und Handlungsmustern nicht genügend Beachtung zu schenken (vgl. Wegner 1995; Tiemann 1999). Aber auch grundsätzliche Kritik gegenüber jungenarbeitsbezogenen Überlegungen ist zu lesen. Weil geschlechtspolar verteilte Fähigkeitsmuster und die Existenz von männlichen beziehungsweise weiblichen Sozialcharakteren empirisch nicht nachgewiesen sind, äußert B. Hoffmann (1993, S. 440) grundsätzlich Zweifel an den vorliegenden Konzeptionen und hebt hervor, dass „von den gängigen Konzepten die Widersprüche, in denen sich männliches und weibliches Leben gegenwärtig vollzieht, vollständig ausgeblendet werden".

 Tipps zum Weiterlesen

Sielert, U. ([2]1993): Jungenarbeit. Praxishandbuch für die Jungenarbeit. Weinheim u. München.
Sturzenhecker, B. (Hrsg.) (1996): Leitbild Männlichkeit?! Was braucht die Jungenarbeit? Münster.
Möller, K. (Hrsg.) (1997): Nur Macher und Macho? Geschlechtsreflektierende Jungen- und Männerarbeit. Weinheim u. München.
Klees-Möller, R./Marburger, H./Schumacher, M. ([3]1997): Mädchenarbeit. Weinheim u. München.

Interkulturelle Ansätze

Ähnlich wie geschlechtsspezifische gehören auch interkulturelle Arbeitsansätze inzwischen zum integralen Bestandteil einer modernen Kinder- und Jugendarbeit. In den Diskussionen zur Kinder- und Jugendarbeit mit Heranwachsenden nicht-deutscher Herkunft können bis heute zwei Konzepte unterschieden werden: Unter dem Etikett „Ausländerpädagogik" versammeln sich Positionen, denen es im Kern und wesentlich darum geht, Fördermaßnahmen zu entwickeln, die Kindern und Jugendlichen nicht-deutscher Herkunft eine schnellere und erfolgreichere Integration erlauben. Demgegenüber thematisieren interkulturelle

---

2 In einer nordrhein-westfälischen Großstadt wurde so erst vor kurzem die Forderung nach einer Intensivierung der Jungenarbeit im Kinder- und Jugendhilfeausschuß mit dem Argument blockiert, daß dann zukünftig wohlmöglich auch noch für die pädagogische Arbeit mit Strichern, jugendlichen Pädophilen und Prostituierten Geld gefordert wird.

Ansätze deutlicher die Lebenslagen und Lebensformen von nicht-deutschen Kindern und Jugendlichen in der Bundesrepublik Deutschland, problematisieren die Identitätskonflikte der MigrantInnen, sehen die Konflikte zwischen den Kulturen und Teilkulturen und die sich daraus ergebenen Möglichkeiten der gegenseitigen Bereicherung (vgl. Nieke 1993).

Insbesondere im Verlauf der Diskussionen um die Grenzen und Möglichkeiten einer multikulturellen Gesellschaft gewann der zweite Ansatz an Bedeutung. Im Gegensatz zum Integrationspostulat ausländerpädagogischer Ansätze und zum Anspruch der sukzessiven Assimilation der klassischen interkulturellen Pädagogik setzt die neuere interkulturelle Arbeit auf das Prinzip der ethnischen Vielfalt. Ethnizität wird als gegeben vorausgesetzt und als Summe von Eigenschaften angesehen, die alle Individuen einer ethnischen Gruppe besitzen und sie von der Mitgliedschaft in anderen Gruppen ausgrenzen. Diese Verschiedenartigkeit gilt es zu tolerieren und dessen Existenz und Nebeneinander im Sinne eines kulturellen Pluralismus anzuerkennen. Die Herausbildung und Entwicklung von interkultureller Kompetenz stellt hierzu eine Grundvoraussetzung dar, und zwar nicht nur auf Seiten der nicht-deutschen, sondern auch auf Seiten der deutschen Kinder und Jugendlichen.

„Fremdsein" beinhaltet auch für deutsche Heranwachsende zwei Dimensionen. Zum einen die Erfahrungen mit MigrantInnen in der „eigenen", heimischen Kultur; zum anderen die Erfahrung, in nicht-deutschen Ländern und Kulturen selbst „fremd" zu sein. Regelmäßige BesucherInnen von Einrichtungen der Kinder- und Jugendarbeit erleben die Erfahrung, irgendwo „fremd" zu sein, heute allerdings schon in der Bundesrepublik Deutschland dann, wenn die von ihnen besuchte Einrichtung gleichzeitig von Angehörigen einer nicht-deutschen Ethnie besucht wird:

„Der Jugendkeller der Gemeinde ist eine kleine, kieznahe Einrichtung mit hoher Akzeptanz und großem Zulauf. (...) Im Frühjahr 1992 hatte sich das Klima im Jugendkeller allerdings merklich verschlechtert, der Ton untereinander war rauer geworden. In der räumlichen Separierung - die deutschen Jugendlichen im Büro, die türkischen Jugendlichen im Caféraum nebenan - drückte sich am deutlichsten die Distanz aus, der bewusst ausschließliche Gebrauch der eigenen Sprache zog zusätzliche kommunikative Barrieren ein. (...) B., Wanderin zwischen den Welten, Jugoslawin, aber der türkischen Sprache mächtig, beendete die Sprachlosigkeit mit einem vehementen Plädoyer gegen den uneingestandenen Ausschluss und die unterschwellige Abwehr gegenüber den türkischen Jugendlichen. Lautstark (...) kritisierte sie die Atmosphäre wie auch die unterschiedlichen Zugänge zu den Ressourcen bzw. Möglichkeiten der Mitgestaltung der Einrichtung. Sie vergaß aber auch nicht, darauf hinzuweisen, dass die anderen, die türkischen Jugendlichen, ‚jede Menge Scheiße bauen'. (...) Wir nahmen die Kritik zum Anlass, um ein von den türkischen Jugendlichen immer wieder mal ins Gespräch gebrachtes Filmprojekt aufzunehmen. (...) Jugendliche beider Gruppen erklärten spontan, mitzumachen. (...) Das Drehbuch war schnell geschrieben. E. und W: (...) frischten Erinnerungen ihrer letzten Kinobesuche auf und montierten eine reißerische Crime- und Actionstory, mit allem was dazugehört: Mord, Drogen, Gewalt und Verrat. (...) Auf das Drehbuch griffen wir in der Folgezeit immer wieder zurück, wenn es galt, Charaktere, Handlungsabläufe oder gewählte Drehorte mit den Erfordernissen der Story abzugleichen. Ansonsten ließen wir Raum für Improvisation, für situative Einfälle und

Ideen. (...) Entstanden ist ein 30minütiger Film, an dem 18 Jugendliche im Alter zwischen 15 und 21 Jahren beteiligt waren, darunter vier Mädchen. Die wenigsten von ihnen hatten einen qualifizierten Schulabschluss, einige sind arbeitslos, etliche haben Gerichtsverfahren vor und hinter sich, zumeist wegen Körperverletzung oder Eigentumsdelikten. (...) Auch und insbesondere dadurch, dass wir viele Szenen außerhalb der Einrichtung drehten, die Jugendlichen zunächst einmal ‚abzogen', entspannte sich die Situation zwischen den Jugendlichen merklich. Während der Arbeiten an dem Film ‚rauften' sich die deutsche und die türkische Jugendszene zusammen. Miteinander arbeiten heißt, sich öffnen, von sich etwas zeigen, in Beziehung treten, eine verbindliche Haltung einnehmen, den anderen kennen- und schätzen zu lernen. Es bildeten sich ‚Näheverhältnisse', trag- und konfliktfähige Beziehungen, die sozusagen in den Bestand der Einrichtung übergingen und den Alltag veränderten. Es muss nicht mehr mit der gleichen Vehemenz um Anerkennung gerungen werden (...)." (Börühan/Happel 1994, S. 209–215)

Eine auf interkulturelle Kompetenz setzende pädagogische Arbeit denkt neben der Initiierung von sozialen Lernprozessen, der Förderung des politischen Bewusstseins und antirassistischen Erziehungsbemühungen auch an nichtdeutsche Kinder und Jugendliche als spezielle Zielgruppe. Ihre Kompetenzen, in einer fremden Gesellschaft zu leben, werden förderungsnotwendig angesehen werden.

 Tipps zum Weiterlesen

Bade, K. J. (Hrsg.) (1992): Deutsche im Ausland - Fremde in Deutschland. Migration in Geschichte und Gegenwart. Frankfurt a. M. u. Wien.
Nieke, W. (1993): Interkulturelle Arbeit mit Kindern und Jugendlichen. Unna.

Kulturpädagogische Konzepte

Auf kulturpädagogische Konzepte wird seit einigen Jahren nicht mehr nur in kulturellen Arbeitsfeldern, sondern verteilt über das gesamte Feld der Kinder- und Jugendarbeit Bezug genommen, obwohl auf der Begriffs- und Konzeptionsebene kein einheitliches Verständnis darüber existiert, was Kulturarbeit ist, was sie meint, will und erreichen kann: Ist Kulturpädagogik etwas anderes als sozial-kulturelle Animation oder soziokulturelle Bildung? Wo liegt die Differenz zwischen musischer Erziehung und musisch-kultureller Erziehung? Hat die musisch-kulturelle Bildung eine andere Praxis vor Augen als die Kreativitätspädagogik? Und ist diese nicht identisch mit der ästhetischen Erziehung und die wiederum different zur ästhetisch-kulturellen Bildung und Erziehung? Jugendkulturarbeit, soziokulturelle Jugend- und Gemeinwesenarbeit, kulturell-ästhetische Bildung, soziale Kulturarbeit, Kulturpädagogik, kulturelle Jugendarbeit und musisch-kulturelle Bildung sind Beschreibungen und Ausdrücke, so scheint es, die Benachbartes, zuweilen auch Identisches, aber auch sehr Verschiedenartiges, wenn auch häufig kaum voneinander klar Abgrenzbares zu beschreiben wünschen. Auch stärker auf einzelne kulturelle Ausdrucksformen - Theater, Musik, bildnerisches Gestalten - setzende Angebots- und Arbeitsformen und medienpädagogische Ansätze sind konzeptionell entwickelt und inzwischen in der Praxis anzutreffen (vgl. u. a. Pleiner/Hill 1999).

Zwei zentrale Themen interessieren die „theoriegeleiteten" Sprachspiele um die kulturelle Arbeit mit Kindern und Jugendlichen besonders. Zum einen geht es um die Differenz von ästhetischer Bildung und populärer Kultur: Was darf auf einer ästhetisch-kulturellen Menükarte aufgeführt werden? Zum anderen um die Frage, ob und wenn ja wie über pädagogische Inszenierungen Kultur „gebildet" werden kann: Ist ästhetisches Gefühl und Können lehr- und lernbar?

Ob Kultur und Kunst überhaupt Gegenstand von Bildungsprozessen sein können, ist eine Frage, die die Geschichte der Erziehung und der Bildung durchzieht. Hierauf, wie auf die Tatsache, dass in historischen Rückblenden und in den allgemeinen Theorien zur Erziehung und Bildung „die ästhetische Dimension" lange Zeit weitestgehend ausgeblendet blieb, wies mit Nachdruck Mollenhauer (1990) hin. In dem Maße jedoch, in dem der erweiterte Kultur- und Kunstbegriff in den letzten beiden Jahrzehnten an politischer und öffentlicher Akzeptanz gewann, rückte auch die Kultur an das Zentrum der Betrachtungen über Erziehung und Bildung heran. Sie findet allerdings nicht nur offene „pädagogische" Arme. Befürchtet wird, dass Kunst und Erziehung miteinander vermischt werden oder gar das eine durch das andere ersetzt wird. Gewarnt wird auch vor den „Kulturtechnokraten", die kulturelle Werkstätten in Wohnortnähe fordern und hier den Verlust an Arbeit durch die sinnstiftenden Tätigkeiten Basteln, Batiken und Dichten auszugleichen anstreben" (vgl. Lenzen 1990).

Demgegenüber setzt Mollenhauer auf das Projekt einer ästhetischen Alphabetisierung, die die Differenz zwischen „Bild" und „Begriff" toleriert. Die individuellen Empfindungs- und Wahrnehmungsfähigkeiten von Kindern, Jugendlichen und Erwachsenen akzeptierend, scheint ihm eine ästhetisch-kulturelle Bildung durch pädagogische Prozesse möglich, wenn das besondere Verhältnis zwischen Werk, künstlerisch-kultureller Produktion und subjektiver Wahrnehmung gewahrt bleibt. Zumindest im Hinblick auf eine inhaltliche Verdeutlichung der Kinder- und Jugendkulturarbeit scheint diese Bestimmung fruchtbar. Sie integriert die autonome Herausbildung von Kultur und Kunst und die Idee einer Kinder- und Jugendkulturarbeit, die sowohl über kontemplative als auch über Eigenaktivität anregende Projekte Chancen der Auseinandersetzung anbieten möchte. Über diese Akzentuierung scheint auch eine Antwort auf die Frage möglich, wo und wie eine Differenz zwischen Alltags- und Hochkunst zu ziehen ist, denn die Trennung zwischen trivialer Kommerzkultur und Kunst ist nicht mehr eindeutig und die Differenzen sind heute innerhalb der „Trivialität" und der „Kunst" zu sehen. Dem Rechnung tragend plädiert so zum Beispiel J. Oelkers dafür, Unterschiede neu zu kennzeichnen: „Unterhaltung ist nicht Bildung, aber Formen der Unterhaltung unterscheiden sich nach den Standards der Bildung, die sie voraussetzen. Heino ist Unterhaltung wie Bob Dylan; aber beide Produkte haben ganz unterschiedliche Bildungsvoraussetzungen" (Oelkers 1991, S. 225; vgl. auch Schulze 1992). Viele künstlerische Anlässe präsentieren heute „Triviales", täuschen Bildungsbeflissenheit vor und liefern doch nur mediale Unterhaltung. Und im Gegensatz dazu artikuliert der Alltag häufig eine Ästhetik, die als solche nicht erkannt wird.

Eine Reihe von kulturpädagogischen Konzeptionen liegen inzwischen vor. Eine „bildungstheoretische Position" hebt als Intention von Kulturarbeit die Vermittlung von Kultur und künstlerischen Fähigkeiten hervor. Während hier kulturelles Handeln als „Organisation, Planung und Förderung individueller Bildungsprozesse in außerschulischen Bildungs- und Kulturinstitutionen" (Müller-Rolli 1988, S. 17) verstanden wird, versteht eine kulturästhetische (erfahrungsbezogene) Positionierung kulturelle Arbeit als symbolische Wirklichkeitskonstitution und als interpretative Aneignung von Wirklichkeit (vgl. Zacharias 1983, S. 83). Einer Kulturpädagogik, die sich als Vermittlerin von Kultur in einem der schulischen Didaktik angelehnten Lehr-Lernprozess definiert, steht die Vorstellung der Animation zur Auseinandersetzung mit kulturellen Wirklichkeiten gegenüber, die in einem Prozess, der nur begrenzt didaktisierbar ist und sich primär durch seinen experimentellen Charakter kennzeichnet, verwirklicht werden soll.

Die beiden Bestimmungen liegen allerdings tendenziell eher im Schatten als im Licht gesellschaftlichen Mainstreams. Der neue, auch in den Kultur-, Sozial- und Erziehungswissenschaften kursierende Chic, jenes als kritisch und zukunftsfähig auszuzeichnen, was real oder vermeintlich sich auf der Höhe der Zeit modisch zu artikulieren weiß, akzentuiert anders. Er baut und setzt nicht mehr auf pädagogisches Handeln. Statt dessen wird die Ziellosigkeit glorifiziert und sich von den Traditionen kritisch pädagogischen Handelns verabschiedet. Der Augenblick ist irritierend zu nutzen, um „über sich nachzudenken und sich vielleicht neu zu orientieren. (...) Nicht zu inszenieren (...), die Zusammenhänge erneut pädagogisch zu wenden, sondern kulturelle Facetten wahrnehmen, sie verstehen - und von ihnen zu lernen - den Funken der Aktualität spüren" (Baacke 1985a, S. 139).

Über alle Disharmonien hinweg scheint sich jedoch ein - wenn auch schmaler und nicht immer explizit ausformulierter - Konsens am Horizont herauszuschälen. Akzeptiert scheint auch in den theoretischen Versuchen zur kulturellen Arbeit mit Kindern, Jugendlichen und Erwachsenen, dass Erfahrungs- und Bildungsprozesse sich nicht nur in dem engen Rahmen der klassischen Institutionen des Bildungs-, Erziehungs- und Kulturwesens realisieren, sondern auch in den „freien" sozialen und kulturellen Lebenswelten und Sozialisationsfeldern einen Ort haben. Die Kulturarbeit ist demnach ein Handlungsfeld, wo die Alltags- und Lebenserfahrungen von Erwachsenen, Kindern und Jugendlichen - also die populäre Kultur des Alltags - der Ästhetik und Kunst begegnen (vgl. Treptow 1988; vgl. auch Thole 1989b). Auch über die sich im interaktiven e-mail- und web-Zeitalter neu ergebenen Chancen hat sich an dieser Ortsbestimmung einer Kulturarbeit im Kontext der Sozialen Arbeit nur wenig verändert.

Tipps zum Weiterlesen

Müller-Rolli, S. (Hrsg.) (1988): Kulturpädagogik und Kulturarbeit, Weinheim u. München.
Pleiner, G./Hill, B. (1999): Musikmobile, Kulturarbeit und populäre Musik. Opladen.

Sportorientierte Konzepte

Fußball und Tischtennis gehören seit Jahrzehnten zu den klassischen Freizeitangeboten der Kinder- und Jugendarbeit. Inline-Skating, Basketball im Freien, Mitternachtsfußball, Inline- und Rollhockey und Skateboarden ergänzen seit einigen Jahren diese Angebotspalette. In einem Missverhältnis zur Verbreitung dieser Angebote steht jedoch ihre konzeptionelle Aufarbeitung. Erst allmählich verlieren sportliche Projekte ihre Rolle als spontane und selbstverständliche Jederzeit-Angebote. Wesentlich zu diesem bewussteren Umgang mit den Sportangeboten trugen die jetzt in vielen Großstädten fast zur Institution gewordenen Mitternachtsfußballturniere bei.

Sportiv orientierte Konzepte fristen dennoch in den Diskussionen der sportvereinsunabhängigen Kinder- und Jugendarbeit ein Schattendasein. Sowohl die Pädagogik als auch die Sozialpädagogik taten sich in der Vergangenheit schwer, sich dem Thema Kindheit, Jugend und Sport systematisch zuzuwenden. Die Beiträge der Sportwissenschaft konzentrierten sich auf Fragen des sportlichen Engagements von Kindern und Jugendlichen allgemein, auf den organisierten Vereinssport und auf Sportkarrieren (vgl. Bauer 1997; Brinkhoff 1999, S. 22).

Auch die Jugendarbeit zeigte bis vor kurzem Distanz - nicht zum Sport reiben, jedoch zu einer bewussten Thematisierung des Sports, weil „Sport den Beigeschmack des Primitiven, Normierten und Bornierten" anhaftet (Stüwe 1996, S. 168). Einen weiteren Grund für diese Situation sieht J. Schulze-Krüdener darin, „dass in der Jugendarbeit die körperliche Bewegung, die Körperstilisierung und die jugendkulturellen Körperpraktiken als Identitäts-, Distinktions- und Expressivitätsgeneratoren kaum eine Rolle spielen (...). Sport und Jugendarbeit haben auf dem ersten Blick etwas Gegensätzliches zum Inhalt und Ziel. Mit dem Sport verbinden sich Gedanken an körperliche Fitness, leistungsspezifische Konkurrenz, Rekorde, geschlechtsspezifischen Wettkampf, Disziplin, altersspezifisches Erfolgsstreben usw. Jugendarbeit hat demgegenüber mit Eigenschaften wie Verzicht auf Leistungskontrollen, Altersheterogenität, Gruppenorientierung, Flexibilität in bezug auf Angebote, Kommunikationsformen und Setting, Orientierung an den Bedürfnissen der Jugendlichen etc. zu tun." (Schulze-Krüdener 1999, S. 221) Für die Jugendarbeit sind demzufolge sportive Konzepte zu favorisieren, die Sport in den pädagogischen Gesamtzusammenhang der Kinder- und Jugendarbeit integrieren und primär über nicht wettbewerbskonzentrische und selektive Arbeits- und Angebotsformen sich ausweisen. Offene Streetball- und Basketballprojekte, sportliche Angebote zu Zeiten, in denen üblicherweise die staatlichen und freien Träger der Kinder- und Jugendarbeit längst ihre Türen geschlossen haben, Inline-Skating-Veranstaltungen, Rollhockeyturniere und Skateboardkurse haben in den letzten Jahren ihre Attraktivität auch für Jugendliche dokumentiert, die bisher nicht an den Angeboten der Kinder- und Jugendarbeit teilgenommen haben.

 „Das Projekt ‚Auszeit' der Sportjugend Hessen bot (...) in Zusammenarbeit mit Jugendpflegern, Sportvereinen und Schulen des Landkreises Groß-Gerau sport- und bewegungsorientierte Maßnahmen an. ‚Auszeit' hatte als Zielgruppe Jugendliche, die bisher nicht im Sportverein gewesen oder bereits wegen auffälligem Verhalten bzw. wegen gewaltförmigen Ausbrüchen ausgeschlossen worden waren. Dies waren oft die gleichen Jugendlichen, die Angebote der Jugendpflege nicht wahrnahmen, weil sie aus ähnlichen Gründen auch hier nicht mehr integrierbar waren oder weil sie mit gesprächsorientierten Angeboten generell nichts anfangen konnten. (...) Die Zusammenarbeit reichte von der Krisenintervention (...) bei Konflikten zwischen Vereinsvertretern und Jugendlichen über eigene durchgeführte internationale Sportbegegnungen zwischen der B-Jugend des Vereins VFR Rüsselsheim und einem türkischen Sportverein, Bodrumsspor Kulübü, bis hin zur gemeinsamen Ausrichtung von Jugendfußballturnieren mit attraktivem Rahmenprogramm. In Zusammenarbeit mit zwei Jugendhäusern fand so z. B. während der Fußball-Europameisterschaft das sogenannte ‚Euro-Straßenturnier' statt (...). 21 achtköpfige Mannschaften traten an, die ‚Flinken Füße' spielten gegen das ‚Böllen-Dream-Team', die ‚Torfheads' gegen die ‚Flamingos' (...). Ein weiteres längerfristiges Projekt war der Bau einer großen Kletterwand in Groß-Gerau-Berkrach. Dieses Projekt wurde in Kooperation mit Auszubildenden aus dem Gerüstbau, dem Jugendhaus Berkach und sozialpädagogischen Betreuern durchgeführt. (...) Jugendliche konnten durch sportliche Angebote des Projektes neue Körper- und Bewegungserfahrungen sammeln, sportive Formen von Stressbewältigung entdecken und ihr Selbstwertgefühl steigern. Besonders Mannschaftssportarten halfen, einzelne aus destruktiven Gruppenstrukturen herauszulösen, neue soziale Kontakte zu knüpfen und kooperatives Verhalten einzuüben (...)." (Curth/Kelm/Mathern 1998, S. 122–126)

Mit derartigen Sportprojekten, aber auch mit den sogenannten „Mitternachtssportveranstaltungen" (vgl. Pilz/Pfeiffer 1998), können Kinder und Jugendliche angesprochen werden, denen Aktivität in einem Sportverein nicht zusagt und kommerzielle Angebote unerreichbar sind. Immerhin 20 % aller Kinder nehmen nicht regelmäßig an einem Sportangebot teil und ein Viertel aller Kinder nutzt nur ein sportliches Angebot mehr oder weniger regelmäßig (vgl. Brinkhoff 1998). Da insbesondere bildungsferne SchülerInnen zu den Sportabstinenten zählen, spricht einiges dafür, dass die Kinder- und Jugendarbeit den konzeptionellen Nachholbedarf in absehbarer Zeit auffrischen sollte.

📖 **Tipps zum Weiterlesen**

Brinkhoff, K.-P. (1998): Sport und Sozialisation. Weinheim u. München.
Sportjugend Hessen (Hrsg.) (1998): Projekt „Auszeit" - Sport mit schwierigen Jugendlichen. Frankfurt a. M.

Erlebnispädagogische Konzepte

„Die Erlebnispädagogik vermittelt Einstiege - Einstiege in die Kletterwand, Einstiege in das Höhlensystem, Einstiege in das Kajak. Viele Jugendliche entdecken sich zum erstenmal selbst, zeigen auf einmal Interesse an ihrer sozialen und natürlichen Umwelt und entwickeln Perspektiven für ihren Alltag." Diese ersten Sätze aus einer Einführung in die Erlebnispädagogik (Heckmaier/Michl 1993, S. IX) illustrieren kurz und prägnant die Motive für die Renaissance der Erlebnispädagogik, ihre Intentionen und „Methode": In der fortschreitende Verstädterung und Industrialisierung der Gesellschaft und dem dadurch beding-ten Verlust an anregenden, erlebnishaltigen Erfahrungsräumen findet die Erleb-nispädagogik ihre Intention, Kinder und Jugendliche dazu zu motivieren, durch die „Methoden" - beispielsweise Klettern, Segeln, Canyoning oder Höhlen-wandern - sich selbst Grenzsituationen auszusetzen und darüber neue, lebens-perspektivisch wichtige Erfahrungen zu gewinnen.

Erlebnispädagogik als Konzept findet zunehmend in der Kinder- und Jugendar-beit Akzeptanz. Zurückgegriffen wird auf sie zum Beispiel in Projekten mit ag-gressiven und als gewaltbereit definierten Jugendlichen, in der cliquenbezoge-nen Jugendfreizeitarbeit, in Ferienfreizeiten der Jugendverbandsarbeit ebenso wie in städtischen Stadtranderholungen. Selbst die Paddeltour, durchgeführt im Rahmen einer Wochenendfreizeit mit Kindern eines Jugendzentrums, ist heute nicht mehr nur vergnügliches „schippern", sondern erlebnispädagogische Akti-on. So wird dann auch in der einschlägigen Literatur die Frage, „welches Ju-gendzentrum, welcher Jugendverband, welcher konfessionelle Träger der Ju-gendhilfe arbeitet eigentlich nicht mit der 'Methode' Erlebnispädagogik?", rhe-torisch geschickt gedreht und auf die enorm gestiegene Verbreitung der Erleb-nispädagogik hingewiesen. Die Praxis wird zur Theorie erklärt, um an anderer Stelle zu verkünden, den Ansatz von K. Hahn, dem „Urvater" der Erlebnispä-dagogik, zu einer „neuen Theoriebildung fortschreiben" zu wollen (Heckmai-er/Michl 1993, S. 26 u. 111).

Hahn war wie auch R. Steiner und M. Montessori, die gleichfalls bis heute Er-ziehungswirklichkeiten prägen, ohne pädagogische Ausbildung. Zur Kompen-sation des Mangels an menschlicher Anteilnahme, an Sorgfalt, körperlicher Tauglichkeit, Initiative und Spontaneität entwarf Hahn ab Mitte der 20er Jahre des 20. Jahrhunderts ein erlebnistherapeutisches Modell. Den beobachteten ge-sellschaftlichen „Verfallserscheinungen" sollte durch eine über „heilsame Erin-nerungsbilder" - sportliches, körperliches Training, mehrtägige Expeditionen, handwerkliche und künstlerische Projekte und den „Dienst am Nächsten" - ini-tiierte Charakterbildung entgegnet werden. Der Grundgedanke der Hahnschen Überlegungen, „Menschenbildung" über erlebnisgesteuerte „Charakterbil-dung", blieb nicht frei von Kritik. Seine vornehmlich über Geschichten und Anekdoten und wenig wissenschaftlich abgestützten Vorstellungen wurden mit dem Vorwurf konfrontiert, behavioristische Konditionierung, keineswegs je-doch Bildungsprozesse auszulösen. Erlebnisse werden erst dann bildungsrele-vant, wenn sie kritisch überdacht in Erfahrungen münden. Die Differenz zwi-schen Erlebnis und Erfahrung spielte in der Hahnschen Idee von „Charakterbil-dung" jedoch keine Rolle (vgl. Hentig 1966, S. 81).

Dass die gegenwärtige erlebnispädagogische Praxis in ihren Konzepten weitgehend auf traditionell-klassische Begründungen verzichtet, muss vor diesem
Hintergrund also nicht unbedingt als Schwäche angesehen werden. Möglicherweise ist die Etikettierung vieler Aktionen und Projekte der Kinder- und Jugendarbeit mit dem Begriff „Erlebnispädagogik" nicht einmal zutreffend, regt
er doch oftmals zu nicht gemeinten Assoziationen an. Aus diesem Grunde sollte vielleicht besser von handlungsorientierten Projekten und Aktionen gesprochen werden, wenn mit Kindern und Jugendlichen Berge bestiegen oder Ge-
wässer mit dem Kanu erkundschaftet werden, die konzeptionellen Metaphern
des erlebnispädagogischen Vordenkers und seiner gegenwärtigen „SchülerInnen" jedoch nicht geteilt werden. Kritisch wird gegenüber erlebnispädagogischen Aktionen in den letzten Jahren aus der „Ecke" der PraktikerInnen ver-
merkt, durch ausschließlich auf Erlebnisse abzielende Projekte „eine bestimmte
Männlichkeit, ein Männlichkeitsideal, das nicht nur zu kritisieren, sondern auch
dringend zu verändern ist, reproduziert wird. (…) Wenn über Erlebnisse Abenteuer, Wagnis und Risiko hergestellt werden sollen, wenn von Grenzerfahrun-
gen und neuen Dimensionen der Körpererfahrung die Rede ist, so sind damit
ausschließlich männliche Phänomene gemeint" (Düchting 1994, S. 320).

Erlebnispädagogische wie auch kulturpädagogische und sportive Projekte entsprechen dem gesellschaftlichen Trend der Expansion von erlebnis- und kör-
perbetonten Ästhetisierungen des Alltagslebens. Nicht mehr die Idee, der kluge
Gedanke, das Spiel oder die nach außen adressierte Aktion, sondern die handlungsorientierte Stilisierung des Selbst steht heute im Zentrum vieler Kinder
und Jugendlicher. Mit anderen Worten: „Mit der Aufmerksamkeitsverlagerung
auf das eigene Selbst wird das innere Erleben so sehr zum Bezugspunkt individuellen Handelns, dass sich aus dem Homo oeconomicus vergangener Zeiten
das Erlebnisobjekt moderner Gesellschaften entwickelt: ihm ist nicht länger die
Erreichung von äußeren Erfolgen, sondern die Steigerung innerer Erlebnisse
der Zweck der rationalen Planung seines Handelns, seine Lebensauffassung hat
sich von der Orientierung an Überlebenszielen in eine Ästhetik der Existenz
verwandelt, seine Selbstbeziehung schließlich hat den Charakter permanenter
Beobachtungen des eigenen Erlebens angenommen" (Honneth 1994, S. 31).
Die neue körperorientierte Selbstverwirklichungsrealität zeigt sich in sportlich-
exotischen Ästhetisierungen wie Bungeejumping, Rafting, Techno-Dance, Bo-
dyflying, Felsklettern und Tiefseetauchen, aber auch in gewaltförmigen, jugendlichen Alltagspraxen wie dem Autocrashing, Bordstein-Dashing oder dem
S-Bahn-Surfen.

 Tipps zum Weiterlesen

Heckmaier, B./Michl, W. (1993): Erleben und Lernen. Einstieg in die Erlebnispädago-
    gik. Neuwied.
Fischer, D./Klawe, W./Thiessen, H.-J. (Hrsg.) (³1997): (Er-)Leben statt Reden. Erleb-
    nispädagogik in der offenen Jugendarbeit. Weinheim u. München.

7.5 Zum Stand der Theoriebildung - Fazit

Mehrheitlich reklamieren inzwischen selbst die VerfasserInnen profunder theoretischer Begründungen für ihre Vorschläge keinen generalistischen Anspruch mehr. Die Unsicherheit mit den eigenen Überlegungen wird gegenwärtig über die unter den Stichworten Qualitätsmanagement, Neue Steuerung und Produktorientierung geführten Diskussionen und über die unter diesen Begriffen initiierten Veränderungen der Praxis der Kinder- und Jugendarbeit potenziert. Zum einen wird hierüber dem theoretischen und konzeptionellen Nachdenken eine neue, fachfremde Semantik anempfohlen sowie angeregt, sich auch mit Begriffen wie Rationalität, Effizienz und Effektivität, Produktklarheit, Steuerung, Flexibilisierung und Controlling zu beschäftigen.[3] Zum anderen scheinen bildungstheoretische und adressatInnenbezogene Überlegungen gegenüber betriebswirtschaftlich inspirierten pragmatischen Ansätzen ins Hintertreffen zu geraten. Unreflektiert bleibt, dass eine Kinder- und Jugendarbeit, die sich über eine marktförmig ausgerichtete Dienstleistungsorientierung steuert, hat ein anderes Profil als eine, die sich primär an sozialpädagogisch-fachlichen Zielen orientiert (vgl. hierzu auch Kapitel 9).

Dem theoretischen Nachdenken und die wesentlich über betriebswirtschaftliches Wissen gesteuerten Veränderungen in der Praxis von Kinder- und Jugendarbeit sind in naher Zukunft eine ausgeprägtere Verzahnung als momentan zu wünschen. Dass auf der Ebene der konzeptionellen Weiterentwicklung der Praxis außerschulischer Kinder- und Jugendarbeit aktuell durchaus beachtliche ersuche unternommen werden (vgl. u. a. B. Müller 1998b; Schumann 1998; Deinet 1999; Deinet/Sturzenhecker 1996; Spiegel 1996), schwächt diese Anmerkung substanziell nicht ab, zumindest dann nicht, wenn zwischen Konzept- und Theorieentwicklung auch in Zukunft nicht systematisch unterschieden wird.

 Tipps zum Weiterlesen

Müller, B. ([2]1998): Qualitätsprodukt Jugendhilfe. Kritische Thesen und praktische Vorschläge. Freiburg i. Breisgau.

---

3 Eine empirische Analyse der mit der neuen Begriffswelt einhergehenden praktischen Folgen steht noch aus. Vielleicht trifft für die Soziale Arbeit und mithin auch für die Kinder- und Jugendarbeit zu, was P. Bourdieu und L. Wacquant (2000, S. 7) in bezug auf das postmoderne Vokabular insgsamt feststellten: „Die Verbreitung dieses neuen Begriffskanons (...) verdankt sich einem Imperialismus symbolischer Art. Die Auswirkungen sind umso gravierender, als dieser Imperialismus nicht nur von den Anhängern der neoliberalen Revolution getragen wird, die unter dem Vorwand der 'Globalisierung' die Welt umgestalten wollen und die sich deshalb endgültig von jenen sozialen und ökonomischen Errungenschaften verabschieden (...). Dieser symbolische Imperialismus kann sich auch auf Kulturschaffende (Wissenschaftler, Künstler, Schriftsteller) (...) stützen, die sich in ihrer Mehrheit immer noch für fortschrittlich halten."

8 Leitlinien und methodische Prämissen

Die im letzten Kapitel erörterten unterschiedlichen konzeptionellen Orientierungen und theoretischen Vorschläge zu einer Theorie der Kinder- und Jugendarbeit zeigen eine differente Nähe zu Diskussionen, in der zu klären versucht
wird, inwieweit Kinder- und Jugendarbeit pädagogisch ist oder zu sein hat. Diejenigen, die die außerschulische Arbeit mit Kindern und Jugendlichen generell
von pädagogischen Implikationen befreit sehen möchten, verweisen darauf,
dass Kindern und Jugendlichen auf pädagogischen Wegen keine Orientierungen mehr vermittelt werden können (vgl. Krieger/Mikulla 1994; Baacke 1985a)
und dass das gesellschaftspolitisch unreflektierte Beharren auf pädagogischen
Intentionen ein Festhalten an irrelevanten Erziehungsvorstellungen beinhaltet
(vgl. Griese 1994). Demgegenüber wird die Bedeutung pädagogischen Handelns betont und vorsichtig für eine Reaktivierung der außerschulischen Kin-
der- und Jugendarbeit als Bildungsforum votiert (vgl. u. a. Schumann 1993;
Scherr/Thole 1998; Brenner 1999). Dieser Diskurs ist insofern relevant, als
ein Plädoyer für diese oder jene Variante mit darüber entscheidet, welche
Handlungskontexte (methodische Makroebene) und Handlungsformen (methodische Mikroebene) die Kinder- und Jugendarbeit an den jeweiligen Praxisorten favorisiert. Im Kern ist damit die Methodenfrage für die Kinder- und
Jugendarbeit reaktiviert.

8.1 Kennt die Kinder- und Jugendarbeit „eigene" Methoden?

Die Kinder- und Jugendarbeit realisiert ihre Anliegen und ihren Auftrag in den
Handlungskontexten des offenen, unstrukturierten Arrangements (Situationen),
in Workshops und Projekten, in der Einzel- und Gruppenarbeit, in Aufführungen, Veranstaltungen, Vorführungen und Kursen (Unterricht) unter Rückgriff
auf die Handlungsformen Inszenieren, Unterrichten, Planen, Animieren und
Anregen, Diskutieren, Konzipieren, Modellieren (Werken, Reparieren und Basteln etc.), Beraten und Arrangieren. Deutlich ist damit signalisiert, dass die
Kinder- und Jugendarbeit nicht nur in einem hohen Maße in bezug auf ihre
Handlungsorte, sondern auch in bezug auf die angewandten Methoden ausdiffe-
renziert und plural ausgerichtet ist. Mit anderen Worten: Die dogmatische und
engstirnige Konzentration auf eine Handlungs- beziehungsweise Lehr- und
Lernform ist auch in der Kinder- und Jugendarbeit einem Mit- und Nebeneinander der unterschiedlichsten methodisch-didaktischen Intentionen und Handlungsformen respektive Techniken des Handelns gewichen. Ein an der klassischen Dreiteilung in Einzel-, Gruppen- und Gemeinwesenarbeit ausgerichtetes
methodisches Setting ist für die Kinder- und Jugendarbeit ebenso wenig in-

struktiv wie die Ausrichtung an Methoden der Schulpädagogik oder die Favorisierung allein erfahrungsorientierter und situationsgebundener Methoden und Handlungsformen.

Die „methodischen" Ansätze - Handlungsformen - der Kinder- und Jugendarbeit sind multiperspektivisch ausgerichtet. Selbst einzelne Handlungsfelder zeichnen sich heute nicht mehr durch eine dem Feld jeweils typische „Methode" aus. Projekte und Aktionen, die, wie beispielsweise kulturpädagogische Angebote, bisher offene Arrangements bevorzugten, greifen inzwischen für Teilprojekte auch auf Lernformen zurück, die vielleicht in Musikschulen anzutreffen sind, und diese wiederum experimentieren bei Workshops und Präsentationen mit offenen, vielleicht sogar interdisziplinär angelegten Lehr- und Lernkonzepten. Auch die Handlungsformen in der Kinder- und Jugendverbandsarbeit und in den Jugendfreizeitzentren und -häusern haben sich verändert. Wurden bis vor kurzem hier noch methodisch durchdidaktisierte Projekte aufgrund ihrer situations- und alltagsferne kritisch beäugt, ist inzwischen zu beobachten, dass bei Teilprojekten durchaus auf ehemals als zu starr empfundene Handlungsformen zurückgegriffen wird. Gleichwohl ist in der Praxis der Rückgriff auf methodische Konzepte nicht willkürlich. Unterschiedliche Angebotsformen und Arbeitsweisen priorisieren unterschiedliche methodische Varianten. Und auch die Maximen, also die verfolgten Intentionen und Ziele - die didaktischen Eckwerte oder Leitlinien -, sind an den Orten der Kinder- und Jugendarbeit nicht durchgängig identisch, können auch nicht einheitlich sein, weil die Ausgangsbedingungen unterschiedlich sind. Verschiedene strukturelle und bildungspolitische, aber auch historisch tradierte gesellschaftliche Erwartungen adressieren sich an die Anbieter von kinder- und jugendpädagogischen Angeboten.

! Mit Ausnahme von vielleicht therapeutisch ausgelegten Methoden, wie beispielsweise die Familientherapie, die primär im Kontext der sozialpädagogischen Familienhilfe realisiert wird, genießt fast die gesamte Palette sozialpädagogischer Methoden in der Kinder- und Jugendarbeit eine Bedeutung. Sozialpädagogische Beratung, themenzentrierte Interaktion und klientenzentrierte Gesprächsführung, Formen des Case-Management, der Mediation, der multiperspektivischen Fallarbeit und des Empowerments sind hier ebenso zu finden wie die Straßensozialarbeit und die Erlebnispädagogik, die häufig nicht als Konzepte, nicht einmal als Methoden, sondern als Arbeitsfelder ausgewiesen werden. Dies trifft ebenso auch auf die rekonstruktive, ethnographiebezogene Fallarbeit wie auf Varianten des Sozialmanagements und unter bestimmten Perspektiven auch auf die akzeptierende Jugendarbeit und die Jugendhilfeplanung zu.

Hier soll nicht der Weg einer dezidierten Vorstellung dieser Methoden eingeschlagen werden, das ist in jüngster Zeit an anderer Stelle geschehen (vgl. Galuske 1998b; Deinet/Sturzenhecker 1998). Statt dessen werden Grundmaximen der Kinder- und Jugendarbeit vorgestellt, die in den hier genannten und möglicherweise auch in den hier ungenannten „Methoden" Berücksichtigung finden, wenn sie im Kontext der Kinder- und Jugendarbeit zur Anwendung kommen. Zudem, und hierzu hat sich zuletzt U. Deinet (1999) in nachvollziehbarer Weise geäußert, sind die Methoden in der Kinder- und Jugendarbeit eingewoben in die konkreten Konzeptentwicklungen vor Ort und erhalten hier ihre spezifische Ausformulierung. In einem zweiten Schritt werden dann, wie schon angekündigt, die Kontexte für das eigentliche Handeln in der Kinder- und Jugendarbeit sowie die hier zur Verwirklichung kommenden Techniken beziehungsweise Handlungsformen benannt.

8.2 Handlungsmaxime (Leitlinien) der Kinder- und Jugendarbeit

Auf einer eigenen, „die" Theorieentwicklung der Kinder- und Jugendarbeit ebenso wie die Entwicklung von „Theorie"-, „Praxis"- und Vor-Ort-Konzepten begleitenden und fundierenden Ebene können wir die hier näher erörterten Leitlinien oder Strukturmaximen, also gewissermaßen die normativen Eckwerte der Kinder- und Jugendarbeit ansiedeln. Sie stellen grundlegende Orientierungspunkte für die theoretische Weiterentwicklung dar, benennen aber zugleich auch die Bezugspunkte für konzeptionelle Überlegungen und Entwicklungen, sind also weder Theorie noch Konzept. Die Handlungsmaxime sind demzufolge sowohl Bestandteil der allgemeinen theoretischen und konzeptionellen Entwicklung als auch Kernelement der Vor-Ort-Konzeptionen. Darüber hinaus sollten sie auch der tagtäglichen Arbeit und den im pädagogischen Prozess zugrundeliegenden Methoden als Strukturprinzipien zugrunde liegen.

Dem Achten Jugendbericht des Bundesministeriums für Jugend, Familie, Frauen und Gesundheit (vgl. BMJFFG 1990, S. 12 und S. 85 ff) kommt der Verdienst zu, unabhängig von den Zielen und Aufgaben der Kinder- und Jugendhilfe in ihren konkreten Praxisfeldern und unabhängig von trägerspezifischen Ansprüchen solche allgemeinen „Strukturmaximen" formuliert zu haben: „Um die Gemeinsamkeiten in den Jugendhilfefeldern hervorzuheben, hat sich die Kommission auf bestimmte Grundprinzipien bei der Beschreibung der Entwicklungslinien in diesen Tätigkeitsfeldern (…) geeinigt. Lebensweltorientierung, Partizipation und Integration sind Strukturierungskriterien, die in allen Tätigkeitsfeldern wieder erscheinen, auch wenn sie je nach Tätigkeitsfeld erheblich variieren." Die Grundprinzipien der Jugendhilfe finden eine Präzisierung durch die Maximen Regionalisierung, Prävention und Alltagsorientierung. Diese Strukturmaximen der Jugendhilfe (vgl. BMJFFG 1990, S. 85 ff.) - eingedenk der Einschränkung, dass sie nicht alle überall anzutreffen sind und sie nicht überall in gleicher Form die Arbeit und die Angebote strukturieren - sind in der Kinder- und Jugendarbeit ebenfalls virulent. Aber in ihrem allgemeinen Zuschnitt sind sie konkretisierungsbedürftig. L. Böhnisch (vgl. 1992, S. 245 ff.) hat hinsichtlich der sozialpädagogischen Arbeit mit Kindern und Jugendlichen eine Präzisierung vorgelegt. An diese Erweiterung und Konkretisierung anknüpfend, können für die außerschulische Kinder- und Jugendarbeit die allgemeinen, auf die einzelnen Handlungsfelder nochmals zuzuschneidenden orientierenden Eckwerte Freiwilligkeit, Partizipation, Integration, Lebenswelt, Biographie, Zeit, Alltag, Selbstwert und Region beziehungsweise Dezentralisierung als allgemeine Leitlinien der Kinder- und Jugendarbeit herausgestellt werden:

• Die Kinder- und Jugendarbeit zeichnet sich gegenüber anderen institutionalisierten Handlungsfeldern insbesondere durch das Prinzip *Freiwilligkeit* aus. Kinder- und Jugendarbeit ist Teil des Freizeitlebens von Kindern und Jugendlichen. Es existiert für Kinder und Jugendliche jedoch keine gesellschaftlich induzierte Verpflichtung, an den Angeboten der Kinder- und Jugendarbeit teilzunehmen. Die Kinder- und Jugendarbeit stellt ein Angebot dar, das Kinder und Jugendliche in Anspruch nehmen können, zu dem sie jedoch nicht verpflichtet werden können.

• Kinder- und Jugendarbeit hat partizipative Interessen von Kindern und Jugendlichen zu unterstützen. *Partizipation* bedeutet, Kindern und Jugendlichen Handlungsfelder anzubieten, in denen sie Selbstorganisations- und Mitbestimmungsvarianten erproben können, aber auch lernen, wie sie auf gesellschaftliche Entwicklungen und Planungen, die ihre augenblickliche Situation oder ihre Zukunft betreffen, Einfluss nehmen können.

• Die Kinder- und Jugendarbeit hat eine integrative Funktion. *Integration* meint, dass der Kinder- und Jugendarbeit die Aufgabe obliegt, unterschiedliche Interessen und Bedürfnisse, kulturelle Orientierungen und Artikulationen, Milieus und Lebenswelten, unterschiedliche Ethnien und religiöse Orientierungen grundsätzlich in ihre Angebote einzubinden und den Angehörigen beider Geschlechter, aber auch denen, die aufgrund körperlicher und/oder geistig-seelischer Beeinträchtigungen besondere Ansprachen wünschen, Raum zur Entfaltung von spezifischen Anliegen anzubieten.

• *Lebensweltorientierung* bedeutet, dass die Angebote und Projekte an Erfahrungen und Erlebnissen, Fähigkeiten und Wünschen, Bedürfnissen und Lethargien von Kindern und Jugendlichen anzuschließen haben, dass sie Anliegen von Kindern und Jugendlichen ernst nehmen, kindliche und jugendliche Alltagsdeutungen akzeptieren und regionale, lokale und milieuspezifische Besonderheiten und Auffälligkeiten berücksichtigen sollen.

• *Gruppenorientierung* heißt, dass die Kinder- und Jugendarbeit kulturelle, soziale und politische Kompetenzen zu fördern hat und den sozialen Kontext des „Lernens" mit zu berücksichtigen hat.

• *Biographieorientierung* und Unterstützung der *Lebensbewältigungskompetenzen* bedeutet, darauf zu achten, dass die Mitbringsel der an den Angeboten der Kinder- und Jugendarbeit Teilnehmenden relevant für die Initiierung von neuen Lernerfahrungen sind, dass Kinder und Jugendliche heute sehr genau abzuschätzen wissen, was ihnen diese oder jene Aktivität bringt, und von der Kinder- und Jugendarbeit erwarten, Hinweise und Hilfen beim Weg durch die Kinder- und Jugendbiographie zu erhalten.

• *Zeitorientierung* heißt, das gegenwartsbezogene Zeiterleben von Kindern und Jugendlichen utopisch, aber auch historisch anzureichern, zu relativieren und mittels Gegenerfahrungen zu konterkarieren: Warum soll ich heute das Spielen einer Gitarre lernen, wenn ich doch nie spielen kann wie Jimi Hendrix?

- *Alltagsorientierung* bedeutet, die situativ bestimmten Alltagsgestaltungen von Kindern und Jugendlichen und z. B. hier sich ritualisierende Interaktionspraxen anzuerkennen, heißt aber auch für die Kinder- und Jugendkulturarbeit, erreichbar zu sein und zu den „problematischen" Alltagspraxen und -deutungen Alternativen anzubieten.

- Förderung der *Selbstwertkompetenzen* meint und erfordert eine kinder- und jugend"pädagogische" Praxis, der es gelingt, Kindern und Jugendlichen ihre Fähigkeiten bewusst zu machen, die Kindern und Jugendlichen hilft, Krisen und Unsicherheiten zu überwinden, indem sie auf vorhandene Kompetenzen verweist und/oder diese erlernen hilft.

- *Regionalisierung-* und *Dezentralisierung* letztlich besagt einerseits, dass die Politik Möglichkeiten bereitstellt, die die Kinder- und Jugendarbeit benötigt, um wirklich allen Mitgliedern der heranwachsenden Generation eine Teilnahme und das Mitmachen zu ermöglichen, heißt aber andererseits auch, dass die einzelnen Angebote und Projekte der Kinder- und Jugendarbeit sich nicht in „geschlossene Räume" verbunkern sollen, sondern in den städtischen und sozialen Räumen präsent sind.

Diese allgemeinen Eckwerte beziehungsweise Leitlinien können für alle Handlungsfelder der Kinder- und Jugendarbeit als konstitutiv angesehen werden. Sie sind in den jeweiligen pädagogischen Rahmenkonzeptionen zu berücksichtigen. Im Kern bilden sie die fachlichen Standards einer adressaten- und dienstleistungsbezogenen Kinder- und Jugendarbeit. Die Realisation in der Praxis entscheidet letztendlich jedoch allein über die Angebotsqualität.

8.3   Die „Methoden": Handlungskontexte und -formen

Die Kinder- und Jugendarbeit ist kontextabhängig. Sie wird bestimmt und definiert durch strukturelle, administrative, rechtliche und finanzielle Vorgaben. Die gegebenen Rahmenbedingungen bilden quasi den „administrativen" Kontext", beeinflusst und „gesteuert" durch die Rahmungen politischer und gesellschaftlicher Einflüsse. Darüber hinaus präsentiert sich die Kinder- und Jugendarbeit in einem konkreten institutionellen und räumlichen Kontext. Alle diese Kontexte formen und beeinflussen die Praxis der Kinder- und Jugendarbeit. Sie sind jedoch, wird von dem räumlichen, eventuell auch von dem institutionellen Kontext abgesehen, für die TeilnehmerInnen unsichtbar, zumindest unmittelbar nicht wahrnehmbar.

Der kontextuale Rahmen der Kinder- und Jugendarbeit bleibt in der Regel also den Kindern und Jugendlichen verborgen. Gleichwohl ist er der allgegenwärtige und zugleich unsichtbare Hintergrund der Praxis. Wahrnehmbar und erleb-

bar für die Kinder und Jugendlichen sind lediglich die Handlungskontexte der
Praxis selbst, also das situative Interieur der unmittelbaren, direkten pädagogischen Aktion, des Angebots, der Veranstaltung oder des Projekts. Wiederum
sehr allgemein, also abstrahiert von konkreten Praxisarten, vollzieht sich die
Kinder- und Jugendarbeit in folgenden Handlungskontexten:

- Unterricht
- Kurse
- Workshops
- „Offene Räume und Angebote", Situationen
- Projekte
- Gruppen
- Konzeptentwicklungen, Planung und Evaluation
- Aufführungen, Veranstaltungen und Vorführungen.

Die genannten Handlungskontexte geben isoliert keinerlei Auskunft über die
Orte, an denen auf sie zurückgegriffen wird. Und auch über die Intensität des
Angebots lassen sie wenig erkennen. Einzig der Kontext „Konzeptentwicklung" weist aus, dass es hier vordergründig nicht um eine bestimmte Praxis,
sondern um die theoriegeleitete Ausbuchstabierung der Kinder- und Jugendarbeit geht. Doch der Ort der Konzeptentwicklung ist allein über den Handlungs-
kontext nicht zu erkennen (vgl. Scherr 1998; Deinet 1999). Different und unter-
scheidbar sind die Handlungskontexte lediglich über die zeitliche Dimension:
Unterricht realisiert sich in einer fest abgesteckten Zeitspanne und wird durch
diese eingegrenzt. Hingegen finden Projekte zumeist über einen längeren Zeitraum statt. Die anderen Handlungskontexte platzieren sich in dem „Zeitfeld"
dazwischen. In einigen Regionen, zum Beispiel in Nordrhein-Westfalen, wird
nach offenen und teilstrukturierten Angeboten sowie Gruppenangeboten unterschieden. Für konkrete Planungsprozesse ist diese Differenzierung möglicherweise ganz instruktiv. Konzeptionell verdeutlicht sie allerdings nur wenig.

Erst über die in den Handlungskontexten entfalteten Handlungsformen und
Techniken des Handelns wird die Kinder- und Jugendarbeit konkret. Nach dem
Verblassen des Streits, ob die Methoden der Kinder- und Jugendarbeit stärker
in Anlehnung an schuldidaktische und -methodische oder vielmehr an das Me-
thodenrepertoire des offenen, erfahrungsbezogenen Curriculums zu konzipieren
sind, zeigt z. B. die Kinder- und Jugendarbeit heute gerade auch über ihren Me-
thodenpluralismus ihre besondere Qualität. Nichtsdestotrotz liegt noch kein
ausgefeilter Vorschlag vor, der das breite Spektrum an Handlungsformen sortiert und schlüssig begründet. Ein Manko, das insbesondere durch das Unsi-
cher-Werden genuin pädagogischer Formen des Handelns auffällig und zu bedauern ist, zumal Arbeit mit Kindern und Jugendlichen zwar auch, aber nicht
nur pädagogische Kompetenz verlangt (vgl. hierzu insbesondere Giesecke
1997). Mit anderen Worten: Nicht jedes „Handeln" mit Kindern und Jugendlichen ist pädagogisch. Die nachfolgenden Handlungsformen (Techniken des
Handelns) zeigen eine unterschiedliche Nähe zu pädagogischen Kompetenzen.
Zumindest auch künstlerisch-handwerkliche, theatralische, rechtliche, organisa-

torische, sozial-kommunikative, administrative und konzeptionelle, manchmal sogar medizinische Fähigkeiten scheinen wünschenswert (vgl. Giesecke 1987; Thole/Kolfhaus u. a. 1994). In der Kinder- und Jugendarbeit scheinen primär die nachfolgend genannten Handlungsformen und -techniken Anwendung zu finden:

- Inszenieren;
- Arrangieren;
- Unterrichten;
- Vorführen;
- Beraten;
- Animieren und Anregen;
- Zeigen;
- Organisieren;
- Planen, Konzeptualisieren und Evaluieren.

Das In-Beziehung-Setzen von Handlungsmaximen, Handlungskontexten und Handlungsformen an den konkreten Orten der Kinder- und Jugendarbeit - ihr Praktisch-Werden - bestimmen die je eigenen und spezifischen „Gesichter" der Arbeit mit Kindern und Jugendlichen. Kontemplative Formen der Kinder- und Jugendarbeit, wie z. B. eine Musikveranstaltung oder der Besuch einer Theateraufführung, erfordern andere Handlungsmaximen als die Strukturierung und Durchführung eines Spielnachmittags in einem Kinder- und Jugendhaus oder als die Organisation eines Fußballspiels.

Die unterschiedlichen Handlungsorte und Träger der Kinder- und Jugendarbeit favorisieren unterschiedliche Handlungsmaximen beziehungsweise Leitlinien, Handlungskontexte und -formen. Zur Verdeutlichung: Jede der genannten Handlungsmaximen ist konzeptionell und konkret vor Ort mit allen Handlungskontexten und allen Handlungsformen an allen Orten der Kinder- und Jugendarbeit zu kombinieren. In welcher Form dies geschieht, bleibt den konzeptionellen Festschreibungen und konkreten Planungen vorbehalten. Ausschließlichkeitsdiktionen existieren nicht: Abhängig von den Gegebenheiten an den einzelnen Praxisorten entwickeln die Projekte der Kinder- und Jugendarbeit differente Bezüge zu den Handlungsformen und -kontexten. Mit anderen Worten: Die Kinder- und Jugendarbeit ist weder durchgängig planbar und didaktisierbar noch mit standardisierten Instrumentarien hinsichtlich ihrer direkten Wirkung über reine Kennziffern evaluierbar. Insbesondere auch vor diesem Hintergrund trifft möglicherweise B. Sturzenhecker mit seiner Charakterisierung der Kinder- und Jugendarbeit als „geplante Anarchie" den Kern.

 Tipps zum Weiterlesen

Galuske, M (^{2}2000): Methoden der Sozialen Arbeit. Eine Einführung. Weinheim u. München.
Giesecke, H. (^{5}1996): Pädagogik als Beruf. Grundformen pädagogischen Handelns. Weinheim u. München.

Müller, B. (1994): Sozialpädagogisches Können. Ein Lehrbuch zur multiperspektivischen Fallarbeit. Freiburg i. Breisgau.
Thiersch, H. (1992): Lebensweltorientierte Jugendhilfe - zum Konzept des 8. Jugendberichtes. In: Thiersch, H. (1992): Lebensweltorientierte Soziale Arbeit. Aufgaben der Praxis im sozialen Wandel. Weinheim u. München, S. 13–40.

8.4 Mobilität und Niedrigschwelligkeit als Konzept - Exkurs

Mit Titeln wie „Tatort Straße - Schlägereien, Raubüberfälle, Drogenmissbrauch. Bandenkriege. Aus dem Leben eines Streetworkers", „Großstadt Rambos - Streetwork mit gewaltbereiten Jugendlichen" und „Entwurzelt" erweiterte vor acht Jahren der Bastei-Lübbe Verlag sein Präsenzortiment. In effekthaschender Aufmachung wird aus dem Alltagsleben von gewaltorientierten „kriminellen Jugendlichen, rechtsradikalen Schülern und von gewalttätigen Auseinandersetzungen zwischen Gruppen verschiedener Nationalitäten" berichtet (vgl. Stürzbecher 1992).

Kaum verwundern kann, dass Themen, die Jugend und Gewalt zu verbinden wissen, augenblicklich Hochkonjunktur genießen und insbesondere auf dem „niedrigschwelligen" Medienmarkt, zu dem Bahnhofsbuchhandlungen sicherlich zählen, auf „Akzeptanz" stoßen. In den zitierten Publikationen werden sie jedoch von W. Stürzbecher, einem Berliner Straßensozialarbeiter, und nicht von einem Journalisten oder einem Ghostwriter auflagenorientiert und auflagenstark aufgearbeitet. Und wie die Titel schon ansatzweise erahnen lassen, möchte er auch nicht nur von jugendlichen „Großstadtrambos" erzählen, sondern auch von Sozialarbeitern, „die nicht mehr in Amtsstuben sitzen, sondern zu den Menschen gehen, die ihre Hilfe brauchen, weil sie nicht mehr den bürgerlichen Normen entsprechen" (Stürzbecher 1992, S. 306).

Stürzbechers Bücher und deren populistische Platzierung dokumentieren mehr als nur das allseits hohe öffentliche Interesse an gewaltbereiten und -fähigen Jugendlichen. Aus sozialpädagogischer Perspektive sind sie auch Ausdruck einer tendenziellen Umbruchphase der Sozialen Arbeit - von geschlossenen, mit vermeintlichen oder realen Schwellenängsten ausgestatteten hin zu aufsuchenden, niedrigschwelligen und akzeptierenden Angeboten der Sozialpädagogik - und damit ein Indiz für die in den 90er Jahren forcierte Konjunktur lebenswelt- und alltagsnaher Handlungskonzepte und -methoden der Sozialen Arbeit. Nähe zu den und Akzeptanz der Klientinnen und Klienten, Nähe zu ihren sozialen Netzwerken und räumlichen Arrangements sowie Akzeptanz ihrer Lebenspläne und ihres biographischen Eigensinns, Distanz zu institutionellen Settings, Verzicht auf institutionell geronnene normative Ansprüche und Etiketten, soll dem als nicht modernisierungsfähig etikettierten sozialpädagogischen Methodendesign Wege aus der Sackgasse weisen.

Inwieweit niedrigschwellig, aufsuchend und akzeptierend ausgelegte Konzepte, also Interventionen, die eine genuine Lebensweltnähe reklamieren[1], die sozialpädagogischen Handlungs- und Interventionsmöglichkeiten erweitern, soll erörtert werden.

Zum Beispiel „Akzeptierende Jugendarbeit"

„Das Verstehen und die Akzeptanz sind grundsätzlich für jede sozialpädagogische Tätigkeit notwendige Voraussetzung. Im Rahmen der akzeptierenden Arbeit werden sie in den Mittelpunkt gerückt und dem Element der Kontrolle und des pädagogischen 'Verändernwollens' gegenübergestellt. (...) Diese Neuorientierung in der Jugendarbeit als aufsuchender, mobiler, akzeptierender Jugendarbeit oder Straßensozialarbeit bedeutet ein Ansetzen an den bestehenden Gruppierungen und den sozialen Problemen, die diese Gruppierungen aufweisen" (Stickelmann 1996, S. 23).

Wie die niedrigschwellige Drogenarbeit entwickelte sich auch die akzeptierende Jugendarbeit über eine Kritik der etablierten sozialpädagogischen Praxis. Mit Blick auf die seit den frühen 80er Jahren des 20. Jahrhunderts vermehrt in die öffentliche Wahrnehmung und in den Blick der Jugendforschung gerückten „Streetgangs", gewaltbereiten Fußballfangruppen, Hooligans und Macho-Skins, national-rechts orientierten jugendlichen Szenen, den Streetfightern und Autochrashing-Kids und partiell auch den jungen, radikalen „autonomen" Punkern wurde durchgehend eine pädagogische Handlungsohnmacht konstatiert, die ihre Ursache in der emanzipatorischen Orientierung der „klassischen" Jugendarbeit hat. Die klassischen pädagogischen Szenarien konstituieren - folgt man den vorgetragenen Kritiken (vgl. Krafeld 1992, 1996; kritisch Helsper 1993; Scherr 1992) - ihre Angebotspaletten auf der Grundlage von „Ausgrenzung versus Bildung und Hilfe". Diese Strategie aber hat zur Konsequenz, so VertreterInnen der akzeptierenden Jugendarbeit, dass die Betroffenen von den entsprechenden pädagogischen Angeboten nicht mehr erreicht werden, weil sie ausgegrenzt werden, beziehungsweise sich von ihnen nicht erreichen lassen, da sie die an sie adressierten Bildungsangebote als nicht akzeptabel empfinden. Vor diesem Hintergrund wurden neue konzeptionelle Ansatzpunkte gefordert (vgl. u. a. Heitmeyer/Peter 1988; Möller 1996) und am prägnantesten akzentuiert in dem Konzept der akzeptierenden Jugendarbeit mit rechts- und gewaltorientierten Jugendlichen (vgl. Krafeld 1992, 1996; Krafeld/Möller/Müller 1993).

Akzeptierende Jugendarbeit geht davon aus, dass die belehrende Bekämpfung rechter Orientierungen und entsprechender Gewaltbereitschaft bestenfalls von höchst begrenzter Wirkung ist und von daher eine sozialpädagogische Arbeit notwendig macht, die diejenigen Probleme in den Mittelpunkt stellt, die Ju-

---

1 Präziser ist von lebenswelt*nahen* Handlungskonzepten und nicht von lebenswelt*orientierten* zu sprechen, weil innerhalb der vorzustellenden Konzepte der explizite Bezug auf theoretische Fundierungen (vgl. u. a. Thiersch 1992, 1995) zumeist eher oberflächlich bleibt (vgl. hierzu Galuske/Thole 1999).

gendliche haben, und nicht die Probleme, die sie machen. Zudem betonen die ProtagonistInnen dieses Konzepts, dass erfolgreichere und befriedigendere Wege der Lebensbewältigung in aller Regel letztlich auch sozial verträglichere Wege sein müssen. Folglich haben die pädagogischen Akteure zuvorderst zu akzeptieren, dass die Jugendlichen selbst für sich zumeist einen Sinn darin sehen, sich so und nicht anders zu orientieren. Sie werden ihre „Auffälligkeiten" nur dann ablegen, wenn sie für sich sinnvollere und befriedigendere Wege entdeckt haben, „aus ihrem Leben" was zu machen. PädagogInnen begleiten und unterstützen auf der Basis der genannten Prämissen die Jugendlichen folglich bei ihrer Suche nach Wegen der Lebensbewältigung, wobei akzeptieren nicht heißt, dass alle Artikulationen und Handlungen der Jugendlichen positiv kommentiert werden, allerdings auch nicht grundsätzlich permanent kritisch angefragt werden, weil pädagogische Arbeit nicht zulassen kann und darf, dass gesellschaftliche Probleme zu Jugendproblemen und zu pädagogischen Aufgaben umdefiniert werden (vgl. Krafeld 1996, S. 16). Die Konzepte der akzeptierenden Jugendarbeit plädieren so dafür, soziale Räume anzubieten, in denen die Jugendlichen öffentlicher Kontrolle weitgehend entzogen in einem partiellen Schonraum interagieren und ihr Verhalten erproben können.[2]

„Lebenswelt" als Gemeinsamkeit?

Obwohl die sozialpädagogischen Projekte der Kinder- und Jugendarbeit sich vor Ort konzeptionell vielfältig ausdifferenzieren, stehen sie keineswegs beziehungslos nebeneinander. Befreit man die konzeptionellen Grundideen von ihrer zumeist praxeologisch-methodischen und handlungspragmatischen Schale, dann zeigen die mit Adjektiven wie „akzeptierend", „niedrigschwellig", „mobil", „aufsuchend", „nicht-bevormundend" und „straßen- und raumbezogen" etikettierten Projekte der „lebensweltnahen" Sozialpädagogik drei strukturelle Gemeinsamkeiten:

• Lebensweltnahe Ansätze und die sie tragenden Zugangs- und pädagogischen Handlungsformen sind gegenwärtig in der Kinder- und Jugendarbeit vornehmlich bei Projekten in marginalisierten und extrem problembelasteten sozialen Milieus und bezogen auf die hier agierenden Subjekte anzutreffen. Bei den Zielgruppen - rechtsorientierte und gewaltbereite Jugendliche, Drogenabhängige und -konsumenten, Obdachlose respektive Nichtsesshafte, weibliche und männliche Prostituierte, Straßen- und „Lücken"kinder, Jugendbanden und -gangs - handelt es sich jeweils um Adressatenfelder, die auf der einen Seite eine vermeintliche Bedrohung öffentlicher Ordnungsvorstellungen und Normalitätsbilder darstellen, die jedoch zugleich und andererseits offensiv aus bestehenden institutionellen Unterstützungsangeboten ausgegrenzt beziehungsweise mit herkömmlichen institutionellen Settings nicht erreicht

---

2 In einem neuen Beitrag nimmt Krafeld (2000) von dem Konzept der akzeptierenden Jugendarbeit Abschied und schlägt vor, zukünftig von gerechtigkeitsorientierter Jugendarbeit zu sprechen.

werden. In den lebensweltnahen Handlungsansätzen manifestiert sich somit nicht lediglich ein Hilfebedarf problembelasteter sozialer Gruppen und Personen, sondern zugleich auch eine gesellschaftliche Kontrollabsicht sowie ein institutionelles Interesse an der Ausweitung von Hilfsangeboten für AdressatInnen, die mit bisherigen gesellschaftlichen und mithin auch den sozialpädagogischen Angeboten nicht mehr zu erreichen sind.

- Lebensweltnahe sozialpädagogische Projekte insgesamt und der Kinder- und Jugendarbeit insbesondere kennzeichnet als Gemeinsames zudem eine grundlegende deinstitutionalisierende Tendenz. Hürden und Zugangsschwellen zu sozialpädagogischen Angeboten können unterschiedlicher Natur sein. Als räumliche und sachliche Barrieren können etwa stadtteilferne Räumlichkeiten, schlechte Anbindung an öffentliche Verkehrsmittel und klientenunfreundliche Öffnungszeiten wirken. Lebensweltnähe fordert demnach die „klassische" Soziale Arbeit implizit auf, ihre Angebotspalette auf gewollte und ungewollte Zugangsregeln und Barrieren hin zu überprüfen.

- Lebensweltnähe in der hier diskutierten Variante ergänzt und komplettiert das normalisierte „Sozialpädagogische Projekt" (vgl. Schefold 1993) am Ende seines ersten Jahrhunderts über einen Verzicht auf etablierte, gesellschaftlich konsensuale Modelle der Lebensführung als Entwicklungsmuster und Zielschablone mit einem Paradigma der „Ent-Normalisierung" (vgl. Galuske 1993). Die Unterstützung und Beratung von Drogenabhängigen ohne Abstinenzanspruch oder die Arbeit mit rechtsorientierten und gewaltbereiten Jugendlichen enthält für die etablierte sozialpädagogische Praxis mithin immanente Provokationen, die häufig allzu pauschal lediglich mit dem Hinweis auf den rein defensiven Charakter von Unterstützungsleistungen kritisiert und abgewehrt werden. Abgewehrt werden können sie auch deshalb, weil in der Tat lebensweltnahe Konzepte wie zum Beispiel die akzeptierende Drogenarbeit sich als „pragmatische Ansätze der Schadensbegrenzung" (Hentschel 1994, S. 19) vorstellen und ihre Unterstützungsleistungen reduziert als „Kunst des Möglichen" habitualisieren.

Die hier hervorgehobenen grundlegenden Übereinstimmungen lebensweltnaher Sozialer Arbeit mit Kindern und Jugendlichen stellen bei näherer Betrachtung durchaus historisch gewachsene, wenn auch zuweilen vergessene, verdrängte oder übersehene Kernbestände der Sozialpädagogik und damit auch der Kinder- und Jugendarbeit dar. Ihr innovatives Potential liegt so möglicherweise nicht im grundsätzlich Neuen, sondern in der Akzentuierung des Alten: Dass die KlientInnen dort abgeholt werden sollen, wo sie stehen, ist eine, häufig zur Floskel verkommene Traditionsgrundlage Sozialer Arbeit. Als neues und für die etablierte Praxis Sozialer Arbeit durchaus irritierendes Moment kommt allerdings hinzu, dass die AdressatInnen innerhalb der neueren lebensweltnahen Handlungsansätze nicht nur dort abgeholt werden sollen, „wo sie stehen", sondern dass sie zudem auch Einfluss nehmen sollen auf das Ziel der jeweiligen sozialpädagogischen Interventionen.

Auf der Suche nach ... - Kritische Bilanz

Vordergründig fällt bei einer näheren Durchsicht der vorliegenden Veröffentlichungen zu den konzeptionellen Grundlegungen und Praxisansätzen lebensweltnaher Sozialer Arbeit somit zunächst das Missverhältnis zwischen methodischer Strukturierung des Hilfeprozesses und normativen Anforderungen an die Haltungen der MitarbeiterInnen auf, eine Differenz, die auch für die klassischen Methoden der Sozialen Arbeit konstatiert wurde (vgl. Baron u. a. 1978).

Darüber hinaus offenbart insbesondere die Suche nach den theoretischen Bezugsrahmungen lebensweltnaher Handlungsansätze ein Grunddilemma wissenschaftlicher Sozialpädagogik und dokumentiert das nicht untypische Phänomen, dass der sozialpädagogische Theoriediskurs und die Methodenentwicklung nur wenig miteinander verknüpft sind. Gleiches trifft auch auf die Kinder- und Jugendarbeit zu. Die Beiträge zur Konsolidierung der wissenschaftlichen Sozialpädagogik wie auch zur Kinder- und Jugendarbeit vollziehen sich überwiegend methodenabstinent. Die Entwicklung, Ausfächerung und Ausformulierung von Methoden wird zumeist als Importgeschäft aus anderen Disziplinen beziehungsweise aus angloamerikanischen Ländern und nicht als theorieabgesicherte Qualifizierung betrieben (vgl. Thole 1993; Galuske 1998b). Auch für die diskutierten lebensweltnahen Zugänge gilt tendenziell, dass sie Praxisentwicklungen repräsentieren und sich zumeist im Kontext arbeitsfeldspezifischer Aufgabenformulierungen ohne Bezug auf die Diskurse um die Sozialpädagogik in der Moderne konturieren. Empirisch abgestützte Vergewisserungen zentraler Begriffe wie „Lebensweltorientierung" oder „Bedürfnisorientierung" sind in der überwiegenden Zahl der vorliegenden Publikationen eben so selten zu finden wie theoretische Rahmungen. Die einzelnen theoretischen Dilemma, die hieraus resultieren, können hier nicht dezidiert herausgearbeitet und diskutiert werden. Eine nähere Betrachtung der „Akzeptanz-Orientierung" sowie der „Hilfe-Kontrolle"-Problematik soll nachfolgend jedoch exemplarisch auf die mit der Theorieabstinenz verbundenen problematischen Implikationen hinweisen (vgl. Galuske/Thole 1999):

(1) *„Akzeptanz als defensive, antipädagogische Haltung"*: Das „Akzeptanz-Paradigma" liegt allen lebensweltnahen Handlungsansätzen zu Grunde. Im Kontrast zu anderen intentionalen und methodischen Grundorientierungen durchzieht es eine verstehensorientierte Grundhaltung ohne intentionale Ausrichtung und Begründung: „Die Arbeit bekommt nicht erst dadurch einen Sinn, dass ich die Jugendlichen woanders hinhole, sondern sie hat schon dadurch ihren Sinn, dass ich mich auf Menschen unterstützend einlasse, die immens große Probleme damit haben, gelingende und befriedigende Wege der Lebensbewältigung zu entfalten" (Heim u. a. 1991, S. 306). Die methodische Verwirklichung erfolgt zumeist ebenso pragmatisch wie ihre konzeptionelle Abstützung: Im Kontext akzeptierender Angebote sind die professionellen HelferInnen jeweils „Gäste" in den entsprechenden Szenen und in den von ihnen belebten sozialräumlichen Territorien. Da kaum zu erwarten ist, dass Gäste zum wiederholten Male eingeladen werden - wenn sie denn überhaupt je eingeladen waren! -,

sofern sie diejenigen, die die Rolle der Gastgebenden spielen, kritisieren, bleibt ihnen nur die Rolle der akzeptierenden Zurückhaltung. Sowohl in den Projekten der niedrigschwelligen Drogenarbeit, der mobilen Straßensozialarbeit wie auch in denen der akzeptierenden Jugendarbeit wird darauf verwiesen, dass nur die Akzeptanz der AdressatInnen einen personellen und sozialräumlichen Zugang gewährleistet.

Eingewoben in diese Grundhaltung ist eine paradoxe, antipädagogische Prämisse. Den AdressatInnen wird eine prinzipielle Zweck- und Zieldistanz suggeriert, die jedoch letztendlich gar nicht aufrecht erhalten werden kann. „Das Signal der prinzipiellen Akzeptanz impliziert eine 'Täuschung', die zu Inkonsistenzen im pädagogischen Handeln führen kann, indem in Konflikten und besonders aggressiven und gewalttätigen Auseinandersetzungen den Jugendlichen verdeutlicht wird, dass diese Handlungsformen eben doch nicht akzeptabel sind" (Helsper 1993, S. 221). Was marginalisierte soziale Szenen und Menschen demgegenüber fordern - und möglicherweise ist eben dies auch zuweilen mit dem Ausdruck Akzeptanz gemeint - ist eine authentische, nicht zynische, gerechte und nicht doppelzüngige Haltung von den professionellen Akteuren, die Verlässlichkeit nicht nur zusagen, sondern auch realisieren. Das heißt sich auch einmischen und dabei Positionen erkennen lassen, die Selbstzerstörungen und auch gewaltorientierte Handlungen ebenso wie gesellschaftliche Stigmatisierungen kritisieren und nicht stützen (vgl. u. a. Thole 1991, S. 98; Stuckert 1993). Dagegen scheint das „Akzeptanz-Paradigma" theoretisch nicht ausformuliert und zu Ende gedacht und selbst das Produkt einer „niedrigschwelligen Theorieanlage" zu sein.

(2) *Die „Hilfe-Kontroll-Problematik"*: Betrachtet man die einschlägigen Publikationen zur Sozialpädagogik mit Fußballfans und Hooligans oder etwa zur akzeptierenden und niedrigschwelligen Drogenarbeit, insbesondere jedoch zur mobilen Straßensozialarbeit, so finden sich kaum Beiträge und nur selten Projektbeschreibungen, die nicht vehement gegen die den Projekten von den jugendpolitischen Institutionen auferlegten Aufgabenzuschreibung der Integration, Entskandalisierung und Beschwichtigung argumentieren. Die einzelnen Projekte möchten jeweils mehr sein als nur ein „Joker im Befriedungspoker" (Keppeler 1989, S. 16) und verstehen sich durchaus als adressaten- und klientenbezogene, entstigmatisierende und nicht disziplinierende, die subjektiven Eigensinne stützende Integrationsmedien. Die hierüber angesprochene Problematik - unter dem Stichwort „doppeltes Mandat" sowie unter den Begriffspaaren „Hilfe oder Kontrolle" (vgl. Böhnisch/Lösch 1973), „Kolonialisierung oder Verstehen" (vgl. u. a. Müller/Otto 1984), „soziale Disziplinierung oder sozialkultureller Eigensinn" (vgl. u. a. Peukert 1986a) und zuletzt unter der Dualität von „Inklusion und Exklusion" (vgl. u. a. Fuchs 1994; Baecker 1994; Bommes/Scherr 1996) vielfach diskutiert - bleibt im Kern jedoch unthematisiert. Statt dessen wird die Aufgabe der Szeneinteressenvertretung und der Parteinahme für die Betroffenen hervorgehoben. Die Perspektive für kontrollpolitische Implikationen lebensweltnaher Projekte werden nicht geschärft oder schlichtweg negiert und darüber dann konsequenterweise auch übersehen, dass

die lebensweltnahe Situierung aufsuchender, akzeptierender und niedrigschwelliger Projekte in der Kinder- und Jugendarbeit eben nicht nur „Hilfe", sondern zugleich auch Kontrollelemente näher an den Alltag der Kinder und Jugendlichen transportiert (vgl. u. a. Mollenhauer/Kasakos 1975, S. 327).

! Wie dieses Spannungsverhältnis in der Praxis aufgelöst werden kann, ist in der lebensweltnahen Methodendiskussion eine unerledigte, weil kaum diskutierte Frage. Parteinahme für die Betroffenen - so nachvollziehbar diese Forderung auch im Kontext der Kinder- und Jugendarbeit zweifelsohne auch sein mag - beseitigt die vorliegende strukturelle Spannung nicht, sondern reformuliert sie lediglich als ethisches Problem der jeweiligen professionellen Akteure der Sozialen Arbeit. Spätestens dort, wo die sozialpädagogischen Professionellen zu Sprechern ihrer Adressatengruppen werden - werden möchten -, ohne den Kontroll- und Ordnungsinteressen der öffentlichen Geldgeber zu entsprechen, dürfte in den politischen Institutionen das Ende öffentlicher Finanzierung diskutiert werden. Der Versuch, sich des doppelten Mandats mittels Akklamation zu entledigen, erinnert an die Fehleinschätzung sozialpädagogischer Handlungskonzepte im Kontext der marxistischen Theorieansätze der 60er und 70er Jahre und der mit ihnen korrespondierenden Randgruppenstrategien (vgl. u. a. Alheim u. a. 1971, S. 241 ff.; Hollstein/Meinhold 1973; für die Jugendarbeit insbesondere Lessing/Liebel 1973).

Für den hier diskutierten Zusammenhang resultieren aus dieser Analyse zumindest zwei Konsequenzen (vgl. hierzu auch Galuske/Thole 1999) :

- „Akzeptanz", bislang vorrangig als defensive, gewissermaßen „antipädagogische" und das Morgen nicht antizipierende Antwort auf die fehlenden Erfolge herkömmlicher, traditioneller Randgruppenarbeit konzipiert, erweist sich im Lichte dieser Betrachtungsweise erstens ungewollt als eine moderne Kategorie Sozialer Arbeit. Wenn nicht mehr klar ist, wie Normalität überhaupt auszusehen hat, wenn Normalität mehr denn je ein aktiv herzustellendes Produkt subjektiver Lebensplanung und Lebensführung ist, mag zwar das Festhalten an etablierten Leit- und Orientierungsmustern konservative Gemüter beruhigen und befriedigen, gleichwohl stellt sie keine adäquate Folie für zukunftsorientierte Interventionen mehr dar. Aushandlung von Perspektiven, nicht nur verstanden als konfliktfreie Verdoppelung der „Ideen" der KlientInnen, sondern als respektvoller, gleichwohl durchaus diskursiver Prozess von Konfrontation und Verhandlung, tritt an die Stelle der „selbstbewussten" (oder besser: arroganten?) Haltung einer Sozialpädagogik, die immer schon besser weiß, was für das Leben der AdressatInnen gut ist, als diese selbst. In diesem Lichte betrachtet, wäre „Akzeptanz" nicht mehr defensive Reaktion auf Misserfolge, sondern vielmehr offensive Suchbewegung in den Normalitätsdiffusionen der Moderne und dem hier ansässigen Ringen um Anerkennung.

- Die Normalitätsdiffusion der Moderne trägt letztendlich - zweitens - ungewollt zu einer Normalisierung der Sozialpädagogik insgesamt wie auch der Kinder- und Jugendarbeit bei (vgl. Lüders/Winkler 1992), weil gesellschaftliche Risiko- und Problemlagen nicht mehr nur an der gesellschaftlichen Peripherie zu finden sind - wenngleich auch hier durch die Verschärfung sozialer Ungleichheitsstrukturen in dynamisierter Form –, sondern im Zentrum der gesellschaftlichen Wirklichkeit sich ausbreiten. Die Sozialpädagogik tritt, was sich an den wachsenden Zahlen Berufstätiger in der Sozialen Arbeit nachweisen lässt, mehr und mehr an die Stelle traditioneller Sicherungs- und Orientierungssysteme als ein Geländer der Lebensführung, als Hilfe und Unterstützung bei der subjektiven Herstellung konsistenter Lebenspläne und Lebenswege. Die schon Ende der 70er Jahre des letzten Jahrhunderts konstatierte Annahme, dass Soziale Arbeit mehr und mehr zuständig wird für die „Normalerziehung" und sich nicht mehr nur als Ausfallbürge für misslungene Sozialisation zu verstehen habe (vgl. Blanke/Sachße 1978), gilt heute mehr denn je. Die Forderung, sozialpädagogische Angebote gerade auch in der Kinder- und Jugendarbeit lebensweltnäher anzulegen, sie im Alltag der AdressatInnen zu positionieren (vgl. u. a. Thiersch 1992), bezieht sich mithin nicht mehr nur auf die Arbeit mit marginalisierten gesellschaftlichen Lebenswelten und extrem sich selbst gefährdenden und problembelasteten Kindern und Jugendlichen, sondern auf alle Felder Sozialer Arbeit. In diesem Sinne wären lebensweltnahe Angebotsformen, die sich bislang fast ausschließlich auf Problemgruppen beziehen, nicht mehr nur ein Spezifikum der Arbeit mit besonders belasteten Personengruppen, sondern sie könnten sich als Vorreiter einer lebensweltnahen Modernisierung der gesamten sozialpädagogischen Angebotsinfrastruktur und mithin auch der Kinder- und Jugendarbeit verstehen.

 Tipps zum Weiterlesen

Galuske, M. (^{2}2000): Streetwork. In: Galuske, M. (1998): Methoden der Sozialen Arbeit. Eine Einführung. Weinheim u. München, S. 247–252.
Galuske, M./Thole, W. (1999): „Raus aus den Amtsstuben." Niedrigschwellige, aufsuchende und akzeptierende sozialpädagogische Handlungsansätze - Methoden mit Zukunft? In: Zeitschrift für Pädagogik, 39. Beiheft, 1999, S. 183–202.
Helsper, W. (1993): Sozialpädagogische Programme gegen jugendliche Gewalt. Theoretische Reflexionen in praktischer Absicht. In: Breyvogel, W. (Hrsg.) (1993): Lust auf Randale. Bonn, S. 213–249.
Krafeld, F.-J. (1996): Die Praxis akzeptierender Jugendarbeit. Opladen.

9 Am Beginn des 21. Jahrhunderts - Zukunft

9.1 Gesellschaftliche Akzeptanz der Kinder- und Jugendarbeit

Spätestens seit Mitte der 90er Jahre des vergangenen Jahrhunderts avanciert die Neuordnung des Bildungssystems zum politischen Großthema. Glauben wir gängigen Prognosen, wie der von Roman Herzog (1997), formuliert in seiner Berliner Rede zur Lage und Zukunft des bundesrepublikanischen Bildungs- und Hochschulsystems, dann werden Fragen nach der Zukunft von Schule, Ausbildung und Hochschule das soeben begonnene erste Jahrzehnt des 21. Jahrhunderts bestimmen. Die Innovationskraft der Gesellschaft - so eine weit verbreitete These - wird sich wesentlich darüber zu beweisen haben, ob und wie es gelingt, eine reichtumsfixierte, an der Produktion von materiellen Gütern und der Akkumulation von Geld und Kapital orientierte Arbeitsgesellschaft nach einem „Galopp" durch die Risikogesellschaft in eine sich ständig reflexiv modernisierende „Bildungs- und Wissensgesellschaft" zu verwandeln (vgl. u. a. Beck 1997a, S. 230). Die individuelle Fixierung auf einen Beruf im System der Erwerbsarbeit wird durch den Strukturwandel des Arbeitsmarktes in Frage gestellt. An die Stelle der lohnabhängigen Berufstätigen sollen, so die optimistischen Deutungen dieser Entwicklung, flexible Individuen treten, zu deren zukünftigen Basisqualifikationen vernetztes Denken, Bereitschaft zum lebenslangen Lernen, Kritikfähigkeit, Sozial- und Kulturkompetenz, Kreativität und Teamfähigkeit ebenso gerechnet werden wie die Fähigkeit, gesellschaftliche Ansprüche und Unsicherheiten, ökologische und soziale Risiken biographisch zu verarbeiten. Unübersehbar sind jedoch zugleich die Schattenseiten der sogenannten zweiten Modernisierung. Eine sich verschärfende soziale Spaltung zeichnet sich ab, die dazu führt, dass die Möglichkeiten, Zugang zu einer existenzsichernden Erwerbsarbeit sowie qualifizierter schulischer und beruflicher Bildung zu finden, für eine wachsende Zahl von Individuen noch fraglicher und unsicherer wird. Für die Bundesrepublik bislang gültige Standards der sozialen Sicherung werden vor dem Hintergrund von Prozessen der Globalisierung so nicht nur problematischer, sondern in ihren Grundbestandteilen selbst zur Disposition gestellt.

Von diesen gesellschaftlichen Diskussionen bleibt der Diskurs zur Kinder- und Jugendarbeit unberührt. Zwar werden die gesellschaftlichen Veränderungsprozesse zur Kenntnis genommen, jedoch zumindest im letzten Jahrzehnt von der Sozialpädagogik des Kindes- und Jugendalters fachlich nicht zureichend reformuliert und auf kommunaler oder auf bundespolitischer Ebene im sozialpädagogischen Kontext vorgetragen. Zudem, und dies scheint für die Zukunft der Kinder- und Jugendarbeit noch gravierender zu sein, wurden und werden die Wissenskontingente der sozialpädagogischen Professionellen von der Politik als Expertise auch nicht angefragt und die außerschulische Kinder- und Jugendarbeit immer noch nicht als ein substanzielles gesellschaftliches Sozialisationsfeld registriert. Bildung wird zum Großthema stilisiert, die Schule, das duale Ausbildungssystem und die Hochschullandschaft rücken ins Zentrum der gesellschaftspolitischen Diskurse, jedoch die Sozialpädagogik der außerschulischen Kinder- und Jugendarbeit bleibt außerhalb des Blickfelds.

Gleichwohl bleibt sie nicht außerhalb gesellschaftlicher Thematisierungen. Wie kein anderes pädagogisches Handlungsfeld steht die Kinder- und Jugendarbeit im Zentrum öffentlicher, politischer, aber auch fachinterner Kritik - und das seit Jahrzehnten. Stets aufs neue hatte und hat sie gegenüber den gesellschaftlichen Öffentlichkeiten deutlich zu machen, mit welchen Mitteln, Formen und inhaltlichen Angeboten sie - als ein Segment des dritten Sozialisationsbereichs neben Familie und Schule - Kinder und Jugendliche helfen und produktiv unterstützen kann, in der Gesellschaft einen autonomen, akzeptierten Platz zu finden. Aufgaben, Zielsetzungen und Methoden - sogar ganz generell die Notwendigkeit von Kinder- und Jugendarbeit - waren und sind wiederkehrend strittig. Während schulische Bildung und berufliche Qualifizierung - wenigstens bislang - als unverzichtbarer Bestandteil des öffentlichen Bildungssystems in der Bundesrepublik gelten, wird den sozialisationsunterstützenden Angeboten der Kinder- und Jugendarbeit eine deutlich geringere Relevanz zugesprochen. Die Bereitstellung von Gelegenheiten für eine nicht nur private und nicht kommerzialisierte Gestaltung der schul- beziehungsweise arbeitsfreien Zeit gilt nach wie vor nicht als eine durchgängig gesellschaftlich zu unterstützende und zu finanzierende Kernaufgabe. Zwar ist die Jugendarbeit im Kinder- und Jugendhilfegesetz (KJHG) inzwischen als ein regulärer Bestandteil der Kinder- und Jugendhilfe kodifiziert. Inhalte, Art und Umfang der erforderlichen Angebote sind jedoch nicht verbindlich festgelegt.

Hat aber deswegen die Kinder- und Jugendarbeit, die Arbeit der Jugendverbände, trotz aller kritischen Infragestellungen, die Sozialpädagogik in Jugendzentren und Jugendhäusern, in den Musik- und Jugendkunstschulen, in Soziokulturellen Zentren und Bürgerhäusern, in den Fußballfanprojekten oder der niedrigschwelligen Straßensozialarbeit nichts mit Bildung zu tun hat? Die genannten Einrichtungen und Angebote sind mit ihren unterstützenden und helfenden, freizeitorientierten und beratenden Aufgabenstellungen im Kern darauf orientiert, die Sozialisation von Kindern und Jugendlichen zu fördern. Im wesentlichen sind sie demnach Teil des Bildungssystems. Hierauf aufmerksam zu machen, hat wenig mit gekränkter Eitelkeit gemein. Dass die Sozialpädagogik im allgemeinen und die außerschulische Kinder- und Jugendarbeit im besonderen im Kontext der sich anbahnenden Strukturreform des gesamten Bildungssystems kaum Beachtung erfahren, dokumentiert die nach wie vor nachrangige gesellschaftliche Stellung der sozialen Dienstleistungsangebote.

Forciert durch die aktuelle Finanzsituation auf Bundesebene, bei den Ländern und in den Kommunen und durch die dort für notwendig erachteten Sparzwänge, werden augenblicklich die Anfragen an die Kinder- und Jugendarbeit nochmals schärfer vorgetragen. Vorschläge zur Schließung von Einrichtungen der Kinder- und Jugendarbeit oder zur Reduzierung des sozialpädagogischen Personals erfolgen häufig jedoch ohne empirische Aufarbeitung und Evaluation der tatsächlichen Situation in diesen Einrichtungen und der Angebote dort. Oder aber sie werden begründet, indem z. B. die „Anpassung des Personalbestandes in den Jugendfreizeiteinrichtungen an den Standard anderer Kommunen durch Streichung unbesetzter Stellen" gefordert wird (Kienbaum 1993, S. 11). Vor diesem Hintergrund ist es somit kein Zufall, dass in Zeiten finanzieller Ressourcenregulierungen bei den öffentlichen Haushalten die Kinder- und Jugendarbeit ein bevorzugtes Objekt von Kürzungsabsichten ist, obwohl die Zunahme von Sozialisationsrisiken beklagt werden. Insofern befindet sich die Jugendarbeit gegenwärtig in einer Situation, in der es gilt, das bestehende Angebot gegen Infragestellungen zu verteidigen und zukunftsträchtig zu konturieren.

Möglich und durchsetzbar werden derartige Eingriffe jedoch erst aufgrund des Qualitätsstands der offenen Jugendarbeit selbst. Die Veränderungen der Kindheits- und Jugendphase konfrontieren die klassischen Konzepte und Angebotsformen der Kinder- und Jugendarbeit mit Anforderungen - das gilt im übrigen auch für andere pädagogische Handlungsfelder -, die so schwierig handhabbar und konfliktreich sind, dass diese Konzepte als schlüssige und allseits akzeptierte „Rezepte" nicht mehr akzeptiert sind. Das Selbstverständnis der Kinder- und Jugendarbeit und der hier beschäftigten MitarbeiterInnen erodiert und ist zunehmend von Verunsicherung gekennzeichnet. Zentralisierte, „überbürokratisierte" und von den eigentlichen pädagogischen Handlungsorten autonomisierte Verwaltungsstrukturen tragen zudem kaum dazu bei, den Prozess der Suche nach neuen Überzeugungen für „richtiges" pädagogisches Handeln zu beleben. Im Gegensatz zu den auf diversen Fort- und Weiterbildungen geführten zukunftsorientierten Diskurs um neue Formen, Strukturen und Orientierungen der Kinder- und Jugendarbeit sind auf der kommunalen Ebene gegenwartsbezogene, zweckrationale Lösungsstrategien vorherrschend. Darüber geraten die besonderen Strukturmaximen der Kinder- und Jugendarbeit - Selbstorganisation, Ganzheitlichkeit und Partizipation - zunehmend in den Hintergrund und die angestrebte möglichst flächendeckende Sicherung und Optimierung eines Angebots für Kinder und Jugendliche in weite Ferne. Und dies obwohl die Kinder- und Jugendarbeit - sowohl was ihre qualitative als auch ihre quantitative Entwicklung angeht - auf eine „Erfolgsgeschichte" zurückblicken kann.

Schon in der Einleitung wurde darauf hingewiesen, dass die Protagonisten einer Theorie der außerschulischen Jugendarbeit in den 60er Jahren des vergangenen Jahrhunderts - K. Mollenhauer, C. W. Müller, H. Kentler und H. Giesecke - noch offensiv „Was ist Jugendarbeit?" und L. Böhnisch und R. Münchmeier Mitte der 80er Jahre „Wozu Jugendarbeit?" fragten, im Zuge fiskalpolitisch motivierter Überlegungen seit Mitte der 90er Jahre jedoch die Frage „Warum überhaupt noch Jugendarbeit?" zur alles entscheidenden avancierte (vgl. auch Scherr/Thole 1998). Diese Neuakzentuierung, die Legitimation anstelle vergewissernder Orientierung herausfordert, drängt theoretische und konzeptionelle Fragen fast in die Nischen erziehungswissenschaftlicher und pädagogischer Diskurse. Zeitgeistkonform und pragmatisch scheint auch in den jugendarbeitsbezogenen Gesprächen allerorten eine betriebswirtschaftlich denkende, outputorientierte Zweckrationalität den Durchbruch zu schaffen. Die „alten", vor 30, 40 Jahren, also in den 60er und 70er Jahren diskutierten Intentionen außerschulischer Jugendarbeit - fokussiert in Begriffen wie „Bildung" und „Emanzipation" - unterliegen zwischenzeitlich der Gefahr, in Asservatenkammer der Geschichte zu verstauben.

! Dass der Strukturwandel des Bildungssystems sich möglicherweise unter Ausschluss der außerschulischen Kinder- und Jugendarbeit realisiert, findet auch darin eine Ursache, dass die Jugendarbeit - historisch betrachtet - nicht als eine genuin pädagogische und von hauptamtlichen PädagogInnen zu verantwortende Praxis entstanden ist. Ohne Zweifel ist ihre Entstehung und Entwicklung zum einen in dem gesellschaftlichen Interesse begründet, Kontrolle über beziehungsweise Einfluss auf die Heranwachsenden auszuüben. Ihre Ursprünge liegen andererseits jedoch auch in den auf Selbstorganisation und jugendkulturelle Eigenständigkeit basierenden Jugendbewegungen, Jugendverbänden und Vereinigungen, die zwar immer wieder auch das Interesse pädagogischer und sozialwissenschaftlicher Theorien auf sich zogen, für deren Entwicklung theoretische Unterfütterungen jedoch weitgehend bedeutungslos waren (vgl. Kapitel 2). Im Gegensatz zu anderen pädagogischen Handlungsfeldern kann die außerschulische Kinder- und Jugendarbeit folglich nur auf eine sehr ambivalente „pädagogische" Geschichte zurückblicken. Hierüber wird zwar das Bild der außerschulischen Kinder- und Jugendarbeit in der Öffentlichkeit nicht grundlegend bestimmt. Die Identifizierung und Anerkennung der Kinder- und Jugendarbeit als Teil des Bildungssystems wird durch ihrer Geschichte allerdings auch nicht vereinfacht. Geläufige Selbstdefinitionen und theoretische Überlegungen erschweren eine systematische Bestimmung der Kinder- und Jugendarbeit als Teil des Bildungssystem, weil sie diese von Bildungsaufgaben freisprechen und ihr ausschließlich freizeitbezogene oder allenfalls integrative Funktionen zuweisen.

9.2 Auf dem Weg zur Entfachlichung?

Im Kontrast zu früheren Jahrzehnten scheinen den Professionellen in der außerschulischen Kinder- und Jugendarbeit gegenwärtig in einem noch geringerem Maße als zumindest in den Vorjahrzehnten fachliche Codes und ethische Prämissen, konsensuale Theoriegebäude oder sozialpolitische Programmatiken, methodische Settings oder gut ausbalancierte Kommunikationsstrukturen zur Verfügung zu stehen, um die zergliederte und curricular offene Kinder- und Jugendarbeit strukturell zu rahmen, theoretisch abzusichern oder normativ zu konturieren (vgl. Thole/Küster-Schapfl 1997; vgl. auch Kapitel 7). Zumindest sind die strukturellen und inhaltlichen Bezugspunkte äußerst fragil und wenig zuverlässig. In der Praxis der Kinder- und Jugendarbeit spiegeln sich so die gesellschaftlichen Enttraditionalisierungs- und sozialkulturellen Freisetzungsschübe gegenwärtig derart ungezügelt, dass die eigentlichen fachlichen Standards *erstens* vielerorts von innen, also von den sozialpädagogischen Fachkräften selbst, oder - *zweitens* - von außen, von den politisch Verantwortlichen in den Kommunen und Landesbehörden, kritisch angefragt werden können. Darüber hinaus hat sich die Kinder- und Jugendarbeit - *drittens* - einer bis dato unbekannten, medienpräsenten Konkurrenz zu stellen.

Vom „Amt" zum „Betrieb" - Optimierung versus Fachlichkeit?

Inzwischen ist nicht nur die Nachfrage nach einem Typus von Theorie deutlich zurückgegangen, der darauf ausgerichtet ist, der Praxis Begründungen zur Verfügung zu stellen, die den gesellschaftlichen Modernisierungen entsprechen, sondern die Beschäftigung mit theoretischen beziehungsweise konzeptionellen Überlegungen insgesamt (vgl. Kapitel 7). Selbst die Suche nach und Auseinandersetzung mit Konzepten der Kinder- und Jugendarbeit, die ausdrücklich darauf abzielen, die konkreten Gestaltungen von Praxis im Rahmen der gegebenen institutionellen Rahmenbedingungen zu strukturieren beziehungsweise anzuleiten, scheint vielerorts kaum noch Bedeutung zu haben. Mit anderen Worten: Nicht nur der genuine Gehalt von Theorie wird über einen neuen Pragmatismus sukzessive entwertet und in Richtung von praxisverträglichen Konzeptionalisierungen gedreht, sondern die in den 80ern und zu Beginn der 90er Jahre des letzten Jahrhunderts favorisierten Handreichungen wirken heute anscheinend fast schon zu „theoretisch". Praxisrelevanter und zeitgeistadäquater erscheinen der jugendarbeiterischen Profession gegenwärtig häufig Überlegungen, die unter den Codes „Neue Steuerung", „Controlling", „Lean Management" und „Produktbeschreibung" für eine dienstleistungsorientierte und outputgesteuerte Modernisierung der Handlungspraxis plädieren. Durch die Übernahme von zweckrationalen, zuvorderst fachfremden Bezugsgrößen in den Institutionen- und Begriffskanon der Kinder- und Jugendarbeit werden die eigentlichen fachlichen Standards implizit entwertet und verfremdet. Pädagogisches und sozialwissenschaftliches Fachwissen findet sich durch ökonomisches Universalwissen abgelöst.

Entsprechende, politisch eingeklagte Optimierungsversuche der Sozialen Arbeit sind nicht neu. Neu ist allerdings, dass die betriebswirtschaftlich gesteuerte Ökonomisierung und Rationalisierung der Sozialen Arbeit mit einer Entökonomisierung der theoretischen Analysen und einer Ausdünnung der professionellen Standards einhergeht. Das sozialpädagogische Denken ratifiziert so die Postulate von staatlichen Zweckrationalitäten und legitimiert darüber konservative soziale Produktions- und Integrationsmuster. Dass die öffentlichen Verwaltungen und Institutionen auch „Großproduzenten von 'sozialen Problemen'" sind (Bourdieu 1998, S. 96) und auch politische Deutungsmuster stabilisieren, die unter Rückgriff auf etatistische Argumentationsfolien unter anderem für eine Revitalisierung der geschlossenen Heimunterbringung plädieren und Forderungen nach sozialer Gerechtigkeit sowie gleichen Bildungschancen für Heranwachsende gleich welcher Nationalität und welchen Geschlechts empört karikieren, wird vergessen, nicht gesehen oder in Kauf genommen. Die Ursache für die diagnostizierte Krise der Wohlfahrtsökonomie ist somit nicht nur ökonomisch, sondern auch moralisch-ethisch verursacht (vgl. Münch 1998, S. 113;

vgl. auch Otto 1998). Es geht hier nicht darum, die auch politisch gewollten und angestrebten Verwaltungsmodernisierungen grundsätzlich zu kritisieren. Die Initiativen sind sicherlich geeignet, der Sozialen Arbeit insgesamt neue Impulse mitzuteilen. Argumentiert wird hier lediglich gegen eine unkritische Übernahme neuer Begriffe und Standards, die die Fachlichkeit der Sozialen Arbeit - und damit die der Kinder- und Jugendarbeit - auch durch die Profession selbst entwerten und darüber signalisieren, dass auf diese möglicherweise in der bisher bekannten Form verzichtet werden kann.

Kreativkultur „Ehrenamt" - BürgerInnen als SozialpädagogInnen?

Gestützt auf Gegenwartsdiagnosen, die Sozialleistungen der modernen Gesellschaft für nicht mehr finanzierbar erachten und das soziale Gefüge von Gemeinwesen und Lebenswelten implodieren sehen, wird über eine Neubelebung bürgerlichen Engagements und der Initiierung innovativer Freiwilligenarbeit nachgedacht. Das „frei florierende Potential" von Jugendlichen ohne Berufsausbildung - zitiert wird hier im übrigen der Protagonist derzeitiger Modernisierungstheorien, U. Beck (1997, S. 7) - Müttern nach dem Erziehungsurlaub, älteren Menschen im Übergang zur Rente und vorübergehend von „Arbeit frei gesetzten Personen" wird als AdressatInnengruppe identifiziert, die sich jenseits der „klassischen Ehrenamtlichkeit" engagieren möchte und „Aufgaben in zentralen gesellschaftlichen Bereichen: Bildung, Umwelt, Krankenfürsorge, Sterbehilfe, Kultur, Betreuung von Obdachlosen oder Asylbewerbern" übernehmen würde und dies auch könnte, weil „viele der etablierten, professionalisierten Umgangsformen mit Armut, mit Drogenabhängigkeit nicht mehr zeitgemäß sind. Da wird oft nur noch verwaltet. Die Armen, Obdachlosen oder Drogenabhängigen müssen wieder selbst angesprochen und in die Lösung ihrer Probleme einbezogen werden. (...) Bürgerarbeit kann in diesem Sinne auch eine Art Kreativkultur sein. (...) Ein berühmter Sportler, der sich sozial engagieren will, ist gleichzeitig daran interessiert, Jugendliche von der Droge wegzubekommen (...). Er gewinnt andere berühmte Sportler dafür, die sein Projekt zusätzlich attraktiv machen und so Jugendliche von der Straße holen".

Um keine Missverständnisse aufkommen zu lassen: Gegen ehrenamtliches, freiwilliges bürgerliches Engagement - auch in der neuen Form der „Freiwilligentätigkeit" - ist nichts einzuwenden und es ist generell unterstützungswürdig - aber: Bürgerliches Engagement kann weder als Modell der großräumigen Beschäftigungstherapie für jene Teile der Bevölkerung gelten, die als Problemgruppen des Arbeitsmarktes angesehen werden" (Keupp/Kraus/Straus 2000, S. 217), noch die Sozialpädagogik als professionelles Dienstleistungszentrum ersetzen. In der Kinder- und Jugendarbeit waren und sind seit jeher Ehrenamtliche aktiv und die Jugendverbandsarbeit, aber auch die Organisationen der kulturellen Bildung und die diversen Jugendbünde könnten ohne freiwillig Engagierte ihre vielfältigen Aktionen gar nicht realisieren (vgl. Kapitel 5). Ob jedoch Ehrenamtliche mit ihren intuitiv-alltagspraktischen Handlungen von Kriminalisierung bedrohten oder auf Trebe sich befindenden Jugendlichen helfen können, scheint mir fraglich. Durch die Glorifizierung ehrenamtlichen Engagements wird die jetzt gut einhundertfünfzigjährige Berufsgeschichte und die entwickelte Fachlichkeit der Sozialen Arbeit in Frage gestellt - auch die Kinder- und Jugendarbeit.

Wohl kaum deutlicher ist zu zeigen, wie sehr die Soziale Arbeit gegenwärtig in die Suche nach neuen, auf „kommunitaristische" Grundvokabeln vertrauenden Lösungsmustern eingebunden ist. Irritierend ist nun aber, dass die Professionellen vor Ort ihre Fachlichkeit nicht offensiver reklamieren und veröffentlichen. Zum Glück melden sich jedoch jene zu Wort, die beispielhaft als Protagonisten der „Bürgerarbeit" zitiert werden. „Ich bin doch kein Sozialpädagoge" verkündete Jürgen Klinsmann vor zwei Jahren auf die Frage, ob er meint, ein Vorbild für Jugendliche zu sein und über sein Image glaubt, gewaltförmiges Handeln von Jugendlichen unterbinden zu können. Im Gegensatz zu U. Beck scheint J. Klinsmann eine ungefähre Vorstellung vom sozialpädagogischen Profil derjenigen zu haben, die beruflich mit Kindern und Jugendlichen arbeiten. Obwohl Gerd Rubenbauer während der Fußballeuropameisterschaft 1996 Klinsmann als Psychotherapeuten outete, scheint er zu wissen, dass die Fähigkeit, mit dem Ball zu zaubern, noch lange nicht einschließt, sich auf Jugendliche pädagogisch einlassen zu können.

Die „neuen" SozialpädagogInnen: Pastor Fliege & Co.

Keineswegs mehr konzentrisch und ausschließlich auf soziale Probleme fixiert, erweiterte sich die Sozialpädagogik zu einem normalisierten, quasi „veralltäglichten", lebensweltorientierten Hilfs-, Unterstützungs- und Bildungsangebot. Dieser Normalisierung von sozialen Problemen wird nun auch medial entsprochen. „Wo früher regelmäßig die Familie Hesselbach, der Bergdoktor und nur ab und zu Horst Eberhard Richter und Franz Alt zu vernehmen waren, da machen sich nun raumgreifend die Sozialarbeiter stark. Es ist kaum möglich, das Fernsehen anzumachen, ohne auf einen Vertreter dieses Gewerbes zu treffen." Diese polemische Notiz von Hendryk M. Broder (1994) nimmt die mit der „Normalisierung der Sozialpädagogik" einhergehende sprunghaft explodierende Medienpräsenz sozialpädagogisch relevanter Bereiche in den Blick. Unter anderem für Fragen der Sexual- und Partnerschaftsberatung sind heute „Bärbel Schäfer", „Hans Meiser" und „Arabella", für Nachbarschaftsprobleme, Konflikte und Enttäuschungen mit Freunden und für den allgemeinen Alltagsstress „Pastor Fliege" und für pubertären Liebeskummer das samstägig zum Frühstück ausgestrahlte „Bravo Beratungsteam" zuständig, bei weniger schwerwiegenden Problemen auch „Sonja", „Vera am Mittag", „Ricky" oder „Jörg Pilawa" und bei rechtlichen Streitigkeiten auch „Richterin Barbara Salesch". „Domian" steht dreimal die Woche nachts für eine Stunde zur „talkenden" Problembearbeitung bereit und für gravierendere Konflikte und Lebenskrisen eröffnet die Psychotherapeutin „Lämmle" mit gestaltpädagogischer Zusatzausbildung und eigenem Supervisor jeden Sonntag ihre Fernsehsprechstunde.

Unterschiedlich gestylt und adressiert dokumentieren diese Sendungen möglicherweise einen Trend der fachlichen Entgrenzung des professionellen Angebots Sozialer Arbeit, der sich zukünftig über Angebote im Internet sogar noch erweitert. Die darüber angezeigte Entwicklung kann - einerseits - belustigend zur Kenntnis genommen werden. Die „talk-Beratungen" sind für Nicht-Betroffene alltagsentspannendes Gaudium und in spätabendlichen Comedy-Shows inzwischen Stichwortgeber für kurzweiliges Amüsement. Doch für die ratsuchenden Beteiligten in den Aufnahmestudios wie auch für die zu Hause an den Fernsehkanälen stellen sie mehr als nur Volksbelustigungsangebote dar. Jugendliche - und nicht nur sie - finden hier ein leicht erreichbares, unverbindliches, quasi niedrigschwelliges, außerhalb des professionalisierten Systems Sozialer Arbeit angesiedeltes, attraktives Beratungsangebot. Sie ergänzen und medialisieren nicht nur das uns bekannte „Dr. Sommer Beratungsteam", sondern auch die klassischen Beratungsformen, wie sie unter anderem in der außerschulischen Jugendarbeit anzutreffen sind, auch wenn sie diese auch noch nicht ersetzen. Aber warum sollten Jugendliche bei Problemen oder Alltagsfragen ein Jugendhaus, Jugendzentrum oder die offene Gruppenstunde in einem Jugendverband aufsuchen, wenn sie auf viele Fragen Antworten auch ohne den damit möglicherweise verbundenen Aufwand erhalten können.

9.3 „Aber dazu brauche ich halt sogenanntes Handwerkszeug"[1]

Sollten sich die augenblicklich abzeichnenden Umstrukturierungen der Sozialen Arbeit und die Medienpräsenz sozialpädagogischer Themen ungebrochen durchsetzen und über ökonomische Effizienz- und marktorientierte Effektivitätskriterien neue „Fachbegriffe" und Standards etablieren, die „Neuen Steuerungsmodelle" in ihrer betriebswirtschaftlichen Variante als fachliche „Modernisierungsmentoren" anerkannt werden und die einfühlsamen Moderatoren psychosozialer Unpässlichkeiten sich als sozialarbeiterische „Fernsehworker" durchsetzen, dann wird möglicherweise in einigen Jahren die sozialpädagogische und sozialwissenschaftliche Entfachlichung der Sozialen Arbeit das zu diskutierende und zu erforschende Thema sein. Die Träger professioneller Soziale Arbeit - und besonders auch die der klassischen Kinder- und Jugendarbeit - werden unter betriebswirtschaftlichen Prämissen dann mit ihren Angeboten nicht nur untereinander, sondern auch mit „ehrenamtlich" beratenden „Kreativkulturen" - „FreiwilligenarbeiterInnen - und „niedrigschwelligen" und „lebensweltnahen", fernsehgerecht aufgearbeiteten „Supermarktangeboten für Soziale Hilfe und Beratung" konkurrieren. Der Weg der Entgrenzung und Entfachlichung der Kinder- und Jugendarbeit wird gegenwärtig neu gepflastert.

---

1 Antwort der Stadtjugendpflegerin einer norddeutschen Kleinstadt auf die Frage, mit welchem Können sie ihre Alltagsarbeit zu bewältigen meint.

Die sozial-kulturelle Integration der jeweiligen heranwachsenden Generation über soziale Disziplinierung fördern und steuern, dies war bis weit in die 50er Jahre hinein das Mandat, das die Gesellschaft den JugendarbeiterInnen übertrug. Den JugendarbeiterInnen wurde die Lizenz übertragen, mittels methodisch strukturierter Angebote und Maßnahmen, je nach gesellschaftlicher Situation mal mehr, mal weniger autoritär und normativ, die Jugendlichen vor Verwahrlosung zu schützen und deren nonkonformistische Renitenzen zu kanalisieren und sie „passend" im Sinne des jeweiligen gesellschaftlichen Jugendentwurfes zu sozialisieren. Das Machen, Tun und Können orientierte sich an diesem Programm, war konturiert durch pädagogisch geleitete Intuition und diese wiederum war auszufüllen durch alltagsweltlich geprägte spielerische, organisatorische, rhetorische, gesundheitlich-hygienische, handwerkliche, musischkulturelle und in den Anfängen para-militärische Fähigkeiten.

Im Verlauf der 60er Jahre des letzten Jahrhunderts gewannen Handlungskompetenzen an Bedeutung, die die Selbstartikulationsfähigkeiten und Kommunikationsformen von Jugendlichen und Kindern zu stärken wünschten und die ein Gefühl für die Interessen und Wünsche der Heranwachsenden zu entwickeln ermöglichten. Gefragt waren Handlungskompetenzen, die Ziele wie die Förderung kritischer Mündigkeit und die Erhöhung der Bildungsfähigkeit von marginalisierten Jugendlichen zu unterstützten erhofften (vgl. Mollenhauer 1964). Im Zuge der theorieorientierten Neukonzeptualisierung der Kinder- und Jugendarbeit seit Mitte der 60er Jahre und insbesondere in der ersten Hälfte der 70er Jahre wurde dieses Paradigma nochmals politisch radikalisiert und auf der Ebene der für notwendig erachteten Handlungskompetenzen „entmethodisiert". In der zugespitztesten und politisiertesten Variante hatten die JugendarbeiterInnen nun einzig noch die Aufgabe, „die Befähigung und Motivation der Jugendlichen, kollektiv-organisiert die kapitalistische Klassenherrschaft zu bekämpfen" durch die Organisation von Lern- und Befähigungsprozessen zu unterstützen (vgl. Liebel 1974; Ahlheim 1971). Wohlwissend um den illusionären, utopischen Charakter dieser für elementar erachteten Zielvorgaben und der damit der Kinder- und Jugendarbeit aufgebürdeten Überforderung, ist nicht zu übersehen, dass mit diesem Handlungsanspruch ein Aktivitätspotential sich entwickelte, das zwar den eigentlichen Intentionen nicht zu entsprechen vermochte, jedoch die Kinder- und Jugendarbeit zu einem lebendigen und innovativen sozialpädagogischen Handlungsfeld machte. Die von den JugendarbeiterInnen aktivierten Handlungskompetenzen wurden über die politischen Ansprüche präformiert und zeitweise im Feld entgegen der publizierten Vorgaben auch methodischdidaktisch unterfüttert, wenn im einzelnen auch nicht systematisiert und strukturiert.

Die über die allgemeine Politisierung freigesetzten Handlungskompetenzen und -aktivitäten konnten allerdings nicht fachlich ausbuchstabiert und weiter entwickelt werden, so dass im Verlauf der politischen Entideologisierung der Sozialpädagogik ab Beginn der 80er Jahre Gefühle der Unsicherheit und „Krisenhaftigkeit" der Kinder- und Jugendarbeit bei den JugendarbeiterInnen zunahmen.

Differente, sich ergänzende wie ausschließende konzeptionelle Muster stehen
seit diesem Zeitpunkt nebeneinander. Darüber ausbuchstabierte „professionelle" Anforderungsprofile sehen die JugendarbeiterInnen als nicht pädagogisch-
wirkende BegleiterInnen von jugendlichen Selbstorganisationsprozessen, als
infrastrukturelle animative RäumwärterInnen von öffentlichen Freizeit- und
Bildungszentren sowie Projekten, als dienstleistungsorientierte VernetzerInnen
von regionalen und stadtteilbezogenen politischen und kulturellen Initiativen,
als LebensbewältigungshelferInnen, auch und insbesondere für marginalisierte
Kinder und Jugendliche, oder als Bildungs- und FreizeitpädagogInnen für ad-
ressaten- und lebensweltorientierte Projekte und Angebote.

JugendarbeiterInnen, die betonen, dass das „Studium nichts gebracht hat", die
„Praxis etwas ganz anderes ist als die Theorie" und „man das Studium in der
Praxis schnell vergessen sollte", wissen um die Schwierigkeiten, Wissen in
Können, Theorie in Praxis zu übersetzen. Sie übersehen häufig jedoch, dass zur
Entwicklung einer fachlich fundierten und nicht auf Zufälligkeiten vertrauenden Kinder- und Jugendarbeitspraxis alltägliche, intuitive und natürliche Wissensressourcen allein nicht hinreichen. Unabhängig davon, welches berufliche
Verständnis die JugendarbeiterInnen für sich jeweils favorisieren, also für welches berufliche Praxisprofil ihrer Rolle sie sich entscheiden, sind von ihnen ü-
ber Wissen abgefederte Handlungskompetenzen zu erwarten, ohne die ein fachlich fundierter Berufsalltag nicht gelingen kann. Hauptberufliche MitarbeiterInnen in der Kinder- und Jugendarbeit sollten in der Regel

• Kenntnisse über die Lebenslagen und -verhältnisse von Kindern und Jugendlichen, ihre sozialkulturellen Orientierungen und Stilpräferenzen sowie gesellschaftlichen Verortungswünsche, über die mit den Modernisierungspro-
  zessen sich ständig modifizierenden Gestaltungsmöglichkeiten der Kind-
  heits- und Jugendphase und der damit verbundenen Risiken und besonderen
  Problemlagen haben;

• Kenntnisse über die institutionellen Strukturen des bundesrepublikanischen
  Sozial- und Jugendhilfesystems haben und ein Wissen darüber, wie die öffentlichen Träger, also die Jugendämter, und freien Träger, also die Jugend-
  und Wohlfahrtsverbände, intern aufgebaut sind;

• über die rechtlichen Kodifizierungen der Kinder- und Jugendarbeit informiert
  sein, also zumindest das Kinder- und Jugendhilfegesetz und die entsprechenden länderbezogenen Ausführungsbestimmungen kennen;

• subjekt-, milieu- und lebenswelt- sowie gesellschaftsbezogene soziologische
  und psychologische Wissensbestände gelernt haben;

• über das Netzwerk sozialpädagogischer Hilfs- und Beratungsangebote allgemein und ortsbezogen Bescheid wissen;

• Wissen in bezug auf die politisch-administrativen Strukturen und die sozialstaatlichen Rahmenbedingungen vorweisen können;

- Wissen über die Reproduktionsmechanismen gesellschaftlicher Ungleichheit, u. a. in bezug auf die Geschlechter und Ethnien, haben und

- Kenntnisse über den Einsatz von unterschiedlichen Methoden und Evaluationsformen, Organisationskonzepten und Kommunikationsformen aktivieren können.

Nachdrücklich erinnern die Ergebnisse der sozialwissenschaftlichen Verwendungsforschung daran, dass einfache Transfer- und Transformationsprozesse von Wissensbeständen in die Praxis nur in den wenigsten Fällen und keineswegs durchgängig gelingen. Mit anderen Worten: Es führt kein unmittelbarer Weg vom theoretischen Wissen zum praxiskompatiblen Handlungswissen (vgl. u. a. Dewe/Ferchhoff/Radtke 1992). Die genannten wissenschaftlichen und alltagspraktischen Wissensbestände sind demzufolge nur situations- und fallbezogen zu stimulieren und zu überdenken. In der beruflichen Praxis entwickeln sich diese über kontinuierliche Aktualisierungsprozesse zu aufgeschichteten Handlungsstrategien und -routinen. Und dabei sind die „Professionellen" immer wieder aufgefordert, ihre subjektiven und intuitiven Handlungsmuster kritisch zu reflektieren und zu inspizieren sowie ihre Wissensbestände und Deutungsmuster, aber auch die alltagsroutinisierten Regeln des Handelns unter Rückgriff auf die wissenschaftlichen und alltagspragmatischen Wissensbestände zu analysieren (vgl. u. a. Sturzenhecker 1996, S. 165 f.). Kinder- und Jugendarbeit „machen" erfordert demzufolge auch „praktische Handlungsfähigkeiten". Die Kinder- und Jugendarbeit verlangt von ihren MitarbeiterInnen auch „Können",

- Authentizität und kommunikative Fähigkeiten, also die Kompetenz, mit Kindern und Jugendlichen „quatschen und labern" zu können;

- handwerkliche, sportliche und kulturelle Kompetenzen und spielerisches Geschick, etwa beim „Krökeln" und Tischtennis spielen, um mit den Kindern und Jugendlichen auch an etwas „arbeiten" zu können;

- rhetorische Fähigkeiten, um Anliegen und Ziele öffentlich verständlich vorstellen zu können und pädagogische Inhalte auch politisch begründen und argumentativ abstützen zu können;

- schriftliche Ausdrucksfähigkeiten, um zum Beispiel Presseberichte und Konzeptionen so verfassen zu können, dass sie von der Öffentlich verstanden werden können;

- Rollenflexibilität, um zum Beispiel in einer Kinder- und Jugendhilfeausschusssitzung sprachlich und habituell entsprechend der dortigen Regeln auftreten zu können, um nicht auf den symbolischen und habituellen Stil, der gegenüber und im Kontakt mit den Kindern und Jugendlichen routiniert wurde, angewiesen zu bleiben;

- situationsangemessene Spontaneität;

- emphatische, biographie- wie ethnographieorientierte Wahrnehmungs-, Verstehens- und Beratungskompetenzen sowie

- Organisations-, Planungs-, Verwaltungs- und Kooperations"können".

Übersicht 10:   So könnte das Bücherregal „eines Profis" aussehen
                 Standardliteratur zur Kinder- und Jugendarbeit

---

Kindheits- und Jugendforschung

Krüger, H.-H. (Hrsg.) (^{2}1993): Handbuch der Jugendforschung. Opladen.
Markefka, M./Nauck, B. (Hrsg.) (1992): Handbuch der Kindheitsforschung. Neuwied.
Zinnecker, J./Silbereisen, R. K. (^{2}1998): Kindheit in Deutschland. Weinheim
u. München.

„Klassische" Bücher zur Kinder- und Jugendarbeit

Böhnisch, L./Münchmeier, R. (1987): Wozu Jugendarbeit? Orientierungen für Ausbildung, Fortbildung und Praxis. Weinheim u. München.
Giesecke, H. (^{3}1975): Die Jugendarbeit. München. (leider vergriffen)
Kiesl, D./Scherr, A./Thole, W. (Hrsg.) (1998): Standortbestimmung Jugendarbeit.
Theoretische Orientierungen und empirische Befunde. Schwalbach/Ts.
Müller, C. W. u. a. (1964): Was ist Jugendarbeit?. Vier Versuche zu einer Theorie.
München.

In die Sozialpädagogik einlesen

Böhnisch, L. (1997): Sozialpädagogik der Lebensalter. Eine Einführung. Weinheim
u. München .
Galuske, M. (1998): Methoden der Sozialen Arbeit. Weinheim u. München.
Müller, B. (1991): Die Last der großen Hoffnungen. Weinheim und München.
Müller, C. W. (^{2}1988): Wie Helfen zum Beruf wurde. 2. Bde. Weinheim u. Basel.
Olk, Th./Otto, H.-U. (Hrsg.) (1989): Soziale Dienste im Wandel. 3. Bde. Neuwied.
Rauschenbach, Th. (1999): Das sozialpädagogische Jahrhundert. Weinheim u. München.
Schilling, J. (1997): Soziale Arbeit. Entwicklungslinien der Sozialpädagogik/Sozialarbeit. Neuwied.
Thiersch, h. (1992): Lebensweltorientierte Soziale Arbeit. Aufgaben der Praxis im sozialen Wandel. Weinheim u. München.
Thole, W./Galuske, M./Gängler, H. (Hrsg.) (1998): KlassikerInnen der Sozialen Arbeit. Sozialpädagogische Texte aus zwei Jahrhunderten - ein Lesebuch. Neuwied.

Hand- und Wörterbücher

Bauer, R. (Hrsg.) (1992): Lexikon des Sozial- und Gesundheitswesens. 3 Bde. München.
Deinet, U./Sturzenhecker, B. (Hrsg.) (1998): Handbuch Offene Jugendarbeit. Münster.
Deutscher Verein für öffentliche und private Fürsorge (Hrsg.) (^{4}1997): Fachlexikon der sozialen Arbeit. Frankfurt a. Main.
Kreft, D./Mielenz, I. (Hrsg.) (^{4}1996): Wörterbuch der Sozialen Arbeit. Weinheim.
Otto, H.-U./Thiersch, H. (Hrsg.) (2000): Handbuch der Sozialarbeit/Sozialpädagogik.
Neuwied.

Zeitschriften

deutsche jugend. Zeitschrift für Jugendarbeit. Juventa Verlag, Weinheim u. München.
neue praxis. Zeitschrift für Sozialarbeit, Sozialpädagogik und Sozialpolitik. Luchterhand Verlag, Neuwied.
Offene Jugendarbeit. Zeitschrift für Jugendhäuser, Jugendzentren, Spielmobile. Arbeitsgemeinschaft Jugendfreizeitstätten Baden-Württemberg, Stuttgart.
Sozial-extra. SozialExtra Verlag, Wiesbaden.
Sozialmagazin. Zeitschrift für Soziale Arbeit. Juventa Verlag, Weinheim u. München

Selbstverständlich kann nicht jeder Jugendhausarbeiter und jede Jugendhausarbeiterin alles perfekt beherrschen und ebenso selbstverständlich ist auch, dass die Vorstellungen von dem MitarbeiterInnenprofil von Handlungsfeld zu Handlungsfeld variieren (vgl. u. a. Feldmann 1981). Bestimmte „Könnens"kompetenzen, wie etwa das Vermögen, Probleme von Kindern und Jugendlichen nachzuvollziehen, Verwaltungsabläufe zu durchschauen und situationsadäquat und flexibel zu reagieren, sind vielleicht unabdingbarer als zum Beispiel sportliche Fähigkeiten. Sicherlich können einzelne Handlungs- und Kompetenzschwächen durch ein funktionierendes Team ausgeglichen werden. Ohne ein gewisses Maß an alltagspragmatischen Handlungskompetenzen wird allerdings keine JugendarbeiterIn auskommen können.

! Je mehr die „Könnens"bereiche zum Beispiel in der Jugendhausarbeit aktiviert und über wissenschaftliches Wissen reflektiert werden, um so eindeutiger und selbstbewusster können sich die Kinder- und JugendarbeiterInnen als sachkundige SpezialistInnen für die Sozialpädagogik des Kindes- und Jugendalters verstehen und gegenüber der Öffentlichkeit, der Politik und anderen Professionen wie Juristen, Theologen und Soziologen auch ausweisen.

Folgen wir allerdings neueren Studien, zum Beispiel der von H. Willke (1998) zur organisierten Wissensarbeit intelligenter Organisationen, wird, um diese Aufgaben wahrnehmen zu können, zukünftig eine in der Praxis angesiedelte Form der Erarbeitung von Wissen vonnöten sein. Professionelle Kinder- und Jugendarbeit erfordert dann noch dringlicher von den MitarbeiterInnen eine kontinuierliche, selbständige Versorgung mit und Erarbeitung von fachlichen Informationen, um neue Frage- und Problemstellungen der sozialpädagogischen Praxis nicht nur mit dem Wissen aus „alten Schläuchen" zu lösen. Und auch hier sind wir wieder bei einem Gedanken angelangt, der auch schon den letzten Abschnitt abschloss. Kinder- und Jugendarbeit als modernes, Wissen nicht nur rezipierendes, sondern auch generierendes Projekt braucht MitarbeiterInnen, die im Alltag ihre reflexiven Kompetenzen aktivieren können und diese Kompetenz ständig über Fortbildungsmaßnahmen erweitern (vgl. Sammet 1999).

Nicht ohne Grund wird und wurde die Tätigkeit der MitarbeiterInnen in der außerschulischen Kinder- und Jugendarbeit mit der von Hausfrauen verglichen (vgl. Müller/Ortmann 1980). Die Kinder- und Jugendarbeit stellt eine offene, strukturell diffuse und inhaltlich verzwickte, konzeptionell zuweilen sogar undurchsichtige Szenerie dar. Diejenigen, denen es gelingt, sie professionell, also entsprechend der bisher entwickelten fachlichen Standards auszubuchstabieren und tagtäglich aufs neue lebendig zu aktivieren sowie gegenüber den gesellschaftlichen, insbesondere den politischen Öffentlichkeiten als ein notwendiges Feld außerschulischer Praxis vorzustellen, können sich als ExpertInnen fühlen, mit Handlungskompetenzen ausgestattet, die sie langfristig auch für andere Arbeits- und Handlungsfelder der Sozialen Arbeit qualifiziert.

9.4 Kinder- und Jugendarbeit als reflexive Bildungsarbeit

Vor einigen Jahren schockierte das humangenetisch manipulierte Schaf „Dolly", kreiert in schottischen Genstudios, die Öffentlichkeit. Das erhitzte Nachdenken über die Folgen dieses ersten „geglückten" Klonversuchs war allerdings nur von kurzer Dauer, obwohl humangenetische Fragen inzwischen auf den Feuilleton- und Wissenschaftsseiten der Tages- und Wochenpresse ihren festen Platz haben. Doch was hat „Dolly" mit der Sozialen Arbeit oder gar der Kinder- und Jugendarbeit zu tun?

Jahre vor „Dolly" diskutierten einige „moderne" Altachtundsechziger die Rolle und Funktion der emanzipativen Pädagogik neu. Anlass bot ihnen die vermeintliche Zunahme von Gewalt und aggressiven Verhaltensweisen bei Kindern und Jugendlichen. Dass, so wurde in diesem Zusammenhang schockiert festgestellt, die „Halbwüchsigen (...) die elementarsten Regeln der Fairness" nicht nur nicht beachten, sondern sie gar nicht mehr kennen, da sie „sie nie, nach den Gesetzen von Lohn und Strafe, gelernt haben", weil sie mittels erzieherischen Handelns „erst gar nicht zu Menschen gemacht" wurden, kann nur an den allzu libertären Erziehungsideen der pädagogischen AufklärerInnen in der nachachtundsechziger Zeit liegen. Einzig die Reformulierung traditioneller Werte schien therapeutisch geeignet, dem „Aggressionspotential" wieder einen Ort der Kompensation und der Gesellschaft einen Weg aus der Ratlosigkeit zu weisen (vgl. Schneider 1993, S. 140). Der konservative Aufruf „mehr Mut zur Erziehung" wurde „altlinks" aufgewärmt neu serviert.

Zwar ist noch keine durchgehende „Autoritarisierung" der pädagogischen Praxis zu erkennen, aber, so ist wahrzunehmen, der Respekt vor einem Paradigmawechsel schwindet. Doch was geschieht, wenn die von einer öffentlichen Mehrheit gewollte und politisch akzeptierte Umorientierung der pädagogischen Landschaften keinen Erfolg zeigt? Was soll geschehen, wenn mittels pädagogischer „Menschenzähmung" der „alltäglichen Bestialisierung der Menschen" durch die „enthemmende Unterhaltung" der Medien kein Einhalt mehr geboten werden kann (Sloterdijk 1999a, S. 20)?

Die vormoderne Erleuchtung, wonach die genetische Subjektstruktur die Wirkung pädagogischer Einflussnahmen begrenzt, wird vor diesem Hintergrund gerade zur richtigen Zeit reaktiviert (vgl. Der Spiegel 1998; Hafeneger 1998a): Diejenigen, die „härteren" und wertorientierten Erziehungspraxen zusprechen, werden durch die korrigiert, die schon immer wussten, dass der Anlage eine größere Bedeutung zukommt als allen erzieherischen Bemühungen. Molekularbiologisch bewiesen entwertet die Erkenntnis des „Primats der Gene" am Ende des 20 Jahrhunderts alle aufklärerisch-emanzipatorischen Bildungsprojekte zu einer Utopie. Die Hoffnung, die gewaltbereiten, drogenkonsumierenden, kriminellen und „arbeitsfernen" Mitglieder der Gesellschaft durch erzieherische und disziplinarische Interventionen zu sozialisieren und der Gesellschaft zu einer humaneren Physiognomie zu verhelfen, schwindet. Vielleicht jedoch sind die

Hoffnungen nicht ganz zu verabschieden. Nicht irgendeiner, sondern der Philosoph P. Sloterdijk, bekannt durch seine gegenaufklärerische Rekonstruktion des Zynismus (Sloterdijk 1983), gibt dem Hoffen mit einer auf dem bayrischen Schloss Elmau vorgetragenen Rede eine Zukunft, - allerdings mit dem Preis der endgültigen Aufgabe des pädagogischen Projekts der Moderne. Die aufklärerischen „Erziehungs- und Staatsreflexionen" sind an ihr Ende gekommen, so erzählt uns Sloterdijk (1999a, S. 20–21), tragen sie doch zur Weigerung der Menschen bei, „die Selektionsmacht auszuüben, die sie faktisch errungen haben (...). In Zukunft wird es wohl darauf ankommen, das Spiel aktiv aufzugreifen und einen Codex der Anthropotechniken zu formulieren. Ein solcher Codex würde auch die Bedeutung des klassischen Humanismus verändern". Inwieweit und ob „die langfristige Entwicklung auch zu einer genetischen Reform der Gattungseigenschaften führen wird". Ob die Menschheit „gattungsweit eine Umstellung vom Geburtenfatalismus zur optionalen Geburt und zur pränatalen Selektion" wird vollziehen können, lässt Sloterdijk zwar offen. Letztendlich, auch wenn zwischen den Zeilen Zurückhaltung schimmert, votiert er für eine Anthropogenetik, in der es nicht um die „zähmende Lenkung der von sich aus schon zahmen Herden", sondern um den Übergang von der „Menschenhütung" zur „Menschenzucht" geht, also um die „züchterische Steuerung der Reproduktion", so dass der „Menschenpark zur optimalen Homoöstase gelangt".

Inzwischen diffamiert Sloterdijk (1999b, S. 35) derartige Paraphrasierungen seiner Thesen als biologistische „Gotik und soziologische Schauerromantik". Gewiss kann ihm nicht nachgesagt werden, offen für genetische Aussonderungen zu plädieren. Keineswegs führen ihm naive Plattitüden aus der Mottenkiste der Geschichte die Feder. Und auch sein verteidigender Einwurf, nicht selbst gesprochen, sondern nur den „Altvordern" Plato, Nietzsche und Heidegger und ihren „früheren Äußerungen zu modernen Stichworten" in den „toten Kellern" der Archive nachgestiegen zu sein, ist nicht ohne weiteres zu entkräften. Jedoch keine noch so wohltemperierte und von weitschwelgenden Fragen umgarnte Relativierung befreit ihn von der Verantwortung für den vorgelegten Text. Wer den „blinden Fleck aller hochkulturellen Pädagogen und Politiker" ausgemacht zu haben glaubt, muss mit Reaktionen rechnen. Dass die ins Visier genommenen Hohenpriester der Pädagogik, Philosophie und Politik, konfrontiert mit den „Abbildern und Trugbildern einer Weisheit, an die zu glauben" ihnen „nicht mehr gelingt", antworten, hätte Sloterdijk ahnen können. Und auch dass die Antworten vehement darauf verweisen, dass die zur erneuten Lektüre anempfohlenen Texte eben keine uneingeschränkte Zeitlosigkeit beanspruchen können, durch die Geschichte überholt sind und die gegenwärtigen Diskurse auf Pfade führen, die möglicherweise einer neuen Bestialität den Weg bereiten, dürfte ihn nicht überrascht haben. Aber vielleicht geht es Sloterdijk auch gar um die Diskussion der Möglichkeiten genetischer Eingriffe, auch nicht um die ethische Rahmung der Gentechnologie, sondern um die Inszenierung einer Idee, die den schon lange herbeigesehnten und philosophierten gesellschaftlichen 'Klimawechsel' popularisiert und habitualisiert.

Zwischen den Zeilen bereitet Sloterdijk Ideen ein Argumentationsfeld, die dafür plädieren, das Integrationsprojekt der Moderne, wonach auch diejenigen nicht auszugrenzen und 'aufzugeben' sind, die an der Gesellschaft scheitern oder scheitern könnten, gedanklich zugunsten einer „Eigenschaftsplanung der Elite" (Sloterdijk 1999a, S. 21) zur Disposition zu stellen. Der pädagogische Humanismus hätte sich in diesem Fall überlebt und sähe sich durch die gentechnologische Anthropologie abgelöst - schärfer formuliert: Die Sozialpädagogik würde überflüssig, weil ihr 'Klientel' aufgrund humanbiologischer Züchtungen nicht mehr existiert. Wenn die humangenetischen Möglichkeiten eines Tages hinreichen, Menschen durch „Züchtung zu zähmen", und bis zu diesem Datum der gesellschaftliche Konsens gegen gentechnisch gesteuerte Weiterentwicklungen der Menschheit nicht unnachgiebig genug ist, finden die „Züchtungs"apologeten schnell Nischen und Anlässe, ihre Fähigkeiten experimentell zu dokumentieren. Der umweltresistenten, genmanipulierten Tomate würde dann der in den biotechnischen Labors entwickelte und anschließend geklonte aggressionsgehemmte, sozial verträgliche Mensch folgen.

Der eigentliche Zündstoff des Sloterdijkschen „Zarathustra-Projektes" zeigt sich in aller Deutlichkeit erst, wenn es von seinem philosophischen Kokon befreit und auf praktische Handlungsebenen heruntergezogen wird. Sloterdijk legt den PädagogInnen und SozialpädagogInnen nahe, das „Scheitern" aller Humanisierungsversuche der Menschheit durch Erziehung und Bildung zu akzeptieren, dieses „Versagen" offiziell zu bekunden und das gesellschaftliche Mandat zurück zu geben, durch gezielte Erziehungsbemühungen in der Schule und durch pädagogische Interventionen außerhalb von Schule Menschen aller Generationen größere gesellschaftliche Partizipation zu ermöglichen. Das pädagogische „Zähmungsangebot" wird abgelöst durch die Vision eines biogenetischen „Züchtungsprojekts". Den Bildungsbereiten und -fähigen, den kognitiv, sozial und kulturell Aufmerksamen, so darf assoziiert werden, steht auch zukünftig der Weg durch die Bildungsinstitutionen offen. Sie können sich glücklich schätzen, bleiben sie doch der „Zähmung" durch die pastoralen Hohenpriester und Menschenfreunde ausgesetzt. Und die anderen? Bleiben sie, die „erkennbar Unerziehbaren" - das „barbarische Potential der Zivilisation" (?) - und die alltäglich an der Gesellschaft Leidenden, zukünftig von Zähmungsversuchen unbehelligt? Sind es die „Dispositionen" dieser „Menschengruppen", die „durch Menschenzucht" zu selektieren sind?

Gegenüber den gentechnischen Möglichkeitsszenarien wirkt der Verweis auf die entwicklungsfähigen Kompetenzen der Kinder- und Jugendarbeit bescheiden, insbesondere wenn gewusst wird, dass die Praxis der Kinder- und Jugendarbeit gegenwärtig die Gesellschaft immer noch weniger zum Dialog über ihre Fähigkeiten und Leistungen als zur Kritik herausfordert - und damit langfristig Klon- und Züchtungsprojekten Raum zur Initiative lässt. Der wissenschaftlichen und professionellen Sozialpädagogik des Kindes- und Jugendalters wird nicht allzu viel zugetraut, sonst würde die sozialpädagogische Profession zur Expertise von Frage- und Problemstellungen häufiger angefordert. Gefordert und angefragt wird sie allerdings - noch - immer, wenn die Integrationskraft der Gesellschaft nicht mehr hinreicht: „Angesichts der vielen jungen Leute kommt mir der Gedanke, ob nicht die Jugendpflege, die ja durch den Umbruch da drüben leidend geworden ist, neu aufgebaut werden muss", überlegte zum Beispiel der jetzige Altbundeskanzler Helmut Kohl vor dem Hintergrund der „Rostocker Überfälle". Er dachte jedoch wohl weniger an die jungen Leute insgesamt, sondern vielmehr an diejenigen, die sich in Rostock gewalttätig oder gewaltbereit zeigten. Nicht nur für den Altbundeskanzler und die Soziologie (Münch 1998), auch in den Augen einer breiten Öffentlichkeit ist die außerschulische Kinder- und Jugendarbeit primär zuständig für defizitäre Lebenswelten; dann besonders gefordert, wenn Integrationsabsichten in Desintegration umzukippen drohen.

! Das öffentliche, vielleicht sogar das politische Bild von der außerschulischen Pädagogik trifft jedoch weder die Wirklichkeit vollständig noch kann es vom Nachdenken über die Leistungsfähigkeit und Zukunft der Kinder- und Jugendarbeit entlasten. Kinder- und Jugendarbeit ist heute mehr als nur Hilfe zur Biographiegestaltung und Lebensbewältigungshilfe (vgl. Lessing 1986; Böhnisch/Münchmeier 1987) für ausgegrenzte Kinder und Jugendliche (vgl. Kapitel 7). Kinder- und Jugendarbeit ist der Sammelbegriff für eine Vielzahl von unterschiedlichen Projekten, von Kinder- und Jugendfreizeitzentren, Jugendhäusern, Jugendcafés, Freizeitstätten und Jugendzentren über die kommunale Jugendpflege und Jugendverbandsarbeit, Formen der sozialen, politischen, naturkundlichen, gesundheitsorientierten und kulturellen Bildungsarbeit in Jugendbildungs- und Jugendtagungsstätten, den Angeboten auf Abenteuer- und Bauspielplätzen, der ästhetisch-kulturellen Arbeit in Jugendkunst-, Mal- und Kreativitätsschulen, Musikschulen sowie der Kinder- und Jugendarbeit in Soziokulturellen Zentren und Kommunikationshäusern bis hin zu den arbeitswelt-, und familienbezogenen sozialpädagogischen Projekten (vgl. Kapitel 1). Und in diesen Einrichtungen spricht sie mit ihren Angeboten Kinder und Jugendliche aus unterschiedlichen sozialen Milieus und Lebenslagen an. Gemeinsam ist den Projekten der Kinder- und Jugendarbeit jedoch ihre nicht kommerzielle Orientierung und ihr Freiwilligkeitscharakter und der Umstand, insgesamt ein in die Vergesellschaftungsprozesse der Moderne integrierter, im Innern funktional hoch ausdifferenzierter und spezialisierter außerschulischer, bildungsorientierter (vgl. B. Müller 1993a) und im modernen Sinne pädagogischer Dienstleistungssektor zu sein. Die MitarbeiterInnen in den Handlungsfeldern der außerschulischen Kinder- und Jugendarbeit sind also in einem insgesamt diffus strukturierten und hochkomplex angelegten Sozialisationsfeld tätig.

Der legitimationsabfragende Blick von Außen trägt wesentlich dazu bei, dass die Projekte der Kinder- und Jugendarbeit ständig gefordert sind, immer das Allerneueste zu präsentierten und die soeben erstellte Konzeption morgen schon wieder als veraltet angesehen wird. Jedoch kein pädagogisches Handlungsfeld kann im jährlichen oder zweijährlichen Rhythmus bisherige Orientierungen vollständig umkrempeln. Das Neue oder als neu dargebotene ist so häufig das schon Bekannte im neu gestylten Gewand. Aufgabe einer Einführung kann nicht sein, eine neue Grundorientierung zu präsentieren. In Ergänzung der zuvor skizzierten Handlungsmaximen und der vorliegenden „Theorie"konzeptionen (vgl. hierzu auch Kapitel 7) können hier einige weitere Prämissen hervorgehoben werden, die als Ansprüche an eine bildungsorientierte, reflexive Kinder- und Jugendarbeit wie auch als Orientierungsrahmen für die

Entwicklung einer solchen unhintergehbar erscheinen sowie die schon genannten Leitlinien (vgl. Kapitel 8) ergänzen:

(1) Der *„biographische ‚Sinn' der Kinder- und Jugendarbeit muss den Heranwachsenden erkennbar sein"*: Eine zeitgemäße Kinder- und Jugendarbeit hat dem Variantenreichtum der Kinder- und Jugendphase mit einem entritualisierten und professionellen beziehungsweise fachlich begleiteten Dienstleistungsangebot zu entsprechen. Die aktuellen Jugendfreizeit- und -medienstudien belegen nachdrücklich, dass Jugendliche - aber auch Kinder - heute nicht mehr linear auf ein klar umrissenes Interessenfeld oder einen Freizeitort orientiert sind. Jugendliche Freizeitorte wie der Sportverein oder der Jugendverband, das Freizeitheim, die Jugendkunstschule oder die Ballettschule werden heute primär als Dienstleistungsorte, und immer weniger als fokussierende Zentren für darüberhinausgehende Aktivitäten und Interessen genutzt. Und: Kinder und Jugendliche lernen heute schon früh, zwischen fachlich anspruchsvollen, professionell gestalteten und dilettantischen Freizeit- und Bildungsangeboten zu unterscheiden. Sie wissen und lernen ab- und einzuschätzen, was ihnen diese oder jene, auch außerschulische Aktivität biographisch „bringt" oder „kostet". Der Sinn und die Bedeutung des Sich-Einlassens muss zumindest für den Weg durch die Jugendzeit und Kindheit identifizierbar sein. Mit anderen Worten: Die gesellschaftliche Akzeptanz der freizeit-, bildungs- und erholungsbezogenen außerschulischen Pädagogik wird zukünftig noch stärker als augenblicklich davon abhängen, ob und inwieweit es gelingt, Kindern und Jugendlichen zu ermöglichen, den Gebrauchswert der Kinder- und Jugendarbeit für den Weg durch die eigene Biographie zu erkennen - mit anderen Worten: Das Engagement muss sich erkennbar lohnen.

(2) *Kinder- und Jugendarbeit sollte sich als variantenreiches, bildungsorientiertes, aber auch Freude und Spaß vermittelndes Dienstleistungsangebot präsentieren*: Angesichts sich verändernder Lebens- und Freizeitinteressen von Kindern und Jugendlichen ist heute in bezug auf die Standorte, die Bestandsdauer und den Typus von außerschulischen Kinder- und Jugendeinrichtungen neben Kontinuität und Verbindlichkeit eine höhere Variabilität und „Typenvielfalt" gefordert. Gegenüber den „klassischen" Einrichtungen sollte eine deutlich ausgedehntere Bandbreite von unterschiedlichen Einrichtungsmodellen zukünftig gefördert werden - und auch solche, die die Lücke zwischen schulischen und außerschulischen Bildungs- und Freizeitangeboten zu schließen vermögen. Mehr als gegenwärtig sind aber auch mehr Einrichtungstypen wie kleinere Kultur- und Kreativitätszentren, Abenteuer- und Bauspielplätze, Spielhäuser oder Kulturpädagogische Dienste zu unterstützen, mit Angeboten, die es Kindern und Jugendlichen ermöglicht, sich produktiv zu vergegenwärtigen, am besten sogar noch in einer Form, die für andere sichtbar ist.

(3) *Kooperationen, Vernetzungen und synergetische Effekte nutzen*: Zwischen den diversen Trägern und Angebotsformen, Trägern und Einrichtungen fehlt eine die Stärken der Projekte jeweils nutzende und die Schwächen einzelner Einrichtungen ausgleichende Kooperation. Konkurrenzängste und Bedenken, in

kooperativen Angeboten und Projekten das eigene institutionelle und inhaltliche Profil zu sehr zu verwässern oder aber den Partner durch das eigene Engagement zu sehr aufzuwerten, aber auch Unsicherheiten darüber, wo mögliche Kooperationspartner zu finden sind, was sie konzeptionell vorhaben und wie gemeinsam getragene Projekte organisiert und öffentlich „verkauft" werden können, verhindern bislang, dass Kooperationen zwischen unterschiedlichen Trägern der außerschulischen Pädagogik, der Jugendhilfe insgesamt, sowie zwischen schulischen und außerschulischen Veranstaltern und zwischen Projekten der Kinder- und Jugendarbeit vermehrt anzutreffen sind.

Ergebnis der Kooperationen könnte sein, unter Einbeziehung der bestehenden und erhaltenswerten Angebote neue und andere Produktions-, Ausdrucks- und Kommunikationsformen in den Feldern der pädagogischen Arbeit mit Kindern und Jugendlichen anzuregen: Erstrebenswert ist ein kooperierendes, um das Können seiner Partner wissendes, im Modulsystem (Baukastenprinzip) aufgefächertes, mit einem gemeinsamen Veranstaltungs- und Projektprogramm werbendes, schulische wie außerschulische Angebote integrierendes kommunales Netzwerk „Kinder- und Jugendarbeit". Darüber hinaus könnten sich auch Möglichkeiten ergeben, Doppelangebote und konkurrierende Projekte in einzelnen Regionen und Kommunen dazu zu bewegen, ihre Ressourcen neu abzustimmen und über Vernetzungs- und Kooperationsprojekte erweitert zu sehen.

Für eine intensivierte Förderung von Kooperationen kinder- und jugendpädagogischer Projekte spricht auch, dass es heute nicht mehr generell zur Mentalität von Kindern und Jugendlichen gehört, sich auf die Mitgliedschaft in nur einem Jugendverband zu konzentrieren, eine spezielle Kinder- und Jugendfreizeiteinrichtung zu besuchen, an den Angeboten nur einer kulturellen Arbeitsgemeinschaft oder nur einer sozialen Initiative teilzunehmen. Eine offensive Kinder- und Jugendarbeit hat diese Neuorientierungen von Kindern und Jugendlichen zu bedenken und den Wandlungen entsprechende Formen der Kooperation und der Vernetzung zu entwickeln, auch mit anderen Bildungsträgern und Jugendhilfebereichen wie Schulen, Kindertageseinrichtungen und Volkshochschulen. Auch unter finanziellen Aspekten spricht einiges für derartige kooperative Verbundsysteme, ist doch die wirtschaftliche Effektivität von synergetischer Projekten insgesamt in der außerschulischen Pädagogik bisher unbekannt.

(4) *Soziale Ungleichheiten beachten*: Zwei weitere inhaltliche Momente motivieren darüber hinaus diesen Vorschlag zur diversifizierten Spezialisierung wie zur stärkeren Kooperation: Erstens ist festzuhalten, dass gerade Mädchen und jüngere Frauen sich mehr Orte wünschen, an denen sie sich auch kulturell artikulieren können. Deutlicher als ihre männlichen Altersgefährten favorisieren sie Handlungsorte mit einem kulturellen Aktivitätsangebot gegenüber „unstrukturierten" Handlungsorten. Zweitens ist hervorzuheben, dass auch unter interkulturellen Gesichtspunkten die offene Kinder- und Jugendarbeit eine stärkere kulturelle Orientierung wünscht. Vor dem Hintergrund einer nachlassenden Attraktivität der klassischen Angebotsvarianten der Kinder- und Jugendarbeit ist zu überlegen, ob nicht statt der Zulassung eines Kampfes um Räume durch

die Jungen und der Auspolsterung der so geschaffenen und behaupteten Höhlen und Nester durch die Mädchen verstärkt solche Angebote favorisiert werden sollten, die zur Kreativität, zum Selbermachen, zu einer ästhetischen Praxis animieren (vgl. Nieke 1993). Insgesamt scheint zeitgeistbedingt die außerschulische Kinder- und Jugendarbeit aktuell dem Glitzern und Flimmern mehr zu vertrauen als den Inhalten.

Da Fragen sozialer Ungleichheit jenseits aller klassenspezifischen Spaltungen mit dem Übergang ins 21. Jahrhundert nicht urplötzlich verschwunden sind, bleibt dringend geboten, immer wieder aufs neue und konkret zu überlegen und mitzubedenken, in welcher Form die initiierten außerschulischen Projekte Fragen der sozialen Ungleichheit thematisieren können. Der außerschulischen Pädagogik fehlt es an vielen Orten an geschlechter-, lebenslagen- und in besonderer Weise an altersdifferenzierten Angeboten. Insbesondere ist die Öffnung der außerschulischen Kinder- und Jugendarbeit für Behinderte wünschenswert sowie eine Offensive „multikulturelle Kinder- und Jugendkulturarbeit" zu initiieren.

(5) *Politikfähigkeit*: Die Kinder- und Jugendarbeit sollte wieder stärker als momentan politisch präsent sein und sich u. a. aktiv in die Sozial- und Jugendhilfeplanung einzumischen, die Interessen und Anliegen der Kinder und Jugendlichen vorzutragen und diese zu motivieren, ihre Anliegen zu artikulieren, auch in humorvoller Art und Weise. Die Kinder- und Jugendarbeit muss auch Spaß machen und Spaß bringen, gleichwohl, da das gesellschaftliche Miteinander sich augenblicklich in den Industrienationen wieder stärker in Richtung konfliktbeladener Differenzen und Dissensen ausbuchstabiert, auch hier das Thema „Soziale Gerechtigkeit" in allen seinen Facetten neu auf der Tagesordnung steht. Allerdings kann die Kinder- und Jugendarbeit auch hier keine Alternative für Problemlösungen anderer gesellschaftlicher Subsysteme darstellen: Ökonomische, soziale und politische Destabilisierungen können durch Projekte in der Kinder und Jugendarbeit nicht kompensiert werden. Die Grenzen der Kinder- und Jugendarbeit zu sehen und zu benennen heißt allerdings nicht, Ansprüche zu reduzieren und in Resignation zu verfallen.

(6) *Forschung und Evaluation*: Bevor es zu Prozessen der „Vernetzung" kommen kann, die in sinnvoller Art und Weise die bestehenden Angebotsformen und -varianten zusammenführen, steht ein systematischer, von allen Beteiligten mitgestalteter Forschungs- und Planungsprozess. Insbesondere sollte überlegt werden, inwieweit die Jugendhilfe- mit Kulturentwicklungsplanung zu verbinden ist. Eine solche kommunale Kinder- und Jugendhilfeplanung schafft und sichert Entwicklungsräume für Anbieter und Projekte, ermöglicht Abstimmung und Zusammenarbeit von Trägern in der Kinder- und Jugendarbeit. Lebenswelt- und ethnographische Methoden können in diesem Zusammenhang neben anderen Beobachtungs- und Forschungsmethoden ihre Kompetenz entwickeln. Ebenso notwendig scheint eine qualitätssichernde, projektbezogene Evaluation der Kinder- und Jugendarbeit wünschenswert.

In dem Maße, wie die traditionellen sozialen Netzwerke als Orientierungspunkte, Wegweiser und Sicherungselemente diffundieren und die Individuen zum selbstorganisierten Produzenten ihrer sozialen Netzwerke werden, stellt sich letztendlich auch die Frage der sozialen Integration neu. In der aktuellen Diskussion wird hier dem Moment der Stärkung von Gemeinschaften, der stärkeren Bürgerverantwortung und der rechtlich kodifizierten Absicherung von Bürgerpflichten eine exponierte Stellung eingeräumt. Auch wenn sich hier im Gewande modernistischer Terminologie oft eine eher rückwärtsgewandte Hoffnung auf die Revitalisierung natürlicher Gemeinschaften andeutet - „Omas Apfelkuchen, Vergissmeinnicht und Kommunitarismus haben Hochkonjunktur" (vgl. Beck u. a. 1997, S. 14; vgl. hierzu auch Galuske/Thole 1999) - und die Gefahren und Risiken ebenso wie die Voraussetzungen von Gemeinschaftsbildung und Gemeinschaftsstabilisierung unter den Bedingungen moderner Gesellschaften bislang noch wenig valide bestimmbar sind, so scheint sich doch anzudeuten, dass der Gemeinschaftsbildung im sozialen Nahraum im Prozess sozialer Integration absehbar eine hervorgehobene Rolle zukommt. Den Einrichtungen und Organisationen der Sozialen Arbeit und somit auch der Kinder- und Jugendarbeit fällt in modernen Gesellschaften demzufolge auch zu, die Erosion sozialer Milieus durch die Initiierung neuer sozial-kultureller „Gemeinschaften" abzufedern. Das Implodieren identitätsstiftender Milieus ist auch aus der Perspektive der Kinder- und Jugendarbeit als Problem anzusehen und produktiv durch die „künstliche Installierung" von „Gemeinschaften" respektive „sozialpädagogische Milieubildungen" zu beantworten. Hierbei kann es aber nicht nur um die triviale Inszenierung und Stabilisierung von sozialen Milieus gehen, sondern immer auch um die bewusste Anleitung der Kinder und Jugendlichen zur kritischen Durchdringung und reflexiven Bearbeitung ihrer lebensweltlichen Kontexte. Mit anderen Worten: Lebensweltbezug oder Sozialraumorientierung kann nicht bedeuten, dass sich die Projekte der Kinder- und Jugendarbeit an der Festigung von tendenziell selbst- und fremdzerstörerischen Interaktionsformen existenter, marginalisierter sozialer Milieus beteiligen. Dass Anregen von Lebensbewältigungskompetenzen impliziert die Initialisierung von Prozessen der kritischen Betrachtung des ritualisierten Alltags und die Unterstützung bei der Wahrnehmung von Partizipationsrechten. In diesem Kontext sind auch die Fragen nach dem Ausbalancieren des Generationsverhältnisses und ethisch-moralische Prämissen ebenso neu zu thematisieren wie die Suche nach Formen einer neuen „Ehrenamtlichkeit", um die Projekte der Kinder- und Jugendarbeit und insbesondere die Kinder- und Jugendverbandsarbeit unterhalb der verberuflichten Strukturen zu einer breiteren und in den Lebenswelten verankerten Basis zu verhelfen.

Die Kinder- und Jugendarbeit hat gute Chancen, mehr gesellschaftliche Aufmerksamkeit und Akzeptanz zu gewinnen, wenn sie darauf orientiert, im Kontext ihres sozialen Hilfeangebotes den Bildungsgedanken neu zu reaktivieren und pädagogische und sozialpolitische Intentionen zu revitalisieren. Sollte es den MitarbeiterInnen in den Projekten der Kinder- und Jugendarbeit zudem auch noch gelingen, sich die reflexiven Kompetenzen, die sie bei den Jugendli-

chen und teilweise auch schon Kindern seit einigen Jahren beobachten, auch
selbst anzueignen und in das Netz des fachlich ausbuchstabierten Wissens zu
implementieren, wird ihre fachliche Expertise vielleicht auch wieder stärker
angefragt als gegenwärtig. Die Kompetenz würde zunehmen, sich kontinuierlich theoretisch an den einzelnen Praxisorten zu vergewissern, ob das, was intendiert wird, noch den gesellschaftlichen Notwendigkeiten und dem von Kindern und Jugendlichen Erhofften entspricht. Eine dementsprechende Neuakzentuierung könnte zudem die Profilierung der Kinder- und Jugendarbeit als eine
gesellschaftlich anerkannte bildungsorientierte Sozialisationsinstanz befördern
und das Ansehen bei den potentiellen AdressatInnen beleben. Die Kinder- und
Jugendarbeit ist und bleibt Teil jenes Kitts, der unsere Gesellschaft zusammen
hält. Sie ist unverzichtbar und auch noch so wortgewaltige Zweifel können diese Faktizität entkräften. Vielleicht reflektiert ja gerade diese Erkenntnis die Zukunft der Kinder- und Jugendarbeit.

 Tipps zum Weiterlesen

Böhnisch, L./Münchmeier, R. (1987): Wozu Jugendarbeit? Orientierungen für Ausbildung, Fortbildung und Praxis. Weinheim u. München.
Brenner, G. (1999): Die Jugendarbeit in einer neuen Bildungslandschaft. In: deutsche
jugend, Heft 6 (1999), S. 249–257.
Kiesl, D./Scherr, A./Thole, W. (Hrsg.) (1998): Standortbestimmung Jugendarbeit. Theoretische Orientierungen und empirische Befunde. Schwalbach/Ts.

Literatur

ABA NRW e.V. - Fachverband offene Arbeit mit Kindern (o. J.): Selbstdarstellung. Dortmund (MS).

Abels, H. (1993): Jugend vor der Moderne. Opladen.

Aber Hallo (Hrsg.) (1989): Kulturpädagogik - Berichte aus der Praxis. Unna u. Aachen.

Adorno, Th. W. (1956): Dissonanzen. Göttingen.

AeJ (Arbeitsgemeinschaft evangelische Jugend) (1993): Landesausführungen zum KJHG. Stuttgart.

AGJJ (Arbeitsgemeinschaft für Jugendpflege und Jugendfürsorge) (1955): Das Heim der offenen Tür. München.

Ahlheim, R. u. a. (1971): Gefesselte Jugend. Fürsorgeerziehung im Kapitalismus. Frankfurt a. M.

Akki (Aktion und Kultur mit Kindern) (Hrsg.) (1990): Kultur im Spiel. Nr. 2. Unna u. Düsseldorf.

Aly, G. (1977): „Wofür wirst Du eigentlich bezahlt?" Berlin.

Anon (1799): Die Lichtstube. In: Fränkischer Merkur, Heft 6 (1799). Zitiert nach: Huck, F. (1980): Sozialgeschichte der Freizeit. Wuppertal, S. 19–49.

Arnold, Th./Korndörfer, G. (1993): Modellprogramm Aufsuchende Sozialarbeit für langjährige Drogenabhängige. Ergebnisse der wissenschaftlichen Begleitung. Baden-Baden.

Ascher, P. (1971): Jugendarbeit in der Krise. Paderborn.

Assheuer, Th. (1999): Das Zarathustra-Projekt. In: Die Zeit, Nr. 36 (1999) S. 31.

Aßmann, G./Winkler, G. u. a. (1987): Zwischen Alex und Marzahn. Studie zur Lebensweise in Berlin. Berlin.

Auernheimer, G. (1990): Einführung in die interkulturelle Erziehung. Darmstadt.

Autorenkollektiv am Psychologischen Institut (1971): Schülerladen Rote Freiheit. Frankfurt a. M.

Baacke, D. (1985[a]): Bewegungen beweglich machen - Oder: Plädoyer für mehr Ironie. In: Baacke, D. u.a. (Hrsg.) (1985): Am Ende Postmodern? Weinheim u. München, S. 190–214.

Baacke, D. (^{2}1985[b]): Einführung in die außerschulische Pädagogik. Weinheim u. München.

Baacke, D. (1990): Das Spielmobil und der Anspruch des Kindes auf Freiheit und Chaos. In: Deutsches Kinderhilfswerk u. a. (Hrsg.) (1990): Das Spielmobilbuch. Eine Lobby für Spielräume und Kinderrechte. Berlin.

Baacke, D. u. a. (1990): Lebenswelten sind Medienwelten. 2 Bde. Opladen.

Bach, V. (1999): Workcamp. Organisationen zwischen kritischer Friedenspädagogik und profitorientiertem Fernreisebüro. In: deutsche jugend, Heft 1, 47. Jg. (1999), S. 31–37.

Baecker, D. (1999): Soziale Hilfe als Funktionssystem der Gesellschaft. In: Zeitschrift für Soziologie, Heft 2, 23. Jg. (1994), S. 93–110.

Baer, U./Fuchs, M. u. a. (1993): Methoden und Arbeitsformen. Expertise 5 zum 1. Bericht zur Kinder- und Jugendkulturarbeit in NRW. Unna.

Bäumler, G. (1929): Die sozialpädagogische Erzieherschaft und ihre Ausbildung. In: Nohl, H./Pallat, L. (Hrsg.) (1929): Handbuch der Pädagogik. Band 5. Langensalza, S. 209–226.

Bals, Ch. (1962): Halbstarke unter sich. Köln u. Berlin.

Banse, D./Freyer, S. (1988): Eine Mädchenwoche. Erfahrungen aus einem Jungentreff. In: deutsche jugend, Heft 5, 36. Jg. (1988), S. 216–222.

Baron, R. u. a. (Hrsg.) (1978): Sozialarbeit zwischen Bürokratie und Klient. Dokumente der Sozialarbeiterbewegung. Sozialpädagogische Korrespondenz 1969–1973 (reprint). Offenbach.

Barth, D./Bopp, M. (1999): Erlebnisreisen - Jugendfreizeiten auf dem Weg zu pädagogischer Eigenständigkeit und Profilierung. In: deutsche jugend, Heft 1, 47. Jg. (1999), S. 21–30.

Bauer, J. (Hrsg.) (1997): Jugendsport, Sportengagement und Sportkarrieren. Aachen.

Bauer, R. (Hrsg.) (1992): Lexikon des Sozial- und Gesundheitswesens. München u. Wien.

Bauer, W. (1991): JugendHaus. Geschichte, Standort und Alltag Offener Jugendarbeit. Weinheim u. Basel.

Bayrisches Staatsministerium für Arbeit und Sozialordnung, Familie, Frauen und Gesundheit (1999): Kinder- und Jugendprogramm der Bayrischen Staatsregierung. München

Beck, C./Wolf, C. (1984): Ehrenamtliche Mitarbeiter in der Jugendarbeit. In: deutsche jugend, Heft 1, 32. Jg. (1984), S. 33–38.

Beck, U. (1986): Risikogesellschaft. Auf dem Weg in eine andere Moderne. Frankfurt a. M.

Beck, U. (1993): Die Erfindung des Politischen. Frankfurt a. M.

Beck, U. (1997[a]): Was ist Globalisierung? Frankfurt a. M.

Beck, U. (Hrsg.) (1997[b]): Kinder der Freiheit. Frankfurt a. M.

Beck, U. (1998): Mutter Teresa und Bill Gates in einer Person. In: TAZ, 2. Januar 1998, S. 7.

Beck, U. (1999): Schöne neue Arbeitswelt. Frankfurt a. M. u. New York.

Beck, U. (Hrsg.) (2000): Die Zukunft von Arbeit und Demokratie. Frankfurt a. M.

Beck, U./Beck-Gernsheim, E. (Hrsg.) (1994): Riskante Freiheiten. Individualisierung in modernen Gesellschaften. Frankfurt a. M.

Beck, U./Giddens, A./Lash, S. (1996): Reflexive Modernisierung. Eine Kontroverse. Frankfurt a. M.

Becker, D./Wenig, M. (1999): Einleitung und Projektidee. In: Becker, D./Wenig, M./Winter, R. (1999): Jugendarbeit neu ins Rollen bringen. Berlin, S. 7–10.

Becker, G./Simon, T. (1995): Handbuch Aufsuchende Jugend- und Sozialarbeit. Weinheim u. München.

Becker, H. u. a. (1984): Pfadfinderheim, Teestube, Straßenleben. Jugendliche Cliquen und ihre Sozialräume. Frankfurt a. M.

Beher, K./Liebig, R./Rauschenbach, Th. (1998): Das Ehrenamt in empirischen Studien - ein sekundäranalytischer Vergleich. Stuttgart.

Behler, Ph. (1928): Psychologie des Berufsschülers. Köln.

Behnken, I. u. a. (1991): Schülerstudie '90. Jugendliche im Prozess der Vereinigung. Weinheim u. München.

Behr, M. u. a. (1993): Kulturelle Jugendbildung als Handlungsbereich in Essener Jugendfreizeitstätten. Essen (MS).

Behrens, P. (1931): Die Betreuung der erwerbslosen Jugendlichen als besondere Aufgabe des Jugendamtes. Maßnahmen zur Betreuung der erwerbslosen Jugend. In: Rheinische Jugend, Heft 1, 19. Jg. (1931), S. 19–29.

Benjamin, W. (1972): Illuminationen - ausgewählte Schriften. Frankfurt a. M.

Bergkessel, P. u. a. (1981): Die Arbeits- und Lebenssituation sozialpädagogischer Fachkräfte in der Jugendarbeit. Düsseldorf (MS-Druck).

Bernfeld, S. (1927): Das Massenproblem in der sozialistischen Erziehung. In: Sozialistische Erziehung, 7. Jg. (1927), S. 5–7 u. 33–36.

Bertram, M./Lindhoff, K. (1989): Von der Schuhfabrik in Ahlen bis zur Rohrmeisterei in Schwerte. In: Claßen, L. u. a. (Hrsg.) (1989): In Zechen, Bahnhöfen und Lagerhallen. Zwischen Politik und Kommerz - Soziokulturelle Zentren in Nordrhein-Westfalen. Essen, S. 94–131.

Bezirksausschuß für Jugendpflege im Regierungsbezirk Düsseldorf: Statistik der Jugendpflege. In: Rheinische Jugend, Heft 4, 14. Jg. (1926), S. 178–192.

Bienemann, G./Hasebrink, M./Nikles, B. (Hrsg.) (1995): Handbuch des Kinder- und Jugendschutzes. Münster.

Bierhoff, B. (1974): Zur Begründung einer kritisch-emanzipativen Theorie und Praxis der Arbeit mit Jugendlichen. Lollar (Lahn).

Bierhoff, B. (1983): Außerschulische Jugendarbeit. Schwerte.

Bilden, H. (1991): Geschlechtsspezifische Sozialisation. In: Hurrelmann, K./Ulich, D. (Hrsg.) (1991): Handbuch der Sozialisationsforschung. Weinheim, S. 279–301.

Birmes, A./Vermeulen, P. (1989): Kursbuch Kulturförderung. Unna.

BJKE (Bundesverband der Jugendkunstschulen und kulturpädagogischen Einrichtungen) (1995): Jugendkunstschulen im Überblick. Unna.

BKJ (Bundesvereinigung kulturelle Jugendbildung) (Hrsg.) (1996): Durchblick im Föderalismus. Kinder- und Jugendkulturarbeit im Spiegel der Förderpolitik der Länder. Remscheid.

Blanke, K./Ehling, M./Schwarz, N. (1996): Zeit im Blickfeld. Ergebnisse einer repräsentativen Zeitbudgeterhebung. Stuttgart.

Blanke, T./Sachße, Ch. (1978): Theorie der Sozialarbeit. In: Gärtner, A./Sachße, Ch. (Hrsg.) (1978): Politische Produktivität der Sozialarbeit. Frankfurt a. M. u. New York, S. 15–55.

Bloch, E. (1977): Prinzip Hoffnung. Gesamtausgabe. Bd. 5. Frankfurt a. M.

Blonski, A. (1999): Lilith - Mädchentreff. In: Simon, T. u. a. (1999): Offene Jugendarbeit. Entwicklungen, Praxis, Perspektiven. Leinfelden, S. 107–115.

Blücher, V. Graf (1967): Jugend, Bildung, Freizeit. Dritte Untersuchung zur Situation der deutschen Jugend. Bielefeld.

Blum, D. (1908): Fürsorge für die normale, volksschulentlassene, männliche Jugend. In: Schriften des deutschen Vereins für Armenpflege und Wohltätigkeit. (1908). Leipzig.

BMBW (Bundesministerium für Bildung und Wissenschaft) (Hrsg.) (1990): Vielfalt als Konzeption. Zu der Arbeit soziokultureller Zentren und den Anforderungen an ihre Mitarbeiter. Bonn.

BMJFG (Bundesministerium für Jugend, Familie und Gesundheit) (1980): Bericht über Bestrebungen und Leistungen der Jugendhilfe. 5. Jugendbericht. Bonn.

BMJFG (Bundesministerium für Jugend, Familie, Gesundheit) (Hrsg.) (1984): Verbesserung der Chancengleichheit von Mädchen in der Bundesrepublik Deutschland. 6. Jugendbericht. Bonn.

BMJFG (Bundesministerium für Jugend, Familie, Gesundheit) (Hrsg.) (1986): Jugendhilfe und Familie. Die Entwicklung familienunterstützender Leistungen durch Jugendhilfe und ihre Perspektiven. 7. Jugendbericht. Bonn.

BMJFFG (Bundesministerium für Jugend, Familie, Frauen und Gesundheit) (Hrsg.) (1990): Achter Jugendbericht. Bericht über die Bestrebungen und Leistungen der Jugendhilfe. Bonn.

BMFSFJ (Bundesministerium für Familie, Senioren, Frauen und Jugend) (1994): Neunter Jugendbericht. Bericht über die Situation der Kinder und Jugendlichen und die Entwicklung der Jugendhilfe in den neuen Bundesländern. Bonn.

BMFSFJ (Bundesministerium für Familie, Senioren, Frauen und Jugend) (1998): Zehnter Kinder- und Jugendbericht. Bericht über die Lebenssituation von Kindern und Leistungen der Kinderhilfen in Deutschland. Bonn.

Bockhorst, H. u. a. (Hrsg.) (1993): Mädchenkulturarbeit. Expertise 7 zum 1. Bericht zur Kinder- und Jugendkulturarbeit in NRW. Unna.

Bohn, I./Münchmeier, R. (1997): Das Aktionsprogramm gegen Aggression und Gewalt. Dokumentation des Modell-Projektes. Münster.

Böhnisch, L. (1989): Jugend im ländlichen Raum. In: Klemm, U./Seitz, K. (1989): Das Provinzbuch. Kultur und Bildung auf dem Lande. Bremen, S. 67–77.

Böhnisch, L. (1992): Sozialpädagogik des Kindes- und Jugendalters. Weinheim u. München.

Böhnisch, L. (1994): Gespaltene Normalität. Lebensbewältigung und Sozialpädagogik an den Grenzen der Wohlfahrtsgesellschaft. Weinheim u. München.

Böhnisch, L. (1998): Grundbegriffe einer Jugendarbeit als „Lebensort". In: Böhnisch, L./Rudolpf, M./Wolf, B. (Hrsg.) (1998): Jugendarbeit als Lebensort. Jugendpädagogische Orientierungen zwischen Offenheit und Halt. Weinheim u. München, S. 155–166.

Böhnisch, L./Lösch, H. (1973): Das Handlungsverständnis des Sozialarbeiters und seine institutionelle Determination. In: Otto, H.-U./Schneider, S. (Hrsg.) (1973): Gesellschaftliche Perspektiven der Sozialarbeit. Bd. 2. Neuwied u. Berlin, S. 21–40.

Böhnisch, L./Münchmeier, R. (1987): Wozu Jugendarbeit? Orientierungen für Ausbildung, Fortbildung und Praxis. Weinheim u. München.

Böhnisch, L./Münchmeier, R. (1990): Pädagogik des Jugendraumes. Weinheim u. München.

Böhnisch, L./Winter, R. (1992): Männliche Sozialisation. Weinheim u. München.

Böhnisch, L./Gängler, H./Rauschenbach, Th. (Hrsg.) (1991): Handbuch der Jugendverbände. Weinheim u. München.

Böhnisch, L./Rudolph, M./Wolf, B. (Hrsg.) (1998): Jugendarbeit als Lebensort. Weinheim u. München.

Bohnstedt, H. (1914): Jugendpflegearbeit. Leipzig u. Berlin.

Bois-Reymond, M. u. a. (1994): Kinderleben. Opladen.

Bommes, M./Scherr, A. (1996): Exklusionsvermeidung, Inklusionsvermittlung und/oder Exklusionsverwaltung. In: neue praxis, Heft 2, 26. Jg. (1996), S. 107–121.

Borsche, S. (1996): Bundesjugendkuratorium. In: Kreft, D./Miclenz, I. (Hrsg.) (1996): Wörterbuch Soziale Arbeit. Weinheim u. Basel, S. 131–132.

Börühan, Ch./Happel, Ch. (1994): It might be a movie - isn't it? Ein multikulturelles Videoprojekt. In: deutsche jugend, Heft 5, 42. Jg. (1994), S. 209–217.

Boskamp, P./Knapp, R. (Hrsg.) (1996): Führung und Leitung in sozialen Organisationen. Neuwied.

Bourdieu, P. (1987): Die feinen Unterschiede. Kritik der gesellschaftlichen Urteilskraft. Frankfurt a. M.

Bourdieu, P. (1998): Praktische Vernunft. Zur Theorie des Handelns. Frankfurt a. M.

Bourdieu, P./Wacquant, L. (2000): Schöne neue Begriffswelt. In: Le Monde diplomatique, 12. Mai 2000, S. 7.

Brademann, R. u. a. (1989): Von der Selbst- zur Mitarbeiterverwaltung. Die Zeche Carl in Altenessen. In: Claßen, L. u. a. (Hrsg.) (1989): In Zechen, Bahnhöfen und Lagerhallen. Zwischen Politik und Kommerz - Soziokulturelle Zentren in Nordrhein-Westfalen. Essen, S. 60–77.

Braun, F. (1996): Lokale Politik gegen Jugendarbeitslosigkeit. Bd. 1. München.

Brenner, G. (1996): Ehrenamtliche - Anmerkungen zu neueren empirischen Studien. In: deutsche jugend, Heft 3, 44. Jg. (1996), S. 102–103.

Brenner, G. (1999): Die Jugendarbeit in einer neuen Bildungslandschaft. In: deutsche jugend, Heft 6, 47. Jg. (1999), S. 249–257.

Brenner, G./Grubauer, F. (Hrsg.) (1991): Typisch Mädchen? Typisch Junge? Weinheim u. München.

Brenner, G./Nörber, M (1992): Öffentlichkeitsarbeit und Mittelbeschaffung. Weinheim u. München.

Brenner, G./Niesyto, H. (Hrsg.) (1993): Handlungsorientierte Medienarbeit. Weinheim u. München.

Brenner, G./Waldmann, K. (1994): Eingriffe gegen Umweltzerstörung. Weinheim u. München.

Breuer, S./Hubweber, N. (1996): Ein Garten voller Ideen - Streifzug durch katholische Kinder- und Jugendfreizeiteinrichtungen in NW. In: LAG Offene Tür NW (Hrsg.) (1996): What's new. Profession, Konzept, Praxis. Köln, S. 23–50.

Broder, H. M. (1994): Die Diktatur der Sozialarbeiter. In: TAZ, 3. Dezember 1994, S. 24.

Brüggemeier, F.-J./Niethammer, L. (1978): Schlafgänger, Schnapskinos und schwerindustrielle Kolonie. In: Reulecke, J./Weber, W. (1978): Fabrik, Familie, Feierabend. Wuppertal, S. 135–174.

Brumlik, M. (1992): Advokatorische Ethik. Bielefeld.

Büchner, P. (1990): Aufwachsen in den 80er Jahren. In: Büchner, P./Krüger, H.-H./Chisholm, L. (Hrsg.) (1990): Kindheit und Jugend im interkulturellen Vergleich. Opladen, S. 79–93.

Büchner, P. (1993): Jugend im vereinten Deutschland - Herausforderungen für die künftige Jugendforschung. In: Krüger, H.-H. (Hrsg.) (^{2}1993): Handbuch der Jugendforschung. Opladen, S 43–62.

Büchner, P./Brake, A./Fuhs, B. (1992): Kinderleben am Nachmittag. Über Freizeitaktivitäten und Freizeitinteressen von 10- bis 14jährigen in unterschiedlichen Regionen. In: HORT heute, Heft 7/8, 1992, S. 14–20.

Büchner, P. u. a. (1993): Kinderalltag und Kinderfreizeit in Ost- und Westdeutschland. In: deutsche jugend, Heft 1, 41. Jg. (1993), S. 31–41.

Büchner, P. u. a. (1996): Vom Teddybär zum ersten Kuß. Opladen.

Bühler, Ch. (1923): Tagebuch eines jungen Mädchens. Jena.

Bühler, J./Guthmann, K. (1990): Spielmobile in der Provinz. In: Deutsches Kinderhilfswerk (1990): Das Spielmobilbuch. Eine Lobby für Spielräume und Kinderrechte. Berlin, S. 121–126.

Bund-Länder-Kommission (1977): Ergänzungsplan „Musisch-Kulturelle Bildung" zum Bildungsgesamtplan. Bund-Länder-Kommission für Bildungsplanung und Forschungsförderung. 2 Bde. Stuttgart.

Burkholz, K./Charalambous, A. (1990): Spielmobile in der BRD und im internationalen Vergleich. In: Deutsches Kinderhilfswerk u. a. (Hrsg.) (1990): Das Spielmobilbuch. Eine Lobby für Spielräume und Kinderrechte. Berlin, S. 71 ff.

Christ, B. (1994): Feldbeschreibungen von Einrichtungen der Kinder- und Jugendarbeit. In: Thole, W./Kolfhaus, St. u. a. (1994): Bunt und vielfältig. Stand und Entwicklung der Kinder- und Jugendarbeit in Nordrhein-Westfalen. Unna u. Düsseldorf.

Clarke, J. u. a. (1979): Jugendkultur als Widerstand. Frankfurt a. M.

Claßen, L. u. a. (Hrsg.) (1989): In Zechen, Bahnhöfen und Lagerhallen. Zwischen Politik und Kommerz - Soziokulturelle Zentren in Nordrhein-Westfalen. Essen.

Cloos, P. (1998): Jugend als Avantgarde ihrer eigenen Abschaffung? In: Sozialwissenschaftliche Literatur Rundschau, Heft 36, 21. Jg. (1998), S. 37–54

Curth, A./Kelm, A./Mathern, S. (1998): Das Projekt „Auszeit" der Sportjugend Hessen. In: deutsche jugend, Heft 3, 46. Jg. (1998), S. 122–127.

Damm, D. (1975): Politische Jugendarbeit. Grundlagen, Methoden, Projekte. München.

Damm, D./Eigenbrodt, J./Hafeneger, B. (Hrsg.) (1990): Jugendverbände in der Bundesrepublik Deutschland. Neuwied.

Degen, M. (1995): Straßenkinder. Szenebetrachtungen, Erklärungsversuche und sozialarbeiterische Ansätze. Bielefeld.

Dehn, G. (1919): Großstadtjugend. Berlin.

Dehn, G. (1929[a]): Jugendpflege. In: Nohl, H./Pallat, L. (Hrsg.) (1929): Handbuch der Pädagogik. Bd. 5. Langensalza, S. 97–113.

Dehn, G. (1929[b]): Proletarische Jugend. Lebensgestaltung und Gedankenwelt der großstädtischen Proletarierjugend. Berlin.

Deimel, R. (1998): (Zu) hohe Erwartungen, zu viele nicht eingelöste „Versprechungen". In: GEW news, Heft 2, 1998, S. 5–8.

Deinet, U. (1997[a]): Im Schatten der Älteren. Weinheim u. München.

Deinet, U. (1997[b]): Ganztagsangebote als Chance der Kooperation zwischen Jugendhilfe und Schule. In: Landschaftsverband Westfalen-Lippe (Hrsg.) (1997): Kooperation zwischen Jugendhilfe und Schule. Münster, S. 5–18.

Deinet, U. (1998): Sozialräumliche Jugendarbeit. Opladen.

Deinet, U./Steil, G. (1996): Schulaufgabenhilfe im Jugendhaus. In: Deinet, U. (Hrsg.) (1996): Schule aus - Jugendhaus? Münster, S. 84–89.

Deinet, U./Sturzenhecker, B. (Hrsg.) (1996): Konzepte entwickeln. Weinheim u. München.

Deininger, D. (1985): Maßnahmen der Jugendarbeit im Rahmen der Jugendarbeit. In: Wirtschaft und Statistik, Heft 1, 1985, S. 47–51.

Deininger, D. (1990): Jugendarbeit. In: Wirtschaft und Statistik, Heft 7, 1990, S. 493–497.

Der Spiegel (1997): Boygroups sind das Ding der Neunziger. Nr. 6, 1997, S. 183–188.

Der Spiegel (1998): Eltern ohne Einfluß. Ist Erziehung sinnlos? Heft 47, 1998.

Der Spiegel (1999): Die Jungen Milden. Nr. 28, 1999, S. 94–103.

Deutscher Bundesjugendring (Hrsg.) (1994): Die Jugend braucht ihren Teil. Bonn.

Deutscher Bundesjugendring (1998): für mich und andere - ehrenamtlich in der Jugendarbeit. Bonn.

Deutscher Kulturrat (Hrsg.) (1988): Konzeption Kulturelle Bildung. Bonn.

Deutscher Städtetag (1952): Städtische Kulturarbeit - Leitsätze zur kommunalen Kulturarbeit. Köln.

Deutscher Städtetag (1973): Wege zur menschlichen Stadt. Entschließung der 17. Hauptversammlung des Deutschen Städtetages. In: Kirchgäßner, H. (1981): Texte zur Sozial-kulturellen Animation. Remscheid, S. 57–62.

Deutscher Verein für öffentliche und private Fürsorge (Hrsg.) ([4]1997): Fachlexikon der sozialen Arbeit. Frankfurt a. M.

Deutsches Jugend Institut (DJI) (Hrsg.) (1990): Entwicklungsbedingungen und -perspektiven der Jugendhilfe in der früheren DDR nach der Vereinigung der beiden deutschen Staaten. München.

Deutsches Jugendinstitut (DJI) (Hrsg.) (1993): Was tun Kinder am Nachmittag? Ergebnisse einer empirischen Studie zur mittleren Kindheit. Weinheim u. München.

Dewe, B./Ferchhoff, W./Radtke, F.-O. (Hrsg.) (1992): Erziehen als Profession. Opladen.

Dinse, R. (1932): Das Freizeitleben der Großstadtjugend. 5000 Jungen und Mädchen berichten. Berlin.

Domansky, E. (1986): Alltagsleben und Generationsbeziehungen von Jugendlichen in der Zwischenkriegszeit. In: Dowe, D. (Hrsg.) (1986): Jugendprotest und Generationserfahrungen in Europa im 20. Jahrhundert. Bonn, S. 113–136.

Düchting, F. (1994): Wenn Pädagogik was erleben will. Kritische Anmerkungen zum interessanten Verhältnis von „Erlebnispädagogik" und Jungenarbeit. In: deutsche jugend, Heft 7–8, 42. Jg. (1994), S. 318–326.

Dudek, P. (1990): Jugend als Objekt der Wissenschaft. Opladen.

Duensing, F. (Hrsg.) (1913): Handbuch der Jugendpflege. Langensalza.

Duisburg (1923): Niederschrift über die Sitzung des vorbereitenden Ausschusses zur Bekämpfung der Schundliteratur am 27. 2. 1923. Stadtarchiv Duisburg, Bestand Jugendpflege.

Düx, W. (1999): Das Ehrenamt im Jugendverband. Frankfurt. a. M.

Elskemper-Mader, H. (1992): „Schule, Freizeit und Betreuung. Die Bedeutung der Schule für die Nachmittagsgestaltung von Kindern". In: Dokumentation der Fachtagung des Forschungsvorhabens „Was tun Kinder nach der Schule?" am 3. und 4. Dezember 1991 in der Ev. Akademie in Tutzing. DJI-Arbeitspapier 6–039. München, S. 35–41.

Engel, U./Hurrelmann, K. (1989): Psychosoziale Belastung im Jugendalter. Berlin.

Engler, W. (1994): Der aufgeschobene Streit. In: Die Zeit, Nr. 45. November 1994, S. 63.

Epp, J. (1997): Grenzüberschreitungen. In: Arbeitsausschuß für politische Bildung (Hrsg.) (1997): Jugend und politische Bildung. Oschersleben, S. 58–76.

Erhardt, J. (1930): Cliquenwesen und Jugendverwahrlosung. In: Zentralblatt für Jugendrecht und Jugendwohlfahrt 12/1930.

Faltermaier, H. (1983): Nachdenken über Jugendarbeit. Zwischen den fünfziger und achtziger Jahren. München.

Fehrlen, B. (1985): Theorie der Jugendarbeit. 30 Jahre Konzeptionsdebatte. Ammerbuch.

Fehrlen, B. (1999): Geschichte der Offenen Jugendarbeit. In: Simon, T. u. a. (1999): Offene Jugendarbeit. Entwicklungen, Praxis, Perspektiven. Leinfelden, S. 10–34.

Feldmann, R. (1981): Zur Fachkompetenz des Sozialpädagogen in der offenen Jugendarbeit. In: deutsche jugend, Heft 12, 29. Jg. (1981), S. 508–514.

Ferchhoff, W. (1993[a]): „Jugend an der Wende des 20. Jahrhunderts - Lebensformen und Lebensstile". Opladen.

Ferchhoff, W. (1993[b]): Pädagogische Herausforderungen angesichts des Strukturwandels der Jugend. In: deutsche jugend, Heft 7–8, 41. Jg. (1993), S. 338–346.

Fischer, A. (1997): Engagement und Politik. In: Jugendwerk der Deutschen Shell (Hrsg.) (1997): Jugend '97 - Zukunftsperspektiven, Gesellschaftliches Engagement, Politische Orientierungen. Opladen, S. 303–341.

Fischer, A./Münchmeier, R. (1997): Die gesellschaftliche Krise hat die Jugend erreicht. In: Jugendwerk der Deutschen Shell (Hrsg.) (1997): Jugend '97 - Zukunftsperspektiven, Gesellschaftliches Engagement, Politische Orientierungen. Opladen, S. 11–25.

Flitner, W. (1953): Jugendmusikbewegung. In: Seiffert, H. (1953): Singbewegung und Volksbildung. Göttingen

Fournier, C. (1931): Ringvereine der Jugend. In: Die Weltbühne, 27. Jg. (1931), S. 89–95.

Franzen-Hellersbach, L. (1932): Die jugendliche Arbeiterin. Ihre Arbeitsweisen und Lebensform. Tübingen.

Fritzsche, Y. (1997): Jugendkulturen und Freizeitpräferenzen. In: Jugendwerk der Deutschen Shell (Hrsg.) (1997): Jugend '97. Opladen, S. 343–378.

Fromm, C./Savier, M. (1984): Widerstandsform in Subkulturen. Alltagsbewältigung: Rückzug - Widerstand, Alltag und Biographie von Mädchen. Bd. 7. Opladen.

Fuchs, E. (1909/1912): Illustrierte Sittengeschichte. Bd. 1–6. München.

Fuchs, M. (Hrsg.) (1993): Kulturelle Identität. Eine Aufgabe für die Jugendkulturarbeit. Remscheid.

Fuchs, M./Liebau, Ch. (1995): Wozu Kulturarbeit. Remscheid.

Fuchs, P. (1994): Die Widerständigkeit der Behinderten. Zu Problemen der Inklusion/Exklusion von Behinderten in der ehemaligen DDR. In: Fuchs,

P./Göbel, A. (Hrsg.) (1994): Der Mensch - das Medium der Gesellschaft. Frankfurt a. M., S. 239–263.

Fuchs, W. (1983): Jugendliche Statuspassage oder individualisierte Jugendbiographie? In: Soziale Welt, Heft 3, 34. Jg. (1983), S. 341–371.

Fuchs, W. (1985): Soziale Orientierungsmuster. In: Jugendwerk der Deutschen Shell (Hrsg.) (1985): Jugendliche + Erwachsene '85. Generationen im Vergleich. Bd. 1. Opladen, S 133-189.

Fuchs-Heinritz, W./Krüger, H.-H. (1991): Feste Fahrpläne durch die Jugendphase. Opladen.

Fuhs, B./Büchner, P. (1993): Freizeit von Kindern im großstädtischen Umfeld. Expertise 3 zum 1. Bericht Kinder- und Jugendkulturarbeit in NRW. Unna.

Fülbier, P./Schnapka, M. (1991): Jugendsozialarbeit im Kinder- und Jugendhilfegesetz - Neue Rechtsgrundlage für bewährte Praxis. In: Wiesner, R./Zarbock, W. (Hrsg.) (1991): Das neue Kinder- und Jugendhilfegesetz und seine Umsetzung in der Praxis. Köln, S. 267–285.

Funk, H. (1987): Mädchen in der Jugendarbeit. In: Böhnisch, L/Münchmeier, R. (1987): Wozu Jugendarbeit? Orientierungen für Ausbildung, Fortbildung und Praxis. Weinheim u. München, S. 118–136.

Funk, H./Lösch, H. (1980): Freizeit im Alltag von Jugendlichen. Erfahrungen und Analysen. München.

Füssl, K.-H. (1995): Erziehung im Umbruch. In: Zeitschrift für Pädagogik, Heft 2, 41. Jg. (1995), S. 225–243.

Galuske, M. (1993): Das Orientierungsdilemma. Jugendberufshilfe, sozialpädagogische Selbstvergewisserung und die modernisierte Arbeitsgesellschaft. Bielefeld.

Galuske, M. (1998[a]): Jugend ohne Arbeit. Das Dilemma der Jugendberufshilfe. In: Zeitschrift für Erziehungswissenschaft, Heft 4, 1. Jg. (1998), S. 535–560.

Galuske, M. (^{2}2000): Methoden der Sozialen Arbeit. Weinheim u. München.

Galuske, M./Thole, W. (1999): „Raus aus den Amtsstuben." Niedrigschwellige, aufsuchende und akzeptierende sozialpädagogische Handlungsansätze - Methoden mit Zukunft? In: Zeitschrift für Pädagogik, 39. Beiheft, 45. Jg. (1999), S. 183–202.

Gängler, H. (1995): Staatsauftrag und Jugendreich: Die Entwicklung der Jugendverbände vom Kaiserreich zur Weimarer Republik. In: Rauschenbach, Th./Sachße, Ch./Olk, Th. (Hrsg.) (1995): Von der Wertgemeinschaft zum Dienstleistungsunternehmen. Frankfurt a. M., S. 175–200.

GANGWAY e. V. (Hrsg.) (1998): Streetwork und Professionalität. Berlin.

Ganzel, O. (1912): Die Jugendpflege. Leipzig.

Gawlik, M./Krafft, E./Seckinger, M. (1995): Jugendhilfe und sozialer Wandel. Weinheim u. München.

Gayler, B. (1969): Internationale Jugendbegegnung - in Zahlen. In: deutsche jugend, Heft 8, 17. Jg. (1969), S. 344–345.

Geigel, R. (1979): Einige Probleme der Herausbildung von Initiativen auf kulturell künstlerischem Gebiet. In: Pädagogische Hochschule N. K. Krupskaja Halle (Hrsg.) (1979): Erziehung der Pioniere und FDJ-Mitglieder zu gesellschaftlicher Aktivität. Halle, S. 8–101.

Geissler, B./Oechsle, M. (1994): Lebensplanung als Konstruktion. In: Beck, U./Beck-Gernsheim, E. (Hrsg.) (1994): Riskante Freiheiten. Individualisierung in modernen Gesellschaften. Frankfurt a. M., S. 115–138.

Geißler, K. A./Hege, M. ([7]1995): Konzepte sozialpädagogischen Handelns. Weinheim u. München.

Georg, W. (1992): Jugendliche Lebensstile - Ein Vergleich. In: Jugendwerk der Deutschen Shell (Hrsg.) (1992): Jugend '92. Opladen, S. 265–286.

Gerdes/Koch (1914): Unsere Jugend. Ausstellungskatalog. Essen.

Gernert, W. (1995): Institutionen und Organisationen des Jugendschutzes. In: Bienemann, G./Hasebrink, M./Nikles, B. (Hrsg.) (1995): Handbuch des Kinder- und Jugendschutzes. Münster, S. 91–94.

Gernert, W./Stoffers, M. (1990): Jugend in Haltern. Erkrath.

Giese, E. (1931): Kriminelle Jugendbanden und Mittel zur Milderung jugendlicher Erwerbslosigkeit. In: Freie Wohlfahrtstage, Heft 2, 6 Jg. (1931), S. 82–86.

Giesecke, H./Keil, A./Perle, U. (1967): Pädagogik des Jugendreisens. München.

Giesecke, H. (1971): Die Jugendarbeit. München.

Giesecke, H. (1981): Vom Wandervogel zur Hitlerjugend. Weinheim u. München.

Giesecke, H. (1984): Wozu noch Jugendarbeit. In: deutsche Jugend, Heft 10, 32. Jg. (1984), S. 443–449.

Giesecke, H. (1987): Pädagogik als Beruf. Weinheim u. München.

Giesecke, H. (1990): Einführung in die Pädagogik. Weinheim u. München.

Giesecke, H. (1993): Politische Bildung. Didaktik und Methodik für Schule und Jugendarbeit. Weinheim u. München.

Giesecke, H. (1998): Auf der Suche nach einer Theorie der Jugendarbeit - zur Erinnerung an Klaus Mollenhauer. In: neue praxis, Heft 5, 28. Jg. (1998), S. 441–448.

Gille, M. (1995): Wertorientierungen und Geschlechtsorientierungen im Wandel. In: Hoffmann-Lange, U. (Hrsg.) (1995): Jugend und Demokratie in Deutschland. DJI-Jugendsurvey 1. Opladen, S. 109–158.

Gilles, C. (1992): Spielen, Erfahren, Lernen. Zur Konzeption der Offenen Arbeit mit Kindern. In: deutsche Jugend, Heft 10, 40. Jg. (1992), S. 438–447.

Gläss, H./Hermann, F. (1994): Strategien der Jugendhilfeplanung. Weinheim u. München.

Grathoff, R. (1989): Milieu und Lebenswelt. Frankfurt a. M.

Grauer, G. (1973): Jugendfreizeitheime in der Krise. Weinheim u. Basel

Gref, K. (1995): Was macht Streetwork aus? Inhalte - Methoden - Kompetenzen. In: Becker, G./Simon, T. (1995): Handbuch Aufsuchende Jugendarbeit. Weinheim u. München, S. 13–20.

Griese, H. M.: Wider der Re-Pädagogisierung in der Jugendarbeit. Eine soziologisch-provokative Außenperspektive und Kritik. In: deutsche jugend, Heft 7–8, 42. Jg. (1994), S. 310–317.

Groschopp, H. (1991): Kulturpolitikstrukturen in der DDR. In: Mitteilungen aus der kulturwissenschaftlichen Forschung, Heft 29, 1991, S. 36–61.

Grüneisl, G./Zacharias, W. (1989): Die Kinderstadt. Eine Schule des Lebens. Reinbek b. Hamburg.

Gstettner, P. (1981): Die Eroberung des Kindes durch die Wissenschaft. Reinbek b. Hamburg.

Gusy, B. u. a. (1990): Aufsuchende soziale Arbeit. Qualitätsmerkmale von Streetwork und ihre institutionellen Rahmenbedingungen. Berlin.

Haase, O. (1951): Musisches Leben. Hannover.

Häbel, H. (1996): Kommunale Förderung von Jugendarbeit nach dem Kinder- und Jugendhilfegesetz. Backnang.

Habermas, J. (1962): Strukturwandel der Öffentlichkeit. Darmstadt u. Neuwied.

Hafeneger, B. (1990): Da wirst Du nicht alt! Älterwerden in der Jugendarbeit. Frankfurt a. M.

Hafeneger, B. (1992): Jugendarbeit als Beruf. Geschichte einer Profession in Deutschland. Opladen.

Hafeneger, B. (1998[a]): Anlage oder Umwelt. In: neue praxis, Heft 6, 28. Jg. (1998): 537–439.

Hafeneger, B. (1998[b]): Der pädagogische Bezug. In: Kiesel, D./Scherr, A./Thole, W. (Hrsg.) (1998): Standortbestimmung Jugendarbeit. Theoretische Orientierungen und empirische Befunde. Schwalbach i. Taunus, S. 104–125.

Hafeneger, B. (Hrsg.) (1997): Handbuch politische Jugendbildung. Schwalbach i. Ts.

Haffner, E. (1932): Jugend auf der Landstraße Berlin. Berlin.

Hamburger, F. (1982): Ehrenamtliche Mitarbeiter in der Jugendarbeit. Weinheim u. Basel.

Hanser, K. (1999): Endlich einmal Ferien ohne die Großen. In: jugend & reisen informationsdienst, Heft 1, 1. Jg. (1999), S. 7.

Hartung, H. (1993): Der Untergang der Jugend. Ein Monolog über einen gealterten Begriff. In: Kursbuch 113 (1993), S. 144–158.

Hasenclever, Ch. (1965): Zur Neuordnung der sozialpädagogischen Ausbildungswege. In: deutsche jugend, Heft 6, 13. Jg. (1965), S. 259–265.

Hasenclever, Ch. (1978): Jugendhilfe und Jugendgesetzgebung seit 1900. Göttingen.

Heckmaier, B./Michl, W. (1993): Erleben und Lernen. Einstieg in die Erlebnispädagogik. Neuwied.

Heidenreich, H. (1991): Mitarbeiterinnen und Mitarbeiter in Jugendverbänden. In: Böhnisch, L./Gängler, H./Rauschenbach, Th. (Hrsg.) (1991): Handbuch Jugendverbände. Weinheim u. München, S. 272–281.

Heider, G./Laßmann, M./Rotis, K. P. (1995): Synergien im Stau. Postprofessionelles Risikomanagement beim Funktionsübergang vom flüssigen zum stockenden Verkehr. Lengwil (CH).

Heiler, M. (1999): Der Werkbus in Erndtebrück. In: Deinet, U. (1999): Sozialräumliche Jugendarbeit. Opladen, S. 175–182.

Heiliger, A. (1997): Zu Entwicklungen und Ergebnissen der Mädchenforschung. In: deutsche jugend, Heft 4 u. 5, 45. Jg. (1997), S. 168–176 u. 220–225.

Heiliger, A./Funk, H. (1987): Feministische Mädchenarbeit als Antwort auf die gesellschaftliche Ausgrenzung. In: Neubauer, G./Olk, Th. (Hrsg.) (1987): Clique, Mädchen, Arbeit. Opladen, S. 57–72.

Heim, G. u. a. (1991): „Lieber ein Skinhead als sonst nichts?" Grundsätze einer akzeptierenden Jugendarbeit in rechten Jugendcliquen. In: neue praxis, Heft 4, 21. Jg. (1991), S. 300–310.

Heinze, R. G./Strünck, Ch. (2000): Die Verzinsung des sozialen Kapitals. Freiwilliges Engagement im Strukturwandel. In: Beck, U. (Hrsg.) (2000): Die Zukunft von Arbeit und Demokratie. Frankfurt a. M, S. 171–216.

Heitmeyer, W./Olk, Th. (1990): Das Individualisierungs-Theorem. Bedeutung für die Vergesellschaftung von Jugendlichen. In: Heitmeyer, W./ Olk, Th. (Hrsg.) (1990): Individualisierung von Jugend. Weinheim u. München, S. 11–34.

Heitmeyer, W./Peters, J.-I. (1988): Jugendliche Fußballfans. Weinheim u. München.

Hellfeld, M./Klönne, A. (1985): Die betrogene Generation. Jugend im Faschismus. Köln.

Helsper, W. (1993): Sozialpädagogische Programme gegen jugendliche Gewalt. Theoretische Reflexionen in praktischer Absicht. In: Breyvogel, W. (Hrsg.) (1993): Lust auf Randale. Bonn, S. 213–249.

Hemprich, K. (1914): Handbuch und Wegweiser für die Arbeit der Jugendpflege. Osterwieck u. Leipzig.

Hentig, H. v. (1966): Kurt Hahn und die Pädagogik. In: Röhrs, H. (Hrsg.) (1966): Bildung als Wagnis und Bewährung. Heidelberg, S. 41–82.

Hentschel, U. (1994): Kurzbericht zum Modellvorhaben 'Niedrigschwellige Angebote in der Drogenhilfe' in Nordrhein-Westfalen. In: INDRO e. V. (Hrsg.) (1994): Reader zur niedrigschwelligen Drogenarbeit in NRW. Berlin, S. 9–20.

Hermann, U. (1991): Jugendbewegung. In: Böhnisch, L./Gängler, H./Rauschenbach, Th. (Hrsg.) (1991): Handbuch der Jugendverbände. Weinheim u. München, S. 32–41.

Hermanns, M. (1990): Jugendarbeitslosigkeit seit der Weimarer Republik. Opladen.

Hillemacher, T: (1999): Jugendzentrum Köln - Praktikumsbericht. Köln (MS).

Hilpert, J. (1996): Partizipative Jugendarbeit und Bürgerengagement. Über die Praxis einer Theorie. Freiburger Studien. Bd. 1. Konstanz.

Hirsch, J. (1995): Der nationale Wohlfahrtsstaat. Berlin u. Amsterdam.

Hirtsiefer, H. (Hrsg.) (1930): Jugendpflege in Preußen. Eberswalde.

Hodek, J. (1977): Musikalisch-pädagogische Bewegung zwischen Demokratie und Faschismus. Weinheim u. Basel.

Hoernle, E. (1929, 1971): Grundfragen proletarischer Erziehung. Frankfurt a. M.

Hoffmann, B. (1993): Irrweg Jungenarbeit. In: deutsche jugend, Heft 10, 41. Jg. (1993), S. 438–446.

Hoffmann, H. (1979): Kultur für alle. Perspektiven und Modell. Frankfurt a. M.

Hoffmann-Lange, U. (Hrsg.) (1995): Jugend und Demokratie in Deutschland. DJI-Jugendsurvey 1. Opladen.

Hoffmann-Lange, U./Krebs, D./de Rijke, J. (1995): Kognitive politische Mobilisierung und politisches Vertrauen. In: Hoffmann-Lange, U. (Hrsg.) (1995): Jugend und Demokratie in Deutschland. DJI-Jugendsurvey 1. Opladen, S. 359–387.

Hollstein, W./Meinhold, M. (Hrsg.) (1973): Sozialarbeit unter kapitalistischen Produktionsbedingungen. Frankfurt a. M.

Holtappels, H.-G. (Hrsg.) (1995): Ganztagserziehung in der Schule. Opladen.

Honig, Ch. (1988): Klärungen zum Verhältnis von Kultur und Pädagogik. In: Sozialwissenschaftliche Literatur Rundschau, Heft 16, 11. Jg. (1988), S. 23–28.

Honneth, A. (1994): Desintegration. Bruchstücke einer soziologischen Zeitdiagnose. Frankfurt a. M.

Horkheimer, M./Adorno, Th. W. (1971): Dialektik der Aufklärung. Frankfurt a. M.

Hörmann, M. (1999): Lila Gütesiegel, oder was? In: Sozialmagazin, Heft 9, 24. Jg. (1999), S. 15–18.

Hornstein, W. (1965): Die Schwierigkeit, eine Theorie der Jugendarbeit zu entwerfen. In: deutsche jugend, Heft 5, 13. Jg. (1965), S. 219–227.

Hübner, I. (1981): Kulturzentren. Weinheim u. Basel.

Hübner-Funk, S. u. a. (1983): Sozialisation und Umwelt. Berufliche Orientierungen und Gesellschaftsformen von Hauptschülern im sozialökologischen Kontext. München.

Hubweber, N. (1990): Offene Kinder- und Jugendarbeit in NRW. Expertise zum 5. Jugendbericht der Landesregierung NRW. Köln.

Hubweber, N. (1993): Offene Kinder- und Jugendarbeit in NRW. Daten 1989–1991. Köln (MS).

Hurrelmann, K. u. a. (^{5}1997): Lebensphase Jugend. Eine Einführung in die sozialwissenschaftliche Jugendforschung. Weinheim u. München.

INDRO e.V. (Hrsg.) (1994): Reader zur niedrigschwelligen Drogenarbeit in NRW. Erfahrungen, Konzepte, Forschungen. Berlin.

Institut für Soziale Arbeit (Hrsg.) (1996): Lebensort Straße. Münster.

Jahresbericht des Jugendamtes Duisburg (1928). Stadtarchiv Duisburg, Registratur 501–505.

Jähningen, R. (1999): Veränderung als Arbeitsprinzip - Offene Arbeit im Kindertreff. Simon, T. u. a. (1999): Offene Jugendarbeit. Entwicklungen, Praxis, Perspektiven. Leinfelden, S. 126–141.

Jaide, W. (1988): Generationen eines Jahrhunderts. Opladen.

Japp, K. P. (1985): Kontrollfunktionen in der Sozialarbeit. In: Olk, Th./Otto, H.-U. (Hrsg.) (1985): Gesellschaftliche Perspektiven der Sozialarbeit. Bd. 4. Sozialpolitik und Selbsthilfe. Neuwied u. Darmstadt 1985, S. 95–115.

Jöde, F. (1918): Durch Arbeit. In: Jöde, F. (1918): Musikalische Jugendkultur. Hamburg.

Jödicke, A. (1975): Arbeitermädchen im Jugendzentrum. Arbeitsmaterialien Sozialarbeit/Sozialpädagogik. Offenbach.

Jordan, E. (1988): Jugendarbeit. In: Kreft, D./Mielenz, I. (Hrsg.) (1988): Wörterbuch Soziale Arbeit. Weinheim u. Basel, S. 291–295.

Jugendamt Dormagen (Hrsg.) (1991): Jugendarbeit in Dormagen. Dormagen.

Jugendrat der Stadt Düsseldorf (1926): Brief an den Regierungspräsidenten Dr. Grützner, Hauptstaatsarchiv Düsseldorf, Regierung Düsseldorf Nr. 45269. Düsseldorf.

Jugendwerk der Deutschen Shell (Hrsg.) (1985): Shell-Studie 1985 - Jugend und Erwachsene '85. 5 Bde. Opladen.

Jugendwerk der Deutschen Shell (Hrsg.) (1992): Shell-Studie 1992 - Jugend '92. 4 Bde. Opladen.

Jugendwerk der Deutschen Shell (Hrsg.) (1997): Shell-Studie 1997 - Jugend '97. Opladen.

Jugendwerk der Deutschen Shell (Hrsg.) (2000): Jugend 2000 - 13. Shell Jugendstudie. Opladen.

Jung, H. (1930): Das Phantasieleben der männlichen werktätigen Jugend. Münster.

Jungblut, H.-J./Schreiber, W.: Zur Notwendigkeit alltagsweltlich orientierter Methoden in der Sozialarbeit/Sozialpädagogik. In: neue praxis, Heft 2, 10. Jg. (1980), S. 150–160.

Jungblut, H.-J. (1993): Niedrigschwelligkeit. Kontextgebundene Verfahren methodischen Handelns am Beispiel akzeptierender Drogenarbeit. In: Rauschenbach, Th. u. a. (Hrsg.) (1993): Der sozialpädagogische Blick. Weinheim u. München, S. 93–111.

Jüngst, H. (1930): Die junge Fabrikarbeiterin. Paderborn.

Kamper, D. (1991): Die große Illusion. In: Zacharias, W. (Hrsg.) (1991): Schöne Aussichten? Ästhetische Bilder in einer technisch-medialen Welt. Essen, S. 107–120.

Kathen, D. v./Zacharias, W. (1993): Initiative Kindermuseum. Unna u. München

Kaufmann, G. (1940): Das kommende Deutschland. Die Erziehung der Jugend im Reich Adolf Hitlers. Berlin.

Kautsky, K. (1891): Der Alkoholismus und seine Bekämpfung. In: Die Neue Zeit, Heft 9, 2 Jg. (1891), S. 105–116.

Kautz, H. (1929): Im Schatten der Schlote. Versuche der Seelenkunde der Industriejugend. Einsiedeln.

Kentler, H. (1964): Versuch 2. In: Müller, C. W. u. a. (1964, Reprint 1986): Was ist Jugendarbeit? Vier Versuche zu einer Theorie. München.

Kentler, H./Leithäuser, Th./Lessing, H. (1969): Jugend im Urlaub. Weinheim.

Keppeler, S. (1989): Grundsätzliche Überlegungen zu Streetwork in der Jugendarbeit und Jugendhilfe. In: Steffan, W. (1989): Straßensozialarbeit - eine Methode für heiße Praxisfelder. Weinheim u. Basel, S. 16–30.

Keupp, H. (1992): Verunsicherungen. Risiken und Chancen des Subjekts in der Postmoderne. In: Rauschenbach, Th./Gängler, H. (Hrsg.) (1992): Soziale Arbeit und Erziehung in der Risikogesellschaft. Neuwied, S. 165–185.

Keupp, H./Kraus, W./Straus, F. (2000): Civics matters: Motive, Hemnisse und Fördermöglichkeiten bürgerschaftlichen Engagements. In: Beck, U. (Hrsg.) (2000): Die Zukunft von Arbeit und Demokratie. Frankfurt a. M., S. 217–268.

Keupp, H. u. a. (1999): Identitätskonstruktionen. Das Patchwork der Identitäten in der Spätmoderne. Reinbek b. Hamburg.

Kienbaum (Kienbaum Unternehmensberatung) (1993): Untersuchung von Organisation und Personalbedarf. Auftrag der Landeshauptstadt Düsseldorf. Düsseldorf.

Kirchgäßner, H. (Hrsg.) (1981): Texte zur Sozial-kulturellen Animation. Remscheid.

Klafki, W. (1990): Abschied von der Aufklärung? Grundzüge eines bildungstheoretischen Gegenentwurfs. In: Krüger, H.-H. (Hrsg.) (1990): Abschied von der Aufklärung. Opladen, S. 91–105.

Klawe, W. (^{4}1996): Arbeit mit Jugendlichen. Weinheim u. München.

Klawe, W./Matzen, J. (1993): Lernen gegen Ausländerfeindlichkeit. Weinheim u. München.

Klees, R./Marburger, H./Schumacher, M. (³1997): Mädchenarbeit. Weinheim u. München.

Kleve, H. (1997): Soziale Arbeit zwischen Inklusion und Exklusion. In: neue praxis, Heft 5, 27. Jg. (1997), S. 412–432.

Klönne, A. (1991): Zur Traditionspflege nicht geeignet. In: Breyvogel, W. (Hrsg.) (1991): Piraten, Swings und Junge Garde. Jugendwiderstand im Nationalsozialismus. Bonn, S. 295–310.

Kluge, A. (1983): Bestandsaufnahme. Utopie Film. Frankfurt a. M.

Knoll-Krist, D. H. (1995): Profis im Jugendhaus. Stuttgart.

Koch, J./Lenz, St. (1999): Zusammenarbeit als Abgrenzung. Kooperationschancen und Arbeitsperspektiven zwischen Hilfen zur Erziehung und der (offenen) Jugendarbeit. In: Forum Erziehungshilfen, Heft 3, 5. Jg. (1999), S. 132–137.

Koebner, Th./Janz, R.-P./Trommler, F. (Hrsg.) (1985): „Mit uns zieht die Zeit". Der Mythos Jugend. Frankfurt a. M.

Kolland, D. (1979): Die Jugendmusikbewegung. Stuttgart.

Kommission „Zukunft der Bildung - Schule der Zukunft" (1992): Zukunft der Bildung - Schule der Zukunft. Düsseldorf.

KOMSA (1998): Jugendberufshilfe und freie Wirtschaft - Kooperation statt Konkurrenz. In: KABI, Nr. 43, 1998, Projekt 43.5.

Korbus, Th./Nahrstedt, W. (1997): Eine Idee wird Realität. Freizeitinteresse Reisen. In: Korbus, Th. u. a. (Hrsg. (1997): Jugendreisen. Vom Staat zum Markt. Bielefeld, S. 48–57.

Krafeld, F. J. (1984): Geschichte der Jugendarbeit. Weinheim u. Basel.

Krafeld, F. J. (1992): Cliquenorientierte Jugendarbeit. Weinheim u. München.

Krafeld, F. J. (1996): Die Praxis akzeptierender Jugendarbeit. Konzepte, Erfahrungen, Analysen aus der Arbeit mit rechten Jugendcliquen. Opladen.

Krafeld, F. J. (1998): Lebensweltorientierte Jugendarbeit und Akzeptanz. Grundbezüge und Methoden des Konzepts der „Akzeptierenden Jugendarbeit". In: Kiesel, D./Scherr, A./Thole, W. (Hrsg.) (1998): Standortbestimmung Jugendarbeit. Theoretische Orientierungen und empirische Befunde. Schwalbach i. Taunus, S. 65–77.

Krafeld, F. (2000): Gerechtigkeitsorientierte Jugendarbeit. In: deutsche jugend, Heft 6, 48. Jg. (2000), S. 266-268.

Krafeld, F. J./Möller, K./Müller, A. (1993): Jugendarbeit in rechten Szenen. Ansätze - Erfahrungen - Perspektiven. Bremen.

Krauß, G. M./Steffan, W. (1990): Entwicklung und Stand der Streetwork (Straßensozialarbeit) in der Bundesrepublik Deutschland und Berlin (West). In: Kreft, D./Lukas, H. u. a. (1990): Perspektivenwandel der Jugendhilfe. Bd. II. Frankfurt a. M., S. 139–153.

Kraußlach, J. u. a. (1976, ⁶1990): Aggressive Jugendliche. Weinheim u. München.

Kreft, D./Lucas, H. u. a. (1990): Perspektivenwandel in der Jugendhilfe. 2 Bde. Nürnberg.

Kreft, D./Mielenz, I. (Hrsg.) (1996): Wörterbuch der sozialen Arbeit. Weinheim u. Basel.

Krieck, E. (1933): Musische Erziehung. Leipzig.

Krieger, W./Mikulla, J. (1994): Offene Jugendarbeit und die Krise der Moderne. Berlin.

Krisch, R. (1999): Bewältigungsprobleme 15- und 16-jähriger Jugendlicher beim Übergang in das Berufsbildungssystem als Herausforderung für die Jugendarbeit. In: Verein Wiener Jugendzentren (Hrsg.): Sozialpädagogik und Jugendarbeit im Wandel. Wien, S. 108–121.

Krüger, H.-H. (1987): Jugend und Jugendopposition im Dritten Reich. In: Flessau, K.-I. u. a. (Hrsg.) (1987): Erziehung im Nationalsozialismus. Köln, S. 9–23.

Krüger, H.-H. (Hrsg.) (1985): „Die Elvis-Tolle, die hatte ich mir unauffällig wachsen lassen". Opladen.

Krüger, H.-H. (1991): Zum Wandel von Freizeitverhalten und kulturellen Lebensstilen bei Heranwachsenden in Westdeutschland. In: Büchner, P./Krüger, H.-H. (Hrsg.) (1991): Aufwachsen hüben und drüben. Opladen, S. 203–223.

Krüger, H.-H. (1994): „Wie Ernst Thälmann treu und kühn". In: Krüger. H.-H./Marotzki, W. (Hrsg.) (1994): Pädagogik und Erziehungsalltag in der DDR. Opladen, S. 275–294.

Krüger, H.-H./Thole, W. (1993): Jugend, Freizeit und Medien. In: Krüger, H.-H. (Hrsg.) (^{2}1993): Handbuch der Jugendforschung. Opladen, S. 447–472.

LAG Soziokulturelle Zentren NW e.V. (Hrsg.) (1992): Jugendarbeit der soziokulturellen Zentren in NW: Eine Bestandsaufnahme und Standortbestimmung. Münster.

Lange, K./Müller, B./Ortmann, F. (1980): Alltag des Jugendarbeiters. Neuwied u. Darmstadt.

Langhanky, M. (1993): Annäherung an Lebenslagen und Sichtweisen Hamburger Straßenkinder. In: neue praxis, Heft 3, 23. Jg. (1993), S. 271–277.

Lattke, H. (1957): Die Ausbildung hauptamtlicher Jugendhelfer an einer Schule für Soziale Arbeit. In: deutsche jugend, Heft 6, 5. Jg. (1957), S. 303–307.

Lenz, K. (1988): Die vielen Gesichter der Jugend. Frankfurt a. M.

Lenzen, D. (Hrsg.) (1990): Kunst und Pädagogik, Darmstadt.

Lerch-Wolfrum, G. (1992): Jugendberatung. In: Textor, M. R. (Hrsg.) (1992): Praxis der Kinder- und Jugendhilfe. Weinheim u. Basel, S. 69–73.

Lessing, H./Liebel, M. (1975): Jugend in der Klassengesellschaft. Marxistische Jugendforschung und antikapitalistische Jugendarbeit. München.

Lessing, H. u. a. (1986): Lebenszeichen Jugend. Kultur, Beziehung und Lebensbewältigung im Jugendalter. Weinheim u. München.

Levi, G./Schmitt, J.-C. (Hrsg.) (1997): Geschichte der Jugend. 2. Bd. Frankfurt a. M.

Liebel, M. (1974): Überlegungen zum Praxisverständnis antikapitalistischer Jugendarbeit. In: Lessing, H./Liebel, M. (1974): Jugend in der Klassengesellschaft. München, S. 161–179.

Liebel, M. (1976): Produktivkraft Jugend. Frankfurt a. M.

Lindloff K. (1989): „... uns selbst eine kulturelle, politische Heimat zu schaffen ..." Das Eschhaus Duisburg. In: Claßen, L. u. a. (Hrsg.) (1989): In Zechen, Bahnhöfen und Lagerhallen. Zwischen Politik und Kommerz - Soziokulturelle Zentren in Nordrhein-Westfalen. Essen, S. 39–60.

Lindner, B. (1991): Jugend und Freizeit/Medien. In: Friedrich, W./Griese, H. (Hrsg.) (1991): Jugend und Jugendforschung in der DDR. Opladen, S. 99–115.

Lohmar, U. (1955): Zielsetzung und Wirklichkeit im „Heim der offenen Tür". In: deutsche jugend, Heft 9, 3. Jg. (1955), S. 403–412.

Lowinski, F. (1994): Die Werkstatt e. V. in Düsseldorf. In: Thole, W. u. a. (1994): Bunt und vielfältig. Kinder- und Jugendkulturarbeit in Nordrhein-Westfalen. Unna, S. 130.

Lüders, Ch./Winkler, M. (1992): Sozialpädagogik - auf dem Weg zu ihrer Normalität. In: Zeitschrift für Pädagogik, Heft 3, 38. Jg. (1992), S. 359–370.

Lüdtke, H. (1972): Jugendliche in organisierter Freizeit. Weinheim u. Basel.

Lüdtke, H. (1989[a]): Expressive Ungleichheit. Zur Soziologie der Lebensstile. Opladen.

Lüdtke, H. (1989[b]): Jugendliche in ihrer Freizeit: Interessen und Verhalten. In: Markefka, M./Nave-Herz, R. (Hrsg.) (1989): Handbuch der Familien- und Jugendforschung. Bd. 2: Jugendforschung. Neuwied, S. 635–647.

Lüdtke, H. (1992): Zwei Jugendkulturen? Freizeitmuster in Ost und West. In: Jugendwerk der Deutschen Shell (Hrsg.) (1992): Jugend '92. Opladen, S. 239–264.

Lüdtke, H./Pawelka, A. (1989): Jugend in Organisationen. In: Markefka, M./Nave-Herz, R. (Hrsg.) (1989): Handbuch der Familien- und Jugendforschung. Bd. 2: Jugendforschung. Neuwied, S. 571–588.

Lüers, U. (1979): Zur allseits organisierten und kontrollierenden Jugendarbeit? In: Sozialmagazin, Heft 6, 4. Jg. (1979), S. 46–57.

Lüssi, P. (1992): Systemische Sozialarbeit. Bern u. a.

Lütkemeier, W./Peter, J. (1987): Jugendarbeit auf der Straße. In: Neubauer, G./Olk, Th. (Hrsg.) (1987): Clique, Mädchen, Arbeit. Weinheim u. München, S. 37–56.

Lützebeck, E. u. a. (1995): Mädchen in rechten Szenen. In: deutsche jugend, Heft 12, 43. Jg. (1995), S. 545–553.

Luhmann, N. (1991): Soziologie des Risikos. Opladen.

Lutz, R./Stickelmann, B. (Hrsg.) (1999): Weglaufen und ohne Obdach. Weinheim u. München.

Mählert, U./Stephan, G.-R. (1996): Blaue Hemden - Rote Fahnen. Opladen.

MAGS (Ministerium für Arbeit, Gesundheit und Soziales des Landes NRW) (Hrsg.) (1980): Kinder in NRW. Bericht über die Situation der Kinder in Nordrhein-Westfalen. Düsseldorf.

Maier, K. (1995): Berufsziel Sozialarbeit/Sozialpädagogik. Freiburg. i. Br.

Maly, D. (1992): Außerschulische Jugendbildung. In: Textor, M. (Hrsg.) (1992): Praxis der Kinder- und Jugendhilfe. Weinheim u. Basel, S. 56–61.

Markefka, M./Narve-Herz, R. (Hrsg.) (1989): Handbuch der Familien- und Jugendforschung. Bd. 2: Jugendforschung. Neuwied.

Markefka, M./Nauck, B. (Hrsg.) (1992): Handbuch der Kindheitsforschung. Neuwied.

Martin, E. (1989): Didaktik der sozialpädagogischen Arbeit. Weinheim u. München.

May, M. (1998): Jugendarbeit und Soziale Milieus. Plädoyer für eine neue E-manzipationspädagogik. In: Kiesel, D./Scherr, A./Thole, W. (Hrsg.) (1998): Standortbestimmung Jugendarbeit. Theoretische Orientierungen und empirische Befunde. Schwalbach i. Taunus, S. 79–102.

Mayer, H. (1909): Die Fürsorge für die schulentlassene männliche Jugend. In: Die Jugendfürsorge. Zentralorgan für die gesamten Interessen der Jugendfürsorge, Heft 2 (1909). Berlin, S. 48–56.

Medick, H. (1980): Spinnstuben auf dem Dorf. In: Huck, G. (Hrsg.) (1980): Sozialgeschichte der Freizeit. Wuppertal, S. 19–50.

Meier, K. (1988): Gemeindlicher Jugendpfleger. In: deutsche jugend, Heft 5, 36. Jg. (1988), S. 201–204.

Mennecke, C. (1930): Erfahrungen der Jungen. Potsdam.

Menschel, S. (1992): Legitimation und Parteiherrschaft in der DDR. Frankfurt a. M.

Merchel, J. (1994): Kooperative Jugendhilfeplanung. Opladen.

Meves, B. (1929): Die erwerbstätige Jugend. Eine statistische Untersuchung. Berlin u. Leipzig.

Minister der geistigen, Unterrichts- und Medizinalangelegenheiten (1914): Ministerialerlass betreffend Fürsorge für die schulentlassene gewerbliche männliche Jugend. In: Hemprich, K. (1914): Handbuch und Wegweiser für die Arbeit der Jugendpflege. Osterwieck u. Leipzig, S. 199–201.

Minister für Arbeit und Soziales, Jugend, Gesundheit und Energie Schleswig-Holstein (1993): Jugendfördergesetz mit Ausführungsbestimmungen. Kiel.

Ministerium für Arbeit, Soziales, Familie und Gesundheit Rheinland-Pfalz (1992): Landesjugendplan 1992. Mainz.

Ministerium für Bildung, Jugend und Sport Brandenburg (1993): Richtlinien für den Landesjugendplan. Potsdam.

Mischok, A. (1985): „Wild und frei". In: Berliner Geschichtswerkstatt e. V. (Hrsg.) (1985): Vom Lagerfeuer zur Musikbox. Berlin, S. 47–78.

Mitterauer, M. (1986): Sozialgeschichte der Jugend. Frankfurt a. M.

Möding, N./Plato, A. (1986): Siegernadeln. Jugendkarrieren in BDM und HJ. In: Deutscher Werkbund e.V. (Hrsg.) (1986): Schock und Schöpfung. Darmstadt u. Neuwied, S. 292–301.

Mollenhauer, K. (1964): Versuch 1. In: Müller, C. W. u. a. (1964, Reprint 1986): Was ist Jugendarbeit? Vier Versuche zu einer Theorie. München.

Mollenhauer, K. (1982): Jugendarbeit. In: aej Studientext 21 (1982). Stuttgart.

Mollenhauer, K. (1990): Die vergessene Dimension des Ästhetischen in der Erziehungs- und Bildungstheorie. In: Lenzen, D. (Hrsg.) (1990): Kunst und Pädagogik. Darmstadt, S. 3–17.

Mollenhauer, K./Kasakos, G. (1975): Familie und Jugendamt. In: Roth, H./Friedrich, D. (Hrsg.) (1975): Bildungsforschung. Probleme - Perspektiven - Prioritäten. Stuttgart, S. 319–344.

Möller, K. (1988): "... an den Bedürfnissen und Interessen ansetzen!". Zur Grundlagendiskussion in der Jugend- und Erwachsenenbildung. Opladen

Möller, K. (1996): Gewalt und Rechtsextremismus. Konturen-Erklärungsansätze - Grundlinien politisch-pädagogischer Konsequenzen. In: Möller, K./ Schiele, S. (Hrsg.) (1996): Gewalt und Rechtsextremismus. Schwalbach i. Ts., S. 12–50.

Moser, J. (1984): Arbeiterleben in Deutschland 1900 - 1970. Frankfurt a. M.

Muchow, M./Muchow, H. H. (1935): Der Lebensraum des Großstadtkindes. Berlin.

Müller, B. (1989): Auf'm Land ist mehr los. Weinheim u. München.

Müller, B. (1991): Die Last der großen Hoffnungen. Methodisches Handeln und Selbstkontrolle in sozialen Berufen. Weinheim u. München.

Müller, B. (1993[a]): Außerschulische Jugendbildung oder: Warum versteckt Jugendarbeit ihren Bildungsanspruch. In: deutsche jugend, Heft 7–8, 41. Jg (1993), S. 310–320.

Müller, B. (1993[b]): Jugend in sozialpädagogischen Institutionen. In: Krüger, H.-H. (Hrsg.) (^{2}1993): Handbuch der Jugendforschung. Opladen, S. 559–558.

Müller, B. (1994): Sozialpädagogisches Können. Freiburg i. Br.

Müller, B. (1998[a]): Qualitätsprodukt Jugendhilfe. Freiburg i. Br.

Müller, B. (1998[b]): Entwurf einer mehrdimensionalen Theorie der Jugendarbeit. In: Kiesel, D./Scherr, A./Thole, W. (Hrsg.) (1998): Standortbestimmung Jugendarbeit. Theoretische Orientierungen und empirische Befunde. Schwalbach i. T., S. 37–64.

Müller, B./Ortmann, F. (1980): An wessen Bedürfnis orientiert sich Jugendarbeit. In: Lange, K./Müller, B./Ortmann, F. (1980): Alltag des Jugendarbeiters. Neuwied u. Darmstadt, S. 31–71.

Müller, C. W. (1964): Versuch 1. In: Müller, C. W. u. a. (1964, Reprint 1986): Was ist Jugendarbeit? Vier Versuche zu einer Theorie. München.

Müller, C. W. u. a. (1964): Was ist Jugendarbeit? Vier Versuche zu einer Theorie. München.

Müller, C. W. (^{2}1988): Wie Helfen zum Beruf wurde. Bd. 1. Eine Methodengeschichte der Sozialarbeit 1883–1945. Weinheim u. Basel.

Müller, K. D./Gehrmann, G. (1994): Wider die Kolonialisierung durch Fremddisziplinen. In: Sozialmagazin, Heft 4, 19. Jg. (1994), S. 25–29.

Müller, M. (1990): Jugendfreizeit in der DDR. In: Burkart, G. (Hrsg.) (1990): Sozialisation im Sozialismus. Weinheim, S. 70–76.

Müller, W. (1997): Inhaltliches Engagement und professioneller Rahmen. Freizeitinteresse Reisen. In: Korbus, Th. u. a. (Hrsg. (1997): Jugendreisen. Vom Staat zum Markt. Bielefeld, S. 88–102.

Müller, S./Otto, H.-U. (Hrsg.) (1984): Verstehen oder kolonialisieren? Bielefeld.

Müller-Rolli, S. (1988): Kulturpädagogik heute. In: Müller-Rolli, S. (Hrsg.) (1988): Kulturpädagogik und Kulturarbeit. Weinheim u. München, S. 11–32.

Müller-Rolli, S. (Hrsg.) (1988): Kulturpädagogik und Kulturarbeit. Weinheim u. München.

Müller-Schöll, A. (1957): Die Ausbildung der ehrenamtlichen Mitarbeiter. In: deutsche jugend, Heft 9, 5. Jg. (1957), S. 511–515.

Münch, R. (1998): Globale Dynamik, lokale Lebenswelten. Der schwierige Weg in die Weltgesellschaft. Frankfurt a. M.

Münchmeier, R. (1992): Institutionalisierung pädagogischer Praxis am Beispiel der Jugendarbeit. In: Zeitschrift für Pädagogik, Heft 3, 38. Jg. (1992), S. 369–384.

Münchmeier, R. (1996): Zwischen Erziehung und Politik. Anmerkungen zur Jugendberufshilfe in Ostdeutschland. In: Münder, J./Jordan, E. (Hrsg.) (1996): Mut zur Veränderung. Münster, S. 145–154.

Münchmeier, R. (1995): Die Vergesellschaftung von Wertgemeinschaften. In: Rauschenbach, Th./ Sachße, C./Olk, Th. (Hrsg.) (1995): Von der Wertgemeinschaft zum Dienstleistungsunternehmen. Ort, S. 201–227.

Münder, J. u. a. (1999): Frankfurter Lehr- und Praxiskommentar zum Kinder- und Jugendhilfegesetz. Münster.

Münich, E. (1998): Dienstleistungszentrum. In: Deinet, U./Sturzenhecker, B. (Hrsg.) (1998): Handbuch Offene Jugendarbeit. Münster, S. 551–555.

Nachtwey, R. (1987): Pflege, Wildwuchs, Bricolage. Ästhetisch-kulturelle Jugendarbeit. Opladen.

Nahrstedt, W. (1997): Vorwort I. In: Korbus, Th. u. a. (Hrsg. (1997): Jugendreisen. Vom Staat zum Markt. Bielefeld, S. 5–6.

Nahrstedt, W./Fromme, H. (1986): Strategien offener Kinderarbeit. Zur Theorie und Praxis freizeitpädagogischen Handelns. Opladen.

Nahrstedt, W. u. a. (1990): Soziokultur à la carte. Bestandsaufnahme und Perspektiven soziokultureller Zentren. Institut für Freizeitwissenschaft und Kulturarbeit e.V. (Hrsg.). Bd. 14. Bielefeld.

Naudascher, B. (1990): Freizeit in öffentlicher Hand. Behördliche Jugendpflege in Deutschland von 1900–1980. Düsseldorf.

Negt, O. (1971): Soziologische Phantasie und exemplarisches Lernen. Frankfurt a. M.

Neumann, K. (1992): Freizeitverhalten von Dortmunder Jugendlichen. Dortmund (MS).

Nickel, H. M. (1990): Geschlechtersozialisation in der DDR. Zur Rekonstruktion des Patriarchats im realen Sozialismus. In: Burkart, G. (Hrsg.) (1990): Sozialisation im Sozialismus. Weinheim, S. 17–32.

Nickel, H. M. (1991): Sozialisation im Widerstand. In: Zeitschrift für Pädagogik, Heft 4, 37. Jg. (1991), S. 603–617.

Niegisch, H. G. (1988): Die Pädagogisch Hochschule „N. K. Krupskaja Halle". In: Wissenschaftliche Zeitschrift der Pädagogischen Hochschule „N. K. Krupskaja Halle-Köthen", Heft 1, 1988, S. 3–10.

Nieke, W. (1993): Interkulturelle Arbeit mit Kindern und Jugendlichen. Expertise zum 1. Bericht Kinder- und Jugendkulturarbeit in NRW. Unna.

Niemeyer, B./Stotz, K./Schramm, B. (1994): Frauen in Jugendverbänden. Opladen.

Niess, W. (1984): Volkshäuser, Freizeitheime, Kommunikationszentren. Hagen.

Niethammer, L. (1981): Erläuterungen der seelischen Störungen eines Communalbaumeisters in Preußens größtem Industriedorf oder: Die Unfähigkeit zur Stadtentwicklung. Frankfurt a. M.

Nohl, H. (1928): Die Jugend und der Alltag. In: Die Erziehung, 1928, S. 213–225.

Nohl, H. (1965): Die Ausbildung der Sozialpädagogik durch die Universität. In: Furck, C.-L. u. a. (Hrsg.) (1965): Aufgaben und Wege der Sozialpädagogik. Vorträge und Aufsätze von Herman Nohl. Weinheim, S. 71–76.

Nörber, M. (1996a): Ehrenamtliche - Stiefkinder der Jugendhilfe. In: deutsche jugend, Heft 3, 44. Jg. (1996), S. 103–106.

Nordlohne, E. (1993): Psychosoziale Belastungen von Jugendlichen in Ost- und Westdeutschland. In: deutsche jugend, Heft 2, 41. Jg. (1993), S. 79–86.

Odenthal, K. (1931): Gewerkschaftshäuser. In: Internationales Handwörterbuch des Gewerkschaftswesens. Frankfurt a. M. (Nachdruck 1982), S. 669–677.

Oelerich, G. (1997): Anmerkungen zum Verhältnis von Jugendlichen und Schule. In: Landschaftsverband Westfalen-Lippe (Hrsg.) (1997): Kooperation zwischen Jugendhilfe und Schule. Münster, S. 19–46.

Oehrens, M. (1993): Ziele und Begriffe der Kulturpädagogik. In: Baer, U. u. a. (1993): Methoden und Arbeitsformen. Expertise 5 zum 1. Bericht Kinder- und Jugendkulturarbeit in NRW. Unna, S. 21–52.

Oelkers, J. (1991): „It's Only Rock'n Roll - But I Like It". In: Zacharias, W. (Hrsg.) (1991): Schöne Aussichten? Ästhetische Bildung in einer technisch-medialen Welt. Essen, S. 213– 230.

Offene Jugendarbeit - Zeitschrift für Jugendhäuser, Jugendzentren, Spielmobile, Heft 1 (1999). Stuttgart.

Olk, Th. (1986): Abschied vom Experten. Sozialarbeit auf dem Weg zu einer alternativen Professionalität. Weinheim u. München.

Olk, Th. (1991): Jugendverbände und Neokorporatismus. In: Böhnisch, L./Gängler, H./Rauschenbach, Th. (Hrsg.) (1991): Handbuch der Jugendverbände. Weinheim, S. 132–144.

Oswald, H. (1992): Beziehungen zu Gleichaltrigen. In: Jugendwerk der Deutschen Shell (Hrsg.) (1992): Jugend '92. Opladen, S. 319–333.

Otto, H.-U. (1998): Kampf dem Wahlkampf oder wider dem machtpolitischen Missbrauch des Sozialen. In: neue praxis, Heft 5, 28. Jg. (1998), S. 323–324.

Pagel, F. (1911): Die Fürsorge für die schulentlassene Jugend: In: Die Jugendfürsorge, Heft 9, 1911, S. 513–566.

Palz-Gerling, H. (1995): Jugendpfleger in einer ländlichen Großgemeinde. In: deutsche jugend, Heft 1, 43. Jg. (1995), S. 23–31.

Parisius, B. (1983): Mythos und Erfahrung der Nachbarschaft. Auf der Suche nach Nachbarschaft, die nicht zertrümmert wurde. In: Niethammer, L. (1983): „Die Jahre weiß man nicht, wo man die heute hinsetzen soll". Bonn u. Berlin, S. 297–326.

Peter, H./Sünker, H./Willigmann, S. (Hrsg.) (1982): Politische Jugendbildungsarbeit. Frankfurt a. M.

Peukert, D. J. K. (1986[a]): Grenzen der Sozialdisziplinierung. Aufstieg und Krise der deutschen Jugendfürsorge von 1878 bis 1932. Köln.

Peukert, D. J. K. (1986[b]): Alltagsleben und Generationserfahrungen von Jugendlichen in der Weimarer Republik. In: Dowe, D. (Hrsg.) (1986): Jugendprotest und Generationskonflikt. Bonn, S. 139–150.

Peukert, D J. K. (1987): Jugend zwischen Krieg und Krise. Lebenswelten von Arbeiterjungen in der Weimarer Republik. Köln.

Pfennig, G. (1996): Lebenswelt Bahnhof. Neuwied.

Pilz, G. A./Pfeiffer, L. (1998): Offener Mitternachtssport. Erfahrungen und Perspektiven aus praktischer Arbeit und wissenschaftlicher Begleitung. In: deutsche jugend, Heft 12, 46. Jg. (1998), S. 513–521.

Plato, A. von. (1983): „Ich bin mit allen gut ausgekommen". Oder: war die Ruhrarbeiterschaft in politische Lager zerspalten? In: Niethammer, L. (1983): „Die Jahre weiß man nicht, wo man die heute hinsetzen soll". Bonn u. Berlin, S. 31–66.

Platz, S. (1991): Animationsfigur Stadtplaner. In: Landesfachgruppe Spielmobile NRW (Hrsg.) (1991): Spielräume und Kinderinteressen. Unna, S. 31–32.

Pleiner, G./Hille, B. (Hrsg.) (1999): Musikmobile, Kulturarbeit und populäre Musik. Opladen.

Pogundke, A. (1991): Eine Chance für Jugendverbände. In: Gotschlich, H. u. a. (Hrsg.) (1991): Kinder und Jugendliche aus der DDR. Jugendhilfe in den neuen Bundesländern. Berlin, S. 209–220.

Popp, K. (1998): Das Museum im Koffer. In: Worm, N. (Hrsg.) (1998): Kinder- und Jugendmuseen. Unna, S. 98–100.

Pothmann, J./Thole, W. (1999): Abbau im „Westen" - Wachstum im „Osten".
In: deutsche jugend, Heft 4, 47. Jg. (1999), S.169–179.

Preuss-Lausitz, U. u. a. (1983): Kriegskinder, Konsumkinder, Krisenkinder.
Weinheim u. Basel.

Projektgruppe (Hrsg.) (1988): „Was wir wollen ist eine Lösung für die gesamte
deutsche Jugend". Leinfelden.

Pyka, B. (1994): Die Jugendkunstschulen. In: Thole, W./Kolfhaus, St. u. a.
(1994): Bunt und vielfältig. Unna, S. 139–151.

Rauschenbach, Th. (1991[a]): Fachkräfte in der Jugendhilfe. In: Wiesner,
R./Zarbrock, W. (Hrsg.) (1991): Das neue Kinder- und Jugendhilfegesetz.
Köln, S. 401–428.

Rauschenbach, Th. (1991[b]): Jugendarbeit in Ausbildung und Beruf. In: Böhnisch, L./Gängler, H./Rauschenbach, Th. (Hrsg.) (1991): Handbuch Jugendverbände. Weinheim u. München, S. 615–630.

Rauschenbach, Th. (1991[c]): Jugendverbände im Spiegel der Statistik. In:
Böhnisch, L./Gängler, H./Rauschenbach, Th. (Hrsg.) (1991): Handbuch der
Jugendverbände. Weinheim, S. 115–131.

Rauschenbach, Th. (1999): Das sozialpädagogische Jahrhundert. Analysen zur
Entwicklung Sozialer Arbeit in der Moderne. Weinheim u. München.

Rauschenbach, Th./Gängler, H. (Hrsg.) (1992): Soziale Arbeit und Erziehung
in der Risikogesellschaft. Neuwied 1992.

Rauschenbach, Th./Schilling, M. (1997): Die Kinder- und Jugendhilfe und ihre
Statistik. Band I: Einführung und Grundlagen. Neuwied.

Rauschenbach, Th./Treptow, R. (1984): Sozialpädagogische Reflexivität und
gesellschaftliche Rationalität. Überlegungen zur Konstitution sozialpädagogischen Handelns. In: Müller, S. u. a. (Hrsg.) (1984): Handlungskompetenz
in der Sozialarbeit/Sozialpädagogik II. Theoretische Konzepte und gesellschaftliche Strukturen. Bielefeld, S. 21–71.

Rech, H. (1999): Offene Jugendarbeit als Teil kommunaler Infrastruktur. In:
Simon, T. u. a. (1999): Offene Jugendarbeit. Entwicklungen, Praxis, Perspektiven. Leinfelden, S. 91–98.

Regler, R. (1931): Das Arbeitsleben des jungen Werktätigen in der industriellen
Großstadt. In: Stern, W./Lippmann, O. (1931): Zeitschrift für angewandte
Psychologie. Bd. 59 (1931). Leipzig, S. 326–393.

Reichwein, S./Freund, Th. (1992): Karrieren, Action, Lebenshilfe. Opladen.

Richard, J (1984).: Kulturarbeit machen. Regensburg.

Richmond, M. E. (1917): Social Diagnosis. New York.

Richter, K. (1932): Handbuch der Jugendpflege. Heft 7. Eberswalde.

RminAmtsbl (1935): Neuordnung der staatlichen Jugendpflege. Berlin. In: Hafeneger, B. (1992): Jugendarbeit als Beruf. Opladen, S. 78–81.

Rühle, O. (1969): Zur Psychologie des proletarischen Kindes. Frankfurt a. M.

Röhrich,A./Winkler, M. (1994): „Über-Mittag-Betreuung" der Hauptschule
Eppmannsweg. In: Landschaftsverband Westfalen-Lippe (Hrsg.).: „Jugendhaus über Mittag - Ganztagsangebote in der Offenen Kinder- und Jugendarbeit. Münster i. W., S. 65–69.

Rössner, L. (1967): Offene Jugendbildung. München.

Rüden, P./Koszyk, K. (Hrsg.) (1979): Materialien zur Kulturgeschichte der
deutschen Arbeiterbewegung. Frankfurt a. M.

Rühle, O. (1977): Illustrierte Kultur- und Sittengeschichte des Proletariats.
Gießen.

Sachße, C./Tennstedt, F. (1980): Geschichte der Armenfürsorge in Deutschland. Bd. 1: Vom Spätmittelalter bis zum 1. Weltkrieg. Stuttgart u. a.

Sammet, M. (1999): Fortbildung in der Offenen Jugendarbeit. In: Simon, T. u. a. (1999): Offene Jugendarbeit. Entwicklungen, Praxis, Perspektiven. Leinfelden, 226–232.

Samter, H. (1913): Die staatlichen Veranstaltungen zur Ausbildung und Fortbildung von Jugendpflegern. In: Duensing, F. (Hrsg.) (1913): Handbuch der Jugendpflege. Langensalza, S. 844–853.

Schäfer, B. (1988): Praxis Kulturpädagogik. Unna.

Schefold, W. (1972): Die Rolle der Jugendverbände in der Gesellschaft. München.

Schefold, W. (1987): Jugendschutz in veränderten Alltagsräumen. In: Böhnisch, L./Münchmeier, R. (1987): Wozu Jugendarbeit? Weinheim u. München, S. 172–180.

Schefold, W. (1993): Das Projekt Sozialpädagogik. Beiträge zu einer sozialwissenschaftlichen Fundierung der Sozialpädagogik (Habilitationsschrift). München u. Tübingen.

Schefold, W. (1995): Das schwierige Erbe der Einheitsjugend. Jugendverbände zwischen Aufbruch und Organisationsmüdigkeit. In: Rauschenbach, Th./Sachße, C./Olk, Th. (Hrsg.) (1995): Von der Wertgemeinschaft zum Dienstleistungsunternehmen. Frankfurt a. M., S. 404–427.

Schefold, W. (1997): Jugendpflege. In: Deutscher Verein für öffentliche und private Fürsorge (Hrsg.) (1997): Fachlexikon der sozialen Arbeit. Frankfurt a. M., S. 526.

Schelhorn, D. (1997): Spielplatz - Spielorte für Kinder. In: Deutscher Verein für öffentliche und private Fürsorge (Hrsg.) (1997): Fachlexikon der sozialen Arbeit. Frankfurt a. M., S. 909–910.

Schellhorn, W./Wienand, M. (1991): Das Kinder- und Jugendhilfegesetz. Neuwied.

Scherber, A. (1929): Jugendpflege der nicht organisierten Jugend. In: Rheinische Jugend, Heft 10, 17. Jg. (1929), S. 429–438.

Scherr, A. (Hrsg.) (1992): Jugendarbeit mit rechten Jugendlichen. Bielefeld.

Scherr, A. (1998): Subjektivität und Anerkennung. Grundzüge einer Theorie der Jugendarbeit. In: Kiesel, D./Scherr, A./Thole, W. (Hrsg.) (1998): Standortbestimmung Jugendarbeit. Theoretische Orientierungen und empirische Befunde. Schwalbach i. Taunus, S. 147–163.

Scherr, A./Thole, W. (1998): Jugendarbeit im Umbruch. Stand, Problemlagen und zukünftige Aufgaben. In: Kiesel, D./Scherr, A./Thole, W. (Hrsg.) (1998): Standortbestimmung Jugendarbeit. Theoretische Orientierungen und empirische Befunde. Schwalbach i. T., S. 9–35.

Schmiedel, A. (1999): Praxis der Jungen- und Mädchenarbeit im Mädchen- und Jungentreff Oberföhring. In: Simon, T. u. a. (1999): Offene Jugendarbeit. Entwicklungen, Praxis, Perspektiven. Leinfelden, S. 116–125.

Schmidt, H. (1997): Freizeitinteresse Reisen. In: Korbus, Th. u. a. (Hrsg. (1997): Jugendreisen. Vom Staat zum Markt. Bielefeld, S. 220–325.

Schmidt, J. (1934): Jugendtypen aus dem Arbeitermilieu. Ein Beitrag zur Typologie der erwerbstätigen Jugend. Weimar.

Schmidt, T. (1991): Hochschwellig - niedrigschwellig - tiefstschwellig. In: neue praxis, Heft 5/6, 21. Jg. (1991), S. 415–427.

Schneider, E. (1930): Handbuch der weiblichen Jugendpflege. Freiburg i. Br.

Schneider, H. (1995): Politische Partizipation - zwischen Krise und Wandel. In: Hoffmann-Lange, U. (Hrsg.) (1995): Jugend und Demokratie in Deutschland. DJI-Jugendsurvey 1. Opladen, S. 275–335.

Schneider, M. (1972): Märkisches Viertel in Berlin. In: Schulz-Dornber, U. (Hrsg.) (1972): Abenteuerspielplätze. Düsseldorf u. Wien, S. 121–146.

Schneider, P. (1993): Erziehung nach Mölln. In: Kursbuch 113 (1993), S. 131-140.

Schnieders, H.-W. (1982): Von Nottendorf nach Stade. In: Fuchs, A./Schnieders, H.-W. (Hrsg.) (1982): Soziale Kulturarbeit. Weinheim u. Basel, S. 45–60.

Schön, H. (1930): Die Cliquen jugendlicher Verwahrloster als sozialpädagogisches Problem (II). In: Mennicke, C. (1930): Erfahrungen der Jungen. Potsdam, S. 81–89.

Schreiber, U. (1997): Kindermuseen in Deutschland. Unna.

Schriever, E. (1989): Kulturarbeit in der Evangelischen Kirche. In: Studientexte. Heft 3 (1989), S. 3–15.

Schröder, H. (1995): Jugend und Modernisierung. Strukturwandel der Jugendphase und Statuspassagen auf dem Weg zum Erwachsensein. Weinheim u. München.

Schuller, K. (Hrsg.) (1990): Akzeptierende Drogenarbeit. Ein Gegenentwurf zur traditionellen Drogenhilfe. Freiburg i. Br.

Schuller, K./Stöver, H. (Hrsg.) (1991): Akzeptierende Drogenarbeit. Ein Gegenentwurf zur traditionellen Drogenhilfe. Freiburg i. Br.

Schultz, C. (1912): Die Halbstarken. Leipzig.

Schulze, G. (1989): Spontangruppen der Jugend. In: Markefka, M./Nave-Herz, R. (Hrsg.) (1989): Handbuch der Familien- und Jugendforschung. Bd. 2: Jugendforschung. Neuwied, S. 635–647.

Schulze, G. (1992): Die Erlebnisgesellschaft. Kultursoziologie der Gegenwart. Frankfurt a. M.

Schulz-Krüdener, J. (1999): Zwischen Abgrenzung, Instrumentalisierung und Kooperation - Zur Vernachlässigung des Sports in der Jugendarbeit. In: deutsche jugend, Heft 5, 47. Jg. (1999), S. 219–226.

Schumann, M. (1993): Wandel von Kindheit und Jugend. Mehr „Erziehung" in Jugendarbeit und Jugendhilfe? In: deutsche jugend, Heft 7–8, 41. Jg. (1993), S. 320–330.

Schurr, M. (1909): Konferenzaufsatz Laichlingen. Stuttgart. Zitiert nach: Medick, H. (1980): Spinnstuben auf dem Dorf. In: Huck, G. (Hrsg.) (1980): Sozialgeschichte der Freizeit. Wuppertal, S. 19–50.

Seckinger, M. u. a. (1998): Situation und Perspektiven der Jugendhilfe. Eine empirische Zwischenbilanz. München.

Seidenfaden, F. (1962): Die musische Erziehung in der Gegenwart und ihre geschichtlichen Quellen und Voraussetzungen. Ratingen.

Seidenspinner, G./Burger, A. (1982): Mädchen '82. Eine repräsentative Untersuchung über die Lebenssituation und das Lebensgefühl 15- bis 19jähriger Mädchen in der Bundesrepublik. Hamburg.

Selle, G. (Hrsg.) (1990): Experiment Ästhetische Bildung. Reinbek b. Hamburg.

Sielert, U. (^{2}1993): Jungenarbeit. Weinheim u. München.

Sierks, H. (1913): Jugendpflege I. Männliche Jugend. Berlin u. Leipzig.

Simon, T. (1997): Mobile Jugendarbeit in Baden-Württemberg. In: Klose, A./Steffan, W. (Hrsg.) (1997): Streetwork und mobile Jugendarbeit in Europa. Münster, S. 91–106.

Simon, T. u. a. (1999): Offene Jugendarbeit. Entwicklungen, Praxis, Perspektiven. Leinfelden.

Sloterdijk, P. (1983): Kritik der zynischen Vernunft. 2 Bde. Frankfurt a. M.

Sloterdijk, P. (1999[a]): Regeln für den Menschenpark. In: Die Zeit. Nr. 38 (1999), S. 15-21.

Sloterdijk, P. (1999[b]): Die Kritische Theorie ist tot. In: Die Zeit, Nr. 37 (1999), S. 35.

Specht, W. (Hrsg.) (1987): Gefährliche Straße - Jugendkonflikte und Stadtteilarbeit. Bielefeld.

Specht, W. (1989): Streetwork in den USA im Widerstreit der Konzepte. In: Steffan, W. (1989): Straßensozialarbeit - eine Methode für heiße Praxisfelder. Weinheim u. Basel, S. 76–85.

Spengler, P. (1994): Jugendfreizeit zwischen Kommerz und Pädagogik. Weinheim.

Spiegel, H. v. (1996): Produktbeschreibung - ein Grundriß für die (Selbst)Evaluation konzeptioneller Arbeit? In: Deinet, U./Sturzenhecker, B. (Hrsg.) (1996): Konzepte entwickeln. Weinheim u. München, S. 152–172.

Spiegel, H. v. (1999): Offene Arbeit mit Kindern - (k)ein Kinderspiel. Münster.

Spiegel-Special (Nov. 1994): Die Eigensinnigen. Selbstporträt einer Generation.

Spranger, E. (1923): Kultur und Erziehung. Leipzig.

Spranger, E. (1925): Psychologie des Jugendalter. Leipzig.

Stadt Dortmund (Hrsg.) (1991): Leistungsübersicht zur Jugendhilfe. Dortmund.

Stadtarchiv Castrop. Bericht über die „Schnapskasinos". Zitiert nach: Brüggemeier, F.-J./Niethammer, L. (1978): Schlafgänger, Schnapskinos und schwerindustrielle Kolonie. In: Reulecke, J./Weber, W. (1978): Fabrik, Familie, Feierabend. Wuppertal, S. 135–175.

Staeven-Ordermann, G. (1933): Menschen der Unordnung. Die proletarische Wirklichkeit im Arbeiterschicksal der ungelernten Großstadtjugend. Berlin.

Statistisches Bundesamt (StaBu) (1977; 1985; 1988; 1992; 1994; 1996; 1997): Einrichtungen und tätige Personen in der Jugendhilfe 1974, 1982, 1986, 1990, 1991, 1994. Wiesbaden u. Stuttgart.

Statistisches Bundesamt (StaBu) (1985; 1990; 1994; 1995; 1998a): Fachserie 13: Sozialleistungen. Reihe 6.2: Maßnahmen der Jugendarbeit im Rahmen der Jugendhilfe 1982, 1988, 1992, 1996. Stuttgart.

Statistisches Bundesamt (StaBu) (1995; 1998b): Fachserie 13: Sozialleistungen. Reihe 6.4: Ausgaben und Einnahmen der öffentlichen Jugendhilfe 1992, 1996. Stuttgart.

Steffan, W. (Hrsg.) (1989): Straßensozialarbeit. Eine Methode für heiße Praxisfelder. Weinheim u. Basel.

Steffan, W. (1991): Anbiederung, Verwöhnung und Suchtverlängerung? In: Schuller, K./Stöver, H. (Hrsg.) (1991): Akzeptierende Drogenarbeit. Ein Gegenentwurf zur traditionellen Drogenhilfe. Freiburg i. Br., S. 31–60.

Stern, E. (1927): Jugendfürsorge (Erster Teil). Breslau.

Stets, W. (1931): Maßnahmen zur Betreuung der Erwerbslosen Jugend. In: Rheinische Jugend, Heft 1, 19. Jg. (1931), S. 1–10.

Stickelmann, B. (Hrsg.) (1996): Zuschlagen oder Zuhören. Jugendarbeit mit gewaltorientierten Jugendlichen. Weinheim u. München.

Stiftung Lesen (Hrsg.) (1992): Tätigkeitsbericht 2. 1990–92. Mainz.

Sting, W. (1993): Vernetzung und Wildwuchs. Essen.

Stoffers, U./Gernert W. (1986): Jugend in Paderborn. Paderborn (MS).

Strack, G. (1986): Die Bedeutung eines Jugendhauses im Leben seiner Besucher. Berlin.

Strzodo, U. (1996): Freizeitverhalten und Freizeitmuster. In: Silbereisen, R./Vaskovics, L./Zinnecker, J. (Hrsg.): Jungsein in Deutschland. Opladen, S. 261–280.

Stürzbecher, W. (1992): Tatort Straße. Bergisch Gladbach.

Stürzbecher, W. (1994): Großstadt Rambos. Bergisch Gladbach.

Stüwe, G. (1996): Erlebnispädagogik. In: Kreft, D./Mielenz, I. (Hrsg.) (1996): Wörterbuch Soziale Arbeit. Weinheim u. Basel, S. 168–172.

Sturzenhecker, B. (1996): Reflexivität ist gefordert. Zur professionellen Kompetenz in der offenen Jugendarbeit. In: Der pädagogische Blick, Heft 4, 4. Jg. (1996), S. 159–170.

Sturzenhecker, B. (1998): Halbkommerzielles Jugendcafé. In: Deinet, U./Sturzenhecker, B. (Hrsg.) (1998): Handbuch Offene Jugendarbeit. Münster, S. 525–529.

Swoboda, H. (1974): Wir werden Dir helfen. In: päd extra, Heft 22, 1974, S. 6–12.

TAZ (1997): Wir liegen konsequent daneben. In: die tageszeitung, 27. Juni 1997, S. 13.

Tenorth, H.-E. (^{2}1992): Geschichte der Erziehung. Weinheim u. München.

Tessel, F. (1904): Wie kann die Schule dazu mitwirken, die Jugend von der überhand nehmenden Vergnügungssucht zu bewahren. In: Die Jugendfürsorge, Heft 7 (1904). Berlin, S. 384–392.

Thiersch, H. (1992): Lebensweltorientierte Soziale Arbeit. Aufgaben der Praxis im sozialen Wandel. Weinheim u. München.

Thiersch, H. (1995): Lebenswelt und Moral. Beiträge zur moralischen Orientierung Sozialer Arbeit. Weinheim u. München.

Thole, W. (1987): Nick Carter jagt Winnetou in sonniger Liebesnacht. Jugendliche Kino- und Lesekultur zu Beginn des 20. Jahrhunderts. In: Breyvogel, W./Krüger, H.-H. (Hrsg.) (1987): Land der Hoffnung - Land der Krise. Bonn, S. 88 - 99.

Thole, W. (1989[a]): „Wilde Gugefuhr" und Musische Erziehung. Zur Sozial- und Ideengeschichte selbstverwalteter Kulturzentren. In: Claßen, L. u. a. (Hrsg.) (1989): In Zechen, Bahnhöfen und Lagerhallen. Zwischen Politik und Kommerz - Soziokulturelle Zentren in Nordrhein-Westfalen. Essen, S. 133–152.

Thole, W. (1989[b]): Ziele und Aufgaben - Was will die Kinder- und Jugendkulturarbeit. In: LKJ NRW (Hrsg.) (1989b): Jugend - Kultur - Arbeit. Unna, S. 36–52.

Thole, W. (1990): Mitarbeiter in der Offenen Jugendarbeit. Zwischen Engagement und Frustration. In: deutsche jugend, Heft 11, 38. Jg. (1990), S. 483–490.

Thole, W. (1991): Familie - Szene - Jugendhaus. Alltag und Subjektivität einer Jugendclique. Opladen.

Thole, W. (1993): Sterntaler, der Wirt zu Jericho, Kuno und die Gesellen des Packan. Handlungsformen und Handlungstypen sozialpädagogischer Hilfe. In: Sozialpädagogik - Zeitschrift für Mitarbeiter, Heft 5, 35. Jg. (1993), S. 222–233.

Thole, W. (1995[a]): Kinder- und Jugendarbeit: Freizeitzentren, Jugendbildungsstätten, Aktions- und Erholungsräume. In: Krüger, H.-H./Rauschenbach, Th. (Hrsg.) (1995): Einführung in die Arbeitsfelder der Erziehungswissenschaft. Opladen, S. 107–125.

Thole, W. (1995[b]): Stichworte zu einigen Fragen und Problemen Sozialer Arbeit. In: Sozialmagazin, Heft 2, 20. Jg. (1995), S. 35–48.

Thole, W. (1997): Jugendarbeit - ein Stiefkind der Statistik. In: Rauschenbach, Th./Schilling, M. (Hrsg.) (1997): Die Kinder- und Jugendhilfe und ihre Statistik. Band II: Analysen, Befunde und Perspektiven. Neuwied, S. 279–320.

Thole, W./Cloos, P. (1997): MitarbeiterInnen in Jugendkunstschulen und kulturpädagogischen Einrichtungen der außerschulischen Pädagogik. In: Thole, W./Cloos, P. (Hrsg.) (1997): Kultur-Pädagogik studieren. Hildesheim, S.143–172.

Thole, W./Krüger, H.-H. (1993): Jugend, Freizeit und Medien. Expertise 2 zum 1. Bericht Kinder- und Jugendkulturarbeit in NRW. Unna.

Thole, W./Kolfhaus, St. u. a. (1994): Bunt und vielfältig. Stand und Entwicklung der Kinder- und Jugendkulturarbeit in Nordrhein-Westfalen. Unna u. Düsseldorf.

Thole, W./Küster-Schapfl, E.-U. (1996): Erfahrung und Wissen. Deutungsmuster und Wissensformen von Diplom-PädagogInnen und SozialpädagogInnen in der außerschulischen Kinder- und Jugendarbeit. In: Zeitschrift für Pädagogik, Heft 6, 42. Jg. (1996), S. 831–851.

Thole, W./Küster-Schapfl, E.-U. (1997): Sozialpädagogische Profis. Beruflicher Habitus, Wissen und Können von PädagogInnen in der außerschulischen Kinder- und Jugendarbeit. Opladen.

Tiemann, R. (1999): Konzeptionelle Ansätze der Jungenarbeit auf dem Prüfstand. In: deutsche jugend, Heft 2, 47. Jg. (1999), S.76–84.

Treptow, R. (1988): Kulturelles Mandat. Soziale Kulturarbeit und kulturelle Sozialarbeit. In: Müller-Rolli, S. (Hrsg.) (1988): Kulturpädagogik und Kulturarbeit. Weinheim u. München, S. 81–103.

Treptow, R. (1993): Bewegung als Erlebnis und Gestaltung. Weinheim u. München.

Tümmler, S.(1992): Jugendhilfe im Umbruch. Berlin.

Veen, H. (1913): Jugendheime. Düsseldorf.

Vester, M. u. a. (1993): Soziale Milieus im gesellschaftlichen Strukturwandel. Köln.

Voit, H. (1972): Kritik der amtlichen Jugendhilfestatistik. In: Zeitschrift für Pädagogik, Heft 2, 18. Jg. (1972), S. 227–244.

Voß, O. (1930): Die Cliquen jugendlicher Verwahrloster als sozialpädagogisches Problem. In: Mennicke, C. (1930): Erfahrungen der Jungen. Potsdam, S. 69-81.

Vötterle, K. (1952): In letzter Stunde. In: Hausmusik, Nr. 2, Jg. (1952).

Wahl, K. (1988): Die Modernisierungsfalle. Gesellschaft, Selbstbewußtsein und Gewalt. Frankfurt a. M.

Wandervogel (1912): Zeitschrift des Bundes für Jugendwanderungen, 7 Jg. (1912).

Wegner, L. (1995): Wer sagt, Jungenarbeit sei einfach? Blick auf aktuelle Ansätze geschlechtsbezogener Arbeit mit Jungen. In: Widersprüche, Heft 56/57, 15. Jg. (1995), S. 161–180.

Weicht, I./Weicht, Th. (1991): Kulturelle Jugendarbeit in der DDR. Problemlagen vor der Wende. In: Mitteilungen aus der kulturwissenschaftlichen Forschung, Heft 29, 1991, S. 79–86.

Weigand, H. (1998): Die sozialökologische Perspektive in der Offenen Kinderarbeit. Regensburg.

Weigle, P. (1907): Nützliches und Schädliches auf dem Arbeitsgebiete der Jugendvereine. Barmen.

Wendt, W.-R. (1991): Jugendverbände im Kaiserreich. In: Böhnisch, L./Gängler, H./Rauschenbach, Th. (Hrsg.) (1991): Handbuch der Jugendverbände. Weinheim u. München, S. 42–49.

Werthmanns-Reppekus, U. (1993): Mädchenkulturarbeit in Recht und Richtlinien, in Berichten und Förderungen. In: Bockhorst, H. u. a. (Hrsg.) (1993): Mädchenkulturarbeit. Expertise 7 zum 1. Bericht zur Kinder- und Jugendkulturarbeit in NRW. Unna, S. 79–83.

Werthmanns-Reppekus, U. (1996): Mädchenarbeit - Qual oder Qualitätssicherung. In: Jugend, Beruf, Gesellschaft, Heft 3–4, 1996, S. 130–134.

Wiesner, R./Zarbrock, W. H. (Hrsg.) (1991): Das neue Kinder- und Jugendhilfegesetz. Köln.

Wiesner, R. u.a. (Hrsg.) (1995): SGB VIII. Kinder- und Jugendhilfe. München.

Wilhelm, Th. (1963): Der geschichtliche Ort der deutschen Jugendbewegung. In: Kindt, W. (Hrsg.) (1963): Dokumentation der Jugendbewegung. Bd. 3. Düsseldorf u. München, S. 525–555.

Willke, H. (1998): Organisierte Wissensarbeit. In: Zeitschrift für Soziologie, Heft 3, 27. Jg. (1998), S. 161–177.

Worm, N. (1998): Bestandsaufnahme der Kinder- und Jugendmuseenlandschaft in Deutschland. In: Worm, N. (Hrsg.) (1998): Kinder- und Jugendmuseen: ein neues Konzept in der Jugendhilfe!? Unna, S. 68–97.

Wuggenig, U. (1993): Kinder- und Jugendhilfe. In: Markefka, M./Nauck, B. (Hrsg.) (1993): Handbuch der Kindheitsforschung. Neuwied, S. 525–534.

Zacharias, W. (1983): Funktion und Bedeutung ästhetischer Erziehung in der Kulturpädagogik. In: Bundesvereinigung Kulturelle Jugendbildung (Hrsg.) (1983): Jugendkulturarbeit. Heilbrunn/Obb.

Zacharias, W. (1998): Initiative Kindermuseum 2000. In: Worm, N. (Hrsg.) (1998): Kinder- und Jugendmuseen: ein neues Konzept in der Jugendhilfe!? Unna, S. 126–134.

Zeiher, H./Zeiher, H. (1994): Orte und Zeiten der Kinder. Weinheim u. München.

Zentralstelle für Volkswohlfahrt (1924): Ratgeber für Jugendvereinigungen. Berlin.

Ziehe, Th. (1994): Jugend, Alltagskultur und Fremdheiten. In: Negt, O. (Hrsg.) (1994): Die zweite Gesellschaftsreform. Göttingen, S. 258–275.

Zilch, D. (1992): Die FDJ - Mitgliederzahlen und Strukturen. In: Jugendwerk der Deutschen Shell (Hrsg.) (1992): Jugend '92. Opladen, S. 61–80.

Zwerschke, M. (1963): Jugendverbände und Sozialpolitik. München.

Verzeichnis der Abbildungen

Verzeichnis der Übersichten

325

Verzeichnis der Tabellen